GÉNESIS

© 2004, 2014 The Kabbalah Centre International, Inc. Todos los derechos están reservados.

Ninguna parte de esta publicación puede ser reproducida o transmitida en ninguna forma o por ningún medio, electrónico o mecánico, incluyendo fotocopiado, grabado, xerografiado o cualquier otro almacenaje de información o sistema de recuperación, sin la previa autorización escrita por parte del editor.

Kabbalah Centre Publishing es una DBA registrada de: Kabbalah Centre International, Inc.

Para más información:
The Kabbalah Centre
155 E. 48th St., New York, NY 10017
1062 S. Robertson Blvd., Los Angeles, CA 90035

Número gratuito en Estados Unidos: 1800 KABBALAH
Otros números de contacto: es.kabbalah.com/ubicaciones

es.kabbalah.com

Impreso en China, junio 2025

ISBN: 978-1-57189-931-6

Diseño gráfico: Shlomit Heymann
Diseño: HL Design (Hyun Min Lee)
www.hldesignco.com

LA BIBLIA KABBALÍSTICA

GÉNESIS

TECNOLOGÍA PARA EL ALMA™

KABBALAH CENTRE PUBLISHING
es.kabbalah.com

ÍNDICE

INTRODUCCIÓN

Ya sea que lo sepas o no, has tomado justamente una de las acciones más positivas y trascendentales de tu vida: has decidido abrir este libro. Hay mil razones por las cuales puedes haber tomado esa acción –o por la que piensas que la tomaste– pero la razón verdadera es mucho más profunda, mucho más oculta e infinitamente más poderosa. La acción que has tomado es una expresión de tus más profundos deseos como ser humano. Puedes no darte cuenta de eso ahora, pero cuando llegues a la última página del libro sabrás que esto es verdad. De hecho, aun en el momento en que termines de leer esta introducción, verás la inmensa oportunidad que este libro representa y estarás listo para tomar parte en éste en toda su extensión.

El libro que acabas de abrir es parte de una categoría única. La palabra para esta clase de libro es *Jumash*, que es derivada de la palabra hebrea para "cinco". Los Cinco Libros de Moshé están escritos en el rollo de la Torá; el *Jumash* es una versión en libro de las narraciones semanales de la Torá junto con el comentario e interpretación relevantes. Puedes haber visto otros libros de esta clase, ya que ahora hay muchos en las librerías. Algunos *Jumashim* (plural hebreo de *Jumash*) fueron compuestos hace cientos de años, mientras que otros son muy recientes. Con el reciente incremento del interés en la espiritualidad, hay ahora probablemente más libros disponibles en esta categoría que en cualquier otro tiempo en la historia.

Pero, ¿es el *Jumash* solamente otra clasificación literaria? ¿es simplemente otro género que puede continuar indefinidamente? ¿Así como Hollywood produce películas y las compañías de música producen DVDs, puede haber producción de *Jumashim* por muchos años futuros?

La respuesta a esto es definitivamente: no, porque un *Jumash* no es solamente un objeto hecho de tinta y papel. De hecho, es nada menos que una herramienta espiritual para transformarte y transformar al mundo.

Éste es un punto críticamente importante. Nos lleva al corazón de la sabiduría kabbalística acerca de quiénes somos, de dónde vinimos y a dónde vamos, no precisamente físicamente, sino en la dimensión espiritual que es el nivel de la semilla de nuestra existencia. Comprender esto empieza con una percepción simple, fundamental: La Kabbalah enseña que el universo y nuestras vidas en éste tienen una dirección. No estamos aquí solamente para llenar el tiempo y el espacio. En resumen: hay un punto final, y el propósito de nuestra existencia es llegar a él.

¿Cuál es ese punto final? Hay una cierta ironía en la respuesta a esa pregunta, porque entender el final requiere de nosotros que miremos en el principio. La unidad, la Unión que existía entre la humanidad y el Creador antes del principio del tiempo, es la meta a la que todos nos esforzamos por llegar. La Kabbalah llama a ese estado original de Unicidad el Mundo Infinito, porque éste existía fuera de los límites finitos que damos por hecho en nuestras vidas diarias.

En el Mundo Infinito no había dolor, ni sufrimiento, ni enfermedad y, lo más importante: había inmortalidad. La muerte y toda otra clase de caos no tenían lugar en nuestras vidas en el Mundo Infinito, ni son una parte necesaria de nuestras vidas hoy, a pesar de lo que las cosas puedan parecer. El caos permanecerá con nosotros solamente hasta que regresemos al Mundo Infinito por medio de nuestro trabajo espiritual, por medio de las herramientas y enseñanzas de la Kabbalah, y, lo más inmediato, por medio del poder del libro que estás leyendo justo ahora. Esto no es solamente una metáfora. En términos muy prácticos, el final de todo sufrimiento, el final de todo dolor y aun el final de la muerte misma está en tus manos.

El fin último del *Jumash* es producir su propio fin: ¡terminar con nuestra gran necesidad de él!

Toda la historia de la humanidad –y, lo creas o no, de tu propia vida como ser humano individual– es la historia de nuestro afanoso regreso a la Unión con Dios que era nuestra en el Mundo Infinito. Pero, ¿cuándo volverá eso a completarse? ¿cuándo se terminará el exilio? La verdad es que en una ocasión nos acercamos mucho, mucho, a realizar ese objetivo. Esto ocurrió al pie del Monte Sinaí, cuando Moshé recibió las Tablas escritas por el Creador con los Diez Enunciados, llamadas con frecuencia equivocadamente los Diez Mandamientos. Pero los Enunciados son mucho más que la lista de "tú debes" y "tú no debes" con las que estamos tan familiarizados. De hecho, aun el término "Diez Enunciados" es un mensaje codificado y se refiere a las diez dimensiones que constituyen la realidad total.

Nosotros vivimos en la décima y más baja dimensión, el ámbito físico donde la oscuridad y la desesperación tratan de encontrar la forma de introducirse en nuestras vidas. Las dimensiones ocultas arriba de nosotros son un estanque de Luz espiritual que puede eliminar la oscuridad de nuestro propio ser y desaparecer la oscuridad de este mundo. Son la fuente de nuestra alegría, la raíz de nuestra felicidad y manantial de toda la sabiduría. Cuando hacemos contacto con estos ámbitos ocultos, experimentamos la realización. Cuando nos desconectamos, experimentamos el caos.

Las Tablas en el Monte Sinaí nos conectaron a la fuerza plena de la Luz Infinita girando en estas realidades ocultas. Y ellas podían haber encendido una masa crítica, una explosión en la cual todo habría sido restaurado, reconfigurado, reconstruido y reconstituido. En resumen: nos podían haber traído al Mundo Infinito: el Cielo en la Tierra. ¡Pero solamente Moshé tomó las Tablas! Solamente Moshé poseía la sabiduría kabbalística que daba acceso a todas las diez dimensiones. La gente como un todo se excluyó por el pecado del becerro de oro, lo cual causó que Moshé hiciera añicos las Tablas.

¡Pero todavía había esperanza!

Lo que Moshé logró en el Monte Sinaí fue fundamentalmente similar a lo que la ciencia moderna ha estado buscando hace por lo menos un siglo, desde el principio de la revolución que comenzó con la teoría de la relatividad de Albert Einstein. A través de su vida, Einstein creyó fervientemente en la existencia de una teoría más grande aún: la así llamada "teoría del todo" que uniría todo el conocimiento científico en una sola, toda incluyente, explicación del universo.

Aquí Einstein estaba expresando simplemente en términos físicos la misma búsqueda de la Unión que la Kabbalah entiende es fundamentalmente espiritual. Aunque Einstein nunca tuvo éxito en su búsqueda, él y otros que vinieron después de él hicieron grandes progresos en esa dirección. La física ha mostrado que el tiempo, la masa y la velocidad están todas relacionadas. Si una masa alcanza una velocidad suficientemente alta, el tiempo se detiene.

Más recientemente, la medicina y la genética están demostrando que el envejecimiento, la enfermedad y la muerte no son en sí "necesarias" y pueden ser eliminadas en los niveles biológicos más básicos. La ciencia está correcta en estas percepciones. Pero lo que la ciencia está tratando de alcanzar físicamente por medio de la ingeniería genética o la construcción de aceleradores de partículas, Moshé lo alcanzó espiritualmente en el Monte Sinaí. Las Tablas tenían el poder de llevarnos más allá del tiempo y el espacio, porque nos conectaban al ámbito infinito de la Luz, una realidad sin tiempo ni espacio. Pero cuando los israelitas construyeron el becerro de oro, y las Tablas fueron rotas, "el reloj comenzó a hacer tic tac otra vez".

Así perdimos la oportunidad de reponer y restaurar el poder completo de la Luz en un punto desencadenante, el cual Moshé nos ofreció en el Monte Sinaí. Ahora, con el tiempo de regreso en el escenario, el trabajo de recuperar el Mundo Infinito se volvería un esfuerzo continuo dentro de los límites del tiempo. Entrar al *Jumash* semanal –y a este libro en particular– cuyo propósito es activar la tecnología kabbalística utilizada por Moshé para conectar el planeta a la Luz de las dimensiones ocultas.

Una vez que esto está entendido, está claro que el *Jumash* que tienes ahora en tus manos no es un libro ordinario. La energía infinita de las Tablas del Monte Sinaí está en estas páginas: el poder para conectarnos a **todas** las diez dimensiones, el poder de reponer **toda** la Luz que tuvimos en el Monte Sinaí, el poder de revelar **todos** los aspectos infinitos del Divino que se manifiestan a través del universo. Esta energía infinitamente diversa pero fundamentalmente unificada es a lo que los Kabbalistas se refieren como la Luz del Creador.

Considera, por ejemplo, a lo que los científicos se refieren como "luz blanca", el resplandor sin filtrar que existe a todo nuestro alrededor durante todas nuestras horas de vigilia. En realidad, esta luz blanca contiene el rojo, el amarillo, el azul, el verde, y todos los otros colores del espectro. Cuando estos colores son combinados como uno, el resultado es la luz blanca. La Luz del Creador trabaja de manera similar. Cada dimensión de la Luz es otro "color", otro aspecto de la Energía del Creador. Juntas, todas las dimensiones constituyen la totalidad de la Luz del Creador, la cual es pura, infinita y lo abarca todo.

Las Tablas de Moshé eran una conexión completa a la Luz, simultánea e instantáneamente. Desde el rompimiento de las Tablas, debemos restablecer esa conexión dentro del ámbito del tiempo. Eso es exactamente lo que los *Jumashim* semanales han hecho. Pero habrá un punto final, una conclusión, un *Jumash* final que encienda la masa crítica que estaba justo a punto de detonar en el Monte Sinaí. Éste es el verdadero significado del Fin de los Días, la revelación de la sabiduría kabbalística **ahora**, de modo que podemos terminar la tarea de una vez por todas.

En el sentido mejor y más positivo del término, éste es verdaderamente "el fin del mundo". No una nube radioactiva en forma de hongo o una epidemia extendiéndose rápidamente, sino un cambio cuántico en el alma de la humanidad. Eso es lo que significa realmente el término "Mesías". Es la Redención Final, la transformación suprema de toda la humanidad.

Tú puedes experimentar esta transformación al conectarte con la energía de este libro. Aunque la ciencia nos dice que la velocidad de la luz nunca puede ser alcanzada, tú puedes verdaderamente alcanzar la velocidad de la Luz –la Luz del Creador– con las herramientas y las enseñanzas kabbalísticas en estas páginas. Está seguro que este libro no es solamente otro ejemplo de erudición bíblica. Semejante a la fórmula E=MC2, de Einstein, el *Jumash* kabbalístico revela una realidad nueva y más elevada. Lo que es más: el *Jumash* es también una herramienta para entrar a esa realidad. Y ahora estás invitado a pasar a través de esa puerta.

BERESHIT

LA LECCIÓN DE BERESHIT
(Génesis 1:1-6:8)

Esta es la primera vez en la historia que los conocimientos de Kabbalah, tradicionalmente ocultos a todos excepto a unos pocos, están revelando los secretos de la Creación a toda la humanidad. La configuración de la realidad misma se está alterando radicalmente y está transformando el destino de la humanidad, mientras el mundo da un paso gigantesco hacia un futuro que está finalmente perfeccionado. Al abrir nuestro corazón a esta verdad y sentir el anhelo de nuestras almas por su propia completitud, nos volvemos cada vez más conscientes de que el fin del drama de la existencia humana está en nuestras manos. Mientras lavamos los platos, hacemos ejercicio en el gimnasio, vamos de camino a la oficina o nos sentamos a contestar correos electrónicos, vale la pena que tengamos presente que toda esta actividad rutinaria simplemente forma parte de una misión para completar la Creación. Si nuestra vida parece irremediablemente insoportable, no lo es. En efecto, es tan esencial para el universo como la implosión de las estrellas y la explosión de nuevas galaxias.

"En el principio, creó Dios los cielos y la Tierra..." (Génesis 1:1)

Empezamos a releer la Torá (los Cinco Libros de Moshé) nuevamente justo después de las Fiestas Solemnes de Tishrei con la más resonante de todas las frases que abre el relato de la Creación al inicio de la Biblia. De esta forma, al imponer el año lunar cíclico por encima del tiempo lineal, la Biblia nos revela la oportunidad permanente para la transformación personal que existe gracias a la misericordia de Dios. La posibilidad es tan asombrosa como la Creación misma, dado que este es el verdadero propósito de la Creación. Es un recordatorio tanto de los orígenes de la humanidad como de nuestro objetivo. A medida que el gran ciclo vuelve una vez más a su principio, que es también el principio de todas las cosas, nos planteamos estas preguntas vitales: ¿Por qué creó Dios los cielos y la Tierra? ¿Quién soy yo? ¿Por qué estoy aquí?

Los kabbalistas dicen que el Creador es un tesoro escondido y que el mundo fue creado para que nosotros encontráramos a Dios. Si no hemos logrado encontrar al Creador, sólo significa que debemos buscar un poco más. A medida que revisamos el pasado año para prepararnos para el futuro —analizando nuestra vida con sus alegrías y penas, éxitos y fracasos— se vuelve obvio que lo que esperamos de un año nuevo y un nuevo inicio es mucho más que mayor felicidad y menor sufrimiento. Es la trascendencia de estas dos condiciones, estos dos grandes opuestos. Es liberarnos para siempre del ir y venir entre la felicidad y la desdicha, que es la experiencia de vida para la mayoría de nosotros. Tal experiencia nos ha mostrado que la felicidad es el espacio entre períodos de sufrimiento o el sufrimiento es el espacio entre períodos de felicidad. Ambos equivalen a lo mismo. En su lugar, el tipo de felicidad que buscamos es una felicidad interminable, una felicidad no perturbada por el sufrimiento.

Ya sea que llamemos a estas experiencias de dualidad Cielo y Tierra, bien y mal, positivo y negativo, o felicidad y sufrimiento, la verdad sigue siendo que Dios creó estos estados opuestos como el marco para un escenario sobre el cual se representaría el gran drama de la humanidad. El final de este drama es la reconciliación de los opuestos. Sin embargo, si las cosas van a ser distintas en el nuevo año, no quiere decir que las cosas tengan que cambiar, sino que es nuestra conciencia de ellas lo que debe cambiar. En otras palabras, nuestra propia conciencia debe cambiar.

Si verdaderamente vamos a comprender la declaración que da inicio a la Biblia, debemos entender que antes del Principio, no había ni Cielo ni Tierra. No había grandes opuestos, ni dualidad. Sólo existía el Pensamiento-Conciencia original del Creador, el Pensamiento de Unidad. Desde un punto de vista kabbalístico, el Creador y la creación son una unidad, así que no podemos estar tan separados del Creador como imaginamos estar.

La Biblia es un código cósmico, y la Kabbalah —la sabiduría y tecnología ancestrales y universales— es la clave para su entendimiento y nuestra transformación. Aunque apenas podemos apreciar el alcance y la verdadera complejidad de la Creación, la esencia de la Kabbalah, que está plasmada en la Biblia, es la simplicidad en sí misma: la unidad del Creador y la creación. Por lo tanto, comprender la Biblia es conectar —o reconectar— con el Creador, pues es una conexión que una vez tuvimos y luego perdimos. Conectar con el Creador es experimentar la unidad que trasciende a los opuestos. Por consiguiente, nuestras esperanzas para un año nuevo son idénticas al objetivo de la vida misma: regresar los muchos al Uno.

En esta frase introductoria de Génesis, la Biblia nos ofrece la clave para superar la inevitable negatividad de la vida. Ser plenamente consciente de la Unidad del Creador es ser inmune al sufrimiento, inamovible ante la derrota e invisible al caos. Ciertamente, los sabios del *Zóhar*, el texto principal de la Kabbalah, afirman en más de una ocasión que si una persona entendiera perfectamente el significado de esta primera frase de Génesis, no tendría necesidad de seguir leyendo.

Al igual que la creatividad es admirada por encima de todas las demás cualidades en un ser humano, la Biblia presenta la creatividad del Creador como la cualidad fundamental de Dios. La impensable vastedad e incomparable grandeza de este universo es amplio testimonio del poder de su Creador. La lectura de Génesis (Bereshit) nos brinda la oportunidad de conectar con la corriente de nuestra vida; con el poder de la Creación misma. La Kabbalah enseña que la forma y el sonido de las letras arameas en el texto original —incluso la pequeña corona que aparece encima de algunas letras— tienen la capacidad de transformar a un individuo, elevar un alma y hasta salvar una vida. Las palabras en sí mismas contienen un elemento de la Fuerza Divina Creativa. Al igual que en el universo, cada componente es crucial para el todo.

Como explica el *Talmud*, el Creador miró a la Biblia y luego creó el mundo según lo que ésta decía. Sin el poder espiritual de la Biblia y sus principios gobernantes, el mundo material y sus leyes físicas no existirían. Todas las demás leyes, incluidas las de la física, existen debido a la Ley Universal primaria, la Biblia. La gravedad misma, que permite a la Tierra dar vueltas alrededor de nuestro sol, está sujeta a esta Ley Universal fundamental. Efectivamente, tanto la Tierra como el Sol existen sólo a causa de ella. La Torá, la Biblia, es por lo tanto mucho más que un simple libro: es lo más que podemos acercarnos a la esencia de Dios.

Prestar mucha atención a la Biblia, abrir plenamente nuestra conciencia a su realidad y su poder, es colocarse en el centro de la Tierra, en el punto en calma alrededor del cual gira todo lo demás. Pues cuando conectamos con la energía de la Creación, contactamos al Creador, la Fuente y el Destino de todas las cosas, el punto quieto en un Universo de energía y movimiento furiosos. Una vez que percibimos la conexión directa de todo con este punto de quietud, podemos responder más fácilmente los diez mil "porqués".

¿Por qué hay una Creación? La respuesta se vuelve clara cuando entendemos que incluso nuestras posesiones físicas —y nuestro deseo de ellas— están presentes en nuestra vida únicamente a causa de la Ley Universal que es la Biblia. A pesar de las leyes espirituales que nos prohíben tomar las posesiones de otras personas, algo en nuestra naturaleza hace que deseemos cosas que pertenecen a los demás. ¿Por qué? De nuevo, la respuesta se vuelve clara una vez que entendemos que todo el propósito de este deseo —y ciertamente el propósito mismo de las posesiones físicas— es darnos la oportunidad de trascender el deseo por ellas. Por esta misma razón, el mundo material existe. Toda la Creación existe, por lo tanto, para suplantar la necesidad de que ésta exista. Cuando esa necesidad se desvanece, los muchos regresan al Uno, a la quietud máxima y la paz ilimitada. La semilla de todo esto está en el relato de la Creación. Al conectar con la energía de la Biblia a través de esta lectura guiada, estamos cumpliendo el propósito de la Creación.

Los sabios nos dicen que antes de que el mundo fuera creado, cada una de las letras arameas se presentó ante Dios y dijo: "¿Por qué no creas el mundo conmigo?".

El Creador explicó pacientemente a cada una de las letras por qué eso no era posible. Finalmente, la letra *Bet* apareció ante Dios y dijo: "¡Señor del Universo: crea el mundo conmigo! Pues conmigo todas las bendiciones en el Mundo Superior y en el Mundo Inferior vendrán a Ti porque yo soy la primera letra de la palabra aramea *brajá* (bendición)". El Creador fue persuadido por este argumento y accedió. Éste, se nos dice, es el motivo por el cual la Biblia —y por lo tanto la Creación misma del mundo— empieza con la letra *Bet*, de "bendición".

Rav Yehuda Áshlag, el fundador del Centro de Kabbalah en 1922, escribió un comentario en el *Zóhar* llamado el *Sulam* (La Escalera). En el *Sulam*, Rav Áshlag nos dice que la negatividad puede entrar solamente donde hay un vacío, un espacio para ella. Por lo tanto, puesto que la bendición del Creador está presente en todas partes, en los Mundos Superiores e Inferiores no hay abertura para las fuerzas negativas. Sin embargo, podemos crear una abertura para la negatividad a través de la calidad de nuestra conciencia, nuestras palabras y nuestras acciones. Al desconectarnos de la Luz y conectarnos a los deseos de nuestros egos, ofrecemos una entrada a la negatividad que siempre está preparada para inundar nuestras almas.

Así, vemos que la elección es siempre nuestra. El libre albedrío de la humanidad es inviolable, pero éste, el más grande de todos los dones, está acompañado de un gran peligro potencial. La mente y el corazón son campos de batalla en los cuales nuestras aspiraciones más elevadas luchan contra las más bajas. Ya sea que la hallemos en la política de las naciones o en la política del Espíritu, la libertad es mucho más difícil de soportar que la opresión y la esclavitud.

Al conectar con la energía de la Historia de Génesis, el mismísimo poder de la Creación, somos capaces de trascender las dualidades que causan el sufrimiento de la existencia material, logrando lo que Rav Berg a menudo menciona como "la Realidad del Árbol de la Vida". En esa Realidad, tenemos una conexión permanente con Dios, hemos alcanzado nuestro objetivo, y no es necesario hacer más trabajo espiritual. La existencia allí es un gozo interminable, formamos parte de la naturaleza propia del Creador. La conexión es permanente, constante y continua.

Al cultivar un entendimiento del proceso y el poder que hay en el relato de la Creación de Génesis, un relato que también contiene una conexión con el Árbol del Conocimiento del Bien y del Mal, estamos dando un paso decisivo. La Biblia nos está diciendo en realidad que pasar un año lineal esforzándonos por alcanzar la Luz resultará en un cambio cuantificable en la naturaleza de ese año, una diferencia que resultará obvia cuando el año cíclico vuelva de nuevo. Un reflejo de este proceso está incluso contenido dentro de la teoría de la relatividad, la cual explicó una vez Albert Einstein a una persona sin conocimiento científico como "la diferencia entre el tiempo que le toma al tren llegar a la estación y el tiempo que le toma a la estación llegar al tren". Cualquier movimiento que hacemos hacia la Luz resulta en un movimiento de la Luz hacia nosotros. Igual que el éxito es la recompensa del éxito, así también los anhelos espirituales se expanden rápidamente hacia la conexión Divina.

Sabemos cuál es la apariencia del éxito material, ¿pero quién es capaz de reconocer la felicidad verdadera en otra persona? No podemos comparar significativamente la felicidad de una persona con la de otra. Y nuestra propia felicidad se vuelve evasiva en el momento en que la cuestionamos, dándonos la pista de que es un estado del ser en lugar de alguna acción que está bajo nuestro control. En otras palabras, la felicidad es ser feliz. Así que debemos reevaluar la naturaleza de lo que significa conectar con la Luz. Nuestro enlace o conexión con la Luz se trata mucho más de dar los pasos hacia el cambio y la transformación interior que de entender la naturaleza de la Divinidad.

La Kabbalah proporciona la tecnología o la ciencia espiritual necesaria para mirar debajo de la superficie de la realidad y vislumbrar las leyes cósmicas que son la medida verdadera de todas las cosas. Una persona puede sentarse frente a una computadora pero carecer del conocimiento necesario para que esa computadora sea útil para ella. Si suponemos que hay muchos archivos en la máquina pero que por algún motivo están protegidos bajo una contraseña, el usuario debe tener la contraseña para acceder a la información que se halla en esos archivos. La Kabbalah puede concebirse como la contraseña que nos permite acceder al conocimiento divino, tan importante para nuestra iluminación y transformación. Igual que el entrenamiento necesario para desarrollar habilidades informáticas, también se requiere un entrenamiento avanzado para utilizar las herramientas que la Kabbalah tiene para ofrecer. Parte de este entrenamiento consiste en aprender a leer y entender la Biblia de una forma mucho más profunda e intuitiva de la que estamos acostumbrados.

Aunque todos nosotros podemos leer la Biblia, no todos la entendemos de la misma forma. Igual que hay muchas variedades de frutas de árboles distintos, cada persona entiende la Historia de Génesis —y por lo tanto conecta con ella— de forma única. Si bien existen los extremos de comprensión, la mayoría de nosotros nos encontramos en algún lugar en el medio espiritual. No somos malvados, pero estamos lejos de la perfección. Sentimos compasión y preocupación por las dificultades de los demás, pero la mayor parte del tiempo estamos absortos en nosotros mismos. Realmente anhelamos la Luz, pero nuestro anhelo se desvía constantemente por el mundo físico en el que vivimos.

Sin embargo, lo que importa no es dónde estamos o dónde pensamos que estamos, sino que cada uno de nosotros contiene una chispa de la Luz del Creador. Esa chispa es nuestra alma. Nosotros contenemos esta chispa porque, en el principio, todos nosotros éramos una manifestación infinita de la Luz. Por lo tanto, no estamos intentando llegar a una cumbre imposible de alcanzar, un lugar donde nadie ha estado antes. Estamos intentando recuperar una conciencia que sabemos que tenemos, pero que de alguna forma olvidamos.

Para que tenga lugar la plenitud de la Creación —la transformación final de la humanidad—, sólo necesitamos regresar a la conciencia de unión, nuestra Unidad esencial, a través de la Luz y con la Luz. En esto no hay jerarquías. Nadie es más ni menos importante; todos debemos alcanzar la misma conciencia. Cada uno es esencial, igual que cada ladrillo de una casa es esencial, aun cuando algunos ladrillos puedan parecer más grandes y fuertes que otros. No podemos tener ninguna conciencia de diferenciación en absoluto, pues la mínima sensación de sentirse superior o inferior impide el éxito de todo el proyecto. La democracia de espíritu es absoluta.

Hay una historia sobre Rav Berg que ilustra muy bien este punto. Al Rav le ofrecieron el puesto de Rabino Jefe de un gran templo en Holanda. Aunque él aceptó la invitación, el Rav preguntó si podía dar un discurso cuando estuviera allí, un discurso que sería abierto para todos en la comunidad. Una gran multitud acudió al discurso del Rav. Parecía que había mucha más gente en el discurso del Rav que la que atendía normalmente los servicios en los Días Sagrados. El Rav habló sobre Kabbalah, incluyendo sus toques característicos de física y matemática vanguardista. A la gente le encantó cada palabra del discurso.

Después de la charla, los líderes de la comunidad se acercaron a Rav Berg y le dijeron enérgicamente: "Definitivamente le queremos como nuestro rabino, pero no como el rabino del pueblo". Ellos querían que atendiera sólo a los asistentes habituales y no al público en general, quien podía tener un interés en aprender Kabbalah. Cuando oyó estas palabras, el Rav rechazó la oferta. Si no podía ser maestro de todos, explicó, no podría comprometerse con la tarea porque el mundo sólo puede ser transformado cuando lo consideramos en su totalidad como uno.

Para el Creador no hay superior ni inferior: la bendición de Dios está disponible para todo el mundo. Sin embargo, para conectar con esa bendición, debemos trabajar cada año para transformarnos más de lo que lo hicimos el año anterior. Reb Najman de Breslev dijo estas sabias palabras: "Si una persona no es mejor el día de hoy con respecto a ayer, ¿para qué necesita el mañana?". Necesitamos el mañana por la misma razón por la cual, en principio, estamos en este mundo: para revelar Luz a través de nuestra constante conexión con ella. La esencia espiritual de la Historia de Bereshit implica que sabemos de dónde vinimos, y por lo tanto quiénes somos. Comprender y conectar con esta poderosa historia de la Biblia nos imbuye de la fortaleza que necesitamos para lograr nuestro objetivo, requiriendo sólo que cambiemos nuestra naturaleza. Tal como señala el *Zóhar*, lo más difícil de hacer es cambiar uno mismo, sin embargo es lo único que hemos venido a hacer aquí; es más, es algo que tendremos que acabar haciendo de todas formas. ¿Por qué, entonces, estamos aplazando hacer algo que inevitablemente tenemos que hacer para poder escapar de la prisión de nuestra condición humana? Cada uno de nosotros sueña con la llave, pero cuando se nos entrega olvidamos que para abrir la puerta primero tenemos que girar la llave en la cerradura.

SINOPSIS DE BERESHIT

La semilla

Para la mayoría de las personas, el Libro de Génesis es simplemente el relato de un suceso histórico. Y lo cierto es que éste es un suceso trascendental, el acontecimiento más profundo e importante de toda la historia. Sin embargo, sigue viéndose como nada más que una historia del pasado distante, con escasa relevancia en la actualidad. No obstante, para el kabbalista, la historia bíblica de la Creación invoca el poder de una semilla. De la misma forma que la semilla de una manzana contiene el árbol entero desde la raíz inicial hasta el fruto final, la semilla de la Creación contiene la evolución espiritual completa de la humanidad. Así, la Historia de Bereshit contiene en su interior el resultado final de una humanidad perfeccionada viviendo en dicha eterna, unificada con la Luz del Creador.

Contenida dentro de los versículos iniciales de la historia de Bereshit está la energía espiritual de un año entero. Es como si nuestra alma naciera de nuevo. Estas siete lecturas tradicionales son como plántulas para los próximos doce meses, y en ellas la Biblia nos concede el poder de rediseñar, controlar y determinar la calidad de nuestras vidas, tanto individual como colectivamente. Por lo tanto, la Luz nutre estas plántulas de una forma que es única y sin precedentes.

Es una posibilidad asombrosa. La Luz que brilla de Bereshit extermina la raíz de todo mal. Se da un golpe mortal al mismísimo Ángel de la Muerte, allanando el camino para nuestra propia inmortalidad y realización infinita.

La Biblia relata los siete días de la Creación. En verdad, el proceso de la Creación es un modelo para el proceso que nosotros, las almas de la humanidad, debemos atravesar para eliminar las barreras que hemos colocado entre nosotros y la Luz. Lo que todos buscamos, en cada aspecto de nuestra vida, es la capacidad de reducir esta distancia para que podamos conectar profundamente con nuestros seres queridos, nuestros amigos, nuestra propia alma y la Fuente de toda realización: la Luz del Creador.

El propósito de esta lectura es construir un puente sobre este espacio y así erradicar la distancia entre nosotros y la Luz. Sin embargo, como en cualquier tarea, cuando le ponemos corazón a una meta, siempre hay un proceso por el que debemos pasar antes de que podamos lograr nuestro objetivo. Es este proceso (donde encontramos obstáculos, desafíos y confusión) lo que crea una abertura para la negatividad. Podemos inmunizarnos contra esta negatividad por medio de entender profundamente la Ley Universal que gobierna tales procesos de cambio.

PRIMERA LECTURA - AVRAHAM - JÉSED

1 ¹ **E**n el principio creó Dios el Cielo y la Tierra.

² Y la Tierra estaba sin forma y vacía, la oscuridad estaba sobre la faz del abismo, y el Espíritu de Dios se cernía sobre las aguas.

³ Y dijo Dios: "Sea la luz", y fue la luz.

⁴ Y vio Dios que la luz era buena: y apartó Dios la luz de la oscuridad.

⁵ Y llamó Dios a la luz "día", y a la oscuridad la llamó "noche". Y fue la noche y fue la mañana: Día Uno.

COMENTARIO DEL RAV

Tal como explica el *Zóhar*, hubo dos Creaciones, dos "versiones" separadas de Génesis. La más profunda y auténtica fue la Creación de la conciencia: un estado potencial inmaterial conocido en Kabbalah como el Reino del 99 Por Ciento. La otra Creación fue la formación del universo físico, conocido en Kabbalah como el Reino del 1 Por Ciento. El reino físico domina las vidas de la mayoría de las personas, pero debe colocarse en su perspectiva adecuada. La conciencia es el tú y yo reales. Tanto la ciencia como la Kabbalah están de acuerdo en que la dimensión física de nuestra existencia es mucho menos importante que —e incluso depende de— nuestra existencia como energía y conciencia inmaterial. Cuanto más entendamos esto, más seremos capaces de colocar el mundo material en su perspectiva adecuada

בְּרֵאשִׁית

Génesis 1:1 – Este es el estado embrionario fundamental que existía antes del Pecado de Adán (en adelante usaremos el nombre hebreo: Adam), en el cual todo se encontraba en un estado inmaculado de completitud. Este día se conoce como Día Uno, en lugar de día primero. El término "primero" sugiere más de uno, mientras que la palabra "uno" implica unidad, completitud y unión perfecta. Aquí eliminamos el "proceso" de nuestra vida; el tiempo y el espacio son erradicados. Cuando completemos nuestra Redención Final, regresaremos a este estado de unidad y ya no requeriremos de los procesos que nos llevaron hasta ahí. El Día Uno corresponde al domingo.

A medida que abrimos nuestro corazón a este texto, nuestras células y nuestra alma vuelven a ese estado de unión mientras nos sumergimos en las puras y prístinas aguas celestiales que nos limpian de toda nuestra negatividad.

La *Bet* grande: Como ya hemos aprendido, la razón por la cual fue creado el mundo con la letra *Bet*, en lugar de la letra *Álef* o cualquier otra letra es que *Bet* da inicio a la palabra aramea *brajá* (bendición). El significado interno de la palabra "bendición" incluye el concepto del libre albedrío y la capacidad de tomar decisiones. La bendición es nuestra retribución por las acciones de compartir de naturaleza proactiva. Cuando nos resistimos a nuestro egoísmo innato y nuestros deseos impulsados por el ego, y elegimos no reaccionar ante el caos, atraemos bendiciones a nuestra vida.

Rav Yehuda Tsvi Brandwein declaró en una carta que escribió a Rav Berg, su alumno, que

PRIMERA LECTURA - AVRAHAM – JÉSED

וְאֵת י"פ כוזו, י"פ טל, יו"ד הַשָּׁמַיִם אֵת מ"ה, ילה, אֱלֹהִים ב"ן ▸ קנ"א בָּרָא בְּרֵאשִׁית 1 1

וְזֶךְ וְבֹהוּ תֹהוּ הָיְתָה ע"ה דההין אלהים וְהָאָרֶץ 2 אתוה, ר"ת ע"הי דההין אלהים הָאָרֶץ

אֱלֹהִים דיודין אלהים מלוי וְרוּחַ ע"ה מ"ה י"פ בינה ▸ וחכמה תְהוֹם עַל-פְּנֵי ו"ו על מלכים ניצוצות שי"ך

מ"ה, ילה, אֱלֹהִים וַיֹּאמֶר 3 הַמָּיִם: בינה ▸ וחכמה עַל-פְּנֵי פרח מת מְרַחֶפֶת מ"ה, ילה,

אֶת-הָאוֹר מ"ה, ילה, אֱלֹהִים וַיַּרְא 4 אין-סוף, ר' אוֹר אֶל וַיְהִי אין-סוף, ר' אוֹר יְהִי

וּבֵין אין-סוף, ר' הָאוֹר בֵּין מ"ה, ילה, אֱלֹהִים וַיַּבְדֵּל וה"ו, אום, כִּי-טוֹב

לָאוֹר מ"ה, ילה, אֱלֹהִים אותיות ה' עם קס"א ב"פ = מלכים ו"ו על ניצוצות שי"ך וַיִּקְרָא 5 הַחֹשֶׁךְ

עֶרֶב אֶל וַיְהִי מלה לילה קָרָא מלכים ו"ו על ניצוצות שי"ך וְלַחֹשֶׁךְ זו, מזבח גבר, יוֹם אין-סוף, ר'

[פ] צמרכד: הפסוקים ר"ת דאהה, אהבה, זו, מזבח גבר, אֶחָד אֶל בֹקֶר-וַיְהִי יום יהוה יהוה רבוע אלהים רביע

"…la única vasija para la bendición es la paz, y el hombre se vuelve como una vasija en las manos del Creador, ya que en Dios ambos lados y extremos están unificados". En el momento de la Creación, todas las bendiciones de la Luz estaban ocultas, escondidas dentro de la Creación, esperando que el hombre las revelara a través de sus propias acciones. Esto es a lo que los sabios se refieren cuando dicen que "Dios es un tesoro escondido y el mundo fue creado para que la Luz pudiera ser encontrada". Por lo tanto, las bendiciones toman la forma de todas las alegrías y la realización que alguna vez podríamos desear. Igual que la luz blanca contiene todos los colores del arcoíris, las bendiciones contienen todas las variedades del gozo.

La letra *Vav* empieza cada una de las columnas del Rollo de la Torá, excepto por seis lugares donde se elige otra letra aramea de una palabra específica para empezar la columna. Estas otras letras son *Bet, Yud, Hei, Shin, Mem* y *Vav*, y representan las seis dimensiones (o *Sefirot*) del Árbol de la Vida, que son conocidas colectivamente en Kabbalah como *Zeir Anpín*. Según el *Zóhar*, en el momento de la Creación,

seis de las diez dimensiones o aspectos del Árbol de la Vida se contrajeron para fusionarse en una dimensión conocida como *Zeir Anpín*. Esto dejó cuatro dimensiones que conforman nuestro mundo tridimensional, más la cuarta dimensión de tiempo-espacio. El *Zóhar* explica:

La forma de la letra Vav de Yud, Hei, Vav y Hei implica que el Mundo Superior, que es Zeir Anpín, inicia una extensión para brillar sobre el Mundo Inferior, que es Maljut. Esta extensión es afectada por seis extremidades, a saber: las Sefirot de Jésed, Guevurá, Tiféret, Nétsaj, Hod y Yesod, que están totalmente interconectadas. Una Sefirá es la imagen de la siguiente, y cada una de las seis extremidades brilla de forma similar a las demás. Por lo tanto, por medio de las Emanaciones del Creador de Bondad amorosa (Jésed), Juicio (Guevurá), Belleza (Tiféret), Eternidad (Nétsaj), Esplendor (Hod) y Fundación (Yesod), Zeir Anpín es nuestro canal para la Luz de arriba.

– El Zóhar, Bereshit (Zóhar Jadash) 120

[6] Y dijo Dios: "Haya un espacio entre las aguas, y sepárese el agua del agua". [7] E hizo Dios el espacio, y apartó el agua que estaba debajo del espacio grande del agua que estaba sobre el espacio; y fue así.

[8] Y llamó Dios "cielo" al espacio; y fue la noche y fue la mañana: Día Segundo.

[9] Y dijo Dios: "Júntense las aguas que están debajo del cielo en un lugar, y descúbrase lo seco"; y fue así.

[10] Y llamó Dios a lo seco "tierra", y a la reunión de las aguas las llamó "mares"; y vio Dios que era bueno. [11] Y dijo Dios: "Produzca la tierra hierba verde, hierba que haga simiente; árboles frutales que den fruto según su género", que su simiente esté en él sobre la tierra; y fue así.

[12] Y produjo la tierra hierba verde, hierba que hace simiente según su naturaleza, y árbol que hace fruto, cuya simiente está en él según su naturaleza; y vio Dios que era bueno

---

וַיֹּאמֶר

Génesis 1:6 – A diferencia del Día Uno, que procede de una unidad simple, elegante e irreducible, el segundo día trae consigo el nacimiento de la separación. Uno se convierte en dos y, por lo tanto, la unidad se rompe. En su lugar vinieron los grandes opuestos del caos y la armonía que todavía gobiernan nuestro universo hoy en día, y el Zóhar nos dice que como resultado de la dualidad irresoluta, en este segundo día se creó el Infierno.

> *En la obra de la Creación, hubo una disputa entre la izquierda y la derecha. Y en esa disputa, que provocó la izquierda, se creó Guehinom (Infierno), y Guehinom se aferró a la izquierda.*
> *– El Zóhar, Bereshit A 6:45*

Esto implica los riesgos que surgen de la desunión y la discordia entre la gente, y que nunca debemos subestimar este peligro. Vale la pena mencionar que este es el único día de la Creación al final del cual Dios no dijo que era bueno.

Para sanar esta herida de división, debemos encender una fuerza unificadora, una Luz Divina que irradie su rayo sobre nuestro mundo donde el uno ha sido fragmentado en los muchos, iluminando nuestro camino de regreso al Reino del Uno. De esta Luz recibimos inspiración y sabiduría para ser almas independientes e interdependientes. Debemos adquirir la capacidad de unificar las partes en un todo, al mismo tiempo que conservamos nuestra individualidad a medida que trabajamos juntos en unión a fin de asegurarnos de que no haya espacio para que entren las fuerzas negativas.

El segundo día de la Creación corresponde tradicionalmente al lunes.

Por consiguiente, los sabios nos aconsejan que evitemos iniciar cualquier nuevo proyecto en este día de fragmentación, puesto que proporciona una abertura para que entren las fuerzas negativas e infecten nuestra empresa.

וַיֹּאמֶר

Génesis 1:9 – El tercer día corresponde a la creación de lo que se conoce como la energía de la *Columna Central*. Según la Kabbalah, hay tres fuerzas de energía primordiales en la esencia de toda la existencia: las *Columnas Derecha, Izquierda* y *Central*.

• La *Columna Derecha* representa la fuerza positiva (+) de compartir, asociada con el alma y el Deseo de Compartir.
• La *Columna Izquierda* representa la fuerza negativa (-) de recibir, asociada con el ego y el Deseo de Recibir.

וַיֹּאמֶר אֱלֹהִים יהֹ, מוּם יְהִי רָקִיעַ בְּתוֹךְ הַמָּיִם וִיהִי מַבְדִּיל בֵּין מַיִם ‎6

לְמָיִם: 7 וַיַּעַשׂ אֱלֹהִים יהֹ, מוּם אֶת־הָרָקִיעַ וַיַּבְדֵּל בֵּין הַמַּיִם אֲשֶׁר

מִתַּחַת לָרָקִיעַ וּבֵין הַמַּיִם אֲשֶׁר מֵעַל לָרָקִיעַ עלם וַיְהִי־כֵן אל 8 וַיִּקְרָא

עם ה' אותיות = ב"פ קס"א אֱלֹהִים יהֹ, מוּם לָרָקִיעַ שָׁמָיִם י"פ טל, י"פ כוזו וַיְהִי־עֶרֶב אל

רבוע אלהים רבוע יהוה וַיְהִי־בֹקֶר יוֹם נגד, זך, מזבוח שֵׁנִי: [פ] 9 וַיֹּאמֶר אֱלֹהִים יהֹ, מוּם

יִקָּווּ הַמַּיִם מִתַּחַת הַשָּׁמַיִם י"פ טל, י"פ כוזו אֶל־מָקוֹם יהוה ברבוע אֶחָד אהבה, דאגה

וְתֵרָאֶה הַיַּבָּשָׁה וַיְהִי־כֵן אל 10 וַיִּקְרָא עם ה' אותיות = ב"פ קס"א אֱלֹהִים יהֹ, מוּם

לַיַּבָּשָׁה אֶרֶץ אלהים דאלפין וּלְמִקְוֵה אלהים ← אדני הַמַּיִם קנ"א, אלהים קָרָא יַמִּים גלך וַיַּרְא

אֱלֹהִים יהֹ, מוּם כִּי־טוֹב והו, אוֹם: 11 וַיֹּאמֶר אֱלֹהִים יהֹ, מוּם תַּדְשֵׁא הָאָרֶץ

אלהים דההן ע"ה דֶּשֶׁא עֵשֶׂב ע"ה מזריע זֶרַע זֶרַע עֵץ ע"ה קס"א פְּרִי ע"ה אלהים דאלפין

עֹשֶׂה פְּרִי ע"ה אלהים דאלפין לְמִינוֹ אֲשֶׁר זַרְעוֹ־בוֹ עַל־הָאָרֶץ אלהים דההן ע"ה

וַיְהִי־כֵן אל 12 וַתּוֹצֵא הָאָרֶץ אלהים דההן ע"ה דֶּשֶׁא עֵשֶׂב ע"ה שמות מזריע

זֶרַע לְמִינֵהוּ וְעֵץ ע"ה קס"א עֹשֶׂה־פְּרִי ע"ה אלהים דאלפין אֲשֶׁר זַרְעוֹ־בוֹ לְמִינֵהוּ

• La *Columna Central* corresponde al don del libre albedrío que nos permite resistirnos a los deseos egoístas que nacen del ego y elegir vivir la vida según la voluntad de nuestra alma. Esto resulta en el Deseo de Recibir para Compartir.

No somos entidades desamparadas, divididas por fuerzas opuestas; en lugar de eso tenemos la capacidad —nuestro libre albedrío— de discernir y, por lo tanto, elegir qué fuerza queremos activar. Caer bajo la seductora influencia de la *Columna Izquierda*, conocida como la Inclinación al Mal, requiere no tanto un acto deliberado sino la ausencia de esfuerzo, mientras que elevarse hasta la influencia sublime de la *Columna Central* requiere un gran esfuerzo. Escalar una montaña es difícil, como nos dicen los sabios, pero caerse de la montaña no requiere ningún esfuerzo.

Igual que la oscuridad no es el opuesto de la luz sino la ausencia de luz (no siendo la ausencia de una cualidad, en sentido estricto, una cualidad en sí misma), el mal no debe percibirse como lo opuesto al bien, sino como la ausencia del bien. De la misma forma, el caos es meramente la ausencia de armonía. Recordar esto puede proporcionarnos el deseo y la fortaleza que se requieren para hacer el esfuerzo de escapar de las garras de la Inclinación al Mal.

Para cada triunfo individual sobre los impulsos de la Inclinación al Mal, la conciencia colectiva de la humanidad también se eleva un nivel más y se fortifica permanentemente contra las influencias de las fuerzas negativas que habitan dentro de la *Columna Izquierda*. Por lo tanto, no sólo vamos a batallar contra nuestra propia negatividad, sino también en nombre de toda la humanidad; saber esto puede fortalecer nuestra decisión de continuar esforzándonos en revelar la Luz, sean cuales sean los obstáculos o desafíos que podamos encontrar.

13 Y fue la noche y fue la mañana: Día Tercero. 14 Dijo Dios: "Haya lumbreras en el firmamento celeste, para separar el día de la noche, y sirvan de señales para las estaciones y los días y los años;

15 y sean lumbreras en el firmamento celeste para alumbrar sobre la Tierra". Y así fue.

16 Hizo Dios las dos lumbreras mayores; la lumbrera grande para gobernar el día, y la lumbrera pequeña para gobernar la noche, e hizo las estrellas;

17 y las puso Dios en el firmamento celeste para alumbrar sobre la tierra,

18 para gobernar el día y la noche, y para apartar la luz de la oscuridad; y vio Dios que era bueno. 19 Y fue la noche y fue la mañana: Día Cuarto.

Se dice que una mariposa que mueve sus alas en Japón puede causar la formación de un tornado en algún lugar de Estados Unidos. Igual que los patrones meteorológicos dependen de millones de pequeños factores y causas, todas las acciones humanas están también interconectadas, y por ese motivo resulta muy difícil encontrar la causa raíz de todo lo que sucede. La verdad es que hay miles de causas para cada acción y reacción, y ninguna de ellas en esta gran bola enmarañada de hilo puede desenredarse de las demás. Lo mismo ocurre con las historias y los destinos interconectados de la humanidad.

En el tercer día de la Creación, "Vio Dios que era bueno" (Génesis 1:12). Aquí aprendemos que la *Columna Central*, que es nuestra voluntad para rechazar el comportamiento egoísta, propaga benevolencia tanto en nuestra vida individual como en las vidas del resto de personas de todo el mundo. Por consiguiente, nuestra responsabilidad hacia la calidad de todas estas vidas debe motivarnos, aun cuando nuestra responsabilidad hacia nuestra propia vida no lo haga. Cuando hacemos una conexión genuina con esta lectura, la benevolencia emana hacia toda la existencia.

וַיֹּאמֶר

Génesis 1:14 – El cuarto día trae consigo la semilla del origen de la envidia, que los kabbalistas identifican como la raíz de todo mal. Leemos en el *Zóhar* que la Luna y el Sol tuvieron una vez la misma importancia y el mismo valor

en el cielo. Pero la Luna no estaba satisfecha con su estatura y deseaba ser más grande que el Sol, para ser ciertamente considerada el único monarca del cosmos.

La Luna no estaba cómoda con el Sol porque se sentía avergonzada ante él. La Luna le dijo AL SOL: "¿Dónde apacientas a tu rebaño, dónde sesteas al mediodía?" (Cantar de los cantares 1:7). ESTO ES COMO DECIR: ¿Cómo puede una vela pequeña brillar al mediodía? "¿Por qué debo ser yo como una que se cubre con velo?" (ibid.). Esto es: ¿Cómo puedo permanecer en la vergüenza? Entonces se rebajó a sí misma para ser la cabeza de los seres inferiores, como está escrito: "Sigue tu camino tras los pasos de tu rebaño" (ibid. 8). Así, Dios le dijo: "Ve adelante y disminúyete".
– El Zóhar, Bereshit A 10:113

Considera cómo este escenario se reproduce a diario en nuestra vida. Incesantemente, miramos con ojos envidiosos los bienes físicos y espirituales de nuestros amigos y vecinos, aun cuando puede que a menudo nosotros mismos poseamos esos mismos tesoros. Es nuestra naturaleza anhelar ciegamente lo que otros poseen, sin embargo lo hacemos sin ni siquiera pensar en el precio que pueden haber pagado en la vida para adquirir sus posesiones.

El asunto en el cual debemos enfocarnos aquí es el despertar de la conciencia que se requiere antes de que lleguemos a poder entender el principio más fundamental de todos los principios que operan en la vida: causa y efecto. Este

וַיַּרְא אֱלֹהִים יְלה, מזם כִּי־טוֹב והו, אום: 13 וַיְהִי־עֶרֶב אל רבוע אלהים רבוע יהוה וַיְהִי
אל בֹּקֶר יוֹם נגד, ז, מזבוז שְׁלִישִׁי: [פ] 14 וַיֹּאמֶר אֱלֹהִים יְלה, מזם יְהִי מְאֹרֹת
בִּרְקִיעַ הַשָּׁמַיִם יֵ"פ טל, יֵ"פ כוזו לְהַבְדִּיל בֵּין הַיּוֹם נגד, ז, מזבוז וּבֵין הַלַּיְלָה מלה
וְהָיוּ לְאֹתֹת וּלְמוֹעֲדִים וּלְיָמִים גלך וְשָׁנִים: 15 וְהָיוּ לִמְאוֹרֹת בִּרְקִיעַ
הַשָּׁמַיִם יֵ"פ טל, יֵ"פ כוזו לְהָאִיר עַל־הָאָרֶץ אלהים דההין ע"ה וַיְהִי־כֵן אל: 16 וַיַּעַשׂ
אֱלֹהִים יְלה, מזם אֶת־שְׁנֵי הַמְּאֹרֹת הַגְּדֹלִים לההו, מבה, יזל, אום אֶת־הַמָּאוֹר
הַגָּדֹל לההו, מבה, יזל, אום לְמֶמְשֶׁלֶת הַיּוֹם נגד, ז, מזבוז וְאֶת־הַמָּאוֹר הַקָּטֹן
לְמֶמְשֶׁלֶת הַלַּיְלָה מלה וְאֵת הַכּוֹכָבִים: 17 וַיִּתֵּן אֹתָם אֱלֹהִים יְלה, מזם
בִּרְקִיעַ הַשָּׁמָיִם יֵ"פ טל, יֵ"פ כוזו לְהָאִיר עַל־הָאָרֶץ אלהים דההין ע"ה: 18 וְלִמְשֹׁל
בַּיּוֹם נגד, ז, מזבוז וּבַלַּיְלָה מזבוז וּלֲהַבְדִּיל בֵּין הָאוֹר ר', אין־סוף וּבֵין הַחֹשֶׁךְ
שׁ"ך ניצוצות של ו' מלכים וַיַּרְא אֱלֹהִים יְלה, מזם כִּי־טוֹב והו, אום: 19 וַיְהִי־עֶרֶב אל

---

paquete significa que todo viene con un precio. Las posesiones materiales tienen el precio más elevado, combinado con el plan de pago más largo: tu vida. Este precio incluye dolor físico y sufrimiento emocional. Es más, como admitirá de inmediato cualquier persona que haya adquirido muchas posesiones materiales, tales posesiones proporcionan la menor cantidad de placer.

Los tesoros espirituales, por otra parte, son una ganga. Su precio es sólo el ego que de todas formas no queremos ni necesitamos, y el placer que proporcionan dura por toda la eternidad.

La Luz que emana de este cuarto día está diseñada para erradicar la envidia de nuestra naturaleza interna. Podemos desarraigar y exterminar la semilla cósmica de la envidia, acabando con su régimen tiránico sobre los corazones humanos. Cuando entendamos esto, nacerá en nosotros una apreciación más profunda por nuestra propia fortuna en la vida, trayéndonos en su despertar la paz interna y la satisfacción que verdaderamente deseamos para llenar el espacio dentro de nuestra alma.

Tal como escribió Rav Brandwein en una de sus extraordinarias cartas a Rav Berg: "...Y es siempre así, porque si caminamos por el sendero recto, atraemos toda la bondad, pero si, ¡el Cielo no lo permita!, no caminamos por el sendero del bien, atraemos al Opuesto. Esta ley es inviolable".

En el *Zóhar*, en Bereshit A párrafo 458, se explica que Caín (en adelante: Kayín) mató a Abel (en adelante: Hével), no sólo porque Dios había rechazado su ofrenda, sino también porque estaba envidioso de la segunda esposa de su hermano. Este suceso antiguo y decisivo en la historia de la humanidad, tal como cuenta la Biblia, es un buen ejemplo de cómo el mal penetra en el mundo como resultado de la envidia.

Los kabbalistas nos han recomendado debidamente que intentemos evitar iniciar nuevos proyectos en el segundo día (lunes) —la primera separación real de la Luz— y nos aconsejan lo mismo para el cuarto día (miércoles) porque este fue el día en que nació el mal.

²⁰ *Dijo Dios: "Que las aguas se llenen de una multitud de animales vivientes, y vuelen aves sobre la tierra, frente al firmamento celeste".* ²¹ *Y Dios creó los grandes monstruos marinos y todo ser viviente que se arrastra, de los cuales, según su especie, están llenas las aguas, y toda ave según su especie. Y Dios vio que era bueno.*

²² *Dios los bendijo, diciendo: "Sean fecundos y multiplíquense, y llenen las aguas en los mares, y multiplíquense las aves en la tierra".* ²³ *Y fue la noche y fue la mañana: Día Quinto.* ²⁴ *Entonces dijo Dios: "Produzca la tierra seres vivientes según su especie: ganados, reptiles y animales salvajes según su especie". Y así fue.*

²⁵ *Dios hizo los animales salvajes según su especie, y el ganado según su especie, y todo lo que se arrastra sobre la tierra según su especie. Y Dios vio que era bueno.* ²⁶ *Y dijo Dios: "Hagamos un hombre a Nuestra imagen, conforme a Nuestra semejanza; y ejerza dominio sobre los peces del mar, sobre las aves del cielo, sobre los ganados, sobre toda la tierra, y sobre todo reptil que se arrastra sobre la tierra".* ²⁷ *Dios formó al hombre a imagen Suya, a imagen de Dios lo formó; varón y hembra los formó.* ²⁸ *Dios los bendijo y les dijo: "Fructifiquen y multiplíquense. Llenen la tierra y sométanla. Ejerzan dominio sobre los peces del mar, sobre las aves del cielo y sobre todo ser viviente que se mueve sobre la tierra".*

וַיֹּאמֶר   וַיֹּאמֶר

Génesis 1:20 – Según el *Zóhar*, el quinto día, cuando Dios creó a todas las criaturas, nos une a la verdadera Luz de la Biblia. Por lo tanto, esta onda de Luz puede ser vista como nuestro cordón umbilical, el cual nos une al Creador a lo largo del año entrante.

Conectarnos con esta Luz a un nivel profundo enriquece y fortalece nuestra asociación continua con la emanación infinita de energía Divina, trayendo fuerza y claridad a nuestro, de otra forma implacable, arduo y duro trabajo en esta oscura dimensión material. Somos capaces de extraer de la Biblia sustento para nuestra vida, como si fuera alimento y bebida.

Rav Yitsjak Luria (el Arí) escribió:

> *"Nuestro Dios se deleita en la Biblia, que se compara con el agua como en: 'todos los sedientos, vengan a las aguas'" (Isaías 55:1).*
> *– Los Escritos del Arí, Recopilaciones de la Torá 4*

Génesis 1:24 – El hombre fue creado en el sexto día. La Luz que irradia de esta acción nos habilita con el don Divino del libre albedrío. A medida que adquirimos la sabiduría y la fuerza requeridas para tomar las decisiones adecuadas en la vida, la elección clave siempre es nuestra. Podemos elegir tomar el camino del materialismo, que es en definitiva un camino de dolor y sufrimiento, o podemos elegir crecer espiritualmente a través de la subyugación de nuestros deseos impulsados por el ego. Aunque este segundo camino nos llevará mucho más tiempo, nos guiará inevitablemente a la limpieza de nuestro comportamiento egocéntrico. Cuando elegimos la espiritualidad en vez del materialismo, cuando elegimos una acción espiritual y la elevación del alma, ayudamos también a toda de la Creación a elevarse. Debemos tomar nota de las acciones de Moshé cuando suplicaba por su pueblo; al hacerlo, estaba llevando a cabo una acción justa que ayudaba a proteger y elevar a muchos otros además de a sí mismo. En los escritos del Arí, Rav Jayim Vital dice:

> *Mi maestro también me dijo que tengo que hacer que los malvados obtengan más mérito, aún más que otras personas,*

רבוע אלהים רבוע יהוה אל ־בֹּקֶר יוֹם נגד, זז, מזבח רְבִיעִי: [פ] 20 וַיֹּאמֶר אֱלֹהִים

ילה, מום יִשְׁרְצוּ הַמַּיִם שֶׁרֶץ נֶפֶשׁ רמ"ח ± ד' הויות וֹזִיה וְעוֹף ציון, יוסף, ו"פ יהוה, ה"פ אל

יְעוֹפֵף עַל־הָאָרֶץ אלהים דההין ע"ה עַל־פְּנֵי וחכמה ± בינה רְקִיעַ הַשָּׁמָיִם י"פ טל, י"פ כוזו:

21 וַיִּבְרָא אֱלֹהִים ילה, מום אֶת־הַתַּנִּינִם הַגְּדֹלִים לההו, מבה, אום וְאֵת כָּל ילי

־נֶפֶשׁ רמ"ח ± ד' הויות הַחַיָּה | הָרֹמֶשֶׂת אֲשֶׁר שָׁרְצוּ הַמַּיִם לְמִינֵהֶם וְאֵת כָּל

־עוֹף ילי ציון, יוסף, ו"פ יהוה, ה"פ אל כָּנָף ע"ה ה"פ אל לְמִינֵהוּ אלהים קנ"א ± אדני וַיַּרְא אֱלֹהִים ילה, מום

כִּי־טוֹב והו, אום: 22 וַיְבָרֶךְ עסמ"ב אֹתָם אֱלֹהִים ילה, מום לֵאמֹר פְּרוּ וּרְבוּ וּמִלְאוּ

אֶת־הַמַּיִם בַּיַּמִּים נלך וְהָעוֹף ציון, יוסף, ו"פ יהוה, ה"פ אל יִרֶב בָּאָרֶץ אלהים דאלפין:

23 וַיְהִי ־עֶרֶב אל רבוע אלהים רבוע יהוה וַיְהִי אל ־בֹּקֶר יוֹם נגד, זז, מזבח וַחֲמִישִׁי: [פ]

24 וַיֹּאמֶר אֱלֹהִים ילה, מום תּוֹצֵא הָאָרֶץ אלהים דההין ע"ה נֶפֶשׁ רמ"ח ± ד' הויות וֹזִיה

לְמִינָהּ בְּהֵמָה ב"ן, לכב וָרֶמֶשׂ וְחַיְתוֹ־אֶרֶץ אלהים דאלפין לְמִינָהּ וַיְהִי אל ־כֵן:

25 וַיַּעַשׂ אֱלֹהִים ילה, מום אֶת־חַיַּת הָאָרֶץ אלהים דההין ע"ה לְמִינָהּ וְאֶת־הַבְּהֵמָה

ב"ן, לכב לְמִינָהּ וְאֵת כָּל ילי ־רֶמֶשׂ הָאֲדָמָה לְמִינֵהוּ וַיַּרְא אֱלֹהִים ילה, מום

כִּי־טוֹב והו: 26 וַיֹּאמֶר אֱלֹהִים ילה, מום נַעֲשֶׂה אָדָם מ"ה בְּצַלְמֵנוּ כִּדְמוּתֵנוּ

וְיִרְדּוּ ריו בִדְגַת הַיָּם ובעוף ילי וּבָעוֹף ציון, יוסף, ו"פ יהוה, ה"פ אל הַשָּׁמַיִם י"פ טל, י"פ כוזו

וּבַבְּהֵמָה ב"ן, לכב וּבְכָל ־הָאָרֶץ אלהים דההין ע"ה וּבְכָל לכב הָרֶמֶשׂ הָרֹמֵשׂ

עַל־הָאָרֶץ אלהים דההין ע"ה: 27 וַיִּבְרָא אֱלֹהִים ילה, מום אֶת־הָאָדָם | מ"ה בְּצַלְמוֹ

בְּצֶלֶם ע"ה קס"א אֱלֹהִים ילה, מום בָּרָא קנ"א ± ב"ן אֹתוֹ זָכָר וּנְקֵבָה בָּרָא קנ"א ± ב"ן

אֹתָם: 28 וַיְבָרֶךְ עסמ"ב אֹתָם אֱלֹהִים ילה, מום וַיֹּאמֶר לָהֶם אֱלֹהִים ילה, מום פְּרוּ

---

puesto que todos los malvados de esta generación son como las multitudes mixtas, que tienen mayormente su raíz en Kayín, en la cual hay chispas buenas mezcladas con una porción mayor de maldad. Por lo tanto, tengo que restaurarlos porque ellos son de mi propia raíz. No solo eso, sino que a través de mis acciones puedo restaurar hasta a los malvados de las generaciones de los antiguos, quienes vivían en tiempos primigenios, y están ahora en Guehinom (el Infierno); puedo elevarlos de Guehinom y ponerlos en cuerpos para que vengan a este mundo y sean corregidos.

*– Los Escritos del Arí:
La Puerta de la Reencarnación 38*

29 Y les dijo Dios: "He aquí que Yo les he dado a ustedes toda planta que da semilla que hay en la superficie de toda la tierra, y todo árbol que tiene fruto que da semilla; esto les servirá de alimento. 30 Y a todo animal de la tierra, a toda ave del cielo y a todo lo que se mueve sobre la tierra, y que tiene alma, les he dado toda planta verde para alimento". Y así fue. 31 Dios vio todo lo que había hecho; y era muy bueno. Y fue la noche y fue la mañana: Día Sexto.

2 1 Así fueron acabados el cielo y la tierra y todas sus multitudes. 2 Y completó Dios en el Día Séptimo la obra que había estado haciendo, y reposó en el día séptimo de toda la obra que había hecho. 3 Dios bendijo el Día Séptimo y lo santificó, porque en él reposó de toda la obra que Él había creado y hecho.

SEGUNDA LECTURA - YITSJAK - GUEVURÁ

4 Estos son los orígenes del cielo y de la Tierra cuando fueron creados, el día en que el Eterno Dios hizo la Tierra y el cielo.

וַיְכֻלּוּ

Génesis 2:1 – Para el kabbalista, el concepto del día de descanso en *Shabat* es un código. La palabra "descanso" alude a un reino más allá del tiempo, el espacio o el movimiento, una dimensión de quietud infinita, totalidad irreducible y perfecta unidad. Este reino sagrado es la personificación misma de la Luz espiritual. Por lo tanto, en *Shabat* nuestras almas están destinadas a ascender a esta realidad sublime para que podamos limpiarnos y purificarnos, erradicando así la carga de las energías negativas que hemos acumulado en esta vida y durante vidas pasadas. Así pues, para el kabbalista, lejos de ser *Shabat* un "día de descanso" es, de hecho, el día de la semana que requiere el trabajo más duro de nuestra parte. Esto se debe a que no hay labor más rigurosa y exigente que el proceso de identificar y desarraigar los elementos egocéntricos de nuestra naturaleza. Sin embargo, a pesar de este arduo trabajo, *Shabat* es un día de alegría.

Cuando leemos sobre *Shabat* en el día sábado, y nos conectamos con las palabras de Génesis y las contemplamos, somos capaces de despertar en nosotros más fácilmente el arrepentimiento por aquellas acciones incorrectas y de confesar en nuestro corazón los pequeños celos y numerosos defectos de carácter que nos han obstaculizado en nuestra búsqueda de la Luz. Pocas acciones son más difíciles que la verdadera confesión del error, pero es esta misma dificultad la que proporciona la fuerza para utilizar la admisión de nuestras iniquidades pasadas para purificar nuestra alma. Este acto de arrepentimiento invoca a la Luz de todos los días de *Shabat* desde el inicio de los tiempos para que acuda a nuestra ayuda. En *La Puerta de la Reencarnación*, encontramos al Arí disertando sobre este mismo tema mientras explica la máxima de que: "cualquier hombre puede ser como Moshé si desea que sus acciones sean más puras…". Todo lo que se interpone entre nosotros y la cumbre de la conexión total con la Luz y la completa realización es nuestra conciencia, cuya naturaleza —elevada o degradada— es una consecuencia directa de nuestras acciones en esta vida y en vidas pasadas. Sin embargo, sean cuales fueren nuestras acciones pasadas, pueden ser expiadas y trascendidas, elevándonos a la condición esencial de unidad absoluta con la Luz en la vida con la que ahora hemos sido bendecidos.

וּרְב֥וּ וּמִלְא֖וּ אֶת־הָאָ֑רֶץ אלהים דההון ע"ה וְכִבְשֻׁ֑הָ וּרְד֞וּ י"ה אהיה בִּדְגַ֤ת הַיָּם֙

וּבְע֣וֹף ציון, יוסף, ו"פ יהוה, ה"פ אל הַשָּׁמַ֔יִם י"פ טל, י"פ כוזו וּבְכָל־לכב ־חַיָּ֖ה הָרֹמֶ֥שֶׂת

עַל־הָאָֽרֶץ אלהים דההון ע"ה: 29 וַיֹּ֣אמֶר אֱלֹהִ֗ים ילה, מזם הִנֵּה֩ מ"ה יה נָתַ֨תִּי לָכֶ֜ם

אֶת־כָּל־ ־עֵ֣שֶׂב ילי ע"ב שמות | זֹרֵ֣עַ זֶ֗רַע אֲשֶׁר֙ עַל־פְּנֵ֣י וחכמה - בינה כָל־ילי הָאָ֔רֶץ

אלהים דההון ע"ה וְאֶת־כָּל־ ילי הָעֵ֛ץ ע"ה קס"א אֲשֶׁר־בּ֥וֹ פְרִי־ ע"ה אלהים דאלפין עֵ֖ץ ע"ה קס"א

זֹרֵ֣עַ זָ֑רַע יי לָכֶ֥ם יִֽהְיֶ֖ה י"י - אדני לְאָכְלָֽה: 30 וּלְכָל־ יה - אדני חַיַּ֣ת הָ֠אָרֶץ אלהים דההון ע"ה

וּלְכָל־ יה - אדני עוֹף֩ הַשָּׁמַ֨יִם י"פ טל, י"פ כוזו ציון, יוסף, ו"פ יהוה, ה"פ אל הַשָּׁמַ֜יִם וּלְכֹ֣ל ׀ יה - אדני

רוֹמֵ֣שׂ עַל־הָאָ֗רֶץ אלהים דההון ע"ה אֲשֶׁר־בּוֹ֙ נֶ֣פֶשׁ רמ"ח - ז' הויות חַיָּ֔ה וָזָ֤ה ילי אֶת־כָּל־

־יֶ֥רֶק עֵ֖שֶׂב ע"ב שמות לְאָכְלָ֑ה וַֽיְהִי־ אל ־כֵֽן: 31 וַיַּ֣רְא אֱלֹהִ֗ים ילה, מזם אֶת־כָּל־

ילי אֲשֶׁ֣ר עָשָׂ֔ה מ"ה יה וְהִנֵּה־ ־ט֖וֹב רבוע אלהים רבוע יהוה מְאֹ֑ד והו וַֽיְהִי־ מ"ה יה אל ־עֶ֥רֶב

וַֽיְהִי־ אל ־בֹ֖קֶר י֣וֹם נגד, זן, מזבח הַשִּׁשִּֽׁי: [פ] 1 2 וַיְכֻלּ֛וּ ע"ב, ריבוע יהוה הַשָּׁמַ֥יִם

י"פ טל, י"פ כוזו וְהָאָ֖רֶץ אלהים דההון ע"ה, ר"ת והו וְכָל־ ילי ־צְבָאָֽם: 2 וַיְכַ֤ל אֱלֹהִים֙ ילה, מזם

בַּיּ֣וֹם נגד, זן, מזבח הַשְּׁבִיעִ֔י מְלַאכְתּ֖וֹ אֲשֶׁ֣ר עָשָׂ֑ה מ"ה יה וַיִּשְׁבֹּת֙ בַּיּ֣וֹם נגד, זן, מזבח

הַשְּׁבִיעִ֔י מִכָּל־ ילי ־מְלַאכְתּ֖וֹ אֲשֶׁ֥ר עָשָֽׂה: 3 וַיְבָ֤רֶךְ עסמ"ב אֱלֹהִים֙ ילה, מזם

אֶת־י֣וֹם נגד, זן, מזבח הַשְּׁבִיעִ֔י וַיְקַדֵּ֖שׁ אֹת֑וֹ כִּ֣י ב֤וֹ שָׁבַת֙ מִכָּל־ ילי ־מְלַאכְתּ֔וֹ

אֲשֶׁר־בָּרָ֥א קנ"א - ב"ן אֱלֹהִ֖ים ילה, מזם לַעֲשֽׂוֹת: [פ]

SEGUNDA LECTURA - YITSJAK - GUEVURÁ

4 אֵ֣לֶּה תוֹלְד֧וֹת ע"ב הַשָּׁמַ֛יִם י"פ טל, י"פ כוזו וְהָאָ֖רֶץ אלהים דההון ע"ה

אֵלֶּה

Génesis 2:4 – Génesis contiene los únicos versículos de la Biblia en los que la bondad y la Luz se mencionan solas; versículos que preceden expresivamente al Pecado de Adam y al Pecado del Becerro de Oro. Al comprender y conectar profundamente con estos versículos, es posible expiar todos los pecados y las iniquidades que hemos cometido en esta vida y en vidas pasadas, no sólo para nosotros mismos sino para toda la raza humana, acelerando así

⁵ Aún no había ningún arbusto del campo en la tierra, ni había aún brotado ninguna planta del campo, porque el Eterno Dios no había enviado lluvia sobre la tierra, ni había hombre para labrar la tierra; ⁶ pero se levantaba de la tierra un vapor que regaba toda la superficie del suelo.

⁷ Entonces el Eterno Dios formó al hombre del polvo de la tierra, y sopló en su nariz el aliento de vida, y fue el hombre un alma viviente. ⁸ Y el Eterno Dios plantó un huerto hacia el oriente, en Edén, y puso allí al hombre que había formado. ⁹ El Eterno Dios hizo brotar de la tierra todo árbol agradable a la vista y bueno para comer. Asimismo, en medio del huerto, hizo brotar el Árbol de la Vida y el Árbol del Conocimiento del Bien y del Mal.

¹⁰ De Edén salía un río para regar el huerto, y de allí se dividía y se convertía en cuatro ríos.

¹¹ El nombre del primero es Pishón. Este es el que rodea toda la tierra de Havilá, donde hay oro.

---

la llegada del tiempo de perfección de forma que ejemplifique la tierna misericordia que es la naturaleza de nuestro Creador.

בְּהִבָּרְאָם

En Génesis 2:4 encontramos el versículo: "Cuando ellos fueron creados". En arameo, este versículo está escrito como "BeHibaram". Aquí encontramos una versión pequeña de la letra aramea Hei. Esta frase contiene las mismas letras que forman "BeAvraham," que significa "por el bien de Avraham". Para el kabbalista, esto significa que el mundo fue creado por el bien de Avraham. La letra pequeña Hei aparecerá posteriormente en el nombre de Avraham (Lej Lejá 17:5) cuando el nombre es cambiado de Avram a Avraham. Aquí esta pequeña letra Hei representa la chispa Divina con la cual la naturaleza de Avraham fue imbuida, lo cual nos dice que nuestro objetivo en la vida es reducir nuestro ego y transformarnos de individuos egoístas y reactivos en personas que desean Recibir con el Propósito de Compartir. A través de esta transformación, llegamos a personificar la naturaleza del Patriarca Avraham, que era de compartir incondicionalmente. Avraham es, en efecto, nuestra semilla, y del mismo modo que el fruto final está contenido dentro de la semilla, nuestro estado final perfeccionado de compartir está contenido dentro de Avraham.

Por consiguiente, la Hei pequeña en este versículo está ahora implantada en nuestra alma, encendiendo una chispa de divinidad dentro de nosotros. De esta forma estamos facultados con el coraje para buscar la transformación espiritual, para compartir y para resistirnos a nuestros deseos egoístas; en pocas palabras, para ser como Avraham.

אֶרֶץ

Génesis 2:4 – Hay dos aspectos de la Creación: el anteproyecto metafísico y la manifestación física en la que los humanos hacen su aparición sobre el escenario del mundo material. Génesis 2:4 desarrolla el segundo aspecto.

El Jardín de Edén se crea y da inicio a su existencia, y lo que representa es similar al concepto de universos paralelos. Por un lado, está el ámbito del Árbol de la Vida; por otro, está el dominio del Árbol del Conocimiento del Bien y del Mal.

El Árbol de la Vida corresponde a la Realidad del 99 Por Ciento, la cual no somos capaces de percibir con nuestros cinco sentidos. Es un ámbito de orden perfecto, dicha, armonía e iluminación. Toda la alegría y la sabiduría del mundo fluyen de esta realidad a la nuestra.

בְּהִבָּרְאָם בְּיוֹם עֲשׂוֹת יְהוָֹה אֱלֹהִים

אֶרֶץ וְשָׁמָיִם: 5 וְכֹל שִׂיחַ הַשָּׂדֶה טֶרֶם

יִהְיֶה בָאָרֶץ וְכָל־עֵשֶׂב הַשָּׂדֶה טֶרֶם יִצְמָח

כִּי לֹא הִמְטִיר יְהוָֹה אֱלֹהִים עַל־הָאָרֶץ

וְאָדָם אַיִן לַעֲבֹד אֶת־הָאֲדָמָה: 6 וְאֵד יַעֲלֶה מִן־הָאָרֶץ

וְהִשְׁקָה אֶת־כָּל־פְּנֵי הָאֲדָמָה: 7 וַיִּיצֶר יְהוָֹה אֱלֹהִים

אֶת־הָאָדָם עָפָר מִן־הָאֲדָמָה וַיִּפַּח בְּאַפָּיו נִשְׁמַת חַיִּים

וַיְהִי הָאָדָם לְנֶפֶשׁ חַיָּה: 8 וַיִּטַּע יְהוָֹה

אֱלֹהִים גַּן־בְּעֵדֶן מִקֶּדֶם וַיָּשֶׂם שָׁם אֶת־הָאָדָם

אֲשֶׁר יָצָר: 9 וַיַּצְמַח יְהוָֹה אֱלֹהִים מִן־הָאֲדָמָה כָּל־

עֵץ נֶחְמָד לְמַרְאֶה וְטוֹב לְמַאֲכָל וְעֵץ הַחַיִּים

בְּתוֹךְ הַגָּן וְעֵץ הַדַּעַת טוֹב וָרָע: 10 וְנָהָר יֹצֵא מֵעֵדֶן

לְהַשְׁקוֹת אֶת־הַגָּן וּמִשָּׁם יִפָּרֵד וְהָיָה לְאַרְבָּעָה רָאשִׁים

11 שֵׁם הָאֶחָד פִּישׁוֹן הוּא הַסֹּבֵב

El Árbol del Conocimiento del Bien y del Mal corresponde a nuestro Mundo Ilusorio del 1 Por Ciento, el cual representa sólo una fracción diminuta de la realidad verdadera. Nuestra dimensión física, caracterizada por la oscuridad, el desorden y el caos impredecible, es un patrón diseñado por Dios para que se desarrollen nuestras propias experiencias.

Estos dos mundos existen uno al lado del otro. Cuando un científico hace un descubrimiento asombroso o un artista concibe algo de belleza trascendental, ambos han estado en contacto con la Realidad del 99 Por Ciento. De forma similar, cuando un padre siente la alegría sublime de un abrazo de su hijo, esta alegría se origina y fluye del Ámbito del 99 Por Ciento. Efectivamente, todos nuestros momentos placenteros o serenos en la vida son indicaciones de nuestra conexión con el Árbol de la Vida. Siempre que nuestra conciencia es positiva y fuerte, siempre que sentimos la firme verdad y la Luz del Creador en nuestro corazón, estamos conectados con el ámbito del Árbol de la Vida. Por indescriptibles que invariablemente sean tales experiencias, nunca podemos dudar de su realidad posteriormente.

Por otro lado, cuando sentimos la duda o estamos invadidos por la tristeza, la depresión o las preocupaciones egoístas, rompemos nuestra conexión con el Árbol de la Vida y acabamos intentando mantenernos a flote en la dimensión del Árbol del Conocimiento del Bien y del Mal. Lamentablemente, en este lugar es donde la gente habita la mayor parte de su vida. Sólo necesitamos mirar a nuestro alrededor las caras en cualquier calle o mirar el noticiero de la noche para saber que esta es la triste verdad. Sin embargo, también es cierto que el noticiero de la

12 El oro de aquella tierra es bueno; allí hay bedelio y piedras de ónix.

13 El nombre del segundo río es Guijón. Este es el que rodea la tierra de Cus.

14 El nombre del tercer río es Tigris. Este es el que corre al oriente de Asiria. Y el cuarto río es el Éufrates. 15 El Eterno Dios tomó al hombre y lo puso en el Jardín de Edén para que lo cultivara y lo cuidara. 16 Y el Eterno Dios ordenó al hombre: "De todo árbol del Jardín podrás comer,

17 pero del Árbol del Conocimiento del Bien y del Mal no comerás, porque el día que de él comas, ciertamente morirás". 18 Entonces el Eterno Dios dijo: "No es bueno que el hombre esté solo; le haré una ayuda idónea".

19 Y el Eterno Dios formó de la tierra todo animal del campo y toda ave del cielo, y los trajo al hombre para ver cómo los llamaría. Como el hombre llamó a cada ser viviente, ése fue su nombre.

---

noche consiste casi por completo de horribles crímenes y desastres naturales, aunque estos tan sólo formen parte de una pequeña proporción de la vida diaria en este planeta. Permanecer conectados positivamente al Árbol de la Vida significa encontrar una forma de mantener la perspectiva con respecto a lo que vemos y oímos, y retener nuestra propia armonía interna como un medio para seguir progresando espiritualmente.

Buscar soluciones a los incontables problemas de nuestra vida en el Reino del Árbol del Conocimiento del Bien y del Mal es una actividad totalmente infructuosa, como un hombre aterrado que ha caído en unas arenas movedizas y empieza a hundirse. Cuanto más intenta salir de allí, empujando la arena con sus pies, más profundo se hunde. Su única opción para escapar es estirar el brazo y agarrarse a algo como la rama de un árbol cercano. De forma similar, para liberarnos de la garra de la Realidad del Bien y del Mal —nuestro ámbito de la dualidad— debemos encontrar una forma de agarrarnos de la Realidad del Árbol de la Vida, donde podemos acceder a la energía celestial para efectuar un cambio positivo y permanente en nuestro mundo físico.

Según la Kabbalah, esta es la única forma de trascender la ilusión de la Realidad del 1 Por Ciento: el Árbol del Conocimiento del Bien y del Mal.

En esta sección de Génesis, una rama de Luz que se extiende del Árbol de la Vida brilla sobre nosotros. Si nos agarramos a ella, si hacemos la conexión profunda, somos elevados y sacados de este mundo de dolor y caos, para ser colocados gentilmente en un mundo de Luz y perfección. Y lo que es más importante, cuando meditamos en compartir esta Luz con nuestro prójimo ocasionamos, gracias a la misericordia del Creador, nuestra Redención Final personal. Según los sabios, la forma más efectiva de producir esta revelación y conexión profunda con el Árbol de la Vida que tanto anhelamos es crear un deseo en nuestro interior —en otras palabras, una aspiración— de transformarnos. Luego debemos utilizar herramientas kabbalísticas como escanear el *Zóhar* y meditar en el *Aná Bejóaj* y los 72 Nombres de Dios para profundizar en el proceso de transformación interna.

וכל

Génesis 2:19 – La Biblia nos dice que Adam les otorgó nombres a todas las criaturas. Un nombre está compuesto de letras seleccionadas de un alfabeto. Para el kabbalista, esto significa principalmente que el proyecto de Génesis se refiere en concepto al ADN, la cadena compleja de aminoácidos con su doble hélice que está basada en un alfabeto genético y que equivale al código mismo de la vida.

אֵת כָּל־אֶרֶץ יּלי ‏אלהים דאלפין‎ הַחֲוִילָה אֲשֶׁר־שָׁם הַזָּהָב ‏והו‎ 12 וּזֲהַב הָאָרֶץ

‏אלהים דההין ע"ה‎ הַהִוא טוֹב ‏והו‎ שָׁם הַבְּדֹלַח וְאֶבֶן ‏יוד הה ואו הה‎ הַשֹּׁהַם ‏מהע‎ 13 וְשֵׁם

הַנָּהָר‏יהוה שדי‎ הַשֵּׁנִי גִּיחוֹן הוּא הַסּוֹבֵב אֵת כָּל־אֶרֶץ ‏יּלי‎ ‏אלהים דאלפין‎ כּוּשׁ

‏עכ"ה ע"ה‎ 14 וְשֵׁם ‏יהוה שדי‎ הַנָּהָר הַשְּׁלִישִׁי חִדֶּקֶל הוּא הַהֹלֵךְ ‏מיה‎ קִדְמַת

אַשּׁוּר ‏אבגיתצ ע"ה, ושר ע"ה‎ וְהַנָּהָר הָרְבִיעִי הוּא פְרָת ‏וזהם‎ 15 וַיִּקַּח ‏יהוה‎‏אדני‎‏אההדונהי‎

אֱלֹהִים ‏ילה, מום, יב"ק‎ אֶת־הָאָדָם ‏מ"ה‎ וַיַּנִּחֵהוּ בְגַן־עֵדֶן לְעָבְדָהּ וּלְשָׁמְרָהּ:

16 וַיְצַו ‏פוי‎ יְהוָֹה‏אדני‎‏אההדונהי‎ אֱלֹהִים ‏ילה, מום, יב"ק‎ עַל־הָאָדָם ‏מ"ה‎ לֵאמֹר מִכֹּל ‏ילי‎ עֵץ

‏ע"ה קס"א‎ הַגָּן־אָכֹל תֹּאכֵל: 17 וּמֵעֵץ ‏ע"ה קס"א‎ הַדַּעַת טוֹב ‏והו‎ וָרָע לֹא תֹאכַל

מִמֶּנּוּ כִּי בְּיוֹם ‏נגד, זז, מזבח‎ אֲכָלְךָ מִמֶּנּוּ מוֹת תָּמוּת: 18 וַיֹּאמֶר יְהוָֹה‏אדני‎‏אההדונהי‎

אֱלֹהִים ‏ילה, מום, יב"ק‎ לֹא־טוֹב ‏והו‎ הֱיוֹת הָאָדָם ‏מ"ה‎ לְבַדּוֹ ‏מ"ב‎ אֶעֱשֶׂה־לּוֹ עֵזֶר

כְּנֶגְדּוֹ ‏זז, מזבח‎ 19 וַיִּצֶר יְהוָֹה‏אדני‎‏אההדונהי‎ אֱלֹהִים ‏ילה, מום, יב"ק‎ מִן־הָאֲדָמָה כָּל ‏ילי‎

חַיַּת הַשָּׂדֶה ‏שדי‎ וְאֵת כָּל־עוֹף ‏ילי‎ הַשָּׁמַיִם ‏ציון, יוסף, ר"פ יהוה, ה"פ אל‎ ‏י"פ טל, י"פ כוזו‎

וַיָּבֵא אֶל־הָאָדָם ‏מ"ה‎ לִרְאוֹת ‏מ"ה‎ מַה ‏מ"ה‎ יִּקְרָא־לוֹ וְכֹל ‏ילי‎ אֲשֶׁר יִקְרָא־לוֹ

הָאָדָם ‏מ"ה‎ נֶפֶשׁ ‏רמ"ח + ו' היות‎ חַיָּה הוּא שְׁמוֹ ‏מהע ע"ה‎:

El ADN puede describirse como un manual de instrucciones para nuestras células. Todas las células inician su existencia en un estado indiferenciado, conscientes únicamente de la necesidad de crecer. Luego nuestro ADN determina qué células evolucionarán para convertirse en órganos internos, o hueso, masa cerebral o cualquier otro tejido. Cuando una célula pierde su capacidad para recibir instrucciones con respecto a su evolución, se revierte a su estado indiferenciado en el cual sólo sabe cómo crecer. Este tipo de crecimiento descontrolado es llamado cáncer. Como cualquier manual de instrucciones, el ADN está escrito en un lenguaje que hace uso de un alfabeto. Pero no fue hasta la década de los cincuenta cuando los genetistas descifraron el código de la vida misma y determinaron que el alfabeto del ADN estaba compuesto de cuatro "letras", que designaron como A, T, C y G, que se refieren a cuatro tipos distintos de nucleótidos: adenina, timina, citosina y guanina. Estos cuatro nucleótidos se combinan para crear veinte aminoácidos, que producen las "palabras" y "oraciones" que conforman el código genético físico de cada individuo de cada especie. Existen alrededor de tres mil millones de letras en nuestro código genético. Las diferencias entre los individuos radican en la combinación y la secuenciación de estos cuatro nucleótidos.

En la Biblia, los nombres están principalmente relacionados con la esencia genética espiritual de una persona, las cualidades fundamentales del espíritu que están configuradas de formas diversas para concebir y dar nacimiento a una entidad específica en esta dimensión de la existencia. Por lo tanto, los nombres de los grandes patriarcas, matriarcas y otras figuras bíblicas importantes pueden verse como

TERCERA LECTURA - YAAKOV - TIFÉRET

²⁰ El hombre puso nombre a todo ganado y a las aves del cielo y a todo animal del campo, pero para Adam no se encontró una ayuda que fuera idónea para él.

²¹ Entonces el Eterno Dios hizo caer un sueño profundo sobre el hombre, y éste se durmió. Y tomó una de sus costillas, y cerró la carne en ese lugar.

²² De la costilla que el Eterno Dios había tomado del hombre, formó una mujer y la trajo al hombre.

²³ Y el hombre dijo: "Esta es ahora hueso de mis huesos, y carne de mi carne. Ella será llamada mujer, porque del hombre fue tomada".

²⁴ Por tanto el hombre dejará a su padre y a su madre y se unirá a su mujer, y serán una sola carne.

²⁵ Ambos estaban desnudos, el hombre y su mujer, pero no se avergonzaban.

---

representantes del ADN de su alma, o en otras palabras, de sus respectivos atributos espirituales.

Un cambio en un nombre —por ejemplo Avram que se convierte en Avra(ha)m— siempre significa un cambio de destino espiritual.

El nombre de una persona, por lo tanto, tiene un gran significado en relación con su alma. Tal como se encuentra comúnmente en otras tradiciones, los kabbalistas nos aconsejan que pongamos a nuestros hijos nombres de grandes figuras espirituales del pasado. Al poner a nuestros hijos el nombre de estos gigantes espirituales, ellos son imbuidos con la esencia del ADN espiritual de ese patriarca, matriarca o sabio en particular. Cada uno de estos personajes ejemplares del pasado es una carroza espiritual con una cualidad única que ayudará a nuestros hijos a lo largo de sus propios senderos de descubrimiento, crecimiento y *tikún* (corrección).

Este es un pasaje sumamente importante, esta lectura de la Biblia también fortalece la conexión que cada uno de nosotros tiene con su propio nombre, infundiéndonos con Luz Divina y despertando el poder de nuestra alma.

וַיִּבֶן

Génesis 2:22 – La Biblia nos dice que Dios creó a Eva (en adelante: Javá) a partir de Adam, o específicamente de la costilla de Adam. Este es un pasaje que ha despertado la ira feminista y ha sido visto como un insulto a las mujeres a lo largo de los años. También podría calificarse de insulto a la inteligencia humana. Siempre que un pasaje bíblico contiene una sacudida tal a la conciencia, es una señal de que debe buscarse el significado profundo, así como la evidencia irrefutable, de que sólo es posible realizar una lectura correcta del texto a través de la Kabbalah. De hecho, este pasaje —fiel al tema general de Génesis— indica el inicio o el nivel de semilla de todas las relaciones entre hombres y mujeres que están destinadas a ocurrir en nuestro mundo. La frase "Adam y Javá" es un código, una metáfora que se refiere al alma única y unificada que existía antes de que naciera nuestro universo. Esta alma infinitamente grande es llamada Vasija, y todas las almas de la humanidad estuvieron una vez contenidas dentro de esta entidad única, de la misma forma que todos los colores de un arcoíris existen dentro de un único rayo de luz solar.

TERCERA LECTURA - YAAKOV - TIFÉRET

20 ויקרא האדם שמות לכל־הבהמה
ולעוף השמים ולכל חית השדה
ולאדם לא־מצא עזר כנגדו׃ 21 ויפל יהוה אלהים
תרדמה על־האדם ויישן ויקח אחת
מצלעתיו ויסגר בשר תחתנה׃ 22 ויבן יהוה אלהים
את־הצלע אשר־לקח מן־האדם לאשה ויבאה
אל־האדם׃ 23 ויאמר האדם זאת הפעם עצם מעצמי ובשר
מבשרי לזאת יקרא אשה כי מאיש לקחה־זאת׃ 24 על־כן
יעזב־איש את־אביו ואת־אמו ודבק באשתו והיו לבשר
אחד׃ 25 ויהיו שניהם ערומים האדם ואשתו ולא

Otra forma de entender esto es imaginando pequeñas gotas de agua esparcidas sobre una superficie. Cada gota individual representa un alma humana individual. Cuando la superficie es inclinada, todas las gotitas se deslizan juntas formando un único charco de agua, que es la Vasija.

La Vasija está formada por dos aspectos o polaridades: un polo positivo (+) y un polo negativo (-), de forma similar a una batería con su carga positiva y su carga negativa. Adam corresponde a la carga positiva, mientras que Javá corresponde a la carga negativa. Todas las almas femeninas que han existido están vinculadas como un todo unificado en Javá. De igual manera, todas las almas masculinas que han existido están vinculadas como un todo unificado dentro de Adam.

Por lo tanto, de este pasaje bíblico aprendemos algo de vital importancia: que todos —hombres y mujeres— procedemos de la misma familia y la misma fuente. Todos somos iguales. No hay ningún hombre ni ninguna mujer que sea inferior o superior que otro, y todos estamos en un estado de interdependencia. En verdad, todos somos uno. La cualidad de la Luz que irradia de estos versículos tiene el poder de enriquecer nuestras relaciones con los miembros del sexo opuesto, mientras que también despiertan una sensación de unidad entre todos los seres humanos.

No obstante, en lugar de acatar la visión de que los hombres y las mujeres son tan intrínsecamente distintos que entre ellos siempre debe existir conflicto, es también imperativo intentar equilibrar los aspectos femenino y masculino dentro de cada uno de nosotros. El hombre debe aprender a fomentar en su interior lo que se define como rasgos femeninos, como la aceptación, la capacidad de cuidar y la intuición. La mujer debe aprender a fomentar dentro de sí misma lo que se define como rasgos masculinos, como la acción y la asertividad. Esta es una explicación extremadamente simplificada, pero el mensaje es que el equilibrio dentro de los seres humanos individuales es de una importancia absoluta.

3 ¹ La serpiente era más astuta que cualquiera de los animales del campo que el Eterno Dios había hecho. Y dijo a la mujer: "¿Conque Dios les ha dicho: 'No comerán de ningún árbol del Jardín'?".

² La mujer respondió a la serpiente: "Del fruto de los árboles del Jardín podemos comer; ³ pero del fruto del árbol que está en medio del Jardín, Dios ha dicho: 'No comerán de él, ni lo tocarán, para que no mueran'".

⁴ Y la serpiente dijo a la mujer: "Ciertamente no morirán. ⁵ pues Dios sabe que el día que de él coman, se les abrirán los ojos y ustedes serán como Dios, conociendo el bien y el mal".

⁶ Cuando la mujer vio que el árbol era bueno para comer, y que era agradable a los ojos, y que el árbol era deseable para alcanzar sabiduría, tomó de su fruto y comió. También dio a su marido que estaba con ella, y él comió.

⁷ Entonces fueron abiertos los ojos de ambos, y conocieron que estaban desnudos; y cosieron hojas de higuera y se cubrieron a sí mismos.

⁸ Y oyeron la voz del Eterno Dios que se paseaba en el Jardín al fresco del día. Entonces el hombre y su mujer se escondieron de la presencia del Eterno Dios entre los árboles del Jardín.

וְהַנָּחָשׁ

Génesis 3:1 – Aquí la Biblia presenta uno de sus conceptos más malinterpretados: el de la Inclinación al Mal o Fuerza Negativa conocida como Satán o el Oponente. Para el kabbalista, el término "Satán" indica tanto un atributo personal como un fenómeno global. Como atributo personal, Satán es esencialmente el desenfrenado ego humano. Como fenómeno global, Satán representa la cualidad del caos como una fuerza desestabilizadora en este mundo.

Asimismo, además de ser personalmente dañinos, nuestros egos individuales son también la única fuente de alimento para el Satán global. En otras palabras, Satán se alimenta de nuestras acciones personales destructivas utilizando estas energías negativas —que son intrínsecas a nuestras acciones odiosas— para crear más confusión e infelicidad en el mundo. Estas fuerzas destructivas se convierten a su vez en la fuente de nuestro caos personal. La Luz revelada en esta sección de Génesis nos brinda la ayuda y el poder para conquistar el aspecto egoísta de nuestro ego y, consecuentemente, para reducir la energía y la influencia que ejerce el Satán global sobre la humanidad.

וַתֵּרֶא

Génesis 3:6 – Antes de la creación del mundo, Adam y Javá eran un solo ser espiritual (la Vasija Original) que incorporaba todas las almas colectivas de la humanidad. Tú y yo somos como las células individuales que forman el cuerpo de este ser celestial.

En la historia bíblica de la Creación, se nos cuenta que después de crear los otros seres vivos en la Tierra, Dios creó a Adam, el primer hombre, y a su compañera Javá, la primera mujer. Dios deja a la pareja en el Jardín de Edén con la instrucción de que aunque pueden disfrutar de todas las delicias que encuentren allí, incluido el fruto del Árbol de la Vida, les está prohibido comer del Árbol del Conocimiento del Bien y del Mal. Se les dice que los frutos están "inmaduros" y que si comen de ese árbol morirán con seguridad.

יִתְבֹּשָׁשׁוּ: 3 1 וְהַנָּחָשׁ רבוע אדוה - שדי אהיה היה יהה עָרוּם יל בִכֹּל וְזֵית הַשָּׂדֶה

שדי אֲשֶׁר עָשָׂה יְהֹוָהאהדונהי אֱלֹהִים ילה, מום, יב"ק וַיֹּאמֶר אֶל־הָאִשָּׁה אַף

כִּי־אָמַר אֱלֹהִים ילה, מום לֹא תֹאכְלוּ מִכֹּל ילי עֵץ ע"ה קס"א הַגָּן: 2 וַתֹּאמֶר

הָאִשָּׁה אֶל־הַנָּחָשׁ מִפְּרִי ע"ה אלהים דאלפין עֵץ ע"ה קס"א הַגָּן־ נֹאכֵל: 3 וּמִפְּרִי

ע"ה אלהים דאלפין הָעֵץ ע"ה קס"א אֲשֶׁר בְּתוֹךְ־הַגָּן אָמַר אֱלֹהִים ילה, מום לֹא תֹאכְלוּ

מִמֶּנּוּ וְלֹא תִגְּעוּ בּוֹ פֶּן־תְּמֻתוּן: 4 וַיֹּאמֶר הַנָּחָשׁ רבוע אדוה - שדי אהיה אֶל־הָאִשָּׁה

לֹא־מוֹת תְּמֻתוּן: 5 כִּי יֹדֵעַ אֱלֹהִים ילה, מום כִּי בְּיוֹם נגד, זן, מזבח אֲכָלְכֶם

מִמֶּנּוּ וְנִפְקְחוּ מ"ה - קמ"ג עֵינֵיכֶם ריבוע מ"ה וִהְיִיתֶם כֵּאלֹהִים ילה, מום יֹדְעֵי טוֹב

וָרָע: 6 וַתֵּרֶא הָאִשָּׁה כִּי טוֹב והו, אום הָעֵץ ע"ה קס"א לְמַאֲכָל יהוה אדני וְכִי

תַאֲוָה־הוּא לָעֵינַיִם ריבוע מ"ה וְנֶחְמָד הָעֵץ ע"ה קס"א לְהַשְׂכִּיל וַתִּקַּח מִפִּרְיוֹ

וַתֹּאכַל וַתִּתֵּן גַּם יכל ־לְאִישָׁהּ עִמָּהּ וַיֹּאכַל: 7 וַתִּפָּקַחְנָה מ"ה - קמ"ג

עֵינֵי ריבוע מ"ה שְׁנֵיהֶם וַיֵּדְעוּ כִּי עֵירֻמִּם הֵם וַיִּתְפְּרוּ עֲלֵה תְאֵנָה

וַיַּעֲשׂוּ לָהֶם חֲגֹרֹת: 8 וַיִּשְׁמְעוּ אֶת־קוֹל ע"ב ס"ג ע"ה יְהֹוָהאהדונהי אֱלֹהִים

Sin embargo, hay algo más en el Jardín: la Serpiente (Satán). Estimulada por la incitación seductora de la Serpiente, Javá desobedece a Dios arrancando un fruto del árbol prohibido y dándole un mordisco. Luego ofrece el fruto a Adam, animándole a comer de éste. Él lo hace, y con esta acción, su corta etapa de inocencia llega a su fin.

Debido a que la humanidad se ha acostumbrado a creer cada vez menos que hay sabiduría en los textos antiguos —una idea que era común hace tan poco como cien años— solemos desestimar la historia de la Creación como una parábola encantadora pero simplista, que sólo satisface mentes primitivas e inocentes. Esta forma de pensar nos ha vuelto ciegos ante la profundidad que se haya oculta dentro de esta historia. En un nivel más profundo de entendimiento espiritual, el mordisco que Adam y Javá dieron al fruto indica una conexión sexual entre la Vasija original y la Serpiente. En otras palabras, el acto

mismo de sucumbir ante la engañosa insistencia de la Serpiente también connota una unión sexual entre ellos en el sentido de una fusión de sus conciencias.

Satán tiene dos aspectos: masculino y femenino. El aspecto masculino se conoce como (aunque nunca pronunciamos su nombre) S-a-m-a-e-l. El aspecto femenino se conoce como (de nuevo, no pronunciamos su nombre) L-i-l-i-t-h. Cuando la Vasija sucumbió a la tentación de la Serpiente, significa que L-i-l-i-t-h copuló con Adam y que S-a-m-a-e-l copuló con Javá. En un sentido espiritual, esto nos dice que el estado de conciencia originalmente elevado que disfrutaban Adam y Javá fue degradado y contaminado por la Fuerza Negativa o Satán. Además, esta unión sexual primaria, o fusión de dos conciencias, causó que la naturaleza de la Vasija mutara. El acto de conexión sexual entre la Vasija y la Serpiente alteró el ADN espiritual de la Vasija, cambiando su esencia del *Deseo*

⁹ Pero el Eterno Dios llamó al hombre y le dijo: "¿Dónde estás?".

¹⁰ Y él respondió: "Te oí en el Jardín, tuve miedo porque estaba desnudo, y me escondí".

¹¹ "¿Quién te dijo que estabas desnudo? ¿Has comido del árbol del cual Yo te mandé que no comieras?".

¹² El hombre respondió: "La mujer que Tú me diste por compañera me dio del árbol, y yo comí". ¹³ Entonces el Eterno Dios dijo a la mujer: "¿Qué es esto que has hecho?". La mujer respondió: "La serpiente me engañó, y comí".

¹⁴ Y el Eterno Dios dijo a la serpiente: "¡Por cuanto has hecho esto, maldita serás más que todos los animales, y más que todas las bestias del campo. Sobre tu vientre te arrastrarás, y polvo comerás todos los días de tu vida!

¹⁵ Pondré enemistad entre tú y la mujer, y entre tu descendiente y su descendiente; él te herirá en la cabeza, y tú lo herirás en el talón".

---

de Recibir al *Deseo de Recibir para Sí Mismo.* Consecuentemente, el ADN de cada célula del cuerpo cósmico de Adam y Javá (nuestras almas) se combinó con al ADN de la Serpiente. Este fue el nacimiento de nuestro "gen egoísta", el ego. Por lo tanto, los aspectos oscuros y egocéntricos de la naturaleza humana nacieron de esta unión entre la Vasija y la Serpiente; una unión que también dio nacimiento a las raíces de los celos, la envidia, la ira, la codicia y todos los otros estados mentales negativos que surgieron de lo que comúnmente se llama el Pecado Original o el Pecado de Adam.

La caída de la gracia de Adam y Javá resultó en la fragmentación de la Vasija (el alma única unificada) en incontables chispas de almas individuales, quienes más tarde descendieron a este mundo físico en la vestimenta de cuerpos físicos. A partir de entonces la tarea, primero de Adam y Javá y luego de toda la humanidad, se convirtió en erradicar la Conciencia Negativa de su propia naturaleza, reuniendo así todas las piezas esparcidas del alma original fragmentada en un todo único y unificado una vez más. Este, en pocas palabras, es el propósito de nuestra vida.

Al conectar con la esencia de esta historia, podemos adquirir el poder espiritual para erradicar la influencia de Satán de nuestra conciencia y del mundo. De esta forma el ego

es subyugado, el resplandor del alma no tiene límites, el egoísmo se purga y nace un amor incondicional por nuestro prójimo.

וַיֹּאמֶר

Génesis 3:10 – Después de que Adam y Javá habían comido del fruto prohibido, Dios le preguntó a Adam por qué había pecado. La respuesta de Adam fue culpar a Javá. Uno no tiene que profundizar mucho más para ver aquí una lección relacionada con nuestra incapacidad para asumir la responsabilidad del caos y el conflicto que causamos. Es nuestra inclinación natural señalar con el dedo de la culpa a otra persona cuando las cosas van mal en nuestra vida. Cuando las cosas van muy mal, muchos de nosotros señalamos al cielo, pensando que Dios debe ser el culpable. O aún peor, el Creador a menudo parece ser terriblemente indiferente a las súplicas humanas de ayuda. En esta escena subyace una verdad antigua que es fundamental en la sabiduría de la Kabbalah: Dios no responde a nuestras plegarias; nosotros mismos lo hacemos. Sin embargo, las oraciones que enviamos hacia arriba, a menos que sean oraciones egoístas, son escuchadas ciertamente por el Creador, y como resultado Dios nos da la fortaleza y la sabiduría que necesitamos para manejar nuestra vida mejor de lo que lo hemos hecho antes. El *Zóhar* dice:

וַיִּתְחַבֵּא הַיּוֹם נגד, זן, מזבח אלהים דיודין מלוי לְרוּחַ בַּגָּן מיה מִתְהַלֵּךְ ילה, מום, יב״ק

הָאָדָם מ״ה וְאִשְׁתּוֹ מִפְּנֵי וחכמה - בינה יְהֹוָה אלהים ילה, מום, יב״ק בְּתוֹךְ

עֵץ הַגָּן עה קס״א: 9 וַיִּקְרָא עם ה׳ אותיות = ב״פ קס״א יְהֹוָה אלהים ילה, מום, יב״ק

אֶל־הָאָדָם מ״ה וַיֹּאמֶר לוֹ אַיֶּכָּה: 10 וַיֹּאמֶר אֶת־קֹלְךָ שָׁמַעְתִּי בַגָּן

וָאִירָא כִּי־עֵירֹם אָנֹכִי וָאֵחָבֵא: 11 וַיֹּאמֶר מִי הִגִּיד לְךָ כִּי עֵירֹם

אַתָּה הֲמִן־הָעֵץ עה קס״א אֲשֶׁר צִוִּיתִיךָ לְבִלְתִּי אֲכָל־מִמֶּנּוּ אָכַלְתָּ:

12 וַיֹּאמֶר הָאָדָם מ״ה הָאִשָּׁה אֲשֶׁר נָתַתָּה עִמָּדִי הִוא

נָתְנָה־לִּי מִן־הָעֵץ עה קס״א וָאֹכֵל: 13 וַיֹּאמֶר יְהֹוָה

אֱלֹהִים ילה, מום, יב״ק לָאִשָּׁה מַה־זֹּאת עָשִׂית וַתֹּאמֶר הָאִשָּׁה הַנָּחָשׁ

הִשִּׁיאַנִי וָאֹכֵל: 14 וַיֹּאמֶר יְהֹוָה אֱלֹהִים ילה, מום, יב״ק

אֶל־הַנָּחָשׁ כִּי עָשִׂיתָ זֹּאת אָרוּר אַתָּה מִכָּל־הַבְּהֵמָה

וּמִכֹּל חַיַּת הַשָּׂדֶה עַל־גְּחֹנְךָ תֵלֵךְ וְעָפָר תֹּאכַל כָּל־

יְמֵי חַיֶּיךָ: 15 וְאֵיבָה אָשִׁית בֵּינְךָ וּבֵין הָאִשָּׁה וּבֵין זַרְעֲךָ וּבֵין

זַרְעָהּ הוּא יְשׁוּפְךָ רֹאשׁ וְאַתָּה תְּשׁוּפֶנּוּ עָקֵב

Oí que cuando los hijos de Yisrael piden a través de sus oraciones y sus súplicas en sus casas de oración, entonces Metatrón, el ministro del interior, toma todas las oraciones de los hijos de Yisrael y las eleva al firmamento. Y cuando Dios quiere examinar los méritos de los hijos de Yisrael, Él primero estudia este firmamento, que es llamado Cielo, donde están las oraciones de los hijos de Yisrael, y se compadece de ellas, tal como está escrito: "Entonces te oigo a Ti (en) el Cielo". La referencia al Cielo es precisa porque allí las oraciones son oídas.
– El Zóhar, Bereshit (Zóhar Jadash 401)

La agitación en nuestra vida es un resultado directo de las acciones negativas que hemos cometido en esta vida o en una anterior. Nuestras oraciones y la Luz Divina que éstas buscan se activan sólo cuando asumimos completamente nuestra responsabilidad personal por el dolor y el sufrimiento que soportamos. Las oraciones alcanzan su objetivo sólo cuando dejamos de vernos como víctimas desamparadas. Cuando negamos esta verdad, cuando nuestro corazón está lleno de autocompasión, la oración y la Biblia misma no valen nada. Se convierten en símbolos vacíos de tradición, en lugar de los asombrosos instrumentos de poder que son realmente.

Debemos despertar el remordimiento en nuestro corazón y despertar en nosotros la conciencia de nuestra propia responsabilidad; esto nos ayudará a corregir nuestros pecados a medida que la Luz Divina purifica nuestra alma y limpia al mundo de sus iniquidades.

¹⁶ A la mujer dijo: "En gran manera multiplicaré tu dolor en el parto, con dolor darás a luz los hijos. Tu deseo será para tu marido, y él tendrá dominio sobre ti".

¹⁷ Y a Adam le dijo: "Por cuanto has escuchado la voz de tu mujer y has comido del árbol acerca del cual te ordené diciendo: 'No comerás de él', maldita será la tierra por tu causa; con pena comerás de ella todos los días de tu vida".

¹⁸ Espinos y cardos te producirá, y comerás de las plantas del campo.

¹⁹ Con el sudor de tu rostro comerás el pan hasta que vuelvas a la tierra, porque de ella fuiste tomado; pues polvo eres, y al polvo volverás".

²⁰ Adam le puso por nombre Javá a su mujer, porque ella es la madre de todos los vivientes.

²¹ El Eterno Dios hizo vestiduras de piel para Adam y su mujer, y los vistió.

וּלְאָדָם

Génesis 3:17 – La Biblia nos dice que Adam, Javá y la Serpiente fueron castigados después del Pecado Original. Por su parte, la Serpiente fue condenada a arrastrarse por la tierra sobre su vientre y a comer del polvo. Anunciando el destino de todas las mujeres, Javá fue sentenciada a soportar los dolores del parto; nos dicen los sabios que antes del Pecado Original no había menstruación y el embarazo era inmediato, un fenómeno de pensamiento puro. Por su participación, Adam fue forzado a labrar los campos, a trabajar para obtener alimento, a buscar sin cesar la Luz que una vez fue libremente suya con tan solo pedirla.

Aquí, una vez más, tenemos una historia aparentemente simple que oculta verdades espirituales más profundas; una de las cuales es que los conceptos de castigo y recompensa no tienen fundamento en la espiritualidad. Si tocamos el fuego de la cocina, ya sea deliberadamente o inadvertidamente, y nos lastimamos, no decimos que hemos sido castigados por el calor extremo del fuego. En cambio, si utilizamos esta misma energía para calentar nuestro hogar, para cocinar comida a nuestra familia o para calentar agua con la cual bañarnos, no consideramos el calor como una recompensa. De hecho, es nuestro conocimiento, o nuestra falta del mismo, en relación con las propiedades de la electricidad, el gas o la combustión del fuego lo que determina en realidad su influencia en nuestra vida.

Dios no castiga ni recompensa a la humanidad. Y el Creador tampoco da órdenes. Cuando Adam fue creado inicialmente como Vasija Original, fue diseñado por Dios para recibir plenitud y alegría infinitas. También heredó un rasgo, un "gen" de la Fuerza Divina de su Creador, que era esencialmente la cualidad de ser como Dios. Por lo tanto, él quería ser el "creador de su propia luz", pues crear algo es la plenitud más grande que existe. Para entender plenamente lo que está sucediendo aquí, sólo necesitamos vernos a nosotros mismos como Adam, pues cada uno de nosotros es parte de la Vasija Original.

Pero igual que la luz de una vela en presencia del sol, la Luz de las almas individuales no era perceptible en medio de la perfección luminosa del Jardín de Edén, una dimensión de pura Luz. Después del Pecado Original, Adam dejó este lugar para entrar en nuestra dimensión desordenada de oscuridad, en la cual la Luz del Creador está oculta. Pero a través de nuestro propio trabajo y esfuerzo, podemos ahora volver a encender esta Luz y por lo tanto compartir en el acto Divino de la Creación. En un sentido muy real, nos volvemos responsables de crear el Cielo en la Tierra, y al hacerlo, ¡nos volvemos como Dios! Vale la pena reflexionar en esta idea

אֶל־הָאִשָּׁה אָמַר הַרְבָּה אַרְבֶּה עִצְּבוֹנֵךְ וְהֵרֹנֵךְ 16 [ס]

בְּעֶצֶב תֵּלְדִי בָנִים וְאֶל־אִישֵׁךְ תְּשׁוּקָתֵךְ וְהוּא יִמְשָׁל־בָּךְ׃ [ס]

17 וּלְאָדָם אָמַר כִּי־שָׁמַעְתָּ לְקוֹל אִשְׁתֶּךָ וַתֹּאכַל מִן־הָעֵץ

אֲשֶׁר צִוִּיתִיךָ לֵאמֹר לֹא תֹאכַל מִמֶּנּוּ אֲרוּרָה הָאֲדָמָה

בַּעֲבוּרֶךָ בְּעִצָּבוֹן תֹּאכֲלֶנָּה כֹּל יְמֵי חַיֶּיךָ׃ 18 וְקוֹץ וְדַרְדַּר

תַּצְמִיחַ לָךְ וְאָכַלְתָּ אֶת־עֵשֶׂב הַשָּׂדֶה׃ 19 בְּזֵעַת אַפֶּיךָ

תֹּאכַל לֶחֶם עַד שׁוּבְךָ אֶל־הָאֲדָמָה כִּי מִמֶּנָּה לֻקָּחְתָּ

כִּי־עָפָר אַתָּה וְאֶל־עָפָר תָּשׁוּב׃ 20 וַיִּקְרָא הָאָדָם

שֵׁם אִשְׁתּוֹ חַוָּה כִּי הִוא הָיְתָה אֵם כָּל־חָי׃

21 וַיַּעַשׂ יְהוָה אֱלֹהִים לְאָדָם וּלְאִשְׁתּוֹ

כָּתְנוֹת עוֹר וַיַּלְבִּשֵׁם׃ [פ]

---

hasta que la entendamos realmente, pues es el significado mismo de la vida.

Hemos visto ahora que fue decisión de Adam —como consecuencia de sus propias acciones— venir a este mundo, no un castigo decretado por Dios. En otras palabras, Adam y toda la humanidad elegimos entrar en un terreno de oscuridad, donde nuestra conciencia está contaminada por el ego (Satán), para que podamos finalmente triunfar sobre nuestros impulsos egoístas al esforzarnos por traer la perfección al mundo.

Al hacerlo, somos capaces de satisfacer nuestra necesidad más profunda, nuestro anhelo más intenso, que es el deseo de ser la causa y los creadores de nuestra propia plenitud. La Serpiente (Satán) no dispone de esta oportunidad; nunca podrá evolucionar de su estado primitivo y apreciar la alegría inefable asociada con ser un creador. Las limitaciones de nuestro ego sólo se vuelven aparentes después de que haya pasado un tiempo; después de

que haya quedado claro que sus deseos nunca pueden traer una satisfacción duradera.

La lección subyacente en esta sección está relacionada con el valor tan subestimado de la apreciación. Cuando se nos entrega libremente el paraíso, sin que tengamos la más mínima idea de que es algo que debe ganarse ni el conocimiento de la oscuridad que lo rodea, nunca podremos comprender genuinamente, y mucho menos apreciar, el tesoro de la Luz que ya poseemos.

Por lo tanto, nuestro trabajo espiritual implica aprender a apreciar la abundancia de lo que tenemos, así como a esforzarnos por crear el orden a partir del caos a través de la conquista de nuestra naturaleza egocéntrica, que nace del ego. Este objetivo esencial de la vida es algo que puede cumplirse aquí y ahora leyendo este versículo de la Biblia, combinado con nuestra conciencia de las verdades profundas contenidas en estas penetrantes percepciones de la Kabbalah.

CUARTA LECTURA - MOSHÉ - NÉTSAJ

²² Entonces el Eterno Dios dijo: "Ahora el hombre ha venido a ser como uno de Nosotros, conociendo el bien y el mal. Y ahora, no sea que vaya a extender su mano y tome también del árbol de la vida, y coma y viva para siempre".

²³ Y el Eterno Dios lo sacó del Jardín de Edén, para que labrara la tierra de la cual fue tomado.

²⁴ Expulsó, pues, al hombre; y al oriente del Jardín de Edén puso querubines, y una espada encendida que giraba en todas direcciones para guardar el camino del Árbol de la Vida.

4 ¹ Y el Adam conoció a Javá, su mujer, y ella concibió y dio a luz a Kayín, y dijo: "He adquirido varón con la ayuda del Eterno".

² Después dio a luz a Hével, su hermano. Y Hével fue pastor de ovejas y Kayín fue labrador de la tierra. ³ Al transcurrir el tiempo, Kayín trajo al Eterno una ofrenda del fruto de la tierra.

וַיֹּאמֶר

Génesis 3:22 – Después de cometer el Pecado Original, Adam fue expulsado del Jardín de Edén. Pero es necesario hacer aquí un análisis más profundo puesto que, en realidad, Adam no poseía la cualidad del libre albedrío durante el acto del pecado. La Kabbalah enseña que el Pecado Original es en realidad un código que hace referencia a una etapa de desarrollo, una fase particular en el gran proceso de la Creación. En su estilo críptico metafórico, la Biblia nos está diciendo que no hubo un acto real de desobediencia o transgresión. Adam y Javá no hicieron en realidad nada malo. En su lugar, la historia hace referencia a la evolución de la humanidad a un nivel más elevado de conciencia en el que el don del libre albedrío fue otorgado. Bajo nuestra propia petición, nosotros los humanos nos volvemos ahora responsables de la cantidad de Luz que recibimos en la vida. Esta insistencia en asumir la responsabilidad de nuestra propia conciencia es, en realidad, el significado profundo de las acciones de Javá y Adam y de la expulsión de Edén.

La expulsión tiene también otro significado y una relevancia adicional para nuestra vida. Las personas que están en un camino espiritual pueden con frecuencia hundirse en la complacencia mientras estudian fuentes de sabiduría como la Kabbalah. No hay duda de que tales estudios son una noble ocupación, pero el crecimiento interior sólo puede darse cuando enfrentamos la dura realidad del mundo. Cada día de nuestra vida durante un cierto periodo de tiempo, debemos dejar nuestro Jardín de comodidad y complacencia —incluso nuestras sesiones de estudio espiritual— y exponernos al drama caótico de la vida. Pues sólo allí podemos transformar nuestra naturaleza reactiva y aprender a trascender los impulsos primarios de nuestro ego, aprendiendo así a amar a nuestros amigos y enemigos incondicionalmente. Este es el lugar en el que se alcanza la verdadera grandeza espiritual; este es el objetivo fundamental de la vida en la Tierra.

יָדַע

Génesis 4:1 – Se nos dice que Adam "conoció" a Javá, y luego Javá dio a luz a Kayín. El *Zóhar*

CUARTA LECTURA - MOSHÉ - NÉTSAJ

22 וַיֹּאמֶר | יְהֹוָה אלה, מום, יב"ק, הֶן הָאָדָם היה
כְּאַחַד מִמֶּנּוּ לָדַעַת טוֹב וָרָע וְעַתָּה | פֶּן־יִשְׁלַח יָדוֹ
וְלָקַח גַּם מֵעֵץ הַחַיִּים וְאָכַל וָחַי לְעֹלָם:
23 וַיְשַׁלְּחֵהוּ יְהֹוָה אלהים מ"ה מִגַּן־עֵדֶן לַעֲבֹד
אֶת־הָאֲדָמָה אֲשֶׁר לֻקַּח מִשָּׁם: 24 וַיְגָרֶשׁ אֶת־הָאָדָם
וַיַּשְׁכֵּן מִקֶּדֶם לְגַן־עֵדֶן אֶת־הַכְּרֻבִים וְאֵת לַהַט
הַחֶרֶב הַמִּתְהַפֶּכֶת לִשְׁמֹר אֶת־דֶּרֶךְ עֵץ
הַחַיִּים [ס] 4 1 וְהָאָדָם יָדַע אֶת־חַוָּה אִשְׁתּוֹ וַתַּהַר
וַתֵּלֶד אֶת־קַיִן וַתֹּאמֶר קָנִיתִי אִישׁ אֶת־יְהֹוָה
2 וַתֹּסֶף לָלֶדֶת אֶת־אָחִיו אֶת־הָבֶל וַיְהִי־הֶבֶל רֹעֵה צֹאן
וְקַיִן הָיָה עֹבֵד אֲדָמָה: 3 וַיְהִי מִקֵּץ יָמִים
וַיָּבֵא קַיִן מִפְּרִי הָאֲדָמָה מִנְחָה לַיהֹוָה

pregunta por qué la Biblia utiliza la palabra "conoció" para implicar una conexión sexual entre un hombre y una mujer, enfocando así nuestra atención una vez más en la persistencia de la metáfora bíblica.

El mensaje aquí es que el placer derivado del sexo, como sucede con todas las alegrías de la vida, se origina en el ámbito del 99 Por Ciento de Luz espiritual. Nosotros podemos acceder a esta Luz siempre que existe una unión o conexión entre el Mundo Inferior y los Mundos Superiores. Por lo tanto, la Biblia nos está diciendo que el "conocimiento", que es el sustantivo derivado del verbo "conocer", es lo que forma nuestra conexión con los Mundos Superiores. Una vez que hemos adquirido el conocimiento de la Kabbalah, revelando el significado verdadero de la Biblia, podemos conectarnos o unirnos con el Mundo Superior de Luz infinita.

El propósito de todas estas percepciones es que el conocimiento proporciona la clave para la transformación espiritual. El conocimiento es la puerta que atravesamos para obtener acceso a la Luz Divina.

Por el mero hecho de estar en posesión de los secretos de este conocimiento, activamos y "encendemos" el generador de energía más poderoso del universo: la Biblia. La Luz del pergamino del Rollo de la Torá brilla con más resplandor que una galaxia de estrellas. El Zóhar se refiere a Rav Shimón bar Yojái y a veces a otros grandes kabbalistas como "la Luminaria de la Biblia", dando peso así a la idea de que el conocimiento —el conocimiento espiritual y divino— es en realidad el poder que está detrás de la Luz.

⁴ También Hével trajo el primogénito de sus ovejas y la grasa del mismo. El Eterno miró con agrado a Hével y su ofrenda, ⁵ pero no miró con agrado a Kayín y su ofrenda. Kayín se enojó mucho y su semblante se demudó.

⁶ Entonces el Eterno dijo a Kayín: "¿Por qué estás enojado, y por qué se ha demudado tu semblante? ⁷ Si haces bien, ¿no serás aceptado? Pero si no haces bien, el pecado yace a la puerta y te codicia, pero tú debes dominarlo".

⁸ Y Kayín habló con su hermano Hével; y aconteció mientras estaban en el campo que Kayín atacó a su hermano Hével y lo mató. ⁹ Entonces el Eterno dijo a Kayín: "¿Dónde está tu hermano, Hével?". Y él respondió: "No sé. ¿Soy yo acaso guardián de mi hermano?".

¹⁰ Y Él le dijo: "¿Qué has hecho? La voz de la sangre de tu hermano clama a Mí desde la tierra". ¹¹ Ahora pues, maldito eres de la tierra, que ha abierto su boca para recibir de tu mano la sangre de tu hermano". ¹² Cuando cultives el suelo, no te dará más su cosecha. Errante y extraño serás en la Tierra".

וְהֶבֶל

Génesis 4:4 – La Biblia nos dice que Hével "también trajo" un sacrificio ante Dios. Como los sabios han explicado, la palabra "también" indica que la conciencia de Hével no estaba enfocada exclusivamente en el sacrificio. Esta vacilación es lo que creó la abertura para que la negatividad entrara en su vida, lo cual resultó en su propia muerte en manos de su hermano, Kayín.

En todo lo que hacemos, ya sea de naturaleza espiritual o no, es vital que dediquemos el cien por ciento de nuestra energía, deseo y certeza a la tarea. Sea cual sea el porcentaje que no damos completamente —o al que renunciamos en el caso de nuestro ego—, por muy pequeña que sea esa cifra, creará la abertura necesaria que Satán está esperando para poder entrar y causar estragos en nuestra vida. Cuanto más fuerte sea la Luz que va a ser revelada, mayor será la Fuerza de la Oscuridad que intente evitarlo. Cuando sacrificamos nuestro ego, debemos soltar completamente; no podemos hacerlo a medias. Esta sección de la Biblia referente a Kayín y Hével nos faculta con el coraje para rendirnos totalmente, teniendo la certeza y confianza absolutas de que deshacernos de los rasgos negativos de nuestra naturaleza no significará una pérdida de identidad sino una ganancia de nuestro verdadero Yo. Este es el verdadero significado de un "sacrificio".

Rav Áshlag escribe:

Y siempre es así: si ellos caminan por el sendero de la rectitud, atraen todo lo bueno que hay en él, pero si, Dios no lo permita, no caminan por el buen camino, atraen lo opuesto. Sin embargo, a veces, [para atraer bondad], uno necesita atraer un milagro, que está fuera de la naturaleza. La única forma de atraer milagros es reordenando la naturaleza en forma diferente de la manera en que Dios la estructuró, y eso sólo puede lograrse a través del autosacrificio.

No obstante, este tipo de sacrificio no debe verse como una moneda de cambio; cuando cambiamos nuestra naturaleza, las Leyes de la Naturaleza nos abren el camino. Cuando superamos nuestra naturaleza, superamos a toda la naturaleza.

וַיְהַרְגֵהוּ

Génesis 4:8 – En el *Zóhar* encontramos información asombrosa sobre la historia de Kayín y Hével relativa a asuntos tan misteriosos como la gran cantidad de demonios que habitan entre nosotros, la seducción sexual que tiene lugar cuando estamos despiertos y durante

4 וְהֶבֶל מלוי ס״ג הֵבִיא גַם יגל הוּא מִבְּכֹרוֹת צֹאנוֹ וּמֵחֶלְבֵהֶן וַיִּשַׁע

יְהֹוָ(אדנ״יאהדונהי) אֶל־הֶבֶל מלוי ס״ג וְאֶל־מִנְחָתוֹ: 5 וְאֶל־קַיִן ע״ה קס״א וְאֶל־מִנְחָתוֹ

לֹא שָׁעָה וַיִּחַר לְקַיִן מ״ה מְאֹד ע״ה קס״א וַיִּפְּלוּ פָּנָיו: 6 וַיֹּאמֶר יְהֹוָ(אדנ״יאהדונהי)

אֶל־קָיִן ע״ה קס״א לָמָּה חָרָה לָךְ וְלָמָּה נָפְלוּ פָנֶיךָ ס״ג ~ מ״ה ~ ב״ן: 7 הֲלוֹא אִם

תֵּיטִיב שְׂאֵת יוהך וְאִם יוהך לֹא תֵיטִיב לַפֶּתַח חַטָּאת רֹבֵץ וְאֵלֶיךָ

תְּשׁוּקָתוֹ וְאַתָּה תִּמְשָׁל־בּוֹ: 8 וַיֹּאמֶר קַיִן ע״ה קס״א אֶל־הֶבֶל מלוי ס״ג אָחִיו

וַיְהִי אל בִּהְיוֹתָם בַּשָּׂדֶה וַיָּקָם קַיִן ע״ה קס״א אֶל־הֶבֶל מלוי ס״ג אָחִיו וַיַּהַרְגֵהוּ:

9 וַיֹּאמֶר יְהֹוָ(אדנ״יאהדונהי) אֶל־קַיִן ע״ה קס״א אֵי הֶבֶל מלוי ס״ג אָחִיךָ וַיֹּאמֶר לֹא

יָדַעְתִּי הֲשֹׁמֵר אָחִי אָנֹכִי מ״ה עב״ס ס״ג ע״ה 10 וַיֹּאמֶר מֶה עָשִׂיתָ קוֹל איע״ג דְּמֵי

אָחִיךָ צֹעֲקִים אֵלַי מִן־הָאֲדָמָה: 11 וְעַתָּה אָרוּר אָתָּה מִן־הָאֲדָמָה

אֲשֶׁר פָּצְתָה אֶת־פִּיהָ לָקַחַת אֶת־דְּמֵי אָחִיךָ מִיָּדֶךָ: 12 כִּי תַעֲבֹד

אֶת־הָאֲדָמָה לֹא־תֹסֵף תֵּת־כֹּחָהּ לָךְ נָע וָנָד תִּהְיֶה בָאָרֶץ אלהים דאלפין:

---

nuestro sueño, e incluso la causa raíz de la muerte prematura en los niños. Los ángeles demoníacos pueden ser considerados como fuerzas energéticas de inteligencia negativas que se originaron en los tiempos de Kayín. Se nos cuenta:

Rav Yitsjak dijo que desde el tiempo en que Kayín mató a Hével, Adam se separó de su esposa. Dos espíritus femeninos acostumbraban venir y copular con él. Y él procreó de ellos espíritus y demonios que vagan alrededor del mundo.
– El Zóhar, Bereshit B 62:346

Aunque son indetectables por nuestros cinco sentidos, estas fuerzas negativas son tan influyentes como la invisible fuerza de la gravedad y tan reales como las corrientes invisibles en el aire. Están detrás de las enfermedades que afligen a nuestros hijos y los impulsos sexuales negativos, egoístas e incontrolados que hierven en nuestro interior.

Rav Shimón, autor del *Zóhar*, afirma:

¡Ay de la gente! Porque no están conscientes y no ponen atención ni buscan el conocimiento. Están todos vendados de los ojos y no saben lo lleno que está el mundo con criaturas y cosas extrañas e invisibles. Si le fuere otorgado permiso al ojo para ver, la gente se extrañaría grandemente de cómo es posible sobrevivir en este mundo.
– El Zóhar, Bereshit B 62:356

A través de la historia de Kayín y Hével, tanto la Biblia como el *Zóhar* nos habilitan con la Luz Divina necesaria para eliminar todos los demonios y cualquier otro elemento maligno de la existencia. Esta batalla y esta victoria ocurren ahora —en el eterno presente—, no en algún vago momento del futuro. Los niños se sanan, las enfermedades se erradican y nosotros somos capaces de reparar el daño de los errores sexuales de la humanidad que tantas desgracias han causado a lo largo de la historia.

13 Y Kayín dijo al Eterno: "Mi castigo es demasiado grande para soportarlo. 14 Hoy me has arrojado de la faz de la Tierra, y de Tu presencia me esconderé, y seré errante y extraño en la Tierra. Y sucederá que cualquiera que me halle me matará".

15 Entonces el Eterno le dijo: "Por tanto, cualquiera que mate a Kayín, siete veces sufrirá venganza". Y el Eterno puso una señal sobre Kayín, para que cualquiera que lo hallara no lo matara.

16 Y salió Kayín de la presencia del Eterno, y se estableció en la tierra de Nod, al oriente de Edén.

17 Y conoció Kayín a su mujer, y ella concibió y dio a luz a Janoj. Y Kayín edificó una ciudad y la llamó Janoj, como el nombre de su hijo. 18 A Janoj le nació Irad. Irad fue padre de Mejuyael, Mejuyael fue padre de Metushael, y Metushael fue padre de Lémej.

QUINTA LECTURA - AHARÓN - HOD

19 Lémej tomó para sí dos mujeres. El nombre de una era Adá, y el nombre de la otra Zilá. 20 Y Adá dio a luz a Yabal, el cual fue padre de los que habitan en tiendas y tienen ganado. 21 Su hermano se llamaba Yubal, el cual fue padre de todos los que tocan la lira y la flauta. 22 Zilá a su vez dio a luz a Tubal Kayín, forjador de todo utensilio de bronce y de hierro. Y la hermana de Tubal-Kayín era Naamá.

יֻקַּם

Génesis 4:15 – Aquí la Biblia utiliza la palabra aramea *yukam* (ser alzado). La palabra *YuKaM* es un acrónimo de Yitró, Kóraj y Mitsrí, de quienes el *Zóhar* explica que son reencarnaciones de Kayín. La *Yud* en *YuKaM* proviene de Yitró, quien se convirtió en el suegro de Moshé. El *Zóhar* revela además que el mismo Moshé era la reencarnación del hermano de Kayín, Hével, y que Hével era conocido como "carne", tal como se afirma en Génesis 6:3. La palabra "carne", se nos dice, es también un código secreto para Moshé.

Por lo tanto, Yitró y Moshé (Kayín y Hével), fueron capaces de resolver antiguas obligaciones kármicas cuando Yitró dio a Moshé la mano de su hija en matrimonio. En su encarnación original, Yitró (Kayín) le quitó la vida a Moshé (Hével);

así pues, como restitución, en su encarnación posterior Yitró proporcionó una esposa a Moshé.

La *Kof* de *YuKaM* se refiere a Kóraj, quien se alzó para desafiar el liderazgo de Moshé en un relato posterior. Kóraj falló en su campaña para derrocar a Moshé y luego fue engullido por la tierra. La *Mem* se refiere a un egipcio (Mitsrí), a quien mató Moshé.

Según el *Zóhar*, Moshé utilizó dos de los 72 Nombres de Dios para matar al egipcio:

- *Caf, Hei, Tav* – כהת
- *Yud, Caf, Shin* – יכש

Las tres encarnaciones de Kayín le permitieron corregir su error, completar su acto de arrepentimiento y arreglar las cosas con su hermano, Hével.

13 וַיֹּאמֶר קַיִן ע"ה קס"א אֶל־יְהֹוָ_{אהדונהי} גָּדוֹל להה, מכה, יול, אוב עֲוֹנִי מִנְּשֹׂא:

14 הֵן גֵּרַשְׁתָּ אֹתִי הַיּוֹם נגד, זן, מזבח מֵעַל עלם פְּנֵי וחכמה - בינה הָאֲדָמָה וּמִפָּנֶיךָ

אֶסָּתֵר ס"ג - מ"ה - ב"ן ב"ם מצר וְהָיִיתִי נָע וָנָד בָּאָרֶץ אלהים דאלפין וְהָיָה יהוה, יהה

כָל יל־מֹצְאִי יַהַרְגֵנִי: 15 וַיֹּאמֶר לוֹ יְהֹוָ_{אהדונהי} לָכֵן כָּל יל־הֹרֵג קַיִן

שִׁבְעָתַיִם יֻקָּם ר"ת יתרו, קין, מזרי יֻקָּם וַיָּשֶׂם יְהֹוָ_{אהדונהי} לְקַיִן ע"ה קס"א

אוֹת לְבִלְתִּי הַכּוֹת־אֹתוֹ כָּל יל־מֹצְאוֹ: 16 וַיֵּצֵא קַיִן ע"ה קס"א מִלִּפְנֵי

יְהֹוָ_{אהדונהי} וַיֵּשֶׁב בָּאֶרֶץ אלהים דאלפין נוֹד קִדְמַת־עֵדֶן: 17 וַיֵּדַע ב"פ מ"ב קַיִן

אֶת־אִשְׁתּוֹ ע"ה קס"א וַתַּהַר וַתֵּלֶד אֶת־חֲנוֹךְ וַיְהִי אל בֹּנֶה עִיר בזוזך, ערי, סנדלפו"ן

וַיִּקְרָא עם ה' אותיות = ב"פ קס"א שֵׁם יהוה שדי הָעִיר בזוזך, ערי, סנדלפו"ן כְּשֵׁם יהוה שדי בְּנוֹ

חֲנוֹךְ: 18 וַיִּוָּלֵד לַחֲנוֹךְ אֶת־עִירָד וְעִירָד יָלַד אֶת־מְחוּיָאֵל וּמְחִיָּיאֵל

יָלַד אֶת־מְתוּשָׁאֵל וּמְתוּשָׁאֵל יָלַד אֶת־לָמֶךְ:

QUINTA LECTURA – AHARÓN – HOD

19 וַיִּקַּח לוֹם לוֹ־לֶמֶךְ שְׁתֵּי נָשִׁים שֵׁם יהוה שדי שֵׁם יהוה שדי הָאַחַת עָדָה וְשֵׁם יהוה שדי

הַשֵּׁנִית צִלָּה: 20 וַתֵּלֶד עָדָה אֶת־יָבָל יהוה שדי הוּא הָיָה אֲבִי יהוה שדי יֹשֵׁב אֹהֶל

לאה, אלד ע"ה וּמִקְנֶה: 21 וְשֵׁם יהוה שדי אָחִיו יוּבָל הוּא הָיָה יהוה שדי אֲבִי יל כָּל־תֹּפֵשׂ

כִּנּוֹר וְעוּגָב: 22 וְצִלָּה גַם יגל הִוא יָלְדָה אֶת־תּוּבַל קַיִן ע"ה קס"א לֹטֵשׁ כָּל

Los dos Nombres de Dios mencionados anteriormente nos ayudan a lograr el impulso necesario para erradicar al Kayín caído que hay dentro de cada uno de nosotros. Con esta simple acción podemos corregir todos nuestros pecados de esta vida y de las anteriores. Asimismo, la Luz espiritual que emana de estas letras arameas es suficiente para corregir las iniquidades de todas las generaciones que descendieron de Kayín; y para hacerlo de una forma acorde a la infinita misericordia de Dios, en lugar de hacerlo en una

cualidad de juicio severo. Nuestro acceso a esta vía de misericordia es una consecuencia directa de las enseñanzas divinas del *Zóhar* y el Rollo de la Torá del cual leemos.

אות

Génesis 4:15 – Kayín sabía que era probable que él fuera asesinado por la gente de su generación como castigo por haber asesinado a Hével. Él

23 Lémej dijo a sus mujeres: "Adá y Zilá, oigan mi voz; mujeres de Lémej, presten oído a mis palabras, pues he dado muerte a un hombre por haberme herido, y a un muchacho por haberme lastimado.

24 Si siete veces es vengado Kayín, entonces Lémej lo será setenta y siete veces". 25 Adam conoció otra vez a su mujer; y ella dio a luz un hijo y le puso por nombre Shet, porque, dijo ella: "Dios me ha dado otro hijo en lugar de Hével, pues Kayín lo mató". 26 A Shet le nació también un hijo y le puso por nombre Enosh. Por ese tiempo comenzaron los hombres a invocar el nombre del Eterno.

SEXTA LECTURA - YOSEF - YESOD

5 1 Este es el libro de las generaciones de Adam. El día que Dios creó al hombre, a semejanza de Dios lo hizo.

---

entendía la ley universal de causa y efecto y, por lo tanto, sabía que la energía que emanaba de él infectaría a todo aquel que estuviera en su presencia con las oscuras ondas de su crimen. Es importante notar que Kayín hizo entonces un intento de arrepentirse profundamente por lo que había hecho.

Según el *Zóhar*, Dios inscribió la letra aramea *Vav* en la frente de Kayín. La letra *Vav* conecta con la *Sefirá* de *Yesod*, que significa el Pacto entre Dios y los israelitas. Debido a que Kayín se arrepintió sinceramente de haber asesinado a su hermano, la letra *Vav* en realidad le protegía de la hostilidad que había engendrado a través de su reprochable crimen.

La lección en todo esto para nosotros es suficientemente clara: si Kayín podía arrepentirse de una acción tan malvada como lo es el asesinato, entonces todos nosotros podemos arrepentirnos de nuestros errores mucho menores; asumiendo, por supuesto, que hemos elegido transformar nuestra manera de hacer las cosas para siempre. Adam afirma en el *Zóhar*:

La fuerza del arrepentimiento es tan grande y poderosa…
    – El Zóhar, Bereshit B 62:345

Al meditar en la letra aramea *Vav* durante la lectura de esta sección y cultivando una sensación auténtica de gran remordimiento en lo profundo de nuestro corazón por todos nuestros errores, es posible que recibamos protección de cualquier decreto de juicio que se haya hecho contra nosotros. La energía que emana de este remordimiento también destruye al ángel negativo (cuyo nombre no debe pronunciarse), S-a-m-a-e-l, y corrige las causas fundamentales de todo pecado.

הָרָגְתִּי

Génesis 4:23 – Lémej, un hombre ciego, mató accidentalmente a Kayín, quien era su tatarabuelo. Debido a su ceguera, Lémej no pudo ver la letra *Vav* en la frente de Kayín. Este homicidio accidental de Kayín demuestra la importancia de nuestro estado de conciencia, así como nuestro conocimiento de las leyes espirituales, las cuales determinan si plantamos semillas positivas o negativas en la vida. La ignorancia de la ley, como dicen, no es una excusa. Si tocamos un cable deshilachado, ya sea a propósito o inadvertidamente, recibiremos una dolorosa descarga. Si nuestra conciencia es negativa, si somos "ciegos" ante las leyes espirituales que gobiernan nuestra realidad,

יל׳ ‏ וְזֹרֵשׁ נֹחֶשֶׁת וּבַרְזֶל ר״ת בלהה רחל זלפה לאה וַאֲחֹות תּוּבַל-קַיִן ע״ה קס״א נַעֲמָה

רביע ס״א׃ 23 וַיֹּאמֶר לֶמֶךְ לְנָשָׁיו עָדָה וְצִלָּה שְׁמַעַן קוֹלִי נְשֵׁי לֶמֶךְ הַאְזֵנָּה

יוד הי ואו הה אִמְרָתִי כִּי אִישׁ ע״ה קנ״א קס״א הָרַגְתִּי לְפִצְעִי וְיֶלֶד לְחַבֻּרָתִי׃

24 כִּי שִׁבְעָתַיִם יֻקַּם ר״ת יתרו, קין, מצרי-קָיִן ע״ה קס״א וְלֶמֶךְ שִׁבְעִים וְשִׁבְעָה׃

25 וַיֵּדַע ב״פ מ״ב אָדָם מ״ה עוֹד אֶת-אִשְׁתּוֹ וַתֵּלֶד בֵּן וַתִּקְרָא אֶת-שְׁמוֹ מהש ע״ה

שֵׁת כִּי שָׁת-לִי אֱלֹהִים ילה, מום זֶרַע אַחֵר תַּחַת הֶבֶל מלוי ס״ג כִּי הֲרָגוֹ קָיִן

ע״ה קס״א׃ 26 וּלְשֵׁת גַּם הוּא יֻלַּד בֵּן וַיִּקְרָא עם ה׳ אותיות = ב״פ קס״א אֶת-שְׁמוֹ

מהש ע״ה אֱנוֹשׁ אָז הוּחַל לִקְרֹא בְּשֵׁם יהוה עדוי, ר״ת הבל יְהוָֹהִיאהדונהי׃ [ס]

SEXTA LECTURA - YOSEF – YESOD

זֶה 5 1 סֵפֶר תּוֹלְדֹת אָדָם מ״ה בְּיוֹם נגד, זן, מזבח בְּרֹא קנ״א + בֵּן אֱלֹהִים

---

nuestras buenas intenciones nos seguirán llevando al caos y la oscuridad.

La verdad irrefutable de la gran ley cósmica de causa y efecto se graba en nuestro corazón y mente durante esta lectura, así como la necesidad de reconocer nuestra responsabilidad de todas nuestras acciones.

אָז

Génesis 4:26 – Aunque no se menciona explícitamente en la Biblia, esta lectura habla de la destrucción de un tercio de la población del mundo en lo que se conoce como *Dor* (la generación) del profeta Janoj. *El Libro de Janoj*, conocido por los kabbalistas a lo largo de los tiempos, no apareció públicamente sino hasta el siglo XIX. Sus contenidos eran tan perturbadores para la Iglesia que se intentó prohibir el libro. Aun así se descubrieron unos cuantos ejemplares en Etiopía que se llevaron a Escocia, donde en 1821 se tradujo *El Libro de Janoj* al inglés.

Los sabios nos enseñan que la gente que vivió en los tiempos de Janoj trató de utilizar ciertas técnicas mágicas, intentando tomar un desvío cósmico para conectarse con la energía Divina y evitar así asumir la responsabilidad de sus acciones. Este tipo de magia no sólo subvierte la más portentosa de todas las leyes universales —la ley universal de causa y efecto—, sino que también es el secreto que subyace detrás de la historia del Becerro de Oro, que exploraremos posteriormente en el libro de Éxodo.

Debemos permitir que el deseo de ser responsables de nuestras acciones se agite en nuestro interior, garantizándonos el deseo y la voluntad de arrepentirnos y, al hacerlo, de controlar nuestro propio destino.

זֶה

Génesis 5:1 – *El Libro de Adam* es el libro original de Kabbalah, y contiene todos los secretos de nuestro universo, así como todos los misterios más sublimes de los Mundos Celestiales que

²Varón y hembra los creó. Los bendijo, y los llamó Adam el día en que fueron creados.

³Cuando Adam había vivido 130 años, engendró un hijo a su semejanza, conforme a su imagen, y le puso por nombre Shet. ⁴Y los días de Adam después de haber engendrado a Shet fueron 800 años, y tuvo otros hijos e hijas.

⁵El total de los días que Adam vivió fue de 930 años, y murió. ⁶Shet vivió 105 años, y fue padre de Enosh. ⁷Y vivió Shet 807 años después de haber engendrado a Enosh, y tuvo otros hijos e hijas. ⁸El total de los días de Shet fue de 912 años, y murió. ⁹Enosh vivió 90 años, y fue padre de Keinán.

¹⁰Y vivió Enosh 815 años después de haber engendrado a Keinán, y tuvo otros hijos e hijas.

¹¹El total de los días de Enosh fue de 905 años, y murió.

---

están por encima de éste. *El Libro de Adam* es como el código genético del cosmos, lo cual sin duda lo convierte en el libro más poderoso que existe. El *Zóhar*, así como toda la sabiduría kabbalística, está codificado en las páginas de este críptico texto.

Con relación al *Libro de Adam*, el *Zóhar* expone lo siguiente:

> *[Dios dice:] "Éste es el Libro de las generaciones de Adam", y existe literalmente tal libro. Ya hemos explicado que cuando Adam estaba en el Jardín de Edén, Dios le envió un libro con Raziel, el ángel santo que está a cargo de los sagrados secretos celestiales.*
> *– El Zóhar, Bereshit B 63:361*

De manera similar a la fórmula de Einstein $E=mc^2$, cuyos simples caracteres ocultan todas las ecuaciones matemáticas que definen el tiempo, el espacio, la materia y la energía, el *Libro de Adam* también es una fórmula concisa que oculta todas las ecuaciones espirituales que definen la realidad absoluta. Este libro también contiene la gloriosa Luz de la Creación, la alegría infinita y la dicha ilimitada representadas por el Jardín de Edén. En efecto, representa a nuestro mundo en su forma perfeccionada, en su estado predestinado de grandeza. Sin embargo, cuando Adam pecó, el libro voló de su lado, y él se sintió comprensiblemente lleno angustia.

El *Zóhar* dice:

> *Adam acostumbraba golpear su cabeza y llorar. Se sumergió en el Río Guijón hasta el cuello, porque se arrepintió y se mortificó, hasta que su cuerpo se arrugó y se hizo poroso y su resplandor cambió.*
> *– El Zóhar, Bereshit B 63:364*

Sin embargo, después del doloroso arrepentimiento de Adam, el *Zóhar* nos dice que Dios ordenó al Ángel Rafael que devolviese el libro a Adam, quien se lo dejó a su hijo Shet. Nuestro propio arrepentimiento puede volver a encender la Luz que brilla del *Libro de Adam*, y una profunda meditación sobre sus letras despierta la grandeza espiritual latente que está en nuestro interior. Pone en marcha nuestra Redención Final con una abundancia de misericordia, comenzando así la Era del Mesías (Mashíaj), un tiempo caracterizado por una ternura de corazón ilimitada junto con un profundo respeto por nuestro prójimo y nuestro medio ambiente físico. Con la potente energía del arrepentimiento, creamos el Jardín de Edén dentro de nosotros y a nuestro alrededor. Según nos dice el *Zóhar*, *El Libro de Adam* ayudó a Janoj a convertirse en un ángel celestial conocido como M-e-t-a-t-r-ó-n (cuyo nombre no pronunciamos), que representa la juventud eterna y la inmortalidad. Por lo tanto, a través del *Libro de Adam*, a través de Janoj y del ángel M-e-t-a-t-r-ó-n, traemos la inmortalidad a toda la humanidad, y el Cielo en la Tierra se convierte en nuestra nueva realidad.

ילה, מום אָדָ֗ם מ״ה בִּדְמ֥וּת אֱלֹהִ֖ים יל״ה, מום עָשָׂ֣ה אֹת֑וֹ 2 זָכָ֥ר וּנְקֵבָ֖ה

בְּרָאָ֑ם עסמ״ב וַיְבָ֣רֶךְ אֹתָ֗ם עם ה׳ אותיות = ב״פ קס״א וַיִּקְרָ֤א אֶת־שְׁמָם֙ אָדָ֔ם מ״ה

בְּי֖וֹם נגד, זן, מזבח הִבָּֽרְאָֽם: 3 [וַיְחִ֣י] אָדָ֗ם מ״ה שְׁלֹשִׁ֤ים וּמְאַת֙ שָׁנָ֔ה

וַיּ֥וֹלֶד בִּדְמוּת֖וֹ כְּצַלְמ֑וֹ וַיִּקְרָ֥א עם ה׳ אותיות = ב״פ קס״א אֶת־שְׁמ֖וֹ מהטע ע״ה

שֵֽׁת: 4 וַיִּֽהְי֣וּ יְמֵי־אָדָ֗ם מ״ה אַֽחֲרֵי֙ הוֹלִיד֣וֹ אֶת־שֵׁ֔ת שְׁמֹנֶ֥ה מֵאֹ֖ת שָׁנָ֑ה

וַיּ֥וֹלֶד בָּנִ֖ים וּבָנֽוֹת: 5 וַיִּֽהְי֞וּ כָּל־ יל״י יְמֵ֤י אָדָם֙ מ״ה אֲשֶׁר־חַ֔י [תְּשַׁע]

מֵא֣וֹת שָׁנָ֔ה וּשְׁלֹשִׁ֖ים שָׁנָ֑ה וַיָּמֹֽת: [ס] 6 וַֽיְחִי־שֵׁ֕ת

חָמֵ֥שׁ שָׁנִ֖ים וּמְאַ֣ת שָׁנָ֑ה וַיּ֖וֹלֶד אֶת־אֱנֽוֹשׁ: 7 וַֽיְחִי־שֵׁ֗ת

אַֽחֲרֵי֙ הוֹלִיד֣וֹ אֶת־אֱנ֔וֹשׁ אלהים דיורין ־ ע״ב שֶׁ֣בַע שָׁנִ֔ים וּשְׁמֹנֶ֥ה מֵא֖וֹת

שָׁנָ֑ה וַיּ֥וֹלֶד בָּנִ֖ים וּבָנֽוֹת: 8 וַיִּֽהְיוּ֙ מלוי ס״ג כָּל־ יל״י יְמֵי־שֵׁ֔ת שְׁתֵּ֤ים עֶשְׂרֵה֙

שָׁנָ֔ה וּתְשַׁ֥ע מֵא֖וֹת שָׁנָ֑ה וַיָּמֹֽת: [ס] 9 וַֽיְחִ֣י אֱנ֔וֹשׁ תִּשְׁעִ֖ים שָׁנָ֑ה

וַיּ֖וֹלֶד אֶת־קֵינָֽן: 10 וַֽיְחִ֣י אֱנ֗וֹשׁ אַֽחֲרֵי֙ הוֹלִיד֣וֹ אֶת־קֵינָ֔ן וַֽחֲמֵ֥שׁ

עֶשְׂרֵ֛ה שָׁנָ֖ה וּשְׁמֹנֶ֥ה מֵא֖וֹת שָׁנָ֑ה וַיּ֥וֹלֶד בָּנִ֖ים וּבָנֽוֹת: 11 וַיִּֽהְיוּ֙ מלוי ס״ג

מבסע	עוי	בוץ
גר״ג	ווה	יצד
ד״צב	זדו	ה״יי
לקוח	שוה	ונ״ר

וַיְחִי

Génesis 5:3 – Aquí aprendemos que hubo diez generaciones de Adam a Nóaj (Noé). Las "diez generaciones" es un código que alude al Árbol de la Vida o las Diez *Sefirot*, las Diez Emanaciones Luminosas o dimensiones que conforman toda la realidad. La Luz del Creador debe fluir a través de estas diez dimensiones en su camino de descenso hasta nuestro mundo.

Esta es la razón por la cual se requieren diez hombres para realizar un servicio de oración, cada una de esas almas se conecta con una de las dimensiones para asegurar una revelación de la Luz plena y absoluta. Estos versículos de Las Escrituras establecen nuestra conexión con las Diez *Sefirot* para que podamos sintonizarnos con todas las dimensiones, asegurando para nosotros mismos y para todo el mundo una manifestación total de la energía Divina y la Luz.

תְּשַׁע

Génesis 5:5 – Se nos cuenta que Adam, sus hijos y sus nietos vivieron durante muchos siglos, algunos de ellos tanto como 900 años. Esta sección del relato de Génesis está diseñada para encender la Luz de la Vida, la longevidad e incluso la inmortalidad para que irradie en nuestra alma. El Ángel de la Muerte recibe un golpe mortal en el momento en que meditamos con el propósito de compartir esta Luz con toda la humanidad.

¹² Keinán vivió 70 años, y fue padre de Mahalaleel. ¹³ Y vivió Keinán 840 años después de haber engendrado a Mahalaleel, y tuvo otros hijos e hijas. ¹⁴ El total de los días de Keinán fue de 910 años, y murió. ¹⁵ Mahalaleel vivió 65 años, y fue padre de Yared.

¹⁶ Y vivió Mahalaleel 830 años después de haber engendrado a Yared, y tuvo otros hijos e hijas. ¹⁷ El total de los días de Mahalaleel fue de 895 años, y murió.

¹⁸ Yared vivió 162 años, y fue padre de Janoj. ¹⁹ Y vivió Yared 800 años después de haber engendrado a Janoj, y tuvo otros hijos e hijas.

²⁰ El total de los días de Yared fue de 962 años, y murió.

²¹ Janoj vivió 65 años, y fue padre de Metushélaj. ²² Janoj anduvo con Dios 300 años después de haber engendrado a Metushélaj, y tuvo otros hijos e hijas. ²³ El total de los días de Janoj fue de 365 años. ²⁴ Y Janoj anduvo con Dios, y desapareció porque Dios se lo llevó.

SÉPTIMA LECTURA - DAVID - MALJUT

²⁵ Metushélaj vivió 187 años, y fue padre de Lámej. ²⁶ Y vivió Metushélaj 782 años después de haber engendrado a Lámej, y tuvo otros hijos e hijas. ²⁷ El total de los días de Metushélaj fue de 969 años, y murió. ²⁸ Lámej vivió 182 años, y tuvo un hijo.

וַאֵינֶנּוּ

Génesis 5:24 – Janoj, el personaje bíblico, fue la primera persona en la historia que se convirtió en un ángel, alcanzando incluso el elevado puesto de rey de todos los ángeles. Los sabios nos dicen que los ángeles están por encima de las limitaciones del tiempo y el espacio, y por lo tanto son capaces de percibir las consecuencias futuras de todas sus acciones. Por esta razón, nunca cometen actos injustos deliberadamente.

Lo que se nos dice aquí en realidad es que todos nosotros tenemos el poder de ser como los ángeles: de ver las repercusiones asociadas con nuestras acciones, de evitar errores y evadir obstáculos, y de crear el camino para presenciar verdaderos milagros. El poder de esta conciencia elevada se nos entrega a través de la vocalización y la vibración de las letras arameas que conforman esta sección de la Biblia.

מְתוּשֶׁלַח

Génesis 5:25 – El hijo de Janoj, Metushélaj, vivió más que ninguna otra persona en la historia del mundo: 969 años. No debe sorprendernos descubrir que fue una persona verdaderamente justa que ejemplificó el concepto de mente sobre materia. En palabras sencillas, Metushélaj recibió la sabiduría de Kabbalah de su padre, y la utilizó para obtener el control sobre el mundo físico. Esto se evidencia a través de su larga vida y el hecho de que el Gran Diluvio o Diluvio Universal no ocurriera sino hasta siete días después de su muerte.

Aquí las palabras de la Biblia nos otorgan el poder de la mente sobre la materia para que podamos encender la Luz de la curación junto con su beneficio esencial: la inmortalidad de la humanidad.

כָּל־יְמֵ֤י אֱנ֨וֹשׁ֙ וְחָמֵ֣שׁ שָׁנִ֔ים וּתְשַׁ֥ע מֵא֖וֹת שָׁנָ֑ה וַיָּמֹֽת׃ [ס]

12 וַיְחִ֥י קֵינָ֖ן שִׁבְעִ֣ים שָׁנָ֑ה וַיּ֖וֹלֶד אֶת־מַֽהֲלַלְאֵֽל׃ 13 וַיְחִ֣י קֵינָ֗ן אַֽחֲרֵי֙ הוֹלִיד֣וֹ אֶת־מַֽהֲלַלְאֵ֔ל אַרְבָּעִ֣ים שָׁנָ֔ה וּשְׁמֹנֶ֥ה מֵא֖וֹת שָׁנָ֑ה וַיּ֥וֹלֶד בָּנִ֖ים וּבָנֽוֹת׃ 14 וַיִּֽהְיוּ֙ מלוי ס׳׳ג כָּל־יְמֵ֣י קֵינָ֗ן עֶ֤שֶׂר שָׁנִים֙ וּתְשַׁ֣ע מֵא֣וֹת שָׁנָ֑ה וַיָּמֹֽת׃ [ס] 15 וַיְחִ֣י מַֽהֲלַלְאֵ֔ל חָמֵ֥שׁ שָׁנִ֖ים וְשִׁשִּׁ֣ים שָׁנָ֑ה וַיּ֖וֹלֶד אֶת־יָֽרֶד׃ 16 וַיְחִ֣י מַֽהֲלַלְאֵ֗ל אַֽחֲרֵי֙ הוֹלִיד֣וֹ אֶת־יֶ֔רֶד שְׁלֹשִׁ֣ים שָׁנָ֔ה וּשְׁמֹנֶ֥ה מֵא֖וֹת שָׁנָ֑ה וַיּ֥וֹלֶד בָּנִ֖ים וּבָנֽוֹת׃ 17 וַיִּֽהְיוּ֙ מלוי ס׳׳ג כָּל־יְמֵ֣י מַֽהֲלַלְאֵ֗ל חָמֵ֤שׁ וְתִשְׁעִים֙ שָׁנָ֔ה וּשְׁמֹנֶ֥ה מֵא֖וֹת שָׁנָ֑ה וַיָּמֹֽת׃ [ס] 18 וַֽיְחִי־יֶ֗רֶד שְׁתַּ֤יִם וְשִׁשִּׁים֙ שָׁנָ֔ה וּמְאַ֣ת שָׁנָ֑ה וַיּ֖וֹלֶד אֶת־חֲנֽוֹךְ׃ 19 וַֽיְחִי־יֶ֗רֶד אַֽחֲרֵי֙ הוֹלִיד֣וֹ אֶת־חֲנ֔וֹךְ שְׁמֹנֶ֥ה מֵא֖וֹת שָׁנָ֑ה וַיּ֥וֹלֶד בָּנִ֖ים וּבָנֽוֹת׃ 20 וַיִּֽהְיוּ֙ מלוי ס׳׳ג כָּל־יְמֵי־יֶ֗רֶד שְׁתַּ֤יִם וְשִׁשִּׁים֙ שָׁנָ֔ה וּתְשַׁ֥ע מֵא֖וֹת שָׁנָ֑ה וַיָּמֹֽת׃ [ס] 21 וַיְחִ֣י חֲנ֔וֹךְ חָמֵ֥שׁ וְשִׁשִּׁ֖ים שָׁנָ֑ה וַיּ֖וֹלֶד אֶת־מְתוּשָֽׁלַח׃ 22 וַיִּתְהַלֵּ֨ךְ חֲנ֜וֹךְ מיה אֶת־הָֽאֱלֹהִ֗ים ילה, מום אַֽחֲרֵי֙ הוֹלִיד֣וֹ אֶת־מְתוּשֶׁ֔לַח שְׁלֹ֥שׁ מֵא֖וֹת שָׁנָ֑ה וַיּ֥וֹלֶד בָּנִ֖ים וּבָנֽוֹת׃ 23 וַיְהִ֖י כָּל־יְמֵ֣י חֲנ֑וֹךְ חָמֵ֤שׁ וְשִׁשִּׁים֙ שָׁנָ֔ה וּשְׁלֹ֥שׁ מֵא֖וֹת שָׁנָֽה׃ 24 וַיִּתְהַלֵּ֥ךְ חֲנ֖וֹךְ מיה אֶת־הָֽאֱלֹהִ֑ים ילה, מום וְאֵינֶ֕נּוּ כִּֽי־לָקַ֥ח אֹת֖וֹ אֱלֹהִֽים׃ ילה, מום [ס]

SÉPTIMA LECTURA - DAVID – MALJUT

25 וַיְחִ֣י מְתוּשֶׁ֗לַח אלהם דרודין - ע׳׳ב שֶׁ֤בַע וּשְׁמֹנִים֙ שָׁנָ֔ה וּמְאַ֣ת שָׁנָ֑ה וַיּ֖וֹלֶד אֶת־לָֽמֶךְ׃ 26 וַיְחִ֣י מְתוּשֶׁ֗לַח אַֽחֲרֵי֙ הוֹלִיד֣וֹ אֶת־לֶ֔מֶךְ שְׁתַּ֤יִם וּשְׁמוֹנִים֙ שָׁנָ֔ה וּשְׁבַ֥ע מֵא֖וֹת שָׁנָ֑ה וַיּ֥וֹלֶד בָּנִ֖ים וּבָנֽוֹת׃ 27 וַיִּֽהְיוּ֙ מלוי ס׳׳ג כָּל־יְמֵ֣י מְתוּשֶׁ֔לַח תֵּ֤שַׁע וְשִׁשִּׁים֙ שָׁנָ֔ה וּתְשַׁ֥ע מֵא֖וֹת שָׁנָ֑ה וַיָּמֹֽת׃ [ס] 28 וַֽיְחִי־לֶ֕מֶךְ

²⁹ Y le puso por nombre Nóaj, diciendo: "Este nos dará descanso de nuestra labor y del doloroso trabajo de nuestras manos por causa de la tierra que el Eterno ha maldecido". ³⁰ Y vivió Lámej 595 años después de haber engendrado a Nóaj, y tuvo otros hijos e hijas. ³¹ El total de los días de Lámej fue de 777 años, y murió. ³² Nóaj tenía 500 años, y fue padre de Shem, de Jam y de Yafet. 6 ¹ Aconteció que cuando el hombre comenzó a multiplicarse sobre la faz de la Tierra, y les nacieron hijas, ² los hijos de Dios vieron que las hijas de los hombres eran hermosas, y tomaron para sí mujeres de entre todas las que escogieron. ³ Entonces el Eterno dijo: "Mi Espíritu no luchará para siempre con el hombre, porque ciertamente él es carne. Serán, pues, sus días 120 años". ⁴ Había Nefilim (gigantes) en la Tierra en aquellos días, y también después, cuando los hijos de Dios se unieron a las hijas de los hombres y ellas les dieron hijos. Estos son los héroes de la antigüedad, hombres de renombre.

MAFTIR

⁵ El Eterno vio que era mucha la maldad de los hombres en la Tierra, y que toda la multitud de los pensamientos de su corazón era solamente perversa todo el día.

וַיְהִי–נֹחַ

Génesis 5:32 – En Génesis leemos sobre el paso de las generaciones de Adam a Nóaj, el cual en realidad hace referencia a la separación gradual de la humanidad del reino de Luz Infinita y nuestro consecuente viaje a este mundo físico.

Las últimas tres generaciones antes de Nóaj nos conectan con las tres *Sefirot* inferiores, o dimensiones espirituales, conocidas como *Hod*, *Yesod* y *Maljut*, el ámbito físico de la existencia. A medida que nos acercamos al dominio físico, el trabajo espiritual se vuelve más difícil.

Según la Kabbalah, meditar en lo alto de una montaña no es el camino o el método para alcanzar la grandeza espiritual. En su lugar, esta elevación espiritual se encuentra en el caos de la existencia física a través de nuestros esfuerzos en transformar el caos en orden, el dolor en placer y la lucha en serenidad. Por lo tanto, debemos dar la bienvenida a los obstáculos en la vida, dándonos cuenta de que contienen las semillas de nuestra gloria espiritual y dicha duradera. Este es el propósito subyacente de nuestro descenso desde las dimensiones espirituales superiores hasta el mundo material inferior, aunque a la mayoría de nosotros puede parecerle que este mundo material es la única dimensión que existe.

וַיַּרְא

Génesis 6:2 – Se dice comúnmente que sólo el ser humano posee el libre albedrío para elegir entre el comportamiento positivo y negativo. Sin embargo, la Biblia nos dice que se conoce que los ángeles negativos han tenido relaciones sexuales ilícitas con las mujeres de este mundo. Esto demuestra que los ángeles sí tienen libre albedrío, aunque según las enseñanzas bíblicas, se supone que no comen, ni beben, ni participan de ninguna actividad en este nivel mundano de la existencia. No obstante, siguen estando por encima de las limitaciones del tiempo y el espacio porque están más cerca de la Luz del Creador, que existe en un ámbito sin tiempo. La eternidad no significa un tiempo muy prolongado, es más bien algo que está totalmente desconectado del tiempo. Por esta razón, los ángeles pueden observar las repercusiones "futuras" de sus acciones, y por ello les resulta fácil comportarse en concordancia con las leyes espirituales. Esta es una forma de libre albedrío, pero no en el mismo nivel extraordinario de nuestro libre albedrío.

בְּ"פ קס"א = אותיות ה' עם וַיִּקְרָ֥א 29 בֵּ֖ן וַיּ֥וֹלֶד שָׁנָ֑ה וּמְאַ֖ת שָׁנָ֔ה וּשְׁמֹנִ֣ים שְׁתַּ֨יִם

יָדֵ֔ינוּ וּמֵֽעִצְּב֣וֹן מִֽמַּעֲשֵׂ֗נוּ יְֽנַחֲמֵ֤נוּ זֶ֞ה לֵאמֹ֑ר נֹ֖חַ מוזי ע"ה שְׁמ֛וֹ אֶת־

הוֹלִ֣ידֽוֹ אַחֲרֵ֤י וַֽיְחִי־לֶ֗מֶךְ 30 יְהֹוָֽהאדניאהדונהי אֵֽרְרָ֖הּ אֲשֶׁ֥ר מִ֨ן־הָֽאֲדָמָ֔ה

וּבָנֽוֹת: בָּנִ֖ים וַיּ֥וֹלֶד שָׁנָ֑ה וַֽחֲמֵ֤שׁ מֵאֹת֙ שָׁנָ֔ה וְתִשְׁעִ֣ים וַחֲמֵ֨שׁ מוזי אֶת־נֹ֗חַ

נֹ֥חַ שָׁנָ֔ה מֵאֹ֣ת בֶּן־חֲמֵ֤שׁ מוזי נֹ֗חַ אֵ֣לּ וַֽיְהִי 32 [ס] וַיָּמֹֽת: שָׁנָ֔ה מֵא֣וֹת וּשְׁבַ֣ע שָׁנָ֗ה וְשִׁבְעִ֣ים אלהים דיודין ל"ב שֶׁ֔בַע יְמֵי־לֶ֨מֶךְ֙ כָּל־ יל' אל וַֽיְהִי֙ 31

הָֽאָדָ֔ם כִּֽי־הֵחֵ֤ל מ"ה וַיְהִ֗י 6 1 וְאֶת־יָֽפֶת: אֶת־חָ֖ם יהוה שדי אֵ֥ת הַשֵּׁ֔ם אֶת־

בְּנֵ֤י הָֽאֱלֹהִים֙ וַיִּרְא֞וּ 2 לָהֶֽם: יֻלְּד֥וּ וּבָנ֖וֹת בינה - חכמה הָֽאֲדָמָ֑ה עַל־פְּנֵ֖י לָרֹ֔ב

מִכֹּ֖ל נָשִׁ֔ים לָהֶ֣ם וַיִּקְח֤וּ וולם הֵ֑נָּה טֹבֹ֣ת כִּ֣י מ"ה הָֽאָדָ֔ם אֶת־בְּנ֣וֹת ילד, מוז

לְעֹלָ֔ם מ"ה בָֽאָדָם֙ רֽוּחִ֤י לֹֽא־יָד֨וֹן יְהֹוָ֗האדניאהדונהי וַיֹּ֣אמֶר 3 בָּחָֽרוּ: אֲשֶׁ֥ר ילי

וְעֶשְׂרִ֥ים מֵאָ֖ה מלוי ע"ב יָמָ֕יו וְהָי֥וּ בָשָׂ֑ר ה֣וּא מהע בְּשַׁגַּ֖ם ל - י' אותיות רבוע ס"ג

אַחֲרֵי־כֵ֗ן וְגַ֣ם יגל הָהֵם֒ נלך בַּיָּמִ֣ים אלהים דאלפין בָאָ֜רֶץ הָי֨וּ הַנְּפִלִ֣ים 4 שָׁנָֽה:

הֵ֧מָּה לָהֶ֑ם וְיָֽלְד֣וּ מ"ה הָֽאָדָ֔ם אֶֽל־בְּנ֣וֹת ילד, מוז הָֽאֱלֹהִים֙ בְּנֵ֤י יָבֹ֜אוּ אֲשֶׁ֨ר

יהוה שדי הַשֵּֽׁם: אַנְשֵׁ֥י מֵֽעוֹלָ֖ם אֲשֶׁ֥ר הַגִּבֹּרִ֛ים [פ]

MAFTIR

וְכָל־ ילי אלהים דאלפין בָּאָ֑רֶץ מ"ה הָֽאָדָ֖ם רָעַ֥ת רַבָּ֛ה כִּ֥י יְהֹוָ֗האדניאהדונהי וַיַּ֣רְא 5

וַיַּרְא

Génesis 6:5 – En verdad Dios no castiga, no destruye ni recompensa a las personas. Los sabios nos dicen que el hombre es por naturaleza una criatura reactiva. Aprendemos por imitación, y la mayoría de nuestras acciones son en respuesta a las situaciones que enfrentamos. Nuestro propósito único en este mundo es anular este rasgo reactivo y transformarnos en seres proactivos y espirituales, capaces de elevarnos por encima de nuestra propia naturaleza y a cambio adquirir el control sobre la Madre Naturaleza. La raíz de nuestros impulsos reactivos es el ego humano.

Debemos entender esta verdad y esforzarnos por erradicar los rasgos egocéntricos de nuestro ser. Esto es lo que constituye el trabajo espiritual, y este es el propósito de nuestra existencia.

⁶ Y al Eterno Le pesó haber hecho al hombre en la Tierra, y sintió tristeza en Su corazón.

⁷ Entonces el Eterno dijo: "Borraré de la faz de la Tierra al hombre que he creado, desde el hombre hasta el ganado, los reptiles y las aves del cielo, porque Me pesa haberlos hecho".

⁸ Pero Nóaj halló gracia ante los ojos del Eterno.

HAFTARÁ DE BERESHIT

La *Haftará* de Bereshit, extraída del libro de Yeshayahu (Isaías), habla sobre el proceso de Creación y la asombrosa Luz y beneficencia del Creador. Nuestro libre albedrío dicta qué tipo de vida tendremos: podemos elegir una vida de paz, compasión y prosperidad, o podemos elegir una vida llena de caos, dolor y sufrimiento. La energía que recibimos de esta lectura es la energía que

ISAÍAS 42:5-21

42 ⁵ Así dice Dios, el Eterno, que crea los cielos y los extiende, que afirma la tierra y lo que de ella brota; que da aliento al pueblo que hay en ella: vida a los que por ella andan: ⁶ "Yo, el Eterno, en justicia te he llamado. Te sostendré por la mano y por ti velaré, y te pondré como pacto para el pueblo, como luz para las naciones, ⁷ para que abras los ojos de los ciegos, para que de la prisión liberes a los cautivos, y de la mazmorra a los que moran en tinieblas. ⁸ Yo soy el Eterno; ése es Mi nombre, y Mi gloria a otro no daré, ni Mi alabanza a imágenes talladas. ⁹ Las cosas anteriores ya se han cumplido, y Yo anuncio cosas nuevas; antes que sucedan, se las anuncio". ¹⁰ Canten al Eterno un cántico nuevo, canten Su alabanza desde los confines de la Tierra, los que descienden al mar y a cuanto hay en él, las islas y sus moradores. ¹¹ Levanten la voz el desierto y sus ciudades, regocíjense las aldeas donde habita Kedar. Canten de júbilo los habitantes de Sela, griten desde las cimas de los montes.

La ignorancia de esta verdad y el fracaso en efectuar esta transformación causa destrucción, caos y confusión en nuestra vida y en el mundo.

La Luz de estas palabras sagradas nos despierta ante el significado de nuestra existencia, infundiéndonos un sentido profundo de responsabilidad personal por nuestra forma de actuar egoísta e intolerante. Asimismo, el conocimiento de estas percepciones kabbalísticas mientras se lee esta sección limpia las características negativas de nuestra naturaleza interna y, a su vez, esta limpieza evita que ocurran actos de destrucción en el mundo.

יֵ֫צֶר מַחְשְׁבֹת לִבּוֹ רַק רַע כָּל־הַיּֽוֹם יכ׳ 6 וַיִּנָּ֫חֶם יְהֹוָאדְנִיאהדונהי נגד׳, זו׳, מזבח

כִּי־עָשָׂה אֶת־הָֽאָדָם מ״ה בָּאָ֫רֶץ אלהים דאלפין וַיִּתְעַצֵּב אֶל־לִבּֽוֹ 7 וַיֹּ֫אמֶר

יְהֹוָאדְנִיאהדונהי אֶמְחֶה אֶת־הָֽאָדָם מ״ה אֲשֶׁר־בָּרָ֫אתִי מֵעַל פְּנֵי עלמ

הָ֣אֲדָמָה מֵֽאָדָם מ״ה עַד־בְּהֵמָה בן׳, לכב עַד־רֶ֫מֶשׂ וְעַד־עוֹף

הַשָּׁמָ֑יִם כִּי נִחַ֫מְתִּי כִּי עֲשִׂיתִֽם 8 וְנֹ֫חַ מוחין

מָ֫צָא רביע מ״ה ע״ה חֵ֖ן מוחין בְּעֵינֵ֥י רביע מ״ה ה יְהֹוָאדְנִיאהדונהי׃ [פ] [פ] [פ]

HAFTARÁ DE BERESHIT

le llegó a Moshé, y es de un nivel extremadamente elevado. Esta poderosa Luz sólo puede llegar a nosotros a través del filtro de una persona justa, más que directamente de la Fuente de forma concentrada, puesto que todavía no somos suficientemente fuertes o suficientemente puros para manejar la intensa cualidad de la Luz del Creador.

יְשַׁעְיָהוּ פֶּרֶק 42, פְּסוּקִים 5–21

42 5 כֹּֽה־אָמַ֞ר הָאֵ֣ל לאה, אלד ע״ה | יְהֹוָאדְנִיאהדונהי בּוֹרֵ֤א הַשָּׁמַ֫יִם

וְנֽוֹטֵיהֶם רֹקַ֤ע הָאָ֫רֶץ אלהים דההין ע״ה וְצֶאֱצָאֶ֫יהָ נֹתֵ֤ן נְשָׁמָה

לָעָ֣ם עלמ עָלֶ֫יהָ פהל וְר֫וּחַ לַהֹלְכִ֥ים בָּֽהּ מ״ה 6 אֲנִ֣י אֲנִי יְהֹוָאדְנִיאהדונהי

קְרָאתִ֤יךָ בְצֶ֫דֶק וְאַחְזֵ֣ק פהל בְּיָדֶ֫ךָ ואצרך וְאֶתֶּנְךָ לִבְרִ֥ית עָ֖ם לְא֥וֹר

גּוֹיִֽם 7 לִפְקֹ֫חַ עֵינַ֣יִם רביע מ״ה עִוְר֑וֹת לְהוֹצִ֤יא מִמַּסְגֵּר֙ אַסִּ֔יר

מִבֵּ֣ית ב״פ ראה כֶּ֫לֶא יֹֽשְׁבֵ֥י חֹֽשֶׁךְ 8 אֲנִ֥י אני יְהֹוָאדְנִיאהדונהי

ה֣וּא שְׁמִ֑י וּכְבוֹדִי֙ לְאַחֵ֣ר לֹֽא־אֶתֵּ֔ן וּתְהִלָּתִ֖י לַפְּסִילִֽים 9 הָרִֽאשֹׁנ֫וֹת

הִנֵּה־בָ֫אוּ וַֽחֲדָשׁוֹת֙ אֲנִ֣י אני מַגִּ֔יד בְּטֶ֫רֶם תִּצְמַ֫חְנָה

אַשְׁמִ֥יעַ אֶתְכֶֽם׃ [פ] 10 שִׁ֤ירוּ לַֽיהֹוָאדְנִיאהדונהי שִׁ֣יר חָדָ֔שׁ תְּהִלָּת֖וֹ

מִקְצֵ֣ה ג״פ ארני הָאָ֑רֶץ אלהים דההין ע״ה יוֹרְדֵ֤י הַיָּם֙ וּמְלֹא֔וֹ אִיִּ֖ים וְיֹֽשְׁבֵיהֶֽם׃

¹² Den gloria al Eterno, y proclamen en las islas Su alabanza.

¹³ El Eterno como guerrero saldrá, como hombre de guerra despertará Su celo. Gritará, sí, lanzará un grito de batalla; contra Sus enemigos prevalecerá.

¹⁴ "Por mucho tiempo he guardado silencio, he estado callado y Me he contenido. Pero ahora grito como parturienta, resuello y jadeo a la vez.

¹⁵ Asolaré montes y collados, y secaré toda su vegetación. Convertiré los ríos en islas, y las lagunas secaré.

¹⁶ Conduciré a los ciegos por un camino que no conocen, por sendas que no conocen los guiaré; cambiaré delante de ellos las tinieblas en luz y lo escabroso en llanura. Estas cosas haré, y no las dejaré sin hacer.

¹⁷ Serán vueltos atrás y completamente avergonzados los que confían en ídolos, los que dicen a las imágenes fundidas: 'Ustedes son nuestros dioses'.

¹⁸ Sordos, oigan; ciegos, miren y vean.

¹⁹ ¿Quién es ciego sino Mi siervo, o tan sordo como el mensajero a quien envío? ¿Quién es tan ciego como el que está en paz conmigo, tan ciego como el siervo del Eterno?

²⁰ Tú has visto muchas cosas, pero no has puesto atención. Los oídos están abiertos, pero nadie oye".

²¹ Complació al Eterno por amor a Su justicia hacer Su ley grande y gloriosa.

11 יִשְׂא֣וּ מִדְבָּר֩ וְעָרָ֨יו חֲצֵרִ֜ים תֵּשֵׁ֣ב קֵדָ֗ר יָרֹ֙נּוּ֙ יֹ֣שְׁבֵי סֶ֔לַע מֵרֹ֥אשׁ

הָרִ֖ים יִצְוָֽחוּ׃ 12 יָשִׂ֥ימוּ לַיהֹוָ֖ה כָּב֑וֹד

וּתְהִלָּת֖וֹ בָּאִיִּ֥ים יַגִּֽידוּ׃ 13 יְהֹוָה֙ כַּגִּבּ֣וֹר יֵצֵ֔א כְּאִ֥ישׁ

מִלְחָמ֖וֹת יָעִ֣יר קִנְאָ֑ה יָרִ֙יעַ֙ אַף־יַצְרִ֔יחַ עַל־אֹיְבָ֖יו

יִתְגַּבָּֽר׃ [ס] 14 הֶחֱשֵׁ֙יתִי֙ מֵֽעוֹלָ֔ם אַחֲרִ֖ישׁ אֶתְאַפָּ֑ק כַּיּוֹלֵדָ֣ה אֶפְעֶ֔ה אֶשֹּׁ֥ם

וְאֶשְׁאַ֖ף יָֽחַד׃ 15 אַחֲרִ֤יב הָרִים֙ וּגְבָע֔וֹת וְכָל־עֶשְׂבָּ֖ם אוֹבִ֑ישׁ וְשַׂמְתִּ֤י

נְהָרוֹת֙ לָֽאִיִּ֔ים וַאֲגַמִּ֖ים אוֹבִֽישׁ׃ 16 וְהֽוֹלַכְתִּ֣י עִוְרִ֗ים בְּדֶ֙רֶךְ֙ לֹ֣א

יָדָ֔עוּ בִּנְתִיב֖וֹת לֹֽא־יָדְע֣וּ אַדְרִיכֵ֑ם אָשִׂים֩ מַחְשָׁ֨ךְ לִפְנֵיהֶ֜ם לָא֗וֹר

וּמַֽעֲקַשִּׁים֙ לְמִישׁ֔וֹר אֵ֚לֶּה הַדְּבָרִ֔ים עֲשִׂיתִ֖ם וְלֹ֥א עֲזַבְתִּֽים׃

17 נָסֹ֤גוּ אָחוֹר֙ יֵבֹ֣שׁוּ בֹ֔שֶׁת הַבֹּטְחִ֖ים בַּפָּ֑סֶל הָאֹמְרִ֥ים לְמַסֵּכָ֖ה אַתֶּ֥ם

אֱלֹהֵֽינוּ׃ [פ] 18 הַחֵרְשִׁ֖ים שְׁמָ֑עוּ וְהַעִוְרִ֖ים הַבִּ֥יטוּ לִרְאֽוֹת׃ 19 מִ֤י עִוֵּר֙

כִּ֣י אִם־עַבְדִּ֔י וְחֵרֵ֖שׁ כְּמַלְאָכִ֣י אֶשְׁלָ֑ח מִ֤י עִוֵּר֙ כִּמְשֻׁלָּ֔ם וְעִוֵּ֖ר

כְּעֶ֥בֶד יְהֹוָֽה׃ 20 רָא֥וֹת (כתיב: רָאִ֥ית) רַבּ֖וֹת וְלֹ֣א תִשְׁמֹ֑ר פָּק֥וֹחַ

אָזְנַ֖יִם וְלֹ֥א יִשְׁמָֽע׃ 21 יְהֹוָ֖ה חָפֵ֣ץ לְמַ֣עַן צִדְק֑וֹ

יַגְדִּ֥יל תּוֹרָ֖ה וְיַאְדִּֽיר׃

NÓAJ

LA LECCIÓN DE NÓAJ
(Génesis 6:9–11:32)

El secreto del Diluvio

La historia de Nóaj relata uno de los episodios más horribles de toda la Biblia. Tan solo mil años después de haber creado el mundo, el Creador trae un diluvio que destruye prácticamente a toda la raza humana. ¿Qué nos enseña esto? ¿Qué nos dice acerca de la naturaleza de Dios? ¿Qué podemos aprender del hecho de que fuera necesaria una limpieza general, a pesar de que el mundo sólo había existido durante un breve período de tiempo?

Primero debemos recordar que las fuerzas negativas están esperando al acecho desde el momento en que salimos del vientre. Esto es cierto no sólo para los seres humanos individuales, sino también para toda la humanidad. Se dice que cuando los niños nacen, sus manos están apretadas como puños, como diciendo: "Vengo sólo para recibir. Dame". Pero esta intención no se limita a los más jóvenes. La mayoría del mundo está gobernada por un *Deseo de Recibir* egoísta. Aunque no ha habido otro gran diluvio desde los tiempos de Nóaj, esto no se debe a que nos hayamos convertido en personas justas; de hecho, los dos Templos fueron destruidos debido al odio irracional absoluto que existía entre unos y otros. La única razón por la cual se nos ha perdonado otro diluvio es la promesa del Creador de no volver a destruir nunca más el mundo. En su lugar, tenemos el arcoíris, que es el mensaje del Creador que nos dice que aunque el mundo pueda merecer la destrucción, la misericordia de Dios nos ha dado otra oportunidad para convertirnos en mejores seres humanos.

Sólo hay un período en la historia en el que el arcoíris dejó de aparecer, y fue mientras Rav Shimón bar Yojái estuvo en el mundo. En otras palabras, a lo largo del tiempo, desde la Creación hasta la transformación del mundo —la Redención Final—, el único período durante el cual el mundo no necesitó ser limpiado fue durante la vida de Rav Shimón.

De la misma forma que Nóaj tenía el Arca para salvarlo de la muerte durante el Gran Diluvio, ahora tenemos el *Zóhar* para que nos salve de la muerte espiritual cada día de nuestra vida. Sólo a través del poder espiritual del *Zóhar* podemos salvarnos de cualquier peligro que nos amenaza, ya sea una catástrofe medioambiental, guerras, terrorismo, enfermedades o epidemias. La forma en que nos protege el *Zóhar* depende enteramente de nosotros y de cómo creamos nuestra conexión personal con éste. Para mantener un vínculo personal fuerte con el *Zóhar*, debemos leer y escanear secciones de éste a diario. Estas lecturas pueden durar desde un minuto a más de una hora. Escanear o leer el *Zóhar* es la única forma de salvarnos de otro "Diluvio" —cualquiera que sea su forma— en nuestros tiempos. El *Zóhar* dice:

> *A lo largo de estos pasajes se imbuye al lector conciencia y motivación interna para ocasionar la eliminación total del mal y el caos en esta Tierra. Estos pasajes despiertan un deseo de transformar nuestra propia naturaleza negativa y de compartir la Luz del Zóhar.*

Según todos los kabbalistas, el Zóhar es el instrumento más efectivo de todos para eliminar la Inclinación al Mal nacida en los corazones de la humanidad. Cuando una masa crítica de gente acepte su sabiduría, erradicaremos permanentemente todo el dolor y el sufrimiento de la humanidad.

– El Zóhar, Nóaj 13, Introducción

Rav Jiyá dijo que el mundo estaba en un estado de pobreza desde el momento en que Adam transgredió el mandato del Santísimo, bendito sea Él, hasta el tiempo en que Nóaj llegó y ofreció su sacrificio, poniendo con eso en orden así al mundo. Rav Yosi dijo que el mundo no fue puesto en orden y la tierra no fue pura de la contaminación de la serpiente hasta que Yisrael no estuvo en el Monte Sinaí y se aferró al Árbol de la Vida. Sólo entonces el mundo fue ordenado completamente.

– El Zóhar, Nóaj 13:88

La Biblia nos dice que Nóaj fue un hombre justo en su generación. ¿Qué significa eso? Según una interpretación, había tantas personas malvadas en tiempos de la época Nóaj que es asombroso que un hombre tan justo pudiera existir en un ambiente de estas características. Sin embargo, la conexión de Nóaj con la Luz del Creador era tan fuerte, que ninguna persona malvada pudo empujarlo al Otro Lado. Si hubiera vivido en tiempos de Avraham, cuando había muchas más personas justas, Nóaj podría haber sido una figura de rectitud aún más grande.

No obstante, hay otra forma de verlo que adopta una posición opuesta: Nóaj fue justo solamente porque vivió en una generación de personas malvadas. Él no era fundamentalmente diferente de sus semejantes, quienes eran, ciertamente, una multitud colérica y malintencionada; él sólo era un poco mejor, y por ello fue considerado como una persona justa dentro de su generación tan negativa. Por otro lado, si hubiera vivido en tiempos de Avraham, probablemente habría sido una persona más corriente, y no especialmente virtuosa.

Se nos cuenta que Nóaj permaneció fuera del Arca hasta que estuvo a punto de ahogarse; sólo entró cuando no tuvo alternativa. Los comentaristas han debatido la aparente falta de confianza de Nóaj en que el diluvio fuera a venir realmente. Pero hay una explicación importante de Ohev Yisrael (Rav Avraham Yehoshúa Heshel de Apta, también conocido como Apta Rebe) que dice que Nóaj tenía miedo de creer muy firmemente en la catástrofe próxima porque sabía que la certeza tiene el poder de hacer que las cosas sucedan. La certeza crea y atrae la realidad. Cuando Rashi escribió que Nóaj tenía poca confianza, quería decir que Nóaj confiaba en Dios pero tenía miedo de tener la certeza total la cual en realidad crearía el diluvio. Así que Nóaj no entró en el Arca hasta que las aguas le forzaron a hacerlo. Esperó hasta el último segundo para que su propia certeza no fuera la causa del diluvio.

El pasaje bíblico referente la rectitud de Nóaj ha sido debatido durante siglos sin llegar a ninguna conclusión clara. Lo importante es que tenemos que ver a las personas de forma individual —tal como son dentro del contexto de sí mismas— y no en relación con los demás. ¿Somos justos o no? ¿Estamos conectados a la Luz del Creador o no?

La historia de Nóaj contiene muchas lecciones de gran valor. Respecto al tema de la comodidad personal, aprendemos que todo aquel que busca una vida puramente cómoda nunca lo logrará, pero aquellos que se desafían a sí mismos obtendrán la alegría y la realización verdaderas tanto en este mundo como en el siguiente. Un comentario que aparece en una sección posterior de la Biblia, la Historia de Vayeshev, ilustra mejor esta idea. Dice: "Y Yaakov se sentó". Significa que Yaakov quería vivir los años que le quedaban con comodidad, poder estudiar todo el día sin interrupciones. Yaakov había sentido tanta angustia con su hermano, Esav, y con su suegro, Laván, que en sus años de ocaso quería un poco de confort. ¿Era pedir demasiado? ¿Por qué el modesto deseo de Yaakov podría considerarse algo malo?

La respuesta, tal como escribió el Rey Shlomó, es que todo lo que está bajo el cielo tiene un tiempo, y el tiempo para la comodidad no es mientras estamos en este mundo. No debe buscarse aquí, donde pasamos cada momento del día enzarzados en una batalla con el *Deseo de Recibir Sólo para Uno Mismo*. Nuestra vida es una larga prueba. Nunca podemos decirnos a nosotros mismos: "Estoy cómodo. Ya no tengo que luchar más". Más bien debemos esforzarnos constantemente para no dejar que nuestra conciencia desfallezca debido a estas pruebas y a cualquier fracaso que podamos vivir como consecuencia. Debemos aferrarnos firmemente a la idea de que el verdadero confort sólo está en la Luz que recibimos y en la satisfacción que alcanzamos como resultado de enfrentarnos a nuestros desafíos y atravesar nuestras dificultades. La comodidad verdadera no es algo que debamos buscar fuera de nosotros mismos y nuestra relación con Dios.

Si creemos que nuestras pruebas en la vida han acabado y pensamos: "He llegado al lugar donde tenía que llegar. He alcanzado la cima. He finalizado mi *tikún* (corrección) de errores", seguramente acabaremos descubriendo lo contrario. En este mundo, pensar que hemos hecho lo suficiente nunca es una alternativa real. Siempre que continuemos en el ámbito físico, lo más probable es que nos queden muchas más cosas por hacer.

Mucha gente empieza a estudiar en el Centro de Kabbalah y de repente lo deja, quizá diciéndose a sí mismos: "Sé más de lo que sabía cuando llegué aquí y puede que con esto ya sea suficiente". Pero no es suficiente. Hay incontables cosas que tenemos que hacer para alcanzar nuestro verdadero objetivo, y alguien que sólo busca la comodidad personal y el descanso está perdiendo la batalla con su proceso personal de perfección, su *tikún*. Trascender nuestra pereza innata es uno de los elementos principales en cualquier lista de deseos espirituales. Paradójicamente, cuando realmente nos esforzamos por cambiar y crecer —y no sólo buscamos lo cómodo— el resultado de nuestro esfuerzo es la plenitud duradera, la felicidad, la salud, el sustento financiero, el éxito y la protección.

SINOPSIS DE NÓAJ

Apreciación y el Pacto

La historia de Nóaj viene justo después de la historia de la Creación, pero las acciones negativas de la humanidad ya habían destruido casi todo lo que era bello en el mundo que Dios había creado. Debido a nuestra naturaleza, la humanidad es seducida por la gratificación inmediata del ego, y por lo tanto apreciamos nuestros tesoros espirituales sólo cuando nos los quitan. En esta historia, recibimos la capacidad de despertar una apreciación genuina por todas las cosas buenas que hay en nuestra vida, de forma que no tengamos que perderlas para apreciar su valor y su importancia.

También es significativo el Pacto entre Nóaj y Dios. Este Pacto está relacionado con los actos sexuales negativos y el derramamiento disipado de la simiente de un hombre para obtener placer egoísta e indulgente, y no para compartir y crear vida.

Al conectar con esta sección, limpiamos al mundo de pecados sexuales, destruyendo las fuerzas negativas y los seres que se crean a través del desperdicio del esperma de un hombre. El *Zóhar* dice:

> *Cuando un hombre y una mujer se desean uno al otro y se juntan como uno, el esperma del hombre produce un hijo en quien las imágenes de ellos están combinadas. Porque el Santísimo, bendito sea Él, creó un niño con una imagen que los incluía a ambos. ¡Es por esto que una persona debe santificarse en ese momento, para que esta imagen sea tan perfecta como debe ser!*
>
> *– El Zóhar, Lej Lejá 31:329*

Por lo tanto, imbuimos nuestras relaciones sexuales de divinidad, abolimos todos nuestros deseos egoístas y desatamos la voluntad de nuestra alma, para finalmente ser merecedores de un lugar en el Mundo por Venir.

En términos kabbalísticos, el Mundo por Venir no es algo que esté en el futuro; se refiere al ámbito espiritual de *Biná*. *Biná* es un despliegue ilimitado de Luz del cual extraemos la beneficencia del Creador. La iniquidad y la oscuridad no pueden prevalecer en la presencia de la Luz de *Biná*, y nuestra conexión con *Biná* nos ayuda a destruir todas las fuerzas negativas, evitando así que éstas corrompan y destruyan nuestro mundo.

PRIMERA LECTURA - AVRAHAM - JÉSED

[9] **E**stas son las generaciones de Nóaj. Nóaj era un hombre justo, perfecto en su generación. Nóaj andaba con Dios. [10] Nóaj engendró tres hijos: Shem, Jam y Yafet. [11] Pero la Tierra se había corrompido delante de Dios, y estaba la Tierra llena de violencia.

[12] Dios miró a la Tierra, y vio que estaba corrompida, porque toda carne había corrompido su camino sobre la Tierra. [13] Entonces Dios dijo a Nóaj: "He decidido poner fin a toda carne, porque la Tierra está llena de violencia por causa de ellos; por eso voy a destruirlos de la Tierra.

COMENTARIO DEL RAV

La Torá dice que el Arca sobrevivió al Diluvio, ¿pero cómo pudo eso ser posible? Aunque el Arca hubiera sido tan grande y segura como un transatlántico, no podría haber sobrevivido a un diluvio de tal magnitud. Para explicar esto, los kabbalistas mencionan el número de versículos que tenemos en la Historia de Nóaj: 153, lo cual la convierte en una de las historias más largas de la Biblia. Además afirman que el equivalente numérico del nombre Betsalel es también 153, y Betsalel fue el individuo que construyó el Tabernáculo Sagrado en el desierto.

Con esto en mente, ¿era el Tabernáculo sagrado porque Dios dijo que se construyera un lugar donde Él pudiera habitar en la Tierra? La respuesta es no: Dios no habita en ningún lugar específico. La presencia de Dios llena el universo entero, con o sin el Tabernáculo del Templo. No debemos entender el Tabernáculo o el Templo como estructuras físicas en las cuales Dios habitará. Más bien, el Tabernáculo, el Templo y el Arca que construyó Nóaj son todos manifestaciones físicas que proporcionaron a la humanidad una forma de conectarse con la Luz inmaterial del Creador. El Arca de Nóaj era un objeto material diseñado para proporcionar un medio de conexión con la Luz, a pesar de que el mundo entero fuera eliminado. De esta forma, el Arca trajo seguridad a todos aquellos que estaban en ella; no sólo a través de su preservación física, sino también preservando su conexión con la Luz.

נֹחַ

Génesis 6:9 – En arameo, el nombre *Nóaj* significa "estar cómodo". No podemos progresar espiritualmente cuando permanecemos dentro de nuestra zona de confort, cuando buscamos la salida más fácil, gratificando a nuestro ego en lugar de ceder a los anhelos de nuestra alma.

En este versículo, recibimos el coraje y la determinación de transitar por el camino espiritual que a menudo es incómodo pero que, inevitablemente, nos lleva hacia la plenitud duradera.

Los sabios nos enseñan que Nóaj tuvo el lamentable honor de que este diluvio, que destruyó a los habitantes del mundo, recibiera su nombre porque no logró sentir el dolor de sus semejantes que estaban destinados a morir en las crecientes aguas. Aunque Nóaj sabía intelectualmente que sus oraciones y sus lágrimas no alterarían el destino de la humanidad porque había muy pocas almas justas en su generación, aun así, si hubiera sentido verdaderamente el dolor de los demás y el dolor del mundo, debió haber clamado en protesta.

PRIMERA LECTURA - AVRAHAM – JÉSED

9 אֵלֶּה תוֹלְדֹת נֹחַ מווי נֹחַ מווי אִישׁ ע"ה קנ"א קס"א צַדִּיק תָּמִים הָיָה 6

בְּדֹרֹתָיו יהוה אֶת-הָאֱלֹהִים ילה, מום הִתְהַלֶּךְ מיה -נֹחַ מווי: 10 וַיּוֹלֶד נֹחַ

מווי שְׁלֹשָׁה בָנִים אֶת-שֵׁם יהוה שדי אֶת-חָם וְאֶת-יָפֶת: 11 וַתִּשָּׁחֵת

הָאָרֶץ אלהים דההן עה לִפְנֵי הָאֱלֹהִים ילה, מום וַתִּמָּלֵא הָאָרֶץ אלהים דההן עה

וְחָמָס: 12 וַיַּרְא אֱלֹהִים אֶת-הָאָרֶץ ילה, מום אלהים דההן עה וְהִנֵּה נִשְׁחָתָה

כִּי-הִשְׁחִית כָּל ילי -בָּשָׂר אֶת-דַּרְכּוֹ עַל-הָאָרֶץ אלהים דההן ע"ה: [ס] 13 וַיֹּאמֶר

אֱלֹהִים ילה, מום לְנֹחַ מווי קֵץ מולק כָּל ילי -בָּשָׂר בָּא לְפָנַי כִּי-מָלְאָה הָאָרֶץ

חָמָס מִפְּנֵיהֶם וְהִנְנִי מַשְׁחִיתָם אֶת-הָאָרֶץ אלהים דההן ע"ה: אלהים דההן עה

El crecimiento espiritual implica sentir el dolor de los demás. Si sintiéramos genuinamente la angustia de aquellos que nos rodean, nunca podríamos infligir dolor sobre ellos. De la misma forma, si supiéramos realmente a quién estamos lastimando cuando hacemos daño a los demás, nunca lo haríamos, pues el daño que causamos es sólo a nosotros mismos. La conexión con este versículo abre nuestro corazón al sufrimiento de la humanidad, se encuentre ésta cerca o lejos, y nos abre los ojos a la insensatez de lastimar a otro ser humano.

בְּדֹרֹתָיו

Génesis 6:9 – Nóaj no alcanzó el mismo nivel espiritual que Moshé o Avraham porque habitó en una generación de gente negativa y corrupta. Los sabios nos enseñan que nuestro entorno es un factor esencial a la hora de determinar nuestro nivel de crecimiento espiritual. Cuando nos rodeamos de gente negativa, somos finalmente arrojados fuera de equilibrio y caemos. Sentir envidia o celos y hablar mal de otras personas son algunas de las muchas formas de corromper a nuestra alma y al mundo. Según los sabios, las enfermedades que se transmiten por el aire y otros padecimientos nacen de estas relaciones

negativas y se forman a partir de las mismas palabras que utilizamos para hablar mal de los demás. Solamente por estos motivos nos conviene rodearnos de personas espirituales en un ambiente amoroso y positivo. A través de la meditación en el nombre de Nóaj, imbuimos a nuestro entorno de Luz y vibraciones positivas, ayudando a poner fin a las enfermedades transmitidas por el aire y el sufrimiento humano.

כִּי-הִשְׁחִית

Génesis 6:12 – La inmoralidad sexual fue una gran fuente de negatividad durante el tiempo de Nóaj. Además, el *Zóhar* explica que este versículo también está relacionado con las personas malvadas que forzaron a diferentes seres vivos a mezclarse y aparearse con otras especies, lo cual resultó en la alteración del código genético divinamente aprobado para cada especie de criaturas, incrementando así la cantidad de caos en lugar del orden en el mundo.

Rav Jiyá dijo: Durante 300 años antes del Diluvio, Nóaj les previno para que cambiaran sus conductas, pero no lo escucharon hasta el tiempo en que el Santísimo, bendito sea Él, hubo acabado

¹⁴ Hazte un arca de madera de gófer. Harás el arca con compartimientos, y la cubrirás con brea por dentro y por fuera. ¹⁵ De esta manera la harás: de 300 codos la longitud del arca, de 50 codos su anchura y de 30 codos su altura.

¹⁶ Le harás una ventana que terminará a un codo arriba del techo, y pondrás la puerta en su costado. Harás el arca de un primer piso, un segundo piso y un tercer piso.

¹⁷ Y he aquí que Yo traeré un diluvio de agua sobre la Tierra, para destruir toda carne en que hay aliento de vida debajo del cielo, y todo lo que hay en la Tierra perecerá.

---

de esperar a que se arrepintieran. Esto es como está escrito: "Y sus días serán 120 años" (Bereshit 6:3). Entonces se perdieron del mundo. Vengan y contemplen: En la porción semanal previa, está escrito: "Y empezó el hombre a multiplicarse sobre la faz de la Tierra y procrearon hijas" (ibid.), quienes caminaban desnudas en frente de todos. Y entonces, ¿qué está escrito? "Y los hijos de Elohim vieron a las hijas de los hombres" (ibid. 2). Esto fue la causa principal que los trajo a continuar pecando hasta que finalmente les causó ser destruidos. Y a causa de eso siguieron a la Inclinación al Mal, se abrazaron apretadamente a su tronco y raíces, rechazaron la fe sagrada de entre ellos y se hicieron corruptos. Así está escrito: "El final de toda carne ha venido ante Mí" (ibid. 13), para enseñar que ellos eran culpables.
– El Zóhar, Nóaj 11:74

Rav Yehuda preguntó: ¿Por qué el Santísimo, bendito sea Él, trajo Su juicio sobre el mundo? —a saber: la generación del Diluvio— castigándolos con agua y no con fuego o algo más?. Rav Shimón respondió que hay un secreto detrás de esto. Cuando ellos corrompieron sus caminos (sexualmente), las aguas superiores y las aguas inferiores fueron incapaces de juntarse como deben hacerlo el varón y la hembra. Cualquiera que corrompe sus caminos también corrompe las aguas femeninas y masculinas. Esto significa que él causa un defecto en las aguas masculinas y femeninas, evitándoles el conectarse unas con otras.

Así, fueron castigados por medio del agua, tal como habían pecado.
– El Zóhar, Nóaj 9:58

Encontramos que el mismo fenómeno ocurre de nuevo en nuestros tiempos. La indulgencia sexual prolifera, y hemos perdido todo sentido del propósito espiritual detrás de las relaciones íntimas entre marido y mujer.

Asimismo, mientras la ciencia médica intenta encontrar soluciones para las enfermedades, las prácticas de la clonación, los transplantes de animales a humanos y la ingeniería genética están alterando la estructura esencial de los humanos y los animales. Según el *Zóhar*, la cura para todas las enfermedades se encuentra en el dominio espiritual, no a través de ninguna intervención física. La medicina moderna sólo puede tratar síntomas, mientras que una cura existe sólo si se encuentra la verdadera causa de una enfermedad.

Ahora bien, igual que en la época del Diluvio de Nóaj, el medio ambiente natural del planeta está luchando contra los excesos de la humanidad; con el agua siendo todavía el ámbito donde se libran las batallas. La contaminación, las bacterias y los virus, y los desechos tóxicos están destruyendo nuestra agua potable, nuestro aire, nuestra tierra agrícola y nuestros propios sistemas inmunitarios. Esta sección de Nóaj nos ayuda a curar estas enfermedades a nivel de la semilla espiritual, puesto que las acciones de algunos justos pueden pesar más que todas las acciones negativas de los malvados, sin importar lo numerosos que sean. Una vez más, purificamos nuestra alma así como el planeta entero, y un diluvio de Luz, no un diluvio de agua, nos envuelve. Estos rayos de Luz son

14 עֲשֵׂה לְךָ תֵּבַת עֲצֵי־גֹפֶר קִנִּים תַּעֲשֶׂה אֶת־הַתֵּבָה וְכָפַרְתָּ אֹתָהּ מִבַּיִת בּ"פ ראה וּמִחוּץ בַּכֹּפֶר: 15 וְזֶה אֲשֶׁר תַּעֲשֶׂה אֹתָהּ שְׁלֹשׁ מֵאוֹת אַמָּה דמב אֹרֶךְ הַתֵּבָה חֲמִשִּׁים אַמָּה רָחְבָּהּ דמב וּשְׁלֹשִׁים אַמָּה דמב קוֹמָתָהּ: 16 צֹהַר אלהים דההין תַּעֲשֶׂה לַתֵּבָה וְאֶל־אַמָּה דמב תְּכַלֶּנָּה מִלְמַעְלָה וּפֶתַח הַתֵּבָה בְּצִדָּהּ תָּשִׂים תַּחְתִּיִּם שְׁנִיִּם וּשְׁלִשִׁים תַּעֲשֶׂה: 17 וַאֲנִי אני, ב"פ אהיה ־ יהוה הִנְנִי מֵבִיא אֶת־הַמַּבּוּל מַיִם עַל־הָאָרֶץ אלהים דההין ע"ה לְשַׁחֵת כָּל־בָּשָׂר ילי אֲשֶׁר־בּוֹ רוּחַ מלוי אלהים דיודין חַיִּים מִתַּחַת הַשָּׁמַיִם בינה ע"ה י"פ טל, י"פ כוזו כֹּל אֲשֶׁר־בָּאָרֶץ ילי

---

placenteros para nosotros, así como cálidos y limpiadores para el alma. Sin embargo, para los verdaderamente malvados —los seres sin alma que sólo propagan el mal— estas chispas de Luz son el mismísimo fuego del Infierno.

Tanto el placer como el dolor pueden purificar, y de esta manera el mundo entero está ahora preparado para su Redención Final.

עֲשֵׂה

Génesis 6:14 – Según la Kabbalah, la historia de Nóaj y el Arca es un código:

• Nóaj es una metáfora de la dimensión (Sefirá) del Mundo Superior conocida como Yesod, que es el nacimiento y manantial de toda la Luz espiritual que fluye a nuestra vida.
• El Arca se refiere a un ámbito del Mundo Inferior conocido como Maljut, que es nuestra existencia física.
• Los hombres malvados de la generación de Nóaj representan los rasgos egocéntricos que contaminan nuestra alma; éstos comprenden el lado oscuro de la naturaleza humana.

Cuando los Mundos Superiores e Inferiores se unen, una acción metafóricamente descrita como Nóaj entrando en el Arca, la Luz fluye a nuestro mundo, trayendo protección, una dicha indescriptible y serenidad. Cuando estos dos ámbitos están desconectados, el flujo de Luz se corta, lo cual deja a nuestra dimensión luchando por mantenerse a flote en un mar caótico de oscuridad: el lugar de nacimiento de la destrucción y el sufrimiento.

Desde el día en que el mundo fue creado, Nóaj estuvo destinado a ser unido con y a entrar en el Arca. Y hasta que fueron unidos como uno, el mundo no había llegado a una condición completamente estable. Y tan como pronto esto ocurrió, está escrito: "De éstos se esparció en toda la Tierra" (Génesis 9:19). ¿Qué significa se quiere con "se esparció"? Estas palabras son semejantes al versículo: "y desde ahí el río se dividía", (Génesis 2:10) SIGNIFICANDO QUE ESPARCIR ES SIMILAR AL ARCA CELESTIAL, LA CUAL ES EL SECRETO DEL JARDÍN. Porque desde ese punto del texto para adelante, encontramos la separación y la difusión de la progenie en todas las regiones del mundo.
– El Zóhar, Nóaj 1:11

Nuestros propios pecados, que nacen de nuestro ego, causan una desconexión entre los Mundos Superiores e Inferiores. Tal como hemos visto, esta es la causa radical detrás de cualquier desastre que azota a la humanidad. Pues en verdad, Dios no penaliza ni decreta juicios sobre la humanidad. Nuestras propias acciones pueden unirnos con la fuente de toda la Luz o pueden cortar nuestra conexión con

¹⁸ Pero estableceré Mi pacto contigo. Entrarás en el arca tú, y contigo tus hijos, tu mujer y las mujeres de tus hijos. ¹⁹ Y de todo ser viviente, de toda carne, meterás dos en el arca, para preservarles la vida contigo; macho y hembra serán.

²⁰ De las aves según su especie, de los animales según su especie y de todo reptil de la tierra según su especie, dos de cada especie vendrán a ti para que les preserves la vida. ²¹ Y tú, toma para ti de todo alimento que se come y almacénalo, y será alimento para ti y para ellos". ²² Así lo hizo Nóaj; conforme a todo lo que Dios le había mandado, así lo hizo.

SEGUNDA LECTURA - YITSJAK - GUEVURÁ

7 ¹ Entonces el Eterno dijo a Nóaj: "Entra en el arca tú y todos los de tu casa, porque he visto que sólo tú eres justo delante de Mí en esta generación. ² De todo animal limpio tomarás contigo siete parejas, el macho y su hembra; y de todo animal que no es limpio, dos, el macho y su hembra.

---

los Reinos de Dicha Infinita. Tenemos el libre albedrío para elegir el curso de nuestra acción, igual que tenemos la inteligencia para elegir mirar con más profundidad las cosas a través de los lentes de la Kabbalah.

Un serio estudio de esta sección, combinado con un entendimiento kabbalístico de sus códigos y metáforas, ayuda a través de la unión de los Mundos Superiores e Inferiores a corregir los errores que la humanidad ha cometido a lo largo del tiempo. Igual que Nóaj entró en el Arca, la Luz entra ahora en *Maljut* (nuestro mundo) para corregir nuestras injusticias, perfeccionar nuestra alma y protegernos para siempre contra el juicio. De la misma forma que la gente malvada de la generación de Nóaj fue destruida por el Diluvio, nuestros rasgos negativos encuentran su destrucción cuando un diluvio de Luz nos limpia para siempre del narcisismo y la autoindulgencia.

וּמִכָּל

Génesis 6:19 – El Creador salvó a cada especie animal, lo cual indica el diseño de Dios para la interconexión y la santidad de todas las formas de vida. Cuando se pierde una especie de este mundo, el equilibrio natural, la complejidad y la

santidad del mundo disminuye porque la Luz de esta criatura ha desaparecido para siempre. Nuestro planeta y todas sus maravillosas criaturas son curados a través de la lectura de este texto.

וְאַתָּה

Génesis 6:21 – El Creador ordenó a Nóaj que reuniera comida suficiente para alimentar a todas las personas y los animales del Arca a lo largo de todo el período del diluvio. La lección contenida aquí está relacionada con el cuidado: cuando cuidamos a los demás con todo nuestro corazón y nuestra alma, ocurren milagros y los resultados finales de nuestros proyectos son siempre positivos.

Al leer este versículo, despertamos en nuestro corazón una preocupación e interés genuinos por nuestro prójimo, una acción que a su vez asegura la curación de nuestra tierra y la rehabilitación de nuestras aguas, permitiendo así que haya una provisión abundante de comida para todos los hijos de Dios en el futuro. Lo mismo es cierto con respecto al alimento espiritual, pues una Luz infinita se derrama sobre nosotros para nutrir nuestra alma por siempre.

וַהֲקִמֹתִי אֶת־בְּרִיתִי אִתָּךְ וּבָאתָ אֶל־הַתֵּבָה 18 יָגֹּעַ: אלהים דאלפין

אַתָּה וּבָנֶיךָ וְאִשְׁתְּךָ וּנְשֵׁי־בָנֶיךָ אִתָּךְ: 19 וּמִכָּל יְלִי יְהֹּוִי

מִכָּל יְלִי ־בָּשָׂר יְלִי שְׁנַיִם מִכֹּל תָּבִיא יְלִי אֶל־הַתֵּבָה לְהַחֲיֹת

אִתָּךְ זָכָר וּנְקֵבָה יִהְיוּ: 20 מֵהָעוֹף ציון, יוסף, ר"פ יהוה, ה"פ אל אַל

וּמִן־הַבְּהֵמָה ב"ן, לכב לְמִינָהּ מִכֹּל יְלִי רֶמֶשׂ הָאֲדָמָה לְמִינֵהוּ

שְׁנַיִם מִכֹּל יְלִי יָבֹאוּ אֵלֶיךָ אני לְהַחֲיוֹת: 21 וְאַתָּה קַח־לְךָ מִכָּל יְלִי

־מַאֲכָל יהוה אדני אֲשֶׁר יֵאָכֵל וְאָסַפְתָּ אֵלֶיךָ אני וְהָיָה יהוה, יהה לְךָ וְלָהֶם

לְאָכְלָה: 22 וַיַּעַשׂ מוזי נֹחַ כְּכֹל יְלִי אֲשֶׁר צִוָּה פוי אֹתוֹ אֱלֹהִים ילה, מום

כֵּן עָשָׂה:

SEGUNDA LECTURA - YITSJAK - GUEVURÁ

7 1 וַיֹּאמֶר יְהֹוִהיאהדונהי מוזי לְנֹחַ בֹּא־אַתָּה וְכָל יְלִי ־בֵּיתְךָ ב"פ ראה

אֶל־הַתֵּבָה כִּי־אֹתְךָ רָאִיתִי צַדִּיק לְפָנַי בַּדּוֹר הַזֶּה וה": 2 מִכֹּל יְלִי |

הַבְּהֵמָה ב"ן, לכב הַטְּהוֹרָה י"פ אכא תִּקַּח־לְךָ שִׁבְעָה שִׁבְעָה אִישׁ ע"ה קנ"א קס"א

וְאִשְׁתּוֹ וּמִן־הַבְּהֵמָה ב"ן, לכב י"פ אכא אֲשֶׁר לֹא טְהֹרָה הִוא שְׁנַיִם אִישׁ

וַיֹּאמֶר

Génesis 7:1 – El gran Kabbalista Rav Shimón bar Yojái reveló que el Arca es una metáfora de la protección y el bienestar que Dios proporciona a la humanidad durante los tiempos de juicio severo. Además, los sabios han explicado que durante nuestro tiempo, esta Arca aparecerá una vez más en el mundo. Según Rav Shimón, esta Arca es el *Zóhar* sagrado.

"...pero los sabios comprenderán" (Daniel 12:10). *Éstos son los estudiosos de la Kabbalah. Dice acerca de ellos: "Y los sabios brillarán como el resplandor del firmamento..." (ibid. 3). Esto se refiere a aquéllos que ponen su esfuerzo en el esplendor llamado 'El Zóhar', que es como el arca de Nóaj, en la cual son reunidos dos de una ciudad, siete de un reino y, ocasionalmente, uno de una ciudad y dos de una familia, [...] Ésta es la luz de este libro DEL ZÓHAR, y todo es debido a ustedes.*
— El Zóhar, Behaalotjá 16:88

La respuesta de Satán a estas noticias es intentar evitar la amplia diseminación del *Zóhar* sagrado. El objetivo principal de Satán es inundar el mundo de comportamiento insensato

3 También de las aves del cielo tomarás siete parejas, macho y hembra, para conservar viva la simiente sobre la faz de toda la Tierra. 4 Porque dentro de siete días Yo haré llover sobre la Tierra por cuarenta días y cuarenta noches, y borraré de la faz de la tierra a todo ser viviente que he creado". 5 Y Nóaj hizo conforme a todo lo que el Eterno le había mandado. 6 Nóaj tenía 600 años cuando el diluvio de agua ocurrió sobre la Tierra. 7 Nóaj y sus hijos, y su mujer y las mujeres de sus hijos, entraron en el arca a causa de las aguas del diluvio.

8 De los animales puros y de los animales que no son puros, de las aves y de todo lo que se arrastra sobre la tierra, 9 entraron de dos en dos hacia Nóaj y en el arca, macho y hembra, como Dios había ordenado a Nóaj. 10 Aconteció que a los siete días las aguas del diluvio estuvieron sobre la Tierra. 11 En el año 600 de la vida de Nóaj, en el mes segundo, a los diecisiete días del mes, en ese mismo día se rompieron todas las fuentes del gran abismo, y las compuertas del cielo fueron abiertas.

---

y de confusión para que la humanidad se hunda en un mar de caos. La sabiduría del *Zóhar* es nuestra protección, nuestra Arca. El *Zóhar* nos salvaguarda del juicio severo, siempre que tengamos el deseo de cambiar nuestro comportamiento.

A diferencia de Nóaj, debemos aprender a llorar de dolor por aquellos que todavía no han encontrado el Arca o su conexión con la Luz. Debemos sentir la angustia del mundo, utilizar todas nuestras fuerzas para compartir la sabiduría del *Zóhar* con nuestro prójimo.

Los juicios no suelen ser acontecimientos globales tan calamitosos como el diluvio de la Tierra. Satán es mucho más sutil que eso y, como resultado, nuestros ríos, lagos y aguas subterráneas se han contaminado, destruyendo nuestra tierra agrícola y el agua potable, y envenenándonos con las toxinas que ingerimos a través del consumo de frutos, vegetales y líquidos.

La Luz del *Zóhar* se combina con esta sección de la Biblia para protegernos de estos peligros invisibles. A través de la lectura de estos versículos que hablan del Arca, revertimos los juicios que se han decretado sobre el mundo y purificamos el agua de nuestro planeta, incluyendo aquella que constituye un gran porcentaje del cuerpo humano.

וְהַמַּבּוּל

Génesis 7:6 – Antes del Diluvio, el agua poseía una capacidad intrínseca de limpiar la suciedad física del cuerpo y la negatividad espiritual del alma. El agua era un agente sanador natural. Esta fue la razón principal por la cual las personas de las generaciones anteriores a Nóaj vivieron durante cientos de años. Pero el Diluvio ocasionó un cambio drástico en la estructura molecular y espiritual del agua. El agua perdió parte del poder sanador y nutritivo que poseía antes del Diluvio, de manera que, aunque el H2O todavía es el elemento vital del planeta, ya no puede regenerar totalmente nuestras células y nuestra alma.

Esta lectura específica de la Biblia puede restaurar el agua de nuestro planeta a su estado original y antediluviano, infundiéndola con la Fuerza Divina de sanación y ayudándonos a lograr el objetivo final: la vida eterna. Es interesante notar que el peso molecular del agua es 18, el mismo valor numérico que la palabra aramea *jai*, que significa "vida".

בִּשְׁנַת

Génesis 7:11 – El Diluvio ocurrió durante el mes astrológico de Escorpio, conocido por ser uno de los meses más negativos del año. Avraham el Patriarca, cuando escribió su tratado kabbalístico llamado *El Libro de la Formación* (*Sefer Yetsirá*), dio el nombre de *Mar Jeshván* (Escorpio amargo)

ע"ה קנ"א קס"א וְאִשְׁתּוֹ: 3 גַּם מֵעוֹף צִיון, יוסף, ר"פ יהוה, ה"פ אל הַשָּׁמַיִם י"פ טל, י"פ כוזו

שִׁבְעָה שִׁבְעָה זָכָר וּנְקֵבָה לְחַיּוֹת זֶרַע עַל־פְּנֵי ⟵ חכמה – בינה כָל יל' הָאָרֶץ

אלהים דההין ע"ה: 4 כִּי לְיָמִים גל' עוֹד שִׁבְעָה אָנֹכִי איע מַמְטִיר עַל־הָאָרֶץ

אלהים דההין ע"ה אַרְבָּעִים יוֹם גגר, זן, מזבח וְאַרְבָּעִים לַיְלָה מלה וּמָחִיתִי אֶת־כָּל

יל' הַיְקוּם קס"א אֲשֶׁר עָשִׂיתִי מֵעַל עלם פְּנֵי חכמה – בינה הָאֲדָמָה: 5 וַיַּעַשׂ נֹחַ

מוזי כְּכֹל יל' אֲשֶׁר־צִוָּהוּ פיי יְהֹוָה אדני אהדונהי: 6 וְנֹחַ מוזי בֶּן־שֵׁשׁ מֵאוֹת שָׁנָה

וְהַמַּבּוּל הָיָה יהה מַיִם עַל־הָאָרֶץ: אלהים דההין ע"ה: 7 וַיָּבֹא נֹחַ מוזי וּבָנָיו וְאִשְׁתּוֹ

וּנְשֵׁי־בָנָיו אִתּוֹ אֶל־הַתֵּבָה מִפְּנֵי מֵי יל' הַמַּבּוּל: 8 מִן־הַבְּהֵמָה ב"ן, לכב

הַטְּהוֹרָה י"פ אכא וּמִן־הַבְּהֵמָה ב"ן, לכב אֲשֶׁר אֵינֶנָּה טְהֹרָה י"פ אכא וּמִן־הָעוֹף

צִיון, יוסף, ר"פ יהוה, ה"פ אל וְכֹל יל' אֲשֶׁר־רֹמֵשׂ עַל־הָאֲדָמָה: 9 שְׁנַיִם שְׁנַיִם

בָּאוּ אֶל־נֹחַ מוזי אֶל־הַתֵּבָה זָכָר וּנְקֵבָה כַּאֲשֶׁר צִוָּה פיי אֱלֹהִים יל' ה, מום

אֶת־נֹחַ מוזי: 10 וַיְהִי אל לְשִׁבְעַת הַיָּמִים גל' וּמֵי יל' הַמַּבּוּל הָיוּ עַל־הָאָרֶץ

אלהים דההין ע"ה: 11 בִּשְׁנַת שֵׁשׁ־מֵאוֹת שָׁנָה לְחַיֵּי־נֹחַ מוזי בַּחֹדֶשׁ י"ב הויות הַשֵּׁנִי

בְּשִׁבְעָה־עָשָׂר יוֹם גגר, זן, מזבח לַחֹדֶשׁ י"ב הויות בַּיּוֹם גגר, זן, מזבח הַזֶּה וחו נִבְקְעוּ

---

a este mes. Sin embargo, el *Zóhar* revela que vivimos en una realidad de equilibrio perfecto. Por consiguiente, siempre que nos encontramos con una gran preponderancia de oscuridad, también encontramos un gran potencial de Luz espiritual.

A medida que reflexionamos sobre estas lecciones, una gran cantidad de Luz brilla sobre nosotros, iluminando al mundo entero y transformando la oscuridad en nuestro mundo. En un nivel personal, cada uno de nosotros debe mirar en su interior para identificar sus rasgos más oscuros, permitiendo que esta Luz Divina elimine para siempre todos los aspectos negativos e insensibles de nuestro ser.

Después de ese castigo, al mundo le fue posible existir y funcionar correctamente. Nóaj entró en el Arca y metió en ella todas las especies de criaturas. De ese modo, por supuesto, Nóaj fue un árbol frutal produciendo fruto, SIGNIFICANDO QUE ÉL ERA YESOD, QUIEN ES LLAMADO JUSTO. *Y entonces todas las especies del mundo emergieron del Arca tal como sucedió arriba,* SIGNIFICANDO: TAL COMO EN YESOD Y MALJUT ARRIBA. *Cuando el árbol frutal produciendo frutos, Yesod de Zeir Anpín, es juntado con el árbol frutal, entonces todas las especies de arriba —criaturas grandes y pequeñas y todas sus variedades— se adelantan, cada una con otros miembros de su especie. Como está escrito: "animales pequeños con grandes" (Salmos 104:25). Tal fue el caso de Nóaj y el Arca. Todos ellos emergieron del Arca [...] y el mundo existió tal como lo hizo arriba. Y es por esto que Nóaj es llamado agricultor, esto es: el marido de la tierra, y "un hombre justo".*
– El Zóhar, Nóaj 11:72 -73

12 Y estuvo la lluvia sobre la Tierra cuarenta días y cuarenta noches.

13 En ese mismo día entró Nóaj en el arca, con Shem, Jam y Yafet, hijos de Nóaj, la mujer de Nóaj y las tres mujeres de sus hijos con ellos.

14 También entró toda fiera según su especie, todo ganado según su especie, todo reptil que se arrastra sobre la tierra según su especie, y todo pájaro según su especie, toda clase de ave.

15 Entraron, pues, con Nóaj en el arca de dos en dos de toda carne en la cual había aliento de vida;

16 los que entraron, macho y hembra de toda carne, entraron como Dios se lo había mandado a Nóaj. Y el Eterno cerró la puerta ante él.

TERCERA LECTURA - YAAKOV - TIFÉRET

17 Estuvo el diluvio sobre la Tierra por cuarenta días, y el agua creció y alzó el arca sobre la tierra.

18 El agua aumentó y creció mucho sobre la tierra, y el arca flotaba sobre la superficie del agua.

19 El agua continuó aumentando más y más sobre la tierra, y fueron cubiertos todos los altos montes que había debajo de todo el cielo.

20 El agua subió quince codos; y los montes después fueron cubiertos.

21 Y pereció toda carne que se mueve sobre la tierra: aves, ganados, bestias, y todo lo que se mueve sobre la tierra, y todo ser humano.

22 Todo aquello en cuya nariz había aliento de espíritu de vida, todo lo que había sobre la tierra firme, murió.

23 Y destruyó todo ser viviente que había sobre la faz de la Tierra. Desde el hombre hasta los ganados, los reptiles y las aves del cielo, fueron destruidos en la Tierra. Sólo quedó Nóaj y los que estaban con él en el arca.

כָּל יל ־מַעְיְנוֹת תְּהוֹם ים מ״ה ע״ה רַבָּה וַאֲרֻבֹּת הַשָּׁמַיִם י״פ טל, י״פ כוזו נִפְתָּחוּ׃

12 וַיְהִי הַגֶּשֶׁם י״פ אל ־ ל״ב נתיבות החכמה ע״ה עַל־הָאָרֶץ אלהים דההין ע״ה אַרְבָּעִים יוֹם וְאַרְבָּעִים לַיְלָה׃ 13 בְּעֶצֶם הַיּוֹם גגד, זז, מזבוז הַזֶּה והו בָּא נֹחַ מחזי וְשֵׁם יהוה שדי ־חוּם וָיֶפֶת בְּנֵי־נֹחַ מחזי וְאֵשֶׁת נֹחַ מחזי וּשְׁלֹשֶׁת נְשֵׁי־בָנָיו אִתָּם אֶל־הַתֵּבָה׃ 14 הֵמָּה וְכָל־הַחַיָּה לְמִינָהּ וְכָל־הַבְּהֵמָה ב״ן, לכב לְמִינָהּ וְכָל־הָרֶמֶשׂ הָרֹמֵשׂ עַל־הָאָרֶץ אלהים דההין ע״ה לְמִינֵהוּ וְכָל־הָעוֹף ציון, יוסף, ר״פ יהוה, ה״פ אל לְמִינֵהוּ כֹּל צִפּוֹר כָּל ־כָּנָף ע״ה קנ״א, אלהים ־ אדני׃

15 וַיָּבֹאוּ אֶל־נֹחַ מחזי אֶל־הַתֵּבָה שְׁנַיִם שְׁנַיִם מִכָּל ־הַבָּשָׂר אֲשֶׁר־בּוֹ רוּחַ מלוי אלהים דיודין חַיִּים בינה ע״ה׃ 16 וְהַבָּאִים זָכָר וּנְקֵבָה מִכָּל ־בָּשָׂר בָּאוּ כַּאֲשֶׁר צִוָּה פי אֹתוֹ אֱלֹהִים ילה, מום וַיִּסְגֹּר יְהוָה אהדונהי בַּעֲדוֹ׃

TERCERA LECTURA - YAAKOV - TIFÉRET

17 וַיְהִי הַמַּבּוּל אַרְבָּעִים יוֹם גגד, זז, מזבוז עַל־הָאָרֶץ אלהים דההין ע״ה וַיִּרְבּוּ הַמַּיִם וַיִּשְׂאוּ אֶת־הַתֵּבָה וַתָּרָם מֵעַל הָאָרֶץ אלהים דההין ע״ה׃ 18 וַיִּגְבְּרוּ הַמַּיִם וַיִּרְבּוּ מְאֹד עַל־הָאָרֶץ אלהים דההין ע״ה וַתֵּלֶךְ הַתֵּבָה עַל־פְּנֵי חכמה ־ בינה הַמָּיִם׃ 19 וְהַמַּיִם גָּבְרוּ מְאֹד עַל־הָאָרֶץ אלהים דההין ע״ה וַיְכֻסּוּ כָּל ־הֶהָרִים הויות הַגְּבֹהִים אֲשֶׁר־תַּחַת כָּל ־הַשָּׁמָיִם י״פ טל, י״פ כוזו 20 וְזָבֵשׂ עֶשְׂרֵה אַמָּה דמב מִלְמַעְלָה גָּבְרוּ הַמָּיִם וַיְכֻסּוּ הֶהָרִים׃ 21 וַיִּגְוַע כָּל ־בָּשָׂר הָרֹמֵשׂ עַל־הָאָרֶץ אלהים דההין ע״ה בָּעוֹף ציון, יוסף, ר״פ יהוה, ה״פ אל וּבַבְּהֵמָה ב״ן, לכב וּבַחַיָּה וּבְכָל ־הַשֶּׁרֶץ הַשֹּׁרֵץ עַל־הָאָרֶץ אלהים דההין ע״ה וְכֹל הָאָדָם מ״ה׃ 22 כֹּל אֲשֶׁר נִשְׁמַת־רוּחַ מלוי אלהים דיודין חַיִּים בינה ע״ה בְּאַפָּיו מִכֹּל אֲשֶׁר בֶּחָרָבָה מֵתוּ׃ 23 וַיִּמַח אֶת־כָּל ־הַיְקוּם קס״א אֲשֶׁר עַל־פְּנֵי הָאֲדָמָה חכמה ־ בינה מֵאָדָם מ״ה עַד־בְּהֵמָה ב״ן, לכב עַד־רֶמֶשׂ וְעַד־עוֹף

²⁴ *El agua prevaleció sobre la Tierra 150 días.*

8 ¹ *Entonces Dios se acordó de Nóaj y de todas las bestias y de todo el ganado que estaban con él en el arca. Y Dios hizo pasar un viento sobre la Tierra y decreció el agua.* ² *Las fuentes del abismo y las compuertas del cielo se cerraron, y se detuvo la lluvia del cielo.* ³ *El agua se retiró gradualmente de sobre la tierra, y después de 150 días, el agua había disminuido.*

⁴ *Y en el día diecisiete del mes séptimo, el arca descansó sobre los montes de Ararat.* ⁵ *El agua fue decreciendo lentamente hasta el mes décimo; y el día primero del mes décimo, se vieron las cimas de los montes.* ⁶ *Y sucedió que al pasar cuarenta días, Nóaj abrió la ventana del arca que él había hecho,*

⁷ *y envió un cuervo, que estuvo yendo y viniendo hasta que se secó el agua sobre la tierra.* ⁸ *Después envió a una paloma para ver si el agua habían disminuido sobre la superficie de la tierra.*

וַיִּזְכֹּר

Génesis 8:1 – El Gran Diluvio acabó en el mes de Escorpio. Las fechas y los períodos en la Biblia nunca se dan arbitrariamente. Cada fecha representa una ventana de oportunidad, una abertura a los Mundos Superiores a través de la cual fluye a nuestro mundo una corriente espiritual específica. Esto explica la importancia fundamental que atribuimos a las fechas en nuestra vida. Plantar semillas en el momento correcto es, después de todo, la manera de hacer que crezcan los más dulces frutos. El ángel negativo, Satán, que aparece en nuestro mundo como nuestro ego, nos impulsa constantemente a través de nuestra propia impaciencia a elegir las fechas equivocadas, lo cual hace que plantemos una semilla demasiado pronto o que posterguemos las cosas demasiado tiempo y nos perdamos así el momento de plantar y los frutos resultantes.

Estos impulsos emocionales de impaciencia son tan fuertes en nuestro interior que debemos utilizar todas las herramientas a nuestra disposición para mantenerlos bajo control. Iniciar un matrimonio, emprender un nuevo negocio o seleccionar una fecha para mudarnos a un nuevo hogar son algunas de las actividades que se ven sustancialmente afectadas por el calendario cósmico. El calendario kabbalístico y los conocimientos de la Biblia nos dicen cuáles son los períodos apropiados para iniciar o abstenernos de llevar a cabo algunas de las actividades de nuestra vida diaria.

אֶת–וַזְּלוֹן

Génesis 8:6 – Cuando la inundación remitió, Nóaj abrió una ventana antes de salir del Arca. El mensaje aquí es simple: cuando un hombre está intentando liberarse de circunstancias difíciles, debe primero abrir una ventana en su alma al crear una abertura en su corazón que ha sido bloqueada por su ego. A menudo, esto implica estar dispuesto a pedir ayuda, ya sea de otra persona o de la Luz del Creador, siendo el criterio elegir aquello que cause más dolor a nuestro ego. Las influencias espirituales en esta sección ayudan a disminuir nuestro ego de una forma compasiva, creando una abertura dentro del alma de la humanidad. De esta forma se abre una ventana global al Cielo que permite que la Luz del Creador irradie a toda la existencia y anuncia nuestra Redención Final.

El *Zóhar* dice:

> *"... ¡Ábreme...!" (Cantar de los Cantares 5:2)* SIGNIFICA: *¡Ábreme una abertura tan estrecha como el ojo de una aguja, y Yo abriré para ti las puertas del Cielo!*
> – El Zóhar, Emor 24:129

וַיִּשָּׁאֶר מִן־הָאָרֶץ וַיָּמֻזּוּ הַשָּׁמַיִם

אַךְ אֶת־נֹחַ וַאֲשֶׁר אִתּוֹ בַּתֵּבָה: 24 וַיִּגְבְּרוּ הַמַּיִם עַל־הָאָרֶץ

וַחֲמִשִּׁים וּמְאַת יוֹם: 8 1 וַיִּזְכֹּר אֱלֹהִים

אֶת־נֹחַ וְאֵת כָּל־הַחַיָּה וְאֶת־כָּל־הַבְּהֵמָה

אֲשֶׁר אִתּוֹ בַּתֵּבָה וַיַּעֲבֵר אֱלֹהִים רוּחַ

עַל־הָאָרֶץ וַיָּשֹׁכּוּ הַמָּיִם: 2 וַיִּסָּכְרוּ מַעְיְנֹת תְּהוֹם

וַאֲרֻבֹּת הַשָּׁמָיִם וַיִּכָּלֵא הַגֶּשֶׁם

מִן־הַשָּׁמָיִם: 3 וַיָּשֻׁבוּ הַמַּיִם מֵעַל הָאָרֶץ

הָלוֹךְ וָשׁוֹב וַיַּחְסְרוּ הַמַּיִם מִקְצֵה חֲמִשִּׁים וּמְאַת יוֹם:

4 וַתָּנַח הַתֵּבָה בַּחֹדֶשׁ הַשְּׁבִיעִי בְּשִׁבְעָה־עָשָׂר יוֹם

לַחֹדֶשׁ עַל הָרֵי אֲרָרָט: 5 וְהַמַּיִם הָיוּ הָלוֹךְ וְחָסוֹר עַד הַחֹדֶשׁ

הָעֲשִׂירִי בָּעֲשִׂירִי בְּאֶחָד לַחֹדֶשׁ נִרְאוּ רָאשֵׁי

הֶהָרִים: 6 וַיְהִי מִקֵּץ אַרְבָּעִים יוֹם

וַיִּפְתַּח נֹחַ אֶת־חַלּוֹן הַתֵּבָה אֲשֶׁר עָשָׂה: 7 וַיְשַׁלַּח אֶת־הָעֹרֵב

וַיֵּצֵא יָצוֹא וָשׁוֹב עַד־יְבֹשֶׁת הַמַּיִם מֵעַל הָאָרֶץ: 8 וַיְשַׁלַּח

אֶת־הַיּוֹנָה מֵאִתּוֹ לִרְאוֹת הֲקַלּוּ הַמַּיִם מֵעַל פְּנֵי

וַיְשַׁלַּח

Génesis 8:7 – Nóaj envió un cuervo y una paloma para ver si era seguro salir del Arca. El cuervo voló al exterior y anidó en algún lugar, pero la paloma volvió con una hoja de olivo. El cuervo representa nuestra naturaleza egoísta y la paloma representa la lealtad. De la paloma, Nóaj recibió la señal que necesitaba para saber que el agua había remitido lo suficiente para que todas las criaturas desembarcaran. Esta acción habla de la importancia de buscar señales en nuestra vida, sean pájaros u otros "mensajeros" que pueden proporcionarnos orientación. Sin embargo, para percibir estas señales debemos estar abiertos a lo pequeñas o insignificantes que éstas puedan parecer. Dios utiliza cualquier anomalía en nuestra vida para llamar nuestra atención de manera que escuchemos el mensaje Divino que se nos ha enviado.

Una de las señales más importantes que todos podemos presenciar hoy a través de esta revelación de la Biblia y el *Zóhar* es que al aceptar la idea de que Dios nos envía señales, tomamos parte en ayudar a eliminar y a poner fin al caos, el dolor y el sufrimiento de todo el mundo.

[9] Pero la paloma no encontró lugar donde posarse, de modo que volvió a él, a Nóaj, al arca, porque el agua estaba sobre la superficie de toda la Tierra. Entonces Nóaj extendió la mano, la tomó y la metió consigo en el arca. [10] Esperó aún otros siete días, y volvió a enviar la paloma desde el arca.

[11] Hacia el atardecer la paloma regresó a él, trayendo en su pico una hoja de olivo recién arrancada. Entonces Nóaj comprendió que las aguas habían disminuido sobre la tierra. [12] Esperó aún otros siete días y envió de nuevo a la paloma, pero ésta ya no volvió más a él.

[13] Y aconteció que en el año 601 de Nóaj, en el mes primero, el día primero del mes, se secaron las aguas sobre la tierra. Entonces Nóaj quitó la cubierta del arca y vio que la superficie de la tierra estaba seca. [14] En el mes segundo, el día veintisiete del mes, la tierra estaba completamente seca.

CUARTA LECTURA - MOSHÉ - NÉTSAJ

[15] Entonces dijo Dios a Nóaj: [16] "Sal del arca tú, y contigo tu mujer, tus hijos y las mujeres de tus hijos. [17] Saca contigo todo ser viviente de toda carne que está contigo: aves, ganados y todo reptil que se arrastra sobre la tierra, para que se reproduzcan en abundancia sobre la tierra, y sean fecundos y se multipliquen sobre la tierra".

אֵצֵ

Génesis 8:16 – La salida de Nóaj del Arca simboliza nuestra necesidad de abandonar las comodidades y las trampas de nuestra existencia material y autoindulgente para aceptar el trabajo espiritual que debemos realizar en nuestra vida.

La espiritualidad, según la Kabbalah, no se trata principalmente de escalar una montaña para estar en comunión con Dios y con la naturaleza, ni de meditar junto a un río de agua clara mientras los pájaros cantan sobre la belleza del mundo. Esta puede ser una escena muy poética, pero tiene poco que ver con el verdadero propósito de nuestra vida; así como también divorciarnos del mundo físico, encerrarnos en una cabaña para contemplar la majestuosidad de la naturaleza o profundizar de forma absoluta en nuestros intereses intelectuales. Estos retiros no son en sí mismos suficientes para lograr el crecimiento y la transformación espiritual, aunque a veces puedan ser un componente vital de dicho logro.

Hemos entrado en el mundo del caos, la dificultad, la confusión y el trabajo para poder confrontar y desarraigar los detonantes que provocan esas reacciones primarias que nos fuerzan a seguir siendo seres reactivos. Cada detonante nos da una oportunidad de transformar comportamientos reactivos, lo cual nos permite avanzar hacia nuestro objetivo y convertirnos en la causa de nuestra satisfacción propia. A través de la transformación de nuestra naturaleza interna, creamos el Cielo en la Tierra y nos volvemos como Dios. Hay un antiguo proverbio que dice: "Los mares tranquilos no hacen marineros hábiles". Cuando Adam fue expulsado del Jardín de Edén, entró en un mundo donde las dificultades que encontraría serían necesarias para transformar su alma una vez más en una luz resplandeciente. Puesto que cada uno de nosotros desciende de esta primera familia, nosotros también tenemos el mismo propósito de trabajar con el fin de lograr nuestra propia realización personal.

הָֽאֲדָמָֽה׃ 9 וְלֹֽא־מָצְאָה֩ הַיּוֹנָ֨ה יהוה מ"ה מָנ֜וֹחַ לְכַף־רַגְלָ֗הּ וַתָּ֤שָׁב אֵלָיו֙

אֶל־הַתֵּבָ֔ה כִּי־מַ֖יִם עַל־פְּנֵ֣י וחכמה - בינה כָל־הָאָ֑רֶץ אלהים דההן ע"ה וַיִּשְׁלַ֣ח

יָד֗וֹ חיבר וַיִּקָּחֶ֙הָ֙ וַיָּבֵ֥א אֹתָ֛הּ אֵלָ֖יו אֶל־הַתֵּבָֽה׃ 10 וַיָּ֣חֶל ע֔וֹד שִׁבְעַ֥ת יָמִ֖ים

נלך אֲחֵרִ֑ים וַיֹּ֛סֶף ציון, קנאה, ה"פ אל שַׁלַּ֥ח אֶת־הַיּוֹנָ֖ה יהוה מ"ה מִן־הַתֵּבָֽה׃

11 וַתָּבֹ֨א אֵלָ֤יו הַיּוֹנָה֙ יהוה מ"ה לְעֵ֣ת עֶ֔רֶב רבוע אלהים רבוע יהוה וְהִנֵּ֥ה עֲלֵה־זַ֖יִת

אלהים אל מצפ"ץ טָרָ֣ף רפ"ח ע"ה בְּפִ֑יהָ וַיֵּ֣דַע נֹ֔חַ מוחי כִּי־קַ֥לּוּ הַמַּ֖יִם מֵעַ֥ל עלם הָאָֽרֶץ

אלהים דההן ע"ה 12 וַיִּיָּ֣חֶל ע֔וֹד שִׁבְעַ֥ת יָמִ֖ים אֲחֵרִ֑ים נלך וַיְשַׁלַּח֙ אֶת־הַיּוֹנָ֔ה

יהוה מ"ה וְלֹֽא־יָסְפָ֥ה שֽׁוּב־אֵלָ֖יו ע֑וֹד׃ אל 13 וַֽיְהִ֣י בְּאַחַ֣ת וְשֵׁשׁ־מֵא֣וֹת שָׁנָ֗ה

בָּֽרִאשׁוֹן֙ בָּֽאֶחָ֔ד אהבה, דאגה לַחֹ֔דֶשׁ י"ב הוויות חָֽרְב֥וּ גבורה הַמַּ֖יִם מֵעַ֣ל עלם

הָאָ֑רֶץ אלהים דההן ע"ה וַיָּ֤סַר נֹ֙חַ֙ מוחי אֶת־מִכְסֵ֣ה הַתֵּבָ֔ה וַיַּ֕רְא וְהִנֵּ֥ה חָֽרְב֖וּ

רי"ו, גבורה פְּנֵ֥י וחכמה - בינה הָֽאֲדָמָֽה׃ 14 וּבַחֹ֙דֶשׁ֙ י"ב הוויות הַשֵּׁנִ֔י בְּשִׁבְעָ֧ה וְעֶשְׂרִ֛ים

י֖וֹם נגד, זן, מזבח לַחֹ֑דֶשׁ י"ב הוויות יָֽבְשָׁ֖ה הָאָֽרֶץ אלהים דההן ע"ה׃ [ס]

CUARTA LECTURA - MOSHÉ – NÉTSAJ

15 וַיְדַבֵּ֥ר ראה אֱלֹהִ֖ים ילה, מ"ם אֶל־נֹ֥חַ מוחי לֵאמֹֽר׃ 16 צֵ֤א מִן־הַתֵּבָ֔ה אַתָּ֕ה

וְאִשְׁתְּךָ֛ וּבָנֶ֥יךָ וּנְשֵֽׁי־בָנֶ֖יךָ אִתָּֽךְ׃ 17 כָּל־הַֽחַיָּ֞ה אשר־אתך מִכָּל־

בָּשָׂ֗ר בָּע֧וֹף ציון, יוסף, ה"פ אל וּבַבְּהֵמָ֛ה ב"ן, לכב וּבְכָל־הָרֶ֛מֶשׂ לכב הָרֹמֵ֥שׂ

En realidad, nuestras características y rasgos negativos pueden darnos la oportunidad de efectuar una verdadera transformación de carácter. Nuestras cualidades maravillosas y entrañables no sirven a ningún propósito práctico cuando se trata de despertar nuevos niveles de satisfacción y Luz en nuestra vida, puesto que ya se encuentran en un estado proactivo. Por lo tanto, son nuestras características negativas las que deben ser bienvenidas como herramientas de iluminación. Vinimos a este mundo a crear un cambio positivo dentro de nosotros mismos, así como en el mundo que nos rodea, y el cambio positivo siempre encontrará resistencia, conflicto y obstáculos durante ese proceso. Debemos aceptar todas estas situaciones difíciles, pues a partir de éstas aprendemos a trascenderlas. Entender esta lección nos imbuirá del coraje y la fortaleza necesarios para realizar nuestra misión espiritual, que es lograr la transformación.

18 Salió, pues, Nóaj, y con él sus hijos y su mujer y las mujeres de sus hijos. 19 También salieron del arca todas las bestias, todos los reptiles, todas las aves y todo lo que se mueve sobre la tierra, cada uno según su especie.

20 Entonces Nóaj edificó un altar al Eterno, y tomó de todo animal limpio y de toda ave limpia, y ofreció holocaustos en el altar.

21 El Eterno percibió el aroma agradable, y dijo el Eterno para sí: "Nunca más volveré a maldecir la Tierra por causa del hombre, porque la intención del corazón del hombre es mala desde su juventud. Nunca más volveré a destruir todo ser viviente como lo he hecho. 22 Durante todos los días de la Tierra, la siembra y la siega, el frío y el calor, el verano y el invierno, el día y la noche, nunca cesarán".

9 1 Y Dios bendijo a Nóaj y a sus hijos, y les dijo: "Sean fecundos y multiplíquense, y llenen la Tierra. 2 El temor y el terror de ustedes estarán sobre todos los animales de la tierra, sobre todas las aves del cielo, en todo lo que se arrastra sobre el suelo, y en todos los peces del mar. En la mano de ustedes son todos entregados.

3 Todo lo que se mueve y tiene vida les será para alimento. Todo lo doy a ustedes como les di la hierba verde. 4 Pero carne con su alma, con su sangre, no comerán.

5 De la sangre de ustedes, del alma de ustedes, ciertamente pediré cuenta: a cualquier animal, y a cualquier hombre, pediré cuenta; de cada hombre pediré cuenta del alma de un ser humano.

וַיִּבֶן

Génesis 8:20 – Después de salir del Arca con su familia, Nóaj ofreció sacrificios para agradecer al Creador por haberlos librado de la inundación. Según los antiguos kabbalistas, el concepto de sacrificio se refiere al sacrificio de nuestros propios atributos negativos. Dar las gracias está relacionado con el despertar de la apreciación; no en beneficio del Creador, quien no tiene ninguna necesidad en absoluto de agradecimiento ni apreciación, sino por nuestro propio beneficio. La apreciación es una fuerza espiritual real, una cantidad de energía que protege todo aquello que amamos. Agradecer es, por lo tanto, una herramienta para salvaguardar las alegrías y los tesoros que ya poseemos.

Después del Diluvio, las líneas metafísicas de comunicación entre los Mundos Superior e Inferior fueron destruidas, y el flujo de Luz a nuestro mundo fue cortado. Para reestablecer un vínculo,

Nóaj reconstruyó los cables metafísicos que corren a través de los mundos. Este concepto es el misterio detrás del Altar que Nóaj construyó.
  – El Zóhar, Nóaj 30, Introducción.

וַיְבָרֶךְ

Génesis 9:1 – Dios otorgó una bendición sobre Nóaj y sus hijos diciéndoles: "Sean fecundos y multiplíquense, y llenen la Tierra".

Tener hijos y enseñarles valores espirituales es el camino más poderoso para traer Luz a nuestra vida y al planeta entero. Cada nueva alma que entra en nuestro mundo para transitar el camino espiritual equivale a otra vela encendida en una habitación oscura. Cada nueva luz disminuye la oscuridad, para finalmente hacerla desaparecer por completo. Por lo tanto, la frase "y llenen la Tierra" se refiere en realidad a llenarla de la Luz que se ocultó en el tiempo de la Creación.

עַל־הָאָרֶץ אלהים דההין ע"ה הַיְצֵא (כתיב: הוצא) אִתָּךְ וְשָׁרְצוּ בָאָרֶץ וּפָרוּ וְרָבוּ

עַל־הָאָרֶץ: 18 אלהים דההין ע"ה וַיֵּצֵא־נֹחַ מווי וּבָנָיו וְאִשְׁתּוֹ וּנְשֵׁי־בָנָיו אִתּוֹ: 19 כָּל

הַחַיָּה יל׳ כָּל־הָרֶמֶשׂ יל׳ וְכָל־הָעוֹף ציון, יוסף, ו"פ יהוה, ה"פ אל יל׳ כֹּל יל׳ רוֹמֵשׂ

עַל־הָאָרֶץ אלהים דההין ע"ה לְמִשְׁפְּחֹתֵיהֶם יָצְאוּ מִן־הַתֵּבָה: 20 וַיִּבֶן נֹחַ מווי

מִזְבֵּחַ חו, נגד ׳ לַיהֹוָ֑אהדונהי וַיִּקַּח ׳ מִכֹּל וגם הַבְּהֵמָה ב"ן, לכב הַטְּהֹרָה יל"פ אכא

וּמִכֹּל יל׳ הָעוֹף ציון, יוסף, ו"פ יהוה, ה"פ אל הַטָּהוֹר יל"פ אכא וַיַּעַל עֹלֹת אבגיתצ, ועד, אהבת חנם

בַּמִּזְבֵּחַ חו, נגד ׳: 21 וַיָּרַח יְהֹוָ֑אהדונהי אֶת־רֵיחַ הַנִּיחֹחַ וַיֹּאמֶר יְהֹוָ֑אהדונהי

אֶל־לִבּוֹ לֹא־אֹסִף לְקַלֵּל עוֹד אֶת־הָאֲדָמָה בַּעֲבוּר הָאָדָם מ"ה כִּי

יֵצֶר לֵב הָאָדָם מ"ה רַע מִנְּעֻרָיו וְלֹא־אֹסִף עוֹד לְהַכּוֹת אֶת־כָּל יל׳

חַי וחיים, בינה ע"ה כַּאֲשֶׁר עָשִׂיתִי: 22 עֹד כָּל יל׳ יְמֵי הָאָרֶץ אלהים דההין ע"ה

זֶרַע וְקָצִיר וְקֹר וָחֹם וְקַיִץ וָחֹרֶף וְיוֹם גגד, חו, מזבח וָלַיְלָה מלה לֹא יִשְׁבֹּתוּ:

9 וַיְבָרֶךְ עסמ"ב אֱלֹהִים יל"ה, מום אֶת־נֹחַ מווי וְאֶת־בָּנָיו וַיֹּאמֶר לָהֶם פְּרוּ

וּרְבוּ וּמִלְאוּ אֶת־הָאָרֶץ אלהים דההין ע"ה: 2 וּמוֹרַאֲכֶם וְחִתְּכֶם יִהְיֶה יי׳ עַל

כָּל יל׳, עמם חַיַּת הָאָרֶץ אלהים דההין ע"ה וְעַל כָּל יל׳, עמם עוֹף ציון, יוסף, ו"פ יהוה, ה"פ אל

הַשָּׁמַיִם י"פ טל, י"פ כוזו בְּכֹל לכב אֲשֶׁר תִּרְמֹשׂ הָאֲדָמָה וּבְכָל לכב דְּגֵי הַיָּם

יל׳ בְּיֶדְכֶם נִתָּנוּ: 3 כָּל יל׳ רֶמֶשׂ אֲשֶׁר הוּא־חַי יי׳ לָכֶם יִהְיֶה יי׳ לְאָכְלָה

כְּיֶרֶק עֵשֶׂב ע"ב שמות נָתַתִּי לָכֶם אֶת־כֹּל יל׳: 4 אַךְ אההיה ־בָּשָׂר בְּנַפְשׁוֹ

דָמוֹ לֹא תֹאכֵלוּ: 5 וְאַךְ אההיה אֶת־דִּמְכֶם לְנַפְשֹׁתֵיכֶם אֶדְרֹשׁ מִיַּד כָּל

יל׳ חַיָּה אֶדְרְשֶׁנּוּ וּמִיַּד הָאָדָם מ"ה מִיַּד ע"ה קנ"א קס"א אִישׁ אָחִיו אֶדְרֹשׁ

Al mismo tiempo que recibimos bendiciones para que nos ayuden a traer hijos al mundo, también podemos meditar en compartir estas bendiciones con otros que también están intentando formar una familia.

Además de nuestros propios hijos, aquellas personas con las que compartimos la sabiduría de la Kabbalah también se consideran nuestros hijos; nuestros hijos espirituales. Por lo tanto, el concepto de ser fecundos y multiplicarse también se refiere a la diseminación cada vez más amplia de esta sabiduría espiritual. La bendición de Dios a Nóaj se nos otorga a nosotros aquí y ahora para que podamos convertirnos en faros de Luz para todas las personas con las que nos encontramos.

⁶ El que derrame sangre de hombre, por el hombre su sangre será derramada, porque a imagen de Dios hizo Él al hombre. ⁷ En cuanto a ustedes, sean fecundos y multiplíquense. Pueblen en abundancia la Tierra y multiplíquense en ella".

QUINTA LECTURA - AHARÓN - HOD

⁸ Entonces Dios habló a Nóaj y a sus hijos con él y les dijo: ⁹ "He aquí que Yo establezco Mi pacto con ustedes, y con su descendencia después de ustedes,

¹⁰ y con todo ser viviente que está con ustedes: aves, ganados y todos los animales de la tierra que están con ustedes, todos los que han salido del arca, todos los animales de la tierra. ¹¹ Yo establezco Mi pacto con ustedes, y nunca más volverá a ser exterminada toda carne por las aguas del diluvio, ni habrá más diluvio para destruir la Tierra".

¹² También dijo Dios: "Esta es la señal del pacto que Yo hago con ustedes y todo ser viviente que está con ustedes, por todas las generaciones: ¹³ Pongo Mi arcoíris en las nubes y será la señal de Mi pacto con la Tierra.

שֹׁפֵךְ

Génesis 9:6 – Dios advirtió a Nóaj acerca de las ramificaciones del derramamiento de sangre y el asesinato. En un sentido más profundo, el asesinato no sólo se refiere a matar a sangre fría. También cometemos asesinato cuando avergonzamos o humillamos a los demás de forma pública o privada, causando que la sangre corra a su rostro por vergüenza. Los kabbalistas nos dicen que podemos matar a alguien físicamente o matarlo emocional y espiritualmente. Podemos asesinar el cuerpo de una persona y también podemos asesinar el carácter de una persona. Podemos destruir las relaciones de alguien y también podemos arruinar su sustento. Aunque podamos percibir que los demás son fuertes, en realidad son muy frágiles; así pues, debemos ser siempre conscientes de la forma en que podemos estar lastimando a los que nos rodean.

Cuando leemos este pasaje y reflexionamos sobre los incidentes pasados en los que humillamos a otra persona o cometimos el pecado del asesinato espiritual, ayudamos a corregir nuestras injusticias y a eliminar el odio del corazón colectivo de la humanidad.

אֶת-בְּרִיתִי

Génesis 9:9 – El Creador hizo un Pacto con la humanidad de no volver a destruir el mundo, por muy grandes que fueran sus iniquidades. Más importante que los detalles de este contrato Divino es la idea de que necesitamos la Luz del Creador en nuestra vida si queremos alcanzar la verdadera transformación personal y global. Nuestro ego (Satán) crea la ilusión intelectual de que vivimos en un mundo sin Dios y que sólo nosotros somos los arquitectos y las mentes creadoras de nuestra buena fortuna. No debemos dejar nunca de recordar lo falsa y vacía que es esta ilusión, por mucho que impregne la mentalidad de nuestros tiempos.

וַהֲקִמֹתִי

Génesis 9:11 – Después de que la inundación remitiera, Dios le prometió a Nóaj que el mundo nunca más sería maldecido con otra inundación. Sin embargo, aunque el agua antes curaba el cuerpo y el alma del hombre y garantizaba una larga vida, el agua de nuestro planeta después del Diluvio perdió su poder Divino intrínseco.

אֶת־נֶפֶשׁ רמ"ח - ו' הויות אתה"א הָאָדָם מ"ה: 6 שֹׁפֵךְ דַּם רבוע אהיה הָאָדָם מ"ה בָּאָדָם

מ"ה דָּמוֹ יִשָּׁפֵךְ כִּי בְּצֶלֶם ע"ה קס"א אֱלֹהִים ילה, מום עָשָׂה אֶת־הָאָדָם מ"ה:

7 וְאַתֶּם פְּרוּ וּרְבוּ שִׁרְצוּ בָאָרֶץ אלהים דאלפין וּרְבוּ־בָהּ: [ס]

QUINTA LECTURA - AHARÓN - HOD

8 וַיֹּאמֶר אֱלֹהִים ילה, מום אֶל־נֹחַ מוזי וְאֶל־בָּנָיו אִתּוֹ לֵאמֹר: 9 וַאֲנִי

אני, ב"פ אהיה - יהוה הִנְנִי מֵקִים אֶת־בְּרִיתִי אִתְּכֶם וְאֶת־זַרְעֲכֶם אַחֲרֵיכֶם:

10 וְאֵת כָּל־נֶפֶשׁ ילי הַחַיָּה רמ"ח - ו' הויות אֲשֶׁר אִתְּכֶם בָּעוֹף ציון, יוסף, ור"פ יהוה, ה"פ אל

בַּבְּהֵמָה ב"ן, לכב וּבְכָל־חַיַּת הָאָרֶץ אלהים דההין ע"ה אִתְּכֶם מִכֹּל ילי יֹצְאֵי

הַתֵּבָה לְכֹל יה - אדני חַיַּת הָאָרֶץ אלהים דההין ע"ה: 11 וַהֲקִמֹתִי אֶת־בְּרִיתִי

אִתְּכֶם וְלֹא־יִכָּרֵת כָּל־בָּשָׂר ילי עוֹד מִמֵּי ילי הַמַּבּוּל וְלֹא־יִהְיֶה

יייי עוֹד מַבּוּל לְשַׁחֵת הָאָרֶץ אלהים דההין ע"ה: 12 וַיֹּאמֶר אֱלֹהִים ילה, מום

זֹאת אוֹת־הַבְּרִית אֲשֶׁר־אֲנִי אני נֹתֵן אבגיתצ, ועור, אהבת חנם בֵּינִי וּבֵינֵיכֶם

וּבֵין כָּל־נֶפֶשׁ ילי חַיָּה ו' הויות רמ"ח אֲשֶׁר אִתְּכֶם לְדֹרֹת עוֹלָם:

13 אֶת־קַשְׁתִּי נָתַתִּי בֶּעָנָן וְהָיְתָה לְאוֹת בְּרִית בֵּינִי וּבֵין הָאָרֶץ

Nuestro trabajo espiritual, en parte, implica restaurar el agua de nuestro planeta y de nuestro cuerpo físico a su estado primordial, y reflexionar en estos versículos logra precisamente eso. Cada par de ojos que lee esta sección y cada par de oídos que escucha su lectura inicia la rehabilitación de las aguas de la Tierra para que una vez más vuelvan a tener el poder de sanar, rejuvenecer y regenerar las células del cuerpo y de las almas de los seres humanos.

אֶת־קַשְׁתִּי

Génesis 9:13 – El arcoíris es un código que se refiere a las siete *Sefirot* o Dimensiones Celestiales que influyen directamente en nuestra dimensión física.

El Árbol de la Vida (las Diez *Sefirot*) está estructurado de la siguiente manera:

Los tres reinos superiores (*Kéter*, *Jojmá* y *Biná*) son los más cercanos a la Luz del Creador y no ejercen ninguna influencia directa en nuestro mundo. No obstante, los siete inferiores (*Jésed*, *Guevurá*, *Tiféret*, *Nétsaj*, *Hod*, *Yesod* y *Maljut*)

¹⁴ Y acontecerá que cuando haga venir nubes sobre la tierra, se verá el arcoíris en las nubes, ¹⁵ y Me acordaré de Mi pacto con ustedes y con todo ser viviente de toda carne. Nunca más se convertirán las aguas en diluvio para destruir toda carne.

¹⁶ Cuando el arcoíris esté en las nubes, lo miraré para acordarme del pacto eterno entre Dios y todo ser viviente de toda carne que está sobre la Tierra". ¹⁷ Y dijo Dios a Nóaj: "Esta es la señal del pacto que Yo he establecido con toda carne que está sobre la Tierra".

SEXTA LECTURA -YOSEF - YESOD

¹⁸ Los hijos de Nóaj que salieron del arca fueron Shem, Jam y Yafet. Jam fue el padre de Canaán. ¹⁹ Estos tres fueron los hijos de Nóaj, y de ellos se pobló toda la Tierra. ²⁰ Nóaj comenzó a labrar la tierra y plantó una viña. ²¹ Bebió el vino y se embriagó, y se descubrió en medio de su tienda. ²² Jam, padre de Canaán, vio la desnudez de su padre y se lo contó a sus dos hermanos que estaban afuera.

---

tienen una influencia directa en nuestra vida. Por este motivo hay siete colores en un arcoíris, siete chakras (centros de energía desde la base de nuestra columna a la corona de la cabeza), siete notas musicales en una escala, siete continentes, siete mares, siete días de la semana, y así sucesivamente.

De la misma forma que un rayo de luz blanca solar contiene todos los colores del arcoíris, la Luz del Creador que recibimos en este mundo contiene todas las siete *Sefirot*. En otras palabras, nuestro mundo representa la refracción de este único rayo de Luz en toda la variedad —los "colores"— que constituyen la Creación.

> *"Y dijo Elohim a Nóaj... 'ésta es la señal del Pacto que Yo hago con ustedes... Mi arcoíris puse en la nube" (Génesis 9:8-12-13). El Zóhar explica que el arcoíris es una señal indicando una gran destrucción se aproximaba, pero ha sido evitada por la mano de Dios. Leer esta sección nos infunde la misma Luz de protección expresada por la señal del arcoíris.*
> *– El Zóhar, Nóaj 34:261*

El arcoíris mencionado en esta sección nos conecta ahora con la totalidad de la Luz Divina para que podamos utilizarla con el fin de restaurar las aguas a su composición previa al Diluvio, devolviéndole al agua de nuestro planeta el poder de curar y restaurar la inmortalidad en toda la humanidad.

וַיֵּשְׁתְּ

Génesis 9:21 – La intoxicación de Nóaj es una sección de la Biblia de notoria dificultad, y no puede leerse sin la explicación kabbalística si queremos que tenga algún significado para nosotros. El *Zóhar* explica que tanto Nóaj como Adam pecaron bajo la influencia del vino. La Kabbalah enseña que el vino es una poderosa herramienta —una antena para atraer Luz—, del mismo modo que la uva es un potente conductor de energía espiritual. Por lo tanto, el vino se utiliza en las bendiciones como una herramienta para atraer la Luz de Dios a nuestro mundo físico. Cuando, en ausencia de una bendición, no preparamos una Vasija lo suficientemente grande para sostener esta energía, o si consumimos vino por razones no relacionadas con la espiritualidad, el consiguiente torrente de Luz hace que se despierte el lado oscuro de nuestra naturaleza. Este es el misterio detrás de

אלהים דההון ע"ה: 14 וְהָיָה יהוה, יהה בְּעַנְנִי עָנָן עַל-הָאָרֶץ אלהים דההון ע"ה וְנִרְאֲתָה

הַקֶּשֶׁת בֶּעָנָן: 15 וְזָכַרְתִּי אֶת-בְּרִיתִי אֲשֶׁר בֵּינִי וּבֵינֵיכֶם וּבֵין כָּל יל נֶפֶשׁ

רמ"ח ~ ז' הויות חַיָּה בְּכָל-בָּשָׂר לכב וְלֹא-יִהְיֶה יי עוֹד הַמַּיִם לְמַבּוּל לְשַׁחֵת

כָּל יל -בָּשָׂר: 16 וְהָיְתָה הַקֶּשֶׁת בֶּעָנָן וּרְאִיתִיהָ לִזְכֹּר ע"ב ~ קס"א, יהי אור ע"ה

בְּרִית עוֹלָם בֵּין אֱלֹהִים ילה, מזם וּבֵין כָּל יל נֶפֶשׁ רמ"ח ~ ז' הויות חַיָּה בְּכָל

לכב -בָּשָׂר אֲשֶׁר עַל-הָאָרֶץ אלהים דההון ע"ה: 17 וַיֹּאמֶר אֱלֹהִים ילה, מזם אֶל-נֹחַ

מזי זֹאת אוֹת-הַבְּרִית אֲשֶׁר הֲקִמֹתִי בֵּינִי וּבֵין כָּל יל -בָּשָׂר אֲשֶׁר

עַל-הָאָרֶץ אלהים דההון ע"ה: [פ]

SEXTA LECTURA -YOSEF– YESOD

18 וַיִּהְיוּ בְנֵי-נֹחַ מזי הַיֹּצְאִים מִן-הַתֵּבָה שֵׁם יהוה שדי וְחָם וָיָפֶת וְחָם הוּא

אֲבִי כְנָעַן: 19 שְׁלֹשָׁה אֵלֶּה בְּנֵי-נֹחַ מזי וּמֵאֵלֶּה נָפְצָה כָל יל -הָאָרֶץ

אלהים דההון ע"ה: 20 וַיָּחֶל נֹחַ מזי אִישׁ ע"ה קנ"א קס"א הָאֲדָמָה וַיִּטַּע כֶּרֶם י הויות:

21 וַיֵּשְׁתְּ מִן-הַיַּיִן מיכ, י"פ האא וַיִּשְׁכָּר וַיִּתְגַּל בְּתוֹךְ אָהֳלֹה: 22 וַיַּרְא חָם אֲבִי

la capacidad que tiene el vino para provocar una intoxicación con sus rarezas de comportamiento asociadas: desde la alegría hasta la desesperación más atroz. Y, sin embargo, ahora puede que te preguntes: ¿Pero cómo la persona más espiritual del planeta en su tiempo —Nóaj— cayó de repente en un estado de embriaguez?

Después de haber vivido sus momentos más difíciles —viendo cómo el mundo se ahogaba y se destruía a su alrededor— Nóaj creyó que su trabajo espiritual había por fin concluido; pensó que el dolor había acabado y el sufrimiento había remitido de una vez por todas. No obstante, enfrentar dificultades sin el entendimiento de sus causas primordiales puede convertirse en un sufrimiento innecesario si el que lo sufre no es consciente de la lección. En tales casos, el

dolor no purifica, el sufrimiento no santifica y la catástrofe no limpia.

De esta sección aprendemos que debemos investigar profundamente con el fin de identificar la causa de nuestras aflicciones. Para poner fin a nuestro propio dolor, debemos volvernos responsables de nuestras propias acciones y de sus consecuencias; debemos soltar nuestra mentalidad de víctimas. Además, debemos ahondar profundamente en nuestro interior para desarraigar esos fallos en nuestro comportamiento del pasado que han ocasionado nuestras desgracias presentes. Aceptar estos conocimientos es el primer paso para entender que sólo nosotros somos los responsables de nuestras aflicciones y de las del mundo. A través de este entendimiento,

23 Entonces Shem y Yafet tomaron un manto, lo pusieron sobre sus hombros, y caminando hacia atrás cubrieron la desnudez de su padre. Como sus rostros estaban vueltos, no vieron la desnudez de su padre.

24 Cuando Nóaj despertó de su embriaguez, y supo lo que su hijo menor le había hecho, 25 dijo: "Maldito sea Canaán; siervo de siervos será para sus hermanos".

26 Dijo también: "Bendito sea el Eterno, el Dios de Shem; y sea Canaán su siervo.

27 Engrandezca Dios a Yafet, y habite en las tiendas de Shem; y sea Canaán su siervo".

---

corregimos los pecados de las generaciones pasadas para que todo el sufrimiento a lo largo de la historia adquiera un valor espiritual y tenga un efecto purificador en el mundo.

El *Zóhar* nos ofrece una comprensión todavía más profunda de la embriaguez de Nóaj. Nóaj recibió de Dios la sabiduría de la Kabbalah y la utilizó para construir el Arca con el fin de proteger a las criaturas del mundo. Su entrada en el Arca es, por lo tanto, un símbolo de la conexión de nuestro mundo con el Reino Superior conocido como *Yesod*, la fuente de toda nuestra Luz y energía Divina.

Después de que las aguas remitieran, Nóaj utilizó la Kabbalah para ascender a ámbitos espirituales todavía más elevados en un intento de examinar el Pecado de Adam y Javá. Lo hizo por dos motivos: quería evitar repetir ese pecado él mismo y quería determinar cómo repararlo en el mundo.

> *Nóaj había venido a reexaminar el pecado de Adam de manera que pudiera refrenarse de repetirlo y pudiera hacer reparaciones en el mundo. Pero fue incapaz de LOGRAR ESTO, SIN EMBARGO, porque después de exprimir las uvas, para que pudiera examinarlas, se emborrachó, estaba descubierto y no tenía fuerza para levantarse. ES POR ESTO que el versículo dice: "y estaba descubierto", significando que él 'descubrió' un hueco en el Mundo, el cual había estado cubierto hasta ese tiempo.*
> *– El Zóhar, Nóaj 38:308*

Este reino espiritual más elevado en el que Nóaj entró es el significado interno tanto de las uvas fermentadas que lo emborracharon como del viñedo del cual fueron tomadas.

- El viñedo es una metáfora de una dimensión espiritual más elevada.
- Las uvas pertenecen a la energía intoxicante que da vueltas en ese reino celestial.

La energía espiritual que irradia de esta dimensión superior era demasiado potente como para que pudiera Nóaj manejarla. Él todavía no había purgado todos sus deseos negativos, así que su conexión con este reino superior era prematura y la energía fue peligrosa.

El efecto es similar a lo que sucede cuando una persona ingiere un potente narcótico, como el crack o la cocaína, con la intención de probarlo sólo una vez. Sin embargo, la energía es demasiado intensa y abrumadora, lo cual causa una adicción inmediata causada por la vulnerabilidad del cuerpo a la droga. La lección que emerge de esta percepción está relacionada con nuestras buenas intenciones, y queda muy bien reflejada en un antiguo refrán: "El camino al Infierno está pavimentado con buenas intenciones".

Buscamos repetidamente y con las mejores intenciones nuestra satisfacción en la vida, pero el placer que recibimos en el proceso a menudo despierta deseos egoístas. Esto ocurre porque hay un aspecto del ego humano que participa de las alegrías que nos ganamos. Esta gratificación fortalece el lado oscuro de nuestra naturaleza, que aumenta a su vez su control sobre nosotros. Nos intoxicamos, nos embriagamos con autoindulgencia, y finalmente nos volvemos adictos a los anhelos incesantes de nuestro ego. El placer se ha convertido en veneno.

כְּנַעַן אֵת עֶרְוַת אָבִיו וַיַּגֵּד לִשְׁנֵי־אֶחָיו בַּחוּץ: 23 וַיִּקַּח שֵׁם
וָיֶפֶת אֶת־הַשִּׂמְלָה וַיָּשִׂימוּ עַל־שְׁכֶם שְׁנֵיהֶם וַיֵּלְכוּ אֲחֹרַנִּית וַיְכַסּוּ
אֵת עֶרְוַת אֲבִיהֶם וּפְנֵיהֶם אֲחֹרַנִּית וְעֶרְוַת אֲבִיהֶם לֹא רָאוּ: 24 וַיִּיקֶץ
נֹחַ מִיֵּינוֹ וַיֵּדַע אֵת אֲשֶׁר־עָשָׂה לוֹ בְּנוֹ הַקָּטָן: 25 וַיֹּאמֶר אָרוּר כְּנָעַן
עֶבֶד עֲבָדִים יִהְיֶה לְאֶחָיו: 26 וַיֹּאמֶר בָּרוּךְ יְהוָֹה אֱלֹהֵי
שֵׁם וִיהִי כְנַעַן עֶבֶד לָמוֹ: 27 יַפְתְּ אֱלֹהִים

Necesitamos esforzarnos en aprender a recibir de la mejor manera placer y satisfacción solamente con el propósito de compartirlos con los demás. Tenemos que vigilar que no exista ningún rastro de egoísmo en nuestro interior cuando fijamos y alcanzamos nuestros objetivos en la vida. La erradicación del egoísmo es una tarea de por vida, y la base de nuestro trabajo espiritual. Esta sección de la Biblia nos desintoxica de forma efectiva, haciéndonos espiritualmente sobrios, para que así podamos conectar de forma segura con los niveles más elevados de Luz espiritual con el propósito de compartir esa Luz con los demás. Esto inaugura inmediatamente la Era del Mesías, marcando el inicio de la Redención Final de toda la humanidad.

עֶרְוַת

Génesis 9:22 – Si bien la Biblia no lo dice de forma explícita, la Kabbalah nos cuenta que el hijo de Nóaj, Jam, violó a su padre mientras Nóaj estaba intoxicado. La lección de esta difícil sección está relacionada con el poder de Satán. Si hay siquiera la menor abertura en nuestra vida —representada aquí por el estado de embriaguez de Nóaj, pero que igualmente podría ser nuestro ego fuera de control— nos volvemos vulnerables a cualquier fuerza negativa que aceche a nuestro alrededor.

Incluso nuestros amigos más cercanos y miembros de la familia pueden ser la causa de nuestra desgracia si permitimos que los conflictos o problemas más pequeños se agudicen o inflamen nuestro ego. Debemos esforzarnos al máximo por bloquear todas las aberturas a través de las cuales la negatividad puede entrar en nuestras relaciones, y debemos erradicar completamente nuestra propia Inclinación al Mal, para de esta forma colocar todas nuestras relaciones sobre unos cimientos espirituales.

En un nivel más profundo de comprensión, la violación de Nóaj está conectada con las relaciones sexuales que tuvieron lugar entre Adam y el ángel negativo (cuyo nombre no pronunciamos) L-i-l-i-t, y entre Javá y el ángel negativo (cuyo nombre no pronunciamos) S-a-m-a-e-l. En otras palabras, Adam y Javá escucharon y siguieron las instrucciones de la Serpiente para que comieran del Árbol del Conocimiento del Bien y el Mal. Esto equivale a cuando nosotros escuchamos a nuestro propio ego, que nos dice que comamos el fruto del exceso de indulgencia.

La conexión sexual entre Adam, Javá y la Serpiente puede también entenderse como la Vasija, o el alma colectiva de la humanidad, conectándose prematuramente a un nivel superior de energía antes de que la conciencia reactiva y egoísta de la Vasija hubiera sido purgada totalmente de su naturaleza negativa.

Esto se relaciona con el poder de la paciencia, de esperar, de restringir nuestra necesidad de tenerlo todo ahora. Necesitamos la paciencia para dominar nuestros deseos egocéntricos antes de que podamos tener la más ligera oportunidad de sentir cualquier forma de alegría. Cuando nos proponemos el logro de placer físico o espiritual por razones egoístas, sin ninguna consideración por las otras personas que hay en nuestra vida, es porque hemos sido seducidos y violados efectivamente por nuestro propio ego, la fuerza negativa llamada Satán.

²⁸ Nóaj vivió 350 años después del diluvio. ²⁹ El total de los días de Nóaj fue de 950 años, y murió.

10 ¹ Estas son las generaciones de Shem, Jam y Yafet, hijos de Nóaj, a quienes les nacieron hijos después del diluvio.

² Los hijos de Yafet: Gomer, Magog, Madai, Yaván, Tubal, Méshej y Tiras. ³ Los hijos de Gomer: Ashkenaz, Rifat y Togarmá.

⁴ Los hijos de Yaván: Elishá, Tarshish, Quitim y Dodanim. ⁵ Estos se esparcieron y poblaron las islas de sus naciones, cada uno conforme a su lengua, y según sus familias, dentro de sus naciones.

⁶ Los hijos de Jam: Cush, Mitsráyim, Fut y Jenaán. ⁷ Los hijos de Cush: Sevá, Javilá, Savtá, Raamá y Savtejá, y los hijos de Raamá: Shevá y Dedán.

⁸ Cush fue el padre de Nimrod, que empezó a ser poderoso en la Tierra. ⁹ Él fue un poderoso cazador delante del Eterno. Por tanto se dice: "Como Nimrod, poderoso cazador delante del Eterno".

¹⁰ El comienzo de su reino fue Babel, Érej, Acad y Jalné, en la tierra deShinar.

¹¹ De aquella tierra salió hacia Ashur y edificó Nínive, Rejovot Ir, Calaj,

¹² y Resén, entre Nínive y Calaj; ella es la gran ciudad.

¹³ Mitsráyim fue el padre de Ludim, de Anamim, de Lehabim, de Naftuhim,

---

...Y hemos aprendido que a Jam, padre de Canaán, le fue dado un lugar para gobernar. Y él castró a Nóaj, debilitando así el secreto del Pacto, el cual lo había hecho un hombre justo. Como hemos aprendido que eliminó el Pacto (el órgano masculino) de él, SIGNIFICANDO QUE ÉL ELIMINÓ LOS MOJÍN DE ENGENDRAR, LOS CUALES SON DADOS SOLAMENTE POR EL PODER DE LA PActo SAGRADO. ESTE DEBILITAMIENTO ES CONSIDERADO CASTRACIÓN.
– El Zóhar, Nóaj 38:310

Por lo tanto, la violación de Nóaj es similar a la Serpiente, nuestro ego, violando a nuestra propia alma. Los versículos esclarecedores que contienen esta historia encienden una Luz que sella cualquier abertura a través de la cual las influencias negativas pueden intentar seducirnos y violarnos, y por consiguiente eliminan la codicia de nuestra naturaleza. Los ángeles negativos mencionados anteriormente (cuyos nombres no pronunciamos) son borrados así de nuestra existencia, y cuando alcanzamos un estado renovado de pureza nuestras heridas antiguas son curadas.

וְאֵלֶּה

Génesis 10:1 – Durante las generaciones de los hijos de Nóaj se produjo un gran crecimiento en la población. A medida que la población aumentaba, hubo separación y división entre individuos, naciones y porciones de la Tierra.

Esta sección esconde una lección sobre los peligros de la desunión, que es la causa originaria de todo el caos, ya sea que se manifieste como mala salud, relaciones difíciles,

וַיְהִי־נֹחַ 28 לְמוֹ: עֶבֶד כְּנַעַן אל וִיהִי יהוה שדי לְיֶפֶת וְיִשְׁכֹּן בְּאָהֳלֵי־שֵׁם

כָּל אל 29 וַיְהִי־ עֶנָה וַחֲמִשִּׁים שָׁנָה מֵאוֹת שְׁלֹשׁ הַמַּבּוּל אַחַר מווי

וְאֵלֶּה מ"ב 1 10 [פ] וַיָּמֹת: שָׁנָה וַחֲמִשִּׁים שָׁנָה מֵאוֹת תְּשַׁע מווי יְמֵי־נֹחַ

אַחַר בָּנִים לָהֶם וַיִּוָּלְדוּ וָיֶפֶת וְחָם שֵׁם יהוה שדי מווי בְּנֵי־נֹחַ תּוֹלְדֹת

וּבְנֵי 3 וְתִירָס: וּמֶשֶׁךְ וְתֻבָל וְיָוָן וּמָדַי וּמָגוֹג גֹּמֶר יֶפֶת בְּנֵי 2 הַמַּבּוּל:

כִּתִּים וְתַרְשִׁישׁ אֱלִישָׁה יָוָן וּבְנֵי 4 וְתֹגַרְמָה: וְרִיפַת אַשְׁכְּנַז גֹּמֶר

לִלְשֹׁנוֹ אִישׁ קס"א קנ"א ע"ה בְּאַרְצֹתָם הַגּוֹיִם אִיֵּי נִפְרְדוּ מֵאֵלֶּה 5 וְדֹדָנִים:

וּכְנַעַן וּפוּט מצר וּמִצְרַיִם ע"ה שכ"ה כּוּשׁ וּבְנֵי חָם 6 בְּגוֹיֵהֶם: לְמִשְׁפְּחֹתָם

רַעְמָה וּבְנֵי וְסַבְתְּכָא וְרַעְמָה וְסַבְתָּה וַחֲוִילָה סְבָא שכ"ה ע"ה כּוּשׁ וּבְנֵי 7

לִהְיוֹת לחזל הַחֵל הוּא קמ"ג קנ"א אֶת־נִמְרֹד יָלַד ע"ה שכ"ה וְכוּשׁ 8 וּדְדָן: שְׁבָא

יֹאמַר עַל־כֵּן יהוה לִפְנֵי ב"פ ב"ן גִּבֹּר־צַיִד יהוה הָיָה הוּא 9 בָּאָרֶץ: גִּבֹּר

רֵאשִׁית וַתְּהִי 10 אהדונהי ואהדנ"י יְהֹוָה לִפְנֵי ב"פ ב"ן צַיִד גִּבּוֹר קמ"א קנ"א כְּנִמְרֹד

מִן־הָאָרֶץ 11 שִׁנְעָר: בְּאֶרֶץ וְכַלְנֵה וְאַכַּד וְאֶרֶךְ בָּבֶל מַמְלַכְתּוֹ

אֶת־נִינְוֵה וַיִּבֶן אהבת חזם, ועיר ע"ה, אבגיתצ ע"ה אַשּׁוּר יָצָא הַהוּא אלהים דההין ע"ה

וּבֵין נִינְוֵה בֵּין וְאֶת־רֶסֶן 12 וְאֶת־כָּלַח: סנדלפו"ן עֲרִי, מזחזזר, עִיר וְאֶת־רְחֹבֹת

יָלַד מצר וּמִצְרַיִם 13 אום: יזל, מבה, לחה, הַגְּדֹלָה סנדלפו"ן עֲרִי, מזחזזר, הָעִיר הוּא כָּלַח

---

ruina financiera o confusión global. Trata sobre la semilla y el nacimiento de la desunión, que a su vez ha creado desunión en las células de nuestro cuerpo, entre los miembros de la familia, en nuestras comunidades y en nuestro mundo.

Conectar con esta lectura ayuda a eliminar las barreras que han creado la separación y el conflicto entre la gente a lo largo de la historia. Una gran Luz de unidad brilla sobre nosotros, curando y uniendo nuestros elementos dispares en un único y verdadero pueblo global. Esta curación se extiende hasta las células mismas de nuestro cuerpo, y crea salud y bienestar en todas partes.

וּבְנֵי חָם

Génesis 10:6 – La mayoría de la población del mundo, incluida la gente de Egipto y China, desciende de los hijos de Jam. La interconexión de toda la humanidad es muy importante para nosotros. Cuando meditamos en infundir Luz a todas las naciones del mundo, estamos aplastando las semillas de la intolerancia y propagando la paz duradera a lo largo y ancho de toda la existencia, cumpliendo instantáneamente el mandamiento de "ama a tu prójimo como a ti mismo".

[14] *de Patrusim, de Caslujim (de donde salieron los Filisteos) y de Caftorim.*

[15] *Canaán fue el padre de Sidón su primogénito, y de Jet,*

[16] *y el antepasado del Jebuseo, del Amorreo, Gergeseo,*

[17] *Heveo, Araceo, Sineo,*

[18] *del Arvadeo, Zemareo y del Hamateo. Y después las familias de los Cananeos fueron esparcidas.*

[19] *El territorio de los Cananeos se extendía desde Sidón, rumbo a Gerar, hasta Gaza; y rumbo a Sodoma, Gomorra, Adma y Zeboim, hasta Lasa.*

[20] *Estos son los hijos de Jam, según sus familias, según sus lenguas, por sus tierras, por sus naciones.*

[21] *También le nacieron hijos a Shem, padre de todos los hijos de la otra ribera, y hermano mayor de Yafet.*

[22] *Los hijos de Shem: Eilam, Ashur, Arpajshad, Lud y Aram.*

[23] *Los hijos de Aram: Uz, Jul, Guéter y Mash.*

[24] *Arpajshad fue el padre de Shela, y Shela de Éber.*

[25] *A Éber le nacieron dos hijos: el nombre de uno fue Péleg, porque en sus días fue repartida la tierra, y el nombre de su hermano, Yaktán.*

[26] *Yaktán fue el padre de Almodad, Shalef, Jatsarmavet, Yaraj,*

[27] *Hadoram, Uzal, Diklá*

[28] *Uval, Avimael, Shevá,*

[29] *Ofir, Javilá y de Yuvav. Todos éstos fueron hijos de Yaktán.*

[30] *Su territorio se extendía desde Mesa rumbo a Sefar, la región montañosa del oriente.*

[31] *Estos son los hijos de Shem, según sus familias, según sus lenguas, por sus tierras, conforme a sus naciones.*

[32] *Estas son las familias de los hijos de Nóaj según sus generaciones en sus naciones. De ellos se propagaron las naciones sobre la Tierra después del diluvio.*

אֶת־לוּדִים וְאֶת־עֲנָמִים וְאֶת־לְהָבִים וְאֶת־נַפְתֻּחִים: 14 וְאֶת־פַּתְרֻסִים

וְאֶת־כַּסְלֻחִים אֲשֶׁר יָצְאוּ מִשָּׁם פְּלִשְׁתִּים וְאֶת־כַּפְתֹּרִים: [ס] 15 וּכְנַעַן

יָלַד אֶת־צִידֹן בְּכֹרוֹ וְאֶת־חֵת: 16 וְאֶת־הַיְבוּסִי וְאֶת־הָאֱמֹרִי וְאֶת

הַגִּרְגָּשִׁי: 17 וְאֶת־הַחִוִּי וְאֶת־הַעַרְקִי וְאֶת־הַסִּינִי: 18 וְאֶת־הָאַרְוָדִי

וְאֶת־הַצְּמָרִי וְאֶת־הַחֲמָתִי וְאַחַר נָפֹצוּ מִשְׁפְּחוֹת הַכְּנַעֲנִי: 19 וַיְהִי

גְּבוּל הַכְּנַעֲנִי מִצִּידֹן בֹּאֲכָה גְרָרָה עַד־עַזָּה בֹּאֲכָה סְדֹמָה וַעֲמֹרָה

וְאַדְמָה וּצְבֹיִם עַד־לָשַׁע: 20 אֵלֶּה בְנֵי־חָם לְמִשְׁפְּחֹתָם לִלְשֹׁנֹתָם

בְּאַרְצֹתָם בְּגוֹיֵהֶם: [ס] 21 וּלְשֵׁם יֻלַּד גַּם־הוּא אֲבִי כָּל

־בְּנֵי־עֵבֶר אֲחִי יֶפֶת הַגָּדוֹל: 22 בְּנֵי שֵׁם

עֵילָם וְאַשּׁוּר וְאַרְפַּכְשַׁד וְלוּד וַאֲרָם:

23 וּבְנֵי אֲרָם עוּץ וְחוּל וְגֶתֶר וָמַשׁ: 24 וְאַרְפַּכְשַׁד יָלַד אֶת־שָׁלַח

וְשֶׁלַח יָלַד אֶת־עֵבֶר: 25 וּלְעֵבֶר יֻלַּד

שְׁנֵי בָנִים שֵׁם הָאֶחָד פֶּלֶג כִּי בְיָמָיו נִפְלְגָה

הָאָרֶץ וְשֵׁם יָקְטָן: 26 וְיָקְטָן יָלַד אֶת־אַלְמוֹדָד

וְאֶת־שָׁלֶף וְאֶת־חֲצַרְמָוֶת וְאֶת־יָרַח: 27 וְאֶת־הֲדוֹרָם וְאֶת־אוּזָל

וְאֶת־דִּקְלָה: 28 וְאֶת־עוֹבָל וְאֶת־אֲבִימָאֵל וְאֶת־שְׁבָא: 29 וְאֶת־אוֹפִר

וְאֶת־חֲוִילָה וְאֶת־יוֹבָב כָּל־אֵלֶּה בְּנֵי יָקְטָן: 30 וַיְהִי מוֹשָׁבָם

מִמֵּשָׁא בֹּאֲכָה סְפָרָה הַר הַקֶּדֶם: 31 אֵלֶּה בְנֵי־שֵׁם

לְמִשְׁפְּחֹתָם לִלְשֹׁנֹתָם בְּאַרְצֹתָם לְגוֹיֵהֶם: 32 אֵלֶּה מִשְׁפְּחֹת

בְּנֵי־נֹחַ לְתוֹלְדֹתָם בְּגוֹיֵהֶם וּמֵאֵלֶּה נִפְרְדוּ הַגּוֹיִם בָּאָרֶץ

אַחַר הַמַּבּוּל: [פ]

SÉPTIMA LECTURA - DAVID - MALJUT

11 *¹ Toda la tierra hablaba una lengua y las mismas palabras. ² Cuando viajaban del Oriente, hallaron una llanura en la tierra de Sinar, y se establecieron allí. ³ Y se dijeron unos a otros: "Vamos, fabriquemos ladrillos y cozámoslos bien". Y usaron ladrillo en lugar de piedra y asfalto en lugar de mezcla.*

⁴ Luego dijeron: "Vamos, edifiquémonos una ciudad y una torre cuya cúspide llegue hasta el Cielo, y hagámonos de un nombre, para que no seamos dispersados sobre la faz de toda la Tierra".

שָׂפָה אֶחָת

Génesis 11:1 – Aquí nos dice la Biblia que toda la Tierra hablaba "una lengua" y que las personas de esta generación utilizaban ladrillos y asfalto para construir "una ciudad y una torre" que llegara hasta el Cielo. Según el *Zóhar*, existen dos mundos paralelos: el puro y el impuro, el santo y el malvado. Igual que existen Diez *Sefirot* dentro del lado puro y santo, también existen Diez *Sefirot* en el Mundo Impuro y malvado.

> *Ven y ve: "Y dijeron: Vengan, construyámonos una ciudad y una torre cuya parte superior llegue al Cielo". La palabra "vengan" es una invitación. Las palabras: "construyámonos una ciudad y una torre cuya parte superior llegue el Cielo" NO FUERON ACOMPAÑADAS POR ACCIONES. LA PRONUNCIACIÓN DE LAS PALABRAS SOLA CAUSÓ LA CONSTRUCCIÓN DE LA CIUDAD Y TORRE EN LOS MUNDOS SUPERIORES. La gente tomó el mal consejo siguiendo la estupidez y la vanidad de sus corazones, yendo contra del Santísimo, bendito sea Él. Rav Aba dijo entonces que siguieron la estupidez de sus corazones, pero usaron la Jojmá de la Klipá para abandonar el dominio superior DE LA SANTIDAD y entrar en el dominio DE LAS KLIPOT, intercambiando la gloria del Bendito con ese de un el (dios) extraño. Todo este asunto contiene un secreto de sabiduría suprema.*
> *– El Zóhar, Nóaj 42:342–3*

La ciudad y la torre que llegaba hasta el Cielo se refieren en realidad a las Diez *Sefirot* del Mundo Impuro. La ciudad tiene correlación con la *Sefirá* de *Jojmá* en el Lado Oscuro, y la torre tiene correlación con la *Sefirá* de *Biná*.

Los ladrillos utilizados para construir esa "ciudad y la torre" eran las letras del alfabeto arameo, que es también la "una lengua" de la Tierra de la cual hablan la Biblia y el *Zóhar*. El versículo: "Hagámonos de un nombre" es otra referencia al maravilloso poder de las letras arameas.

En el *Zóhar*, aprendemos que la gente de aquella generación era espiritualmente adepta pero malvada, sensible a las influencias oscuras del Otro Lado. Ellos descubrieron la sabiduría secreta de la Kabbalah que había dejado Nóaj, y la utilizaron para obtener el control sobre el mundo.

> *Todo estaba de acuerdo con el secreto de la sabiduría. Planearon reforzar el poder del Otro Lado en el mundo y adorarlo porque sabían que todo el Juicio malvado desciende de allí a los mundos. Al hacerlo así, esperaban alejar el nivel de la Santidad.*
> *– El Zóhar, Nóaj 42:348*

A través del poder de las letras arameas y la unidad intacta de la gente, aquellas almas negativas ascendieron a los mundos espirituales más elevados —*Jojmá* y *Biná* del Lado Oscuro— para utilizar esta energía negativa con propósitos malvados. Su intención era nada menos que

SÉPTIMA LECTURA - DAVID – MALJUT

וַיְהִי כָל הָאָרֶץ שָׂפָה אֶחָת 11 1

וּדְבָרִים אֲחָדִים: 2 וַיְהִי בְּנָסְעָם מִקֶּדֶם וַיִּמְצְאוּ

בִקְעָה בְּאֶרֶץ שִׁנְעָר וַיֵּשְׁבוּ שָׁם: 3 וַיֹּאמְרוּ אִישׁ

אֶל־רֵעֵהוּ הָבָה נִלְבְּנָה לְבֵנִים וְנִשְׂרְפָה לִשְׂרֵפָה וַתְּהִי לָהֶם הַלְּבֵנָה

לְאָבֶן וְהַחֵמָר הָיָה לָהֶם לַחֹמֶר: 4 וַיֹּאמְרוּ הָבָה | נִבְנֶה־לָּנוּ

עִיר וּמִגְדָּל וְרֹאשׁוֹ בַשָּׁמַיִם

---

desafiar a Dios y buscar la dominación del mundo. Y la unión, al ser la fuerza más poderosa que existe, hizo imposible que hasta Dios pudiera detenerlos. La gente que construyó la torre era la viva imagen de la altiva arrogancia del hombre, que es tan evidente hoy en día como lo era en el pasado. Por consiguiente, el *Zóhar* declara:

Y si todos ellos —porque todos ellos eran de un corazón y un deseo— hablaban el lenguaje santo, como está escrito: "Nada que hayan planeado hacer será retenido de ellos".
– *El Zóhar, Nóaj 44:386*

Aprendemos que el mal unificado siempre será capaz de derrotar y conquistar al lado de la bondad si no existe unidad entre las personas buenas. La única forma de derrotar al mal unificado es a través de la unión total del lado de la bondad. Consecuentemente, Dios se vio forzado a crear desunión para separar a esta gente rebelde. Por este motivo el Creador confundió su lenguaje, creando setenta lenguas adicionales y rompiendo así sus líneas de comunicación.

A lo largo de las generaciones y hasta el día de hoy, se ha perdido para la humanidad el verdadero poder y el propósito real del arameo. Sin embargo, el gran Kabbalista Rav Yehuda Áshlag escribió que en nuestros tiempos la gente malvada no buscará más la Kabbalah, pues habrán sido totalmente seducidos por el mundo material y todas sus riquezas ilusorias. Sólo los buenos de entre la humanidad aceptarán esta sabiduría, y por eso ahora los secretos kabbalísticos de las letras arameas pueden ser revelados al mundo una vez más.

La información de que todas estas fuerzas maravillosas están ahora disponibles para nuestro uso es, en realidad, el propósito subyacente de este libro. Un poder espiritual asombroso se ha colocado en nuestras manos. A través de la meditación, podemos ahora destruir la "ciudad" y derrumbar la "torre" de fuerzas negativas, liberándonos para siempre de su influencia negativa. Tal como afirma enfáticamente el *Zóhar*:

Igual que el Lado Santo, el Otro Lado no tiene poder para gobernar en el mundo sin una ciudad y una torre.
– *El Zóhar, Nóaj 42:351*

A través de la Kabbalah y la Biblia, traemos inmediatamente hacia nosotros la Era del Mesías de una forma misericordiosa y compasiva, en lugar de hacerlo de una forma imbuida con la cualidad del juicio severo. Tal como dice el *Zóhar*:

Para nosotros, y para todos aquellos que se ocupan con el trabajo espiritual y son de un corazón y un deseo [...] NADA QUE DESEEMOS HACER SERÁ RETENIDO DE NOSOTROS.
– *El Zóhar, Nóaj 44:386*

⁵ Pero el Eterno descendió para ver la ciudad y la torre que habían edificado los hijos de los hombres. ⁶ Y dijo el Eterno: "He aquí que ellos son un solo pueblo y todos ellos tienen la misma lengua. Esto es lo que han comenzado a hacer, y ahora nada de lo que se propongan hacer les será impedido.

⁷ Vamos, bajemos y confundamos allí su lengua, para que ninguno entienda el lenguaje de su compañero".

⁸ Y el Eterno los dispersó desde allí sobre la faz de toda la Tierra, y dejaron de edificar la ciudad.

⁹ Por eso la ciudad fue llamada Babel, porque allí el Eterno confundió la lengua de toda la Tierra, y de allí el Eterno los dispersó sobre la faz de toda la Tierra. ¹⁰ Estas son las generaciones de Shem: Shem tenía 100 años, y fue el padre de Arpajshad, dos años después del diluvio.

¹¹ Y vivió Shem 500 años después de haber engendrado a Arpajshad, y tuvo otros hijos e hijas.

אֵלֶּה

Génesis 11:10 – Se nos cuenta que hubo diez generaciones de Nóaj a Avraham, que es el mismo número de generaciones que hubo entre Adam y Nóaj. La Kabbalah revela que esto indica la estructura cíclica de nuestro universo. Además, según los kabbalistas, la realidad está compuesta de diez dimensiones, a las que se refieren como las Diez *Sefirot*, que significa "Diez Emanaciones" de Luz. Estas diez dimensiones se formaron cuando la Fuerza Divina infinita de energía, que los sabios llaman Luz, se contrajo. Esta contracción creó un punto minúsculo de oscuridad en el cual nació nuestro universo.

El Kabbalista del siglo XVI, Rav Yitsjak Luria (el Arí, que en hebreo quiere decir "león") reveló que seis de estas diez dimensiones se compactaron, envolviéndose en una superdimensión conocida como *Zeir Anpín*. Ahora, siglos después de que nuestros ancestros revelaran que la realidad existe en diez dimensiones y seis están compactadas en una, los físicos modernos han llegado a las mismas conclusiones tentativas en su teoría de las supercuerdas.

En su libro *Hiperespacio*, el Dr. Michio Kaku, un físico teórico y proponente líder de la teoría de las supercuerdas, escribe:

El Universo es una sinfonía de cuerdas vibrantes. Y cuando las cuerdas se mueven en el espacio-tiempo de diez dimensiones, distorsionan el espacio-tiempo que les rodean en la misma forma que fue predicho por la relatividad general. Los físicos rescatan nuestro conocido Universo de cuatro dimensiones asumiendo que, durante el Big Bang, seis de las diez dimensiones se enroscaron (o "se compactaron") en una pequeña bola, mientras que las cuatro restantes se expandieron explosivamente, dándonos el universo que vemos.

Esas seis dimensiones que se encuentran justo más allá de nuestra percepción son la fuente y el manantial de todo el conocimiento y la plenitud que aparecen en nuestro mundo. Este es el reino sobre el cual escribió Platón, el eterno mundo de las ideas o formas que existe más allá del mundo físico de los cinco sentidos.

Sir Isaac Newton, descubridor de la gravedad y ávido estudiante de la Kabbalah (su ejemplar del *Zóhar*, repleta de anotaciones, está ahora en la Biblioteca del King's College de Cambridge), escribió:

 י"פ טל, י"פ כוזו וַנַּעֲשֶׂה־לָּנוּ אלהים, מום יהוה שדי שֵׁם פֶּן־נָפוּץ עַל־פְּנֵי וחכמה ־ בינה כָל ילי

הָאָרֶץ אלהים דההין ע"ה:5 וַיֵּרֶד רוּ יְהֹוָהאדניאהדונהי לִרְאֹת אֶת־הָעִיר בטנהר, ערי, סנדלפו"ן

וְאֶת־הַמִּגְדָּל ו אֲשֶׁר בָּנוּ בְּנֵי הָאָדָם מ"ה:6 וַיֹּאמֶר יְהֹוָהאדניאהדונהי הֵן עַם

אֶחָד אהבה, דאגה וְשָׂפָה שכינה אַחַת לְכֻלָּם וְזֶה הַחִלָּם לַעֲשׂוֹת וְעַתָּה לֹא־יִבָּצֵר

מֵהֶם כֹּל ילי אֲשֶׁר יָזְמוּ לַעֲשׂוֹת: 7 הָבָה נֵרְדָה וְנָבְלָה שָׁם שְׂפָתָם

אֲשֶׁר לֹא יִשְׁמְעוּ אִישׁ ע"ה קס"א קנ"א שְׂפַת רֵעֵהוּ: 8 וַיָּפֶץ יְהֹוָהאדניאהדונהי אֹתָם

מִשָּׁם עַל־פְּנֵי וחכמה ־ בינה כָל ילי הָאָרֶץ אלהים דההין ע"ה וַיַּחְדְּלוּ לִבְנֹת הָעִיר

בטנהר, ערי, סנדלפו"ן: 9 עַל־כֵּן קָרָא שְׁמָהּ בָּבֶל כִּי־שָׁם בָּלַל יְהֹוָהאדניאהדונהי

שְׂפַת כָּל ילי הָאָרֶץ אלהים דההין ע"ה וּמִשָּׁם הֱפִיצָם יְהֹוָהאדניאהדונהי עַל־פְּנֵי

וחכמה ־ בינה כָּל ילי הָאָרֶץ אלהים דההין ע"ה [פ] 10 אֵלֶּה תּוֹלְדֹת שֵׁם יהוה שדי שֵׁם

יהוה שדי בֶּן־מְאַת שָׁנָה וַיּוֹלֶד אֶת־אַרְפַּכְשָׁד שְׁנָתַיִם אַחַר הַמַּבּוּל:

11 וַיְחִי־שֵׁם יהוה שדי אַחֲרֵי הוֹלִידוֹ אֶת־אַרְפַּכְשָׁד חֲמֵשׁ מֵאוֹת שָׁנָה

La conexión con este reino multidimensional conocido como *Zeir Anpín* es la clave para obtener el control genuino y la plenitud en la vida, pero no resulta fácil hacer tal conexión. Por consiguiente, tenemos la Biblia y otras herramientas kabbalísticas como el *Zóhar* para ayudarnos a conectar el campo físico y el espiritual.

Siempre que la Biblia hace alusión a las Diez *Sefirot* de forma codificada, como ocurre con las "diez generaciones", es una indicación de que a través del texto estamos haciendo contacto con estas Esferas Celestiales. Entonces la Luz fluye a nuestro mundo, creando el orden a partir del caos, ayudándonos a corregir nuestros errores

pasados y acelerando la llegada de nuestra Redención Final.

וַיְחִי־שֵׁם

Génesis 11:11 – Se nos cuenta que durante las diez generaciones anteriores a Nóaj la esperanza de vida promedio de los humanos era aproximadamente de trescientos años. Durante las generaciones anteriores a Avraham, la esperanza de vida promedio descendió a cien años aproximadamente.

A medida que nos alejamos del tiempo de Adam y Javá en el Jardín de Edén, donde la inmortalidad era la norma, la muerte se convierte en una fuerza más y más poderosa en el mundo.

Al utilizar herramientas como el *Zóhar*, los 72 Nombres de Dios y la Biblia, podemos regresar al Jardín de Edén y recuperar la Luz de la Inmortalidad.

¹² *Arpajshad vivió 35 años, y fue padre de Shelaj.*

¹³ *Y vivió Arpajshad 403 años después de haber engendrado a Shelaj, y tuvo otros hijos e hijas.* ¹⁴ *Shelaj vivió 30 años, y fue padre de Éber.*

¹⁵ *Y vivió Shelaj 403 años después de haber engendrado a Éber, y tuvo otros hijos e hijas.*

¹⁶ *Éber vivió 34 años, y fue padre de Péleg.*

¹⁷ *Y vivió Éber 430 años después de haber engendrado a Péleg, y tuvo otros hijos e hijas.*

¹⁸ *Péleg vivió 30 años, y fue padre de Reú.*

¹⁹ *Y vivió Péleg 209 años después de haber engendrado a Reú, y tuvo otros hijos e hijas.*

²⁰ *Reú vivió 32 años, y fue padre de Serug.*

²¹ *Y vivió Reú 207 años después de haber engendrado a Serug, y tuvo otros hijos e hijas.* ²² *Serug vivió 30 años, y fue padre de Najor.*

²³ *Y vivió Serug 200 años después de haber engendrado a Najor, y tuvo otros hijos e hijas.*

²⁴ *Najor vivió 29 años, y fue padre de Téraj.* ²⁵ *Y vivió Najor 119 años después de haber engendrado a Téraj, y tuvo otros hijos e hijas.*

²⁶ *Téraj vivió 70 años, y fue padre de Avram, de Najor y de Harán.*

²⁷ *Estas son las generaciones de Téraj: Téraj fue padre de Avram, de Najor y de Harán. Harán fue padre de Lot.*

Y también podemos utilizar aquellos versículos en la Biblia que hablan de todas las generaciones como un antídoto para la muerte, revirtiendo así el proceso de envejecimiento y acelerando la llegada de la inmortalidad en la Tierra durante nuestra vida.

אַבְרָם

Génesis 11:26 – En una historia que se relata en el *Midrash* (comentarios de la Biblia), Avram (Avraham antes de que cambiara su nombre),

fue arrojado a un horno por Nimrod, pero no se quemó y logró escapar ileso.

Los sabios nos dicen que Avram utilizó el instrumento de los 72 Nombres de Dios, los cuales le otorgaron el poder de la mente sobre la materia para lograr este milagro de protección. Por medio del nombre de Avram/Avraham y también con la calidad de la Luz contenida dentro del texto de esta sección, podemos sintonizarnos con los 72 Nombres de Dios y alcanzar un estado de control de la mente sobre la materia.

וַיּ֥וֹלֶד בָּנִ֖ים וּבָנֽוֹת׃ [ס] 12 וְאַרְפַּכְשַׁ֣ד חַ֔י חָמֵ֥שׁ וּשְׁלֹשִׁ֖ים שָׁנָ֑ה וַיּ֖וֹלֶד אֶת־שָֽׁלַח׃ 13 וַיְחִ֣י אַרְפַּכְשַׁ֗ד אַֽחֲרֵי֙ הוֹלִיד֣וֹ אֶת־שֶׁ֔לַח שָׁלֹ֣שׁ שָׁנִ֔ים וְאַרְבַּ֥ע מֵא֖וֹת שָׁנָ֑ה וַיּ֥וֹלֶד בָּנִ֖ים וּבָנֽוֹת׃ [ס] 14 וְשֶׁ֥לַח חַ֖י שְׁלֹשִׁ֣ים שָׁנָ֑ה וַיּ֖וֹלֶד אֶת־עֵֽבֶר׃ רבוע יהוה רבוע אלהים 15 וַיְחִי־שֶׁ֗לַח אַֽחֲרֵי֙ הוֹלִיד֣וֹ אֶת־עֵ֔בֶר שָׁלֹ֣שׁ שָׁנִ֔ים וְאַרְבַּ֥ע מֵא֖וֹת שָׁנָ֑ה וַיּ֥וֹלֶד בָּנִ֖ים וּבָנֽוֹת׃ [ס] רבוע יהוה רבוע אלהים 16 וַֽיְחִי־עֵ֕בֶר אַרְבַּ֥ע וּשְׁלֹשִׁ֖ים שָׁנָ֑ה וַיּ֖וֹלֶד אֶת־פָּֽלֶג׃ רבוע יהוה רבוע אלהים 17 וַֽיְחִי־עֵ֗בֶר אַֽחֲרֵי֙ הוֹלִיד֣וֹ אֶת־פֶּ֔לֶג יהוה אלהים ע"ה שְׁלֹשִׁ֣ים שָׁנָ֔ה וְאַרְבַּ֥ע מֵא֖וֹת שָׁנָ֑ה וַיּ֥וֹלֶד בָּנִ֖ים וּבָנֽוֹת׃ [ס] 18 וַֽיְחִי־פֶ֖לֶג שְׁלֹשִׁ֣ים שָׁנָ֑ה וַיּ֖וֹלֶד אֶת־רְעֽוּ׃ יהוה אלהים ע"ה 19 וַֽיְחִי־פֶ֗לֶג אַֽחֲרֵי֙ הוֹלִיד֣וֹ אֶת־רְע֔וּ תֵּ֥שַׁע שָׁנִ֖ים וּמָאתַ֣יִם שָׁנָ֑ה וַיּ֥וֹלֶד בָּנִ֖ים וּבָנֽוֹת׃ [ס] 20 וַיְחִ֣י רְע֔וּ שְׁתַּ֥יִם וּשְׁלֹשִׁ֖ים שָׁנָ֑ה וַיּ֖וֹלֶד אֶת־שְׂרֽוּג׃ 21 וַיְחִ֣י רְע֗וּ אַֽחֲרֵי֙ הוֹלִיד֣וֹ אֶת־שְׂר֔וּג שֶׁ֥בַע אלהים דיודין ~ ע"ב שָׁנִ֖ים וּמָאתַ֣יִם שָׁנָ֑ה וַיּ֥וֹלֶד בָּנִ֖ים וּבָנֽוֹת׃ [ס] 22 וַיְחִ֣י שְׂר֔וּג שְׁלֹשִׁ֖ים שָׁנָ֑ה וַיּ֖וֹלֶד אֶת־נָחֽוֹר׃ 23 וַיְחִ֣י שְׂר֗וּג אַֽחֲרֵי֙ הוֹלִיד֣וֹ אֶת־נָח֔וֹר מָאתַ֖יִם שָׁנָ֑ה וַיּ֥וֹלֶד בָּנִ֖ים וּבָנֽוֹת׃ [ס] 24 וַיְחִ֣י נָח֔וֹר תֵּ֥שַׁע וְעֶשְׂרִ֖ים שָׁנָ֑ה וַיּ֖וֹלֶד אֶת־תָּֽרַח׃ 25 וַיְחִ֣י נָח֗וֹר אַֽחֲרֵי֙ הוֹלִיד֣וֹ אֶת־תֶּ֔רַח תְּשַֽׁע־עֶשְׂרֵ֥ה שָׁנָ֖ה וּמְאַ֣ת שָׁנָ֑ה וַיּ֥וֹלֶד בָּנִ֖ים וּבָנֽוֹת׃ [ס] 26 וַֽיְחִי־תֶ֖רַח שִׁבְעִ֣ים שָׁנָ֑ה וַיּ֙וֹלֶד֙ אֶת־אַבְרָ֔ם אֶת־נָח֖וֹר וְאֶת־הָרָֽן׃ ע"ב רבוע ע"ב 27 וְאֵ֙לֶּה֙ תּֽוֹלְדֹ֣ת תֶּ֔רַח תֶּ֚רַח הוֹלִ֣יד אֶת־אַבְרָ֔ם אֶת־נָח֖וֹר

De esta manera, cuando las cosas se ponen difíciles en nuestra vida personal y se nos arroja al "fuego" de sucesos desafiantes, podemos triunfar sobre el mundo físico del caos.

Sin embargo, todo comienza con una confianza y una certeza totales en la Luz del Creador, así como con el deseo de resistirnos a nuestras tendencias reactivas habituales. Si tenemos estas dos cualidades aseguradas en nuestro corazón, no hay límite a lo que podemos hacer: desde provocar un cambio milagroso en la naturaleza humana hasta descubrir los asombrosos secretos de la Madre Naturaleza.

Mediante una comprensión de esta sección de Génesis, todo el mundo puede lograr el poder de la mente sobre la materia, y con éste, el control absoluto sobre el mundo físico.

[28] *Harán murió en presencia de su padre Téraj en la tierra de su nacimiento, en Ur de los Caldeos.*

MAFTIR

[29] *Avram y Najor tomaron para sí mujeres. El nombre de la mujer de Avram era Sarai, y el nombre de la mujer de Najor, Milcá, hija de Harán, padre de Milcá y de Yiscá.*

[30] *Y Sarai era estéril; no tenía hijo.*

[31] *Y Téraj tomó a Avram su hijo, a su nieto Lot, hijo de Harán, y a Sarai su nuera, mujer de su hijo Avram, y salieron juntos de Ur de los Caldeos, en dirección a la tierra de Canaán. Llegaron hasta Jarán, y se establecieron allí.*

[32] *Los días de Téraj fueron 205 años. Y murió Téraj en Jarán.*

HAFTARÁ DE NÓAJ

Esta lectura del libro de Yeshayahu se refiere al Diluvio de Nóaj. Cuando se programó la destrucción de las ciudades de Sodoma y Gomorra, se nos cuenta que Avraham rezó por ellas, y sin embargo Nóaj no rezó por las personas que seguramente iban a perecer en el Diluvio. Nóaj era un hombre justo con respecto a su generación, pero claramente carecía de sentido de la compasión, la cual

ISAÍAS 54:1–10

[54] [1] *"¡Canta en voz alta, oh estéril, la que no ha dado a luz; prorrumpe en gritos de júbilo y clama en alta voz, la que no ha estado de parto; porque son más los hijos de la desolada que los hijos de la casada!", dice el Eterno.* [2] *"Ensancha el lugar de tu tienda, extiende las cortinas de tus moradas, no escatimes; estira tus cuerdas y refuerza tus estacas.*

וְאֶת־הָרָן ע״ב רבוע ע״ב וְהָרָן ע״ב רבוע ע״ב הוֹלִיד אֶת־לוֹט מ״ה: 28 וַיָּמָת הָרָן
עַל־פְּנֵי ע״ב רבוע ע״ב בינה ـ חכמה תֶּרַח אָבִיו בְּאֶרֶץ אלהים דאלפין מוֹלַדְתּוֹ בְּאוּר
כַּשְׂדִּים:

MAFTIR

29 וַיִּקַּח חעם אַבְרָם וְנָחוֹר לָהֶם נָשִׁים שֵׁם יהוה שדי שֵׁם אֵשֶׁת־אַבְרָם שָׂרַי
וְשֵׁם יהוה שדי אֵשֶׁת־נָחוֹר מִלְכָּה ע״ה אל אדני בַּת־הָרָן ע״ב רבוע ע״ה אֲבִי־מִלְכָּה
ע״ה אל אדני וַאֲבִי יִסְכָּה: 30 וַתְּהִי שָׂרַי עֲקָרָה אֵין לָהּ וָלָד: 31 וַיִּקַּח חעם תֶּרַח
אֶת־אַבְרָם בְּנוֹ וְאֶת־לוֹט מ״ה בֶּן־הָרָן ר״ת הבל בֶּן־בְּנוֹ וְאֵת שָׂרַי כַּלָּתוֹ
אֵשֶׁת אַבְרָם בְּנוֹ וַיֵּצְאוּ אִתָּם מֵאוּר כַּשְׂדִּים לָלֶכֶת אַרְצָה אלהים דההין ע״ה
כְּנַעַן וַיָּבֹאוּ עַד־חָרָן ג״פ אלהים וַיֵּשְׁבוּ שָׁם: 32 וַיִּהְיוּ מלוי ס״ג יְמֵי־תֶרַח חָמֵשׁ
שָׁנִים וּמָאתַיִם שָׁנָה וַיָּמָת תֶּרַח בְּחָרָן ג״פ אלהים: [פ] [פ] [פ]

HAFTARÁ DE NÓAJ

sería uno de los requerimientos clave para un hombre justo en la actualidad. Él era, de todas
maneras, totalmente obediente a Dios, lo cual lo hizo único. Aquí Yeshayahu nos dice que aunque
Nóaj no causó el Diluvio, tampoco hizo ningún intento por evitarlo.

יְשַׁעְיָהוּ פֶּרֶק 54, פְּסוּקִים 1–10

54 1 רָנִּי עֲקָרָה לֹא יָלָדָה פִּצְחִי רִנָּה וְצַהֲלִי לֹא־חָלָה לחה כִּי־רַבִּים
בְּנֵי־שׁוֹמֵמָה מִבְּנֵי בְעוּלָה אָמַר יְהֹוָה אדני אהדונהי: 2 הַרְחִיבִי | מְקוֹם
יהוה ברבוע, ר״פ אל אָהֳלֵךְ וִירִיעוֹת מִשְׁכְּנוֹתַיִךְ יַטּוּ אַל־תַּחְשֹׂכִי הַאֲרִיכִי

[3] *Porque te extenderás hacia la derecha y hacia la izquierda; tu descendencia poseerá naciones, y poblarán ciudades desoladas.*

[4] *No temas, pues no serás avergonzada, ni te sientas humillada, pues no serás agraviada; sino que te olvidarás de la vergüenza de tu juventud, y del oprobio de tu viudez no te acordarás más.*

[5] *Porque tu Hacedor es tu Esposo. Eterno de los ejércitos es Su nombre; y tu Redentor es el Santo de Israel, que se llama Dios de toda la Tierra.*

[6] *Porque como a mujer abandonada y afligida de espíritu, te ha llamado el Eterno, y como a esposa de la juventud que es repudiada", dice tu Dios.*

[7] *"Por un breve momento te abandoné, pero con gran compasión te recogeré.*

[8] *En un acceso de ira escondí Mi rostro de ti por un momento, pero con misericordia eterna tendré compasión de ti", dice el Eterno tu Redentor.*

[9] *"Porque esto es para Mí como los días de Nóaj, cuando juré que las aguas de Nóaj nunca más inundarían la Tierra. Así he jurado que no me enojaré contra ti, ni te reprenderé.*

[10] *Porque los montes serán arrancados y las colinas temblarán, pero Mi misericordia no se apartará de ti, y Mi pacto de paz no será quebrantado", dice el Eterno, que tiene compasión de ti.*

מֵיתָרָיִךְ וִיתֵדֹתַיִךְ וַחַזְּקִי פּהל: 3 כִּי־יָמִין וּשְׂמֹאול תִּפְרֹצִי וְזַרְעֵךְ גּוֹיִם
יִירָשׁ וְעָרִים נְשַׁמּוֹת יוֹשִׁיבוּ: 4 אַל־תִּירְאִי כִּי־לֹא תֵבֹושִׁי וְאַל־תִּכָּלְמִי
כִּי לֹא תַחְפִּירִי כִּי בֹשֶׁת עֲלוּמַיִךְ תִּשְׁכָּחִי וְחֶרְפַּת אַלְמְנוּתַיִךְ לֹא
תִזְכְּרִי־עֹוד: 5 כִּי בֹעֲלַיִךְ עֹשַׂיִךְ יְהֹוָ֞האדנ֞יאהדונהי צְבָאֹות שְׁמֹו מהיע ע״ה פני שכינה
וְגֹאֲלֵךְ קְדֹושׁ יִשְׂרָאֵל אֱלֹהֵי כָּל־הָאָרֶץ דמב, ילה ילי אלהים דההון ע״ה יִקָּרֵא:
6 כִּי־כְאִשָּׁה עֲזוּבָה וַעֲצוּבַת רוּחַ מלוי אלהים דיודין קְרָאֵךְ יְהֹוָ֞האדנ֞יאהדונהי
וְאֵשֶׁת נְעוּרִים כִּי תִמָּאֵס אָמַר אֱלֹהָיִךְ ילה: 7 בְּרֶגַע ג״פ אלהים - ט״ו אותיות
קָטֹן עֲזַבְתִּיךְ וּבְרַחֲמִים אלהים דיודין גְּדֹלִים לההו, מבה, יזל, אום אֲקַבְּצֵךְ:
8 בְּשֶׁצֶף קֶצֶף הִסְתַּרְתִּי פָנַי רֶגַע ג״פ אלהים - ט״ו אותיות מִמֵּךְ וּבְחֶסֶד
עֹולָם רִחַמְתִּיךְ אָמַר גֹּאֲלֵךְ יְהֹוָ֞האדנ֞יאהדונהי: [ס] 9 כִּי־מֵי נֹחַ ילי
זֹאת לִי אֲשֶׁר נִשְׁבַּעְתִּי מֵעֲבֹר מֵי־נֹחַ מוזי יל עֹוד עַל־הָאָרֶץ אלהים דההון ע״ה
כֵּן נִשְׁבַּעְתִּי מִקְּצֹף עָלַיִךְ ה הויות וּמִגְּעָר־בָּךְ: 10 כִּי הֶהָרִים י הויות יָמוּשׁוּ
וְהַגְּבָעֹות תְּמוּטֶינָה וְחַסְדִּי מֵאִתֵּךְ לֹא־יָמוּשׁ וּבְרִית שְׁלֹומִי
לֹא תָמוּט אָמַר מְרַחֲמֵךְ יְהֹוָ֞האדנ֞יאהדונהי: [ס]

LEJ LEJÁ

LA LECCIÓN DE LEJ LEJÁ
(Génesis 12:1–17:27)

La historia de Avraham

"Vete de tu tierra, de entre tus parientes y de la casa de tu padre, a la tierra que Yo te mostraré" (Génesis 12:1).

Dios le dice a Avram: "Sal de tu tierra. Abandona el lugar en el que naciste. Abandona la casa de tu padre". Como explican los sabios, aquí el Creador estaba ordenando a Avram que iniciara un viaje tanto físico como interno.

Pero vamos a diseccionar esta historia. Forma parte de la naturaleza humana quedarnos con las cosas a las que estamos acostumbrados, seguir haciendo lo que siempre hemos hecho, imitar lo que hacen nuestros amigos y nuestra familia. Esto no sólo incluye ir al mismo restaurante o partido de béisbol que va todo el mundo; también implica adherirse a lo que está de moda espiritualmente, incluyendo si está o no de moda ser espiritual. Si está de moda ser espiritual, un número sorprendente de personas se dirán a sí mismas: "Muy bien, seamos espirituales". Por supuesto, su objetivo real es cumplir con la norma, y por lo tanto ser aceptadas. Todas las actividades y actitudes mencionadas pueden resumirse en una frase: nuestra zona de confort.

Una de las tareas más difíciles en el trabajo espiritual es hacer lo que la mayoría de la gente no hace; sin embargo, es una de las más gratificantes. Es por esto que el Creador se refiere a la "salida" de Avram de maneras tan distintas y por el cual el acto físico de dejar su patria fue sólo uno de los elementos de la prueba del patriarca.

Según se nos cuenta, Avram entendió todo esto. Él sabía con certeza absoluta que tenía que embarcarse en un cambio interno, y escogió hacerlo libremente, con lo cual eligió estar totalmente con la Luz. Avram abandonó completamente el *Deseo de Recibir sólo para Sí Mismo*. Y todo aquel que elige libremente ir en contra de sus deseos impulsados por el ego se merece la presencia continua del Creador.

Avraham en verdad tuvo éxito en su deseo de acercarse a Dios. Como está escrito: "Amas la Justicia y por lo tanto, odias la Perversidad" (Salmos 45:8). Porque amó la Justicia y odió la Perversidad, se acercó, por lo tanto, a la justicia. Por eso está escrito: "...Avraham, mi amado" (Isaías 41:8). ¿Por qué ES ÉL "mi amado"? Porque se ha dicho acerca de él: "Tú amas la Justicia". Éste es el amor para Dios, a quien Avraham amó más que nadie de su generación, quienes eran "testarudos" y "alejados de la Justicia", como ya ha sido explicado.
– El Zóhar, Lej Lejá 1:3

Por consiguiente, debido a la elección de Avraham, el Creador le dijo: "Bendeciré a los que te bendigan, y al que te maldiga, maldeciré. Y en ti serán benditas todas las familias de la tierra" (Génesis 12:3). Cuando cualquiera de nosotros elige sinceramente embarcarse en un viaje espiritual, trae bendiciones a todo el mundo. Es importante recordar que este mensaje siempre nos concierne ahora, y no se trata de otra mera forma de entretenimiento intelectual que requiere poca participación. Esta sabiduría sólo se manifiesta y se retiene cuando la reforzamos a través de acciones que emprendemos con base en las lecciones que recibimos. Al final, si nos limitamos a leer estas palabras sin hacer un intento sincero de aplicarlas en nuestra vida cotidiana, no conseguiremos nada para nosotros mismos ni para los demás.

Avram es, por lo tanto, un símbolo de la victoria sobre del *Deseo de Recibir sólo para Sí Mismo*. En el momento preciso en que una persona decide realmente dejar de satisfacer los deseos de su ego, la Luz del Creador conecta con ella. Así pues, en el mismo instante en que Avram tomó la decisión de abandonar su zona de confort, se volvió santo. El texto implica que lo que Dios está pidiendo realmente de nosotros no es que nos volvamos justos en un día —lo cual es imposible— sino que decidamos abandonar el mundo del ego para siempre. Deseo sincero es todo lo que se necesita, pero este no es un asunto de poca importancia, y ha de pasar algún tiempo antes de que la mayor parte de nosotros pueda estar segura de que nuestra sinceridad y dedicación son suficientemente constantes para llevar a cabo la tarea.

Romper con la vida con la que estamos familiarizados es muy difícil, pero superar esta dificultad del rompimiento es exactamente el motivo por el que obtenemos tanto a cambio. Siempre que una persona se detiene antes de hablar con malicia o de mostrar enfado, por ejemplo, recibe tanta Luz Divina que ni siquiera los ángeles pueden medir esa cantidad.

Una de las lecciones clave en la historia de Avram es aprender que el mundo está bendecido sólo como resultado del esfuerzo que los humanos hacen por abandonar para siempre sus deseos basados en el ego. El santo Gaón de Vilna, Rav Eliyahu de Vilna (1720–1797), escribió: "Vencer estos deseos es la tarea más importante que tenemos en este mundo".

En resumen, no tenemos que volvernos justos en un momento; sólo tenemos que tomar la decisión de querer volvernos justos; y en el preciso momento en el que lo decidimos, abrimos también nuestro corazón a recibir la ayuda de la Luz en toda su abundancia.

El gran Reb Zusha, Rav Meshulam Zusha de Anipoli (1718–1800) desarrolla este punto con mayor profundidad. De él aprendemos que:

"Sal de tu tierra" se refiere a nuestra basura personal;
"Abandona el lugar en el que naciste" se refiere a la negatividad que vino a través de nuestra madre: este es el equipaje del alma, las lecciones que no aprendimos en la última encarnación;
"La casa de tu padre" se refiere a la negatividad que vino a través de nuestro padre de nuestra vida previa.

Por lo tanto, se nos dice directamente que sólo cuando hayamos dejado atrás estos elementos negativos podremos ir a la tierra de donde procede toda la Luz; aunque este no es un viaje físico, sino más bien un camino espiritual hacia la iluminación. El Creador está revelando el secreto de cómo lograr la conexión con el Creador y manifestar la Luz que está ahí para nosotros.

> *Nada es despertado arriba antes de ser despertado abajo, ya que lo que es despertado arriba descansa sobre éste. El secreto es que la llama negra DE LA VELA, LA CUAL ES EL SECRETO DE LA NUKVÁ, no se adhiere a la llama blanca DE LA VELA, QUE ES EL SECRETO DE ZEIR ANPÍN, antes que sea despertada. Tan pronto como es despertada primero, la llama blanca reposa inmediatamente sobre ésta. ESTO ES ASÍ PORQUE LA INFERIOR DEBE SER DESPERTADA PRIMERO.*
> *– El Zóhar, Lej Lejá 4:19*

Según Rav Tsvi Elimélej Obdinov, conocido como Nes Asjar, otra enseñanza importante de esta historia que aparece en la Biblia es que la vida no se trata de encontrar formas de ganar dinero o de divertirse. Debemos ser conscientes de que cada momento que tenemos y cada circunstancia en la que nos encontramos es una oportunidad que nos da el Creador de descubrir qué necesitamos realmente. La oportunidad real no reside en lo que hacemos o no hacemos, sino en la conexión potencial con la Luz que está esperando ahí para nosotros.

En otras palabras, sea lo que sea lo que nos aflige, descubriremos que siempre es algo que merecemos. Hasta hay razones por las que se puede tener un dolor de cabeza. La belleza de la Kabbalah es que nos enseña que el dolor tiene un propósito. El dolor y las pruebas de la vida nos abren a hacernos más grandes y mejores, y en última instancia nos fuerzan a conectarnos con nuestra naturaleza Divina.

Ninguno de nosotros es perfecto; todos pasamos por esos momentos en los que no sentimos nada y no logramos ver el panorama completo. Afortunadamente, tal como los sabios nos enseñan, sólo estamos pasando por una ocultación temporal. Depende de cada uno de nosotros rogarle a la Luz que se muestre y que nos revele el motivo de nuestro dolor. Todo se pesa en la balanza cósmica, y las consecuencias de cada acción son —en igual proporción— precisas y correctas.

Así pues no es suficiente con realizar buenas acciones porque a veces la motivación detrás de éstas es egoísta. Una persona parece ser altruista y generosa, pero cuando observamos sus motivaciones descubrimos que sólo se comporta así para obtener poder y control sobre los demás, o incluso para que los demás piensen bien de ella. Estas personas con frecuencia se creen su propio engaño, sin darse cuenta de que la motivación es esencial. Cuando hay un juicio en sus vidas, puede que incluso se digan a sí mismas: "Hice muchas cosas buenas, ¿por qué el Creador no acepta todo este bien? ¿Cómo puede Dios hacerme esto a mí?".

Es importante que entendamos que no depende de nosotros decidir qué tipo de juicio debemos recibir. Nuestro propósito es crecer y aprender, para que cuando cometamos errores aprendamos de ellos y aprendamos a no repetirlos, en lugar de culparnos por ellos. Tenemos que ser conscientes de que el Creador ve el panorama completo de cada vida, aunque nosotros no podamos verlo. Sólo cuando verdaderamente entendemos que no vemos todo, podremos ver más.

Una historia de la época del Arí es útil para ayudarnos a entenderlo:

Un viernes por la tarde, al panadero del pueblo se le ocurrió una idea: quería hacer un sacrificio para el Creador. Así que coció el pan más aromático y delicioso que había hecho en su vida, y luego lo llevó a su lugar de adoración. No estaba muy seguro de qué hacer con su ofrenda, así que fue al Arca, la abrió y dijo: "Dios, por favor, acepta este sacrificio. Quiero estar más cerca de Ti". Luego dejó el pan dentro del Arca, la cerró y se fue.

Cinco minutos más tarde, un mendigo entró en la sinagoga. Había mendigado comida durante toda su vida, así que fue al Arca y empezó a llorar mientras rogaba: "Por favor, Dios, ayúdame". Luego abrió el Arca y encontró dentro dos hogazas de pan, que para él fueron claramente un regalo de Dios. El mendigo estaba radiante de alegría, tanto por el pan en sí mismo como por el milagro que el Creador le había considerado merecedor de recibir.

A la mañana siguiente, el panadero regresó al templo para ver si Dios había aceptado su sacrificio. Sorprendentemente, el pan había desaparecido, y el panadero se sintió la persona más feliz del mundo. Fue a ver a su mujer, la abrazó, la besó y empezó a bailar sin contarle por qué estaba tan contento.

Una semana más tarde, dirigió su mirada al cielo y se dijo a sí mismo: "Puede que Dios acepte otro sacrificio". Así que llevó más pan al Arca y he aquí que sucedió lo mismo. El mendigo tomó las hogazas de pan y el panadero estaba radiante de felicidad. Y así siguió ocurriendo semana tras semana, año tras año, hasta que pasaron catorce años.

Un viernes por la tarde, el rabino, que se había quedado dormido en su oficina del templo, se despertó por el sonido de alguien que estaba frente al Arca hablando quedamente sobre un sacrificio de algún tipo. Sigilosamente, se levantó y miró a hurtadillas en el santuario, donde vio al panadero poner pan en el Arca y marcharse. Unos minutos más tarde, el rabino vio entrar al mendigo y suplicar: "¡Dios, por favor, dame algo de comer!". Luego observó cómo el mendigo sacaba las hogazas de pan del Arca y como su rostro se llenaba de dicha al salir corriendo de allí.

El rabino pensó: "Tengo que arreglar esto". Al día siguiente llamó al panadero y al mendigo para que fueran a su oficina. Les dijo: "No sé qué piensan ustedes que está sucediendo aquí. Tú —miró al panadero— dices que le estás dando un sacrificio a Dios, mientras que tú —miró al mendigo— dices que Dios te está dando comida. Pero nada de esto está sucediendo. Uno de ustedes deja el pan dentro del Arca, y el otro lo saca. Dios no tiene nada que ver con esta transacción". En aquel mismo instante, Rav Yitsjak Luria pasaba por allí, e inmediatamente le dijo al rabino: "Prepárate para morir. Vas a dejar este mundo antes de que acabe el día".

El rabino estaba atónito y aterrorizado: "¿Por qué yo? ¿Qué he hecho?", preguntó.

El Arí dijo: "Por supuesto que Dios tiene que ver. ¿Acaso no piensas que fue un milagro que durante catorce años el panadero siempre llegara justo antes que el mendigo? Ni una sola vez llegaron en el orden erróneo en todo este tiempo. Esto es así porque el Creador era tan feliz de ver cómo tenía lugar este intercambio que el mismísimo Ángel de la Muerte no podía entrar en tu templo. Verás, Dios tiene muchas formas de recibir una ofrenda de sacrificio. Una forma es dándolo a los necesitados. La felicidad del Creador fue lo único que te mantuvo vivo durante estos catorce años. Tú estabas destinado a abandonar este mundo el mismo viernes en el que empezó este hermoso intercambio, y habrías muerto si no hubiera sido por la felicidad de Dios, igual que este mendigo también habría muerto si no hubiera recibido el pan".

La lección aquí es ver que Dios opera a través de nuestras propias acciones. Cuando hacemos un sacrificio de cualquier tipo, el Creador lo acepta a través de la mano de otro ser humano. Es en nuestras interacciones con los demás que la presencia se Dios se siente de forma más vibrante.

SINOPSIS DE LEJ LEJÁ

Israel: un estado mental, un estado espiritual

El nombre de esta historia es *Lej Lejá,* que significa "vete". La enseñanza básica detrás de esta historia está relacionada con la trascendencia, y nos ayuda a salir y escapar de las ataduras de nuestro ego, liberarnos del interés propio y en el proceso emanciparnos de nuestras ilusorias zonas de confort. La verdadera Luz espiritual sólo se encuentra fuera de las fronteras en las que nos hemos acostumbrado a vivir: física, emocional y espiritualmente.

A Avram se le dijo que emigrara a Israel, la Tierra Prometida. Israel es un código que simboliza un nivel más elevado de existencia espiritual. Según el *Zóhar,* este nivel más elevado de espiritualidad corresponde a la *Sefirá* de *Jésed,* que irradia la energía de la misericordia. Este era, en realidad, el destino de Avram: ser el canal o conducto para traer misericordia al mundo físico y endulzar los juicios impuestos a causa de nuestras acciones negativas.

Para lograrlo, Avram (que todavía no recibía el nombre de Avraham) tuvo que abandonar su país, su lugar de nacimiento y la casa de su padre; todos ellos son códigos para ayudarnos a entender su estado inferior de conciencia. En efecto, esta fue la forma en la que Avram se liberó de las fuerzas negativas o cáscaras (*klipot*) que todavía estaban adheridas a él, para que pudiera elevar su conciencia a un nivel superior de espiritualidad.

Cada uno de nosotros tiene la misma misión y destino que tenía Avram. Todos hemos recibido la orden de ir hacia la Tierra Prometida, Israel, que es un estado mental, un nivel de espiritualidad, y una conexión más profunda con la Luz del Creador. En sentido figurado, un viaje hacia Israel significa alejarnos de ser reactivos, materialistas y egoístas, y convertirnos en personas profundamente proactivas, espirituales y totalmente amorosas.

A través del mérito de Avram, podemos alcanzar este tipo de crecimiento evolutivo de una forma gentil y misericordiosa, y no de una forma tormentosa, angustiosa y agónica. Salir de nuestro país, de nuestro lugar de nacimiento y de la casa de nuestro padre significa que debemos desprendernos de nuestro ego, nuestra forma antigua de pensar, nuestras zonas de confort y nuestros patrones de comportamiento habituales e infructuosos, si lo que queremos es conectar con la Luz y encontrar la plenitud eterna.

Las palabras sagradas que cuentan esta historia nos ayudan a eliminar las *klipot* (cáscaras) y los bloqueos de nuestra conciencia para que podamos alcanzar el estado de Israel (*Jésed,* la energía de la misericordia) en el interior de nuestra alma. La Luz que fluye a través de estas letras también suaviza nuestra intransigencia en situaciones en las que nuestra terquedad y nuestro ego nos impiden aceptar el cambio espiritual.

PRIMERA LECTURA - AVRAHAM - JÉSED

12 ¹ **Y** el Eterno dijo a Avram: "Vete de tu tierra, de entre tus parientes y de la casa de tu padre, a la tierra que Yo te mostraré.

² Haré de ti una nación grande, y te bendeciré, engrandeceré tu nombre, y serás bendición.

³ Bendeciré a los que te bendigan, y al que te maldiga, maldecir", y se bendecirán por ti todas la familias de la Tierra". ⁴ Entonces Avram se fue tal como el Eterno le había dicho, y Lot se fue con él. Avram tenía setenta y cinco años cuando salió de Jarán.

COMENTARIO DEL RAV

A Avram se le dijo que se marchase de su tierra natal. ¿Pero qué significa "tu tierra natal"? Desde el momento en que nacemos, nuestro ADN controla exactamente cómo hablamos, cómo nos vemos, cómo crecemos; todo lo que puede conocerse de nosotros ya está presente en nuestro nacimiento. Si no alteramos ese ADN, nada cambiará. Venimos al mundo con una gran cantidad de equipaje incorporado en nuestro ADN, y debe ser transformado. Es nuestra configuración genética lo que nos condena al caos en nuestra vida.

Hasta que empecemos a cambiar el estar cómodos con el caos, hasta que empecemos a asumir una conciencia de control, nada cambiará. La prueba es que durante 3400 años nada ha cambiado. El mismo caos nos aflige de generación en generación. Las fechas y los lugares son un poco distintos, pero todos caemos en los mismos patrones de comportamiento año tras año, siglo tras siglo. El significado de la Historia de Lej Lejá no es que nuestro objetivo debe ser cambiar a todo el mundo, sino que cada uno de nosotros debe asumir la responsabilidad de cambiarse a sí mismo. El Zóhar también pide lo mismo, diciéndonos que eliminar el caos es nuestra responsabilidad.

La historia de Lej Lejá dice: "No sólo Avraham será bendecido, sino todo el mundo". Recuerda que la Biblia nos entrega verdades que son absolutas. No hay descargo de responsabilidad. No hay "margen para errores" de ningún tipo. Se nos da la oportunidad de ver, escuchar, aprender y actuar; y cuando sacamos provecho de esa oportunidad, obtenemos un resultado positivo. Es una certeza absoluta.

וַיֹּאמֶר

Génesis 12:1 – El Zóhar nos dice que Avram se volvió un sabio en el funcionamiento de los mundos celestiales. Él estudió las Diez Sefirot (el Árbol de la Vida) y exploró los reinos espirituales y físicos de la realidad. Llegó a dominar la sabiduría de las estrellas, los planetas y los signos del Zodíaco. Sin embargo, el Zóhar también afirma que "salte" significa que el Creador le dijo a Avram que no debía limitarse al aspecto físico de la astrología y los horóscopos, pues los seres humanos tienen la capacidad de elevarse por encima de las influencias planetarias y convertirse en los capitanes de su propio destino.

[...] Avraham conoció y verificó a todos los gobernantes y legisladores del mundo que tenían dominio sobre todo el mundo civilizado. Y estuvo examinando a todos

PRIMERA LECTURA - AVRAHAM – JÉSED

12 וַיֹּאמֶר יְהוָֹהאדנישאהדונהי אֶל־אַבְרָם לֶךְ־לְךָ מֵאַרְצְךָ וּמִמּוֹלַדְתְּךָ

וּמִבֵּית ב"פ ראה אָבִיךָ אֶל־הָאָרֶץ אלהים דהין ע"ה אֲשֶׁר אַרְאֶךָּ: 2 וְאֶעֶשְׂךָ לְגוֹי

גָּדוֹל מלוי מ"ה לההו, מבה, יול, אום וַאֲבָרֶכְךָ וַאֲגַדְּלָה שְׁמֶךָ וֶהְיֵה יהוה, יהה בְּרָכָה:

3 וַאֲבָרְכָה מְבָרְכֶיךָ וּמְקַלֶּלְךָ אָאֹר וְנִבְרְכוּ יהוה ע"ב ריבוע מ"ה בְךָ כֹּל ילי

מִשְׁפְּחֹת הָאֲדָמָה: 4 וַיֵּלֶךְ כלי אַבְרָם כַּאֲשֶׁר ראה דִּבֶּר אֵלָיו יְהוָֹהאדנישאהדונהי

---

aquellos que gobiernan y legislan sobre las direcciones de la tierra habitada del mundo, todos aquéllos que tienen dominio sobre las estrellas y las constelaciones. Aprendió cómo ejercitan su poder uno sobre otro. Al considerar todos los lugares habitados en el mundo, lo hizo bien. Pero cuando llegó a ese lugar, EL PUNTO DE MALJUT, vio la fuerza de las profundidades. Y no pudo resistirla. Tan pronto como el Santísimo, bendito sea Él, advirtió su despertar y su pasión, inmediatamente Él se reveló ante Avraham y dijo: "Vete" para que aprendas acerca de ti mismo y te perfecciones.
– El Zóhar, Lej Lejá 5:27–28

La astrología kabbalística es un conocimiento auténtico de los planetas y las estrellas. No está creada para limitar nuestros horizontes, sino para ser una guía que nos muestre dónde está nuestro potencial espiritual, además de cómo superar nuestros bloqueos para alcanzar nuestro propósito en esta vida. De esta forma, podemos elevarnos por encima del plano de los planetas y sus influencias negativas.

La historia de la emigración de Avram a Israel es también una metáfora que oculta un concepto todavía más profundo: el viaje del alma cuando deja el Mundo Superior, que es la "casa de nuestro Padre", e inicia su estancia en el ámbito terrestre, donde se le da la vestimenta de un cuerpo humano para que lo lleve puesto en su búsqueda para alcanzar la transformación espiritual.

La transformación espiritual, en esencia, está relacionada con la anulación del ego y la subyugación de la naturaleza reactiva e impulsiva del ego. Cuando estas tendencias están controladas, podemos dar rienda suelta a la voluntad y al poder de nuestra alma para que inspire un comportamiento proactivo, un respeto por la dignidad humana y un amor incondicional por los demás.

El alma es una parte de Dios, una chispa de nuestro Padre celestial. Por consiguiente, nuestra alma es nuestro verdadero padre y el gobernador de nuestro cuerpo. Esta es la lección y la verdad que podemos encontrar en el nombre de Avram. En arameo, *Aba* quiere decir "padre", mientras que *ram* significa "celestial". Así pues, cuando Dios le habla a Avram es un código que significa que Dios le está hablando a nuestra alma celestial Divina. Así es como la tarea de Avram se convierte en nuestra tarea. Por lo tanto, la palabra "Vete" también se refiere a liberar a nuestra alma de su prisión dentro de las ataduras de nuestro cuerpo físico.

לֶךְ לְךָ

Génesis 12:1 – Los sabios nos dicen que antes que el alma abandone los Mundos Superiores, se presenta ante el Creador y promete seguir el camino espiritual y alcanzar la transformación. Sin embargo, la atracción perpetua del mundo material es tan poderosa que podemos olvidarnos de nuestro verdadero

⁵ *Avram tomó a Sarai su mujer y a Lot su sobrino, y todos los bienes que ellos habían acumulado y el alma que hicieron en Jarán, y salieron para ir a la tierra de Canaán; y a la tierra de Canaán llegaron. ⁶ Avram atravesó el país hasta el lugar de Shejem, hasta la encina de Moré. Los cananeos habitaban entonces en esa tierra. ⁷ El Eterno apareció a Avram y le dijo: "A tu descendencia daré esta tierra". Y él edificó allí un altar al Eterno que se le había aparecido.*

⁸ *De allí se trasladó hacia el monte al oriente de Bet-El, y plantó su tienda, teniendo a Bet-El al occidente y Hai al oriente. Edificó allí un altar al Eterno, e invocó el nombre del Eterno. ⁹ Y Avram siguió su camino, continuando hacia el Sur. ¹⁰ Pero hubo hambre en el país, y Avram descendió a Egipto para pasar allí un tiempo, porque el hambre era severa en aquella tierra.*

---

propósito en la vida y sucumbir a los engaños seductores de la existencia física. El poder, la fama, el prestigio, la riqueza monetaria y la autoindulgencia son incentivos poderosos que conducen cada vez más a nuestro codicioso ego a medida que crecemos para convertirnos en adultos. Necesitamos la Luz de esta sección para volver a despertar nuestro deseo de ser fieles al compromiso original de nuestra alma: su promesa de seguir el camino espiritual.

> *Cuando el alma está preparada para descender a este mundo, Dios le hace jurar que realizará los preceptos de la Torá y hacer Su orden. Y Él da a cada alma cien llaves de bendiciones para todos y cada uno de los días, de modo que pueda completar los grados celestiales, los cuales alcanzan el valor numérico de Lej Lejá (lit. "Vete"), QUE IGUALA CIEN. Todos ellos le son dadas AL ALMA de modo que pueda cultivar el Jardín, QUE ES LA NUKVÁ, cultivarlo y mantenerlo. "… tu país" es el Jardín de Edén.*
> *– El Zóhar, Lej Lejá 3:14*

El acto de conectar con esta sección de la Biblia es en sí mismo un paso en el camino hacia la transformación espiritual, así que en el mismo momento en que leas esto, estarás obteniendo ayuda para alcanzar el propósito de tu vida. Esta transformación se manifestará de forma más efectiva cuanto más compartas esta Luz con otras personas a través de un comportamiento amoroso y de acciones altruistas en los días que están por venir.

וַאִבְרָם

Génesis 12:4 – A cada uno de nosotros se nos requiere que empecemos nuestra tarea de transformación espiritual a la edad de 13 años. Este es el momento en que el poder del libre albedrío y los niveles superiores de nuestra alma se activan por primera vez. Empezamos a comprender el concepto de causa y efecto y, en esencia, dejamos de estar totalmente protegidos por la sombrilla espiritual de nuestros padres. Nos volvemos los capitanes de nuestro propio barco y ahora necesitamos aceptar las consecuencias de nuestras elecciones y nuestras acciones. El *Zóhar* dice:

> *El alma no empezará a cumplir con la misión que le fue encomendado realizar, hasta que haya cumplido trece años en este mundo. Porque del duodécimo año en adelante, el alma es despertada para realizar su tarea.*
> *– El Zóhar, Lej Lejá 8:42*

Se nos cuenta en la Biblia que Avram tenía 75 años cuando abandonó el país de Jarán, que simboliza el mundo físico negativo y el ego. El *Zóhar* dice que la edad que tenía Avram cuando abandonó su hogar es un código que hace referencia a cada uno de nosotros: 7 + 5 = 12. Durante nuestros primeros 12 años de vida, vivimos dentro del dominio de la negatividad sin la capacidad para transformarnos. A la edad de 13, adquirimos el poder para funcionar fuera del ámbito de los deseos del cuerpo, igual que Avram salió de Jarán.

וַיֵּלֶךְ כּלּ אִתּוֹ לוֹט מּ״ה וְאַבְרָם בֶּן־חָמֵשׁ שָׁנִים וְשִׁבְעִים שָׁנָה בְּצֵאתוֹ

מֵחָרָן ג״פ אלהים: 5 וַיִּקַּח חֵעם אַבְרָם אֶת־שָׂרַי אִשְׁתּוֹ וְאֶת־לוֹט מּ״ה בֶּן־אָחִיו

וְאֶת־כָּל־יּלי רְכוּשָׁם אֲשֶׁר רָכָשׁוּ וְאֶת־הַנֶּפֶשׁ רמ״ח ז׳ היות אֲשֶׁר־עָשׂוּ

בְחָרָן ג״פ אלהים וַיֵּצְאוּ יְהֹוָה לָלֶכֶת אַרְצָה אלהים דההין ע״ה כְּנַעַן וַיָּבֹאוּ אַרְצָה

כְּנַעַן אלהים דההין ע״ה: 6 וַיַּעֲבֹר רפ״ח, ע״ב - רי״ו אלהים דאלפין אַבְרָם בָּאָרֶץ עַד מְקוֹם

שְׁכֶם עַד אֵלוֹן מוֹרֶה וְהַכְּנַעֲנִי אָז בָּאָרֶץ אלהים דאלפין: יהוה ברבוע, ו״פ אל

7 וַיֵּרָא יְהֹוָהאדנידאהדונהי אֶל־אַבְרָם וַיֹּאמֶר לְזַרְעֲךָ אֶתֵּן אֶת־הָאָרֶץ

הַזֹּאת וַיִּבֶן חיים שָׁם מִזְבֵּחַ זו, נגד לַיהֹוָהאדנידאהדונהי הַנִּרְאֶה אֵלָיו: אלהים דההין ע״ה

8 וַיַּעְתֵּק מִשָּׁם הָהָרָה מִקֶּדֶם רבוע ב״ן לְבֵית־אֵל יא״י וַיֵּט אָהֳלֹה ב״פ ראה

בֵּית ב״פ ראה ־אֵל יא״י מִיָּם וְהָעַי יּלי מִקֶּדֶם רבוע ב״ן וַיִּבֶן בינה ע״ה ־שָׁם מִזְבֵּחַ

זו, נגד לַיהֹוָהאדנידאהדונהי וַיִּקְרָא עם ה' אותיות = ב״פ קס״א בְּשֵׁם שדי יהוה יְהֹוָהאדנידאהדונהי:

9 וַיִּסַּע אַבְרָם הָלוֹךְ וְנָסוֹעַ הַנֶּגְבָּה: [פ] 10 וַיְהִי רָעָב רבוע אלהים רבוע יהוה

שְׁכֶם

Génesis 12:6 – En ese tiempo, la ciudad de Shejem (Siquem) no era un territorio relevante ni sagrado de ningún tipo. Pero cuando Yosef, el sabio justo, fue finalmente enterrado allí, transformó el lugar en un punto de referencia espiritual, puesto que la presencia de Yosef sirve como reserva de Luz espiritual que la humanidad utiliza hasta el día de hoy.

Sin embargo, a ojos del kabbalista, Shejem no es un sitio sagrado porque sea el lugar en el que descansa Yosef, sino más bien Yosef llegó para ser enterrado allí porque siempre fue un lugar sagrado. El mismo principio kabbalístico es cierto también para la ciudad de Jerusalén. Jerusalén es el principal centro energético del mundo y el almacén espiritual de toda la humanidad; este es el motivo por el cual tuvo que ser construido allí el Templo. Jerusalén no es sagrada por la presencia del Templo, sino más bien el Templo fue situado en Jerusalén porque la tierra en sí misma es sagrada y Divina.

El *Zóhar* nos dice que Yosef representa la fuente de sustento para todo nuestro mundo. Él corresponde al *Sefirá* de *Yesod*, el portal principal a través del cual la Luz y la energía fluyen a nuestro mundo. Por lo tanto, en esta sección, podemos invocar el poder de Yosef y Shejem para erradicar la pobreza y purgar la oscuridad de la civilización humana, atrayendo sustento físico y espiritual para nosotros mismos y, en el proceso, para toda la humanidad.

וַיְהִי רָעָב

Génesis 12:10 – Cualquier clase de plaga, sea por hambruna o por enfermedad, ocurre debido a las acciones negativas colectivas de un grupo de personas. Cada uno de nosotros puede ser un portador de la plaga, espiritualmente hablando, cuando hablamos mal de algún amigo o enemigo, o cuando nos relacionamos con personas cuyas acciones son egocéntricas, que muestran intolerancia o que albergan odio por

[11] Cuando se estaba acercando a Egipto, Avram dijo a Sarai su mujer: "Mira, sé que eres una mujer de hermoso parecer; [12] y sucederá que cuando te vean los egipcios, dirán: 'Esta es su mujer'; y me matarán, pero a ti te dejarán vivir. [13] Di, por favor, que eres mi hermana, para que me vaya bien por causa tuya, y para que yo viva gracias a ti".

SEGUNDA LECTURA - YITSJAK - GUEVURÁ

[14] Cuando Avram entró en Egipto, los egipcios vieron que la mujer era muy hermosa. [15] La vieron los oficiales del Faraón y la alabaron delante de él. Entonces la mujer fue llevada a la casa del Faraón. [16] Y éste trató bien a Avram por causa de ella. Le dio ovejas, vacas, asnos, siervos, siervas, asnas y camellos.

[17] Pero el Eterno hirió al Faraón y a su casa con grandes plagas por causa de Sarai, mujer de Avram.

---

los demás en su corazón. La Luz que se irradia aquí en este versículo puede expulsar el odio y la intolerancia de nuestro propio corazón para que podamos protegernos de la enfermedad y de ser portadores de plagas. Esta Luz erradica la plaga y la enfermedad del planeta, inspirando alegría Divina en los corazones de toda la humanidad.

מִצְרַיְמָה

Génesis 12:10 – El *Zóhar* revela que "Egipto" es un código que representa la profundidad de la propia negatividad del hombre, donde las chispas de Luz Divina han caído. La civilización de Egipto en los tiempos de Avram había caído en la decadencia desde hacía tiempo, su gente se había entregado al orgullo, el egocentrismo y las prácticas mágicas prohibidas. Muchos líderes espirituales a lo largo de la historia han descendido a estas regiones negativas para rescatar y elevar las chispas de Luz que están atrapadas dentro de lo más oscuro y recóndito de nuestro ser.

Sin embargo, va en contra de los principios de la naturaleza humana mirar hacia nuestro interior y reflexionar sobre nuestros propios atributos inmorales. Nuestros cinco sentidos y nuestro ego están sintonizados de forma más o menos constante con el mundo externo que nos rodea. A través de la lectura sobre el tipo de introspección y autoexamen que realizó Avram, se nos brinda acceso a un almacén eterno de energía Divina, que se pone a nuestra disposición en las vibraciones que emergen de la lectura de esta sección.

La Luz que ahora recibimos brilla en lo profundo de nuestro ser interior, expulsando las cualidades insensibles y egoístas de la esencia de nuestro ser. La energía que se genera aquí puede elevar todas las chispas celestiales que han caído en la materia física para que el Egipto que está dentro de nosotros y a nuestro alrededor sea al fin conquistado, permitiendo así que la Luz Divina y la libertad irradien en todo el cosmos.

אִמְרִי נָא

Génesis 12:13 – El *Zóhar* nos enseña que, puesto que está prohibido mentir, Avram no estaba mintiendo cuando se refería a su mujer, Sarai (que más tarde se convirtió en Sará), como su hermana. Avram y Sarai son almas gemelas. Por lo tanto, Sarai representa la *Shejiná*, el lado femenino de la Presencia Divina que ilumina este mundo, y Avram representa la Divinidad masculina. Según el Zóhar, la *Shejiná* es considerada una hermana de cada uno de nosotros. Por lo tanto, en la superficie Sarai es la esposa de Avram, pero kabbalísticamente

בָאָ֑רֶץ וַיֵּ֧רֶד יהוה אַבְרָם מִצְרַ֙יְמָה֙ מצר לָג֣וּר שָׁ֔ם כִּֽי־כָבֵ֥ד הָרָעָ֖ב

בָּאָ֑רֶץ׃ 11 רבוע אלהים רבוע יהוה וַיְהִ֕י כַּאֲשֶׁ֥ר הִקְרִ֖יב לָב֣וֹא מִצְרָ֑יְמָה מצר וַיֹּ֙אמֶר֙

אֶל־שָׂרַ֣י אִשְׁתּ֔וֹ מ"ה יה הִנֵּה־נָ֣א יָדַ֔עְתִּי כִּ֛י אִשָּׁ֥ה יְפַת־מַרְאֶ֖ה אָֽתְּ׃

12 וְהָיָ֗ה יהוה כִּֽי־יִרְא֤וּ אֹתָךְ֙ הַמִּצְרִ֔ים מצר וְאָמְר֖וּ אִשְׁתּ֣וֹ זֹ֑את וְהָרְג֥וּ

אֹתִ֖י וְאֹתָ֥ךְ יְחַיּֽוּ׃ 13 אִמְרִי־נָ֖א מצר אֲחֹ֣תִי אָ֑תְּ לְמַ֙עַן֙ יִֽיטַב־לִ֣י בַעֲבוּרֵ֔ךְ

וְחָיְתָ֥ה נַפְשִׁ֖י בִּגְלָלֵֽךְ׃

SEGUNDA LECTURA - YITSJAK - GUEVURÁ

14 וַיְהִ֕י כְּב֥וֹא אַבְרָ֖ם מִצְרָ֑יְמָה מצר וַיִּרְא֤וּ הַמִּצְרִים֙ אֶת־הָ֣אִשָּׁ֔ה

כִּֽי־יָפָ֥ה ע"ה אל אדני ה֖וא מְאֹֽד׃ 15 מ"ה וַיִּרְא֤וּ אֹתָהּ֙ שָׂרֵ֣י פַרְעֹ֔ה וַיְהַֽלֲלוּ כלה

אֹתָ֖הּ אֶל־פַּרְעֹ֑ה וַתֻּקַּ֥ח הָאִשָּׁ֖ה ב"פ ראה בֵּ֥ית פַּרְעֹֽה׃ 16 וּלְאַבְרָ֥ם הֵיטִ֖יב

בַּעֲבוּרָ֑הּ וַֽיְהִי־ל֥וֹ אל צֹאן־וּבָקָר֙ יובקר ע"ה מלוי אהיה דיודין ע"ה וַחֲמֹרִ֔ים וַעֲבָדִים֙

וּשְׁפָחֹ֔ת וַאֲתֹנֹ֖ת וּגְמַלִּֽים׃ 17 וַיְנַגַּ֨ע יהוה אהיה אדני | אֶת־פַּרְעֹ֛ה נְגָעִ֥ים

גְּדֹלִ֖ים לההו, מבה, יזל, אום וְאֶת־בֵּית֑וֹ ב"פ ראה עַל־דְּבַ֥ר ראה שָׂרַ֖י אֵ֥שֶׁת אַבְרָֽם׃

---

también es su hermana, y por consiguiente la hermana de toda la humanidad. De esta forma se nos muestra que en un nivel espiritual profundo, las palabras de Avram eran ciertas. Los sabios de la Kabbalah nos enseñan que nunca debemos tomar la Biblia de forma literal porque cualquier contradicción, paradoja o acontecimiento aparentemente no espiritual que aparece en la Biblia siempre oculta en su interior una verdad más profunda y una lección para la vida. Entender estas verdades y lecciones más profundas es, por supuesto, el propósito del *Zóhar* y de toda la sabiduría kabbalística.

Rav Yehuda Áshlag enseñaba que hasta la mentira piadosa más pequeña nos impide evolucionar espiritualmente. Debemos ser sinceros con los demás pero, más importante aún —y mucho más

difícil de conseguir—, debemos ser sinceros con nosotros mismos. El coraje para hablar y escuchar la verdad se invoca a través de las palabras que se pronuncian al leer esta sección.

וַיְנַגַּע

Génesis 12:17 – Avram fue a Egipto. Espiritualmente, el propósito de este viaje era plantar la semilla para la redención de los israelitas de Egipto, que tendría lugar muchos siglos más tarde en los tiempos de Moshé. Durante esta visita, Sarai, la esposa de Avram, fue raptada por el Faraón de Egipto. Posteriormente, Avram y Sarai adquirieron influencia sobre el Faraón y ganaron la libertad de Sarai utilizando las herramientas y la tecnología de la Biblia y la Kabbalah.

[18] Entonces el Faraón llamó a Avram, y le dijo: "¿Qué es esto que me has hecho? ¿Por qué no me avisaste que era tu mujer. [19] ¿Por qué dijiste: 'Es mi hermana', de manera que la tome por mujer? Ahora pues, aquí está tu mujer, tómala y vete".

[20] El Faraón dio órdenes a sus hombres acerca de Avram; y ellos lo despidieron con su mujer y con todo lo que le pertenecía. 13 [1] Avram subió desde Egipto hacia el Sur, él y su mujer con todo lo que poseía; y con él iba Lot. [2] Avram era muy rico en ganado, en plata y en oro. [3] Y anduvo en sus jornadas desde el Sur hasta Bet-El, al lugar donde su tienda había estado al principio, entre Bet-El y Hai, [4] al lugar del altar que antes había hecho allí. Allí Avram invocó el nombre del Eterno.

TERCERA LECTURA- YAAKOV - TIFÉRET

[5] También Lot, que andaba con Avram, tenía ovejas, vacas y tiendas. [6] Pero la tierra no podía sostenerlos para que habitaran juntos, porque sus posesiones eran tantas que ya no podían habitar juntos. [7] Hubo, pues, altercado entre los pastores del ganado de Avram y los pastores del ganado de Lot. Los cananeos y los ferezeos habitaban entonces en aquella tierra. [8] Así que Avram dijo a Lot: "Te ruego que no haya problema entre nosotros, ni entre mis pastores y tus pastores, porque somos hermanos.

Ven y ve: la Shejiná no abandonó a Sará para nada durante esa noche. Cuando el Faraón se aproximó a ella, un ángel vino y lo golpeó. Y cuando Sará decía: "Golpea", él golpeaba. Todo ese tiempo estuvo Avraham rogando a su Señor, a través de sus plegarias, no permitir a nadie dañarla. Por lo tanto, está escrito: "… pero el justo es confiado como un león joven" (Proverbios 28:1). Aquí estuvo una prueba con la cual Dios probó a Avraham, pero Avraham no tuvo dudas acerca del Santísimo, bendito sea Él. "Y el Faraón ordenó a sus hombres con respecto a él, y ellos lo sacaron y lo despidieron…" (Génesis 12:20). Ven y ve: el Santísimo, bendito sea Él […] protegió a Avraham, para que nadie pudiese dañarlo a él o su mujer.
– El Zóhar, Lej Lejá 14:123-122

Este acontecimiento tuvo una gran relevancia cósmica para las generaciones futuras. El acto de obtener el control sobre el rey de Egipto —y por lo tanto sobre las fuerzas cósmicas negativas que él representaba— creó un precedente que sería recordado cinco generaciones más tarde cuando los israelitas fueron liberados de su esclavitud en Egipto. Asimismo, las plagas que tienen lugar en esta sección son las semillas reales de las Diez Plagas que ocurrieron más tarde en el Libro de Éxodo.

Esto nos muestra cómo logramos nuestro propio crecimiento espiritual sólo con subirnos a los hombros de los gigantes espirituales del pasado. La Luz que brilla en nuestro mundo hoy fue encendida por las manos de generaciones pasadas. De forma similar, nuestras acciones del presente no sólo nos ayudan a nosotros, sino que también sirven y apoyan a generaciones futuras.

La cadena completa de la existencia humana está eternamente interconectada, cada eslabón necesita de los demás. Apoyándonos en el mérito y el trabajo espiritual de Avraham, Moshé y Rav Shimón bar Yojái, somos capaces de alcanzar lo que ninguna otra generación ha alcanzado: la Redención Final y la libertad de Egipto y su Faraón. Ahora podemos escapar de la oscuridad de nuestro mundo y de la autodestructividad de nuestro ego.

18 וַיִּקְרָא עם ה' אותיות = ב"פ קס"א פַרְעֹה לְאַבְרָם וַיֹּאמֶר מַה מ"ה זֹּאת עָשִׂיתָ

לִּי לָמָּה לֹא־הִגַּדְתָּ לִּי כִּי אִשְׁתְּךָ הִוא: 19 לָמָה אָמַרְתָּ אֲחֹתִי הִוא

וָאֶקַּח אֹתָהּ לִי לְאִשָּׁה וְעַתָּה הִנֵּה אִשְׁתְּךָ קַח וָלֵךְ: 20 וַיְצַו עָלָיו

פַּרְעֹה אֲנָשִׁים וַיְשַׁלְּחוּ אֹתוֹ וְאֶת־אִשְׁתּוֹ וְאֶת־כָּל יל' ־אֲשֶׁר־לוֹ:

13 1 וַיַּעַל אַבְרָם מִמִּצְרַיִם מצ־ הוּא וְאִשְׁתּוֹ וְכָל יל' ־אֲשֶׁר־לוֹ וְלוֹט

מ"ה עִמּוֹ הַנֶּגְבָּה: 2 וְאַבְרָם כָּבֵד מְאֹד בַּמִּקְנֶה בַּכֶּסֶף וּבַזָּהָב: 3 וַיֵּלֶךְ

כלי לְמַסָּעָיו מִנֶּגֶב וְעַד־בֵּית ב"פ ראה ־אֵל יא"י ־עַד־הַמָּקוֹם יהוה ברבוע, ו"פ אל

אֲשֶׁר־הָיָה יהה שָׁם אָהֳלֹה בַּתְּחִלָּה בֵּין בֵּית ב"פ ראה ־אֵל יא"י ־וּבֵין הָעָי:

4 אֶל־מְקוֹם יהוה ברבוע, ו"פ אל הַמִּזְבֵּחַ זז, נגד אֲשֶׁר־עָשָׂה שָׁם בָּרִאשֹׁנָה וַיִּקְרָא

עם ה' אותיות = ב"פ קס"א שָׁם אַבְרָם בְּשֵׁם שדי יהוה יְהֹוָה אדני אהדונהי:

TERCERA LECTURA- YAAKOV - TIFÉRET

5 וְגַם־לְלוֹט מ"ה הַהֹלֵךְ מ"ה אֶת־אַבְרָם הָיָה הַ אַ בְּ רָ ם מלוי אהיה דיודין ע"ה צֹאן יהה וּבָקָר

וְאֹהָלִים: 6 וְלֹא־נָשָׂא אֹתָם הָאָרֶץ אלהים דההין ע"ה לָשֶׁבֶת יַחְדָּו כִּי־הָיָה

יהה רְכוּשָׁם רָב וְלֹא יָכְלוּ לָשֶׁבֶת יַחְדָּו: 7 וַיְהִי אל ־רִיב בֵּין רֹעֵי

מִקְנֵה־אַבְרָם וּבֵין רֹעֵי מִקְנֵה־לוֹט מ"ה וְהַכְּנַעֲנִי וְהַפְּרִזִּי אָז יֹשֵׁב

בָּאָרֶץ אלהים דאלפין: 8 וַיֹּאמֶר אַבְרָם אֶל־לוֹט מ"ה אַל־נָא תְהִי מְרִיבָה

וַיַּעַל

Génesis 13:1 – Después de abandonar Egipto, Avram regresó a Israel. El significado de esto es que cuando revelamos Luz en un lugar, siempre debemos regresar allí para mantener nuestra conexión. Si una persona presencia un milagro en un lugar en particular, esa persona debe volver a visitar ese lugar para conectarse a la fuente de esta energía milagrosa y mantenerla viva en su vida.

Por lo tanto, a través de la lectura sobre las acciones de Avram, volvemos a visitar Israel —que significa la gran elevación espiritual que Avram había alcanzado— y al hacerlo, reconectamos con esta Luz para elevar nuestra alma y lograr una transformación global milagrosamente pacífica.

9 ¿No está toda la tierra delante de ti? Te ruego que te separes de mí. Si vas a la izquierda, yo iré a la derecha; y si a la derecha, yo iré a la izquierda".

10 Y alzó Lot los ojos y vio todo el valle del Jordán, el cual estaba bien regado por todas partes, esto fue antes de que el Eterno destruyera a Sodoma y Gomorra, como el jardín del Eterno, como la tierra de Egipto rumbo a Tsoar. 11 Lot escogió para sí todo el Valle del Jordán, y viajó Lot hacia el oriente. Así se separaron el uno del otro.

12 Avram se estableció en la tierra de Canaán, en tanto que Lot se estableció en las ciudades del valle, y fue poniendo sus tiendas hasta Sodoma.

13 Pero los hombres de Sodoma eran malos y pecadores en gran manera contra el Eterno. 14 Y el Eterno dijo a Avram después de que Lot se había separado de él: "Alza ahora los ojos y mira desde el lugar donde estás hacia el Norte, el Sur, el Oriente y el Occidente,

---

הִפָּרֵד

Génesis 13:9 – La Biblia dice que surgieron problemas entre los pastores del ganado de Avram y los pastores del ganado de su sobrino Lot. El *Zóhar* revela que este conflicto es un código que representa el deseo de Lot de regresar a la adoración de ídolos.

> *Tan pronto como Avraham se percató de que Lot volvió A LA IDOLATRÍA, habló con él. Y dijo Avraham a Lot: "... sepárate de mí, te ruego..." (Génesis 13:8-9; no eres digno de asociarte conmigo.*
> *– El Zóhar, Lej Lejá 20:176*

Siempre que permitimos que un objeto o una situación externos controlen nuestro comportamiento, nuestros pensamientos o nuestras emociones, estamos cometiendo el pecado de la idolatría. Muchas personas, por ejemplo, idolatran al ídolo del dinero. Son discípulos de sus negocios. Otros están gobernados por las apariencias de aquellos que les rodean, obsesionados por imágenes de elegancia y belleza, arrodillándose ante los altares de la moda, rezando a iconos culturales por la imagen personal que sienten que deben transmitir a los demás. En el momento en que permitimos que el mundo externo controle nuestro corazón y nuestra mente, nos convertimos en idólatras.

Cuando Avram descubrió que su sobrino estaba involucrado en la idolatría una vez más, supo de inmediato que tenía que separarse totalmente de Lot. Es importante destacar que Lot decidió entonces ir a la ciudad de Sodoma (de Sodoma y Gomorra), mientras que Avram eligió la tierra de Israel.

En su esencia, esta historia está relacionada con la influencia que nuestro entorno inmediato ejerce sobre nosotros. Todo aquel que esté interesado en transitar el camino de la Luz debe asociarse con personas que sean sinceras en su deseo de crecer espiritualmente. Aunque nuestras propias intenciones puedan ser puras, las influencias que nos rodean afectan inevitablemente a nuestra conciencia y nuestro comportamiento, por lo que tener personas negativas en nuestro entorno acabará ejerciendo una influencia negativa sobre nuestra vida. Tal como dice el *Zóhar*:

> *Quienquiera que acompaña a un perverso seguirá finalmente sus pasos.*
> *– El Zóhar, Lej Lejá 20:176*

La segunda lección que se desprende de aquí es que los semejantes se atraen. Avram, al ser puro y positivo, se trasladó naturalmente a Israel. Lot, quien poseía rasgos profundamente negativos, gravitó automáticamente hacia Sodoma y Gomorra. Si nos comportamos de una forma positiva hacia los demás y nos resistimos a nuestras tendencias egoístas, atraeremos la Luz

בֵּינִי וּבֵינֶךָ וּבֵין רֹעַי וּבֵין רֹעֶיךָ כִּי־אֲנָשִׁים אַחִים אֲנָחְנוּ:

9 הֲלֹא כָל־הָאָרֶץ אלהים דההון ע"ה לְפָנֶיךָ ס"ג ־ מ"ה ־ ב"ן הִפָּרֶד נָא מֵעָלָי אִם ־הַשְּׂמֹאל יוהר וְאֵימִנָה וְאִם ־הַיָּמִין יוהר וְאַשְׂמְאִילָה:

10 וַיִּשָּׂא־לוֹט מ"ה אֶת־עֵינָיו רביע מ"ה וַיַּרְא אֶת־כָּל־כִּכַּר הַיַּרְדֵּן י"פ יהוה ור' אותיות כִּי כֻלָּהּ מַשְׁקֶה לִפְנֵי | יְהֹוָאדני אהדונהי שַׁחֵת יְהֹוָאדני אהדונהי אֶת־סְדֹם ב"פ ב"ן וְאֶת־עֲמֹרָה כְּגַן־יְהֹוָאדני אהדונהי כְּאֶרֶץ אלהים דאלפין מִצְרַיִם מצר בֹּאֲכָה צֹעַר:

11 וַיִּבְחַר־לוֹ לוֹט מ"ה אֵת כָּל־כִּכַּר הַיַּרְדֵּן י"פ יהוה ור' אותיות וַיִּסַּע לוֹט מ"ה מִקֶּדֶם רביע ב"ן וַיִּפָּרְדוּ אִישׁ ע"ה קנ"א קס"א מֵעַל קנ"א קס"א אָחִיו עלם ע"ה: 12 אַבְרָם יָשַׁב בְּאֶרֶץ אלהים דאלפין ־כְּנַעַן וְלוֹט מ"ה יָשַׁב בְּעָרֵי הַכִּכָּר וַיֶּאֱהַל עַד־סְדֹם ב"פ ב"ן: 13 וְאַנְשֵׁי סְדֹם ב"פ ב"ן רָעִים וְחַטָּאִים לַיהֹוָאדני אהדונהי מְאֹד מ"ה:

14 וַיהֹוָאדני אהדונהי אָמַר אֶל־אַבְרָם אַחֲרֵי הִפָּרֶד־לוֹט מ"ה מֵעִמּוֹ שָׂא נָא עֵינֶיךָ ע"ה קס"א וּרְאֵה ראה מִן־הַמָּקוֹם יהוה ברבוע, ו"פ אל אֲשֶׁר־אַתָּה שָׁם

---

del Creador de forma natural a nuestra vida. En lugar de recibir placer a corto plazo seguido de caos y desgracia, atraeremos plenitud a largo plazo.

A través de los versículos que relatan esta historia, obtenemos el poder de separarnos de nuestros propios deseos negativos. De esta forma somos capaces de separarnos de nuestros impulsos precipitados y autoindulgentes nacidos del ego, igual que Avram se desprendió de la compañía de Lot.

A través de nuestra meditación en la separación de Avram de Lot, el poder y la Luz Divinos se extienden inmediatamente al mundo entero.

El *Zóhar* también revela que "Lot" es un código para la Serpiente, o Satán, quien maldijo a nuestro mundo con muerte y destrucción. El secreto se encuentra dentro del nombre Lot, que significa "maldición" en arameo.

Por consiguiente, esta lectura separa a la Serpiente —Satán y la muerte misma— del mundo físico, erradicando su influencia sobre nuestra vida para siempre.

Todo esto pasa si EL ALMA merece corregir al cuerpo en este mundo y vencer el poder de ese ser maldito, A SABER: LA INCLINACIÓN AL MAL QUE ES LLAMADA LOT, hasta que es separado de él. Como está escrito: "Y hubo riña entre los pastores del ganado de Avram (QUIEN ES EL ALMA) y los pastores del ganado de Lot... (QUIEN ES LA INCLINACIÓN AL MAL)" (Génesis 13:7). Porque en este mundo, en todos y cada uno de los días, esos campamentos y gobernantes del lado del alma están en lucha con los campamentos y gobernantes del lado del cuerpo, y luchan uno con otro, mientras todas las partes del cuerpo están atrapadas en agonía entre ellas, entre el alma y la Serpiente, entre esas fuerzas que luchan una con otra cada día.
– El Zóhar, Lej Lejá 11:85

[15] *pues toda la tierra que ves te la daré a ti y a tu descendencia para siempre. [16] Pondré tu descendencia como el polvo de la tierra; de manera que si alguien puede contar el polvo de la tierra, también tu descendencia podrá contarse.*

[17] Levántate, recorre la tierra a lo largo y a lo ancho de ella, porque a ti te la daré". [18] Entonces Avram levantó su tienda, y fue y habitó en el encinar de Mamré, que está en Hebrón, y allí edificó un altar al Eterno.

CUARTA LECTURA - MOSHÉ - NÉTSAJ

14 [1] Aconteció en los días de Amrafel, rey de Shinar, de Arioj, rey de Elasar, de Quedorlaomer, rey de Elam, y de Tidal, rey de naciones, [2] que éstos hicieron guerra a Berá, rey de Sodoma, y a Birshá, rey de Gomorra, a Shinav, rey de Admá, a Shemever, rey de Zeboim, y al rey de Bela, es decir, Tsoar.

[3] Estos últimos se reunieron como aliados en el Valle de Sidim, es decir, el Mar de la Sal. [4] Doce años habían servido a Quedorlaomer, y a los trece años se rebelaron. [5] En el año catorce, Quedorlaomer y los reyes que estaban con él, vinieron y derrotaron a los refaítas en Asterot Karnaim, a los zuzitas en Ham, a los emitas en Save Kiryataim,

[6] y a los horeos en el monte de Seir hasta Eil Parán, que está junto al desierto. [7] Entonces volvieron a En Mispat, es decir, Kades, y conquistaron todo el territorio de los amalequitas, y también a los amorreos que habitaban en Hazezón Tamar.

[8] Entonces el rey de Sodoma, con el rey de Gomorra, el rey de Admá, el rey de Zeboim y el rey de Bela, es decir, Tsoar, salieron y les presentaron batalla en el Valle de Sidim:

וַיְהִי

Génesis 14:1 – La guerra irrumpió en lo que ahora es el Oriente Próximo, con cinco naciones intentando destruir a otras cuatro naciones. Durante la lectura de esta sección, debemos meditar en traer paz a Oriente Próximo hoy en día. Irónicamente, la mayoría de las guerras de la historia y todas las guerras en Oriente Próximo fueron causadas por la religión. El eminente Kabbalista Rav Yehuda Brandwein ha señalado que la religión ha sido utilizada para causar separación, división y conflicto, en lugar de la unidad y la tolerancia que está destinada para todos los hijos de Dios. Él también escribió que el Centro de Kabbalah fue fundado para promover la unidad y la tolerancia entre todas las personas.

El objetivo de la Kabbalah no es predicar, convertir ni convencer, sino despertar el respeto por el camino de cada persona hacia la Luz al fomentar la tolerancia, la dignidad humana y el entendimiento entre la gente. Y lo que es más importante, la Kabbalah revela las similitudes entre los diferentes credos en lugar de enfatizar sus diferencias. ¿Cómo puede ser posible que haya paz en el mundo si no hay paz entre los hijos de Dios? Hasta que no concedamos a cada ser humano la dignidad y el respeto que merece, no habrá nada más que discordia y conflicto en la Tierra. Por lo tanto, nuestra meditación aquí está diseñada para engendrar amistad, respeto y entendimiento entre las personas de todas las fes.

צָפֹנָה ע״ה עסמ״ב וָנֶגְבָּה וָקֵדְמָה וָיָמָּה: 15 כִּי אֶת־כָּל־הָאָרֶץ יֹּי אֱלֹהִים דההין ע״ה

אֲשֶׁר־אַתָּה רֹאֶה רֹאה לְךָ אֶתְּנֶנָּה וּלְזַרְעֲךָ עַד־עוֹלָם: 16 וְשַׂמְתִּי

אֶת־זַרְעֲךָ כַּעֲפַר הָאָרֶץ אֱלֹהִים דההין ע״ה אֲשֶׁר | יוהר אִם־יוּכַל אִישׁ ע״ה קנ״א קס״א

לִמְנוֹת אֶת־עֲפַר הָאָרֶץ אֱלֹהִים דההין ע״ה גַּם יגל זַרְעֲךָ יִמָּנֶה: 17 קוּם הִתְהַלֵּךְ

בָּאָרֶץ בויה אֱלֹהִים דאלפין לְאָרְכָּהּ וּלְרָחְבָּהּ כִּי לְךָ אֶתְּנֶנָּה: 18 וַיֶּאֱהַל אַבְרָם

וַיָּבֹא וַיֵּשֶׁב בְּאֵלֹנֵי מַמְרֵא בחזר ע״ה אֲשֶׁר בְּחֶבְרוֹן וַיִּבֶן בינה ע״ה ־שָׁם מִזְבֵּחַ

ון, גגר לַ־יְהוָֹה אדני ואהדנהי: [פ]

CUARTA LECTURA - MOSHÉ – NÉTSAJ

14 1 וַיְהִי בִּימֵי אַמְרָפֶל מֶלֶךְ־שִׁנְעָר אַרְיוֹךְ אהיה רי״ו מֶלֶךְ אֶלָּסָר

כְּדָרְלָעֹמֶר ב״פ יב״ק + שדי יהוה אֱלֹהִים דאלפין מֶלֶךְ עֵילָם וְתִדְעָל מֶלֶךְ גּוֹיִם:

2 עָשׂוּ מִלְחָמָה אֶת־בֶּרַע רבוע אלהים רבוע יהוה מֶלֶךְ סְדֹם ב״פ בן וְאֶת־בִּרְשַׁע

מֶלֶךְ עֲמֹרָה שִׁנְאָב | מֶלֶךְ אַדְמָה וְשֶׁמְאֵבֶר רבוע אלהים ע״ב אלהים דיורין

מֶלֶךְ צבוים (כתיב: צביים) וּמֶלֶךְ בֶּלַע הִיא־צֹעַר: 3 כָּל־ יהוה שדי קנ״א בן יֹּי

־אֵלֶּה חָבְרוּ אֶל־עֵמֶק הַשִּׂדִּים הוּא יָם יֹּי הַמֶּלַח: 4 שְׁתֵּים עֶשְׂרֵה גי׳ יהוה

שָׁנָה עָבְדוּ אֶת־כְּדָרְלָעֹמֶר ב״פ יב״ק + שדי יהוה וּשְׁלֹשׁ־עֶשְׂרֵה שָׁנָה מָרָדוּ:

5 וּבְאַרְבַּע עֶשְׂרֵה שָׁנָה בָּא כְדָרְלָעֹמֶר ב״פ יב״ק + שדי יהוה וְהַמְּלָכִים אֲשֶׁר

אִתּוֹ וַיַּכּוּ אֶת־רְפָאִים בְּעַשְׁתְּרֹת קַרְנַיִם וְאֶת־הַזּוּזִים בְּהָם וְאֵת

הָאֵימִים בְּשָׁוֵה קִרְיָתָיִם: 6 וְאֶת־הַחֹרִי בְּהַרְרָם שֵׂעִיר עַד אֵיל פָּארָן

אֲשֶׁר עַל־הַמִּדְבָּר: 7 וַיָּשֻׁבוּ וַיָּבֹאוּ אֶל־עֵין ריבוע מ״ה מִשְׁפָּט ע״ה ה״פ אלהים הִוא

קָדֵשׁ וַיַּכּוּ אֶת־כָּל־ יֹּי שְׂדֵה הָעֲמָלֵקִי וְגַם יגל אֶת־הָאֱמֹרִי הַיֹּשֵׁב בְּחַצְצֹן

תָּמָר ב״פ ע״ר: 8 וַיֵּצֵא מֶלֶךְ־סְדֹם ב״פ בן וּמֶלֶךְ עֲמֹרָה וּמֶלֶךְ אַדְמָה וּמֶלֶךְ

צבוים (כתיב: צביים) וּמֶלֶךְ בֶּלַע הִוא־צֹעַר וַיַּעַרְכוּ אִתָּם מִלְחָמָה בְּעֵמֶק

⁹ es decir, a Quedorlaomer, rey de Elam, a Tidal, rey de naciones, a Amrafel, rey de Sinar, y a Arioj, rey de Elasar; cuatro reyes contra cinco.

¹⁰ El Valle de Sidim estaba lleno de pozos de asfalto, y el rey de Sodoma y el de Gomorra al huir cayeron allí. Y los que sobrevivieron huyeron a los montes.

¹¹ Entonces (los cuatro reyes) tomaron todos los bienes de Sodoma y Gomorra con todas sus provisiones, y se fueron. ¹² Se llevaron también a Lot, sobrino de Avram, con todos sus bienes, pues él habitaba en Sodoma, y se fueron.

¹³ Uno de los que escaparon vino y se lo hizo saber a Avram, el hebreo, que habitaba en el encinar de Mamré el amorreo, hermano de Eshcol y hermano de Aner, y éstos eran aliados de Avram.

¹⁴ Al oír Avram que su sobrino había sido llevado cautivo, movilizó a sus hombres adiestrados nacidos en su casa, 318 en total, y salió en su persecución hasta Dan.

¹⁵ Por la noche, él, con sus siervos, organizó sus fuerzas contra ellos, y los derrotó y los persiguió hasta Hobá, que está al norte de Damasco. ¹⁶ Y recobró todos los bienes, también a su sobrino Lot con sus bienes, y también a las mujeres y a la demás gente.

¹⁷ A su regreso después de derrotar a Quedorlaomer y a los reyes que estaban con él, salió a su encuentro el rey de Sodoma en el Valle de Savé, es decir, el Valle del Rey.

וַיָּבֹא

Génesis 14:13 – Una serie de pequeñas contiendas culminaron finalmente en una batalla durante el tiempo en que Avram vivió en Mamré. La batalla fue entre una coalición de cinco reyes y otra coalición opuesta de cuatro reyes, y tuvo lugar en el Valle de Sidim, que contenía un mar salado. Los cinco reyes fueron derrotados por las fuerzas de los cuatro reyes y, en el proceso, los reyes triunfantes capturaron a Lot. Uno de los hombres de Lot escapó para informar a Avram sobre la captura de su amo. Avram reunió rápidamente a 318 sirvientes armados para que lucharan contra el ejército de los cuatro reyes y, contra todo pronóstico, él y sus hombres derrotaron a los cuatro reyes y rescataron a su sobrino, Lot.

Obviamente, un grupo pequeño de hombres no puede vencer a los grandes ejércitos de cuatro naciones. El secreto de esta victoria se encuentra en el número 318, que es el valor numérico de la palabra aramea *siaj*, que significa

"habla". El Kabbalista Rav Berg nos dice que *siaj* se refiere al habla de los ángeles. Estos ángeles pueden concebirse como paquetes de energía y son, en realidad, los 72 Nombres de Dios, los cuales consisten en 72 secuencias de tres letras arameas cada una. Estas secuencias son esas mismas fuerzas angelicales que nos dan el poder de la mente sobre la materia, y fueron estos Nombres los que empleó Avram para vencer a las cuatro naciones.

En términos espirituales, las cuatro naciones denotan nuestras tendencias oscuras y nuestros rasgos autodestructivos: nuestro ego, o Inclinación al Mal. Por medio de los 72 Nombres de Dios, podemos obtener el poder de la mente sobre la materia, realizando milagros de naturaleza humana como el de eliminar nuestros rasgos negativos. Estos milagros, a su vez, invocan milagros de la Madre Naturaleza.

El *Zóhar* ofrece otra perspectiva sobre la captura de Lot, explicando que Lot era similar en apariencia a Avram. Cuando los reyes capturaron

הַשִּׁדִּים: 9 אֵת כְּדָרְלָעֹמֶר בּ"פ יב"ק - עִדִּי יהוה מֶלֶךְ עֵילָם וְתִדְעָל מֶלֶךְ גּוֹיִם

וְאַמְרָפֶל מֶלֶךְ שִׁנְעָר וְאַרְיוֹךְ אהיה רי"ו מֶלֶךְ אֶלָּסָר אלהים דאלפין אַרְבָּעָה

מְלָכִים אֶת־הַחֲמִשָּׁה: 10 וְעֵמֶק הַשִּׂדִּים בֶּאֱרֹת בֶּאֱרֹת חֵמָר וַיָּנֻסוּ

מֶלֶךְ־סְדֹם בּ"פ ב"ן וַעֲמֹרָה וַיִּפְּלוּ־שָׁמָּה מהש וְהַנִּשְׁאָרִים הֶרָה נָּסוּ: 11 וַיִּקְחוּ

אֶת־כָּל יְלי ־רְכֻשׁ סְדֹם וַעֲמֹרָה וְאֶת־כָּל יְלי ־אָכְלָם וַיֵּלֵכוּ כל"ו:

12 וַיִּקְחוּ וחשב אֶת־לוֹט מ"ה וְאֶת־רְכֻשׁוֹ בֶּן־אֲחִי ר"ת רבא אַבְרָם וַיֵּלֵכוּ כל"ו וְהוּא

יֹשֵׁב בִּסְדֹם בּ"פ ב"ן: 13 וַיָּבֹא הַפָּלִיט וַיַּגֵּד לְאַבְרָם הָעִבְרִי וְהוּא שֹׁכֵן

בְּאֵלֹנֵי מַמְרֵא וחוזר ע"ה הָאֱמֹרִי אֲחִי אֶשְׁכֹּל וַאֲחִי עָנֵר ש"ך וְהֵם בַּעֲלֵי

בְרִית־אַבְרָם: 14 וַיִּשְׁמַע אַבְרָם כִּי נִשְׁבָּה אָחִיו וַיָּרֶק אֶת־חֲנִיכָיו

יְלִידֵי בֵיתוֹ בּ"פ ראה שְׁמֹנָה עָשָׂר וּשְׁלֹשׁ מֵאוֹת וַיִּרְדֹּף עַד־דָּן: 15 וַיֵּחָלֵק

עֲלֵיהֶם | לַיְלָה מלה הוּא וַעֲבָדָיו וַיַּכֵּם וַיִּרְדְּפֵם עַד־חוֹבָה אֲשֶׁר מִשְּׂמֹאל

לְדַמָּשֶׂק: 16 וַיָּשֶׁב אֵת כָּל יְלי ־הָרְכֻשׁ וְגַם יגל אֶת־לוֹט מ"ה אָחִיו וּרְכֻשׁוֹ

הֵשִׁיב וְגַם אֶת־הַנָּשִׁים וְאֶת־הָעָם: 17 וַיֵּצֵא מֶלֶךְ־סְדֹם בּ"פ ב"ן לִקְרָאתוֹ

---

a Lot, pensaron equivocadamente que habían apresado a Avram; una hazaña que era en realidad el auténtico propósito detrás de la guerra. Estos reyes querían matar a Avram porque su santidad había iluminado a la gente, desviándola de la práctica fútil y equivocada de la idolatría, la cual era precisamente la fuente de los ingresos y el poder de los reyes.

Cuando todos esos reyes se juntaron para hacer la guerra contra Avraham, se consultaron uno a otro acerca de cómo destruirlo. Pero tan pronto como tomaron el control sobre Lot, el sobrino de Avraham, inmediatamente se fueron. Como está escrito: "Y tomaron a Lot, sobrino de Avraham, y sus posesiones y se fueron…" (Génesis 14:12). ¿Cuál fue la razón? La imagen de Lot era similar a la de Avraham. Como resultado, se "fueron", YA QUE CREÍAN QUE HABÍAN CAPTURADO A AVRAHAM, que era el propósito de la guerra.
– El Zóhar, Lej Lejá 24:234

De esta sección aprendemos que las personas como Avram, que se atreven a iniciar un cambio positivo y a ayudar a los demás en su despertar espiritual, siempre encuentran oposición de las fuerzas oscuras que buscan propagar el caos y la ignorancia para su beneficio propio.

A lo largo de la historia de la humanidad, cualquier avance importante en la civilización encontró inicialmente la oposición, el desafío y el escarnio de aquellos que no se daban cuenta de cómo podían beneficiarse a partir de una mejora en la condición humana. Esto representa un principio espiritual que también es cierto en nuestra vida personal. A medida que se nos presentan oportunidades para el avance espiritual, encontraremos obstáculos u oposición de nuestro ego y de la gente negativa que nos rodea. Este pasaje de la Biblia contiene una energía que derroca a las fuerzas oscuras que intentan impedir nuestro progreso espiritual.

18 Y Malquitsédek, rey de Salem, sacó pan y vino; él era sacerdote del Dios Altísimo.

19 Él lo bendijo, diciendo: "Bendito es Avram del Dios Altísimo, Creador del Cielo y de la Tierra; 20 y bendito sea el Dios Altísimo que entregó a tus enemigos en tu mano". Y le dio el diezmo de todo.

QUINTA LECTURA - AHARÓN - HOD

21 El rey de Sodoma dijo a Avram: "Dame las personas y toma para ti los bienes".

22 Y Avram dijo al rey de Sodoma: "Alzo mi mano al Eterno, Dios Supremo, Creador del Cielo y de la Tierra,

23 que no tomaré ni un hilo ni una correa de calzado, ni ninguna cosa tuya, para que no digas 'Yo enriquecí a Avram'.

24 Nada tomaré, excepto lo que los jóvenes han comido y la parte de los hombres que fueron conmigo: Aner, Eshcol y Mamré. Ellos tomarán su parte". 15 1 Después de estas cosas, la palabra del Eterno vino a Avram en una visión, diciendo: "No temas, Avram, Yo soy un escudo para ti; tu recompensa será muy grande".

וַיִּתֶּן–לוֹ

Génesis 14:20 – Después de la Guerra, Malquitsédek, rey de Salem, ofreció a Avram los botines de la guerra, pero Avram se negó a aceptarlos y en su lugar lo diezmó todo.

Según la Kabbalah, el dinero posee Luz y energía que pueden influir en nuestra vida de formas invisibles. Por lo tanto, debemos tener mucho cuidado de manejar dinero que provenga únicamente de trabajos honestos llevados a cabo con fines positivos. El dinero ganado ilícitamente no posee Luz. Puede constituir una ganancia temporal financiera o material, pero al final atraerá oscuridad y negatividad a la vida de aquellas personas que lo poseen.

El *Zóhar* revela también un secreto referente al poder que se genera a través del diezmo de los ingresos. Puesto que vivimos en un mundo físico, a la fuerza negativa de Satán se le permite alimentarse mientras lleva a cabo la tarea de ponernos a prueba y tentarnos con el pecado a través de nuestro ego. Por lo tanto, todo el sustento financiero que obtenemos está contaminado por su presencia oscura. Al diezmar nuestro dinero y compartirlo, coartamos la influencia de Satán en nuestra vida y nos desconectamos de él.

En referencia a la cantidad de un diezmo, el *Zóhar* dice:

> *Es uno de diez, y diez de cien…*
> *– El Zóhar, Lej Lejá 25:257*

Aquí se deja perfectamente claro que cuando diezmamos el diez por ciento de nuestras ganancias desconectamos nuestro medio de subsistencia de la influencia de Satán. Al dar el diez por ciento, creamos una abertura para recibir aún más sustento a cambio. Por otro lado, si no diezmamos podemos ahorrarnos el diez por ciento a corto plazo, pero también le damos a Satán libre acceso a nuestra vida, donde él causará con seguridad diez veces más caos, ya sea en el área de las finanzas, la salud, las relaciones o nuestro bienestar emocional.

אַחֲרֵי שׁוּבֹו מֵהַכֹּות אֶת־כְּדָרְלָעֹמֶר בֿ״פ יב״ק ± שׁדי יהוה וְאֶת־הַמְּלָכִים

אֲשֶׁר אִתֹּו אֶל־עֵמֶק שָׁוֵה הוּא עֵמֶק הַמֶּלֶךְ: 18 וּמַלְכִּי־צֶדֶק מֶלֶךְ

שָׁלֵם הֹוצִיא ר״ת משׁה לֶחֶם גֿ״פ יהוה וָיָיִן מיכ, י״פ ההא מיכ וְהוּא כֹהֵן מלה לְאֵל יא״י עֶלְיֹון

רבוע ס״ג: 19 וַיְבָרֲכֵהוּ וַיֹּאמַר בָּרוּךְ יהוה ע״ב רבוע מ״ה אַבְרָם לְאֵל יא״י עֶלְיֹון

רבוע ס״ג קֹנֵה שָׁמַיִם י״פ טל, י״פ כוזו וָאָרֶץ אלהים דאלפין: 20 וּבָרוּךְ יהוה ע״ב רבוע מ״ה אֵל יא״י

עֶלְיֹון רבוע ס״ג אֲשֶׁר־מִגֵּן ר״ת מיכאל, גבריאל, נוריאל צָרֶיךָ בְּיָדֶךָ וַיִּתֶּן־לֹו י״פ מלוי ע״ב

מַעֲשֵׂר ירת מִכֹּל יל:

QUINTA LECTURA - AHARON - HOD

21 וַיֹּאמֶר מֶלֶךְ־סְדֹם בֿ״פ בן אֶל־אַבְרָם תֶּן־לִי הַנֶּפֶשׁ רמ״ח ± י׳ הויות

וְהָרֲכֻשׁ קַח־לָךְ: 22 וַיֹּאמֶר אַבְרָם אֶל־מֶלֶךְ סְדֹם בֿ״פ בן הֲרִמֹתִי

יָדִי אֶל־יְהֹוָ֗הֲדֹנה אֶל יא״י עֶלְיֹון רבוע ס״ג קֹנֵה שָׁמַיִם י״פ טל, י״פ כוזו וָאָרֶץ

אלהים דאלפין: 23 אִם יוהך ־מִחוּט וְעַד שְׂרֹוךְ־נַעַל ע״ה קנ״א וְאִם יוהך ־אֶקַּח מִכָּל

יל ־אֲשֶׁר־לָךְ וְלֹא תֹאמַר אֲנִי אלף הֶעֱשַׁרְתִּי אֶת־אַבְרָם: 24 בִּלְעָדַי רַק

אֲשֶׁר אָכְלוּ הַנְּעָרִים וְחֵלֶק הָאֲנָשִׁים אֲשֶׁר הָלְכוּ אִתִּי מ״ה עָנֵר ש״ך

אֶשְׁכֹּל וּמַמְרֵא בֿוזךר ע״ה הֵם יִקְחוּ חֵלֶק וחלם ע״ה קָם: [ס] 15 1 אַחַר | הַדְּבָרִים

Además, los sabios nos enseñan que sea cual sea la cantidad de nuestros ingresos anuales, sin importar lo grande o pequeña que ésta pueda ser, la Luz Divina siempre nos aumenta los ingresos un diez por ciento más para permitirnos diezmar sin dificultades. Debido a que el proceso de compartir ingresos es una herramienta importante para evitar que Satán entre en nuestra vida, el diezmo no se considera caridad sino más bien protección contra Satán. Sólo cuando damos el diez por ciento siguiente de nuestros ingresos, la porción que podemos elegir dar por encima del diezmo original, se considera un acto genuino de caridad. El primer diezmo es por simple supervivencia.

Al diezmar todos los botines de la guerra, Avram recibió a cambio bendiciones espirituales eternas que aseguraron su inmortalidad. Por este motivo, gracias al mérito y las acciones altruistas de Avram, nosotros que somos sus descendientes podemos ahora invocar la Luz de la Inmortalidad a nuestro mundo, cortando la influencia oscura del Ángel de la Muerte para siempre.

² Y Avram dijo: "¡Dios mío, el Eterno: ¿Qué me darás, puesto que yo estoy sin hijos, y el mayordomo de mi casa es Eliezer de Damasco?!".

³ Dijo además Avram: "No me has dado descendencia, y por lo tanto un siervo nacido en mi casa es mi heredero".

⁴ Pero la palabra del Eterno vino a él, diciendo: "Tu heredero no será éste, sino uno que saldrá de tus entrañas, él será tu heredero".

⁵ Y lo llevó fuera, y le dijo: "Ahora mira al cielo y cuenta las estrellas, si te es posible contarlas". Y añadió: "Así será tu descendencia".

⁶ Y Avram creyó en el Eterno, y se le reconoció como justicia.

SEXTA LECTURA - YOSEF - YESOD

⁷ Y también le dijo: "Yo soy el Eterno que te saqué de Ur de los Caldeos, para darte esta tierra para que la poseas".

⁸ Entonces Avram le preguntó: "¡Oh, mi Señor el Eterno, ¿cómo puedo saber que la poseeré?!".

⁹ El Eterno le respondió: "Tráeme una novilla de tres años, una cabra de tres años, un carnero de tres años, una tórtola y un pichón". ¹⁰ Avram le trajo todos éstos, los partió por la mitad, y puso cada mitad enfrente de la otra; pero no partió las aves.

וַיּוֹצֵא

Génesis 15:5 – Avram clamó a Dios, lamentando su incapacidad para tener hijos porque había visto en las estrellas que no estaba destinado a ser padre. El Creador explicó que todas las personas tienen ciertos juicios pendientes sobre ellas como consecuencia de acciones cometidas en esta vida o en vidas pasadas, y que estos decretos de juicio son visibles a través de la astrología, el cálculo de las influencias planetarias y estelares.

Sin embargo, Dios le dijo también a Avram que dependía de él elevarse por encima de las influencias planetarias transformando su naturaleza interna y utilizando el poder de la Luz del Creador. El secreto está revelado en el *Zóhar*:

Dios le dijo: "No mires a esto —LA SABIDURÍA DE LAS ESTRELLAS— sino más bien al secreto de Mi Nombre, EL CUAL ES LA NUKVÁ. ¡Serás padre de un hijo!".
– El Zóhar, Lej Lejá 30:322

Cuando un hombre cambia su naturaleza interna, el mundo físico le refleja su acción. Entonces el poder de la mente sobre la materia se activa y los juicios se anulan. Es vital que nos demos cuenta de que las posiciones de los planetas no determinan un destino irrevocable para nadie; en lugar de eso, representan una realidad potencial en caso de que no nos transformemos. La humanidad puede estar por encima de las influencias planetarias; efectivamente, es la tarea de todo el mundo elevarse sobre ellas. Al entregar a Avram esta sabiduría, Dios lo desconectó de las influencias de las configuraciones astrológicas de su carta astral.

הָאֵ֣לֶּה הָיָ֤ה דְבַר־יְהֹוָה֙ אֶל־אַבְרָ֔ם בַּמַּחֲזֶ֖ה לֵאמֹ֑ר אַל־תִּירָ֣א אַבְרָ֗ם אָנֹכִי֙ מָגֵ֣ן לָ֔ךְ שְׂכָרְךָ֖ הַרְבֵּ֥ה מְאֹֽד׃ 2 וַיֹּ֣אמֶר אַבְרָ֗ם אֲדֹנָ֤י יֱהֹוִה֙ מַה־תִּתֶּן־לִ֔י וְאָנֹכִ֖י הוֹלֵ֣ךְ עֲרִירִ֑י וּבֶן־מֶ֣שֶׁק בֵּיתִ֔י ה֖וּא דַּמֶּ֥שֶׂק אֱלִיעֶֽזֶר׃ 3 וַיֹּ֣אמֶר אַבְרָ֔ם הֵ֣ן לִ֔י לֹ֥א נָתַ֖תָּה זָ֑רַע וְהִנֵּ֥ה בֶן־בֵּיתִ֖י יוֹרֵ֥שׁ אֹתִֽי׃ 4 וְהִנֵּ֨ה דְבַר־יְהֹוָ֤ה אֵלָיו֙ לֵאמֹ֔ר לֹ֥א יִֽירָשְׁךָ֖ זֶ֑ה כִּי־אִם֙ אֲשֶׁ֣ר יֵצֵ֣א מִמֵּעֶ֔יךָ ה֖וּא יִֽירָשֶֽׁךָ׃ 5 וַיּוֹצֵ֨א אֹת֜וֹ הַח֗וּצָה וַיֹּ֙אמֶר֙ הַבֶּט־נָ֣א הַשָּׁמַ֗יְמָה וּסְפֹר֙ הַכּ֣וֹכָבִ֔ים אִם־תּוּכַ֖ל לִסְפֹּ֣ר אֹתָ֑ם וַיֹּ֣אמֶר ל֔וֹ כֹּ֥ה יִהְיֶ֖ה זַרְעֶֽךָ׃ 6 וְהֶאֱמִ֖ן בַּֽיהֹוָ֑ה וַיַּחְשְׁבֶ֥הָ לּ֖וֹ צְדָקָֽה׃

SEXTA LECTURA - YOSEF – YESOD

7 וַיֹּ֖אמֶר אֵלָ֑יו אֲנִ֣י יְהֹוָ֗ה אֲשֶׁ֤ר הוֹצֵאתִ֙יךָ֙ מֵא֣וּר כַּשְׂדִּ֔ים לָ֧תֶת לְךָ֛ אֶת־הָאָ֥רֶץ הַזֹּ֖את לְרִשְׁתָּֽהּ׃ 8 וַיֹּאמַ֑ר אֲדֹנָ֣י יֱהֹוִ֔ה בַּמָּ֥ה אֵדַ֖ע כִּ֥י אִירָשֶֽׁנָּה׃ 9 וַיֹּ֣אמֶר אֵלָ֗יו קְחָ֥ה לִי֙ עֶגְלָ֣ה מְשֻׁלֶּ֔שֶׁת וְעֵ֥ז מְשֻׁלֶּ֖שֶׁת וְאַ֣יִל מְשֻׁלָּ֑שׁ וְתֹ֖ר וְגוֹזָֽל׃ 10 וַיִּֽקַּֽח

Cada uno de nosotros tiene el poder de cambiar cualquier cosa —y ciertamente todo— en su vida. Los juicios decretados contra nosotros como consecuencia de nuestras acciones pasadas pueden ser eliminados, pero sólo si eliminamos el rasgo negativo que era la causa original de nuestra acción errónea.

A través del gran poder intrínseco en estos versículos, el mundo entero puede superar las influencias planetarias que están moldeando nuestro futuro comunitario. Cuando admitimos nuestros rasgos negativos y reflexionamos sobre ellos, somos capaces inmediatamente de cambiar la dirección de nuestra vida, así como el curso del destino colectivo de la humanidad. Al hacerlo, marcamos el inicio de un futuro que encarna las tiernas bendiciones de una Era Mesiánica, en la cual la humanidad está plenamente redimida, tanto individualmente como a nivel global.

11 Y las aves de rapiña descendían sobre los cadáveres, pero Avram las ahuyentaba.

12 A la puesta del Sol un profundo sueño cayó sobre Avram, y he aquí que un terror a la oscuridad cayó sobre él.

13 Y dijo a Avram: "Ten por cierto que tus descendientes serán extranjeros en una tierra que no es suya, donde serán esclavizados y afligidos durante 400 años.

14 Pero Yo también juzgaré a la nación a la cual servirán, y después saldrán de allí con grandes riquezas.

15 Tú irás a tus padres en paz, y serás sepultado en buena vejez.

16 En la cuarta generación tus descendientes regresarán acá, porque hasta entonces no habrá llegado a su colmo la iniquidad de los amorreos".

17 Y sucedió que cuando el Sol ya se había puesto, hubo densas tinieblas, y apareció un horno humeante y una antorcha de fuego que pasó por entre los trozos.

18 En aquel día el Eterno hizo un pacto con Avram, diciendo: "A tu descendencia he dado esta tierra, desde el río de Egipto hasta el río grande, el Río Éufrates:

19 a los quenitas, los cenezeos, los cadmoneos, 20 los hititas, los fereseos, los refaítas, 21 los amorreos, los cananeos, los gergeseos y los jebuseos".

16 1 Sarai, mujer de Avram, no le había dado a luz hijo alguno. Pero ella tenía una sierva egipcia que se llamaba Hagar.

2 Entonces Sarai dijo a Avram: "Mira, el Eterno me ha impedido tener hijos. Llégate, te ruego, a mi sierva; quizá por medio de ella yo tenga hijos". Y Avram escuchó la voz de Sarai.

וַיֹּאמֶר

Génesis 15:9 – Después de que Dios llevara a Avram fuera de Ur, ciudad de los caldeos, se forjó el primer vínculo entre el Creador y la humanidad.

Todos somos parte de Dios. Espiritualmente, cada uno de nosotros es una chispa Divina de Luz, pero los humanos no tuvieron una conexión física con Dios hasta que se forjó el primer vínculo previamente mencionado. El efecto de este vínculo fue infundir a la humanidad con el poder de ser como Dios en un nivel físico. Pero hay un prerrequisito para activar este rasgo Divino

heredado: debemos emular a Avram, quien encarna los ideales del cuidado incondicional de los demás y de impartir Luz al prójimo. Nuestra incapacidad de vivir de esta manera es lo que nos desconecta del Creador y de la cualidad Divina implantada dentro del alma.

Por lo tanto, estos versículos específicos de la Biblia contienen vibraciones que pueden fortalecer nuestro vínculo personal con la Luz del Creador y despertar en nosotros el *Deseo de Compartir*.

יֹ אֶת־כָּל־ אֵלֶּה וַיְבַתֵּר אֹתָם בַּתָּוֶךְ וַיִּתֵּן אִישׁ עה קנא קסא ־בִּתְרֹו

לִקְרַאת רֵעֵהוּ וְאֶת־הַצִּפֹּר לֹא בָתָר: 11 וַיֵּרֶד רי הָעַיִט עַל־הַפְּגָרִים

וַיַּשֵּׁב אֹתָם אַבְרָם: 12 וַיְהִי הַשֶּׁמֶשׁ בפ שך לָבֹוא וְתַרְדֵּמָה טפ עב נָפְלָה

עַל־אַבְרָם וְהִנֵּה אֵימָה חֲשֵׁכָה גְדֹלָה להו, מבה, יזל, אום נֹפֶלֶת עָלָיו:

13 וַיֹּאמֶר לְאַבְרָם יָדֹעַ תֵּדַע כִּי־גֵר בן־קנא | יִהְיֶה יי זַרְעֲךָ בְּאֶרֶץ

אלהים דאלפין לֹא לָהֶם וַעֲבָדוּם וְעִנּוּ אֹתָם אַרְבַּע מֵאֹות שָׁנָה: 14 וְגַם

אֶת־הַגֹּוי מלוי מה אֲשֶׁר יַעֲבֹדוּ דָן אָנֹכִי איע וְאַחֲרֵי־כֵן יֵצְאוּ בִּרְכֻשׁ גָּדֹול

להו, מבה, יזל, אום: 15 וְאַתָּה תָּבֹוא אֶל־אֲבֹתֶיךָ בְּשָׁלֹום תִּקָּבֵר בְּשֵׂיבָה

טֹובָה אכא: 16 וְדֹור רי, גבורה רְבִיעִי יָשׁוּבוּ הֵנָּה יהוה מה כִּי לֹא־שָׁלֵם עיע עֲוֹן

גפ מב הָאֱמֹרִי עַד־הֵנָּה יהוה מה: 17 וַיְהִי הַשֶּׁמֶשׁ בפ שך בָּאָה וַעֲלָטָה הָיָה יהוה

וְהִנֵּה יהוה מה תַנּוּר עָשָׁן וְלַפִּיד אֵשׁ אלהים דיודין עה אֲשֶׁר עָבַר בֵּין הַגְּזָרִים

הָאֵלֶּה: 18 בַּיֹּום גגד, זז, מזבח הַהוּא כָּרַת יהוה אדני אהדונהי אֶת־אַבְרָם בְּרִית

לֵאמֹר לְזַרְעֲךָ נָתַתִּי אֶת־הָאָרֶץ אלהים דההין עה הַזֹּאת מִנְּהַר מִצְרַיִם מצר

עַד־הַנָּהָר הַגָּדֹל להו, מבה, יזל, אום: 19 נְהַר־פְּרָת אֶת־הַקֵּינִי וְאֶת־הַקְּנִזִּי וְאֵת

הַקַּדְמֹנִי: 20 וְאֶת־הַחִתִּי וְאֶת־הַפְּרִזִּי וְאֶת־הָרְפָאִים: 21 וְאֶת־הָאֱמֹרִי

וְאֶת־הַכְּנַעֲנִי וְאֶת־הַגִּרְגָּשִׁי וְאֶת־הַיְבוּסִי: [ס] 16 1 וְשָׂרַי אֵשֶׁת

אַבְרָם לֹא יָלְדָה לֹו וְלָהּ שִׁפְחָה מצר מלוי אהיה בְּמִצְרִית וּשְׁמָהּ הָגָר דפ בן:

2 וַתֹּאמֶר שָׂרַי אֶל־אַבְרָם הִנֵּה מה יה ־נָא עֲצָרַנִי יהוה אדני אהדונהי מִלֶּדֶת

וְשָׂרַי

Génesis 16:1 – Sarai, la esposa de Avram, no podia tener hijos, así que Sarai le dijo a Avram que engendrara un hijo con su sirviente egipcia, Hagar. Avram accedió, y a través de esta unión nació Yishmael, la semilla y el padre de todas las naciones árabes. Yishmael y el futuro hijo de Avram, Yitsjak, el padre de los israelitas, están unidos en Avraham, su padre común. Uno de los pocos lugares en el mundo en el que puedes encontrar israelitas y musulmanes rezando uno al lado del otro es en la tumba de Avraham en Hebrón.

Así pues, la Luz que emana de esta historia ayuda a engendrar amor incondicional y respeto por la dignidad humana, no sólo entre israelitas y musulmanes, sino en toda la humanidad. A través de esta enseñanza, puede erradicarse la intolerancia de los corazones de los humanos, y las barreras raciales o religiosas pueden disolverse totalmente.

³ Después de diez años de habitar Avram en la tierra de Canaán, Sarai, mujer de Avram, tomó a su sierva Hagar la egipcia, y se la dio a su marido Avram por mujer.

⁴ Y Avram se llegó a Hagar, y ella concibió. Cuando ella supo que había concebido, miraba con desprecio a su señora. ⁵ Entonces Sarai dijo a Avram: "Recaiga sobre ti mi agravio. Yo entregué a mi sierva en tus brazos, y ahora que sabe que ha concebido, me desprecia. Juzgue el Eterno entre tú y yo".

⁶ Pero Avram dijo a Sarai: "Tu sierva está bajo tu poder; haz con ella lo que mejor te parezca". Y Sarai trató muy mal a Hagar y ella huyó de su presencia. ⁷ El ángel del Eterno la encontró junto a una fuente de agua en el desierto, junto a la fuente en el camino de Shur, ⁸ y le dijo: "Hagar, sierva de Sarai, ¿de dónde has venido y a dónde vas?". Ella le respondió: "Huyo de la presencia de mi señora, Sarai". ⁹ "Vuelve a tu señora y sométete a su autoridad", le dijo el ángel del Eterno.

¹⁰ El ángel del Eterno añadió: "Multiplicaré de tal manera tu descendencia que no se podrá contar por su multitud". ¹¹ El ángel del Eterno le dijo además: "Has concebido y darás a luz un hijo; y lo llamarás Yishmael, porque el Eterno ha oído tu aflicción. ¹² "Él será hombre fiero; su mano será contra todos y la mano de todos contra él, y habitará separado de todos sus hermanos". ¹³ Hagar llamó el nombre del Eterno que le había hablado: "Tú eres un Dios de visión"; porque dijo: "¿No he visto también aquí al que me ve?".

¹⁴ Por eso llamó a aquel pozo Beer Lajai Roí (pozo del viviente que me ve), el cual está entre Cades y Bered. ¹⁵ Hagar le dio un hijo a Avram, y Avram le puso el nombre de Yishmael al hijo que Hagar le había dado. ¹⁶ Avram tenía ochenta y seis años cuando Hagar dio a luz a Yishmael para Avram.

17 ¹ Cuando Avram tenía noventa y nueve años, el Eterno se le apareció, y le dijo: "Yo soy Dios Todopoderoso; anda delante de Mí, y sé perfecto.

וּבֵינֶיךָ

Génesis 16:5 – Cuando en la Biblia aparece un punto encima de una palabra aramea, como sucede aquí con la palabra *uveineija*, que significa "entre ustedes", indica una emanación adicional de una fuerza espiritual particular en nuestra vida. Aquí, por ejemplo, recibimos protección contra el Mal de Ojo, que es la fuerza negativa generada por miradas envidiosas y rencorosas que recibimos de aquellos que tienen celos o malas intenciones hacia nosotros. Los kabbalistas atribuyen generalmente las dolencias y desgracias más comunes a los efectos del Mal de Ojo. Esto, por supuesto, funciona en ambas direcciones. Cuando infligimos nuestro propio Mal de Ojo en los demás, creamos una abertura y un espacio dentro de nosotros que atrae la negatividad, lo cual nos hace más vulnerables a las miradas envidiosas y rencorosas. Así pues, el acto de envidiar o desear daño a otros es un círculo vicioso, que trae un daño tanto al que envidia como al envidiado.

Por lo tanto, el punto encima de la palabra *uveineija* representa una fuerza que ayuda a erradicar la envidia y las malas intenciones que albergamos hacia otras personas, generando a cambio un escudo de protección a nuestro alrededor para protegernos de los efectos de cualquier Mal de Ojo que puedan dirigirnos los demás.

בֹּא־נָא אֶל־שִׁפְחָתִי אוּלַי אִבָּנֶה מִמֶּנָּה וַיִּשְׁמַע אַבְרָם לְקוֹל

שָׂרָי: 3 וַתִּקַּח שָׂרַי אֵשֶׁת־אַבְרָם אֶת־הָגָר הַמִּצְרִית

שִׁפְחָתָהּ מִקֵּץ עֶשֶׂר שָׁנִים לְשֶׁבֶת אַבְרָם בְּאֶרֶץ כְּנַעַן

וַתִּתֵּן אֹתָהּ לְאַבְרָם אִישָׁהּ לוֹ לְאִשָּׁה: 4 וַיָּבֹא אֶל־הָגָר

וַתַּהַר וַתֵּרֶא כִּי הָרָתָה וַתֵּקַל גְּבִרְתָּהּ בְּעֵינֶיהָ: 5 וַתֹּאמֶר שָׂרַי

אֶל־אַבְרָם חֲמָסִי עָלֶיךָ אָנֹכִי נָתַתִּי שִׁפְחָתִי בְּחֵיקֶךָ וַתֵּרֶא כִּי

הָרָתָה וָאֵקַל בְּעֵינֶיהָ יִשְׁפֹּט יְהוָֹה בֵּינִי וּבֵינֶיךָ: 6 וַיֹּאמֶר

אַבְרָם אֶל־שָׂרַי הִנֵּה שִׁפְחָתֵךְ בְּיָדֵךְ עֲשִׂי־לָהּ הַטּוֹב בְּעֵינָיִךְ

וַתְּעַנֶּהָ שָׂרַי וַתִּבְרַח מִפָּנֶיהָ: 7 וַיִּמְצָאָהּ מַלְאַךְ יְהוָֹה עַל־עֵין

הַמַּיִם בַּמִּדְבָּר עַל־הָעַיִן בְּדֶרֶךְ שׁוּר

8 וַיֹּאמַר הָגָר שִׁפְחַת שָׂרַי אֵי־מִזֶּה בָאת וְאָנָה

תֵלֵכִי וַתֹּאמֶר מִפְּנֵי שָׂרַי גְּבִרְתִּי אָנֹכִי בֹּרַחַת: 9 וַיֹּאמֶר לָהּ מַלְאַךְ

יְהוָֹה שׁוּבִי אֶל־גְּבִרְתֵּךְ וְהִתְעַנִּי תַּחַת יָדֶיהָ: 10 וַיֹּאמֶר לָהּ

מַלְאַךְ יְהוָֹה הַרְבָּה אַרְבֶּה אֶת־זַרְעֵךְ וְלֹא יִסָּפֵר

מֵרֹב: 11 וַיֹּאמֶר לָהּ מַלְאַךְ יְהוָֹה הִנָּךְ הָרָה וְיֹלַדְתְּ בֵּן

וְקָרָאת שְׁמוֹ יִשְׁמָעֵאל כִּי־שָׁמַע יְהוָֹה אֶל־עָנְיֵךְ: 12 וְהוּא

יִהְיֶה פֶּרֶא אָדָם יָדוֹ בַכֹּל וְיַד כֹּל בּוֹ וְעַל־פְּנֵי כָל

אֶחָיו יִשְׁכֹּן: 13 וַתִּקְרָא שֵׁם־יְהוָֹה הַדֹּבֵר אֵלֶיהָ

אַתָּה אֵל רֳאִי כִּי אָמְרָה הֲגַם הֲלֹם רָאִיתִי אַחֲרֵי רֹאִי: 14 עַל־כֵּן

קָרָא לַבְּאֵר בְּאֵר לַחַי רֹאִי הִנֵּה בֵין־קָדֵשׁ וּבֵין בָּרֶד:

15 וַתֵּלֶד הָגָר לְאַבְרָם בֵּן וַיִּקְרָא אַבְרָם שֵׁם־

בְּנוֹ אֲשֶׁר־יָלְדָה הָגָר יִשְׁמָעֵאל: 16 וְאַבְרָם בֶּן־שְׁמֹנִים

שָׁנָה וְשֵׁשׁ שָׁנִים בְּלֶדֶת־הָגָר אֶת־יִשְׁמָעֵאל לְאַבְרָם: [ס] 17 1 וַיְהִי

אַבְרָם בֶּן־תִּשְׁעִים שָׁנָה וְתֵשַׁע שָׁנִים וַיֵּרָא יְהוָֹה אֶל־אַבְרָם

² Yo estableceré Mi pacto contigo, y te multiplicaré en gran manera".

³ Entonces Avram se postró sobre su rostro y Dios habló con él:

⁴ "En cuanto a Mí, este es Mi pacto es contigo: serás padre de multitud de naciones.

⁵ Y no serás llamado más Avram; tu nombre será Avraham, porque Yo te haré padre de multitud de naciones.

⁶ Te haré fecundo en gran manera, y de ti haré naciones, y de ti saldrán reyes".

SÉPTIMA LECTURA - DAVID - MALJUT

⁷ "Estableceré Mi pacto contigo y con tu descendencia después de ti, por todas las generaciones, por pacto eterno, de ser Dios tuyo y de toda tu descendencia después de ti. ⁸ Y te daré a ti, y a tu descendencia después de ti, la tierra de tus peregrinaciones, toda la tierra de Canaán como posesión perpetua. Y Yo seré su Dios".

⁹ Y dijo Dios a Avraham: "Tú guardarás Mi pacto, tú y tu descendencia después de ti, por sus generaciones.

אַבְרָהָם

Génesis 17:5 – Mientras estaba todavía bajo la influencia de las estrellas, Avraham tenía el nombre de Avram. Después de su transformación espiritual, cuando dejó de estar gobernado por el hado, la letra aramea *Hei* fue añadida a su nombre, cambiándolo de Avram a Avraham.

Según los sabios, el nombre arameo de una persona es el código espiritual genético de su alma, y el concepto kabbalístico de alterar el nombre de una persona alfabéticamente puede compararse con la ciencia de la ingeniería genética, en la cual el código genético de una persona se altera para reducir una predisposición genética a distintas enfermedades y dolencias. Curiosamente, todo el ADN está estructurado y por consiguiente clasificado alfabéticamente, y nuestro código genético está escrito utilizando cuatro letras químicas: A, T, C y G, las letras iniciales de los nucleótidos que constituyen la cadena de ADN.

Así pues, igual que nuestros rasgos pueden cambiarse si se altera nuestro ADN, los rasgos de Avram cambiaron cuando su ADN espiritual fue alterado. Cuando su nombre cambió a Avraham, la totalidad de su ser se transformó.

Las influencias espirituales que emanan de este pasaje de la Biblia nos imbuyen con el poder de alterar nuestro ADN espiritual, cambiando así nuestro destino. Al transformar los aspectos negativos de nuestra naturaleza, nos elevamos por encima de las influencias cósmicas, eliminamos juicios que pueden pender sobre nosotros y evolucionamos a niveles más elevados de espiritualidad.

Puesto que cada una de las letras arameas también representa un número, debemos mirar el valor numérico del nuevo nombre de Avraham, que es 248, y que se corresponde precisamente con el número de huesos y segmentos óseos que hay en el cuerpo humano. Por lo tanto, nuestra conexión con el nombre "Avraham" establece una vibración sanadora, generada por la Luz y la

וַיֹּאמֶר אֵלָיו אֲנִי ∘אֲנִי∘ -אֵל שַׁדַּי ∘מהש∘ הִתְהַלֵּךְ ∘מייה∘ לְפָנַי ∘יהוה, יהה∘ וֶהְיֵה תָמִים:

2 וְאֶתְּנָה בְרִיתִי בֵּינִי וּבֵינֶךָ וְאַרְבֶּה ∘יצחק∘ ∘ד"פ ב"ן∘ אוֹתְךָ בִּמְאֹד ∘מ"ה∘ מְאֹד ∘מ"ה∘

3 וַיִּפֹּל אַבְרָם עַל-פָּנָיו וַיְדַבֵּר ∘ראה∘ אִתּוֹ אֱלֹהִים ∘ילה, מוב∘ לֵאמֹר: 4 אֲנִי ∘אני∘ הִנֵּה ∘מ"ה יה∘ בְרִיתִי אִתָּךְ וְהָיִיתָ לְאַב הֲמוֹן גּוֹיִם: 5 וְלֹא-יִקָּרֵא עוֹד אֶת-שִׁמְךָ אַבְרָם וְהָיָה ∘יהוה, יהה∘ שִׁמְךָ ∘ו"פ אל, רמ"וז∘ [אַבְרָהָם] כִּי אַב-הֲמוֹן גּוֹיִם נְתַתִּיךָ: 6 וְהִפְרֵתִי אֹתְךָ בִּמְאֹד ∘מ"ה∘ מְאֹד ∘מ"ה∘ וּנְתַתִּיךָ לְגוֹיִם וּמְלָכִים מִמְּךָ יֵצֵאוּ:

SÉPTIMA LECTURA - DAVID – MALJUT

7 וַהֲקִמֹתִי אֶת-בְּרִיתִי בֵּינִי וּבֵינֶךָ וּבֵין זַרְעֲךָ אַחֲרֶיךָ לְדֹרֹתָם לִבְרִית עוֹלָם לִהְיוֹת לְךָ לֵאלֹהִים ∘ילה, מוב∘ וּלְזַרְעֲךָ אַחֲרֶיךָ: 8 וְנָתַתִּי לְךָ וּלְזַרְעֲךָ אַחֲרֶיךָ אֵת | אֶרֶץ ∘אלהים דאלפין∘ מְגֻרֶיךָ אֵת כָּל -אֶרֶץ ∘ילי∘ ∘אלהים דאלפין∘ כְּנַעַן לַאֲחֻזַּת עוֹלָם וְהָיִיתִי לָהֶם לֵאלֹהִים ∘ילה, מוב∘: 9 וַיֹּאמֶר אֱלֹהִים ∘ילה, מוב∘ אֶל-אַבְרָהָם ∘ו"פ אל, רמ"וז∘ וְאַתָּה אֶת-בְּרִיתִי תִשְׁמֹר אַתָּה וְזַרְעֲךָ אַחֲרֶיךָ

---

misericordia de Avraham, que resuena por todo nuestro cuerpo y restaura nuestra salud natural.

Según la Kabbalah, el concepto de un nombre arameo es extremadamente importante, puesto que permite que los rasgos y cualidades asociados con ese nombre en particular se transfieran al alma de la persona. Este es el motivo por el cual se nos recomienda que demos a nuestros hijos el nombre de grandes figuras de la Biblia, para imbuirlos de los rasgos nobles de sus homónimos.

Lo contrario es también cierto. Si un niño recibe el nombre de un familiar que ha tenido dificultades en la vida —con respecto a la salud, las finanzas o el matrimonio— los rasgos espirituales y las deudas kármicas de este familiar a menudo son transmitidas a ese hijo. En tales casos, se nos recomienda que cambiemos el nombre del niño para conectarlo con personajes de la Biblia que son vehículos de una energía positiva y poderosa. Si un niño ha recibido el nombre de un familiar que tiene un nombre bíblico pero que también ha vivido grandes infortunios, es posible cambiar el ADN del nombre que el niño tiene en la actualidad. Por ejemplo, si el niño recibió el nombre de su desafortunado abuelo David, es posible redirigir el nombre del abuelo al Rey David. El nombre sigue siendo el mismo, pero a través de la meditación y otras herramientas espirituales, el ADN del nombre es sustituido por el del Rey David.

¹⁰ *Este es Mi pacto con ustedes y tu descendencia después de ti y que ustedes guardarán: todo varón de entre ustedes será circuncidado.*

¹¹ *Serán circuncidados en la carne de su prepucio, y esto será la señal de Mi pacto con ustedes.*

¹² *A la edad de ocho días será circuncidado entre ustedes todo varón por generaciones; asimismo el siervo nacido en tu casa, o que sea comprado con dinero a cualquier extranjero, que no sea de tu descendencia.*

¹³ *Ciertamente ha de ser circuncidado el siervo nacido en tu casa o el comprado con tu dinero. Así estará Mi pacto en la carne de ustedes como pacto perpetuo.*

¹⁴ *Pero el varón incircunciso, que no es circuncidado en la carne de su prepucio, esa persona será cortada de entre su pueblo. Ha quebrantado Mi pacto".*

¹⁵ *Y Dios dijo a Avraham: "A Sarai, tu mujer, no la llamarás Sarai; Sará será su nombre.*

¹⁶ *Y la bendeciré, y de cierto te daré un hijo por medio de ella. La bendeciré y será madre de naciones; reyes de pueblos vendrán de ella".*

¹⁷ *Entonces Avraham se postró sobre su rostro y se rió, y dijo en su corazón: "¿A un hombre de cien años le nacerá un hijo? ¿Y Sará, que tiene noventa años, concebirá?".*

¹⁸ *Y dijo Avraham a Dios: "¡Ojalá que Yishmael viva delante de ti!".*

וְנִמַלְתֶּם

Génesis 17:11 – El órgano sexual masculino corresponde al mundo espiritual de *Yesod*, que está localizado directamente sobre nuestro mundo de *Maljut*. *Yesod* es un vasto depósito sobre el cual los ocho Mundos Superiores vierten sus fuerzas espirituales individuales.

Yesod es el portal y el conducto a través del cual toda esta energía espiritual positiva fluye a nuestra dimensión. Esta gran Luz es responsable del milagro de la procreación y el placer de la sexualidad derivado del acto sexual. Pero como es de esperar, hay incontables fuerzas negativas que gravitan sobre *Yesod*, intentando atrapar la gran Luz que fluye de allí.

Esta situación se refleja de forma exacta en las condiciones de nuestro mundo, donde las fuerzas negativas se aferran al órgano sexual masculino (que es la representación física de

Yesod) a partir del momento en que un niño varón entra en el mundo. El propósito de la circuncisión es eliminar del bebé estas fuerzas espiritualmente dañinas.

Cuando se realiza de forma adecuada con meditación kabbalística, la circuncisión elimina toda esta negatividad y además fortalece el sistema inmunitario, reduciendo el riesgo de muchas enfermedades, incluido el cáncer. Este acto también beneficia al mundo en general. Con respecto a la circuncisión (que se conoce también como la Señal del Pacto), el *Zóhar* dice:

Quienquiera que conserva esta señal no bajará a Guehinom (Infierno), mientras la conserve apropiadamente...
– El Zóhar, Lej Lejá 36:385

Al estudiar este pasaje bíblico, purificamos el reino de *Yesod*, tanto Arriba como Abajo, al mismo tiempo que fortalecemos el Pacto y

לְדֹרֹתָם: 10 זֹאת בְּרִיתִי אֲשֶׁר תִּשְׁמְרוּ בֵּינִי וּבֵינֵיכֶם וּבֵין זַרְעֲךָ

אַחֲרֶיךָ הִמּוֹל לָכֶם כָּל־זָכָר יֵי 11 וּנְמַלְתֶּם אֵת בְּשַׂר עָרְלַתְכֶם

וְהָיָה יהוה, יהוה, לְאוֹת בְּרִית בֵּינִי וּבֵינֵיכֶם: 12 וּבֶן־שְׁמֹנַת יָמִים גכך יִמּוֹל לָכֶם

כָּל־זָכָר יֵי לְדֹרֹתֵיכֶם יְלִיד בָּיִת ב"פ ראה וּמִקְנַת־כֶּסֶף מִכֹּל יֵי בֶּן־נֵכָר

אֲשֶׁר לֹא מִזַּרְעֲךָ הוּא: 13 הִמּוֹל יִמּוֹל יְלִיד בֵּיתְךָ ב"פ ראה וּמִקְנַת כַּסְפֶּךָ

וְהָיְתָה בְרִיתִי בִּבְשַׂרְכֶם לִבְרִית עוֹלָם: 14 וְעָרֵל זָכָר אֲשֶׁר לֹא־יִמּוֹל

אֶת־בְּשַׂר עָרְלָתוֹ וְנִכְרְתָה הַנֶּפֶשׁ רמ"ח הַהִוא ד י היות מֵעַמֶּיהָ אֶת־בְּרִיתִי

הֵפַר: [ס] 15 וַיֹּאמֶר אֱלֹהִים יכה, מום אֶל־אַבְרָהָם וז"ה אל, רמ"ח שָׂרַי אִשְׁתְּךָ

לֹא־תִקְרָא אֶת־שְׁמָהּ שָׂרָי כִּי שָׂרָה אלהים דיודין ורבוע אלהים + ה שְׁמָהּ: 16

וּבֵרַכְתִּי אֹתָהּ וְגַם נָתַתִּי מִמֶּנָּה לְךָ בֵּן וּבֵרַכְתִּיהָ וְהָיְתָה לְגוֹיִם מַלְכֵי

עַמִּים ע"ה קס"א מִמֶּנָּה יִהְיוּ אלך: 17 וַיִּפֹּל אַבְרָהָם וז"ה אל, רמ"ח עַל־פָּנָיו וַיִּצְחָק

ד"פ בן וַיֹּאמֶר בְּלִבּוֹ הַלְּבֶן מֵאָה דמב, מלוי ע"ב שָׁנָה יִוָּלֵד וְאִם־שָׂרָה יורך

אלהים דיודין ורבוע אלהים + ה הֲבַת־תִּשְׁעִים שָׁנָה תֵּלֵד: 18 וַיֹּאמֶר אַבְרָהָם

---

ayudamos a evitar que nuestra alma viva cualquier clase de infierno.

שָׂרָה

Génesis 17:15 – Puesto que Sarai no podía tener hijos, su nombre se cambió de Sarai a Sará, reemplazando la letra aramea *Yud* por la letra *Hei* al final del nombre. Esto indicó un cambio genético espiritual que también transformó todo su ser, permitiéndole dar a luz un hijo.

Muchas mujeres en nuestra época tienen dificultades para concebir hijos, pero muy pocas son conscientes de que un simple cambio de nombre puede ayudarlas a eliminar los obstáculos espirituales y físicos que están en la raíz de su problema. El nombre de una mujer influye no sólo en su alma, sino también en alma de sus hijos. Esta es la razón por la cual una mujer debe elegir un nombre de la Biblia, para asegurarse de que tanto ella como sus

hijos puedan beneficiarse de los atributos más positivos y los rasgos más nobles que haya disponibles. El *Zóhar* dice:

> *Esto sigue a un pensamiento similar expresado por Rabí Jiyá que, así como Dios ha hecho en el Cielo, así ha hecho en la Tierra. Así como hay nombres sagrados en el Cielo, así hay nombres sagrados en la Tierra.*
> *– El Zóhar, Shemot 8:53*

La meditación en esta sección tiene la intención de compartir Luz con las mujeres que tienen dificultades para concebir o dar a luz hijos, y el poder que emana de ésta ayuda a destruir todos los obstáculos o enfermedades que evitan una concepción y un alumbramiento sanos.

¹⁹ Pero Dios dijo: "Ciertamente Sará, tu mujer, te dará un hijo, y le pondrás el nombre de Yitsjak; y estableceré Mi pacto con él, pacto perpetuo para su descendencia después de él.

²⁰ Y en cuanto a Yishmael, te he oído; he aquí, yo lo bendeciré y lo haré fecundo y lo multiplicaré en gran manera. Engendrará a doce príncipes y haré de él una gran nación.

²¹ Pero Mi pacto lo estableceré con Yitsjak, el cual Sará te dará a luz por este tiempo el año que viene".

²² Cuando terminó de hablar con él, ascendió Dios dejando a Avraham.

²³ Y Avraham tomó a su hijo Yishmael y a todos los siervos nacidos en su casa y a todos los que habían sido comprados con su dinero, a todo varón de entre las personas de la casa de Avraham, y aquel mismo día les circuncidó la carne de su prepucio, tal como Dios le había dicho.

MAFTIR

²⁴ Avraham tenía noventa y nueve años cuando fue circuncidado,

²⁵ y su hijo Yishmael tenía trece años cuando fue circuncidado.

²⁶ En el mismo día fueron circuncidados Avraham y su hijo Yishmael.

²⁷ También fueron circuncidados con él todos los varones de su casa, que habían nacido en la casa o que habían sido comprados a extranjeros.

וַיֹּאמֶר

Génesis 17:19 – Avraham tenía 99 años y su esposa, Sará, tenía 89 cuando el Creador informó a Avraham que ambos serían padres de un varón al cabo de un año. La razón por la que Dios reveló esta información mucho antes del nacimiento fue para plantar una semilla de certeza dentro de la conciencia de Avraham y Sará. Si tal certeza absoluta no hubiera estado totalmente grabada en sus mentes, el nacimiento nunca habría ocurrido.

La Biblia revela aquí una lección relacionada con el poder de la mente sobre la materia, demostrando así el principio que afirma que la conciencia es el 99 Por Ciento de la realidad, mientras que el mundo físico sólo representa un escaso 1 Por Ciento.

Los contenidos de esta sección fortifican y elevan nuestra propia conciencia y ayudan a toda la humanidad a lograr finalmente el milagro del control de la mente sobre la materia, obteniendo así el control absoluto sobre la existencia física.

אֶל־הָאֱלֹהִים יכה, מום לוּ יִשְׁמָעֵאל יִחְיֶה לְפָנֶיךָ: ס״ג ־ מ״ה ־ ב״ן וֹ״פ אל, רמ״ז

19 וַיֹּאמֶר אֱלֹהִים יכה, מום אֲבָל שָׂרָה אֶשְׁתְּךָ יֹלֶדֶת אלהים דיודין ורבוע אלהים ־ ה דַּן
לְךָ בֵּן וְקָרָאתָ אֶת־שְׁמוֹ מה״ע ע״ה יִצְחָק ד״פ ב״ן וַהֲקִמֹתִי אֶת־בְּרִיתִי אִתּוֹ
לִבְרִית עוֹלָם לְזַרְעוֹ אַחֲרָיו: 20 וּלְיִשְׁמָעֵאל שְׁמַעְתִּיךָ הִנֵּה | בֵּרַכְתִּי דַּן
אֹתוֹ וְהִפְרֵיתִי אֹתוֹ וְהִרְבֵּיתִי אֹתוֹ בִּמְאֹד מְאֹד מ״ה מְאֹד מ״ה שְׁנֵים־עָשָׂר
נְשִׂיאִם יוֹלִיד וּנְתַתִּיו לְגוֹי גָּדוֹל לההו, מבה, יכל, אוב: 21 וְאֶת־בְּרִיתִי אָקִים
אֶת־יִצְחָק ד״פ ב״ן אֲשֶׁר תֵּלֵד לְךָ שָׂרָה אלהים דיודין ורבוע אלהים ־ ה לַמּוֹעֵד הַזֶּה
בַּשָּׁנָה הָאַחֶרֶת: 22 וַיְכַל לְדַבֵּר ראה אִתּוֹ וַיַּעַל בְּעַל עלם מֵעַל אֱלֹהִים יכה, מום
אַבְרָהָם וֹ״פ אל, רמ״ז: 23 וַיִּקַּח וזעם אַבְרָהָם וֹ״פ אל, רמ״ז אֶת־יִשְׁמָעֵאל בְּנוֹ וְאֵת דַּן
כָּל־יְלִידֵי בֵיתוֹ ב״פ ראה וְאֵת כָּל־מִקְנַת כַּסְפּוֹ כָּל־זָכָר בְּאַנְשֵׁי
בֵּית ב״פ ראה אַבְרָהָם וֹ״פ אל, רמ״ז וַיָּמָל אֶת־בְּשַׂר עָרְלָתָם בְּעֶצֶם הַיּוֹם דַּן
הַזֶּה נגד, זן, מזבח והו כַּאֲשֶׁר דִּבֶּר ראה אִתּוֹ אֱלֹהִים יכה, מוב:

MAFTIR

24 וְאַבְרָהָם וֹ״פ אל, רמ״ז בֶּן־תִּשְׁעִים וָתֵשַׁע שָׁנָה בְּהִמֹּלוֹ בְּשַׂר עָרְלָתוֹ:
25 וְיִשְׁמָעֵאל בְּנוֹ בֶּן־שָׁלֹשׁ עֶשְׂרֵה שָׁנָה בְּהִמֹּלוֹ אֵת בְּשַׂר עָרְלָתוֹ:
26 בְּעֶצֶם הַיּוֹם נגד, זן, מזבח הַזֶּה והו נִמּוֹל אַבְרָהָם וֹ״פ אל, רמ״ז וְיִשְׁמָעֵאל בְּנוֹ:
27 וְכָל־אַנְשֵׁי בֵיתוֹ ב״פ ראה יְלִיד בָּיִת ב״פ ראה וּמִקְנַת־כֶּסֶף מֵאֵת בֶּן־נֵכָר
נִמֹּלוּ אִתּוֹ: [פ] [פ] [פ]

HAFTARÁ DE LEJ LEJÁ

Yeshayahu describe la guerra entre Avram y los reyes, y cómo Avram maquinó su derrota. Esto nos enseña que el Creador siempre está con nosotros en nuestras batallas, y si pensamos que

ISAÍAS 40:27-41:16

40 ²⁷ *¿Por qué dices, Yaakov, y afirmas, Israel: "Escondido está mi camino del Eterno, y mi juicio ha sido ignorado por mi Dios"?*

²⁸ *¿Acaso no lo sabes? ¿Es que no lo has oído? El Eterno, es el Dios sempiterno, el Creador de los confines de la Tierra. No se fatiga ni se cansa. Su entendimiento es inescrutable.*

²⁹ *Él da fuerzas al fatigado, y al que no tiene fuerzas, aumenta el vigor.* ³⁰ *Aun los jóvenes se cansan y se agotan, y los mancebos tropiezan y caen,*

³¹ *pero los que tienen esperanza en el Eterno renovarán sus fuerzas. Se remontarán con alas como las águilas; correrán y no se cansarán, caminarán y no se fatigarán.*

41 ¹ *"¡Guarden silencio ante Mí, ustedes islas!, y renueven sus fuerzas los pueblos. Acérquense y entonces hablen; juntos vengamos a juicio.*

² *¿Quién despertó del Oriente al justo y lo llama a Sus pies? Entrega ante él naciones, y a reyes somete. Los deja como polvo con su espada, como hojarasca los dispersa con su arco,*

³ *los persiguió, pasando en paz por una senda por donde no habían andado sus pies.*

⁴ *¿Quién lo ha hecho y lo ha realizado, llamando a las generaciones desde el principio? Yo, el Eterno —con el primero y con el último de ellos— soy Él".*

⁵ *Las islas han visto y temen, tiemblan los confines de la Tierra, se han acercado y han venido.* ⁶ *Cada uno ayuda a su prójimo, Y dice a su hermano: "¡Sé fuerte!".*

⁷ *El artífice anima al fundidor, y el que alisa a martillo, al que bate el yunque, diciendo de la soldadura: "Está bien". Entonces asegura su obra con clavos, para que no se mueva.*

⁸ *"Pero tú, Israel, siervo Mío, Yaakov, a quien he escogido, descendiente de Avraham, Mi amigo.*

HAFTARÁ DE LEJ LEJÁ

podemos obtener la victoria por nuestra cuenta, lo más seguro es que perdamos. Así pues, como Avram, debemos aprender a ceder ante nuestra necesidad de la ayuda y el poder del Creador.

יְשַׁעְיָהוּ פֶּרֶק 40, פָּסוּק 27 – פֶּרֶק 41, פָּסוּק 16

40 27 לָמָּה תֹאמַר יַעֲקֹב ‏אַהדֹנוּי - אידהנוה‏ וּתְדַבֵּר ‏ראה‏ יִשְׂרָאֵל נִסְתְּרָה ‏ב"פ מצר‏ דַרְכִּי ‏ב"פ יב"ק‏ מֵיְהֹוָה ‏אהדניאהדנהי‏ וּמֵאֱלֹהַי ‏דמב, ילה‏ מִשְׁפָּטִי ‏רפ"ח, ע"ב - רי"י‏ יַעֲבוֹר:

28 הֲלוֹא יָדַעְתָּ אִם ‏יוזר‏ לֹא שָׁמַעְתָּ אֱלֹהֵי ‏דמב, ילה‏ עוֹלָם | יְהֹוָה ‏אהדניאהדנהי‏ בּוֹרֵא קְצוֹת הָאָרֶץ ‏אלהים ההטן ע"ה‏ לֹא יִיעַף וְלֹא יִיגָע אֵין חֵקֶר לִתְבוּנָתוֹ:

29 נֹתֵן ‏אבגיתצ, ועדר, אהבת חנם‏ לַיָּעֵף ‏ר"ת נלך‏ כֹּחַ וּלְאֵין אוֹנִים עָצְמָה יַרְבֶּה:

30 וְיִעֲפוּ נְעָרִים וְיִגָעוּ וּבַחוּרִים כָּשׁוֹל יִכָּשֵׁלוּ: 31 וְקֹוֵי יְהֹוָה ‏אהדניאהדנהי‏ יַחֲלִיפוּ כֹחַ יַעֲלוּ אֵבֶר ‏ב"ן קנ"א‏ כַּנְּשָׁרִים יָרוּצוּ וְלֹא יִיגָעוּ יֵלְכוּ ‏כלי‏ וְלֹא יִיעָפוּ: [ס] 41 1 הַחֲרִישׁוּ אֵלַי אִיִּים וּלְאֻמִּים יַחֲלִיפוּ כֹחַ יִגְּשׁוּ אָז יְדַבֵּרוּ ‏ראה‏ יַחְדָּו לַמִּשְׁפָּט ‏ע"ה ה"פ אלהים‏ נִקְרָבָה: 2 מִי ‏ילה‏ הֵעִיר מִמִּזְרָח צֶדֶק יִקְרָאֵהוּ לְרַגְלוֹ יִתֵּן לְפָנָיו גּוֹיִם וּמְלָכִים יַרְדְּ יִתֵּן כֶּעָפָר חַרְבּוֹ ‏רי"י, גבורה‏ כְּקַשׁ נִדָּף קַשְׁתּוֹ: 3 יִרְדְּפֵם יַעֲבוֹר ‏רפ"ח, ע"ב - רי"י‏ שָׁלוֹם אֹרַח בְּרַגְלָיו לֹא יָבוֹא: 4 מִי ‏ילה‏ פָעַל וְעָשָׂה קֹרֵא הַדֹּרוֹת מֵרֹאשׁ ‏ריבוע אלהים - אלהים דיודין ע"ה‏ אֲנִי ‏אני‏ יְהֹוָה ‏אהדניאהדנהי‏ רִאשׁוֹן וְאֶת אַחֲרֹנִים אֲנִי ‏אני‏ הוּא: 5 רָאוּ אִיִּים וְיִירָאוּ קְצוֹת הָאָרֶץ ‏אלהים ההטן ע"ה‏ יֶחֱרָדוּ קָרְבוּ וַיֶּאֱתָיוּן: 6 אִישׁ ‏ע"ה קנ"א קס"א‏ אֶת רֵעֵהוּ יַעְזֹרוּ וּלְאָחִיו יֹאמַר חֲזָק ‏פהל‏ 7 וַיְחַזֵּק ‏פהל‏ חָרָשׁ אֶת צֹרֵף מַחֲלִיק פַּטִּישׁ אֶת הוֹלֶם פָּעַם אֹמֵר לַדֶּבֶק טוֹב ‏והו‏ הוּא וַיְחַזְּקֵהוּ ‏פהל‏ בְּמַסְמְרִים לֹא יִמּוֹט: [ס] 8 וְאַתָּה יִשְׂרָאֵל עַבְדִּי יַעֲקֹב ‏יאהדונהי - אידהנוה‏

⁹ *Tú, a quien tomé de los confines de la Tierra, y desde sus lugares más remotos te llamé, y te dije: 'Mi siervo eres tú'; Yo te he escogido y no te he rechazado.*

¹⁰ *No temas, porque Yo estoy contigo; no te desalientes, porque Yo soy tu Dios. Te fortaleceré, ciertamente te ayudaré, sí, te sostendré con la diestra de Mi justicia.*

¹¹ *Ciertamente, los que se enojan contra ti serán avergonzados y humillados. Los que luchen contigo serán como nada y perecerán.*

¹² *Aunque busques a tus enemigos, no los hallarás. Serán como nada, como si no existieran, los que te hacen guerra.*

¹³ *Porque Yo soy el Eterno, tu Dios, que sostiene tu diestra, que te dice: 'No temas, Yo te ayudaré'.*

¹⁴ *No temas, gusano de Yaakov, muertos de Israel; Yo te ayudaré" —declara el Eterno— "tu Redentor, el Santo de Israel.*

¹⁵ *Te he convertido en trillo nuevo, cortante, con muchos filos; trillarás los montes y los harás polvo, y los collados los harás como tamo.*

¹⁶ *Los beldarás y el viento se los llevará, y la tempestad los dispersará. Pero tú te regocijarás en el Eterno, en el Santo de Israel te gloriarás".*

אֲשֶׁר בְּחַרְתִּיךָ זֶרַע אַבְרָהָם וזׄ"פ אל, רמ"ח אֹהֲבִי: 9 אֲשֶׁר הֶחֱזַקְתִּיךָ פהל

מִקְצוֹת הָאָרֶץ אלהים דההין ע"ה וּמֵאֲצִילֶיהָ קְרָאתִיךָ וָאֹמַר לְךָ עַבְדִּי־אַתָּה

בְּחַרְתִּיךָ וְלֹא מְאַסְתִּיךָ: 10 אַל־תִּירָא כִּי עִמְּךָ נמס אני אָנִי אַל־תִּשְׁתָּע

כִּי־אֲנִי אני אֱלֹהֶיךָ ילה אִמַּצְתִּיךָ אַף־עֲזַרְתִּיךָ אַף־תְּמַכְתִּיךָ בִּימִין

צִדְקִי: 11 הֵן יֵבֹשׁוּ וְיִכָּלְמוּ כֹּל ילי הַנֶּחֱרִים בָּךְ יִהְיוּ אל כְאַיִן וְיֹאבְדוּ

אַנְשֵׁי רִיבֶךָ: 12 תְּבַקְשֵׁם וְלֹא תִמְצָאֵם אַנְשֵׁי מַצֻּתֶךָ יִהְיוּ אל כְאַיִן

וּכְאֶפֶס אַנְשֵׁי מִלְחַמְתֶּךָ: 13 כִּי אֲנִי אני יְהֹוָה אהדׄיׄ·יאהדונהי מ"ה - מ"ב אֱלֹהֶיךָ

ילה מַחֲזִיק יְמִינֶךָ נמס, ה' הויות דן הָאֹמֵר לְךָ אַל־תִּירָא אֲנִי אני עֲזַרְתִּיךָ: [ס]

14 אַל־תִּירְאִי תּוֹלַעַת יַעֲקֹב יאהדונהי - אידהנויה מְתֵי יִשְׂרָאֵל אֲנִי אני עֲזַרְתִּיךְ

נְאֻם־יְהֹוָה אהדׄיׄ·יאהדונהי וְגֹאֲלֵךְ קְדוֹשׁ יִשְׂרָאֵל: 15 הִנֵּה שַׂמְתִּיךְ לְמוֹרַג חָרוּץ וְזָרוֹץ

חָדָשׁ י"ב הויות בַּעַל פִּיפִיּוֹת תָּדוּשׁ הָרִים וְתָדֹק וּגְבָעוֹת כַּמֹּץ תָּשִׂים:

16 תִּזְרֵם וְרוּחַ מלוי אלהים דיודין תִּשָּׂאֵם וּסְעָרָה תָּפִיץ אוֹתָם וְאַתָּה תָּגִיל

בַּיהֹוָה אהדׄיׄ·יאהדונהי בִּקְדוֹשׁ יִשְׂרָאֵל תִּתְהַלָּל ללה: [ס]

VAYERÁ

LA LECCIÓN DE VAYERÁ
(Génesis 18:1–22:24)

Acerca de recibir huéspedes

Esta sección empieza el tercer día después de la circuncisión de Avraham. Incluso para un niño, se dice que es el día más doloroso, y Avraham no tenía nada de niño. Tenía 99 años, así que podemos asumir que su dolor fue mucho mayor. Sin embargo, el Creador sabía que aun en medio del dolor Avraham seguiría siendo generoso y hospitalario, siempre dispuesto a dar la bienvenida a cualquier viajero que pasara por el camino como su honorable huésped. De esto aprendemos que al compartir —aun cuando estamos sintiendo el dolor más grande— atraemos Luz de curación y misericordia del Creador a nuestra vida.

En el desierto siempre hace calor, pero el Creador hizo que este día en particular fuera aún más caluroso de lo habitual. El gran sabio Rashi lo describió así: "Dios sacó el Sol de su bolsillo". Los eruditos laicos han estado confundidos respecto al significado de esta extraña frase, preguntándose qué podría ser el "bolsillo" del Sol. En realidad, se refiere a la capa de ozono que rodea a la Tierra y que nos protege de la radiación ultravioleta del Sol. Así pues, al escuchar y hacer conexión con esta sección, podemos obtener protección de los agujeros mortales en la capa de ozono y de los cánceres de piel que son causados por los rayos no filtrados del Sol.

Los científicos han señalado que la destrucción de la capa de ozono podría dañar todas las plantas, los animales y el agua, causando así que el planeta sea incapaz de sustentar la vida humana. Nuestras conexiones con el *Zóhar*, con Rav Shimón bar Yojái y con esta lectura de la Torá tienen el poder de protegernos de tal desastre.

La Biblia nos dice a continuación que a pesar de este dolor y del calor insoportable, Avraham se quedó afuera, sentado en la entrada de su tienda. Debido a su naturaleza generosa, a Avraham no le perturbaba el dolor físico o la temperatura elevada. En su lugar, estaba preocupado porque no tenía invitados a quienes darles la bienvenida. Así que el Creador le envió tres ángeles.

Es bueno hacer una pausa aquí y pensar sobre el elevado nivel espiritual y la conexión con la Luz del Creador que Avraham había alcanzado, y sobre lo que le hacía tan diferente de nosotros.

Afortunadamente, la mayor parte del tiempo no tenemos dolor físico, ni tampoco 48 grados de temperatura a la sombra. No obstante, a diferencia de Avraham, estamos demasiado ocupados o distraídos para preocuparnos por nadie que no seamos nosotros mismos. Por lo tanto, la lección inicial que debemos aprender de Avraham es pensar en cuidar de los demás, sea cual sea nuestro nivel de incomodidad. Cuando hacemos este tipo de esfuerzo, cada uno acorde con su capacidad, Avraham nos ayudará. Avraham representa la fuerza de *Jésed* o misericordia en el universo. Al cuidar de los demás, estamos atrayendo en efecto la fuerza de la misericordia a nuestra vida. Si seguimos el camino de Avraham, aunque sea un poco cada día, la Luz del Creador estará allí para nosotros. Este es el mismo principio espiritual que se nos ha mostrado desde los primeros versículos de Génesis: cada paso que damos hacia la Luz trae a la Luz dos pasos más cerca de nosotros.

La *Guemará* (tratado) revela otras lecciones de esta historia de Avraham. Aprendemos, por ejemplo, que dar la bienvenida a los invitados tiene más importancia que dar la bienvenida al Rostro del Creador. Cuando el Creador se presentó ante Avraham en la forma de los tres ángeles, Avraham, que todavía sentía dolor por su circuncisión, aun así se levantó para recibir a sus invitados. También vale la pena recordar que, a través de la inspiración Divina, él obedecía todos los preceptos bíblicos (*mitsvot*) mucho antes de que la Biblia se entregara a la humanidad. Además, el mandamiento de dar la bienvenida a los invitados, que es indicativo de un nivel más elevado de conciencia que el acto de dar la bienvenida al Rostro del Creador, se origina con esta historia de Avraham. A continuación puede que nos preguntemos cómo supo Avraham que esa era la acción correcta.

En el comentario bíblico de Rav Zusha de Anipoli, se explica que Avraham bendijo todas las 248 partes de su cuerpo y los 365 ligamentos, con la intención de que cumplieran siempre la voluntad de Dios y nunca llevaran a cabo ninguna tarea contraria al deseo de Dios. Cuando los ángeles visitaron a Avraham en la entrada de su tienda, Avraham entendió que recibir a los invitados era un asunto enormemente importante debido a la forma en que su cuerpo respondió. Sus músculos le dieron la fuerza para ponerse de pie y sus pies tuvieron el poder de correr. Puesto que estaba consagrado a realizar sólo la voluntad de Dios, el cuerpo de Avraham no le habría permitido moverse si no hubiera sido lo correcto.

Al leer esta explicación, podemos tener la certeza de que el acto de dar la bienvenida a los invitados es espiritualmente más elevado que dar la bienvenida al Rostro del Creador. En todo lo que llevaba a cabo, la vida de Avraham estaba directamente conectada a Dios. Cada respiración, cada paso que daba, era exactamente lo que Dios quería que hiciera en aquel momento. Las manos y los pies de Avraham lo llevaban a veces a realizar acciones que él no entendía, pero él siempre tenía la certeza de que eso era lo que el Creador quería que hiciera.

Desde luego que no se requiere que nosotros alcancemos el nivel espiritual de Avraham. Ciertamente, casi todo lo que hacemos se fundamenta en nuestros propios deseos egoístas en lugar de hacerlo en la conexión con el Creador. No obstante, se espera de nosotros que alcancemos el nivel en el que nuestro potencial espiritual individual esté plenamente realizado. Rav Zusha lo resumió en pocas palabras: "No tengo miedo de que me pregunten en el Cielo por qué no fui como Avraham, porque responderé que yo no tenía los poderes Divinos que tenía Avraham. Pero me temo que ellos me preguntarán por qué no fui como Zusha. ¿Por qué no estaba en el nivel espiritual que se suponía debía alcanzar Zusha?". Así pues, se espera de cada persona que se transforme y se eleve espiritualmente según su propio nivel y carácter, lo cual significa que debemos aspirar como mínimo a todo lo que podemos llegar a ser.

Hay una historia sobre Rav Elimélej de Lizhensk (1717–1786) y Rav Zusha que ilustra maravillosamente el proceso a través del cual podemos empezar a elevar nuestra conciencia con el fin de alcanzar el nivel en el que nuestro cuerpo esté conectado con la Luz del Creador y podamos alcanzar nuestro potencial espiritual.

> *Un día, Rav Zusha estaba discutiendo con su hermano, Rav Elimélej. Rav Zusha dijo que lo más importante que una persona debe saber es cuán humilde es, y a partir de ahí podrá entender la grandeza del Creador. Rav Elimélej dijo lo opuesto: una persona debe observar primero la grandeza del Creador, y sólo al verla entenderá cuán humilde es realmente. Entonces le pidieron a su maestro, Rav Dov Ber, el Maguid de Mezeritch, que decidiera quién tenía razón. El Maguid dijo que, según su punto de vista, los dos tenían razón, y que ambas lecciones llevaban a una persona a pensar sobre sí misma como humilde ante el Creador. Esta conciencia elevará espiritualmente a la persona.*

La declaración final del Maguid (Rav Dov Ber, 1704–1772) deja claro que la única manera de asegurarnos de que todas nuestras acciones coincidan con la voluntad de Dios es estudiando nuestra propia pequeñez. Al captar lo mucho que no comprendemos, al darnos cuenta de que hay mucha más grandeza en el universo y dentro de la mente humana de la que pensamos que hay, nos estamos acercando al Creador. No hay mente que pueda comprender a Dios, pero nuestra mente pueden comprender nuestra propia falta de comprensión, y la sensación de asombro que resulta de ello nos lleva más cerca de Dios.

Esta sección también nos conecta con el poder inherente en los puntos que hay encima de las tres letras *Álef*, *Yud* y *Vav* en la frase: "Y le (en hebreo *elav*, formada por las letras *Álef*, *Lámed*, *Yud*, *Vav*) dijeron: ¿Dónde (en hebreo *ayeh*, formada por las letras *Álef*, *Yud*, *Hei*) está Sará?". Hay una conexión entre *Álef*, *Yud*, *Vav* y *Álef*, *Yud*, *Hei*, o entre los Mundos Superiores (*Álef*, *Yud*, *Vav*) y nuestro mundo de *Maljut* (*Álef*, *Yud*, *Hei*). Nuestro mundo sólo puede ser como los Mundos Superiores si nosotros nos hacemos más pequeños. Meditar en los puntos que hay en esta frase nos ayuda a reducir nuestro *Deseo de Recibir para Sí Mismo* hasta la medida de un punto minúsculo.

Tal como enseña frecuentemente el preeminente Kabbalista Rav Berg: Si queremos acortar el proceso de transformación, sólo podemos hacerlo conectando los dos mundos, el Superior y el Inferior. Y la mejor forma de lograrlo es haciéndonos más pequeños; no físicamente, por supuesto, sino encogiendo nuestro *Deseo de Recibir para Sí Mismo*. Los tres puntos contenidos en las palabras arameas de esta sección nos ayudan precisamente a hacer esto, y al mismo tiempo nos conectan con los tres ángeles que visitaron a Avraham.

Hay muchas formas de acelerar el proceso de reducir nuestra propia sensación de superioridad. Por ejemplo, nunca debemos pensar que nuestras opiniones son las únicas que tienen valor; debemos aprender a escuchar a los demás y a estar abiertos a sus ideas. Tampoco debemos asumir que sabemos lo que el Creador quiere de nosotros, porque puede que Dios quiera algo totalmente distinto. Quizás haya una oportunidad de negocio que podría proporcionarnos más dinero y más éxito que nuestra línea actual de trabajo; por otro lado, puede que necesitemos vivir tiempos de dificultad financiera para aprender una importante lección que quedará en nosotros para el resto de nuestra vida. Sea cual sea la tarea, nuestro propósito crucial y primordial debe ser reducir nuestra sensación de superioridad, pues es ésta la que nos impide entrar en los Reinos de la Luz.

En el *Zóhar* (*Emor 24:129*), leemos: "Ábreme una abertura tan estrecha como el ojo de una aguja, y Yo abriré para ti las puertas del Cielo". Para entrar a través de esta abertura, sólo necesitamos desinflar nuestro ego, que es una mera ilusión de nuestro yo real, un vapor similar a una nube que bloquea el Sol y se alimenta del calor húmedo de nuestros deseos egoístas. Cuando nos damos cuenta de que estos deseos nunca pueden ser satisfechos, sólo erradicados, podemos cortar la cuerda de salvamento de nuestro ego y empezar a destruirlo de forma permanente.

Rabán Gamliel solía decir:

> *Desea sólo lo que ya se te ha dado.*
> *Quiere sólo aquello que ya tienes.*
> *Como un río que se vacía en el océano,*
> *vacíate a ti mismo en la Realidad.*
> *Cuando te vacías en la Realidad,*
> *te llenas de compasión,*
> *y sólo deseas justicia.*
> *Cuando sólo deseas justicia,*
> *la voluntad de la Realidad se convierte en tu voluntad.*
> *Cuando estás lleno de compasión,*
> *no hay ningún yo que se oponga a otro*
> *y no hay nadie que se oponga a uno mismo.*
> *– Pirkei Avot 2:4*
> *(Pirkei Avot está traducido como "Las éticas de los padres". Contiene orientación y conexión espiritual de los eruditos rabínicos a lo largo de muchas generaciones).*

No es por casualidad que también leemos sobre la Atadura de Yitsjak en esta sección de la Biblia. Esta historia es de una significación enorme. Está claro que Dios no necesitaba que Avraham le ofreciera un sacrificio, ni tampoco necesitaba ver si Avraham amaba a su Hacedor. El Creador es omnisciente y, por lo tanto, ya conoce nuestros pensamientos y sentimientos, motivo por el cual debemos cuestionar por qué se consideró en primera instancia que se trataba de una prueba para Avraham. Asimismo, cuando examinamos este episodio, no debemos olvidar que una gran porción de la responsabilidad pertenecía a Yitsjak. En el momento del sacrificio, él tenía 37 años y ciertamente tenía la capacidad de elegir si actuar o no como sacrificio.

Los kabbalistas explican que en este incidente Avraham creó una abertura de Luz para todos. Si hay algunos juicios contra nosotros, podemos superarlos como resultado de la estructura espiritual que la Atadura de Yitsjak por parte de Avraham creó en el universo. La forma en la cual podemos conectar con esto es por medio de atar nuestro propio ego y de continuar haciéndolo, junto con nuestra prepotencia, más y más pequeño.

Finalmente, esta lectura es la única sección en la Biblia en la cual los puntos aparecen en dos lugares distintos. La segunda ocasión es en la palabra *uvekumá* (cuando ella se alzó). Cuando Lot estaba viviendo con sus dos hijas en una cueva después de escapar de Sodoma, está escrito que lo emborracharon y luego lo violaron. Esta es una de las secciones más desconcertantes de la Biblia, no sólo por la violación de un hombre por parte de una mujer, sino por la violación de un padre por parte de sus hijas. Esto enfatiza la indispensabilidad de la Kabbalah para cualquier lectura de las Escrituras, puesto que, como sucede a menudo, su explicación requiere algún conocimiento de la historia completa.

Los sabios enseñan que el Rey David descendía de Rut la moabita, que descendía del hijo que nació como resultado de la violación de Lot por parte de una de sus hijas. Así pues, a través de los puntos sobre la palabra *uvekumá*, la Biblia nos enseña que hasta la peor situación puede contener la Luz del Creador en ella. No existe literalmente ninguna persona tan corrupta que no pueda conectar con la Luz. El mismo Rey David era un descendiente de esa unión profana entre Lot y su hija, y el Rey David era y es el canal de la energía de *Maljut* para el mundo entero. Además, también sabemos que el Mesías, la encarnación de la transformación final de la humanidad, vendrá de los descendientes de Rut y David. El mensaje no puede ser más claro: cualquier persona en este mundo y en cualquier situación en la que se encuentre revela la Luz del Creador sólo si la buscamos. La sabiduría de los patriarcas lo expresa de la siguiente forma:

Todo lo que Dios,
la fuente y la sustancia de todo,
crea en este mundo
fluye naturalmente de la esencia
de la Naturaleza Divina de Dios.

La Creación no es una elección
sino una necesidad.
Es la Naturaleza de Dios
desplegar el tiempo y el espacio.

La Creación es la extensión de Dios.
La Creación es Dios encontrado en el tiempo y en el espacio.
La Creación es el infinito en la vestimenta de lo finito.

Atender a la Creación es atender a Dios.
Atender al momento es atender a la eternidad.
Atender a la parte es atender al todo.
Atender a la Realidad es vivir de forma constructiva.
    – Pirkei Avot 6:2

SINOPSIS DE VAYERÁ

Esta sección tiene capas muy profundas de significado, y nos ofrece numerosas lecciones y Luz espiritual para nuestra vida. Un simple versículo puede descifrarse y estudiarse durante años, y aun así no habrá entregado todos sus tesoros espirituales. Así pues, es muy importante que un estudiante no piense nunca que "ya leyó" la Biblia.

Examinemos ahora el tercer día y el más doloroso después de la circuncisión de Avraham. Avraham esperaba fuera de su casa con una única intención: atraer oportunidades a su vida que le permitieran realizar actos de compartir incondicionalmente. En lugar de estar convaleciente, sacrificó su deseo de comodidad. Esta acción le hizo merecedor de la visita de tres "hombres". El *Zóhar* dice:

> *Y aunque estaba sufriendo a causa de la circuncisión, corrió a saludarlos, de modo que no fallara en nada y se condujese de forma diferente a como era antes de la circuncisión, CUANDO SIEMPRE ACEPTABA Y DABA LA BIENVENIDA A NUEVOS HUÉSPEDES.*
> – El Zóhar, Vayerá 7:95

Como hemos mencionado previamente, los tres hombres eran en realidad ángeles que el Creador envió a Avraham para permitir que expresara su *Deseo de Compartir*. Estos ángeles otorgaron varias bendiciones a Avraham. Son estas bendiciones angelicales las que nos ayudan a crear vida y a evitar la pérdida de la vida en nuestros tiempos actuales. Aprendemos que realizar actos de caridad y salir de nuestra zona de confort tiene el poder de revertir cualquier sentencia de muerte decretada contra nosotros y nuestros seres queridos. Gracias a las acciones caritativas de Avraham, la Luz y el poder Divino brillan hoy sobre nosotros y nos ayudan a protegernos a nosotros mismos y a toda la humanidad. Tal como afirma el *Zóhar*:

> *Aun cuando hay una sentencia severa sobre el mundo, Dios recuerda el bien que una persona ha hecho y ha ameritado a través de otra gente. Como está escrito: "... pero la rectitud libra de la muerte" (Proverbios 11:4).*
> – El Zóhar, Vayerá 12:169

Mientras discuten esta sección en el *Zóhar*, los kabbalistas explican que hay veces que las malas acciones colectivas de los seres humanos llegan a proporciones tan grandes que al Ángel de la Muerte se le permite desatar un torrente de caos tan devastador que incluso los inocentes y justos se ven arrastrados en el proceso:

> *Cuando se le otorga permiso al Ángel de la Muerte para destruir, los justos están en tanto peligro como los perversos.*
> – El Zóhar, Vayerá 26:369

Sin embargo, lo contrario es también cierto, y ese el motivo por el cual el *Zóhar* dedica un espacio sagrado en sus páginas para explicar este tema. Cuando la Luz del *Zóhar* se pone en buen uso —como ocurre ahora— incluso los indignos se salvan, pues son purificados por los esfuerzos que hacemos cada día a través del enorme poder de este Libro Sagrado y de las acciones altruistas de Avraham el Patriarca.

PRIMERA LECTURA - AVRAHAM - JÉSED

18 ¹ **Y** el Eterno se le apareció a Avraham en el encinar de Mamré, mientras él estaba sentado a la puerta de la tienda en el calor del día.

COMENTARIO DEL RAV

La historia de la Atadura de Yitsjak no trata sobre el sacrificio humano, trata sobre cómo Avraham fue transformado por la certeza. Pero nunca habría sucedido si él no hubiera creído completa y totalmente en la naturaleza positiva de la Luz.

El *Zóhar* habla extensamente sobre esto. Para ser breve, la discusión concluye que si no creemos que tenemos el poder y la conciencia de superar un problema, nunca superaremos el problema. Pero cuando tenemos certeza, entonces ocurre la transformación, y pasamos de un escenario en el que la dificultad parece insuperable a un escenario en el que esta dificultad es lo más fácil de superar en el mundo.

Hasta que no tengamos la certeza del poder de la mente sobre la materia, este poder nunca podrá existir. Pero cuando tenemos certeza, existe una tecnología y otras herramientas de conexión por medio de las cuales podemos llegar a controlar nuestro entorno.

Puesto que no nos comportamos necesariamente como Avraham, aquí en la historia de Vayerá tenemos de nuevo la oportunidad de obtener esta energía de sanación, renacimiento y erradicación del caos. Pero algo nos está impidiendo llevar esto a cabo, y ese algo es nuestra envidia y nuestro ego, que destruyen todo lo que nos rodea. Avraham nunca tuvo un ojo maligno. Él conocía las leyes de este universo. Cuanto menos nos comportamos como víctimas, más Luz podemos recibir en nuestra vida. De esta manera vivió

Avraham, y de esta manera seremos merecedores de lo que es verdaderamente nuestro. La Atadura de Yitsjak nos da la oportunidad de atar nuestro *Deseo de Recibir para Sí Mismo* con actos de compartir, lo cual nos dará el dominio sobre la energía de la muerte por medio de unificar la energía de las Columnas Derecha e Izquierda, que es la fórmula para eliminar todo el caos.

מַמְרֵא

Génesis 18:1 – Cuando Avraham recibió la visita de los tres ángeles, estaba sentado en la entrada de su tienda ubicada en las llanuras de Mamré. El *Zóhar* revela un secreto sobre Mamré, y nos dice que Mamré se refiere en realidad a Yaakov. En una historia posterior de la Biblia, Yaakov, el futuro nieto de Avraham, nace de Yitsjak. Ignorando la causa y el efecto que existe en cualquier período de tiempo normal, el *Zóhar* se desarrolla en un ámbito espiritual más allá de los conceptos de tiempo y espacio, donde el pasado, el presente y el futuro se consideran como uno.

El *Zóhar* dice:

Éste es Yaakov, QUIEN ES LLAMADO MAMRÉ.
– El Zóhar, Vayerá 2:26

Con respecto a Yaakov, el *Zóhar* declara además:

Dios estableció un pacto con Yaakov solo, más que EL PACTO QUE ÉL ESTABLECIÓ con todos sus padres.
– El Zóhar, Vayerá 2:22

Aquí el *Zóhar* hace también una declaración asombrosa referente a la iluminación de la Luz

PRIMERA LECTURA - AVRAHAM – JÉSED

בְּאֵלֹנֵי מַמְרֵא יהוה אֵלָיו וַיֵּרָא 1 18

espiritual y de la simple luz del Sol. Dice que las tres Columnas de fuerza espiritual deben estar presentes para generar el resplandor de la Luz espiritual, y explica que esas tres Columnas corresponden a Avraham (*Columna Derecha*), Yitsjak (*Columna Izquierda*) y Yaakov (*Columna Central*). Además, el *Zóhar* atribuye una especial importancia a Yaakov, sin el cual la Luz no puede iluminar, y dice:

AVRAHAM E YITSJAK NO SON CAPACES DE BRILLAR SIN ÉL.
– *El Zóhar, Vayerá 2:22*

Esta verdad espiritual puede verse en nuestro mundo cotidiano de la siguiente manera:

• El Sol, que emana un flujo constante de rayos, corresponde a Avraham. Esta es la Columna Derecha (+) de compartir. Estos rayos de luz solar no brillan en el vacío del espacio porque por encima de la atmósfera de la Tierra no hay luz del día, a pesar de la presencia de fotones de luz en este vacío negro. La luz solar permanece invisible y por lo tanto inobservable.

• La Tierra, o cualquier objeto físico, corresponde al receptor, el destinatario que atrapa los rayos solares. Este es Yitsjak, la Columna Izquierda (–) de recibir. Aunque la Tierra pueda estar diseñada para ser la receptora de la luz solar, durante esta fase de recepción todavía no hay iluminación.

• Sin embargo, la Tierra refleja los rayos solares que entran en la atmósfera. En el punto de reflexión, se produce un resplandor inmediato. Este concepto de resistencia está correlacionado con Yaakov, la Columna Central de resistencia. Es este acto de reflexión y resistencia el que causa que los rayos del Sol iluminen nuestro mundo como luz brillante.

Así pues, sin reflexión y resistencia, la luz solar sigue siendo invisible al ojo humano y la oscuridad prevalece. Por este motivo, Avraham e Yitsjak requieren de los poderes refractivos de Yaakov para expresar la energía Divina que personifican, permitiendo que ésta ilumine —en todo su esplendor— nuestro plano material de existencia.

Una bombilla común funciona bajo el mismo principio. La bombilla posee un polo positivo y uno negativo: Avraham e Yitsjak, o las fuerzas de *Columna Derecha* y la *Columna Izquierda*, respectivamente. Sin embargo, la bombilla necesita una tercera fuerza o *Columna Central* de resistencia para producir iluminación. Esta es la función del filamento, que resiste la corriente eléctrica que fluye entre los polos positivo y negativo en la bombilla. En el momento en que hay resistencia —Yaakov, la *Columna Central*— el filamento empieza a encandecer, iluminando la estancia. En un átomo, estas tres columnas están correlacionadas con el protón (*Columna Derecha*), el electrón (*Columna Izquierda*) y el neutrón (*Columna Central*).

Este modelo específico tiene también aplicaciones en el ser humano:

• El alma está correlacionada con Avraham y el deseo de compartir.

• El ego está correlacionado con Yitsjak y los deseos egoístas.

• El libre albedrío para resistir los impulsos egoístas del ego y permitir que la voluntad de nuestra alma guíe nuestra vida está correlacionado con Yaakov.

Sólo a través del libre albedrío —definido como la determinación para resistirnos a nuestro ego, o la Inclinación al Mal— podemos llegar a encender alguna vez la Luz espiritual en nuestra vida. Si permitimos que nuestro ego controle

² Y alzó la mirada y he aquí que había tres hombres parados frente a él. Al verlos corrió de la puerta de la tienda a recibirlos, y se postró en tierra,

³ y dijo: "Señor mío, si ahora he hallado gracia ante tus ojos, te ruego que no pases de largo junto a tu servidor.

---

nuestro comportamiento y gobierne nuestra vida, entonces, de la misma forma que los fotones de luz emitidos por el Sol están presentes pero invisibles en el vacío del espacio, la Luz del Creador, aunque siempre está presente, permanecerá oculta para nosotros.

Así pues, por virtud de Yaakov (*Mamré*), esta sección de la Biblia nos habilita con el coraje para ejercer nuestro libre albedrío a diario y para triunfar sobre nuestros deseos impulsados por el ego, erradicando así la intolerancia, la codicia, la impaciencia, los celos y la ansiedad de nuestro corazón.

A continuación exploraremos el valor numérico y el significado espiritual de la palabra Mamré. Hay cinco letras del alfabeto arameo que cambian de forma (adoptan una forma distinta) cuando aparecen al final de una palabra en lugar de encontrarse dentro de ella. Éstas son: *Caf*, כ–ך (20), *Mem* מ–ם (40), *Nun* נ–ן (50), *Pei* פ–ף (80) y *Tsadi* צ–ץ (90); se conocen como "las cinco letras finales". Cuando se suman los valores numéricos de todas estas letras: 20 + 40 + 50 + 80 + 90 + 1 (por la unidad del Creador), el resultado es 281, que es también el valor numérico de Mamré.

Estas cinco letras finales están también correlacionadas con el momento de la Redención Final, conocido como la Era del Mesías, y con el concepto de la Resurrección de los Muertos. Desde un punto de vista kabbalístico, la era del Mesías es un tiempo en el que la humanidad estará conectada permanentemente con los Mundos Superiores, donde sólo habrá realización infinita y donde el dolor, el sufrimiento y la muerte no existirán. Es a través de esta simple palabra, Mamré, que podemos ayudar a ocasionar en nuestra propia época la llegada del Mesías y el advenimiento de la Resurrección de los Muertos. La Resurrección de los Muertos incluye resucitar cualquier área de nuestra vida que haya pasado por cualquier tipo de "muerte", ya sea la muerte de un negocio, de una relación, de un matrimonio, o incluso de nuestra paz interior y nuestra felicidad.

פְּתַח–הָאֹהֶל

Génesis 18:1 – La Biblia dice que Avraham estaba "sentado a la puerta de la tienda en el calor del día". El *Zóhar* explica que la puerta de la tienda es un código que representa un portal hacia los Mundos Superiores a los cuales Avraham podía acceder gracias a su circuncisión, puesto que la circuncisión era el Pacto con el Creador.

Al explicar la palabra "apareció", Rav Aba dijo que antes que Avraham fuera circuncidado, estaba impedido DE RECIBIR LAS LUCES CELESTIALES. Tan pronto como él fue circuncidado, todo apareció, INCLUYENDO TODAS LAS LUCES, YA QUE SU CUBIERTA FUE QUITADA. Y la Shejiná descansó sobre él en perfección completa, como debe ser. Ven y ve: ESTÁ ESCRITO: "...y él estaba sentado en la entrada de la tienda". "él" se refiere al mundo superior, A BINÁ, que descansa sobre el mundo inferior, QUE ES LA NUKVÁ.
– El Zóhar, Vayerá 1:13

Se nos dice que cuando Avraham alzó la mirada, vio a tres hombres que estaban parados ante él. Estos tres hombres representan a *Jésed, Guevurá* y *Tiféret*, los tres reinos espirituales del Mundo Superiore del Árbol de la Vida. Estos reinos acabaron expresándose en nuestra dimensión física como los Patriarcas Avraham, Yitsjak y Yaakov.

La frase "en el calor del día" está relacionada con el ámbito de *Jésed*, cuya longitud de onda de Luz espiritual se hace manifiesta en el concepto de la misericordia. En medio de un día de verano, el calor es mayor porque es el momento en el que la luz del Sol es arrojada sobre la Tierra en su ángulo más alto. Por lo tanto, *Jésed* lanza la mayor cantidad de Luz directa sobre nuestro corazón, llenándolos con la iluminación del amor y la misericordia. *Jésed* es el ámbito al que se conectó Avraham; así pues, se nos dice que Avraham es el vehículo por medio del cual la misericordia entra en nuestro mundo.

פָּתַח־הָאֹהֶל לאה, אלד ע״ה כּוֹם כו״ה הַיּוֹם נגר, זן, מזבחי 2 וַיִּשָּׂא עֵינָיו ריבוע מ״ה

לִקְרָאתָם מִפֶּתַח הָאֹהֶל לאה, אלד ע״ה וַיִּשְׁתַּחוּ אַרְצָה אלהים דההין ע״ה

וַיֵּרָא וְהִנֵּה מ״ה יה שְׁלֹשָׁה אֲנָשִׁים נִצָּבִים עָלָיו

3 וַיֹּאמַר אֲדֹנָי (וזול) אִם יוהך נָא מָצָאתִי חֵן מזי בְעֵינֶיךָ ע״ה קס״א אַל־נָא

La fuerza espiritual conocida como "misericordia" endulza cualquier juicio que se pronuncia sobre nosotros como resultado de nuestras acciones crueles e intolerantes. La misericordia en términos kabbalísticos se define también como tiempo, puesto que la misericordia nos ofrece tiempo adicional para arrepentirnos genuinamente y cambiar nuestro comportamiento, reemplazando las malas acciones por las buenas, para que de esta forma podamos repeler cualquier decreto pendiente en nuestra contra establecido por vía de la inevitable Ley Universal de Causa y Efecto.

Cuando nos elevamos por encima del dolor físico y emocional, y dirigimos nuestra conciencia a ayudar a los demás, tal como hizo Avraham, nos conectamos con los Mundos Superiores donde se despiertan bendiciones incalculables, que a su vez irradian Luz y misericordia a nuestra propia dimensión.

En el momento que escuchamos la lectura de esta sección, se encienden bendiciones ilimitadas a lo largo y ancho del universo. Estos versículos en sí mismos nos infunden el coraje y la fortaleza para trascender todas las formas de incomodidad física y nos inspiran a compartir y cuidar incondicionalmente de los demás, especialmente en los momentos en los que estamos más centrados en nosotros mismos. Y puesto que la misericordia es tan abundante durante esta lectura, podemos dedicar nuestra conciencia a nuestra propia transformación, la cual a su vez ayudará a neutralizar los juicios kármicos que penden sobre el mundo.

כּוֹם

Génesis 18:1 – Según el *Zóhar*, la frase "el calor del día" también se refiere a un rayo de Luz en particular que irradia del Reino Celestial conocido como *Jojmá*. Cuando cae sobre los malvados, esta Luz trae juicio, pero cuando los justos la perciben, los cura y los regenera. El *Zóhar* dice además que la frase "el calor del día" se refiere al final del tiempo: nuestro tiempo, el tiempo en el que tiene lugar la mayor revelación de Luz:

Éste es el Día del Juicio que arde como un horno para separar el alma del cuerpo.
– *El Zóhar, Vayerá 2:30*

Así pues, si hemos transformado nuestra naturaleza egoísta en una naturaleza generosa, esta Luz nos elevará hasta un ámbito de dicha. Pero si estamos atrapados por elección propia en la red de nuestro propio egoísmo, nuestro camino hacia la Luz será un camino de grandes dificultades, tormento y sufrimiento.

Todos y cada uno de nosotros poseemos rasgos egoístas y generosos. El brillo Divino de la Luz espiritual que emana de esta sección específica de la Biblia derrota gentilmente nuestros rasgos más oscuros, al mismo tiempo que asegura una Redención Final libre de juicio y rebosante de misericordia.

שְׁלֹשָׁה

Génesis 18:2 – Avraham se aseguró de que hubiera cuatro entradas a su tienda para que los visitantes pudieran entrar desde cualquier dirección. También perfeccionó sus capacidades clarividentes, abriéndose al mundo espiritual con su potencial para los encuentros con fuerzas angelicales. De hecho, todos nosotros nos cruzamos y nos encontramos con ángeles a diario, estemos donde estemos. Pero la mayor parte del tiempo estamos tan bloqueados y cerrados espiritual y emocionalmente que simplemente no percibimos el esplendor sutil y el fulgor refinado de estos seres sagrados.

⁴ Que se traiga ahora un poco de agua y lávense ustedes los pies, y reposen bajo el árbol.

⁵ Yo traeré un pedazo de pan para que se alimenten y después sigan adelante, puesto que han visitado a su servidor". "Haz así como has dicho", dijeron ellos.

⁶ Entonces Avraham fue de prisa a la tienda donde estaba Sará, y dijo: "Apresúrate a preparar tres medidas de flor de harina, amásala y haz tortas de pan".

La clave para ver la realidad verdadera dentro del mundo ilusorio de mutabilidad y muerte del 1 Por Ciento radica en eliminar los velos de la edad adulta, que empañan nuestra visión, y recuperar los ojos de la niñez.

A veces, un niño pequeño puede ser un canal para un ángel. Los acontecimientos aparentemente casuales o circunstancias únicas que parecen surgir de la nada a menudo significan que un ángel nos está enviado un mensaje.

Cuanto más abiertos estamos a escuchar mensajes del mundo y de las personas que nos rodean, más nos hablarán los ángeles. Pero si estamos cerrados a los mensajes, las opiniones y los puntos de vista de nuestros amigos y enemigos por igual, acabamos cerrándonos a los ángeles y a su sabiduría profunda.

וְרַחֲצוּ רַגְלֵיכֶם

Génesis 18:4 – El *Zóhar* nos enseña que el agua, como Avraham, se corresponde con la Luz purificadora de la Misericordia del Creador, mientras que los pies se corresponden con la *Sefirá* de *Maljut*, nuestro plano material de existencia. Así pues, el acto de Avraham de lavar los pies de los ángeles —sus tres visitantes misteriosos— alude al poder de la Luz de Avraham para purificar y sanar nuestro mundo, ahora y siempre. Avraham y Sará enseñaron a la gente de su generación la importancia espiritual de la inmersión en agua para limpiar el cuerpo y el alma de impurezas:

> *Así es como él [Avraham] purificaba a las personas de todos los pecados, incluyendo ésos del Lado Impuro y de la adoración de ídolos. Y del modo que él purificaba a los hombres, así ella [Sará]*

purificaba a las mujeres. Por lo tanto, todos aquéllos que venían a él eran completamente purificados...
– El Zóhar, Vayerá 7:108

Así pues, en esta sección recibimos personalmente limpieza y purificación por parte de la Luz del Creador, que se despierta a partir de la gran compasión y el cuidado personificados por Avraham y Sará, cuyo amor por la humanidad es tan eterno y constante como el brillante Sol.

וְהִשָּׁעֵנוּ

Génesis 18:4 – Avraham invitó a los tres hombres a sentarse debajo de un árbol mientras les preparaba algo de comer. Según el *Zóhar*, este árbol de Avraham poseía propiedades especiales:

> *Quienquiera que era puro era aceptado por el árbol. Pero quien era impuro no era aceptado. Avraham entonces sabía SI UNA PERSONA ERA IMPURA. Si éste era el caso, él lo purificaba con agua.*
> – El Zóhar, Vayerá 7:111

Si la persona que se sentaba debajo el árbol era un ser humano positivo, el árbol estiraba sus ramas para ofrecerle una sombra fresca y protección de los dañinos rayos solares. Pero si la persona era negativa, el árbol retiraba sus ramas y le negaba refugio al invitado.

Así pues, Avraham sabía quién era puro y estaba conectado a la Luz verdadera del Creador, y quién era impuro y estaba conectado a la idolatría y los propósitos egoístas. La idolatría no se refiere simplemente a las estatuas hechas por el hombre y los iconos antropomórficos que

תַּעֲבֹר מֵעַל עַבְדֶּךָ עלך: ४ יֻקַּח־נָא מְעַט־מַיִם חום׃ וְרַחֲצוּ רַגְלֵיכֶם

וְהִשָּׁעֲנוּ תַּחַת הָעֵץ עٍ"ה קס"א׃ ৫ וְאֶקְחָה פַת־לֶחֶם ג"פ יהוה וְסַעֲדוּ

לִבְּכֶם אַחַר תַּעֲבֹרוּ כִּי־עַל־כֵּן עֲבַרְתֶּם עַל־עַבְדְּכֶם וַיֹּאמְרוּ

כֵּן תַּעֲשֶׂה כַּאֲשֶׁר דִּבַּרְתָּ ראה׃ ৬ וַיְמַהֵר אַבְרָהָם וח"פ אל, רמ"ו הָאֹהֱלָה

---

son adorados como si fueran dioses. En términos kabbalísticos, un ídolo se define como cualquier posesión material o situación externa que esclaviza nuestras emociones y guía nuestro comportamiento. Nuestras tendencias negativas nos llevan a convertirnos en devotos de la riqueza y discípulos del placer decadente. Estamos obsesionados con imágenes y también rodeados de ellas; tanto los iconos culturales como la imagen propia que sentimos que debemos proyectar a los demás.

Si cualquiera de estos ídolos influye en el grado de satisfacción y alegría que tenemos en la vida, entonces hemos entregado el control. Hemos cortado nuestra conexión con nuestra alma y con la capacidad que le entregó Dios para generar felicidad desde el interior de nuestro ser. Pues la felicidad no está sujeta a las cosas; es un manantial que brota de su fuente sin razón y sin costo. Sin embargo, muchos la han perdido hoy en día, y no pueden volver a encontrar esa fuente de alegría. Este es el motivo por el cual Avraham ofrecía a una persona impura la oportunidad de limpiarse y purificarse.

A menudo en la vida nos asociamos con las personas erróneas, en parte porque nos dejamos engañar frecuentemente por las apariencias físicas. La lectura de esta sección nos ayuda a elevar nuestra conciencia para que, como Avraham, podamos discernir entre la gente positiva y la negativa que encontramos en nuestra vida.

Además, se nos dice que el árbol de Avraham también alude al Árbol de la Vida y al Árbol del Conocimiento del Bien y del Mal. La realidad del Árbol de la Vida es una realidad impecable, un reino de orden perfecto, dicha y sabiduría infinita. Este reino, que es la fuente de toda la felicidad humana, es imperceptible para nuestros cinco sentidos. Sin embargo, hay ocasiones en las que vislumbramos su realidad a través de la intuición, los sueños o las visiones.

> *Aun cuando él [Avraham] invitó a los ángeles, les pidió: "...reposen bajo el árbol" (Génesis 18:4) para probarlos. En esta forma, examinaba a cada persona. Y el secreto es que él decía esto por amor a Dios, quien es EL SECRETO DEL Árbol de la Vida para cada uno. Por esto es que LES DIJO: "reposen bajo el árbol", QUE ES DIOS, y no bajo la adoración de ídolos.*
> *– El Zóhar, Vayerá 7:113*

La realidad del Árbol del Conocimiento del Bien y del Mal se refiere a nuestra dimensión física de muerte y desorden. Este es el mundo que percibimos y vivimos a través de nuestros cinco sentidos. Cuando nos comportamos con intolerancia, insensibilidad y desconsideración por el bienestar de los demás, nos encontramos relegados —desprotegidos— a un reino de realidad equivalente a nuestro estado inferior de conciencia: el dominio del Árbol del Conocimiento del Bien y del Mal, cuyas hojas no proporcionan ningún cobijo de las fuerzas negativas. Entonces, sólo es cuestión de tiempo antes que se desencadene el desconcierto en nuestra vida y lo afecte todo: nuestra prosperidad, nuestras relaciones, incluso nuestra salud física y nuestro bienestar emocional.

Cuando escuchamos la lectura de este pasaje bíblico, nos situamos en la Realidad del Árbol de la Vida, donde un aura protectora de suave Luz envuelve nuestra forma física, erradica la oscuridad y la muerte, y crea en su lugar perfección, alegría e inmortalidad universal.

[7] Corrió también Avraham al rebaño y tomó un becerro tierno y de los mejores, y se lo dio al joven criado, que se apresuró a prepararlo.

[8] Tomó también mantequilla, leche y el becerro que había preparado, y lo puso delante de ellos. Mientras comían, Avraham se quedó de pie junto a ellos bajo el árbol. [9] Entonces ellos le dijeron: "¿Dónde está Sará, tu mujer?". "Allí en la tienda", les respondió.

[10] Y dijeron: "Ciertamente volveremos a ti por este tiempo el año próximo, y Sará tu mujer tendrá un hijo". Y Sará estaba escuchando a la puerta de la tienda que estaba detrás de él.

וְאֶל־הַבָּקָר

Génesis 18:7 – Avraham fue a buscar pan, carne y otros alimentos para los tres hombres que habían venido a visitarle. La solicitud incondicional de Avraham puede verse en su disposición a ir a buscar la comida él mismo. Aunque estaba sufriendo dolores por causa de su circuncisión, no le asignó la tarea a otra persona. Asumió la responsabilidad de alimentar a sus invitados y de asegurarse él mismo de que el trabajo se completara.

A menudo no logramos cumplir con nuestros propios objetivos espirituales ni con nuestras responsabilidades cotidianas. Delegamos nuestro trabajo a otras personas, quizás porque sólo nos complacemos en nuestro papel altivo como creadores de ideas o planificadores de un proyecto. O simplemente vamos sobreviviendo cada día, haciendo lo mínimo posible, cuando tendríamos que estar avanzando en búsqueda de nuestros objetivos en la vida, haciendo todo lo posible para lograrlos. Es importante vencer esta tendencia porque muy a menudo son las tareas pequeñas, tediosas y cotidianas las que despiertan las bendiciones y la Luz más grandes.

אֵלָיו

Génesis 18:9 – En diez lugares específicos de la Biblia está inscrito un punto o una serie de puntos en el pergamino encima de una palabra o frase específica. Aunque pequeños, estos puntos son fuerzas poderosas de energía, y cada una de ellas indica la presencia en el texto de una energía adicional y una lección única.

En Génesis 18:9, encontramos tres puntos sobre la palabra *elav* (a él), que aparece en la frase "y le dijeron". Las letras con puntos son *Álef, Yud* y *Vav,* y los puntos indican que vinieron tres ángeles a visitar a Avraham: Mijael, Rafael y Gavriel. El *Zóhar* también revela que los ángeles eran los mismos tres hombres que estuvieron parados cerca del patriarca en el exterior de su tienda:

> *El versículo: "… y ¡he aquí! que vio tres hombres…" (Génesis 18:12), se refiere a tres ángeles mensajeros que se visten con aire y bajan a este mundo con imagen humana.*
> *– El Zóhar, Vayerá 5:52*

Luego el *Zóhar* sigue explicando la función de estos ángeles:

> *Y cada uno DE LOS TRES ÁNGELES servía a un propósito diferente. Rafael, quien gobierna el poder de sanar, ayudó a Avraham a recuperarse de la circuncisión. Otro, Mijael, quien vino a informar a Sará que pariría un hijo, gobierna sobre el lado derecho. Toda la abundancia y las bendiciones del lado derecho son entregadas a él. Y Gavriel, quien vino a destruir Sodoma, gobierna sobre el lado izquierdo y es responsable por todos los Juicios en el mundo, CUANDO LAS SENTENCIAS VIENEN DEL LADO IZQUIERDO. La ejecución es hecha por el Ángel de la Muerte, EL PANADERO EN JEFE DEL REY, quien ejecuta LAS SENTENCIAS QUE SON PASADAS BAJO EL GOBIERNO DE GABRIEL.*
> *– El Zóhar, Vayerá 5:54–55*

אֶל־שָׂרָה אלהים דיודין ורבוע אלהים ~ ה וַיֹּאמֶר מַהֲרִי שְׁלֹשׁ סְאִים קֶמַח סֹלֶת

לוּשִׁי וַעֲשִׂי עֻגוֹת: 7 וְאֶל־הַבָּקָר רָץ אַבְרָהָם וֹ"ם אל, רמ"ח

וַיִּקַּח וֹ"ם בֶּן־בָּקָר רַךְ וָטוֹב יה וַיִּתֵּן אֶל־הַנַּעַר שׁ"ר וַיְמַהֵר

לַעֲשׂוֹת אֹתוֹ: 8 וַיִּקַּח וֹ"ם חֶמְאָה וְחָלָב וּבֶן־הַבָּקָר אֲשֶׁר עָשָׂה

וַיִּתֵּן לִפְנֵיהֶם וְהוּא־עֹמֵד עֲלֵיהֶם תַּחַת הָעֵץ קס"א ע"ה וַיֹּאכֵלוּ:

9 וַיֹּאמְרוּ אֵלָיו אַיֵּה שָׂרָה אלהים דיודין ורבוע אלהים ~ ה אִשְׁתֶּךָ וַיֹּאמֶר הִנֵּה

בָאֹהֶל לאה, אלד ע"ה: 10 וַיֹּאמֶר שׁוֹב אָשׁוּב אֵלֶיךָ אני כָּעֵת חַיָּה וְהִנֵּה מ"ה יה

Avraham era estéril y Sará había pasado por la menopausia hacía mucho tiempo, por lo que dar a luz un hijo a la edad avanzada de la pareja era inimaginable. El ángel Mijael, que está correlacionado con la Sefirá de Jésed, que personifica a la misericordia y el compartir, bendijo a Avraham y a Sará para que pudieran tener un hijo al cabo de un año.

Es a través de la vibración personificada por el ángel Mijael que logramos el control sobre el mundo material, incluyendo nuestros cuerpos físicos. El nivel de poder de la mente sobre la materia aumenta con cada acto de compartir que realizamos, especialmente aquellos actos que son difíciles de hacer.

Gabriel corresponde a la Sefirá de Guevurá, que es el juicio. El papel de Gabriel es canalizar esta energía de juicio a nuestra dimensión para destruir los poderes corruptos y negativos del mundo, representados por las ciudades de Sodoma y Gomorra.

En nuestra vida personal, debemos aprender a utilizar el poder del juicio con discreción espiritual atemperado por la misericordia. Así pues, un juicio invocado con justicia es equivalente a disciplinar a un niño que se comporta mal; está enraizado en el amor y preocupación por el bienestar del niño, no en la frustración o el enojo reactivo.

La Luz que emana a través de Gabriel destruye nuestros Sodoma y Gomorra internos, los impulsos negativos que nos tientan a gratificar nuestro propio ego a expensas de los demás.

Esta onda de Luz ablanda nuestro corazón para que nunca juzguemos a las personas con excesiva severidad.

Rafael es el conducto a través del cual la curación entra en el mundo. Rafael representa la energía del equilibrio, que está englobada por la Sefirá de Tiféret. Rafael curó las heridas de la circuncisión de Avraham y después salvó al sobrino de Avraham, Lot, cuando Sodoma y Gomorra fueron destruidas.

Cuando carecemos de equilibrio espiritual y nos inclinamos hacia las ilusiones de los placeres físicos y la riqueza material, se crea una abertura para que la enfermedad física entre en el sistema de nuestro cuerpo. Así pues, a través de la energía de Rafael, florece un anhelo de espiritualidad dentro de nosotros y en el mundo. La civilización humana, peligrosamente empapada en el materialismo, necesita esta energía para corregir su comportamiento y volverse más equilibrada. Por lo tanto, meditar colectivamente en la verdad interna de esta lectura es inmensamente beneficioso para el planeta.

וַיֹּאמֶר

Génesis 18:10 – Los ángeles, a través de las bendiciones de Mijael, le dijeron a Avraham que Sará daría a luz a un hijo al cabo de un año. La generosidad y el compartir incondicional de Avraham fue el factor clave que facilitó este milagro de la mente sobre la materia que resultó en el nacimiento de Yitsjak.

¹¹ Avraham y Sará eran ancianos, entrados en años, y a Sará le había cesado ya la costumbre de las mujeres.

¹² Sará se rió para sus adentros, diciendo: "¿Tendré placer después de haber envejecido, siendo también viejo mi señor?". ¹³ Y el Eterno dijo a Avraham: "¿Por qué se rió Sará, diciendo: ¿Concebiré en verdad siendo yo tan vieja?'. ¹⁴ ¿Hay algo demasiado difícil para el Eterno? Volveré a ti al tiempo señalado, por este tiempo el año próximo, y Sará tendrá un hijo".

SEGUNDA LECTURA - YITSJAK - GUEVURÁ

¹⁵ Pero Sará lo negó, porque tuvo miedo, diciendo: "No me reí". Y Él le dijo: "Pues sí, te has reído". ¹⁶ Entonces los hombres se levantaron de allí, y miraron hacia Sodoma. Avraham iba con ellos para despedirlos.

Las personas frecuentemente ofrecen caridad o llevan a cabo actos de bondad con segundas intenciones de algún tipo, aunque la segunda intención pueda ser inconsciente. Por supuesto, este tipo de actos no producen ninguna bendición. Los actos de compartir verdaderos sólo ocurren cuando no hay expectativas, tal como revela el *Zóhar*.

> *Fue muy cortés y apropiado que ellos (los ángeles) no dijeran nada a Avraham antes de que los invitara a comer. De esta manera, no parecería que él los invitó a comer a causa de las buenas noticias que le trajeron. Por lo tanto, sólo después de que el versículo afirma "y ellos comieron", le informaron acerca de las buenas noticias.*
> *– El Zóhar, Vayerá 7:102*

Aquí aprendemos que debemos llevar a cabo actos incondicionales de generosidad y bondad antes de esperar que se nos devuelva alguna bendición o que ocurra algún milagro. Si hay expectativas de algún tipo —y más aún si estamos calculando las bendiciones y los milagros que podemos esperar— nuestras acciones son anuladas y nada saldrá de éstas. Cuando nos deshacemos de nuestros intereses personales y nuestras expectativas y damos incondicionalmente con un corazón puro, lo recibimos todo. Esta es la paradoja Divina de la espiritualidad verdadera.

Un milagro es esencialmente un espejo que refleja un cambio espiritual profundo dentro de la naturaleza humana. Debido a que nuestra inclinación natural es ser autoindulgentes a expensas de los demás, cuando una persona dedica su vida a compartir con otras personas, el Creador hace que se revelen grandes maravillas en forma de milagros.

וַתִּצְחַק

Génesis 18:12 – Una lectura literal de esta sección específica parecería indicar que Sará dudaba sobre las maravillas de Dios y la posibilidad de dar a luz a su avanzada edad. Hasta parece como si se estuviera riendo de Dios; su respuesta roza el cinismo y la arrogancia. Pero un análisis más profundo del versículo revela secretos kabbalísticos que tienen una influencia drástica tanto en nosotros como en todo el mundo desde el momento en el que somos conscientes de ellos.

El primer hijo de Sará se llamaría Yitsjak. La palabra aramea Yitsjak significa "él reirá". Así pues, la frase "Sará se rió para sus adentros" alude kabbalísticamente a la "risa" como la implantación de la semilla espiritual de Yitsjak en el interior de Sará en ese mismo momento. Esto es mucho más que un ingenioso juego de palabras, puesto que revela un conocimiento

SEGUNDA LECTURA - YITSJAK - GUEVURÁ

interno de los acontecimientos descritos. Cuando una mujer que está teniendo dificultad para concebir conecta con esta sección, el milagro del nacimiento puede serle otorgado.

El aparente cinismo de Sará representa nuestro cinismo con respecto a la verdad del Creador y la capacidad de los humanos para lograr el control sobre la materia tan sólo con la mente. El prerrequisito para todos y cada uno de los milagros de la naturaleza es la certeza absoluta y la confianza, pero nuestro ego (Satán) implanta constantemente dudas y pensamientos cínicos en nuestra mente. El trabajo espiritual implica trascender esas incertidumbres artificiales inculcando una sensación de asombro apropiada para la grandeza y el orden extraordinarios del Universo y su Creador.

El Zóhar también indica que el nombre "Yitsjak" nos dice que esta risa se refiere a la alegría y el deleite que viviremos en la Era del Mesías, un tiempo en el que todas las personas y las cosas existirán en perfecta armonía. Por lo tanto, estas palabras de la Biblia implantan la semilla del Mesías en el mundo, poniendo en marcha un proceso que finalmente nos llevará a la risa y la alegría infinitas en nuestra vida.

הֲיִפָּלֵא

Génesis 18:14 – En respuesta a la risa de Sará y sus dudas de que pudiera concebir un hijo, Dios le dijo a Avraham: "¿Hay algo demasiado difícil para el Eterno? Volveré a ti al tiempo señalado, por este tiempo el año próximo, y Sará tendrá un hijo". El Zóhar explica que este versículo oculta secretos relacionados con la Resurrección de los Muertos y la Era del Mesías:

¿Qué se quiso decir con "el tiempo señalado"? Es el tiempo que Me es conocido para la resurrección de los muertos.
– El Zóhar, Vayerá 7:135

17 Pero el Eterno dijo: "¿Ocultaré a Avraham lo que voy a hacer? 18 Porque ciertamente Avraham llegará a ser una nación grande y poderosa, y en él serán benditas todas las naciones de la Tierra.

19 Y Yo lo he conocido, y sé que mandará a sus hijos y a su casa después de él que guarden el camino del Eterno, haciendo justicia y juicio, para que el Eterno cumpla en Avraham todo lo que ha dicho acerca de él".

20 Después el Eterno dijo: "El clamor de Sodoma y Gomorra ciertamente es grande, y su pecado es sumamente grave. 21 Descenderé ahora y veré si han hecho en todo conforme a su clamor, el cual ha llegado hasta Mí. Y si no, lo sabré".

22 Entonces los hombres se apartaron de allí y fueron hacia Sodoma, mientras Avraham estaba todavía de pie delante del Eterno.

23 Y Avraham se acercó y dijo: "¿En verdad destruirás al justo junto con el impío?. 24 Tal vez haya cincuenta justos dentro de la ciudad. ¿En verdad la destruirás y no perdonarás el lugar por amor a los cincuenta justos que hay en ella?.

25 Lejos de Ti hacer tal cosa: matar al justo con el impío, de modo que el justo y el impío sean tratados de la misma manera. ¡Lejos de Ti! El Juez de toda la Tierra, ¿no hará justicia?". 26 Y dijo el Eterno: "Si hallo en Sodoma cincuenta justos dentro de la ciudad, perdonaré a todo el lugar por consideración a ellos".

El *Zóhar* continúa en otro versículo:

> *Te regresaré ese mismo cuerpo que es sagrado, restaurado como antes, porque tú eres como los ángeles sagrados. Y ese día será alegre para Mí y Yo me regocijaré en ellos…*
> – El Zóhar, Vayerá 7:137

Este pasaje invoca el poder de la Resurrección de los Muertos —el amanecer de una era de inmortalidad, alegría ilimitada y risa— a fin de que aparezca en nuestros días. Reforzando este misterio, el *Zóhar* ofrece una reflexión sorprendente:

> *Cuando el cuerpo existe en este mundo, no ha llegado a la perfección. Después de que se vuelve justo, camina en los caminos de la honestidad, y muere en su rectitud, entonces es llamado: 'Sará' (lit. cuando haya lo necesario), ya que ha sido perfeccionado. Cuando llega a la Resurrección de los Muertos, todavía es llamado Sará, de modo que nadie*

> *puede decir que Dios ha revivido un cuerpo diferente. Y después revive y se regocija con la Shejiná, y el Creador ha borrado toda aflicción del mundo, tal como está escrito: "Él tragará a la muerte para siempre, y el Eterno secará las lágrimas de todas las caras" (Isaías 25:8). Entonces será llamado Yitsjak (reirá) por la la risa y la felicidad de los justos en el futuro.*
> – El Zóhar, Vayerá 29:401

Aquí el *Zóhar* nos está diciendo que la palabra "Sará" es una metáfora que representa a la humanidad tras haber completado su trabajo de transformación espiritual y el ego del hombre esté muerto y enterrado. Su hijo, Yitsjak, es una metáfora que representa el amanecer de la Resurrección de los Muertos, el renacimiento del hombre espiritual en un mundo que ofrece alegría y risas interminables. A través de la Luz que se revela en esta sección, nuestro ego queda enterrado y renace nuestra alma (nuestro verdadero Yo).

עַל־פְּנֵי וּזכמה ־ בינה סְדֹם ב״פ ב״ן וְאַבְרָהָם ו״פ אל, רמ״ח הֹלֵךְ מיה עִמָּם לְשַׁלְּחָם:

17 וַיהֹוָ״האדניאהדונהי אָמָר הַמְכַסֶּה אֲנִי מֵאַבְרָהָם אני ו״פ אל, רמ״ח אֲשֶׁר אֲנִי אני

עֹשֶׂה: 18 וְאַבְרָהָם ו״פ אל, רמ״ח הָיֹו יִהְיֶה ייי לְגוֹי גָּדוֹל לחוו, מבה, יזל, אום וְעָצוּם

וְנִבְרְכוּ יהוה ע״ב ריבוע מ״ה ־בוֹ כֹּל ילי גּוֹיֵי הָאָרֶץ אלהים דההין ע״ה: 19 כִּי יְדַעְתִּיו

לְמַעַן אֲשֶׁר יְצַוֶּה פוי אֶת־בָּנָיו וְאֶת־בֵּיתוֹ ב״פ ראה אַחֲרָיו וְשָׁמְרוּ דֶּרֶךְ

יְהֹוָ״האדניאהדונהי ב״פ יב״ק לַעֲשׂוֹת צְדָקָה ע״ה ריבוע אלהים וּמִשְׁפָּט ע״ה ה״פ אלהים לְמַעַן

הָבִיא יְהֹוָ״האדניאהדונהי עַל־אַבְרָהָם ו״פ אל, רמ״ח אֵת אֲשֶׁר־דִּבֶּר ראה עָלָיו:

20 וַיֹּאמֶר יְהֹוָ״האדניאהדונהי זַעֲקַת סְדֹם ב״פ ב״ן וַעֲמֹרָה כִּי־רָבָּה וְחַטָּאתָם

כִּי כָבְדָה מְאֹד מ״ה: 21 אֵרֲדָה־נָּא וְאֶרְאֶה הַכְּצַעֲקָתָהּ הַבָּאָה אֵלַי

עָשׂוּ | כָּלָה וְאִם ־לֹא אֵדָעָה: 22 וַיִּפְנוּ משם הָאֲנָשִׁים וַיֵּלְכוּ סְדֹמָה

וְאַבְרָהָם ו״פ אל, רמ״ח עוֹדֶנּוּ עֹמֵד לִפְנֵי יְהֹוָ״האדניאהדונהי: 23 וַיִּגַּשׁ אַבְרָהָם

ו״פ אל, רמ״ח וַיֹּאמַר הַאַף תִּסְפֶּה צַדִּיק עִם־רָשָׁע: 24 אוּלַי אום יֵשׁ וְחֲמִשִּׁים

צַדִּיקִם בְּתוֹךְ הָעִיר סֿוֿזֿוֿרֿ, עֿרֿי, סֿנֿדֿלֿפֿוֿן הַאַף תִּסְפֶּה וְלֹא־תִשָּׂא לַמָּקוֹם

יהוה ברבוע, ר״פ אל לְמַעַן וַחֲמִשִּׁים הַצַּדִּיקִם אֲשֶׁר בְּקִרְבָּהּ: 25 וְחָלִלָה לְּךָ

מֵעֲשֹׂת | כַּדָּבָר ראה הַזֶּה הֿוֿ לְהָמִית צַדִּיק עִם־רָשָׁע וְהָיָה יהה, יהה כַצַּדִּיק

כָּרָשָׁע וְחָלִלָה לָּךְ הֲשֹׁפֵט כָּל ־הָאָרֶץ אלהים דההין ע״ה לֹא יַעֲשֶׂה מִשְׁפָּט

ע״ה ה״פ אלהים: 26 וַיֹּאמֶר יְהֹוָ״האדניאהדונהי אם יוהך ־אֶמְצָא בִסְדֹם ב״פ ב״ן וַחֲמִשִּׁים

וַיֹּאמֶר

Génesis 18:20 – Puede que nos sorprenda descubrir que Avraham le suplicó a Dios que salvara Sodoma y Gomorra, los centros de corrupción y maldad más negativos del mundo. Pero Avraham entendía que, por muy malvada o malintencionada que sea una persona, cada individuo que existe en el mundo posee una chispa de Dios, y por lo tanto es un hijo de la Creación.

Avraham sintió en su interior que debía suplicar por las vidas de las personas más negativas de la Tierra. Si tuviéramos las mismas inclinaciones positivas con los demás que él, imagina todo lo tolerantes y sensibles que podríamos ser con nuestros propios amigos, familia, conocidos y enemigos, especialmente cuando hemos sido víctimas de su comportamiento negativo. Uno de los grandes objetivos de nuestra vida es aprender a actuar con tolerancia y paciencia con todo el mundo, ni prefiriendo aquellos más cercanos a nosotros, ni rechazando a aquellos que no nos caen bien o que no conocemos.

[27] *Avraham respondió: "Ahora que me he atrevido a hablar al Eterno, yo que soy polvo y ceniza.* [28] *Tal vez falten cinco para los cincuenta justos. ¿Destruirás por los cinco a toda la ciudad?". Y Él respondió: "No la destruiré si hallo allí cuarenta y cinco".*

[29] *Avraham le habló de nuevo: "Tal vez se hallen allí cuarenta". Y Él respondió: "No lo haré, por consideración a los cuarenta".*

[30] *Entonces Avraham dijo: "No se enoje ahora el Eterno, y hablaré. Tal vez se hallen allí treinta". Y Él respondió: "No lo haré si hallo allí treinta".*

[31] *Y Avraham dijo: "Ahora me he atrevido a hablar al Eterno. Tal vez se hallen allí veinte". Y Él respondió: "No la destruiré por consideración a los veinte".* [32] *Entonces Avraham dijo: "No se enoje ahora el Eterno, y hablaré sólo esta vez. Tal vez se hallen allí diez". Y Él respondió: "No la destruiré por consideración a los diez".* [33] *Y tan pronto como acabó de hablar con Avraham, el Eterno se fue, y Avraham volvió a su lugar.*

TERCERA LECTURA - YAAKOV - TIFÉRET

[19] [1] *Los dos ángeles llegaron a Sodoma al caer la tarde, cuando Lot estaba sentado a la Puerta de Sodoma. Al verlos, Lot se levantó para recibirlos y se postró rostro en tierra,*

[2] *y les dijo: "Señores míos, les ruego que entren en la casa de su siervo y pasen en ella la noche y laven sus pies. Entonces se levantarán temprano y continuarán su camino". "No", dijeron ellos, "pasaremos la noche en la calle".*

Avraham sintió en su interior que debía suplicar por las vidas de las personas más negativas de la Tierra. Si tuviéramos las mismas inclinaciones positivas hacia los demás que él, imagina todo lo tolerantes y sensibles que podríamos ser hacia nuestros propios amigos, familia, conocidos y enemigos, especialmente cuando hemos sido víctimas de su comportamiento negativo. Uno de los grandes objetivos de nuestra vida es aprender a actuar con tolerancia y paciencia hacia todo el mundo, ni prefiriendo aquellos más cercanos a nosotros, ni rechazando a aquellos que no nos gustan o que no conocemos.

וַיָּבֹאוּ

Genesis 19:1 – Sodoma y Gomorra son representativas del nivel más bajo de la naturaleza humana, donde el mal se convierte en la norma y prevalecen los rasgos más oscuros y barbáricos del hombre. Desde la perspectiva de cualquier civilización, los valores y las costumbres de Sodoma y Gomorra estaban invertidos; eran un mundo al revés. Como ilustración de esta total perversidad, se nos cuenta que las personas que realizaban actos bondadosos eran asesinadas inmediatamente. Lot, el sobrino de Avraham, tenía una hija a quien sorprendieron dando pan a un mendigo. Los habitantes de la ciudad la cubrieron de miel y la dejaron en un tejado, donde las abejas la picaron hasta matarla. Como otro ejemplo, los guardas se paraban en las puertas de la ciudad para evitar que las personas hospitalarias ofrecieran sus casas a los visitantes para pasar la noche.

Además, la perversión sexual proliferaba. La bestialidad, la violación, el incesto y el abuso eran formas de comportamiento aceptadas y prevalecían en ambas ciudades.

צַדִּיקִם בְּתוֹךְ הָעִיר בַּזֹּהַר, עֵרִי, סַנְדַלְפוֹן וְנָשָׂאתִי יה ⁄ אֲדֹנָי לְכָל ⁃הַמָּקוֹם

יהוה ברבוע, ו"פ אל בַּעֲבוּרָם: 27 וַיַּעַן אַבְרָהָם ח"ס אל, רמ"ח וַיֹּאמַר הִנֵּה מ"ה יה ⁃נָא

הוֹאַלְתִּי לְדַבֵּר ראה אֶל⁃אֲדֹנָי ללה וְאָנֹכִי איע עָפָר וָאֵפֶר מנצפ"ך ע"ה: 28 אוּלַי

אום יַחְסְרוּן וַחֲמִשִּׁים הַצַּדִּיקִם חֲמִשָּׁה הֲתַשְׁחִית בַּחֲמִשָּׁה אֶת⁃כָּל יל⁃

הָעִיר בַּזֹּהַר, עֵרִי, סַנְדַלְפוֹן וַיֹּאמֶר לֹא אַשְׁחִית אִם יוהך ⁃אֶמְצָא שָׁם אַרְבָּעִים

וַחֲמִשָּׁה: 29 וַיֹּסֶף צִיון, קנאה, ו"פ יהוה, ה"פ אל עוֹד לְדַבֵּר ראה אֵלָיו וַיֹּאמַר אוּלַי

אום יִמָּצְאוּן שָׁם אַרְבָּעִים וַיֹּאמֶר לֹא אֶעֱשֶׂה בַּעֲבוּר הָאַרְבָּעִים:

30 וַיֹּאמֶר אַל⁃נָא יִחַר לַאדֹנָי וַאֲדַבֵּרָה ללה ראה אוּלַי אום יִמָּצְאוּן שָׁם

שְׁלֹשִׁים וַיֹּאמֶר לֹא אֶעֱשֶׂה אִם יוהך ⁃אֶמְצָא שָׁם שְׁלֹשִׁים: 31 וַיֹּאמֶר

הִנֵּה מ"ה יה ⁃נָא הוֹאַלְתִּי לְדַבֵּר ראה אֶל⁃אֲדֹנָי ללה אוּלַי אום יִמָּצְאוּן שָׁם

עֶשְׂרִים וַיֹּאמֶר לֹא אַשְׁחִית בַּעֲבוּר הָעֶשְׂרִים: 32 וַיֹּאמֶר אַל⁃נָא יִחַר

לַאדֹנָי ללה וַאֲדַבְּרָה אהיה ראה אַךְ ⁃הַפַּעַם אוּלַי אום יִמָּצְאוּן שָׁם עֲשָׂרָה

וַיֹּאמֶר לֹא אַשְׁחִית בַּעֲבוּר הָעֲשָׂרָה: 33 וַיֵּלֶךְ כלי יהואדני⁄אהדונהי כַּאֲשֶׁר

כִּלָּה לְדַבֵּר ראה אֶל⁃אַבְרָהָם ח"ס אל, רמ"ח וְאַבְרָהָם ח"ס אל, רמ"ח שָׁב לִמְקֹמוֹ:

TERCERA LECTURA - YAAKOV - TIFÉRET

19 1 וַיָּבֹאוּ שְׁנֵי הַמַּלְאָכִים סְדֹמָה בָּעֶרֶב רבוע אלהים רבוע יהוה וְלוֹט מ"ה יֹשֵׁב

בְּשַׁעַר⁃סְדֹם ב"פ בן וַיַּרְא⁃לוֹט מ"ה זן וַיָּקָם לִקְרָאתָם וַיִּשְׁתַּחוּ אַפַּיִם אָרְצָה

אלהים דההין ע"ה: 2 וַיֹּאמֶר הִנֵּה יהוה מ"ה נָא⁃אֲדֹנַי זן סוּרוּ נָא אֶל⁃בֵּית ב"פ ראה

וַיֹּאמֶר

Génesis 19:2 – Podemos encontrar la salvación a través de la generosidad. Como se ha mencionado previamente, en el momento de la destrucción de Sodoma y Gomorra vinieron dos ángeles a la Tierra. Gabriel vino a destruir Sodoma y Gomorra, y Rafael vino a salvar a Lot. Cuando Lot los vio entrar en la ciudad, corrió a invitarles a su casa, aunque sabía que la muerte era el castigo prescrito para el comportamiento hospitalario.

³ Él, sin embargo, les rogó con insistencia, y ellos se desviaron hacia él y entraron en su casa. Lot les preparó un banquete y coció pan sin levadura, y comieron. ⁴ Aún no se habían acostado, cuando los hombres de la ciudad, los hombres de Sodoma, rodearon la casa, tanto jóvenes como viejos, todo el pueblo de extremo a extremo.

⁵ Y llamaron a Lot, y le dijeron: "¿Dónde están los hombres que vinieron a ti esta noche? Sácalos para que los conozcamos". ⁶ Entonces Lot salió a ellos a la entrada, y cerró la puerta tras sí, ⁷ y dijo: "Hermanos míos, les ruego que no obren perversamente.

⁸ Miren, tengo dos hijas que no han conocido varón. Permítanme sacarlas a ustedes y hagan con ellas como mejor les parezca. Pero no hagan nada a estos hombres, pues se han amparado bajo mi techo".

⁹ Ellos dijeron "¡Hazte a un lado!". Y dijeron además: "Este ha venido como extranjero, y ya está actuando como juez; ahora te trataremos a ti peor que a ellos". Se lanzaron contra Lot y estaban a punto de romper la puerta, ¹⁰ pero los dos hombres adentro extendieron la mano y metieron a Lot en la casa con ellos, y cerraron la puerta.

¹¹ Y a los hombres que estaban a la entrada de la casa los hirieron con ceguera desde el menor hasta el mayor, de manera que se cansaran tratando de hallar la entrada. ¹² Entonces los dos hombres dijeron a Lot: "¿A quién más tienes aquí? Yernos, tus hijos, tus hijas y quienquiera que tengas en la ciudad, sácalos de este lugar,

¹³ porque vamos a destruir este lugar, pues su clamor ha llegado a ser tan grande delante del Eterno, que el Eterno nos ha enviado a destruirlo".

El *Zóhar* explica que Avraham se había aparecido a Lot en una visión y le había dicho que diera una cálida bienvenida a aquellos visitantes o, de lo contrario, moriría. Así pues, este acto de compartir, de dar la bienvenida a su casa a aquellos visitantes, es lo que salvó la vida de Lot. Debemos señalar que la capacidad de Lot para recibir la visión e interpretar el mensaje tuvo una importancia clave para su supervivencia. Estas son las capacidades que también nosotros debemos fomentar en nosotros mismos. Una evidencia temprana de que esta capacidad se está desarrollando aparece cuando aprendemos a confiar y a seguir nuestros instintos más elevados.

Antes de que se ejecute cualquier juicio en este mundo físico, se le da a cada uno de nosotros la oportunidad de endulzar o anular el juicio a través de un acto caritativo o de compartir. Estas oportunidades nos las envía el Creador, pero raras veces las reconocemos. Esto se debe a que estamos consumidos por el interés propio,

que bloquea nuestra capacidad innata para recibir información de los Mundos Superiores. Por consiguiente, el resultado inevitable es el dolor y la confusión (el juicio severo).

La Luz que irradia a través de esta historia eleva nuestra conciencia para que podamos identificar aquellos momentos de nuestra vida que son para compartir. En lugar de dejar pasar estas oportunidades y simultáneamente racionalizar nuestro comportamiento egoísta, estamos profundamente inspirados para realizar acciones caritativas y actos de amabilidad sabiendo que estamos alterando nuestro destino personal de una forma profundamente positiva.

Además, la Luz de este pasaje repele todos los veredictos de culpabilidad que se han declarado en contra de la humanidad por nuestras acciones pasadas intolerantes y negativas. Debemos sentir nuestra gratitud más profunda por nuestro antepasado Avraham por este regalo.

עֲבָדְכֶם וְלִינוּ וְרַחֲצוּ רַגְלֵיכֶם וְהִשְׁכַּמְתֶּם וַהֲלַכְתֶּם מ״ה לְדַרְכְּכֶם

וַיֹּאמְרוּ לֹּא כִּי בָרְחוֹב נָלִין: 3 וַיִּפְצַר־בָּם מ״ב מְאֹד וַיָּסֻרוּ אֵלָיו וַיָּבֹאוּ

אֶל־בֵּיתוֹ ב״פ ראה וַיַּעַשׂ לָהֶם מִשְׁתֶּה וּמַצּוֹת אָפָה וַיֹּאכֵלוּ: 4 טֶרֶם רמ״ח העיה

יִשְׁכָּבוּ וְאַנְשֵׁי הָעִיר סוזך, ערי, סנדלפון אַנְשֵׁי סְדֹם ב״פ בן נָסַבּוּ עַל־הַבַּיִת

ב״פ ראה מִנַּעַר שיר וְעַד־זָקֵן כָּל־הָעָם מִקָּצֶה ג״פ אדני: 5 וַיִּקְרְאוּ אֶל־לוֹט

מ״ה וַיֹּאמְרוּ לוֹ אַיֵּה הָאֲנָשִׁים אֲשֶׁר־בָּאוּ אֵלֶיךָ אני הַלָּיְלָה מלה הוֹצִיאֵם

אֵלֵינוּ וְנֵדְעָה אֹתָם: 6 וַיֵּצֵא אֲלֵהֶם לוֹט מ״ה הַפֶּתְחָה וְהַדֶּלֶת סָגַר

אַחֲרָיו: 7 וַיֹּאמַר אַל־נָא אַחַי תָּרֵעוּ: 8 הִנֵּה מ״ה יה ־נָא לִי שְׁתֵּי בָנוֹת

אֲשֶׁר לֹא־יָדְעוּ אִישׁ עיה קנ״א קס״א אוֹצִיאָה־נָּא אֶתְהֶן אֲלֵיכֶם וַעֲשׂוּ לָהֶן

כַּטּוֹב והו בְּעֵינֵיכֶם רביע מ״ה רַק לָאֲנָשִׁים הָאֵל לאם (אלר עיה) אַל־תַּעֲשׂוּ דָבָר

ראה כִּי־עַל־כֵּן בָּאוּ בְּצֵל קֹרָתִי: 9 וַיֹּאמְרוּ | גֶּשׁ־הָלְאָה וַיֹּאמְרוּ הָאֶחָד

אהבה, דאגה בָּא־לָגוּר וַיִּשְׁפֹּט שָׁפוֹט עַתָּה נָרַע לְךָ מֵהֶם וַיִּפְצְרוּ בָאִישׁ

עיה קנ״א קס״א בְּלוֹט מ״ה מְאֹד מ״ה וַיִּגְּשׁוּ לִשְׁבֹּר הַדָּלֶת: 10 וַיִּשְׁלְחוּ הָאֲנָשִׁים

אֶת־יָדָם וַיָּבִיאוּ אֶת־לוֹט מ״ה אֲלֵיהֶם הַבָּיְתָה ב״פ ראה וְאֶת־הַדֶּלֶת סָגָרוּ:

11 וְאֶת־הָאֲנָשִׁים אֲשֶׁר־פֶּתַח הַבַּיִת ב״פ ראה הִכּוּ בַּסַּנְוֵרִים מִקָּטֹן וְעַד־גָּדוֹל

להו, מבה, יזל, אום וַיִּלְאוּ לִמְצֹא הַפָּתַח: 12 וַיֹּאמְרוּ הָאֲנָשִׁים אֶל־לוֹט מ״ה עֹד

מִי יי לְךָ פֹה מילה, עיה אלהים, מום וָזֶתָן וּבָנֶיךָ וּבְנֹתֶיךָ וְכֹל יי אֲשֶׁר־לְךָ בָּעִיר

סוזך, ערי, סנדלפון הוֹצֵא מִן־הַמָּקוֹם יהוה ברבוע, ו״פ אלו: 13 כִּי־מַשְׁחִתִים אֲנַחְנוּ

וַיִּשְׁלְחוּ

Génesis 19:10 – Protección. Cuando los ángeles estaban en la casa de Lot, los ciudadanos de Sodoma rodearon la casa, exigiendo que Lot expulsara a sus visitantes. Lot se paró ante la puerta y suplicó a los ciudadanos en vano, y ellos empezaron a avanzar hacia él.

De repente, los ángeles arrastraron a Lot de vuelta a la casa y crearon un escudo tan brillante que los hombres de Sodoma quedaron ciegos. Esta historia revela cómo nuestra conexión con la Luz, nuestra abertura al resplandor de la sabiduría espiritual, nos hace invisibles a aquellos que obedecen las fuerzas oscuras de la perturbación, el caos y el mal.

La historia también habla de la importancia de la protección espiritual cuando las personas se encuentran en un entorno peligroso y hostil como resultado de su asociación con personas negativas.

¹⁴ *Lot salió y habló a los yernos que iban a casarse con sus hijas, y dijo: "¡Levántense, salgan de este lugar porque el Eterno destruirá la ciudad!". Pero a sus yernos les pareció que bromeaba.*

¹⁵ *Al amanecer, los ángeles apremiaban a Lot, diciendo: "Levántate, toma a tu mujer y a tus dos hijas que están aquí, para que no sean consumidos por la iniquidad de la ciudad".*

¹⁶ *Pero él titubeaba. Entonces los dos hombres los tomaron de la mano, a él, y a su mujer y a sus dos hijas, porque la compasión del Eterno estaba sobre él. Los sacaron y los pusieron fuera de la ciudad.* ¹⁷ *Cuando los habían llevado fuera, uno le dijo: "Huye por tu vida. No mires detrás de ti y no te detengas en ninguna parte del valle. Escapa al monte, no sea que perezcas".*

¹⁸ *Pero les dijo Lot: "¡No, por favor, señores míos!*

¹⁹ *Ahora tu siervo ha hallado gracia ante tus ojos, y has engrandecido tu misericordia la cual me has mostrado salvándome la vida. Pero no puedo escapar al monte, no sea que el desastre me alcance, y muera.*

²⁰ *Mira, esta ciudad está bastante cerca para huir a ella, y es pequeña. Te ruego que me dejes huir allá —¿acaso no es pequeña?— para salvar mi vida".*

וּכְמוֹ

Génesis 19:15 – Soltar. Los ángeles ordenaron a Lot que reuniera a su familia y abandonaran Sodoma de una vez por todas antes de que ellos desataran un torrente de destrucción sobre la ciudad. Pero Lot dudó. Una parte de él —su ego, el Satán que llevaba dentro— todavía sentía atracción por la ciudad y sus viles habitantes.

Para salvarse a sí mismo, Lot debía realizar un esfuerzo espiritual para romper deliberadamente todos los vínculos con su hogar y para vencer los sucios deseos que todavía albergaba. Tenía que soltar y liberarse de la energía oscura y seductora que lo atraía constantemente desde Sodoma.

Los yernos de Lot pensaron que era un necio y eligieron quedarse atrás. Los ángeles se vieron entonces forzados a agarrar a Lot de la mano y llevarlo, junto con su esposa y sus hijas, fuera de la ciudad. Debido a que Lot se había puesto en peligro al actuar caritativamente con los ángeles, el Cielo lo llevó forzadamente por el camino correcto. Cuando salimos de nuestra naturaleza y realizamos actos de compartir que son difíciles para nosotros, despertamos la beneficencia de Dios hacia nosotros. Recibimos ayuda Divina aunque no la esperemos, lo cual nos hace aún más fácil dar el paso siguiente en nuestro viaje hacia la Luz y la seguridad. Los ángeles advirtieron a la familia de Lot de que no miraran atrás cuando se marcharan, pues si lo hacían serían destruidos. Aun así, la esposa de Lot miró atrás y fue destruida; fue convertida en una estatua de sal.

Rav Shlomó Yitsjaki (Rashi, 1040–1105), autor de extensos comentarios de la Torá, el *Tanaj* y el *Talmud*, afirma que el destino de la esposa de Lot —y la razón por la cual fue convertida en una estatua de sal— se debe a que ella había rechazado a Lot cuando le pidió que sirviera un poco de sal a sus invitados. Rashi también sugiere que ella había visitado a sus vecinos con el pretexto de pedirles un poco de sal, pero en verdad fue para chismear sobre las actividades de su marido con el fin de que las autoridades lo descubrieran. Estas interpretaciones ven la destrucción de la mujer como una consecuencia de sus propios actos arteros y nada caritativos.

אֶת־הַמָּקוֹם יהוה ברבוע, ו"פ אל הַזֶּה והו כִּי־גָדְלָה צַעֲקָתָם אֶת־פְּנֵי חכמה - בינה

יְהוָֹהאהדונהיאהדונהי וַיְשַׁלְּחֵנוּ יְהוָֹהאהדונהיאהדונהי לְשַׁחֲתָהּ: 14 וַיֵּצֵא לוֹט מ"ה וַיְדַבֵּר ראה |

אֶל־חֲתָנָיו | לֹקְחֵי בְנֹתָיו וַיֹּאמֶר קוּמוּ צְּאוּ מִן־הַמָּקוֹם יהוה ברבוע, ו"פ אל

הַזֶּה והו כִּי־מַשְׁחִית יְהוָֹהאהדונהיאהדונהי אֶת־הָעִיר בֹּוְזִפֶּךְ, ערי, סנדלפון וַיְהִי כִמְצַחֵק

בְּעֵינֵי חֲתָנָיו רבוע מ"ה וְחָתָנָיו: 15 וּכְמוֹ הַשַּׁחַר עָלָה וַיָּאִיצוּ הַמַּלְאָכִים בְּלוֹט מ"ה

לֵאמֹר קוּם קַח אֶת־אִשְׁתְּךָ וְאֶת־שְׁתֵּי בְנֹתֶיךָ הַנִּמְצָאֹת פֶּן־תִּסָּפֶה

בַּעֲוֹן גֵי"פ מ"ב הָעִיר בֹּוְזִפֶּךְ, ערי, סנדלפון: 16 וַיִּתְמַהְמָהּ | וַיַּחֲזִיקוּ הָאֲנָשִׁים בְּיָדוֹ

וּבְיַד־אִשְׁתּוֹ וּבְיַד שְׁתֵּי בְנֹתָיו בְּחֶמְלַת יְהוָֹהאהדונהיאהדונהי עָלָיו וַיֹּצִאֻהוּ

וַיַּנִּחֻהוּ מִחוּץ לָעִיר בֹּוְזִפֶּךְ, ערי, סנדלפון: 17 וַיְהִי אל כְהוֹצִיאָם אֹתָם הַחוּצָה

וַיֹּאמֶר הִמָּלֵט עַל־נַפְשֶׁךָ אַל־תַּבִּיט אַחֲרֶיךָ וְאַל־תַּעֲמֹד בְּכָל־לכב

הַכִּכָּר הָהָרָה הִמָּלֵט פֶּן־תִּסָּפֶה: 18 וַיֹּאמֶר לוֹט מ"ה אֲלֵהֶם אַל־נָא

אֲדֹנָי (וזוכ) 19 הִנֵּה מ"ה יה נָא מָצָא עַבְדְּךָ פוי וזן מוזי בְּעֵינֶיךָ ע"ה קס"א וַתַּגְדֵּל

חַסְדְּךָ ע"ב, רבוע יהוה אֲשֶׁר עָשִׂיתָ עִמָּדִי לְהַחֲיוֹת אֶת־נַפְשִׁי וְאָנֹכִי איע לֹא

אוּכַל לְהִמָּלֵט הָהָרָה פֶּן־תִּדְבָּקַנִי הָרָעָה רהע וָמַתִּי: 20 הִנֵּה מ"ה יה נָא

הָעִיר בֹּוְזִפֶּךְ, ערי, סנדלפון הַזֹּאת קְרֹבָה לָנוּס שָׁמָּה מהש וְהִוא מִצְעָר אִמָּלְטָה

נָּא שָׁמָּה מהש הֲלֹא מִצְעָר הִוא וּתְחִי נַפְשִׁי:

"No mirar atrás" es una metáfora para el concepto de soltar. Para crecer espiritualmente, debemos dar los pasos siguientes:

• Soltar el pasado y renunciar a nuestros rasgos destructivos e insensatos.

• Comprometernos con el camino espiritual y con cada nivel que alcanzamos mientras nos resistimos al deseo de mirar atrás a nuestro estilo de vida materialista previo y

• Resistir el deseo de la energía que gratificaba nuestro ego cuando estábamos en un estado del ser inferior y más primario.

Igual que un alcohólico en rehabilitación debe siempre resistirse a la bebida alcohólica, nosotros debemos vernos como "egohólicos" en rehabilitación que debemos desafiar incesantemente las tentaciones y las trampas de nuestro mundo ilusorio si no queremos sucumbir y volver a nuestra vida antigua.

Esta no es una tarea fácil, puesto que la energía negativa y el camino materialista son cautivadores e incitantes, y ejercen una atracción enigmática y poderosa sobre nosotros.

CUARTA LECTURA - MOSHÉ - NÉTSAJ

21 Y le respondió: "Bien, te concedo también esta petición de no destruir la ciudad de que has hablado. 22 Pero date prisa, escapa allá, porque nada puedo hacer hasta que llegues allí". Por eso el nombre que se le puso a la ciudad fue Tsoar. 23 El Sol había salido sobre la tierra cuando Lot llegó a Tsoar. 24 Entonces el Eterno hizo llover azufre y fuego sobre Sodoma y Gomorra, de parte del Eterno desde los cielos.

25 Él destruyó aquellas ciudades y todo el valle y todos los habitantes de las ciudades y todo lo que crecía en la tierra. 26 Pero su mujer (de Lot), que iba detrás de él, miró hacia atrás y se convirtió en una columna de sal.

27 Avraham se levantó muy de mañana, y fue al sitio donde había estado delante del Eterno. 28 Dirigió la vista hacia Sodoma y Gomorra y hacia toda la tierra del valle y miró el humo que ascendía de la tierra como el humo de un horno.

29 Pero cuando Dios destruyó las ciudades del valle, se acordó de Avraham e hizo salir a Lot de en medio de la destrucción, cuando destruyó las ciudades donde había habitado Lot. 30 Lot subió de Tsoar y habitó en los montes, y sus dos hijas con él, pues tenía miedo de quedarse en Tsoar. Y habitó en una cueva, él y sus dos hijas.

Y aun así debemos recordar que si nos desviamos del camino, los ángeles siempre nos ayudarán a continuar en nuestro viaje ascendente, siempre que nos comprometamos sinceramente con nuestra transformación espiritual y nos aferremos a su energía Divina.

Este pasaje es un regalo para nosotros, que nos permite hacer uso del mérito de Avraham y la influencia de los ángeles para cortar nuestras ataduras con los elementos pecadores y autoindulgentes de nuestro comportamiento egoísta. Cuando agarramos las manos de los ángeles, ellos nos elevan y nos sacan de la confusión de esta existencia terrenal.

Reconocemos para siempre la insensatez de intercambiar bienes espirituales eternos por los artificiales placeres fugaces que obtenemos al atender a nuestros impulsos desenfrenados.

וַיַּעַל

Genesis 19:30 – **Olvido.** La Biblia dice que Lot y sus dos hijas buscaron refugio en un lugar llamado Tsoar después de abandonar Sodoma.

Sin embargo, pronto abandonaron aquella ciudad porque Lot tenía miedo de estar allí, y establecieron su residencia en una cueva en la montaña.

Rashi escribió que a Lot le preocupaba que el fuego y el azufre destinado para estas dos ciudades malvadas acabasen aterrizando también en Tsoar, y sospechaba que Tsoar acabaría llenándose de maldad.

El *Zóhar* dice que la palabra aramea *tsoar* está conectada con la palabra aramea *tsaar*, que significa "agonía". Esta es la agonía del Infierno, que se refiere tanto al infierno posterior a la muerte como al Infierno en la Tierra, que es el dolor y el tormento que sufrimos en este mundo como resultado de nuestras acciones intolerantes y nuestros apegos materialistas. Lot entró en el "Infierno" y sintió su agonía como resultado de los pecados característicos de los idólatras que se habían cometido en Sodoma, y esta es la razón por la cual él temía a Tsoar.

El comentario de Rashi acerca de este versículo dice que hasta Tsoar se salvaría de la destrucción sólo si Lot se quedaba a vivir allí. De esto podemos

CUARTA LECTURA - MOSHÉ – NÉTSAJ

21 וַיֹּאמֶר אֵלָיו הִנֵּה מ״ה יה נָשָׂאתִי פָנֶיךָ ס״ג ־ מ״ה ־ ב״ן גַּם לַדָּבָר ראה הַזֶּה לְבִלְתִּי הָפְכִּי אֶת־הָעִיר בּוֹזֹהַר, ערי, סנדלפו״ן אֲשֶׁר דִּבַּרְתָּ ראה: 22 מַהֵר הִמָּלֵט שָׁמָּה מהש כִּי לֹא אוּכַל לַעֲשׂוֹת דָּבָר ראה עַד־בֹּאֲךָ שָׁמָּה עַל־כֵּן מהש קָרָא שֵׁם יהוה שדי הָעִיר בּוֹזֹהַר, ערי, סנדלפו״ן צוֹעַר: 23 הַשֶּׁמֶשׁ ב״פ ש״ך יָצָא עַל־הָאָרֶץ אלהים דההין ע״ה וְלוֹט מ״ה בָּא צֹעֲרָה: 24 וַיהוֹ(אדנ״יאהדונהי) הִמְטִיר עַל־סְדֹם ב״פ ב״ן וְעַל־עֲמֹרָה גָּפְרִית וָאֵשׁ מֵאֵת יְהוֹ(אדנ״יאהדונהי) מִן־הַשָּׁמָיִם י״פ טל, י״פ כוז׳׳ו: 25 וַיַּהֲפֹךְ אֶת־הֶעָרִים הָאֵל לאהא (אלד ע׳׳ה) וְאֵת כָּל־הַכִּכָּר יל׳ וְאֵת כָּל־יֹשְׁבֵי הֶעָרִים יל׳ וְצֶמַח יהוה ־ אהיה ־ יהוה ־ אדני הָאֲדָמָה: 26 וַתַּבֵּט אִשְׁתּוֹ מֵאַחֲרָיו וַתְּהִי נְצִיב מֶלַח ג״פ יהוה: 27 וַיַּשְׁכֵּם אַבְרָהָם וז״פ אל, רמ״ח בַּבֹּקֶר יהוה ברבוע, ו״פ אל אֶל־הַמָּקוֹם אֲשֶׁר־עָמַד שָׁם אֶת־פְּנֵי וחכמה ־ בינה יְהוֹ(אדנ״יאהדונהי): 28 וַיַּשְׁקֵף וחכמה ־ בינה עַל־פְּנֵי ב״פ ב״ן סְדֹם וַעֲמֹרָה וְעַל־כָּל יל׳, עמם פְּנֵי וחכמה ־ בינה אֶרֶץ אלהים דאלפין הַכִּכָּר וַיַּרְא וְהִנֵּה יהוה מ״ה עָלָה קִיטֹר הָאָרֶץ אלהים דההין ע״ה כְּקִיטֹר הַכִּבְשָׁן: 29 וַיְהִי בְּשַׁחֵת אֱלֹהִים ילה, מוב אֶת־עָרֵי הַכִּכָּר וַיִּזְכֹּר ע״ב ־ קס״א, יהי אור ע״ה אֱלֹהִים ילה, מוב אֶת־אַבְרָהָם וז״פ אל, רמ״ח וַיְשַׁלַּח אֶת־לוֹט מ״ה מִתּוֹךְ הַהֲפֵכָה בַּהֲפֹךְ אֶת־הֶעָרִים אֲשֶׁר־יָשַׁב בָּהֵן לוֹט מ״ה: 30 וַיַּעַל לוֹט מ״ה מִצּוֹעַר

---

deducir que cuando Lot —el "buen" hombre— eligió marcharse, entonces el Infierno (*Tsoar*) fue destruido.

Posteriormente, arriba de la montaña en una cueva, ocurrieron dos actos incestuosos entre Lot y sus hijas. Las dos hijas de Lot lo sedujeron mientras él estaba en estado de embriaguez. Aunque Lot temía las repercusiones del comportamiento pecaminoso, no era consciente de lo que sus hijas le habían hecho, tal como demuestra este párrafo del *Zóhar*:

Está escrito: "Y dieron a beber vino a su padre..." (Génesis 19:33). La manera del perverso descarriarse tomando vino, para satisfacer a la Inclinación al Mal con placeres y estimularlo hasta que se regocija en la ebriedad y se acuesta en su cama. Inmediatamente, "la primogénita entró y se acostó con su padre"; ella se

31 Entonces la primogénita dijo a la menor: "Nuestro padre es viejo y no hay ningún hombre en el país que se llegue a nosotras según la costumbre de toda la Tierra. 32 Ven, hagamos que nuestro padre beba vino, y acostémonos con él y habrá descendencia de nuestro padre".

33 Aquella noche hicieron que su padre bebiera vino, y la mayor entró y se acostó con su padre, y él no supo cuando ella se acostó ni cuando se levantó.

---

junta con él y empieza a imaginar toda clase de malos pensamientos. La Inclinación al Mal se junta con ella y se pega a ella, y cesa de estar consciente de ella o de lo que le hace a ella "cuando ella se acuesta" en este mundo, o "cuando ella se levantó" al Mundo por Venir. "cuando ella se acuesta..." en el Mundo por Venir, ella responderá por sus actos y será juzgada por ellas. Y "cuando ella se levantó" para el Día del Juicio, está escrito: "Y muchos de los que duermen en el polvo de la tierra despertarán" (Daniel 12:2). Aquí la Inclinación al Mal no tiene percepción del todo, así que se aferra a ella, y ella se aferra a ésta. Más tarde, ella levanta a la otra. Así, después de que el gran pensamiento es adherido a la Inclinación al Mal, la otra viene y se pega a ésta.

– El Zóhar, Vayerá 23:324

Aquí tenemos una maravillosa metáfora que nos dice mucho acerca de la naturaleza humana. Las hijas de Lot representan la Inclinación al Mal y el comportamiento egocéntrico que ésta incita. El miedo de Lot es nuestro miedo, es decir, nuestro reconocimiento y admisión de nuestros rasgos negativos durante los tiempos en los que estamos sintiendo angustia. Cuando estamos afligidos, prometemos cambiar. Mientras estamos enredados en las consecuencias de nuestras malas acciones, prometemos alterar nuestro estilo de vida y corregir nuestra conducta. Pero tan pronto como cesa nuestro sufrimiento y los buenos tiempos regresan, olvidamos esos momentos de claridad y verdad. Somos seducidos de nuevo —consciente o inconscientemente— por las trampas del mundo material y engañados por los aspectos ilusorios de lo físico, tal como muestran los siguientes párrafos del *Zóhar:*

Rav Yitsjak dijo: Si él [Lot] tenía temor, ¿por qué, entonces, la Inclinación al Mal viene a descarriar a las gentes? Pero, éste es verdaderamente el camino de los malvados. Cuando él ve peligro, su temor sólo dura un momento. Él regresa entonces de inmediato a sus maneras perversas y no teme a nada. Igualmente: cuando la Inclinación al Mal ve a los perversos siendo castigados, está temerosa. Pero tan pronto se va, no teme a nada.

– El Zóhar, Vayerá 23:322

Los versículos de la Biblia relacionados con estas verdades kabbalísticas nos liberan de los encantos seductores de nuestra Inclinación al Mal. La memoria se restablece y la claridad regresa para que podamos cumplir por siempre nuestra promesa de transformarnos y elevar espiritualmente nuestra alma.

וַתֹּאמֶר

Génesis 19:31 – Mientras que Lot y sus dos hijas buscaban refugio en Tsoar, las ciudades de Sodoma y Gomorra eran aniquiladas por el fuego y el azufre. Luego se marcharon, temerosos de quedarse en Tsoar, y decidieron instalarse en una cueva arriba en la montaña.

Mientras estaban en la cueva, las dos hijas de Lot temieron que hubiera llegado el fin de la civilización después de que ellas presenciaran la destrucción total de Sodoma y Gomorra. La hija mayor sugirió que intoxicaran a su padre con vino y lo sedujeran para poder concebir hijos y continuar la raza humana.

Las dos hijas tuvieron relaciones sexuales con su padre mientras él estaba ebrio y prácticamente inconsciente.

וַיֵּשֶׁב בָּהָר אור, רו וּשְׁתֵּי בְנֹתָיו עִמּוֹ כִּי יָרֵא לָשֶׁבֶת בְּצוֹעַר וַיֵּשֶׁב

בַּמְּעָרָה הוּא וּשְׁתֵּי בְנֹתָיו: 31 וַתֹּאמֶר הַבְּכִירָה אֶל־הַצְּעִירָה

אָבִינוּ זָקֵן וְאִישׁ עה קנא קסא אלהים דאלפין אֵין בָּאָרֶץ לָבוֹא עָלֵינוּ כְּדֶרֶךְ

בפ יבק כָּל ילי הָאָרֶץ אלהים דההן עה: 32 לְכָה נַשְׁקֶה אֶת־אָבִינוּ יַיִן

מיכ, יפ האא וְנִשְׁכְּבָה עִמּוֹ וּנְחַיֶּה מֵאָבִינוּ זָרַע: 33 וַתַּשְׁקֶיןָ אֶת־אֲבִיהֶן

Las dos hijas acabaron dando a luz a un hijo varón: la hija mayor tuvo un hijo llamado Moav; la menor tuvo un hijo llamado Amón.

El *Zóhar* revela que el hijo nacido de la hija mayor, Moav, es la semilla y el antepasado del Mesías a través de Rut y el Rey David.

> *El Rey David fue unido a ambos: AMÓN Y MOAV, porque Rut salió de Moav, y el Rey David de ella. Y David fue entronizado con la corona de Amón, lo cual es un testimonio para la semilla de David, tal como está escrito: "Y presentó al hijo del rey, y puso la corona sobre él y le dio el testimonio..." (II Reyes 11:12). Esta corona vino de Milcom, que es el grado de los hijos de Amón, como está escrito: "Y tomó la corona del rey de ellos (heb. malcam)" (II Samuel 12:30).*
> *– El Zóhar, Vayerá 24:336*

En un intento por desvelar el misterio de un Mesías que desciende de una relación incestuosa, el *Zóhar* ofrece la siguiente reflexión; nos dice que el mundo y el alma de un hombre son como un trozo de arcilla que gira en un torno de alfarero. Mientras el torno siga girando, el artesano es capaz de remodelar la forma de la arcilla con la forma que él elija. Aunque hay muchas formas posibles para la pieza que está haciendo, el alfarero podría crear cualquiera de ellas a partir del mismo trozo de arcilla.

Empezamos la vida como trozo de arcilla sin forma. Nuestro mundo gira constantemente para que nuestra alma evolucione en la rueda de la vida. A medida que adoptamos una forma y remodelamos nuestra vida, intentamos transformar nuestra naturaleza completamente, de la negatividad y la oscuridad extremas a la Luz sumamente positiva.

Los giros de nuestro mundo y la evolución de nuestra alma durante muchas vidas ocurren para que podamos convertirnos en los artesanos de la Creación. Así es como nos convertimos en cocreadores de la Luz en nuestra vida —en la causa de nuestra propia plenitud— en lugar de recibir el paraíso como un regalo de Dios que no nos hemos ganado.

Resulta esperanzador ser consciente de que las situaciones más negativas son las que invariablemente albergan las más grandes promesas de crecimiento positivo, pues nuestro mundo es poseedor de un equilibrio exquisito. Así pues, la oscuridad máxima es inherentemente transformable en la Luz más resplandeciente.

La Era del Mesías ocurrirá cuando generemos la mayor Luz espiritual posible en este mundo. Por lo tanto, el Mesías debe emerger del reino más bajo, más oscuro, representado por la relación incestuosa entre Lot y sus hijas.

Cada uno de nosotros nace con el poder de transformar su naturaleza totalmente y alcanzar un estado personal de Mesías en su interior. En lugar de culpar a otra persona o sentir culpabilidad —o aun peor, apatía— como consecuencia de nuestras acciones negativas, debemos inspirarnos en la oportunidad de remodelar nuestra alma para crear la mayor Vasija para la Luz.

³⁴ Al día siguiente la mayor dijo a la menor: "Mira, anoche yo me acosté con mi padre. Hagamos que beba vino esta noche también, y entonces entra tú y acuéstate con él, y así habrá descendencia de nuestro padre".

³⁵ De manera que también aquella noche hicieron que su padre bebiera vino, y la menor se levantó y se acostó con él, y él no supo cuando ella se acostó ni cuando se levantó.

³⁶ Así las dos hijas de Lot concibieron de su padre.

³⁷ Y la mayor dio a luz un hijo, y lo llamó Moav. Él es el padre de los moabitas hasta hoy.

³⁸ En cuanto a la menor, también ella dio a luz un hijo, y lo llamó Ben-Amí. Él es el padre de los amonitas hasta hoy.

20 ¹ Avraham salió de allí hacia la tierra del Sur, y se estableció entre Cades y Shur, y habitó en Gerar.

וּבְקוּמָהּ

Génesis 19:33 – Como hemos afirmado previamente, hay un punto sobre la letra *Vav* de la palabra *uvekumá* (cuando ella se levantó). *Uvekumá* describe cómo las dos hijas de Lot se levantaron después de tener relaciones sexuales con su padre, sin él saberlo. Sin embargo, esta palabra se escribe de forma distinta cuando se aplica a la hija mayor. En este caso, dicha palabra se escribe con una *Vav* y un punto arriba. Acerca del punto, el *Zóhar* afirma:

> *Esto indica que hubo ayuda de arriba al realizar esta acción, lo que finalmente resultó en el nacimiento del Mesías...*
> – El Zóhar, Vayerá 23:310

Así pues, vemos que fue la Divina Providencia la que se aseguró que el Mesías descendiera del hijo de la hija mayor de Lot.

Cuando meditamos sobre este punto encima de la *Vav* que aparece en la palabra *uvekumá*, obtenemos ayuda personal de las energías elevadas para asegurar que nuestros rasgos más negativos se transformen inmediatamente en atributos positivos.

Asimismo, podemos meditar para impartir esta energía sagrada al mundo entero, lo cual ayuda a transformar los elementos más oscuros de la civilización humana en Luz resplandeciente.

Finalmente, el punto encima de la *Vav* nos conecta con el Mundo Superior, donde utilizamos la Luz resplandeciente —que brilla con un radiante resplandor— para iniciar la llegada del Mesías, tanto nuestro Mesías personal e interno como el Mesías global.

וַתַּהֲרֶיןָ

Génesis 19:36 – **Deconstrucción del incesto.** Según el *Zóhar*, la relación incestuosa entre Lot y sus hijas es también una metáfora de las maquinaciones de nuestra propia Inclinación al Mal y de las maldades que hace el hombre. El *Zóhar* dice que durante nuestro sueño, el nivel más bajo de nuestra alma despierta deseos malvados y pensamientos negativos. Estos pensamientos profanos se conciben y nacen en nuestro corazón. Este proceso es el significado secreto detrás del acto de las hijas de Lot de acostarse con su padre, y se refiere específicamente al momento preciso de la concepción.

La mención del sueño, según la Kabbalah, es una referencia a las personas que no están iluminadas (es decir, que andan dormidas por la vida) y

יָ֔יִן מוכ, י"פ האא **בַּלַּ֔יְלָה** מלה **ה֑וּא וַתָּבֹ֤א הַבְּכִירָה֙ וַתִּשְׁכַּ֣ב אֶת־אָבִ֔יהָ**

וְלֹֽא־יָדַ֥ע בְּשִׁכְבָ֖הּ וּבְקוּמָֽהּ׃ 34 **וַֽיְהִי֙** אל **מִֽמָּחֳרָ֔ת וַתֹּ֤אמֶר הַבְּכִירָה֙**

אֶל־הַצְּעִירָ֔ה הֵן־שָׁכַ֥בְתִּי אֶ֖מֶשׁ אֶת־אָבִ֑י נַשְׁקֶ֨נּוּ יַ֤יִן מוכ, י"פ האא **גַּם** יגל

הַלַּ֔יְלָה מלה **וּבֹ֗אִי שִׁכְבִ֣י עִמּ֔וֹ וּנְחַיֶּ֥ה מֵאָבִ֖ינוּ זָֽרַע׃** 35 **וַתַּשְׁקֶ֜יןָ גַּ֗ם** יגל

בַּלַּ֤יְלָה מלה **הַהוּא֙ אֶת־אֲבִיהֶ֖ן** אַת **יָ֑יִן** מוכ, י"פ האא **וַתָּ֤קָם הַצְּעִירָה֙ וַתִּשְׁכַּ֣ב**

עִמּ֔וֹ וְלֹֽא־יָדַ֥ע בְּשִׁכְבָ֖הּ וּבְקֻמָֽהּ׃ 36 **וַֽתַּהֲרֶ֛יןָ** שְׁתֵּ֥י בְנֽוֹת־ל֖וֹט מ"ה

מֵאֲבִיהֶֽן׃ 37 **וַתֵּ֤לֶד הַבְּכִירָה֙ בֵּ֔ן וַתִּקְרָ֥א שְׁמ֖וֹ** מהע ע"ה **מוֹאָ֑ב** יוד הא ואו הה

ה֥וּא אֲבִֽי־מוֹאָ֖ב יוד הא ואו הה **עַד־הַיּֽוֹם׃** גגר, זן, מזבח 38 **וְהַצְּעִירָ֤ה גַם־הִוא֙** יגל **יָ֣לְדָה**

יָ֣לְדָה בֵּ֔ן וַתִּקְרָ֥א שְׁמ֖וֹ מהע ע"ה **בֶּן־עַמִּ֑י** ב"פ אלהים **ה֛וּא אֲבִ֥י בְנֵֽי־עַמּ֖וֹן**

עַד־הַיּֽוֹם׃ גגר, זן, מזבח רבוע ס"ג [ס] **20** 1 **וַיִּסַּ֨ע מִשָּׁ֤ם אַבְרָהָם֙** ח"פ אל, רמ"ח **אַ֣רְצָה**

הַנֶּ֔גֶב אלהים דההין ע"ה **וַיֵּ֥שֶׁב בֵּין־קָדֵ֖שׁ וּבֵ֣ין שׁ֑וּר** אבגיתצ, ושר, אהבת חום **וַיָּ֖גָר** בִּגְרָֽר׃

---

que viven una existencia superficial, carente de cualquier conciencia de la espiritualidad. Viven robóticamente, rutinariamente, gobernadas por su ego y controladas únicamente por sus deseos materialistas. Esta forma de vida proporciona una tierra fértil para las semillas de los pensamientos malvados.

Después de que el nivel más bajo de nuestra alma genera deseos y pensamientos negativos a fin de que se conciban y nazcan en el corazón, despierta y estimula el poder del cuerpo hasta que un mal pensamiento en nuestro corazón se aferra totalmente a éste. Este es el secreto que se esconde tras el nacimiento físico de los hijos de las hijas de Lot, tal como afirma el siguiente versículo bíblico:

Así las dos hijas de Lot concibieron de su padre.
– Génesis 19:36

Esta historia de incesto es en realidad una descripción de cómo el mal se apodera del corazón humano, adquiere el control del cuerpo y luego nos impulsa a comportarnos con insensibilidad, intolerancia y crueldad en distintas medidas,

grandes y pequeñas. Es importante entender el mensaje que se oculta tras este pasaje para que su poder pueda desarraigar los deseos malvados que acechan dentro del corazón de la humanidad. El nivel más bajo de nuestra alma es sometido, y toda la humanidad se despierta, se eleva y es imbuida con un nivel más elevado del alma.

El mal no se define únicamente como un comportamiento malvado que toma la forma de asesinato, tortura u otros actos sanguinarios. El mal también incluye la intolerancia entre amigos y la envidia que sentimos por las posesiones de otras personas. Además, el "asesinato", por extensión, incluye el asesinato del carácter a través del chisme. No lo dudes: los actos insensibles, grandes y pequeños, pasan factura a la humanidad.

בִּגְרָר

Génesis 20:1 – Sará y Avraham viajaron a la ciudad de Gerar donde Avraham, para evitar que lo mataran, le dijo a todo el mundo que Sará era su hermana. "Hermana" es una palabra codificada que se refiere a la Divina Presencia femenina conocida como la *Shejiná*, mientras que la ciudad

2 Avraham decía de Sará su mujer: "Es mi hermana". Entonces Avimélej, rey de Gerar, envió y tomó a Sará. 3 Pero Dios vino a Avimélej en un sueño de noche, y le dijo: "Tú eres hombre muerto por razón de la mujer que has tomado, pues está casada". 4 Pero Avimélej no se había acercado a ella, y dijo: "Eterno, ¿destruirás a una nación aunque sea inocente?

5 ¿No me dijo él mismo: 'Es mi hermana'? Y ella también dijo: 'Es mi hermano'. En la integridad de mi corazón y con manos inocentes yo he hecho esto". 6 Entonces Dios le dijo en el sueño: "Sí, Yo sé que en la integridad de tu corazón has hecho esto. Y además, Yo te guardé de pecar contra Mí, por eso no te dejé que la tocaras.

7 Ahora pues, devuelve la mujer al marido, porque él es profeta y orará por ti, y vivirás. Pero si no la devuelves, sabe que de cierto morirás, tú y todos los tuyos". 8 Por tanto, Avimélej se levantó muy de mañana, llamó a todos sus siervos y relató todo lo que había ocurrido; y los hombres se atemorizaron en gran manera.

9 Entonces Avimélej llamó a Avraham, y le dijo: "¿Qué nos has hecho? ¿Y en qué he pecado contra ti, para que hayas traído sobre mí y sobre mi reino un pecado tan grande? Me has hecho cosas que no se deben hacer". 10 Avimélej añadió a Avraham: "¿Qué has hallado para que hayas hecho esto?".

11 Y Avraham respondió: "Porque me dije: Sin duda no hay temor de Dios en este lugar, y me matarán por causa de mi mujer. 12 Además, en realidad es mi hermana, hija de mi padre, pero no hija de mi madre. Ella vino a ser mi mujer.

13 Cuando Dios me hizo salir errante de la casa de mi padre, yo le dije a ella: 'Este es el favor que me harás: a cualquier lugar que vayamos, dirás de mí: Es mi hermano'".

---

de Gerar es un código para la negatividad y la oscuridad. La palabra *gerar* significa "apartar", lo cual significa que Avraham fue a un lugar donde podía ser apartado o separado de su conexión continua con Dios. El significado interno de este episodio se ofrece en la siguiente explicación:

Antes de que Avraham bajara a la oscuridad y la negatividad, primero se aferró al Creador a través de la *Shejiná*. El principio espiritual que se halla oculto en esta historia puede revelarse a través de una analogía. Si una persona baja hasta lo más profundo de un hoyo lleno de serpientes venenosas para conseguir un gran tesoro, primero se protegerá atándose a una cuerda fuerte para asegurarse una vuelta sin riesgos. La cuerda se convierte en su salvavidas cuando entra en ese entorno peligroso. De la misma forma, Avraham se protegió atándose a la fuerza llamada *Shejiná* (Sará) antes de entrar

en el hoyo de negatividad (la ciudad de Gerar) para poder mantener la cuerda de salvamento con su Creador.

Hay veces en la vida en las que nos vemos atraídos hacia situaciones peligrosas. Sin ayuda celestial, caemos presa de las trampas y las tentaciones preparadas por las fuerzas de la negatividad. Además, nos vemos afectados por las influencias negativas de las estrellas y los planetas.

Sin embargo, al atarnos a la *Shejiná*, construimos una cuerda de salvamento segura que nos ayuda durante esos momentos difíciles de la vida en los que nos tropezamos y caemos en la negatividad. Por lo tanto, se nos permite anular todas las fuerzas cósmicas negativas y convertirnos en los dueños de nuestro propio destino.

2 וַיֹּ֣אמֶר אַבְרָהָ֞ם וו"פ אל, רמ"וז אֶל־שָׂרָ֣ה אלהים דיודין ורבוע אלהים ~ ה' אִשְׁתּ֗וֹ אֲחֹתִ֣י

הִ֑וא וַיִּשְׁלַ֗ח אֲבִימֶ֙לֶךְ֙ מֶ֣לֶךְ גְּרָ֔ר וַיִּקַּ֖ח אֶת־שָׂרָֽה׃ וםאם אלהים דיודין ורבוע אלהים ~ ה'

3 וַיָּבֹ֧א אֱלֹהִ֛ים יל0ה, מום אֶל־אֲבִימֶ֖לֶךְ בַּחֲל֣וֹם הַלָּ֑יְלָה מלה וַיֹּ֣אמֶר ל֗וֹ

הִנְּךָ֤ מֵת֙ י"פ רבוע אהיה עַל־הָאִשָּׁ֣ה אֲשֶׁר־לָקַ֔חְתָּ וְהִ֖וא בְּעֻ֥לַת בָּֽעַל׃

4 וַאֲבִימֶ֕לֶךְ לֹ֥א קָרַ֖ב אֵלֶ֑יהָ וַיֹּאמַ֕ר לל0ה אֲדֹנָ֕י הֲג֥וֹי גַּם־צַדִּ֖יק תַּהֲרֹֽג׃

5 הֲלֹ֨א ה֤וּא אָֽמַר־לִי֙ אֲחֹ֣תִי הִ֔וא וְהִֽיא־גַם־ יגל יהוה הִ֥וא אָֽמְרָ֖ה

אָחִ֣י ה֑וּא בְּתָם־ י"פ רבוע אהיה לְבָבִ֛י בוכו וּבְנִקְיֹ֥ן כַּפַּ֖י עָשִׂ֥יתִי זֹֽאת׃

6 וַיֹּ֩אמֶר֩ אֵלָ֨יו הָֽאֱלֹהִ֜ים יל0ה, מום בַּחֲלֹ֗ם ג"פ יהוה גַּ֣ם אָנֹכִ֤י איע יָדַ֙עְתִּי֙ כִּ֤י

בְתָם־לְבָבְךָ֙ בוכו עָשִׂ֣יתָ זֹּ֔את וָאֶחְשֹׂ֧ךְ גַּם־אָנֹכִ֛י איע אוֹתְךָ֖ יגל מֵחֲטוֹ־לִ֑י

עַל־כֵּ֥ן לֹא־נְתַתִּ֖יךָ לִנְגֹּ֥עַ אֵלֶֽיהָ׃ 7 וְעַתָּ֗ה הָשֵׁ֤ב אֵֽשֶׁת־הָאִישׁ֙ ו"פ אדם

כִּֽי־נָבִ֣יא ה֔וּא וְיִתְפַּלֵּ֥ל בַּֽעַדְךָ֖ וֶֽחְיֵ֑ה וְאִם־ יוהך אֵֽינְךָ֣ מֵשִׁ֗יב דַּ֚ע

כִּי־מ֣וֹת תָּמ֔וּת אַתָּ֖ה וְכָל־ ילי אֲשֶׁר־לָֽךְ׃ 8 וַיַּשְׁכֵּ֨ם אֲבִימֶ֜לֶךְ בַּבֹּ֗קֶר

וַיִּקְרָא֙ עם ה' אותיות = ב"פ קס"א לְכָל־ יה ~ אדני עֲבָדָ֔יו וַיְדַבֵּ֛ר ראה אֶת־כָּל־ ילי

הַדְּבָרִ֥ים ראה הָאֵ֖לֶּה בְּאָזְנֵיהֶ֑ם יוד הי ואו הה וַיִּֽירְא֥וּ הָאֲנָשִׁ֖ים מְאֹֽד׃ מ"ה

9 וַיִּקְרָ֨א עם ה' אותיות = ב"פ קס"א אֲבִימֶ֜לֶךְ לְאַבְרָהָ֗ם וו"פ אל, רמ"וז וַיֹּ֣אמֶר ל֡וֹ

מֶֽה־ מ"ה עָשִׂ֨יתָ לָּ֜נוּ אלהים, מום וּמֶֽה־ מ"ה חָטָ֣אתִי לָ֗ךְ כִּֽי־הֵבֵ֤אתָ עָלַ֙י

וְעַל־מַמְלַכְתִּי֙ חֲטָאָ֣ה גְדֹלָ֔ה להה, מבה, יזל, אום מַעֲשִׂים֙ אֲשֶׁ֣ר לֹא־יֵֽעָשׂ֔וּ

עָשִׂ֖יתָ עִמָּדִֽי׃ 10 וַיֹּ֥אמֶר אֲבִימֶ֖לֶךְ אֶל־אַבְרָהָ֑ם וו"פ אל, רמ"וז מָ֣ה מ"ה

רָאִ֔יתָ כִּ֥י עָשִׂ֖יתָ אֶת־הַדָּבָ֥ר ראה הַזֶּֽה׃ וה0 11 וַיֹּ֙אמֶר֙ אַבְרָהָ֔ם וו"פ אל, רמ"וז

כִּ֣י אָמַ֗רְתִּי י"פ אדני ע"ה רַ֚ק אֵין־יִרְאַ֣ת אֱלֹהִ֔ים יל0ה, מום בַּמָּק֖וֹם יהוה ברבוע, ר"פ אל

הַזֶּ֑ה וה0 וַהֲרָג֖וּנִי עַל־דְּבַ֥ר ראה אִשְׁתִּֽי׃ 12 וְגַם־ יגל אָמְנָ֗ה אֲחֹתִ֤י בַת־אָבִי֙

הִ֔וא אך אֵֽ0ך לֹ֖א בַת־אִמִּ֑י וַתְּהִי־לִ֖י לְאִשָּֽׁה׃ 13 וַיְהִ֞י אל כאשר הִתְע֣וּ

אֹתִ֗י אֱלֹהִים֮ יל0ה, מום מִבֵּ֣ית בּ"פ ראה אָבִי֒ וָאֹמַ֣ר לָ֔הּ זֶ֣ה חַסְדֵּ֔ךְ ע"ב, ריבוע יהוה

אֲשֶׁ֥ר תַּעֲשִׂ֖י עִמָּדִ֑י אֶ֤ל כֹּ֣ל ילי הַמְּקֹמוֹת֙ יהוה ברבוע, ר"פ אל אֲשֶׁ֣ר נָב֣וֹא

14 Entonces Avimélej tomó ovejas y vacas, siervos y siervas, y se los dio a Avraham, y le devolvió a Sará su mujer.

15 Y le dijo Avimélej: "Mi tierra está delante de ti. Habita donde quieras". 16 A Sará le dijo: "Mira, he dado a tu hermano mil monedas de plata. Esta es tu vindicación delante de todos los que están contigo, y ante todos quedas vindicada".

17 Avraham oró a Dios, y Dios sanó a Avimélej, a su mujer y a sus siervas, y tuvieron hijos.

18 Porque el Eterno había cerrado completamente toda matriz en la casa de Avimélej por causa de Sará, mujer de Avraham.

21 1 Entonces el Eterno prestó atención a Sará como había dicho, e hizo el Eterno por Sará como había prometido.

2 Sará concibió y dio a luz un hijo a Avraham en su vejez, en el tiempo señalado que Dios le había dicho.

פָּקַד

Génesis 21:1 – La palabra "Sará" representa al ser humano en un estado de rectitud en el que el ego está muerto y el cuerpo descansa en el interior de la tumba. El versículo en el cual el Creador visita a Sará se refiere a la Luz del Creador que llega a este mundo en el Fin de los Días (nuestro tiempo presente) para iniciar la Resurrección de los Muertos y el Amanecer de la Inmortalidad. El *Zóhar* cita las palabras del Creador:

> *'He aquí que abro sus tumbas y los levantaré de sus tumbas, pueblo Mío, y los traeré a la tierra de Yisrael" (Ezequiel 37:12), lo cual está seguido por: "Y pondré mi espíritu en ustedes y ustedes vivirán…" (ibid. 14).*
> *– El Zóhar, Vayerá 29:391*

El *Zóhar* explica que el Creador entonces hará el cuerpo del hombre tan bello como el de Adam cuando entró en el Jardín de Edén:

> *Entonces todas las criaturas sabrán del alma que entró en ellas, que ésta es el alma de la Vida, el alma de la Delicia, la cual ha recibido todas las delicias y placeres para el cuerpo desde arriba.*
> *– El Zóhar, Vayerá 29:393*

El Fin de los Días verá el amanecer de una abundancia de energía espiritual sin precedentes en la historia de la humanidad. ¿Quiénes de nosotros aprovecharán sin percances esta energía para irradiar Luz, y quiénes percibirán en vez de eso un cortocircuito que causará que los rayos abrasadores los dañen? Nuestros destinos estarán mayormente determinados por un criterio: la cantidad de dignidad humana que concedimos a nuestro prójimo.

Mientras que en el pasado las consecuencias de nuestro comportamiento intolerante eran retrasadas durante años o incluso vidas, el Fin de los Días verá el lapso de tiempo o la distancia entre causa y efecto contraerse para que las repercusiones de nuestras acciones, sean positivas o negativas, se sientan de forma inmediata: el juicio y la misericordia coincidirán.

Hay un *Midrash* (comentario bíblico) que Yaakov quería revelar a sus hijos cuando viniera el Fin de los Días (es decir, el fin del Exilio), pero el Creador se lo impidió diciéndole que era Su decisión ocultar el asunto. El concepto del Fin de los Días merece nuestra reflexión. Cuando reconocemos que esto no indica un punto en el tiempo sino más bien ese punto fuera del tiempo donde la Luz del Creador siempre existe,

שְׁמַ֤ע מהע אִמְרֵי־לִ֨י אֲזִ֤י ה֣וּא׃ 14 וַיִּקַּ֨ח וּעם אֲבִימֶ֜לֶךְ מלוי אתהיה דיודין ע"ה צֹ֣אן

וּבָקָ֗ר וַעֲבָדִים֙ וּשְׁפָחֹת֔ וַיִּתֵּ֖ן לְאַבְרָהָ֑ם ח"פ אל, רמ"ז וַיָּ֣שֶׁב ל֔וֹ אֵ֖ת שָׂרָ֥ה

אלהים דיודין ורבוע אלהים ‑ ה אִשְׁתּֽוֹ׃ 15 וַיֹּ֣אמֶר אֲבִימֶ֔לֶךְ מ"ה יה הִנֵּ֥ה מ"ה יה אַרְצִ֖י לְפָנֶ֑יךָ

ס"ג ‑ מ"ה ‑ ב"ן בַּטּ֥וֹב והו בְּעֵינֶ֖יךָ ע"ה קס"א שֵֽׁב׃ 16 וּלְשָׂרָ֣ה אלהים דיודין ורבוע אלהים ‑ ה

אָמַ֗ר הִנֵּ֨ה נָתַ֜תִּי אֶ֤לֶף אלף למד ‑ עין דלת יוד ע"ה כֶּ֨סֶף֙ לְאָחִ֔יךְ מ"ה יה הִנֵּ֤ה

הוּא־לָךְ֙ כְּס֣וּת עֵינַ֔יִם רבוע מ"ה לְכֹ֖ל יה ‑ אדני אֲשֶׁ֣ר אִתָּ֑ךְ וְאֵ֥ת כֹּ֖ל ילי

וְנֹכָֽחַת׃ 17 וַיִּתְפַּלֵּ֥ל אַבְרָהָ֖ם ח"פ אל, רמ"ז אֶל־הָאֱלֹהִ֑ים יל"ה, מזם וַיִּרְפָּ֨א אֱלֹהִ֜ים

יל"ה, מזם אֶת־אֲבִימֶ֧לֶךְ וְאֶת־אִשְׁתּ֛וֹ וְאַמְהֹתָ֖יו וַיֵּלֵֽדוּ׃ 18 כִּֽי־עָצֹ֤ר עָצַ֨ר

יְהוָֹה אדני בְּעַ֣ד כָּל־יל רֶ֗חֶם רמ"ז לְבֵ֥ית ב"פ ראה אֲבִימֶ֖לֶךְ עַל־דְּבַ֥ר ראה

שָׂרָ֥ה אלהים דיודין ורבוע אלהים ‑ ה אֵ֥שֶׁת אַבְרָהָֽם ח"פ אל, רמ"ז׃ [ס] 21 1 וַֽיהוָֹה אדני

פָּקַ֤ד אֶת־שָׂרָ֖ה אלהים דיודין ורבוע אלהים ‑ ה כַּאֲשֶׁ֣ר אָמָ֑ר וַיַּ֧עַשׂ יְהוָֹה אדני

לְשָׂרָ֖ה אלהים דיודין ורבוע אלהים ‑ ה כַּאֲשֶׁ֥ר דִּבֵּֽר ראה׃ 2 וַתַּ֩הַר֩ ראה וַתֵּ֨לֶד

שָׂרָ֥ה אלהים דיודין ורבוע אלהים ‑ ה לְאַבְרָהָ֛ם ח"פ אל, רמ"ז בֵּ֖ן לִזְקֻנָ֑יו לַמּוֹעֵ֕ד אֲשֶׁר־דִּבֶּ֥ר ראה

---

también reconocemos que nos corresponde abrirnos a la idea del Fin de los Días ahora.

La lectura de este versículo bíblico (Génesis 21:1) inicia la Resurrección de los Muertos ahora, con un brote de amabilidad amorosa y misericordia. Asimismo, si utilizamos la espada de la Luz para matar al ego, podemos ser resucitados espiritualmente e incluso evitar la experiencia de la muerte física y el entierro.

וַתֵּלֶד

Génesis 21:2 – **Fertilidad.** Las palabras que hablan del nacimiento de Yitsjak irradian una fuerza de fertilidad que ayudan a todos aquellos que no pueden concebir hijos. A través de nuestros cuidados y nuestra meditación podemos transferir esta energía a las personas que están intentando tener hijos, ayudándoles a remediar el origen de su infertilidad.

Risa. El nombre "Yitsjak" se refiere al concepto y la emoción de la risa. En un grado u otro, todos necesitamos expresar nuestras emociones verdaderas en la vida: reír, llorar o descargar frustración. A menudo permitimos que emociones como la ira, el resentimiento y la pena se acumulen en nuestro interior, lo cual evita que podamos vivir alegremente, proactivamente y pacíficamente. La vibración de Yitsjak en esta lectura nos ayuda a soltar nuestras emociones reprimidas de una forma proactiva —a través de la risa— para que podamos sentir felicidad y alegría verdaderas.

La Muerte de la Muerte. En un nivel más profundo de comprensión, el *Zóhar* explica que el nombre "Sará" es un código para una persona que ha logrado un estado de rectitud y completitud espiritual, y que por lo tanto ha matado su Inclinación al Mal. Este estado de existencia se alcanza antes de la Resurrección de los Muertos y el Amanecer de la Inmortalidad.

³ Avraham le puso el nombre de Yitsjak al hijo que le nació, que le dio Sará.

⁴ Y Avraham circuncidó a su hijo, Yitsjak, cuando este tenía ocho días, tal como el Eterno le ordenó.

QUINTA LECTURA - AHARÓN - HOD

⁵ Avraham tenía cien años cuando le nació su hijo Yitsjak.

⁶ Sará dijo: "Dios me ha hecho reír; cualquiera que lo oiga se reirá conmigo".

⁷ Y añadió: "¿Quién le habría dicho a Avraham que Sará amamantaría hijos? Pues bien, le he dado un hijo en su vejez".

⁸ El niño creció y fue destetado, y Avraham hizo un gran banquete el día que Yitsjak fue destetado.

⁹ Pero Sará vio que el hijo que Hagar, la egipcia, le había dado a Avraham estaba burlándose.

¹⁰ Por eso le dijo a Avraham: "Echa fuera a esta sierva y a su hijo, porque el hijo de esta sierva no ha de ser heredero junto con mi hijo, Yitsjak".

El nombre "Yitsjak" es una metáfora del hombre en su estado inmortal después de la Resurrección, después de que Dios haya erradicado la muerte para siempre. En esta fase final y eterna de la existencia, todos nosotros viviremos en la alegría pura y estaremos unidos con la Luz del Creador.

Este secreto se revela en la declaración siguiente del *Zóhar*:

"Él tragará a la muerte para siempre; y el Eterno secará las lágrimas de todas las caras" (Isaías 25:8). Entonces éste [el cuerpo inmortal, llamado Sará] será llamado Yitsjak (reirá) por la risa y la felicidad de los justos en el futuro.
– El Zóhar, Vayerá 29:401

Mientras escuchamos los versículos de la Biblia que hablan del nacimiento de Yitsjak, en los Mundos Superiores se produce el fallecimiento del Ángel de la Muerte y una risa infinita se hace eco por toda la eternidad, dando un placer sublime.

La influencia del Ángel de la Muerte se extiende más allá de la destrucción del cuerpo físico. Esta fuerza de energía es también responsable del fallecimiento de la felicidad de una persona, de la disolución de su matrimonio o de su ruina económica. Por lo tanto, debemos leer este versículo para que cualquier área de nuestra vida que esté en peligro de llegar a su fin sea revitalizada y resucitada.

וַתֵּרֶא

Génesis 21:9 – **Los rasgos del mal.** Los personajes de Hagar e Yishmael representan nuestros atributos inmorales. La desaparición de Hagar e Yishmael corresponde a la expulsión de nuestros propios deseos egoístas de nuestro ser más interno.

אֹתוֹ אֱלֹהִים ילה, מום: 3 וַיִּקְרָא עם ה' אותיות = ב"פ קס"א אַבְרָהָם ח"פ אל, רמ"ח אֶת־שֶׁם

יהוה שדי ־בְּנוֹ הַנּוֹלַד־לוֹ אֲשֶׁר־יָלְדָה־לוֹ שָׂרָה אלהים דיודין ורבוע אלהים ־ ה'

יִצְחָק ד"פ ב"ן: 4 וַיָּמָל אַבְרָהָם ח"פ אל, רמ"ח אֶת־יִצְחָק ד"פ ב"ן בְּנוֹ בֶּן־שְׁמֹנַת

יָמִים גלך כַּאֲשֶׁר צִוָּה פיי אֹתוֹ אֱלֹהִים ילה, מום:

QUINTA LECTURA - AHARÓN - HOD

5 וְאַבְרָהָם ח"פ אל, רמ"ח בֶּן־מְאַת שָׁנָה בְּהִוָּלֶד לוֹ אֵת יִצְחָק ד"פ ב"ן בְּנוֹ:

6 וַתֹּאמֶר שָׂרָה אלהים דיודין ורבוע אלהים ־ ה' צְחֹק עָשָׂה לִי אֱלֹהִים ילה, מום כָּל

ילו ־הַשֹּׁמֵעַ יִצְחַק ד"פ ב"ן ־לִי: 7 וַתֹּאמֶר מִי ילו מִלֵּל לְאַבְרָהָם ח"פ אל, רמ"ח

הֵינִיקָה בָנִים שָׂרָה אלהים דיודין ורבוע אלהים ־ ה' כִּי־יָלַדְתִּי בֵן לִזְקֻנָיו: 8 וַיִּגְדַּל

ילו הַיֶּלֶד וַיִּגָּמַל וַיַּעַשׂ אַבְרָהָם ח"פ אל, רמ"ח מִשְׁתֶּה גָדוֹל לחהו, מובה, יזל, אום בְּיוֹם

גגר, זן, מזבח הִגָּמֵל ג"פ יהוה אֶת־יִצְחָק ד"פ ב"ן 9 וַתֵּרֶא שָׂרָה אלהים דיודין ורבוע אלהים ־ ה'

אֶת־בֶּן־הָגָר ד"פ ב"ן הַמִּצְרִית מצר אֲשֶׁר־יָלְדָה לְאַבְרָהָם ח"פ אל, רמ"ח מְצַחֵק:

10 וַתֹּאמֶר לְאַבְרָהָם ח"פ אל, רמ"ח גָּרֵשׁ הָאָמָה דמב, מלוי ע"ה הַזֹּאת וְאֶת־בְּנָהּ

El primer paso en la autotransformación es reconocer y admitir nuestros impulsos autoindulgentes. Este reconocimiento, según Rav Yehuda Áshlag, es el 90 por ciento de la batalla. La Luz del Creador que brilla en la lectura de esta semana es libre para entrar e iluminar los lugares recónditos más oscuros de nuestra alma. Este pasaje despierta la autoconciencia, erradicando así nuestra Inclinación al Mal y los atributos negativos de nuestro carácter.

וַתֹּאמֶר

Génesis 21:10 – Avraham fue padre de dos hijos: Yishmael, cuya madre era una mujer egipcia llamada Hagar, e Yitsjak, cuya madre era Sará. Sará era, por supuesto, la esposa de Avraham,

mientras que Hagar era una de las concubinas de Avraham. Yishmael es la semilla y el progenitor del Islam y de todo el mundo árabe. Yitsjak es la semilla de la cual emergió la nación israelita.

La Biblia nos dice que Sará ordenó a Avraham que expulsara a Hagar y Yishmael de su hogar. Uno puede preguntarse por qué Avraham y Sará, las personificaciones de la misericordia y la amabilidad, pudieron comportarse con tanta crueldad.

El *Zóhar* arroja un poco de Luz con respecto a este tema:

Sará no estaba celosa o envidiosa de ella o de su hijo. Si lo estuviese, Dios no la habría apoyado con las palabras:

[11] El asunto angustió a Avraham en gran manera por tratarse de su hijo. [12] Pero Dios dijo a Avraham: "No te angusties por el muchacho ni por tu sierva. Presta atención a todo lo que Sará te diga, porque en Yitsjak será llamada tu descendencia.

[13] También del hijo de la sierva haré una nación, por ser tu descendiente". [14] Se levantó Avraham muy de mañana, tomó pan y un odre de agua y los dio a Hagar poniéndoselos sobre el hombro junto con el niño y la despidió. Y ella se fue y anduvo errante por el desierto de Beersheva.

[15] Y el agua del odre se acabó; ella puso al niño debajo de uno de los arbustos. [16] Y se alejó bastante y se sentó, como a un tiro de arco de distancia, porque dijo: "Que no vea yo morir al niño". Y se sentó enfrente de él y alzó su voz y lloró.

[17] Dios oyó la voz del muchacho; y el ángel de Dios llamó a Hagar desde el Cielo, y le dijo: "¿Qué tienes, Hagar? No temas, porque Dios ha oído la voz del muchacho en donde está.

"… en todo lo que Sará te diga, escucha su voz…" (Génesis 21:12). De hecho, fue solamente porque ella lo vio entregándose a prácticas idólatras y a su madre enseñándole las leyes de la adoración de ídolos, que ella dijo: "porque el hijo de esta sierva no será heredero". Yo sé que él nunca heredó una porción de la Fe, y él no compartirá con mi hijo; no en este mundo y no en el Mundo por Venir. Y es por esto que el Creador la apoyó.
– El Zóhar, Vayerá 33:467

וַיַּשְׁכֵּם

Génesis 21:14 – **La separación de Yitsjak e Yishmael.** "Yitsjak" es un código para la fuerza de la *Columna Izquierda* conocida como el *Deseo de Recibir para Sí Mismo*. Este es el ánodo negativo (–) de energía que encontramos en la electricidad. En términos humanos, es nuestro ego.

"Yishmael" es un código para la fuerza de la *Columna Derecha* conocida como *Deseo de Compartir*, que es el ánodo positivo (+) de energía. Esto alude a los placeres materiales de la vida que satisfacen a nuestro ego.

En una batería, si los polos positivos y negativos están conectados directamente a través de un cable, la batería hace un cortocircuito y pierde todo su poder. Los polos positivo y negativo deben estar separados y deben permanecer separados para evitar el cortocircuito.

A través de la acción de Sará de expulsar a Hagar e Yishmael, ella separó a Yitsjak e Yishmael, mostrándonos así que debemos separarnos de los placeres que gratifican al ego. La Biblia nos está diciendo que si nosotros, los hijos de Israel, no nos separamos de los placeres y las satisfacciones egoístas y efímeras, entonces habrá una separación continua entre los israelitas y los árabes, lo cual en sí mismo es un código que representa la separación, en una visión más global, entre todas las naciones del mundo. Para crear la unidad, debemos vivir nuestra vida según la voluntad de nuestra alma, y no según la influencia de nuestro ego.

Cuando creamos esta separación, creamos energía para el mundo, y el mundo recibe una infusión de amor y Luz. Cuando Sará separó a Yitsjak e Yishmael, en realidad estaba separando estas dos fuerzas de energía y deseos. Este es el significado espiritual profundo detrás de esta historia. En cuanto al nombre de Yishmael, el *Zóhar* dice:

…porque su nombre no debe ser pronunciado en presencia de Yitsjak.
– El Zóhar, Vayerá 33:463

כִּי לֹא יִירַשׁ בֶּן־הָאָמָה דמב, מלוי ע״ה הַזֹּאת עִם־בְּנִי עִם־יִצְחָק ד״פ ב״ן: 11 וַיֵּרַע

הַדָּבָר רַאֵה מְאֹד בְּעֵינֵי וד״פ אל, רמ״ח אַבְרָהָם רביעו מ״ה עַל אוֹדֹת בְּנוֹ: 12 וַיֹּאמֶר

אֱלֹהִים אֶל־אַבְרָהָם וד״פ אל, רמ״ח אַל־יֵרַע בְּעֵינֶיךָ ע״ה קס״א עַל־הַנַּעַר

עֹ״ך וְעַל־אֲמָתֶךָ כֹּל ילי אֲשֶׁר תֹּאמַר אֵלֶיךָ שָׂרָה אלהים דיודין ורביע אלהים ־ ה

שְׁמַע בְּקֹלָהּ כִּי בְיִצְחָק ד״פ ב״ן יִקָּרֵא לְךָ זָרַע: 13 וְגַם אֶת־בֶּן־הָאָמָה

דמב, מלוי ע״ה לְגוֹי אֲשִׂימֶנּוּ כִּי זַרְעֲךָ הוּא: 14 וַיַּשְׁכֵּם אַבְרָהָם וד״פ אל, רמ״ח |

בַּבֹּקֶר וַיִּקַּח־לֶחֶם וחום ג״פ יהוה וְחֵמַת מַיִם וַיִּתֵּן אֶל־הָגָר ד״פ ב״ן שָׂם

עַל־שִׁכְמָהּ וְאֶת־הַיֶּלֶד וַיְשַׁלְּחֶהָ וַתֵּלֶךְ וַתֵּתַע בְּמִדְבַּר רמ״ח, אברהם בְּאֵר

קנ״א ־ ב״ן שָׁבַע אלהים דיודין ־ ע״ב: 15 וַיִּכְלוּ ע״ב, רביע יהוה הַמַּיִם מִן־הַחֵמֶת וַתַּשְׁלֵךְ

אֶת־הַיֶּלֶד תַּחַת אַחַד אהבה, דאגה הַשִּׂיחִם: 16 וַתֵּלֶךְ וַתֵּשֶׁב לָהּ מִנֶּגֶד

זז, מזלות הַרְחֵק כִּמְטַחֲוֵי קֶשֶׁת כִּי אָמְרָה אַל־אֶרְאֶה בְּמוֹת הַיָּלֶד

וַתֵּשֶׁב מִנֶּגֶד זז, מזלות וַתִּשָּׂא אֶת־קֹלָהּ וַתֵּבְךְ: 17 וַיִּשְׁמַע אֱלֹהִים ילה, מום

אֶת־קוֹל ע״ב ס״א ע״ה הַנַּעַר עֹ״ך וַיִּקְרָא בּ״ן קס״א מַלְאַךְ אֱלֹהִים ילה, מום |

אֶל־הָגָר ד״פ ב״ן מִן־הַשָּׁמַיִם י״פ טל, ר״פ כוזו וַיֹּאמֶר לָהּ מַה מ״ה לָּךְ הָגָר ד״פ ב״ן

El mensaje es profundamente simple. La Luz de nuestra alma no puede existir con el ego. El ego debe ser separado y eliminado para permitir que nuestra alma brille y por lo tanto nos guíe en la vida.

El *Deseo de Recibir para Sí Mismo*, también conocido como comportamiento reactivo, es el origen de todo el caos personal y colectivo. Si sólo activamos este deseo, causaremos un peligroso cortocircuito entre las naciones. Es nuestra responsabilidad activar nuestro *Deseo de Recibir para Compartir*.

וַתֵּלֶךְ

Génesis 21:16 – Avraham envió a Hagar y a Yishmael al desierto, dándoles algo de pan y agua para su viaje. En el desierto, Hagar se quedó atrás con respecto a su hijo hasta que ya no podía verlo porque no podía soportar verlo morir de sed. Sin embargo, Dios llamó a Hagar y le dijo que no se preocupara, que Yishmael sobreviviría y sería la semilla de una gran nación. Dios le abrió los ojos y le reveló un pozo de agua.

A veces, las personas tienen lo que necesitan justo delante de sus ojos, pero no pueden verlo. Eso se debe a que las cosas de valor espiritual, simbolizadas en esta historia por el pozo de agua, no pueden percibirse con los cinco sentidos. Este pasaje nos señala lo limitantes que son nuestros cinco sentidos y cómo debemos dejar de juzgar las cosas basándonos únicamente en lo que vemos.

[18] Levántate, alza al muchacho y sostenlo con tu mano, porque Yo haré de él una gran nación".

[19] Entonces Dios abrió los ojos de ella, y vio un pozo de agua. Fue y llenó el odre de agua y dio de beber al muchacho.

[20] Dios estaba con el muchacho, que creció y habitó en el desierto y se hizo arquero.

[21] Y habitó en el desierto de Parán, y su madre tomó para él una mujer de la tierra de Egipto.

SEXTA LECTURA - YOSEF - YESOD

[22] Aconteció por aquel tiempo que Avimélej, con Fijol, jefe de su ejército, habló a Avraham: "Dios está contigo en todo lo que haces.

[23] Ahora pues, júrame aquí por Dios que no obrarás falsamente conmigo, ni con mi descendencia, ni con mi posteridad, sino que conforme a la bondad que te he tratado, así me tratarás a mí y a la tierra en la cual has residido".

[24] "Yo lo juro", le dijo Avraham.

[25] Pero Avraham se quejó a Avimélej a causa de un pozo de agua del cual los siervos de Avimélej se habían apoderado violentamente.

וַיְהִי

Génesis 21:22 – El acuerdo entre Avraham y Avimélej es el primer acuerdo de paz que aparece en la Biblia, y como tal, es la semilla y la fuente de todos los acuerdos de paz entre naciones. El conflicto y la guerra entre naciones empiezan con la fricción y la desunión entre individuos. Una nación en guerra es meramente la consecuencia final de la oscuridad espiritual nacida del conflicto y la intolerancia entre los individuos que forman esa nación. Cuando los hermanos encuentran un motivo para faltarse al respeto los unos a los otros, o cuando los amigos encuentran maneras de criticarse entre ellos, entonces las naciones se inventarán seguramente razones para enzarzarse en una sangrienta batalla.

El corolario obvio es que la paz empieza con el individuo que aparece en el espejo. La paz se mantiene cuando esa persona brinda su amistad y muestra tolerancia por su prójimo.

Esta lectura de la Biblia puede ayudar a evitar guerras entre naciones invocando la tolerancia y la compasión por los demás y ayudándonos a acabar con los conflictos entre individuos. Cuando dos personas hacen el esfuerzo de encontrar lo bueno la una en la otra, de pasar por alto sus diferencias en el nombre de la paz, entonces las naciones también descubren formas de alcanzar la paz.

וְהוֹכִחַ

Génesis 21:25 – Avraham y Avimélej estaban en desacuerdo con respecto a un pozo que pertenecía a Avraham y de cual los sirvientes de Avimélej se habían apoderado. El significado

אַל־תִּירְאִי כִּי־שָׁמַע אֱלֹהִים ע״ב ס״ג ע״ה אֶל־קוֹל מוּם ילה, הַנַּעַר ש״ך בַּאֲשֶׁר הוּא־שָׁם: 18 קוּמִי שְׂאִי אֶת־הַנַּעַר ש״ך וְהַחֲזִיקִי אֶת־יָדֵךְ בוכו בּוֹ כִּי־לְגוֹי גָּדוֹל להוו, מכה, זל, אום אֲשִׂימֶנּוּ: 19 וַיִּפְקַח מ״ה - קמ״ג אֱלֹהִים ילה, מוּם אֶת־עֵינֶיהָ רבוע מ״ה וַתֵּרֶא בְאֵר קנ״א - בן מָיִם וַתֵּלֶךְ וַתְּמַלֵּא אֶת־הַחֵמֶת מַיִם וַתַּשְׁקְ אֶת־הַנָּעַר ש״ך: 20 וַיְהִי אֵל אֱלֹהִים ילה, מוּם אֶת־הַנַּעַר ש״ך וַיִּגְדָּל זל וַיֵּשֶׁב בַּמִּדְבָּר רמ״וז, אברהם וַיְהִי אֵל רֹבֶה קַשָּׁת: 21 וַיֵּשֶׁב בַּמִּדְבָּר רמ״וז, אברהם פָּארָן וַתִּקַּח רבוע אהיה דאלפין לוֹ אִמּוֹ אִשָּׁה מֵאֶרֶץ אלהים דאלפין מִצְרָיִם מצר: [פ]

SEXTA LECTURA - YOSEF – YESOD

22 וַיְהִי אֵל בָּעֵת הַהִוא וַיֹּאמֶר אֲבִימֶלֶךְ וּפִיכֹל שַׂר אלהים דיודין ורבוע אלהים צְבָאוֹ אֶל־אַבְרָהָם ו״פ אל, רמ״וז לֵאמֹר אֱלֹהִים ילה, מוּם עִמְּךָ יוד הא ואו הא בְּכֹל לכב אֲשֶׁר־אַתָּה עֹשֶׂה: 23 וְעַתָּה הִשָּׁבְעָה לִּי בֵאלֹהִים ילה, מוּם הֵנָּה מ״ה יה אִם תִּשְׁקֹר לִי וּלְנִינִי וּלְנֶכְדִּי ע״ב, רבוע יהוה כַּחֶסֶד אֲשֶׁר־עָשִׂיתִי עִמְּךָ גמם תַּעֲשֶׂה עִמָּדִי וְעִם־הָאָרֶץ אלהים דההין ע״ה אֲשֶׁר־גַּרְתָּה בָּהּ: 24 וַיֹּאמֶר אַבְרָהָם ו״פ אל, רמ״וז אָנֹכִי איע אִשָּׁבֵעַ: 25 וְהוֹכִחַ אַבְרָהָם ו״פ אל, רמ״וז

---

de este desacuerdo es el esfuerzo que hizo Avraham para inyectar fuerzas espirituales de sanación en el agua. Aquí Avimélej simboliza la contaminación del agua de la Tierra, mientras que Avraham simboliza la rehabilitación de nuestros océanos, lagos, ríos y aguas subterráneas.

Los sabios nos dicen que los pastores de Avraham pelearon con los pastores de Avimélej por la propiedad del pozo:

Los pastores de Avraham dijeron finalmente: "El pozo pertenece a aquel para quien el agua se eleve para dar de beber a sus ovejas". Cuando el agua

vio las ovejas del Patriarca Avraham, inmediatamente se elevó.
– Bereshit Rabá 54:5 (Un comentario del siglo III que forma parte del Talmud, sobre el primer libro de la Biblia, Génesis)

En nuestra época presente, vemos esta batalla para defender la santidad de nuestro entorno, por ejemplo, en la lucha para proteger el agua de la contaminación química y nuclear. Los versículos de las Escrituras que relatan esta historia ayudarán a purificar las aguas de nuestro planeta.

²⁶ Y Avimélej dijo: "No sé quién haya hecho esto, ni tú me lo habías hecho saber, ni yo lo había oído hasta hoy".

²⁷ Avraham tomó ovejas y vacas y se las dio a Avimélej, y los dos hicieron un pacto (tratado).

²⁸ Entonces Avraham puso aparte siete corderas del rebaño.

²⁹ Avimélej dijo a Avraham: "¿Qué significan estas siete corderas que has puesto aparte?".

³⁰ Y Avraham respondió: "Acepta estas siete corderas de mi mano comotestimonio de que yo cavé este pozo". ³¹ Por lo cual llamó a aquel lugar Beersheva, porque allí los dos hicieron un juramento.

³² Hicieron, pues, un pacto en Beersheva. Se levantó Avimélej con Fijol, jefe de su ejército, y regresaron a la tierra de los filisteos.

³³ Avraham plantó un tamarisco en Beersheva, y allí invocó el nombre del Eterno, Dios sempiterno.

³⁴ Y habitó Avraham en la tierra de los filisteos por muchos días.

SÉPTIMA LECTURA - DAVID - MALJUT

22 ¹ Aconteció que después de estas cosas, Dios probó a Avraham, y le dijo: "¡Avraham!". Y él respondió: "Aquí estoy".

² Y dijo: "Toma ahora a tu hijo, tu único, a quien amas, a Yitsjak, y ve a la tierra de Moriá, y ofrécelo allí en holocausto sobre uno de los montes que Yo te diré".

וַיְהִי

Génesis 22:1 – Según Rashi, Avraham tuvo que pasar por diez pruebas en su vida que le permitieron evolucionar y fortalecerse espiritualmente. La novena de estas pruebas fue cuando expulsó a Yishmael, y la décima prueba ocurrió cuando Dios le pidió que sacrificara a su hijo, Yitsjak, sobre un altar.

La magnitud de esta última prueba no tiene precedentes. Avraham tuvo que esperar hasta la edad de 100 años para tener finalmente un hijo con Sará, y luego el Creador le pide que sacrifique a su único hijo legítimo.

Esta historia nos hace analizar cuánto de lo que amamos estamos dispuestos a sacrificar por nuestra conexión con la Luz del Creador. Paradójicamente, cuanto más nos resistimos al sacrificio y más evitamos las pruebas de la vida, más perderemos a largo plazo. Pero cuanto más damos por voluntad propia y más aceptamos las pruebas de la vida con certeza, más estamos en condiciones de ganar.

אֶת־אֲבִימֶלֶךְ עַל־אֹדוֹת בְּאֵר קנ״א - ב״ן הַמַּיִם אֲשֶׁר גָּזְלוּ עַבְדֵי אֲבִימֶלֶךְ:

26 וַיֹּאמֶר אֲבִימֶלֶךְ לֹא יָדַעְתִּי מִי ילי עָשָׂה אֶת־הַדָּבָר ראה הֶזֶּה והו וְגַם

יגל ־אַתָּה לֹא־הִגַּדְתָּ לִּי וְגַם אָנֹכִי איע לֹא שָׁמַעְתִּי בִּלְתִּי הַיּוֹם נגד, זז, מזבח:

27 וַיִּקַּח וזעם אַבְרָהָם ח״פ אל, רמ״ח צֹאן וּבָקָר וַיִּתֵּן לַאֲבִימֶלֶךְ וַיִּכְרְתוּ שְׁנֵיהֶם

בְּרִית: 28 וַיַּצֵּב אַבְרָהָם ח״פ אל, רמ״ח אֶת־שֶׁבַע אלהים דיודין - ע״ב כִּבְשֹׂת הַצֹּאן

מלוי אהיה דיודין ע״ה לְבַדְּהֶן: 29 וַיֹּאמֶר אֲבִימֶלֶךְ אֶל־אַבְרָהָם ח״פ אל, רמ״ח מָה

מ״ה הֵנָּה מ״ה יה שֶׁבַע אלהים דיודין - ע״ב כְּבָשֹׂת הָאֵלֶּה אֲשֶׁר הִצַּבְתָּ לְבַדָּנָה:

30 וַיֹּאמֶר כִּי אֶת־שֶׁבַע אלהים דיודין - ע״ב כְּבָשֹׂת תִּקַּח מִיָּדִי בַּעֲבוּר

תִּהְיֶה־לִּי לְעֵדָה כִּי חָפַרְתִּי אֶת־הַבְּאֵר קנ״א - ב״ן הַזֹּאת: 31 עַל־כֵּן קָרָא

לַמָּקוֹם יהוה ברבוע, ו״פ אל הַהוּא בְּאֵר קנ״א - ב״ן שֶׁבַע אלהים דיודין - ע״ב כִּי שָׁם

נִשְׁבְּעוּ שְׁנֵיהֶם: 32 וַיִּכְרְתוּ בְרִית בִּבְאֵר קנ״א - ב״ן שֶׁבַע אלהים דיודין - ע״ב וַיָּקָם

אֲבִימֶלֶךְ וּפִיכֹל שַׂר אלהים דיודין ורבוע אלהים ־צְבָאוֹ וַיָּשֻׁבוּ אֶל־אֶרֶץ אלהים דאלפין

פְּלִשְׁתִּים י״פ אלהים: 33 וַיִּטַּע אֵשֶׁל בִּבְאֵר קנ״א - ב״ן שֶׁבַע אלהים דיודין - ע״ב וַיִּקְרָא

עם ה׳ אותיות = ב״פ קס״א ־שָׁם בְּשֵׁם יהוה שדי יְהֹוָ‎ה‎ אדנ‎י אֵל ייא״י עוֹלָם: 34 וַיָּגָר

אַבְרָהָם ח״פ אל, רמ״ח בְּאֶרֶץ אלהים דאלפין פְּלִשְׁתִּים י״פ אלהים יָמִים נגד אלהים רַבִּים: [פ]

SÉPTIMA LECTURA - DAVID – MALJUT

22 1 וַיְהִי אל אַחַר הַדְּבָרִים ראה הָאֵלֶּה וְהָאֱלֹהִים ילה, מום נִסָּה אֶת־אַבְרָהָם

וז״פ אל, רמ״ח וַיֹּאמֶר אֵלָיו אַבְרָהָם ח״פ אל, רמ״ח וַיֹּאמֶר הִנֵּנִי: 2 וַיֹּאמֶר קַח־נָא

אֶת־בִּנְךָ אֶת־יְחִידְךָ אֲשֶׁר־אָהַבְתָּ אֶת־יִצְחָק ד״פ ב״ן וְלֶךְ־לְךָ אֶל־אֶרֶץ

La Luz que brilla a través de las letras de este versículo despierta la convicción en nuestro corazón y la certeza absoluta en nuestra conciencia, permitiendo que la verdad del Creador se revele eternamente al mundo.

³ Avraham se levantó muy de mañana, aparejó su asno y tomó con él a dos de sus criados y a su hijo Yitsjak. También partió leña para el holocausto, y se levantó y fue al lugar que Dios le había dicho. ⁴ Al tercer día alzó Avraham los ojos y vio el lugar de lejos.

⁵ Entonces Avraham dijo a sus criados: "Quédense aquí con el asno. Yo y el muchacho iremos hasta allá, nos postraremos y volveremos a ustedes". ⁶ Tomó Avraham la leña del holocausto y la puso sobre Yitsjak su hijo, y tomó en su mano el fuego y el cuchillo. Y los dos iban juntos.

⁷ Yitsjak habló a su padre Avraham: "Padre mío". Y él respondió: "Aquí estoy, hijo mío". Y él dijo: "Aquí están el fuego y la leña, pero ¿dónde está el cordero para el holocausto?". ⁸ Y Avraham respondió: "Dios proveerá el cordero para el holocausto, hijo mío". Y los dos iban juntos.

⁹ Llegaron al lugar que Dios le había dicho y Avraham edificó allí el altar, arregló la leña, ató a su hijo, Yitsjak, y lo puso en el altar sobre la leña.

וַיַּשְׁכֵּם

Génesis 22:3 – Se nos cuenta que Avraham se levantó muy de mañana el día en que se suponía que debía sacrificar a Yitsjak. Aunque le esperaba una prueba inimaginablemente dolorosa, Avraham aceptó el desafío de forma proactiva.

Nuestra naturaleza es implicarnos en prácticas negativas que gratifican los aspectos narcisistas de nuestra personalidad. Sin embargo, a menudo somos lentos para embarcarnos en las tareas espirituales difíciles que debemos llevar a cabo para transformarnos. En verdad, aunque esta postergación puede proporcionarnos una pequeña medida de comodidad y alivio en el momento inmediato, a largo plazo nos cargamos con más dolor.

Gracias al poder del *Zóhar*, esta prueba final de Avraham —la que requería una confianza y una obediencia inquebrantables— puede interpretarse como nuestra propia prueba final. Se nos otorga el éxito de Avraham, junto con su valentía y confianza inquebrantable en el Creador. A medida que caminaba con Yitsjak hacia el lugar del sacrificio, a Avraham se le concedió una visión clarísima de su futuro nieto, Yaakov, el hijo predestinado de Yitsjak. Avraham percibió el importante papel que Yaakov desempeñaría en el mundo; aun así, a pesar de su convincente

visión, siguió fiel a su compromiso de sacrificar a su hijo. Avraham entregó el control por completo y colocó toda su confianza en las palabras del Creador.

וַיַּעֲקֹד

Génesis 22:9 – Avraham llevó a su hijo, Yitsjak, arriba de la montaña, donde construyó un altar y ató a Yitsjak sobre éste. Avraham elevó su brazo y cuando estaba a punto de bajar el cuchillo para matar a su hijo, un ángel llegó repentinamente para detenerlo. El ángel dejó claro a Avraham que el sacrificio demandado sólo era una prueba de fe.

Inmediatamente, Avraham encontró un carnero cuyos cuernos estaban atrapados en un matorral, y sacrificó al animal en lugar de Yitsjak. El *Zóhar* ofrece unas reflexiones profundas sobre esta historia:

> *Así toda su vida; no alcanzó la perfección hasta ahora, hasta que agua se mezcló con fuego —LA DERECHA SE MEZCLÓ CON LA IZQUIERDA— y fuego con agua —la izquierda con la derecha—. Por esto es que "El Creador probó a Avraham" y no a Yitsjak. Porque Dios invitó a Avraham a ser incluido en el Juicio DE ACUERDO CON EL SECRETO DE LA IZQUIERDA. Así, cuando él*

LA HISTORIA DE VAYERÁ: SÉPTIMA LECTURA   GÉNESIS   195

הַמֹּרִיָּה וְהַעֲלֵהוּ שָׁם לְעֹלָה עַל אַחַד הֶהָרִים

אֲשֶׁר אֹמַר אֵלֶיךָ 3 וַיַּשְׁכֵּם אַבְרָהָם בַּבֹּקֶר וַיַּחֲבֹשׁ

אֶת־חֲמֹרוֹ וַיִּקַּח אֶת־שְׁנֵי נְעָרָיו אִתּוֹ וְאֵת יִצְחָק בְּנוֹ וַיְבַקַּע עֲצֵי

עֹלָה וַיָּקָם וַיֵּלֶךְ אֶל־הַמָּקוֹם אֲשֶׁר־אָמַר־לוֹ הָאֱלֹהִים

4 בַּיּוֹם הַשְּׁלִישִׁי וַיִּשָּׂא אַבְרָהָם אֶת־עֵינָיו

וַיַּרְא אֶת־הַמָּקוֹם מֵרָחֹק 5 וַיֹּאמֶר אַבְרָהָם

אֶל־נְעָרָיו שְׁבוּ־לָכֶם פֹּה

עִם־הַחֲמוֹר וַאֲנִי וְהַנַּעַר נֵלְכָה עַד־כֹּה וְנִשְׁתַּחֲוֶה וְנָשׁוּבָה

אֲלֵיכֶם: 6 וַיִּקַּח אַבְרָהָם אֶת־עֲצֵי הָעֹלָה וַיָּשֶׂם עַל־יִצְחָק

בְּנוֹ וַיִּקַּח בְּיָדוֹ אֶת־הָאֵשׁ וְאֶת־הַמַּאֲכֶלֶת וַיֵּלְכוּ

שְׁנֵיהֶם יַחְדָּו: 7 וַיֹּאמֶר יִצְחָק אֶל־אַבְרָהָם אָבִיו

וַיֹּאמֶר אָבִי וַיֹּאמֶר הִנֶּנִּי בְנִי וַיֹּאמֶר הִנֵּה הָאֵשׁ וְהָעֵצִים וְאַיֵּה

הַשֶּׂה לְעֹלָה: 8 וַיֹּאמֶר אַבְרָהָם אֱלֹהִים יִרְאֶה

לּוֹ הַשֶּׂה לְעֹלָה בְּנִי וַיֵּלְכוּ שְׁנֵיהֶם יַחְדָּו: 9 וַיָּבֹאוּ אֶל־הַמָּקוֹם

אֲשֶׁר אָמַר־לוֹ הָאֱלֹהִים וַיִּבֶן שָׁם אַבְרָהָם

אֶת־הַמִּזְבֵּחַ וַיַּעֲרֹךְ אֶת־הָעֵצִים וַיַּעֲקֹד אֶת־יִצְחָק בְּנוֹ

---

realizó el acto de atar a Yitsjak, el fuego entró en el agua, ESTO ES: EL JUICIO ENTRÓ EN JÉSED, y ellos fueron perfeccionados uno por el otro, COMO FUE DICHO ANTES. Esto es lo que el acto de juicio logró: incluyó uno dentro del otro. Ésta es también la razón por la que la Inclinación al Mal vino y acusó a Avraham de no estar apropiadamente perfeccionado hasta que realizó el acto de Juicio de atar a Yitsjak. EL LUGAR de la Inclinación al Mal está "después" (más allá) de estas "cosas"...

– El Zóhar, Vayerá 35:491

Suavizar el Juicio con Misericordia. El Zóhar explica que Avraham representa el concepto de la misericordia, mientras que Yitsjak significa la fuerza del juicio. En nuestra propia vida, necesitamos suavizar y temperar nuestro comportamiento crítico con misericordia bondadosa; también debemos aprender a despertar juicio espiritual con nuestro Deseo de Compartir. Lograr un delicado equilibrio entre estos atributos del juicio y la misericordia puede ser un trabajo espiritual de por vida. Afortunadamente, el acto de escuchar esta lectura imbuye a nuestra alma de la cualidad de la misericordia para que nos transformemos en personas amorosas y equilibradas.

[10] *Entonces Avraham extendió su mano y tomó el cuchillo para sacrificar a su hijo.*

[11] *Pero el ángel del Eterno lo llamó desde el Cielo y dijo: "¡Avraham, Avraham!". Y él respondió: "Aquí estoy".*

[12] *Y el ángel dijo: "No extiendas tu mano contra el muchacho, ni le hagas nada. Porque ahora sé que temes a Dios, ya que no Me has rehusado tu hijo, tu único".*

[13] *Entonces Avraham alzó los ojos y miró, y he aquí un carnero detrás de él trabado por los cuernos en un matorral. Avraham fue, tomó el carnero y lo ofreció en holocausto en lugar de su hijo.*

Sin la Luz de Avraham o sin estas reflexiones del *Zóhar*, este objetivo sería mucho más difícil de alcanzar. Hay algo en nuestra naturaleza que nos impulsa repetidamente a dejarnos llevar por el comportamiento negativo, aunque vaya en contra de nuestra propia voluntad. De igual forma, parecemos impulsados a abandonar las acciones positivas aunque tengamos las mejores intenciones de cumplirlas. Esta idiosincrasia exclusivamente humana demuestra el conflicto permanente entre el *Deseo de Recibir* de nuestro cuerpo y el *Deseo de Compartir* del alma. Nuestra Inclinación al Mal es la culpable, puesto que influencia nuestras elecciones para que sucumbamos a los caprichos del cuerpo.

"Yitsjak" es un código que se refiere a la energía de la *Columna Izquierda* —nuestro *Deseo de Recibir* reactivo y egocéntrico— y nuestro cuerpo físico. "Avraham" es un código que corresponde a la *Columna Derecha* —nuestro *Deseo de Compartir* positivo— y nuestra alma. Así pues, esta historia es un código para el trabajo espiritual del hombre, que es atar o restringir sus deseos egoístas y reactivos, y desatar el poder de su alma.

Rav Brandwein escribió sobre este tema en una carta al Rav Berg:

> La única forma de que uno atraiga milagros, para reorganizar la naturaleza en forma diferente de la manera en que Dios dispuso que fuera, es a través del autosacrificio. Pues en el hombre, la fuerza y Deseo de Recibir es innato a su propia existencia, y humilla y gobierna sobre todo lo demás. Si se vence a sí mismo, para sacrificarse por amor al honor de Dios, entonces esta fuerza se eleva y rompe todos los velos, y no hay poder entre los seres superiores e inferiores que pueda detenerlo o impedir nada de lo que él pida, y su oración será respondida plenamente. A esto se añade la interpretación que el santo Baal Shem Tov hace del versículo "Dios es tu sombra". Tal como la sombra imita todos los movimientos del hombre, así Dios lo hace con el hombre. Si un hombre está dispuesto a sacrificarse por la santidad de Dios, entonces Dios anula todos los caminos de la naturaleza que Él estableció y se vuelve hacia ese hombre que se autosacrifica.

En lugar de Yitsjak fue sacrificado a Dios un carnero que estaba atrapado en los matorrales. Este carnero para sacrificio es un código para la erradicación real de nuestros rasgos malvados y orgullosos: el sacrificio de nuestra Inclinación al Mal. Así pues, aprendemos que un hombre debe utilizar constantemente el poder de su alma (Avraham) para atar a su propio ego (la atadura de Yitsjak sobre el altar) y luego eliminar todos sus rasgos egoístas y autodestructivos de su naturaleza (la matanza del carnero). Esto implica sacrificar los placeres materiales a corto plazo por la dicha espiritual.

Una vez más, a través de la Luz de Avraham, que sirve como depósito eterno de energía de la cual nosotros podemos hacer uso, fortalecemos a nuestra alma y subyugamos totalmente a nuestros impulsos egoístas. Cuando nuestros rasgos malvados son aplastados por medio de nuestra meditación durante la lectura de esta sección, la maldad del mundo es aplastada en

10 וַיִּשְׁלַח אַבְרָהָם אֶת־יָדוֹ וַיִּקַּח אֶת־הַמַּאֲכֶלֶת לִשְׁחֹט אֶת־בְּנוֹ: 11 וַיִּקְרָא אֵלָיו מַלְאַךְ יְהוָה מִן־הַשָּׁמַיִם וַיֹּאמֶר אַבְרָהָם אַבְרָהָם וַיֹּאמֶר הִנֵּנִי: 12 וַיֹּאמֶר אַל־תִּשְׁלַח יָדְךָ אֶל־הַנַּעַר וְאַל־תַּעַשׂ לוֹ מְאוּמָה כִּי עַתָּה יָדַעְתִּי כִּי־יְרֵא אֱלֹהִים אַתָּה וְלֹא חָשַׂכְתָּ אֶת־בִּנְךָ אֶת־יְחִידְךָ מִמֶּנִּי: 13 וַיִּשָּׂא אַבְרָהָם אֶת־עֵינָיו וַיַּרְא וְהִנֵּה־אַיִל אַחַר נֶאֱחַז בַּסְּבַךְ בְּקַרְנָיו וַיֵּלֶךְ אַבְרָהָם וַיִּקַּח אֶת־הָאַיִל

---

igual medida, pues cada uno de nosotros es un microcosmos del mundo. De esta forma, todos los actos pecaminosos y las acciones malvadas descritos a lo largo de esta lectura de la Biblia son atados y sacrificados para siempre.

Otro entendimiento que podemos obtener a través del sacrificio que se pidió hacer a Avraham es el siguiente: nos apegamos a lo que amamos, pero más que eso, nos apegamos a los frutos de nuestro trabajo. Se nos enseña a enfocarnos en el objetivo, a trabajar por un resultado que podamos visualizar. Si nos encontramos con un impedimento, nos olvidamos de las lecciones que aprendimos a través del proceso del trabajo y nos obsesionamos con el resultado que esperábamos pero que no logramos obtener. El Creador requiere que trabajemos para revelar Luz y, sin embargo, que dejemos que Él sea el árbitro de lo que llega a realizarse y lo que no. Así pues, igual que se le pidió a Avraham que soltara ese apego al fruto de sus entrañas, a nosotros se nos pide que liberemos nuestro apego a los frutos de nuestro trabajo. Siempre debemos realizar nuestro trabajo con la conciencia de tener un objetivo, pero también entendiendo que es en el viaje para alcanzar ese objetivo donde se revelará más Luz. En otras palabras, el resultado de nuestro esfuerzo será un resultado de cuánta Luz revelemos a lo largo del camino.

וַיִּשְׁלַח

Génesis 22:10 – Para encender la Luz del Creador en nuestra vida y para pasar las pruebas y los desafíos que se nos presentan, debemos estar preparados para actuar físicamente, lo cual se indica en esta historia en el momento en que Avraham levanta el brazo para matar a su hijo. Las buenas intenciones nunca son suficientes. Debemos cumplir con nuestro compromiso de compartir más con los demás y completar nuestra misión espiritual.

El cuerpo de Avraham estaba tan sintonizado con la Luz del Creador que él sabía en lo más profundo de su corazón que Dios no le dejaría matar a su hijo, aunque él estaba totalmente preparado para hacer el sacrificio si era necesario. Cuando estamos preparados para ir hasta el final, nosotros también resonamos con la Luz; de esta forma, tenemos la certeza y la seguridad en lo más profundo de nosotros que cada acción que llevemos a cabo tendrá asegurado un resultado positivo.

14 Y Avraham llamó a aquel lugar con el nombre de 'El Eterno proveerá', como se dice hasta hoy: "En el monte del Eterno será visto".

15 El ángel del Eterno llamó a Avraham por segunda vez desde el Cielo,

16 y le dijo: "Por Mí mismo he jurado", declara el Eterno, "que por cuanto has hecho esto y no Me has rehusado tu hijo, tu único,

17 de cierto te bendeciré grandemente, y multiplicaré en gran manera tu descendencia como las estrellas del cielo y como la arena en la orilla del mar, y tu descendencia poseerá la puerta de sus enemigos.

18 En tu simiente serán bendecidas todas las naciones de la Tierra, porque tú has obedecido Mi voz". 19 Entonces Avraham volvió a sus criados, y se levantaron y fueron juntos a Beersheva. Y habitó Avraham en Beersheva.

MAFTIR

20 Después de estas cosas, le dieron noticia a Avraham, diciendo: "Milcá también es madre; le ha dado hijos a tu hermano Najor:

21 Uz, su primogénito; Buz, su hermano; y Kemuel, padre de Aram, 22 Queshed, Jazo, Pildash, Yidlaf y Betuel". 23 Y Betuel fue el padre de Rivká. Estos ocho hijos dio a luz Milcá a Najor, hermano de Avraham.

24 También su concubina, de nombre Reumá, dio a luz a Tébaj, a Gajam, a Tajash y a Maajá.

Acerca del sacrificio de Yitsjak, el gran Rav Yehuda Tsvi Brandwein escribió en una carta:

> *Está escrito: "Y Abraham dijo: 'El Creador proveerá el cordero para el sacrificio ardiente, hijo mío', y caminaron juntos" (ibid.). Hay una alusión aquí [al hecho] que en tanto haya unión y autosacrificio, seremos exitosos, como está explicado por las palabras: "y caminaron juntos", significando: con un propósito y una intención.*

אֶת־רִבְקָה

Génesis 22:23– Cuando Avraham regresó a su hogar después de la Atadura de Yitsjak, Sará había fallecido. Sin embargo, siempre tiene que haber un faro de Luz en nuestro mundo, así que después de que Sará abandonara este mundo, Rivká nació de Betuel. Esta sucesión tiene un significado espiritual para nuestra propia vida: cuando no aprovechamos la oportunidad de compartir y llevar a cabo acciones positivas en un momento dado, otra persona ocupará nuestro lugar. Por consiguiente, debemos iluminarnos y ser conscientes de las oportunidades para realizar buenos gestos y acciones, los cuales ocasionan crecimiento espiritual.

וַיַּעֲל֥וּ לְעָלָ֖ה תַּ֣חַת בְּנ֑וֹ׃ 14 וַיִּקְרָ֧א עם ה' אותיות = ב"פ קס"א אַבְרָהָ֛ם וז"פ אל, רמ"וז

שֵֽׁם יהוה שדי הַמָּק֥וֹם־ יהוה ברבוע, ר"פ אל הַה֖וּא יְהֹוָ֣ה אדנ"י אהדונהי | יִרְאֶ֑ה רי"ו, גבורה אֲשֶׁר֙

יֵֽאָמֵ֣ר הַיּ֔וֹם נגד, זן, מזבח בְּהַ֥ר אור, רז יְהֹוָ֖ה אדנ"י אהדונהי יֵרָאֶֽה׃ רי"ו, גבורה 15 וַיִּקְרָ֛א

עם ה' אותיות = ב"פ קס"א מַלְאַ֥ךְ יְהֹוָ֖ה אדנ"י אהדונהי אֶל־אַבְרָהָ֑ם וז"פ אל, רמ"וז שֵׁנִ֖ית

מִן־הַשָּׁמָֽיִם י"פ טל, י"פ כוזו׃ 16 וַיֹּ֕אמֶר בִּ֣י נִשְׁבַּ֖עְתִּי נְאֻם־יְהֹוָ֑ה אדנ"י אהדונהי כִּ֗י יַ֚עַן

אֲשֶׁ֤ר עָשִׂ֙יתָ֙ אֶת־הַדָּבָ֣ר רא ה הַזֶּ֔ה הו ולֹ֥א וְלֹ֥א חָשַׂ֖כְתָּ אֶת־בִּנְךָ֥ אֶת־יְחִידֶֽךָ׃

17 כִּֽי־בָרֵ֣ךְ אֲבָרֶכְךָ֗ וְהַרְבָּ֨ה ארבה אַרְבֶּ֤ה יצחק, ד"פ בן אֶת־זַרְעֲךָ֙ כְּכוֹכְבֵ֣י

הַשָּׁמַ֔יִם י"פ טל, י"פ כוזו וְכַח֕וֹל דרבוע אהיה אֲשֶׁ֖ר עַל־שְׂפַ֣ת הַיָּ֑ם ילי וְיִרַ֣שׁ זַרְעֲךָ֔

אֵ֖ת שַׁ֥עַר אֹיְבָֽיו׃ 18 וְהִתְבָּרֲכ֣וּ יהוה ע"ב ריבוע מ"ה בְזַרְעֲךָ֔ כֹּ֖ל ילי גּוֹיֵ֣י הָאָ֑רֶץ

אלהים דההין ע"ה עֵ֕קֶב ב"פ מום אֲשֶׁ֥ר שָׁמַ֖עְתָּ בְּקֹלִֽי׃ 19 וַיָּ֤שָׁב אַבְרָהָם֙ וז"פ אל, רמ"וז

אֶל־נְעָרָ֔יו וַיָּקֻ֛מוּ וַיֵּלְכ֥וּ יַחְדָּ֖ו אֶל־בְּאֵ֣ר קנ"א - בן שָׁ֑בַע אלהים דיודין ע"ב וַיֵּ֥שֶׁב

אַבְרָהָ֖ם וז"פ אל, רמ"וז בִּבְאֵ֥ר קנ"א - בן שָֽׁבַע׃ אלהים דיודין ע"ב׃ [פ]

MAFTIR

20 וַיְהִ֗י אל אוֹ֯זֵ֣רי֯ הַדְּבָרִ֣ים ראה הָאֵ֔לֶּה וַיֻּגַּ֥ד לְאַבְרָהָ֖ם וז"פ אל, רמ"וז לֵאמֹ֑ר

הִנֵּ֠ה מ"ה יה יָֽלְדָ֨ה מִלְכָּ֥ה ע"ה אל אדני גַם־הִ֛וא יגל־ה֖וּא בָּנִ֑ים לְנָח֖וֹר ר"ת הבל אָחִֽיךָ׃

21 אֶת־ע֥וּץ בְּכֹר֖וֹ וְאֶת־בּ֣וּז אָחִ֑יו וְאֶת־קְמוּאֵ֖ל אֲבִ֥י אֲרָֽם׃ 22 וְאֶת־כֶּ֣שֶׂד

וְאֶת־חֲז֔וֹ וְאֶת־פִּלְדָּ֖שׁ וְאֶת־יִדְלָ֑ף וְאֵ֖ת בְּתוּאֵֽל׃ 23 וּבְתוּאֵ֖ל יָלַ֣ד

אֶת־רִבְקָ֑ה שְׁמֹנָ֥ה אֵ֙לֶּה֙ יָֽלְדָ֣ה מִלְכָּ֔ה ע"ה אל אדני לְנָח֖וֹר אֲחִ֥י אַבְרָהָֽם׃

וז"פ אל, רמ"וז׃ 24 וּפִֽילַגְשׁ֖וֹ וּשְׁמָ֣הּ רְאוּמָ֑ה וַתֵּ֤לֶד גַּם־הִ֙וא יגל־ה֙וּא אֶת־טֶ֙בַח֙

וְאֶת־גַּ֔חַם וְאֶת־תַּ֖חַשׁ וְאֶת־מַעֲכָֽה׃ [פ]

HAFTARÁ DE VAYERÁ

Esta es la historia de Eliseo (en adelante: Elishá). Igual que a Avraham se le prometió que su hijo nacería al cabo de un año, Elishá también prometió un hijo a una mujer sunamita. Después de que pasara un año, tuvo lugar el nacimiento, pero tan sólo unos años más tarde el niño murió. Su madre buscó a Elishá y le rogó que viniera con ella a resucitar a su hijo, y él así lo hizo. Los sabios

II REYES 4:1–23

4 [1] *Y la mujer de un hombre de los hijos de los profetas clamó a Elishá, diciendo: "Tu siervo, mi marido, ha muerto, y tú sabes que él temía al Eterno. Pero ha venido el acreedor a tomar a mis dos hijos para esclavos suyos".*

[2] *Y Elishá le dijo: "¿Qué puedo hacer por ti? Dime, ¿qué tienes en tu casa?". Y ella respondió: "Tu sierva no tiene en casa más que un poco de aceite".*

[3] *Entonces Elishá le dijo: "Ve, pide vasijas prestadas por todas partes de todos tus vecinos, vasijas vacías; no pidas pocas.*

[4] *Luego entra y cierra la puerta detrás de ti y de tus hijos, y echas el aceite en todas estas vasijas, poniendo aparte las que estén llenas".*

[5] *Y ella se fue de su lado, y cerró la puerta tras sí y de sus hijos; y ellos traían las vasijas y ella las llenaba.*

[6] *Cuando las vasijas estuvieron llenas, ella dijo a un hijo suyo: "Tráeme otra vasija". Y él le dijo: "No hay más vasijas". Y cesó de fluir el aceite.*

[7] *Entonces ella fue y se lo contó al hombre de Dios. Y él le dijo: "Ve, vende el aceite y paga tus deudas, y tú y tus hijos pueden vivir de lo que quede".*

[8] *Un día pasaba Elishá por Sunem, donde había una mujer distinguida, y ella lo persuadió a que comiera pan. Y sucedía que siempre que pasaba, entraba allí a comer pan.*

HAFTARÁ DE VAYERÁ

nos cuentan que Elishá realizaba sus milagros a través de la oración (*Meguilá* 27a). A través de este acontecimiento y el nacimiento de Yitsjak de Sará y Avraham, nos recuerdan los grandes poderes de la meditación y la oración, de la mente sobre la materia y de la Resurrección de los Muertos.

מלכים 2, פרק 4, פסוקים 1–23

וְאִשָּׁה אַחַת מִנְּשֵׁי בְנֵי־הַנְּבִיאִים צָעֲקָה אֶל־אֱלִישָׁע לֵאמֹר 4 1
עַבְדְּךָ פּוֹ אִישִׁי מֵת וְאַתָּה יָדַעְתָּ כִּי עַבְדְּךָ פּוֹ הָיָה יָרֵא
אֶת־יְהוָה וְהַנֹּשֶׁה בָּא לָקַחַת אֶת־שְׁנֵי יְלָדַי לוֹ לַעֲבָדִים:
וַיֹּאמֶר אֵלֶיהָ אֱלִישָׁע מָה אֶעֱשֶׂה־לָּךְ הַגִּידִי לִי מַה־יֶּשׁ־לָךְ 2
בַּבָּיִת וַתֹּאמֶר אֵין לְשִׁפְחָתְךָ כֹל בַּבַּיִת כִּי אִם
אָסוּךְ שָׁמֶן: וַיֹּאמֶר לְכִי שַׁאֲלִי־לָךְ כֵּלִים מִן־הַחוּץ 3
מֵאֵת כָּל־שְׁכֵנָיִךְ כֵּלִים רֵקִים אַל־תַּמְעִיטִי: וּבָאת 4
וְסָגַרְתְּ הַדֶּלֶת בַּעֲדֵךְ וּבְעַד־בָּנַיִךְ וְיָצַקְתְּ עַל כָּל־הַכֵּלִים
הָאֵלֶּה וְהַמָּלֵא תַּסִּיעִי: וַתֵּלֶךְ מֵאִתּוֹ וַתִּסְגֹּר הַדֶּלֶת בַּעֲדָהּ וּבְעַד 5
בָּנֶיהָ הֵם מַגִּישִׁים אֵלֶיהָ וְהִיא מוֹצָקֶת: וַיְהִי כִּמְלֹאת 6
הַכֵּלִים וַתֹּאמֶר אֶל־בְּנָהּ הַגִּישָׁה אֵלַי עוֹד כֶּלִי וַיֹּאמֶר אֵלֶיהָ אֵין
עוֹד כֶּלִי וַיַּעֲמֹד הַשָּׁמֶן: וַתָּבֹא וַתַּגֵּד לְאִישׁ 7
הָאֱלֹהִים וַיֹּאמֶר לְכִי מִכְרִי אֶת־הַשֶּׁמֶן וְשַׁלְּמִי
אֶת־נִשְׁיֵךְ וְאַתְּ וּבָנַיִךְ תִּחְיִי בַּנּוֹתָר: וַיְהִי 8
הַיּוֹם וַיַּעֲבֹר אֱלִישָׁע אֶל־שׁוּנֵם וְשָׁם אִשָּׁה גְדוֹלָה
וַתַּחֲזֶק־בּוֹ לֶאֱכָל־לָחֶם וַיְהִי מִדֵּי עָבְרוֹ יָסֻר

⁹ Y ella dijo a su marido: "Ahora entiendo que éste que siempre pasa por nuestra casa es un santo hombre de Dios.

¹⁰ Te ruego que hagamos un pequeño aposento alto, con paredes, y pongamos allí para él una cama, una mesa, una silla y un candelero; y cuando venga a nosotros, se podrá retirar allí".

¹¹ Y un día que Elishá vino por allí, se retiró al aposento alto y allí se acostó.

¹² Después dijo a Gueijazí, su criado: "Llama a esta sunamita". Y cuando la llamó, ella se presentó delante de él.

¹³ Entonces Elishá le dijo a Gueijazí: "Dile ahora: 'Ya que te has preocupado por nosotros con todo este cuidado, ¿qué puedo hacer por ti? ¿Quieres que hable por ti al rey o al jefe del ejército?'". Y ella respondió: "Yo vivo en medio de mi pueblo".

¹⁴ Elishá entonces preguntó: "¿Qué se puede hacer por ella?". Y Gueijazí respondió: "En verdad ella no tiene ningún hijo y su marido es viejo".

¹⁵ Y Elishá dijo: "Llámala". Cuando él la llamó, ella se detuvo a la entrada.

¹⁶ Entonces Elishá le dijo: "Por este tiempo, el año que viene, abrazarás un hijo". Y ella dijo: "No, mi señor, hombre de Dios, no engañes a tu sierva".

¹⁷ Pero la mujer concibió y dio a luz un hijo al año siguiente en el tiempo que Elishá le había dicho.

¹⁸ Cuando el niño creció, llegó el día en que salió al campo adonde estaba su padre con los segadores,

¹⁹ y dijo a su padre: "¡Ay, mi cabeza, mi cabeza!". Y el padre dijo a un criado: "Llévalo a su madre".

²⁰ Y tomándolo, el criado lo llevó a su madre, y el niño estuvo sentado en sus rodillas hasta el mediodía, y murió.

²¹ Entonces ella subió y lo puso sobre la cama del hombre de Dios, cerró la puerta, y salió.

²² Luego llamó a su marido y le dijo: "Te ruego que me envíes uno de los criados y una de las asnas, para que yo vaya deprisa al hombre de Dios y regrese".

²³ Y él dijo: "¿Por qué vas hoy a él? No es Luna Nueva ni Shabat". Y ella respondió: "Quédate en paz".

שֻׁמֶה מהשע לֶאֱכָל־לֶחֶם גִיפּ יהוה: 9 וַתֹּאמֶר אֶל־אִישָׁהּ הִנֵּה מ״ה יה ־נָא יָדַ֫עְתִּי

כִּי אִישׁ ע״ה קנ״א קס״א אֱלֹהִים ילה, מוס קָדוֹשׁ הוּא עֹבֵר עָלֵינוּ רבוע ס״ג תָּמִיד

נתה, קס״א – קנ״א – קמ״ג: 10 נַעֲשֶׂה־נָּא עֲלִיַּת־קִיר קְטַנָּה וְנָשִׂים לוֹ שָׁם מִטָּה

וְשֻׁלְחָן וְכִסֵּא וּמְנוֹרָה וְהָיָה יהוה, יהוה, יהוה בְּבֹאוֹ אֵלֵינוּ יָסוּר שָׁמָּה מהשע: 11 וַיְהִי

אַל הַיּוֹם נגד, זן, מזבח וַיָּבֹא שָׁמָּה מהשע וַיָּסַר אֶל־הָעֲלִיָּה וַיִּשְׁכַּב־שָׁמָּה מהשע:

12 וַיֹּאמֶר אֶל־גֵּיחֲזִי נַעֲרוֹ קְרָא לַשּׁוּנַמִּית הַזֹּאת וַיִּקְרָא עם ה׳ אותיות = ב״פ קס״א

־לָהּ וַתַּעֲמֹד לְפָנָיו: 13 וַיֹּאמֶר לוֹ אֱמָר־נָא אֵלֶיהָ הִנֵּה וְרַדְתְּ | אֵלֵינוּ

אֶת־כָּל יֵלי ־הַחֲרָדָה הַזֹּאת מ״ה מֶה לַעֲשׂוֹת לָךְ הֲיֵשׁ לְדַבֶּר ראה ־לָךְ

אֶל־הַמֶּלֶךְ אוֹ אֶל־שַׂר אלהים דיודין ורבוע אלהים הַצָּבָא וַתֹּאמֶר בְּתוֹךְ עַמִּי אָנֹכִי

איע יֹשָׁבֶת: 14 וַיֹּאמֶר וּמֶה מ״ה לַעֲשׂוֹת לָהּ וַיֹּאמֶר גֵּיחֲזִי אֲבָל בֵּן אֵין־לָהּ

וְאִישָׁהּ זָקֵן: 15 וַיֹּאמֶר קְרָא־לָהּ וַיִּקְרָא עם ה׳ אותיות = ב״פ קס״א ־לָהּ וַתַּעֲמֹד

בַּפָּתַח: 16 וַיֹּאמֶר לַמּוֹעֵד הַזֶּה יהו כָּעֵת חַיָּה אַתְּ (כתיב: אתי) וְזֹבֶקֶת בֵּן

וַתֹּאמֶר אַל־אֲדֹנִי אִישׁ ע״ה קנ״א קס״א הָאֱלֹהִים ילה, מוס אַל־תְּכַזֵּב בְּשִׁפְחָתֶךָ:

17 וַתַּהַר הָאִשָּׁה וַתֵּלֶד בֵּן לַמּוֹעֵד הַזֶּה יהו כָּעֵת חַיָּה אֲשֶׁר־דִּבֶּר ראה

אֵלֶיהָ אֱלִישָׁע: 18 וַיִּגְדַּל יֵל הַיֶּלֶד וַיְהִי אַל הַיּוֹם נגד, זן, מזבח וַיֵּצֵא אֶל־אָבִיו

אֶל־הַקֹּצְרִים: 19 וַיֹּאמֶר אֶל־אָבִיו רֹאשִׁי רביע אלהים – אלהים דיודין ע״ה | רֹאשִׁי

רביע אלהים – אלהים דיודין ע״ה וַיֹּאמֶר אֶל־הַנַּעַר ע״ך שָׂאֵהוּ אֶל־אִמּוֹ: 20 וַיִּשָּׂאֵהוּ

וַיְבִיאֵהוּ אֶל־אִמּוֹ וַיֵּשֶׁב עַל־בִּרְכֶּיהָ עַד־הַצָּהֳרַיִם וַיָּמֹת: 21 וַתַּעַל

וַתַּשְׁכִּבֵהוּ עַל־מִטַּת אִישׁ ע״ה קנ״א קס״א הָאֱלֹהִים ילה, מוס וַתִּסְגֹּר בַּעֲדוֹ וַתֵּצֵא:

22 וַתִּקְרָא אֶל־אִישָׁהּ וַתֹּאמֶר שִׁלְחָה נָא לִי אֶחָד אהבה, דאגה, ראה מִן־הַנְּעָרִים

וְאַחַת הָאֲתֹנוֹת וְאָרוּצָה עַד־אִישׁ ע״ה קנ״א קס״א הָאֱלֹהִים ילה, מוס וְאָשׁוּבָה:

23 וַיֹּאמֶר מַדּוּעַ אַתְּ (כתיב: אתי) הֹלֶכֶת מיה (כתיב: הלכתי) אֵלָיו הַיּוֹם נגד, זן, מזבח

לֹא־חֹדֶשׁ י״ב הוויות וְלֹא שַׁבָּת וַתֹּאמֶר שָׁלוֹם:

JAYEI SARÁ

LA LECCIÓN DE JAYEI SARÁ
(Génesis 23:1–25:18)

Las vidas de Sará

Hay tres tamaños de letra en la Biblia. En la introducción al *Zóhar*, en el comentario del *Sulam*, está escrito: "Y Dios hizo letras grandes que aluden a *Biná* y letras pequeñas que aluden a *Maljut*". En otro lugar, el *Zóhar* explica que las letras de tamaño normal vienen de la dimensión espiritual de *Zeir Anpín*, lo cual nos muestra que hay un significado profundo detrás de los distintos tipos de letras que tenemos en la Biblia.

> *Sará murió en Kiryat-Arba, que es Hebrón en la tierra de Canaán; y Avraham vino a exaltar a Sará y a llorar por ella.*
>
> *– Génesis 23:2*

En este versículo encontramos una letra pequeña *Caf* en la palabra *velivcotá*, que significa "llorar por ella" o "lamentarse por ella".

Se dice que cuando Sará murió, Avraham lloró sólo un poco, y esto se debe a que Sará era anciana. ¿Pero por qué debería esto haberle impedido llorar por ella? Él amaba a Sará más de lo que cualquier hombre podía amar a su esposa. Avraham y Sará eran almas gemelas, eran Carrozas, eran profetas; incluso está escrito que Sará era mejor profeta que Avraham.

En el *Midrash*, dice lo siguiente:

> *Ella era tan grande que el Creador había hablado directamente con ella (Génesis 18:15), mientras que a las otras profetisas Dios les hablaba a través de un mensajero. Ella era tan eminentemente justa que hasta los ángeles estaban sujetos a sus órdenes.*

Asimismo, el *Midrash* dice también que Yitsjak no estaba en el funeral de Sará, y la explicación es que en ese momento él estaba estudiando la Biblia. ¿Pero es esta realmente una explicación válida? ¿Debe el estudio de la palabra de Dios utilizarse como una excusa para no asistir al funeral de tu propia madre?

¿Qué relación tiene esto con la presencia de la letra pequeña *Caf* y qué poder podemos recibir de esta letra? Aquí hay una enseñanza importante, que está relacionada con el acto de llorar.

La historia de la partida de este mundo de Rav Shimón bar Yojái, tal como está escrita en el *Zóhar*, esclarecerá este asunto:

Todo ese día [que falleció Rav Shimón] el fuego no se retiró de la casa y nadie se acercó a él porque no podían debido a la luz y el fuego que lo rodeaban. Yo [Rav Aba] estaba boca abajo en el suelo llorando a gritos. Después de que el fuego se retiró, vi que la Santa Luminaria, el santo de santos, se había ido del mundo, envuelto y yaciendo sobre su costado derecho con un rostro sonriente.

– El Zóhar, Haazinu, el Idra Zutra:197

Después de la muerte del gran maestro Rav Shimón, Rav Elazar, su hijo, tomó las manos de su padre, las besó y dijo: "Padre, padre, había tres que se volvieron uno otra vez". Esto significa que había habido tres grandes hombres en la tierra: el mismo Rav Elazar; su padre, Rav Shimón; y su abuelo, Rav Pinjás ben Yair. Ahora Rav Elazar era el único que quedaba en el mundo. Esta es una declaración muy poderosa y emotiva, sin embargo es importante que seamos conscientes de que Rav Elazar no lloró.

Naturalmente, cuando Rav Shimón abandonó este mundo su hijo sintió dolor por la pérdida de su padre. Pero para Rav Elazar era más importante que a partir de aquel momento el mundo no tendría la Luz que Rav Shimón había revelado. Los estudiantes de Rav Shimón lloraron, pero no por la pérdida de conexión física con su maestro, sino más bien por la Luz que habían perdido. Había otra causa de su tremendo dolor: el mundo entero había estado lleno de la Luz del Creador, y ahora ésta iba a faltar. En los tiempos de Rav Shimón, "…la señal del arcoíris no se veía porque Rav Shimón era la señal del mundo". Esto aparece en una canción que el Ben Ish Jai (Rav Yosef Jayim, 1832–1909) escribió sobre Rav Shimón.

¿Por qué lloramos cuando nos ocurre algo que nos hiere? Específicamente, ¿por qué lloramos por la muerte de una persona que ha estado cerca de nosotros? ¿Es simplemente por la ausencia física que sentimos? La Kabbalah enseña que la transición física de la vida a la muerte no es donde debe enfocarse nuestra carencia. Según la Kabbalah, la muerte no es algo final sino más bien el cierre de una puerta y la abertura de otra. Las enseñanzas de la Kabbalah sobre la reencarnación son una fuente vital para lograr una mayor comprensión de la naturaleza de la muerte. Los discípulos de Rav Shimón entendían estas enseñanzas en un nivel muy profundo y de esta forma fueron capaces de superar su dolor puramente humano. Las muertes de todas las almas justas son en realidad un motivo de regocijarse por ellos, y si sus discípulos no tienen en absoluto deseos para ellos mismos, son capaces de sentir alegría por la liberación de sus santos maestros.

En el momento de la muerte de Rav Shimón, la tremenda Luz que le rodeaba a él y a la casa en la que yacía eran una señal indiscutible de los Grandes Reinos que le esperaban, así como una revelación sutil de las ilusiones mezcladas de la vida y la muerte. El siguiente relato del *Zóhar* muestra la enorme Luz que se revela cuando un alma justa abandona este mundo:

[Rav Shimón pronuncia sus últimas palabras:] Ese Jésed entra en el santo de santos, como está escrito: "… Porque allí ordenó Dios la bendición, la vida por siempre" (Salmos 133:3).

Rav Aba dijo: La Santa Luminaria [refiriéndose a Rav Shimón] terminó de pronunciar la palabra "vida", cuando sus palabras cesaron. Yo estaba escribiendo y estaba a punto de escribir más, pero no oí nada. No levanté mi cabeza porque la luz era muy fuerte y yo no podía mirar. Entonces me estremecí y oí una voz que llamaba y decía: "para largura de días, y larga vida" (Proverbios 3:2), Y LUEGO oí otra voz: "Él pidió la vida de Ti" (Salmos 21:5).

Todo ese día el fuego no se retiró de la casa y nadie se acercó a él [Rav Shimón] porque no podían debido a la luz y el fuego que lo rodeaban. Yo estaba boca abajo en el suelo llorando a gritos. Después de que el fuego se retiró, vi que la Santa Luminaria, el santo de santos, se había ido del mundo, envuelto y yaciendo sobre su costado derecho con un rostro sonriente.
– El Zóhar, Haazinu, 47-48:195-197

Además, dijeron: Cada vez que los justos se van de este mundo, son asimismo anulados de este mundo todos los juicios severos, y la muerte de los justos trae perdón por los pecados de la generación.
– El Zóhar, Ajarei Mot 1:9

De hecho, debemos recordar que nada físico crea una diferencia en este mundo, puesto que la verdad sólo procede del ámbito espiritual. La *Caf* pequeña nos enseña que no debemos llorar por los asuntos irrelevantes del mundo físico; por algo que hemos perdido, por ejemplo, ya sea un objeto físico como el dinero o una cualidad como la celebridad, el estatus o la fama. La fortaleza que recibimos de la *Caf* (en la palabra *velivcotá*) es la capacidad para separar lo que es importante de lo que no lo es. Entonces, ¿qué causa es suficiente para que lloremos por ella? ¿No debería serlo que alguien cercano a nosotros haya abandonado físicamente este mundo? Según la Kabbalah, la razón por la que debemos llorar es por la pérdida de la Luz que nos iluminaba cuando aquella persona estaba en la Tierra con nosotros.

Cuando Rav Brandwein, profesor y maestro del Rav Berg, abandonó este mundo, Rav Berg lloró durante mucho tiempo y sintió la ausencia de la Luz del Creador en su vida. Sin embargo, después de un tiempo, entendió que ahora Rav Brandwein estaba ayudándole desde el Mundo de la Verdad mucho más de lo que podría haberle ayudado en este mundo. Debemos recordar que todo es una emanación de la Luz; por lo tanto, nunca debemos involucrarnos demasiado con lo que ocurre en el reino físico. Si nos involucramos demasiado, es como si dijéramos que no estamos de acuerdo con lo que ha sucedido, ¡lo cual significaría que no estamos de acuerdo con la Luz!

El Kabbalista Michael Berg cuenta una historia sobre le diferencia entre los pagos espirituales y físicos:

Un gran sabio celebró una bonita boda para su hija en un hotel caro. Después de la boda, fue al propietario del hotel y le preguntó cuánto le iba a costar la boda. El propietario dijo: "No puedo aceptar tu dinero. Tú eres mi maestro". El sabio insistió, pero el propietario continuaba rehusándose. Así estuvieron un rato, hasta que finalmente el maestro dijo: "¡Te voy a pagar! ¡Porque en este mundo siempre tenemos que pagar un precio y el dinero es el pago más barato que existe!".

Cuando lloramos por los desafíos y los obstáculos que estamos teniendo en el mundo físico, como por ejemplo las deudas, los problemas de salud o los conflictos con otras personas, o si nos preguntamos: "¿Por qué la Luz me está haciendo esto?", entonces no hemos aprendido nuestra lección a través de éstos y causaremos que los mismos pagos vuelvan a convertirse en deuda. El único tipo de llanto que está justificado en este mundo es el lloro por la ausencia de la Luz revelada. Está escrito que excepto la Puerta de las Lágrimas, todas las Puertas del Mundo Superior han estado cerradas desde la destrucción del Templo.

> *"...y las puertas de la calle se cerrarán" (Eclesiastés 12:4): estas son las puertas, AHÍ ARRIBA, que estaban todas cerradas excepto la Puerta de las Lágrimas que no estaba cerrada.*
> *– El Zóhar, Shir HaShirim 6:54*

Esta frase se refiere a las lágrimas que se derraman como resultado de que la Luz del Creador no sea revelada. La *Caf* pequeña nos da el poder para entender exactamente por qué nos estamos enfrentando a lo que nos estamos enfrentando, y asimismo nos da el poder de recibirlo todo con Luz.

En el *Zóhar*, los sabios frecuentemente lloran porque no entienden la explicación de su amado maestro, Rav Shimón. Para ellos, la incapacidad de alcanzar la Luz del entendimiento es la pena más grande de sus vidas.

Obviamente, la muerte de Sará causó dolor a Avraham, pero Avraham no lloró porque sabía que era para bien. También leemos que Yitsjak estaba estudiando la Biblia durante el funeral de su madre; esto se debe a que su muerte significaba que la Luz del Creador ya no sería revelada al mundo, así que él trabajaba para revelar esa Luz él mismo.

SINOPSIS DE JAYEI SARÁ

Analicemos ahora por qué esta sección se llama "Las vidas de Sará" y por qué sólo prestamos nuestra atención a la vida de Sará después de su muerte. Debemos entender que, según la Kabbalah, la vida y la muerte pueden existir en muchos niveles. Alguien puede estar físicamente vivo pero no nos imparte ninguna energía; en ese sentido, es como si estuviera muerto para nosotros. De la misma forma, una persona que ha abandonado este mundo puede estar muy viva en nuestro corazón y nuestra mente. Cuando recordamos a alguien que ha fallecido, mantenemos viva a esa persona; si la olvidamos, entonces esa persona está ciertamente muerta para nosotros. El significado de la vida y la muerte no debe limitarse a la dimensión física.

PRIMERA LECTURA - AVRAHAM - JÉSED

23 ¹ **Y** *la vida de Sará fue de cien año y veinte año y siete años; los años de la vida de Sará. ² Sará murió en Kiryat-Arba, que es Hebrón, en la tierra de Canaán. Avraham fue a hacer duelo por Sará y a llorar por ella.*

³ Después Avraham se levantó de junto a su difunta, y habló a los hijos de Jet diciendo: ⁴ "Yo soy extranjero y habito entre ustedes; denme en propiedad una sepultura entre ustedes, para que pueda sepultar a mi difunta que está delante de mí".

⁵ Los hijos de Jet le respondieron a Avraham diciendo: ⁶ "Escúchanos, señor nuestro: tú eres un príncipe poderoso entre nosotros. Sepulta a tu difunta en el mejor de nuestros sepulcros, pues ninguno de nosotros te negará su sepulcro para que sepultes a tu difunta". ⁷ Avraham se levantó e hizo una reverencia al pueblo de aquella tierra, los hijos de Jet. ⁸ Y habló con ellos: "Si están ustedes dispuestos a que yo sepulte aquí a mi difunta que está delante de mí, escúchenme e intercedan por mí con Efrón, hijo de Zojar,

---

COMENTARIO DEL RAV

La historia de Jayei Sará trata sobre la vida de Sará, aunque sólo el primer versículo de esta historia hace mención de ella.

El secreto más profundo está relacionado con la forma en que se menciona la edad de Sará. La Torá no dice que Sará vivió 127 años, sino "100 año, 20 año y 7 años". La pregunta obvia es: ¿por qué los 100 y los 20 se mencionan en singular mientras que el 7 se expresa en plural utilizando la palabra "shanim"?

El *Zóhar* dice que Sará representa la totalidad de la unidad, como la semilla que contiene dentro de sí misma el total de los elementos del árbol subsecuente: las ramas, las raíces, los frutos y las hojas. Todos ellos emergen separadamente de la semilla, indicada por los "7 años" (*sheva shanim*). Kabbalísticamente, siete también se refiere a *Maljut*—la dimensión de este mundo físico— nuestro mundo de diferenciación y fragmentación que está gobernado por el tiempo, el espacio y el movimiento.

Puesto que Sará personifica la idea de la unidad, el "100 año" indica el concepto kabbalístico de 100 dimensiones espirituales distintas: las Diez *Sefirot*, multiplicadas cada una de ellas por sus diez niveles individuales propios (también llamados *Sefirot*). Cada una de las Diez *Sefirot* también está formada por otras Diez *Sefirot* (10x10), lo cual introduce el concepto de unidad y completitud. Y el "20 año", aunque es un nivel inferior de conexión —de 10+10, que son las *Diez Sefirot de Luz Directa* más las *Diez Sefirot de Luz Retornante*—, continúa estando en el reino de la no separación. Sólo en este mundo físico emergen el caos y la separación, trayendo con ellos las limitaciones del tiempo, el espacio y el movimiento.

El número de años que vivió Sará nos enseña que este mundo físico no es la auténtica realidad, sino una realidad ilusoria que podemos transformar en un mundo de unidad. También nos muestra que la vida de Sará personificaba tanto unidad como diversidad, y por lo tanto la diversidad no tiene necesariamente que resultar en separación, ni siquiera en conflicto.

PRIMERA LECTURA - AVRAHAM – JÉSED

23 1 וַיִּהְיוּ מלוי ס״ג ‏‎ ‏וַיִּי שָׂרָה‎ ‏ אלהים דיודין ורבוע אלהים ‏‏ - ה ‏‎ מֵאָה שָׁנָה וְעֶשְׂרִים
שָׁנָה וְשֶׁבַע אלהים דיודין - ע״ב ‏ שָׁנִים שְׁנֵי ‏‎ וַיִּי שָׂרָה‎ ‏ אלהים דיודין ורבוע אלהים - ה:
2 וַתָּמָת שָׂרָה אלהים דיודין ורבוע אלהים - ה ‏ בְּקִרְיַת אַרְבַּע הִוא חֶבְרוֹן בְּאֶרֶץ
כְּנַעַן אלהים דאלפין וַיָּבֹא אַבְרָהָם וו״פ אל, רמ״ח לִסְפֹּד לְשָׂרָה אלהים דיודין ורבוע אלהים - ה
‏וְלִבְכֹּתָהּ‎: 3 וַיָּקָם אַבְרָהָם וו״פ אל, רמ״ח מֵעַל פְּנֵי עלם לוחכמה - בינה מֵתוֹ וַיְדַבֵּר
ראה אֶל-בְּנֵי-חֵת לֵאמֹר: 4 גֵּר אימ אָנֹכִי קנ״א - ב״ן וְתוֹשָׁב עִמָּכֶם תְּנוּ לִי
אֲחֻזַּת-קֶבֶר עִמָּכֶם וְאֶקְבְּרָה מֵתִי מִלְּפָנָי: 5 וַיַּעֲנוּ ב-ל-ן בְנֵי-חֵת אֶת-אַבְרָהָם
וו״פ אל, רמ״ח לֵאמֹר לוֹ: 6 שְׁמָעֵנוּ יכלה, מום אֲדֹנִי נְשִׂיא אֱלֹהִים אַתָּה בְּתוֹכֵנוּ
בְּמִבְחַר קְבָרֵינוּ קְבֹר אֶת-מֵתֶךָ אִישׁ ע״ה קנ״א קס״א מִמֶּנּוּ אֶת-קִבְרוֹ
לֹא-יִכְלֶה מִמְּךָ מִקְּבֹר מֵתֶךָ: 7 וַיָּקָם אַבְרָהָם וו״פ אל, רמ״ח וַיִּשְׁתַּחוּ לְעַם
עלם הָאָרֶץ ראה אלהים דההין ע״ה לִבְנֵי-חֵת: 8 וַיְדַבֵּר אִתָּם לֵאמֹר אִם יודך

‏וַיִּי שָׂרָה‎

Génesis 23:1 – Sará vivió 127 años, y posteriormente reencarnó en la reina Ester. Cada año de la vida de Sará estuvo lleno de Luz, lo cual le otorgó el mérito en su encarnación posterior como Ester de gobernar 127 naciones. Este ejemplo nos muestra cómo nuestras acciones en vidas pasadas pueden influir en el presente y el futuro.

‏וְלִבְכֹּתָהּ‎

Génesis 23:2 – La letra pequeña *Caf* aparece en *velivcotá*, que significa "llorar por ella". A menudo, cuando lloramos por una pérdida, sentimos el dolor y la pena por la manifestación física de la pérdida, y no por lo que ha sucedido a nivel espiritual. Las letras pequeñas de la Biblia representan a *Maljut*, el nivel de nuestra existencia física; estas letras nos dan el poder de trascender nuestra realidad física presente para que podamos conectar con la Luz y recibir claridad de ella.

‏וַיְדַבֵּר‎

Génesis 23:8 – Cuando Avraham estaba buscando un sitio para enterrar a Sará, vio un pequeño animal en el campo; entonces lo siguió hasta una cueva, donde vio a Adam. Adam le reveló a Avraham que aquel lugar era donde Javá y él fueron enterrados, y donde también debían ser enterrados Avraham y Sará. El *Zóhar* dice que mientras Adam buscaba un lugar en el que Javá y él pudieran ser enterrados, fue guiado hasta aquella cueva por una pequeña Luz que entró en ella desde el Jardín de Edén. En nuestra vida, podemos esforzarnos para asegurarnos de que los lugares donde vivimos sean lugares positivos que nos traigan bendiciones.

⁹ para que me dé la cueva de Majpelá que le pertenece, que está al extremo de su campo. Que en presencia de ustedes me la dé por un precio justo en posesión para una sepultura".

¹⁰ Efrón estaba sentado entre los hijos de Jet. Y Efrón, el hitita, respondió a Avraham a oídos de los hijos de Jet y de todos los que entraban por la puerta de su ciudad:

¹¹ "No, señor mío, escúchame: te doy el campo y te doy la cueva que está en él. A la vista de los hijos de mi pueblo te lo doy. Sepulta a tu difunta".

¹² Entonces Avraham se inclinó delante del pueblo de aquella tierra,

¹³ y a oídos del pueblo de aquella tierra le hablo a Efrón diciendo: "Te ruego que me oigas. Te daré el precio del campo. Acéptalo de mí, para que pueda sepultar allí a mi difunta".

¹⁴ Efrón respondió a Avraham:

¹⁵ "Señor mío, escúchame: una tierra que vale 400 siclos de plata, ¿qué es eso entre tú y yo? Sepulta, pues, a tu difunta".

¹⁶ Avraham escuchó a Efrón. Y Avraham pesó la plata que éste había mencionado a oídos de los hijos de Jet: 400 siclos de plata, medida comercial.

SEGUNDA LECTURA - YITSJAK - GUEVURÁ

¹⁷ Así el campo de Efrón que está en Majpelá, frente a Mamré, el campo y la cueva que hay en él, y todos los árboles en el campo dentro de sus confines, fueron cedidos

¹⁸ a Avraham en propiedad a la vista de los hijos de Jet, delante de todos los que entraban por la puerta de su ciudad.

¹⁹ Después de esto, Avraham sepultó a Sará, su mujer, en la cueva del campo de Majpelá frente a Mamré, es decir, Hebrón, en la tierra de Canaán.

יֵשׁ אֶת־נַפְשְׁכֶם לִקְבֹּר אֶת־מֵתִי מִלְּפָנַי שְׁמָעוּנִי וּפִגְעוּ־לִי בְּעֶפְרוֹן

בֶּן־צֹחַר: 9 וְיִתֶּן ‏י"פ מלוי ע"ב ‏לִי אֶת־מְעָרַת הַמַּכְפֵּלָה אֲשֶׁר־לוֹ אֲשֶׁר

בִּקְצֵה ‏ג"פ אדני ‏שָׂדֵהוּ בְּכֶסֶף מָלֵא יִתְּנֶנָּה לִי בְּתוֹכְכֶם לַאֲחֻזַּת־קָבֶר:

10 וְעֶפְרוֹן יֹשֵׁב בְּתוֹךְ בְּנֵי־חֵת וַיַּעַן עֶפְרוֹן הַחִתִּי אֶת־אַבְרָהָם ‏ח"פ אל, רמ"ח

בְּאָזְנֵי ‏יוד הי ואו הה ‏בְנֵי־חֵת לְכֹל ‏יה ‏- אדני ‏בָּאֵי שַׁעַר־עִירוֹ ‏בזוהר, ערי, סנדלפון

לֵאמֹר: 11 לֹא־אֲדֹנִי שְׁמָעֵנִי הַשָּׂדֶה ‏שדי ‏נָתַתִּי לָךְ וְהַמְּעָרָה ‏ש"ך ‏אֲשֶׁר־בּוֹ

לְךָ נְתַתִּיהָ לְעֵינֵי ‏רביע מ"ה ‏בְנֵי־עַמִּי נְתַתִּיהָ לָּךְ קְבֹר מֵתֶךָ: 12 וַיִּשְׁתַּחוּ

אַבְרָהָם ‏ח"פ אל, רמ"ח ‏לִפְנֵי עַם הָאָרֶץ ‏אלהים דההין ‏עה: 13 וַיְדַבֵּר ‏ראה ‏אֶל־עֶפְרוֹן

בְּאָזְנֵי ‏יוד הי ואו הה ‏עַם־הָאָרֶץ ‏אלהים דההין ‏עה ‏לֵאמֹר אַךְ ‏אהיה דההין ‏עה ‏יוהך ‏אִם־אַתָּה לוּ

שְׁמָעֵנִי נָתַתִּי כֶּסֶף הַשָּׂדֶה ‏שדי ‏קַח מִמֶּנִּי וְאֶקְבְּרָה אֶת־מֵתִי שָׁמָּה ‏מהש:

14 וַיַּעַן עֶפְרוֹן אֶת־אַבְרָהָם ‏ח"פ אל, רמ"ח ‏לֵאמֹר לוֹ: 15 אֲדֹנִי שְׁמָעֵנִי אֶרֶץ

‏אלהים דאלפין ‏אַרְבַּע מֵאֹת שֶׁקֶל־כֶּסֶף בֵּינִי וּבֵינְךָ מַה ‏מ"ה ‏הִוא וְאֶת־מֵתְךָ

קְבֹר: 16 וַיִּשְׁמַע אַבְרָהָם ‏ח"פ אל, רמ"ח ‏אֶל־עֶפְרוֹן וַיִּשְׁקֹל אַבְרָהָם ‏ח"פ אל, רמ"ח

לְעֶפְרֹן אֶת־הַכֶּסֶף אֲשֶׁר דִּבֶּר ‏ראה ‏בְּאָזְנֵי ‏יוד הי ואו הה ‏בְנֵי־חֵת אַרְבַּע

מֵאוֹת שֶׁקֶל כֶּסֶף עֹבֵר ‏רבוע אלהים ‏- ‏ע"ב ‏לַסֹּחֵר:

SEGUNDA LECTURA - YITSJAK - GUEVURÁ

17 וַיָּקָם | שְׂדֵה ‏שדני ‏עֶפְרוֹן אֲשֶׁר בַּמַּכְפֵּלָה אֲשֶׁר לִפְנֵי מַמְרֵא ‏בזוהר ‏עה

הַשָּׂדֶה ‏שדי ‏וְהַמְּעָרָה ‏ש"ך ‏אֲשֶׁר־בּוֹ וְכָל ‏ילי ‏הָעֵץ ‏עה קס"א ‏אֲשֶׁר בַּשָּׂדֶה

אֲשֶׁר בְּכָל ‏לכב ‏גְּבֻלוֹ סָבִיב: 18 לְאַבְרָהָם ‏ח"פ אל, רמ"ח ‏לְמִקְנָה לְעֵינֵי ‏רביע מ"ה

בְנֵי־חֵת בְּכֹל ‏לכב ‏בָּאֵי שַׁעַר־עִירוֹ ‏בזוהר, ערי, סנדלפון: 19 וְאַחֲרֵי־כֵן קָבַר

אַבְרָהָם ‏ח"פ אל, רמ"ח ‏אֶת־שָׂרָה ‏שדני ‏אלהים דיודין ורבוע אלהים ‏- ‏ה ‏אִשְׁתּוֹ אֶל־מְעָרַת

שְׂדֵה הַמַּכְפֵּלָה עַל־פְּנֵי ‏וחכמה ‏- ‏בינה ‏מַמְרֵא ‏בזוהר ‏עה ‏הִוא חֶבְרוֹן בְּאֶרֶץ

²⁰ El campo y la cueva que hay en él fueron cedidos a Avraham en posesión para sepultura por los hijos de Jet. 24 ¹ Avraham era viejo, entrado en años; y el Eterno había bendecido a Avraham en todo.

² Y Avraham dijo a su siervo en jefe de su hogar, que era mayordomo de todo lo que poseía: "Te ruego que pongas tu mano debajo de mi muslo, ³ y te haré jurar por el Eterno, Dios del Cielo y Dios de la Tierra, que no tomarás mujer para mi hijo de las hijas de los cananeos, entre los cuales yo habito, ⁴ sino que irás a mi tierra y a mis parientes, y tomarás mujer para mi hijo Yitsjak".

⁵ Y el siervo le dijo: "Tal vez la mujer no quiera seguirme a esta tierra. ¿Debo volver y llevar a su hijo a la tierra de donde usted vino?".

⁶ "De ningún modo debes llevar allá a mi hijo", le respondió Avraham. ⁷ "El Eterno, Dios del Cielo, que me sacó de la casa de mi padre y de la tierra donde nací, y que me habló y me juró, diciendo: 'A tu descendencia daré esta tierra', Él mandará Su ángel delante de ti, y tomarás de allí mujer para mi hijo.

⁸ Si la mujer no quiere seguirte, quedarás libre de éste mi juramento. Sólo que no lleves allá a mi hijo". ⁹ El siervo puso la mano debajo del muslo de Avraham, su señor, y le juró sobre este asunto.

TERCERA LECTURA - YAAKOV - TIFÉRET

¹⁰ Entonces el siervo tomó diez camellos de entre los camellos de su señor, y partió con toda clase de bienes de su señor en su mano; se levantó y fue a Mesopotamia, a la ciudad de Najor.

וְאַבְרָהָם

Génesis 24:1 – Cada día de la vida de Avraham fue importante porque en cada uno de esos días él fue un canal para la Luz. Nosotros somos afortunados si ocasionalmente tenemos momentos en los que manifestamos Luz como él lo hizo, así pues debemos estar siempre preparados para tales oportunidades.

וְלָקַחְתָּ

Génesis 24:4 – Avraham ordenó a su sirviente Eliezer que viajara al lugar donde vivía la familia de Avraham y regresara con Rivká, quien Avraham había previsto que sería el alma gemela de Yitsjak.

La intención de Eliezer era que su propia hija se casara con Yitsjak. Cuando él fue elegido para esta misión, podría haber aprovechado la oportunidad para sabotear el viaje, pero dejó a un lado sus intereses personales y llevó a cabo la tarea con éxito.

Sólo encontramos el éxito y la realización en lo que hacemos cuando renunciamos a nuestros intereses propios. Cuando llevamos a cabo nuestras acciones por intereses egoístas, no podemos triunfar.

כְּנָעַן: 20 וַיָּקָם הַשָּׂדֶה שדי וְהַמְּעָרָה שׁ״ר אֲשֶׁר־בּוֹ לְאַבְרָהָם אלהים דאלפין

לַאֲחֻזַּת־קָבֶר מֵאֵת בְּנֵי־חֵת: [ס] 24 1 וְאַבְרָהָם זָקֵן ו״ף אל, רמ״וז

בָּא בַּיָּמִים גלך וַיהֹוָה אהדני ואהדונהי בֵּרַךְ אֶת־אַבְרָהָם ו״ף אל, רמ״וז בַּכֹּל לכבב:

2 וַיֹּאמֶר אַבְרָהָם ו״ף אל, רמ״וז אֶל־עַבְדּוֹ זְקַן בֵּיתוֹ ב״פ ראה הַמֹּשֵׁל בְּכָל לכב

אֲשֶׁר־לוֹ שִׂים־נָא יָדְךָ בוכו תַּחַת יְרֵכִי: 3 וְאַשְׁבִּיעֲךָ בַּיהֹוָה אהדני ואהדונהי

אֱלֹהֵי דמב, ילה הַשָּׁמַיִם י״פ טל, י״פ כוזו וֵאלֹהֵי לכב, דמב, ילה הָאָרֶץ אלהים דההין ע״הז

אֲשֶׁר לֹא־תִקַּח אִשָּׁה לִבְנִי מִבְּנוֹת הַכְּנַעֲנִי אֲשֶׁר אָנֹכִי איע

יוֹשֵׁב בְּקִרְבּוֹ: 4 כִּי אֶל־אַרְצִי וְאֶל־מוֹלַדְתִּי תֵּלֵךְ וְלָקַחְתָּ אִשָּׁה

לִבְנִי לְיִצְחָק ד״ם ב״ן: 5 וַיֹּאמֶר אֵלָיו הָעֶבֶד אוּלַי לֹא־תֹאבֶה הָאִשָּׁה

לָלֶכֶת אַחֲרַי אֶל־הָאָרֶץ אלהים דההין ע״ה הַזֹּאת הֶהָשֵׁב אָשִׁיב אֶת־בִּנְךָ

אֶל־הָאָרֶץ אלהים דההין ע״ה אֲשֶׁר־יָצָאתָ מִשָּׁם: 6 וַיֹּאמֶר אֵלָיו אַבְרָהָם

הִשָּׁמֶר לְךָ פֶּן־תָּשִׁיב אֶת־בְּנִי שָׁמָּה מהש״ו 7 יְהֹוָה אהדני ואהדונהי |

אֱלֹהֵי דמב, ילה הַשָּׁמַיִם י״פ טל, י״פ כוזו אֲשֶׁר לְקָחַנִי מִבֵּית ב״פ ראה אָבִי וּמֵאֶרֶץ

מוֹלַדְתִּי וַאֲשֶׁר דִּבֶּר רְאה ־לִי וַאֲשֶׁר נִשְׁבַּע־לִי לֵאמֹר לְזַרְעֲךָ אלהים דאלפין

אֶתֵּן אֶת־הָאָרֶץ אלהים דההין ע״ה הַזֹּאת הוּא יִשְׁלַח מַלְאָכוֹ לְפָנֶיךָ ס״ג ... מ״ה ... ב״ן

וְלָקַחְתָּ אִשָּׁה לִבְנִי מִשָּׁם: 8 וְאִם ־לֹא תֹאבֶה הָאִשָּׁה לָלֶכֶת אַחֲרֶיךָ יהור

וְנִקִּיתָ מִשְּׁבֻעָתִי זֹאת רַק אֶת־בְּנִי לֹא תָשֵׁב שָׁמָּה מהש״ו: 9 וַיָּשֶׂם הָעֶבֶד

אֶת־יָדוֹ תַּחַת יֶרֶךְ אַבְרָהָם ו״ף אל, רמ״וז אֲדֹנָיו וַיִּשָּׁבַע לוֹ עַל־הַדָּבָר רְאה

הַזֶּה וּהו:

TERCERA LECTURA - YAAKOV – TIFÉRET

10 וַיִּקַּח חומם הָעֶבֶד עֲשָׂרָה גְמַלִּים מִגְּמַלֵּי אֲדֹנָיו וַיֵּלֶךְ כלי וְכָל ־טוּב כלי ילי

אֲדֹנָיו בְּיָדוֹ וַיָּקָם וַיֵּלֶךְ כלי אֶל־אֲרַם נַהֲרַיִם אֶל־עִיר מזהר, ערי, סנדלפון וּהו

[11] *El siervo hizo que se arrodillaran los camellos fuera de la ciudad, junto al pozo de agua, al atardecer, a la hora en que las mujeres salen por agua.* *[12]* *Y dijo: "¡Oh Eterno, Dios de mi señor Avraham, te ruego que me des éxito hoy y que tengas misericordia de mi señor, Avraham!* *[13]* *Yo estoy de pie aquí junto al pozo de agua, y las hijas de los hombres de la ciudad salen para sacar agua.* *[14]* *Que sea la joven a quien yo diga: 'Por favor, baja tu cántaro para que yo beba', y que responda: 'Bebe, y también daré de beber a tus camellos', la que Tú has designado para Tu siervo Yitsjak. Por ello sabré que has mostrado misericordia a mi señor".* *[15]* *Y sucedió que antes de haber terminado de hablar, Rivká, hija de Betuel, hijo de Milcá, mujer de Najor, hermano de Avraham, salió con el cántaro sobre su hombro.* *[16]* *La joven era muy hermosa, virgen, ningún hombre la había conocido. Bajó ella a la fuente, llenó su cántaro y subió.* *[17]* *Entonces el siervo corrió a su encuentro, y le dijo: "Te ruego que me des a beber un poco de agua de tu cántaro".* *[18]* *Y ella dijo: "Bebe, señor mío". Y enseguida bajó el cántaro a su mano, y le dio de beber.* *[19]* *Cuando había terminado de darle de beber, dijo: "Sacaré también para tus camellos hasta que hayan terminado de beber".* *[20]* *Rápidamente vació el cántaro en el abrevadero, y corrió otra vez al pozo para sacar agua, y sacó para todos sus camellos.* *[21]* *Entretanto el hombre la observaba en silencio, para saber si el Eterno había dado éxito o no a su viaje.* *[22]* *Y sucedió que cuando los camellos habían terminado de beber, el hombre tomó un anillo de oro que pesaba medio siclo, y dos brazaletes que pesaban diez siclos de oro.* *[23]* *Y le preguntó: "¿De quién eres hija? Dime, te ruego, ¿hay en la casa de tu padre lugar para hospedarnos?".* *[24]* *Ella le respondió: "Soy hija de Betuel, el hijo que Milcá dio a Najor".* *[25]* *También le dijo: "Tenemos suficiente paja y forraje, y lugar para hospedarse".* *[26]* *Entonces el hombre se postró y adoró al Eterno.*

וַיֹּאמֶר

Génesis 24:12 – Al llegar a la ciudad natal de Avraham, Eliezer rezó a Dios para que tuviera éxito en su misión y para que le diera una señal a través de la cual pudiera reconocer al alma gemela de Yitsjak. Él encontró a Rivká cerca de un pozo, lo cual nos muestra cómo el agua tiene un poder simbólico para ayudarnos en nuestras relaciones e incluso para unirnos con nuestra alma gemela. Debemos fijarnos en que el primer encuentro de Yaakov con Rajel también tuvo lugar junto a un pozo, así como fue el encuentro entre Moshé y Tsiporá. En los Escritos de Rav Yitsjak Luria (el Arí), leemos:

Un pozo es llamado "rejovot" cuando se efectúa una unión para producir almas, porque entonces las almas de los justos se elevan como Aguas Femeninas, y Yesod es llamado un pozo de agua que fluye.

וַיְהִי

Génesis 24:15 – Eliezer encontró a Rivká sin siquiera conocer su nombre ni saber que era miembro de la familia de Avraham; fue capaz de hacerlo mediante el poder de su certeza de que Dios le revelaría el alma gemela de Yitsjak en el momento preciso.

Ven y ve: Cuando el sirviente llegó a Jarán y encontró a Rivká "...del atardecer..." (Bereshit 24:11) era el tiempo de la oración de la tarde. En el momento exacto en que Yitsjak decía su oración de la tarde, el sirviente llegó a Rivká. Rivká volvió a él en el momento en que rezaba Minjá. ESTO ESTÁ DE ACUERDO CON EL VERSÍCULO: "Y SALIÓ YITSJAK A MEDITAR EN EL CAMPO EN EL ATARDECER..." (BERESHIT 24:63).
– El Zóhar, Jayei Sará 23:226

Cuando tenemos certeza y hacemos un esfuerzo por compartir y revelar Luz —es decir, cuando hacemos nuestra parte— la Luz nos apoya y nos ayuda a completar nuestra tarea. Los sabios nos han explicado que Dios envió ayuda a Eliezer en la forma de dos ángeles: uno para llamar su atención sobre Rivká y otro para acompañarlo (*Bereshit Rabá 59:9*).

נָזוֹר: 11 וַיַּבְרֵךְ הַגְּמַלִּים מִחוּץ לָעִיר בַּזְּהַר, עֵרִי, סִגְדְלְפוֹן קנ״א ~ ב״ן אֶל־בְּאֵר

הַמָּיִם לְעֵת עֶרֶב רבוע אלהים רבוע יהוה לְעֵת צֵאת הַשֹּׁאֲבֹת: 12 וַיֹּאמַר

יְהֹוָה אֱלֹהֵי דמב, ילה אֲדֹנִי אַבְרָהָם ו״ד אל, רמ״ז הַקְרֵה־נָא לְפָנַי הַיּוֹם

וַעֲשֵׂה־חֶסֶד ע״ב, ריבוע יהוה עִם אֲדֹנִי אַבְרָהָם ו״פ אל, רמ״ז: 13 הִנֵּה

אָנֹכִי איע נִצָּב עַל־עֵין ריבוע מ״ה הַמָּיִם וּבְנוֹת אַנְשֵׁי הָעִיר בַּזְּהַר, עֵרִי, סִגְדְלְפוֹן

יֹצְאֹת לִשְׁאֹב מָיִם: 14 וְהָיָה יהוה,יהוה הַנַּעֲרָ אֲשֶׁר אֹמַר אֵלֶיהָ הַטִּי־נָא

כַדֵּךְ וְאֶשְׁתֶּה וְאָמְרָה שְׁתֵה וְגַם יגל ־גְּמַלֶּיךָ אַשְׁקֶה אֹתָהּ הֹכַחְתָּ

לְעַבְדְּךָ פו ליצחק ד״פ ב״ן וּבָהּ אֵדַע כִּי־עָשִׂיתָ חֶסֶד ע״ב, ריבוע יהוה עִם־אֲדֹנִי:

15 וַיְהִי אל ־הוּא טֶרֶם כִּלָּה לְדַבֵּר ראה וְהִנֵּה מ״ה יה רִבְקָה יֹצֵאת אֲשֶׁר

יֻלְּדָה לִבְתוּאֵל בֶּן־מִלְכָּה אל אדני אֵשֶׁת נָחוֹר אֲחִי אַבְרָהָם ו״פ אל, רמ״ז

וְכַדָּהּ עַל־שִׁכְמָהּ: 16 וְהַנַּעֲרָ טֹבַת מַרְאֶה מְאֹד מ״ה בְּתוּלָה וְאִישׁ

ע״ה קנ״א קס״א לֹא יְדָעָהּ וַתֵּרֶד הָעַיְנָה ריבוע מ״ה וַתְּמַלֵּא כַדָּהּ וַתָּעַל: 17 וַיָּרָץ

הָעֶבֶד לִקְרָאתָהּ וַיֹּאמֶר הַגְמִיאִינִי נָא מְעַט־מַיִם מִכַּדֵּךְ: 18 וַתֹּאמֶר

שְׁתֵה אֲדֹנִי וַתְּמַהֵר וַתֹּרֶד כַּדָּהּ עַל־יָדָהּ וַתַּשְׁקֵהוּ: 19 וַתְּכַל לְהַשְׁקֹתוֹ

וַתֹּאמֶר גַּם יגל לִגְמַלֶּיךָ אֶשְׁאָב עַד אִם־כִּלּוּ יוהך ־לִשְׁתֹּת: 20 וַתְּמַהֵר

וַתְּעַר כַּדָּהּ אֶל־הַשֹּׁקֶת וַתָּרָץ עוֹד אֶל־הַבְּאֵר קנ״א ~ ב״ן לִשְׁאֹב וַתִּשְׁאַב

לְכָל יה ~ אדני ־גְּמַלָּיו: 21 וְהָאִישׁ ע״ה קנ״א קס״א מִשְׁתָּאֵה לָהּ מַחֲרִישׁ לָדַעַת

הַהִצְלִיחַ יְהֹוָה דַּרְכּוֹ אִם יוהך ־לֹא: 22 וַיְהִי כַּאֲשֶׁר כִּלּוּ הַגְּמַלִּים

לִשְׁתּוֹת וַיִּקַּח וולם האדם הָאִישׁ ו״פ אדם נֶזֶם זָהָב בֶּקַע מִשְׁקָלוֹ וּשְׁנֵי צְמִידִים

עַל־יָדֶיהָ עֲשָׂרָה זָהָב מִשְׁקָלָם: 23 וַיֹּאמֶר בַּת־מִי ילי אַתְּ הַגִּידִי נָא לִי

הֲיֵשׁ בֵּית ב״ן ראה ־אָבִיךְ מָקוֹם יהוה אל ברבוע, ו״פ אל לָנוּ אלהים, מום לָלִין: 24 וַתֹּאמֶר

אֵלָיו בַּת־בְּתוּאֵל אָנֹכִי איע בֶּן־מִלְכָּה ע״ה אל אדני אֲשֶׁר יָלְדָה לְנָחוֹר:

25 וַתֹּאמֶר אֵלָיו גַּם יגל ־תֶּבֶן גַּם יגל ־מִסְפּוֹא רַב עִמָּנוּ ריבוע ס״ג גַּם יגל

־מָקוֹם לָלוּן: 26 וַיִּקֹּד הָאִישׁ ע״ה קנ״א קס״א וַיִּשְׁתַּחוּ לַיהֹוָה

CUARTA LECTURA - MOSHÉ - NÉTSAJ

27 Y dijo: "Bendito sea el Eterno, Dios de mi señor, Avraham, que no ha dejado de mostrar Su misericordia y Su fidelidad hacia mi señor. En cuanto a mí, el Eterno me ha guiado en el camino a la casa de los hermanos de mi señor". 28 La joven corrió y contó estas cosas a los de la casa de su madre. 29 Rivká tenía un hermano que se llamaba Laván, y Laván salió corriendo hacia el hombre junto al pozo. 30 Y sucedió que cuando Laván vio el anillo y los brazaletes en las manos de su hermana, y oyó las palabras de su hermana Rivká diciendo: "Esto es lo que el hombre me dijo", Laván fue al hombre, que estaba con los camellos junto al pozo, 31 y le dijo: "Entra, bendito del Señor, ¿por qué estás afuera? Yo he preparado la casa y un lugar para los camellos". 32 Entonces el hombre entró en la casa, y Laván descargó los camellos y les dio paja y forraje, y trajo agua para que se lavaran los pies, él y los hombres que estaban con él. 33 Pero cuando la comida fue puesta delante de él para que comiera, dijo: "No comeré hasta que haya dicho el propósito de mi viaje". "Habla", le dijo Laván. 34 Y él dijo: "Soy siervo de Avraham. 35 Y el Eterno ha bendecido en gran manera a mi señor, que se ha enriquecido. Le ha dado ovejas y vacas, plata y oro, siervos y siervas, camellos y asnos. 36 Sará, la mujer de mi señor, le dio un hijo a mi señor en su vejez; y mi señor le ha dado a él todo lo que posee. 37 Mi señor me hizo jurar: 'No tomarás mujer para mi hijo de entre las hijas de los cananeos, en cuya tierra habito, 38 sino que irás a la casa de mi padre y a mis parientes, y tomarás mujer para mi hijo'. 39 Yo dije a mi señor: 'Tal vez la mujer no quiera seguirme'. 40 Y él me respondió: 'El Eterno, delante de quien he andado, enviará Su ángel contigo para dar éxito a tu viaje, y tomarás mujer para mi hijo de entre mis parientes y de la casa de mi padre.

לָבָן

Génesis 24:29 – Laván, el hermano de Rivká, era una fuerza muy negativa y quería evitar que Rivká se casara con Yitsjak. Aunque su nombre significa "blanco", Laván era muy oscuro en apariencia. El *Zóhar* dice que en realidad era un experto en hechicería.

Rav Aba dijo: Todo mundo estaba consciente de que Laván era el mejor en hechicería y brujería, y podía usar la hechicería para destruir a quien quisiera.
– El Zóhar, Vayishlaj 2:23

Por lo tanto, Laván representa a las fuerzas oscuras que deben ser vencidas antes de que dos almas gemelas puedan unirse. De este incidente de Laván en su intento de impedir el matrimonio de Rivká e Yitsjak, aprendemos que si el inicio de una relación es simple y fácil, es menos probable que revele Luz. Sin embargo,

cuando al inicio de una relación hay obstáculos, el potencial para revelar Luz es mucho mayor.

עֶבֶד

Génesis 24:34 – Cuando el sirviente, Eliezer, habló con la familia de Rivká, no les reveló cómo la había encontrado. En su lugar, se enfocó en los detalles de su nombre y en el hecho de que Avraham le había dicho a él que fuera a ver a la familia de Avraham. El sirviente era consciente de la importancia de hablar con la familia de Rivká en un nivel que fuera apropiado para ellos y que ellos pudieran entender. Nosotros mismos sólo podemos recibir aquellos mensajes que estamos abiertos a recibir y que se corresponden con nuestro estado actual de desarrollo espiritual. Debemos empujarnos continuamente a crecer espiritualmente para ser capaces de aceptar los mensajes que nos llegan y de llevar a cabo las acciones que éstos requieren.

CUARTA LECTURA - MOSHÉ - NÉTSAJ

27וַיֹּ֣אמֶר בָּר֣וּךְ יהוה ע״ב רבוע מ״ה יהוה ואדני אהדונהי אֱלֹהֵי֙ דמב, ילה אֲדֹנִ֣י אַבְרָהָ֔ם

אֲשֶׁ֠ר לֹֽא־עָזַ֥ב חַסְדּ֛וֹ וַֽאֲמִתּ֖וֹ ו״פ אל, רמ״ח מֵעִ֣ם אֲדֹנִ֑י ויו יהוה אָֽנֹכִ֗י בַּדֶּ֨רֶךְ֙

נָחַ֣נִי יְהֹוָ֔ה ב״פ יב״ק אדני אהדונהי בֵּ֖ית ב״פ ראה אֲדֹנִֽי׃ 28וַתָּ֨רָץ֙ הַֽנַּֽעֲרָ֔ וַתַּגֵּ֖ד

לְבֵ֣ית ב״פ ראה אִמָּ֑הּ כַּדְּבָרִ֖ים ראה הָאֵֽלֶּה׃ 29וּלְרִבְקָ֥ה אָ֖ח וּשְׁמ֣וֹ מהש ע״ה

לָבָ֑ן לבן וַיָּ֨רָץ לָבָ֧ן אֶל־הָאִ֛ישׁ ע״ה קנ״א קס״א הַח֖וּצָה אֶל־הָעָֽיִן רבוע מ״ה, נמב׃

30וַיְהִ֣י אל |כִּרְאֹ֣ת אֶת־הַנֶּ֗זֶם וְאֶת־הַצְּמִדִים֮ עַל־יְדֵ֣י אֲחֹתוֹ֒ וּכְשָׁמְע֗וֹ

אֶת־דִּבְרֵ֞י ראה רִבְקָ֤ה אֲחֹתוֹ֙ לֵאמֹ֔ר כֹּֽה־דִבֶּ֥ר הי ראה אֵלַ֖י הָאִ֑ישׁ

וַיָּבֹא֙ קס״א קנ״א אֶל־הָאִ֔ישׁ ע״ה קנ״א קס״א וְהִנֵּ֛ה עֹמֵ֥ד עַל־הַגְּמַלִּ֖ים עַל־הָעָֽיִן

ריבוע מ״ה, נמב׃ 31וַיֹּ֕אמֶר בּ֖וֹא בְּר֣וּךְ יהוה ע״ב רבוע מ״ה יהוה ואדני אהדונהי יְהֹוָ֑ה לָ֤מָּה תַֽעֲמֹד֙

בַּח֔וּץ וְאָֽנֹכִי֙ איע פִּנִּ֣יתִי הַבַּ֔יִת ב״פ ראה וּמָק֖וֹם יהוה ברבוע, ו״פ אל לַגְּמַלִּֽים׃ 32וַיָּבֹ֤א

הָאִישׁ֙ ו״פ אדם הַבַּ֔יְתָה ב״פ ראה וַיְפַתַּ֖ח הַגְּמַלִּ֑ים וַיִּתֵּ֨ן תֶּ֤בֶן וּמִסְפּוֹא֙ לַגְּמַלִּ֔ים

וּמַ֕יִם לִרְחֹ֣ץ רַגְלָ֔יו וְרַגְלֵ֥י הָֽאֲנָשִׁ֖ים אֲשֶׁ֥ר אִתּֽוֹ׃ 33וַיּוּשַׂ֤ם (כתיב: ויישם)

לְפָנָיו֙ לֶֽאֱכֹ֔ל וַיֹּ֨אמֶר֙ לֹ֣א אֹכַ֔ל עַ֥ד אִם־ יוהך דִּבַּ֖רְתִּי ראה דְּבָרָ֑י ראה וַיֹּ֖אמֶר

דַּבֵּֽר ראה׃ 34וַיֹּאמַ֑ר עֶ֥בֶד אַבְרָהָ֖ם ו״פ אל, רמ״ח אָנֹֽכִי׃ איע 35וַֽיהֹוָ֞ה אדני אהדונהי

בֵּרַ֧ךְ אֶת־אֲדֹנִ֛י מ״ה מְאֹ֖ד יזל וַיִּגְדָּ֑ל וַיִּתֶּן־ י״פ מלוי ע״ב ל֣וֹ צֹ֤אן מלוי אהיה דיודין ע״ה

וּבָקָר֙ וְכֶ֣סֶף וְזָהָ֔ב וַֽעֲבָדִם֙ וּשְׁפָחֹ֔ת וּגְמַלִּ֖ים וַֽחֲמֹרִֽים׃ 36וַתֵּ֡לֶד שָׂרָה֩

אלהים דיודין ורבוע אלהים ־ ה אֵ֨שֶׁת אֲדֹנִ֥י בֵ֛ן לַֽאדֹנִ֖י אַֽחֲרֵ֣י זִקְנָתָ֑הּ וַיִּתֶּן־ י״פ מלוי ע״ב

ל֖וֹ אֶת־כָּל־ ילי אֲשֶׁר־לֽוֹ׃ 37וַיַּשְׁבִּעֵ֥נִי אֲדֹנִ֖י לֵאמֹ֑ר לֹֽא־תִקַּ֤ח אִשָּׁה֙

לִבְנִ֔י מִבְּנוֹת֙ הַֽכְּנַֽעֲנִ֔י אֲשֶׁ֥ר אָֽנֹכִ֖י איע יֹשֵׁ֥ב בְּאַרְצֽוֹ׃ 38אִם־ יוהך לֹ֧א

אֶל־בֵּית־ ב״פ ראה אָבִ֛י תֵּלֵ֖ךְ וְאֶל־מִשְׁפַּחְתִּ֑י וְלָֽקַחְתָּ֥ אִשָּׁ֖ה לִבְנִֽי׃ 39וָֽאֹמַ֖ר

אֶל־אֲדֹנִ֑י אֻלַ֥י לֹֽא־תֵלֵ֛ךְ הָֽאִשָּׁ֖ה אַֽחֲרָֽי׃ 40וַיֹּ֖אמֶר אֵלָ֑י יְהֹוָ֞ה אדני אהדונהי

אֲשֶׁר־הִתְהַלַּ֣כְתִּי לְפָנָ֗יו יִשְׁלַ֨ח מַלְאָכ֥וֹ אִתָּךְ֙ וְהִצְלִ֣יחַ דַּרְכֶּ֔ךָ ב״פ יב״ק

⁴¹ Entonces cuando llegues a mis parientes quedarás libre de mi juramento; y si ellos no te la dan, también quedarás libre de mi juramento'.

⁴² Hoy llegué al pozo, y dije: '¡Oh Eterno, Dios de mi señor Avraham, si ahora quieres, Tú puedes dar éxito a mi viaje en el cual ando!

⁴³ Yo estoy parado aquí junto al pozo de agua. Que la doncella que salga a sacar agua, y a quien yo diga: Te ruego que me des a beber un poco de agua de tu cántaro,

⁴⁴ y ella me diga: Bebe, y también sacaré para tus camellos, que sea ella la mujer que el Eterno ha designado para el hijo de mi señor'.

⁴⁵ Y antes de que yo hubiera terminado de hablar en mi corazón, Rivká salió con su cántaro al hombro, y bajó a la fuente y sacó agua, y yo le dije: 'Te ruego que me des de beber'.

⁴⁶ Y ella enseguida bajó el cántaro de su hombro, y dijo: 'Bebe, y daré de beber también a tus camellos'; de modo que bebí, y ella dio de beber también a los camellos.

⁴⁷ Entonces le pregunté: '¿De quién eres hija?'. Y ella contestó: 'Soy hija de Betuel, hijo de Najor, que le dio a luz Milcá'; y puse el anillo ante su rostro, y los brazaletes en sus brazos.

⁴⁸ Y me postré y adoré al Eterno, y bendije al Eterno, Dios de mi señor, Avraham, que me había guiado por el camino verdadero para tomar a la hija del pariente de mi señor para su hijo.

⁴⁹ Ahora pues, si han de mostrar bondad y sinceridad con mi señor, díganmelo; y si no, díganmelo también, y me iré a la derecha o a la izquierda".

⁵⁰ Laván y Betuel respondieron: "Del Eterno ha salido esto. No podemos decir que está mal ni que está bien.

⁵¹ Mira, Rivká está delante de ti, tómala y vete, y que sea ella la mujer del hijo de tu señor, como el Eterno ha dicho".

⁵² Y sucedió que cuando el siervo de Avraham escuchó sus palabras, se postró en tierra delante del Eterno.

וְלָקַחְתָּ אִשָּׁה לִבְנִי מִמִּשְׁפַּחְתִּי וּמִבֵּית ב״פ ראה אָבִי: 41 אָז תִּנָּקֶה מֵאָלָתִי

כִּי תָבוֹא אֶל־מִשְׁפַּחְתִּי וְאִם־לֹא יִתְּנוּ לָךְ וְהָיִיתָ נָקִי ע״ה קס״א מֵאָלָתִי:

42 וָאָבֹא הַיּוֹם נגד, ז, מזלות אֶל־הָעָיִן ריבוע מ״ה, נמב וָאֹמַר יְהֹוָואדנידאהדונהי אֱלֹהֵי

דמב, ילה אֲדֹנִי אַבְרָהָם וח״פ אל, רמ״ח אִם־יֶשְׁךָ־נָּא יוהך מַצְלִיחַ דַּרְכִּי ב״פ יב״ק

אֲשֶׁר אָנֹכִי איע הֹלֵךְ עָלֶיהָ מיה: 43 הִנֵּה מ״ה יה אָנֹכִי איע נִצָּב עַל־עֵין ריבוע מ״ה פה הל:

הַמָּיִם וְהָיָה יהוה, יהה הָעַלְמָה הַיֹּצֵאת לִשְׁאֹב וְאָמַרְתִּי אֵלֶיהָ הַשְׁקִינִי־נָא

מְעַט־מַיִם מִכַּדֵּךְ: 44 וְאָמְרָה אֵלַי גַּם יגל ־אַתָּה שְׁתֵה וְגַם יגל לִגְמַלֶּיךָ

אֶשְׁאָב הִוא הָאִשָּׁה אֲשֶׁר־הֹכִיחַ יְהֹוָואדנידאהדונהי לְבֶן־אֲדֹנִי: 45 אֲנִי אני

טֶרֶם רמ״ח עה אֲכַלֶּה לְדַבֵּר ראה אֶל־לִבִּי וְהִנֵּה מ״ה יה רִבְקָה יֹצֵאת וְכַדָּהּ

עַל־שִׁכְמָהּ וַתֵּרֶד הָעַיְנָה וַתִּשְׁאָב וָאֹמַר אֵלֶיהָ הַשְׁקִינִי נָא: 46 וַתְּמַהֵר

וַתּוֹרֶד כַּדָּהּ מֵעָלֶיהָ פהל וַתֹּאמֶר שְׁתֵה וְגַם יגל ־גְּמַלֶּיךָ אַשְׁקֶה וָאֵשְׁתְּ

וְגַם יגל הַגְּמַלִּים הִשְׁקָתָה: 47 וָאֶשְׁאַל אֹתָהּ וָאֹמַר בַּת־מִי יו אַתְּ וַתֹּאמֶר

בַּת־בְּתוּאֵל בֶּן־נָחוֹר אֲשֶׁר יָלְדָה־לּוֹ מִלְכָּה אל אדני וָאָשִׂם הַנֶּזֶם עַל־אַפָּהּ

וְהַצְּמִידִים עַל־יָדֶיהָ: 48 וָאֶקֹּד וָאֶשְׁתַּחֲוֶה י״פ ע״ב לַיהֹוָואדנידאהדונהי וָאֲבָרֵךְ

אֶת־יְהֹוָואדנידאהדונהי אֱלֹהֵי דמב, ילה אֲדֹנִי אַבְרָהָם וח״פ אל, רמ״ח אֲשֶׁר הִנְחַנִי

בְּדֶרֶךְ ב״פ יב״ק אֱמֶת אהיה פעמים אהיה, ז״פ ס״ג לָקַחַת אֶת־בַּת־אֲחִי אֲדֹנִי לִבְנוֹ:

49 וְעַתָּה אִם יוהך ־יֶשְׁכֶם עֹשִׂים חֶסֶד ע״ב, ריבוע יהוה וֶאֱמֶת אהיה פעמים אהיה, ז״פ ס״ג

אֶת־אֲדֹנִי הַגִּידוּ לִי וְאִם יוהך ־לֹא הַגִּידוּ לִי וְאֶפְנֶה עַל־יָמִין אוֹ

עַל־שְׂמֹאל: 50 וַיַּעַן לָבָן וּבְתוּאֵל וַיֹּאמְרוּ מֵיְהוָה יָצָא הַדָּבָר ראה לֹא נוּכַל

דַּבֵּר ראה אֵלֶיךָ רַע אוֹ־טוֹב: 51 הִנֵּה מ״ה יה ־רִבְקָה לְפָנֶיךָ ס״ג - מ״ה - בן־ קַח

וָלֵךְ וּתְהִי אִשָּׁה לְבֶן־אֲדֹנֶיךָ כַּאֲשֶׁר דִּבֶּר ראה יְהֹוָואדנידאהדונהי: 52 וַיְהִי אל

כַּאֲשֶׁר שָׁמַע עֶבֶד אַבְרָהָם וח״פ אל, רמ״ח אֶת־דִּבְרֵיהֶם ראה וַיִּשְׁתַּחוּ אַרְצָה

אלהים דההין ע״ה לַיהֹוָואדנידאהדונהי:

QUINTA LECTURA - AHARÓN - HOD

⁵³ Entonces el siervo sacó objetos de plata, objetos de oro y vestidos, y se los dio a Rivká. También dio cosas preciosas a su hermano y a su madre. ⁵⁴ Después él y los hombres que estaban con él comieron y bebieron y pasaron allí la noche. Cuando se levantaron por la mañana, el siervo dijo: "Envíenme al camino de vuelta hacia mi señor". ⁵⁵ Pero el hermano y la madre de Rivká dijeron: "Permite que la joven se quede con nosotros unos días, al menos diez; después se irá". ⁵⁶ Y él les dijo: "No me retrasen, puesto que el Eterno ha dado éxito a mi viaje; envíenme para que vaya a mi señor". ⁵⁷ Y ellos dijeron: "Llamaremos a la joven y le preguntaremos cuáles son sus deseos". ⁵⁸ Entonces llamaron a Rivká y le preguntaron: "¿Te irás con este hombre?". "Iré", dijo ella. ⁵⁹ Enviaron, pues, a su hermana Rivká y a su nodriza con el siervo de Avraham y sus hombres. ⁶⁰ Bendijeron a Rivká y le dijeron: "¡Hermana nuestra, sé madre de miles de millares, y posean tus descendientes la puerta de sus enemigos!". ⁶¹ Rivká se levantó con sus doncellas y, montadas en los camellos, siguieron al hombre. El siervo, pues, tomó a Rivká y se fue. ⁶² Yitsjak había venido del pozo Lajai Roí, pues habitaba en la tierra del Sur. ⁶³ Y por la tarde Yitsjak salió al campo a meditar. Alzó los ojos y vio que venían unos camellos. ⁶⁴ Rivká alzó los ojos, y cuando vio a Yitsjak, bajó del camello, ⁶⁵ y preguntó al siervo: "¿Quién es ese hombre que camina por el campo a nuestro encuentro?". Y el siervo dijo: "Es mi señor". Y ella tomó el velo y se cubrió. ⁶⁶ El siervo contó a Yitsjak todo lo que había hecho. ⁶⁷ Entonces Yitsjak la trajo a la tienda de Sará, su madre, y tomó a Rivká y ella fue su mujer, y la amó. Así se consoló Yitsjak después de la muerte de su madre.

וַיֵּלְכוּ

Génesis 24:54 – Eliezer pasó la noche en casa de Rivká. Varias fuentes dicen que Betuel, el padre de Rivká, y Laván planearon envenenar al sirviente para evitar que se llevara a Rivká. Pero un ángel cambió la comida, y en su lugar fue el padre de Rivká el que fue envenenado. De este relato extraemos que todos nuestros actos tienen repercusiones. Aquí el acto negativo del padre de Rivká provocó una reacción inmediata y letal. A menudo, hay una separación en el tiempo o el espacio entre una acción y sus consecuencias, pero debemos ser siempre conscientes de que, tarde o temprano, cada causa tiene su inevitable efecto.

וַתֹּאמֶר

Génesis 24:58 – La familia de Rivká le preguntó si quería quedarse con ellos o marcharse con el sirviente de Avraham. Sabiendo que se encontraba en un ambiente negativo, Rivká dijo que prefería marcharse. Se nos cuenta que la dote que le dio su familia consistió únicamente en palabras; no obstante, siguiendo sus instintos más elevados, Rivká dejó todo atrás para buscar una vida mejor y más positiva para sí misma (*Bereshit Rabá 60:13*).

וַיֵּצֵא

Génesis 24:63 – Leemos que por la tarde Yitsjak salió al campo a orar. El momento justo antes de ponerse el Sol es el momento más negativo del día, cuando las fuerzas negativas son más numerosas y poderosas, y cuando hay más ángeles negativos ayudando a todo aquel que tenga intenciones destructivas. Hay conexiones que podemos hacer que nos ayudan a atravesar este período transicional en el que la luz está desapareciendo.

וַיְבִאֶהָ

Génesis 24:67 – Yitsjak introdujo a Rivká en la tienda de su madre, y en el momento en que ella entró la tienda se llenó de Luz. Cuando

QUINTA LECTURA - AHARÓN – HOD

וַיּוֹצֵ֨א הָעֶ֜בֶד כְּלֵי־כֶ֣סֶף וּכְלֵ֣י זָהָב֮ וּבְגָדִים֒ וַיִּתֵּ֣ן לְרִבְקָ֑ה וּמִ֨גְדָּנֹ֔ת 53

נָתַ֥ן לְאָחִ֖יהָ וּלְאִמָּֽהּ׃ וַיֹּאכְל֣וּ וַיִּשְׁתּ֗וּ ה֧וּא וְהָאֲנָשִׁ֛ים אֲשֶׁר־עִמּ֖וֹ 54

[וַיָּלִ֑ינוּ] וַיָּק֣וּמוּ בַבֹּ֔קֶר וַיֹּ֖אמֶר שַׁלְּחֻ֣נִי לַֽאדֹנִ֑י וַיֹּ֨אמֶר אָחִ֤יהָ וְאִמָּהּ֙ 55

תֵּשֵׁ֨ב הַנַּעֲרָ֥ אִתָּ֛נוּ יָמִ֖ים א֣וֹ עָשֹׂ֑ור א֖וֹ עָשֹׂ֑ר תֵּלֵֽךְ׃ וַיֹּ֤אמֶר אֲלֵהֶם֙ 56

אַל־תְּאַחֲר֣וּ אֹתִ֔י וַֽיהוָ֖ה הִצְלִ֣יחַ דַּרְכִּ֑י שַׁלְּח֕וּנִי וְאֵלְכָ֖ה

לַֽאדֹנִֽי׃ וַיֹּאמְר֖וּ נִקְרָ֣א לַֽנַּעֲרָ֑ וְנִשְׁאֲלָ֖ה אֶת־פִּֽיהָ׃ וַיִּקְרְא֤וּ לְרִבְקָה֙ 57 58

וַיֹּאמְר֣וּ אֵלֶ֔יהָ הֲתֵלְכִ֖י עִם־הָאִ֣ישׁ הַזֶּ֑ה [וַתֹּ֖אמֶר] אֵלֵֽךְ׃

וַֽיְשַׁלְּח֛וּ אֶת־רִבְקָ֥ה אֲחֹתָ֖ם וְאֶת־מֵנִקְתָּ֑הּ וְאֶת־עֶ֥בֶד אַבְרָהָ֖ם 59

וְאֶת־אֲנָשָֽׁיו׃ וַיְבָרֲכ֤וּ אֶת־רִבְקָה֙ וַיֹּ֣אמְרוּ לָ֔הּ 60

אֲחֹתֵ֕נוּ אַ֥תְּ הֲיִ֖י לְאַלְפֵ֣י רְבָבָ֑ה וְיִירַ֣שׁ זַרְעֵ֔ךְ אֵ֖ת שַׁ֥עַר שֹׂנְאָֽיו׃

וַתָּ֨קָם רִבְקָ֜ה וְנַעֲרֹתֶ֗יהָ וַתִּרְכַּ֙בְנָה֙ עַל־הַגְּמַלִּ֔ים וַתֵּלַ֖כְנָה אַחֲרֵ֣י 61

הָאִ֑ישׁ וַיִּקַּ֥ח הָעֶ֛בֶד אֶת־רִבְקָ֖ה וַיֵּלַֽךְ׃ וְיִצְחָק֙ בָּ֣א 62

מִבּ֔וֹא בְּאֵ֥ר לַחַ֖י רֹאִ֑י וְה֥וּא יוֹשֵׁ֖ב בְּאֶ֥רֶץ הַנֶּֽגֶב׃ [וַיֵּצֵ֥א] 63

יִצְחָ֛ק לָשׂ֥וּחַ בַּשָּׂדֶ֖ה לִפְנ֣וֹת עָ֑רֶב וַיִּשָּׂ֤א עֵינָיו֙

וַיַּ֔רְא וְהִנֵּ֥ה גְמַלִּ֖ים בָּאִֽים׃ וַתִּשָּׂ֤א רִבְקָה֙ אֶת־עֵינֶ֔יהָ וַתֵּ֖רֶא 64

אֶת־יִצְחָ֑ק וַתִּפֹּ֖ל מֵעַ֥ל הַגָּמָֽל׃ וַתֹּ֣אמֶר אֶל־הָעֶ֗בֶד מִֽי־ 65

הָאִ֤ישׁ הַלָּזֶה֙ הַהֹלֵ֤ךְ בַּשָּׂדֶה֙ לִקְרָאתֵ֔נוּ וַיֹּ֥אמֶר הָעֶ֖בֶד

ה֣וּא אֲדֹנִ֑י וַתִּקַּ֥ח הַצָּעִ֖יף וַתִּתְכָּֽס׃ וַיְסַפֵּ֥ר הָעֶ֖בֶד לְיִצְחָ֑ק אֵ֖ת 66

כָּל־הַדְּבָרִ֖ים אֲשֶׁ֥ר עָשָֽׂה׃ [וַיְבִאֶ֣הָ] יִצְחָ֗ק הָאֹ֙הֱלָה֙ שָׂרָ֣ה 67

אִמּ֔וֹ וַיִּקַּ֧ח אֶת־רִבְקָ֛ה וַתְּהִי־ל֥וֹ לְאִשָּׁ֖ה וַיֶּֽאֱהָבֶ֑הָ

וַיִּנָּחֵ֥ם יִצְחָ֖ק אַחֲרֵ֥י אִמּֽוֹ׃ [פ]

SEXTA LECTURA - YOSEF - YESOD

25 ¹ Avraham volvió a tomar mujer, y su nombre era Keturá. ² Ella le dio hijos: Zimram, Yakshán, Medán, Midyán, Ishbak y Shúaj.

³ Yakshán fue el padre de Sheva y de Dedán. Los hijos de Dedán fueron los Ashurim, Letushim y Leumim.

⁴ Los hijos de Midyán fueron Eifá, Efer, Janoj, Avidá y Eldaá. Todos estos fueron los hijos de Keturá. ⁵ Avraham dio a Yitsjak todo lo que poseía.

⁶ A los hijos de su concubina Avraham les dio regalos, viviendo aún él, y los envió lejos de su hijo Yitsjak hacia el Este, a la tierra del Oriente.

⁷ Estos fueron días de los años de la vida de Avraham: 175 años.

⁸ Avraham murió en buena vejez, anciano y lleno de años, y fue reunido a su pueblo.

⁹ Sus hijos Yitsjak e Yishmael lo sepultaron en la cueva de Majpelá, en el campo de Efrón, hijo de Zohar, el hitita, que está frente a Mamré,

¹⁰ el campo que Avraham compró a los hijos de Jet. Allí fue sepultado Avraham con Sará, su mujer.

¹¹ Y sucedió que después de la muerte de Avraham, Dios bendijo a su hijo Yitsjak. Y habitó Yitsjak junto el pozo Lajai Roí.

Sará murió, la Luz en la tienda desapareció, pero cuando Rivká se unió con Yitsjak, la Luz reapareció. Esto fue una prueba para Yitsjak de que su unión con Rivká iba a ser un canal de Luz para todo el mundo.

"Y la trajo Yitsjak a la tienda, Sará, su madre…" (Génesis 24:67). Rav Yosi dijo que éste es un versículo difícil. Está literalmente escrito: "a la tienda, Sará, su madre", pero debió haber sido escrito: 'a la tienda de Sará'. ¿Cuál es el significado de "a la tienda" (con la letra Hei al final)? Él dice que la Shejiná regresó, LA CUAL ES LLAMADA TIENDA. POR LO TANTO, DICE: 'HAOHELAH (Y NO LAOHEL)', QUE ES LA SHEJINÁ, porque la Shejiná nunca dejó a Sará mientras ésta estuvo en el mundo. Y la vela ardía en la tienda todos los días de la semana, de una víspera de Shabat hasta la víspera de

Shabat siguiente. Después que ella murió, la vela se apagó. Desde que Rivká vino, la Shejiná regresó y la vela ardió otra vez.
– El Zóhar, Jayei Sará 25:248

Rashi nos dice que las Escrituras narran la ascendencia de Rivká para mostrar que, aunque ella era la hija y la hermana de hombres malvados y procedía de una ciudad malvada, ella no aprendió la maldad.

וַיֹּסֶף

Génesis 25:1 – Avraham se casó con Keturá y ambos tuvieron hijos, pero Keturá era en realidad Hagar, quien se había cambiado el nombre. Los hijos de esta unión viajarían al Oriente para diseminar las enseñanzas de la Kabbalah.

SEXTA LECTURA - YOSEF - YESOD

1 25 וַיֹּסֶף אַבְרָהָם וַיִּקַּח אִשָּׁה וּשְׁמָהּ קְטוּרָה: 2 וַתֵּלֶד לוֹ אֶת־זִמְרָן וְאֶת־יׇקְשָׁן וְאֶת־מְדָן וְאֶת־מִדְיָן וְאֶת־יִשְׁבָּק וְאֶת־שׁוּחַ: 3 וְיׇקְשָׁן יָלַד אֶת־שְׁבָא וְאֶת־דְּדָן וּבְנֵי דְדָן הָיוּ אַשּׁוּרִם וּלְטוּשִׁם וּלְאֻמִּים: 4 וּבְנֵי מִדְיָן עֵיפָה וָעֵפֶר וַחֲנֹךְ וַאֲבִידָע וְאֶלְדָּעָה כׇּל־אֵלֶּה בְּנֵי קְטוּרָה: 5 וַיִּתֵּן אַבְרָהָם אֶת־כׇּל־אֲשֶׁר־לוֹ לְיִצְחָק: 6 וְלִבְנֵי הַפִּילַגְשִׁים אֲשֶׁר לְאַבְרָהָם נָתַן אַבְרָהָם מַתָּנֹת וַיְשַׁלְּחֵם מֵעַל יִצְחָק בְּנוֹ בְּעוֹדֶנּוּ חַי קֵדְמָה אֶל־אֶרֶץ קֶדֶם: 7 וְאֵלֶּה יְמֵי שְׁנֵי־חַיֵּי אַבְרָהָם אֲשֶׁר־חָי מְאַת שָׁנָה וְשִׁבְעִים שָׁנָה וְחָמֵשׁ שָׁנִים: 8 וַיִּגְוַע וַיָּמׇת אַבְרָהָם בְּשֵׂיבָה טוֹבָה זָקֵן וְשָׂבֵעַ וַיֵּאָסֶף אֶל־עַמָּיו: 9 וַיִּקְבְּרוּ אֹתוֹ יִצְחָק וְיִשְׁמָעֵאל בָּנָיו אֶל־מְעָרַת הַמַּכְפֵּלָה אֶל־שְׂדֵה עֶפְרֹן בֶּן־צֹחַר הַחִתִּי אֲשֶׁר עַל־פְּנֵי מַמְרֵא: 10 הַשָּׂדֶה אֲשֶׁר־קָנָה אַבְרָהָם מֵאֵת בְּנֵי־חֵת שָׁמָּה קֻבַּר אַבְרָהָם וְשָׂרָה אִשְׁתּוֹ: 11 וַיְהִי אַחֲרֵי מוֹת אַבְרָהָם וַיְבָרֶךְ אֱלֹהִים אֶת־יִצְחָק בְּנוֹ וַיֵּשֶׁב יִצְחָק עִם־בְּאֵר לַחַי רֹאִי: [פ]

Ven y ve: Está escrito: "Y la sabiduría de Shlomó superaba a la sabiduría de todos los hijos de la Tierra de Oriente" (I Reyes 5:10). Éstos son los hijos de las concubinas de Avraham.
– El Zóhar, Jayei Sará 27:264

La intención de Avraham era compartir la Luz con todas las naciones del mundo y ayudarlas mediante el conocimiento de la Kabbalah.

וְאֵלֶּה

Génesis 25:7 – Debido a que había realizado un enorme trabajo espiritual, Avraham murió a una edad avanzada. Cada día, nosotros también debemos llevar a cabo diligentemente nuestro trabajo espiritual mientras todavía tengamos tiempo en la Tierra para hacerlo.

SÉPTIMA LECTURA - DAVID - MALJUT

[12] *Estas son las generaciones de Yishmael, hijo de Avraham, el que Hagar la egipcia, sierva de Sará, le dio a Avraham.*

[13] *Estos son los nombres de los hijos de Yishmael, nombrados por el orden de su nacimiento: el primogénito de Yishmael, Nebayot; después, Kedar, Adbeel, Mibsam,*

[14] *Mishmá, Dumá, Masá,*

[15] *Jadad, Teimá, Yatur, Nafish y Kedmá.*

MAFTIR

[16] *Estos fueron los hijos de Yishmael, y éstos sus nombres, por sus aldeas y por sus campamentos: doce príncipes según sus tribus.*

[17] *Estos fueron los años de la vida de Yishmael: 137 años. Murió, y fue reunido a su pueblo.*

[18] *Sus descendientes habitaron desde Havilá hasta Shur, que está enfrente de Egipto, según se va hacia Asiria. Frente a todos sus parientes murió.*

וְאֵלֶּה

Génesis 25:12 – Leer acerca de los 12 hijos de Yishmael nos ayuda a elevarnos por encima de las influencias de los planetas y otras fuerzas astrológicas. Desde la perspectiva de la astrología kabbalística, entendemos que las estrellas y los planetas influyen en nuestra vida pero no nos obligan en ninguna forma. Tenemos libre albedrío, lo cual significa que podemos elegir que las estrellas y los planetas nos influyan o podemos elegir elevarnos por encima de su influencia.

SÉPTIMA LECTURA - DAVID – MALJUT

12 וְאֵלֶּה תֹּלְדֹת יִשְׁמָעֵאל בֶּן־אַבְרָהָם חֹ"פ אל, רמ"ח אֲשֶׁר יָלְדָה הָגָר הַמִּצְרִית ד"פ ב"ן מצ' שִׁפְחַת שָׂרָה אלהים דיודין ורבוע אלהים ← ה' לְאַבְרָהָם חֹ"פ אל, רמ"ח:

13 וְאֵלֶּה מ"ב שְׁמוֹת בְּנֵי יִשְׁמָעֵאל בִּשְׁמֹתָם לְתוֹלְדֹתָם בְּכֹר יִשְׁמָעֵאל נְבָיֹת וְקֵדָר וְאַדְבְּאֵל וּמִבְשָׂם: 14 וּמִשְׁמָע וְדוּמָה וּמַשָּׂא: 15 וַחֲדַד וְתֵימָא יְטוּר נָפִישׁ וָקֵדְמָה:

MAFTIR

16 אֵלֶּה הֵם בְּנֵי יִשְׁמָעֵאל וְאֵלֶּה שְׁמֹתָם בְּחַצְרֵיהֶם וּבְטִירֹתָם שְׁנֵים־עָשָׂר נְשִׂיאִם לְאֻמֹּתָם: 17 וְאֵלֶּה שְׁנֵי וְזַיֵּי יִשְׁמָעֵאל מְאַת שָׁנָה וּשְׁלֹשִׁים שָׁנָה וְשֶׁבַע אלהים דיודין ← ע"ב שָׁנִים וַיִּגְוַע וַיָּמָת וַיֵּאָסֶף אֶל־עַמָּיו:

18 וַיִּשְׁכְּנוּ מֵחֲוִילָה עַד־שׁוּר אבג"יתץ, וש"ר, אהבת חנם אֲשֶׁר עַל־פְּנֵי וחכמה ← בינה מִצְרַיִם מצ' בֹּאֲכָה אַשּׁוּרָה עַל־פְּנֵי וחכמה ← בינה כָל־ יל' אֶחָיו נָפָל: [פ] [פ] [פ]

וְאֵלֶּה

Génesis 25:17 – Aunque había sido muy negativo toda su vida, Yishmael se arrepintió antes de su muerte y se convirtió en una persona justa. Por muy negativas que sean algunas personas, por mucho que todo el mundo crea que estas personas están perdidas —por mucho que estas personas incluso lo crean ellas mismas— Yishmael nos muestra que el cambio es posible, aunque sea en el último momento.

HAFTARÁ DE JAYEI SARÁ

La lección bíblica de Jayei Sará trata sobre los últimos días de Avraham, y la *Haftará* en Reyes I muestra la correspondencia con los últimos días del Rey David. Para la mayoría de personas, llegar a una cierta edad significa que están simplemente esperando morir, pero aun en el último

I REYES 1:1-31

1 ¹ *El rey David ya era muy anciano, entrado en años; lo cubrían de ropas pero no entraba en calor.*

² *Entonces sus siervos le dijeron: "Que se busque para mi señor el rey una joven virgen para que atienda al rey y sea quien lo cuide; que ella se acueste junto a él para que mi señor, el rey, entre en calor".*

³ *Por toda la tierra de Israel se buscó a una joven hermosa, y hallaron a Avishag, la sunamita, y la trajeron al rey.*

⁴ *La joven era muy hermosa; ella cuidaba al rey y le servía, pero el rey no tuvo relaciones con ella.* ⁵ *Entretanto Adoniyá, hijo de Jaguit, se alababa diciendo: "Yo seré rey". Y preparó para sí carros, hombres de a caballo y cincuenta hombres que corrieran delante de él.*

⁶ *(Su padre nunca lo había contrariado preguntándole: "¿Por qué te comportas así?". Él era también hombre de muy hermoso parecer, y había nacido después de Avshalom).*

⁷ *Adoniyá había consultado con Yoav, hijo de Tseruyá, y con el sacerdote Evyatar, quienes lo respaldaron.*

⁸ *Pero el sacerdote Tsadok, Benayahu, hijo de Yehoyadá, el profeta Natán, Shimei, Reí y los valientes que tenía David, no estaban con Adoniyá.*

⁹ *Adoniyá sacrificó ovejas, bueyes y animales cebados junto a la Piedra de Zohélet, que está cerca de En Rogel. Invitó a todos sus hermanos, los hijos del Rey David, y a todos los hombres de Judá, siervos del rey.*

¹⁰ *Pero no invitó al profeta Natán, ni a Benayahu, ni a los guardas especiales, ni a Shlomó, su hermano.*

¹¹ *Entonces Natán preguntó a Batsheva, madre de Shlomó, y dijo: "¿No has oído que Adoniyá, hijo de Jaguit, se ha hecho rey y que David, nuestro señor, no lo sabe?*

HAFTARÁ DE JAYEI SARÁ

día de sus vidas, Avraham y el Rey David se preguntaron a sí mismos: "¿Qué Luz puedo revelar hoy?". Nunca estuvieron únicamente esperando su descanso. Por el contrario, siempre estaban buscando una espiritualidad más elevada y más oportunidades para compartir.

מלכים 1, פרק 1, פסוקים 1–31

1 וְהַמֶּלֶךְ דָּוִד זָקֵן בָּא בַּיָּמִים וכו׳ וַיְכַסֻּהוּ בַּבְּגָדִים וְלֹא יִחַם לוֹ:

2 וַיֹּאמְרוּ לוֹ עֲבָדָיו יְבַקְשׁוּ לַאדֹנִי הַמֶּלֶךְ נַעֲרָה בְתוּלָה וְעָמְדָה לִפְנֵי הַמֶּלֶךְ וּתְהִי־לוֹ סֹכֶנֶת וְשָׁכְבָה בְחֵיקֶךָ וְחַם לַאדֹנִי הַמֶּלֶךְ:

3 וַיְבַקְשׁוּ נַעֲרָה יָפָה בְּכֹל גְּבוּל יִשְׂרָאֵל וַיִּמְצְאוּ אֶת־אֲבִישַׁג הַשּׁוּנַמִּית וַיָּבִאוּ אֹתָהּ לַמֶּלֶךְ: 4 וְהַנַּעֲרָה יָפָה עַד־מְאֹד וַתְּהִי לַמֶּלֶךְ סֹכֶנֶת וַתְּשָׁרְתֵהוּ וְהַמֶּלֶךְ לֹא יְדָעָהּ:

5 וַאֲדֹנִיָּה בֶן־חַגִּית מִתְנַשֵּׂא לֵאמֹר אֲנִי אֶמְלֹךְ וַיַּעַשׂ לוֹ רֶכֶב וּפָרָשִׁים וַחֲמִשִּׁים אִישׁ רָצִים לְפָנָיו: 6 וְלֹא־עֲצָבוֹ אָבִיו מִיָּמָיו לֵאמֹר מַדּוּעַ כָּכָה עָשִׂיתָ וְגַם־הוּא טוֹב־תֹּאַר מְאֹד וְאֹתוֹ יָלְדָה אַחֲרֵי אַבְשָׁלוֹם: 7 וַיִּהְיוּ דְבָרָיו עִם יוֹאָב בֶּן־צְרוּיָה וְעִם אֶבְיָתָר הַכֹּהֵן וַיַּעְזְרוּ אַחֲרֵי אֲדֹנִיָּה: 8 וְצָדוֹק הַכֹּהֵן וּבְנָיָהוּ בֶן־יְהוֹיָדָע וְנָתָן הַנָּבִיא וְשִׁמְעִי וְרֵעִי וְהַגִּבּוֹרִים אֲשֶׁר לְדָוִד לֹא הָיוּ עִם־אֲדֹנִיָּהוּ: 9 וַיִּזְבַּח אֲדֹנִיָּהוּ צֹאן וּבָקָר וּמְרִיא עִם אֶבֶן הַזֹּחֶלֶת אֲשֶׁר־אֵצֶל עֵין רֹגֵל וַיִּקְרָא אֶת־כָּל־אֶחָיו בְּנֵי הַמֶּלֶךְ וּלְכָל־אַנְשֵׁי יְהוּדָה עַבְדֵי הַמֶּלֶךְ: 10 וְאֶת־נָתָן הַנָּבִיא וּבְנָיָהוּ וְאֶת־הַגִּבּוֹרִים וְאֶת־שְׁלֹמֹה אָחִיו לֹא קָרָא: 11 וַיֹּאמֶר נָתָן אֶל־בַּת־שֶׁבַע אֵם שְׁלֹמֹה לֵאמֹר הֲלוֹא שָׁמַעַתְּ

[12] Ahora pues, ven, voy a darte un consejo para que salves tu vida y la vida de tu hijo Shlomó.

[13] Ve ahora mismo al Rey David y dile: '¿No juraste, rey mi señor, a tu sierva, diciendo: Ciertamente tu hijo Shlomó será rey después de mí y se sentará en mi trono? ¿Por qué, pues, se ha hecho rey Adoniyá?'.

[14] Así que mientras estés aún hablando con el rey, yo entraré tras de ti y confirmaré lo que has dicho".

[15] Batsheva vino a ver al rey en la alcoba. El rey ya era muy anciano y Avishag, la sunamita, le servía.

[16] Entonces Batsheva se inclinó y se postró ante el rey. Y el rey le preguntó: "¿Qué deseas?".

[17] Ella le respondió: "Mi señor, juraste a tu sierva por el Eterno, tu Dios: 'Ciertamente tu hijo Shlomó será rey después de mí y se sentará en mi trono'.

[18] Sin embargo, ahora Adoniyá es rey; y tú, mi señor el rey, hasta ahora no lo sabes.

[19] Él ha sacrificado bueyes, animales cebados y ovejas en abundancia, y ha invitado a todos los hijos del rey, al sacerdote Evyatar y a Yoav, jefe del ejército, pero no ha invitado a Shlomó tu siervo.

[20] En cuanto a ti, mi señor el rey, los ojos de todo Israel están sobre ti, para que les hagas saber quién ha de sentarse en el trono de mi señor el rey después de él.

[21] De lo contrario, en cuanto mi señor el rey duerma con sus padres, sucederá que yo y mi hijo Shlomó seremos tenidos por criminales".

[22] Sucedió que mientras ella estaba aún hablando con el rey, entró el profeta Natán.

[23] Y le informaron al rey: "Aquí está el profeta Natán". Cuando éste entró a la presencia del rey, se postró ante el rey rostro en tierra.

[24] Entonces Natán dijo: "Mi señor el rey, ¿acaso has dicho: 'Adonoiyá será rey después de mí y se sentará en mi trono?'.

[25] Porque él ha descendido hoy y ha sacrificado bueyes, animales cebados y ovejas en abundancia, ha invitado a todos los hijos del rey, a los jefes del ejército y al sacerdote Evyatar, y allí están comiendo y bebiendo en su presencia, y gritando: '¡Viva el rey Adoniyá!'.

[26] Pero ni a mí, tu siervo, ni al sacerdote Tsadok, ni a Benayahu, hijo de Yehoyadá, ni a tu siervo Shlomó ha invitado.

כִּי מָלַךְ אֲדֹנִיָּהוּ בֶּן־חַגִּית וַאֲדֹנֵינוּ דָוִד לֹא יָדָע: 12 וְעַתָּה לְכִי אִיעָצֵךְ

נָא עֵצָה וּמַלְּטִי אֶת־נַפְשֵׁךְ וְאֶת־נֶפֶשׁ בְּנֵךְ שְׁלֹמֹה: 13 לְכִי

וּבֹאִי | אֶל־הַמֶּלֶךְ דָּוִד וְאָמַרְתְּ אֵלָיו הֲלֹא־אַתָּה אֲדֹנִי הַמֶּלֶךְ נִשְׁבַּעְתָּ

לַאֲמָתְךָ לֵאמֹר כִּי־שְׁלֹמֹה בְנֵךְ יִמְלֹךְ אַחֲרַי וְהוּא יֵשֵׁב עַל־כִּסְאִי

וּמַדּוּעַ מָלַךְ אֲדֹנִיָּהוּ: 14 הִנֵּה עוֹדָךְ מְדַבֶּרֶת שָׁם עִם־הַמֶּלֶךְ

וַאֲנִי אָבוֹא אַחֲרַיִךְ וּמִלֵּאתִי אֶת־דְּבָרָיִךְ: 15 וַתָּבֹא בַת־שֶׁבַע

אֶל־הַמֶּלֶךְ הַחַדְרָה וְהַמֶּלֶךְ זָקֵן מְאֹד וַאֲבִישַׁג הַשּׁוּנַמִּית

מְשָׁרַת אֶת־הַמֶּלֶךְ: 16 וַתִּקֹּד בַּת־שֶׁבַע וַתִּשְׁתַּחוּ לַמֶּלֶךְ

וַיֹּאמֶר הַמֶּלֶךְ מַה־לָּךְ: 17 וַתֹּאמֶר לוֹ אֲדֹנִי אַתָּה נִשְׁבַּעְתָּ בַּיהוָה

אֱלֹהֶיךָ לַאֲמָתֶךָ כִּי־שְׁלֹמֹה בְנֵךְ יִמְלֹךְ אַחֲרָי וְהוּא יֵשֵׁב עַל־כִּסְאִי:

18 וְעַתָּה הִנֵּה אֲדֹנִיָּה מָלָךְ וְעַתָּה אֲדֹנִי הַמֶּלֶךְ לֹא יָדָעְתָּ: 19 וַיִּזְבַּח שׁוֹר

וּמְרִיא־וְצֹאן לָרֹב וַיִּקְרָא

לְכָל־בְּנֵי הַמֶּלֶךְ וּלְאֶבְיָתָר הַכֹּהֵן וּלְיוֹאָב שַׂר

הַצָּבָא וְלִשְׁלֹמֹה עַבְדְּךָ לֹא קָרָא: 20 וְאַתָּה אֲדֹנִי הַמֶּלֶךְ עֵינֵי

כָל־יִשְׂרָאֵל עָלֶיךָ לְהַגִּיד לָהֶם מִי יֵשֵׁב עַל־כִּסֵּא אֲדֹנִי־הַמֶּלֶךְ

אַחֲרָיו: 21 וְהָיָה כִּשְׁכַב אֲדֹנִי־הַמֶּלֶךְ עִם־אֲבֹתָיו וְהָיִיתִי אֲנִי

וּבְנִי שְׁלֹמֹה חַטָּאִים: 22 וְהִנֵּה עוֹדֶנָּה מְדַבֶּרֶת עִם־הַמֶּלֶךְ וְנָתָן

הַנָּבִיא בָּא: 23 וַיַּגִּידוּ לַמֶּלֶךְ לֵאמֹר הִנֵּה נָתָן הַנָּבִיא וַיָּבֹא לִפְנֵי

הַמֶּלֶךְ וַיִּשְׁתַּחוּ לַמֶּלֶךְ עַל־אַפָּיו אָרְצָה: 24 וַיֹּאמֶר נָתָן אֲדֹנִי

הַמֶּלֶךְ אַתָּה אָמַרְתָּ אֲדֹנִיָּהוּ יִמְלֹךְ אַחֲרָי וְהוּא יֵשֵׁב עַל־כִּסְאִי: 25 כִּי |

יָרַד הַיּוֹם וַיִּזְבַּח שׁוֹר וּמְרִיא־וְצֹאן לָרֹב וַיִּקְרָא לְכָל־בְּנֵי הַמֶּלֶךְ וּלְשָׂרֵי הַצָּבָא

וּלְאֶבְיָתָר הַכֹּהֵן וְהִנָּם אֹכְלִים וְשֹׁתִים לְפָנָיו וַיֹּאמְרוּ יְחִי הַמֶּלֶךְ

אֲדֹנִיָּהוּ: 26 וְלִי אֲנִי־עַבְדְּךָ וּלְצָדֹק הַכֹּהֵן וְלִבְנָיָהוּ בֶן־יְהוֹיָדָע

27 ¿Ha sido hecho esto por mi señor el rey, y no has declarado a tus siervos quién había de sentarse en el trono de mi señor el rey después de él?".

28 Entonces el rey David respondió: "Llamen a Batsheva". Y ella entró a la presencia del rey, y se puso delante del rey.

29 Y el rey juró: "¡Vive el Eterno, que ha redimido mi vida de toda angustia,

30 que ciertamente como te juré por el Eterno Dios de Israel: 'Tu hijo Shlomó será rey después de mí, y él se sentará sobre mi trono en mi lugar', así lo haré hoy mismo!".

31 Batsheva se inclinó rostro en tierra, se postró ante el rey y dijo: "¡Viva para siempre mi señor el Rey David!".

וְלִשְׁלֹמֹה עַבְדְּךָ פוי לֹא קָרָא: 27 אִם יוהך מֵאֵת אֲדֹנִי הַמֶּלֶךְ נִהְיָה הַדָּבָר

הַזֶּה רֵאה והו וְלֹא הוֹדַעְתָּ אֶת־עַבְדְּךָ פוי (כתיב: עבדיך) מִי ילי יֵשֵׁב עַל־כִּסֵּא

אֲדֹנִי־הַמֶּלֶךְ אַחֲרָיו: [ס] 28 וַיַּעַן הַמֶּלֶךְ דָּוִד וַיֹּאמֶר קִרְאוּ־לִי לְבַת־שָׁבַע

אלהים דיורוין ~ ע״ב וַתָּבֹא לִפְנֵי הַמֶּלֶךְ וַתַּעֲמֹד לִפְנֵי הַמֶּלֶךְ: 29 וַיִּשָּׁבַע הַמֶּלֶךְ

וַיֹּאמַר וְזִי־יְהֹוָה(אהדניאהדנה) אֲשֶׁר־פָּדָה אֶת־נַפְשִׁי מִכָּל ילי ־צָרָה אלהים דההון:

30 כִּי כַּאֲשֶׁר נִשְׁבַּעְתִּי לָךְ בַּיהֹוָה(אהדניאהדנה) אֱלֹהֵי דמב, ילה יִשְׂרָאֵל לֵאמֹר

כִּי־שְׁלֹמֹה בְנֵךְ יִמְלֹךְ אַחֲרַי וְהוּא יֵשֵׁב עַל־כִּסְאִי תַּחְתָּי כִּי כֵּן

אֶעֱשֶׂה הַיּוֹם גגה, זז, מזבח הַזֶּה והו: 31 וַתִּקֹּד בַּת־שֶׁבַע אלהים דיורוין ~ ע״ב אַפַּיִם

אָרֶץ אלהים דאלפין וַתִּשְׁתַּחוּ לַמֶּלֶךְ וַתֹּאמֶר יְחִי אֲדֹנִי הַמֶּלֶךְ דָּוִד לְעֹלָם

רִיבוּעַ ס״ג ~ י׳ אותיות: [פ]

TOLDOT

LA LECCIÓN DE TOLDOT
(Génesis 25:19-28:9)

El libro de Génesis incluye las historias de la Creación, el Diluvio, la Separación, las vidas de los patriarcas y las matriarcas, y la venta de Yosef. Narra la historia del pueblo de Israel hasta la época en la que bajaron a Egipto. El *Zóhar* dice que cada historia de la Biblia es una lección sobre cómo acercarse a la Luz del Creador. Estos acontecimientos parecen puramente históricos, pero cuando se examinan en un nivel más profundo, enseñan a la gente a conectarse con las Leyes Universales que gobiernan la humanidad.

La verdadera sabiduría del Libro de Génesis no está relacionada con preceptos específicos, tales como lo que debe y no debe hacerse, o qué comer o no comer. Más bien, el Libro de Génesis nos enseña cómo vivir en el sentido más profundo, que es la base de todas las enseñanzas y lecciones que encontramos en el resto de la Biblia. De Avraham el Patriarca aprendemos a comportarnos con las personas que nos rodean y hacerles sentir bienvenidas y seguras. De Yitsjak el Patriarca aprendemos a utilizar el discernimiento y el juicio como herramientas para revelar Luz en cualquier situación. Y de Yaakov, aprendemos el poder de la verdad, como está escrito: "Cumplirás la verdad a Yaakov y la misericordia a Avraham" (*Miqueas 7:20*).

Cada acontecimiento en la Biblia nos trae una lección que podemos aprender y utilizar en nuestra vida diaria. Ya sea que aprendamos de las acciones de nuestros antepasados o de cualquier persona descrita en la Biblia, todos nosotros podemos encontrar cosas en nuestra vida similares a los acontecimientos que aquí se describen. Cuando observamos profundamente en el significado de estas historias —y no las vemos como meros eventos históricos que sucedieron hace más de 3.000 años— podremos vivir nuestra vida como nos enseña la Sagrada Biblia.

El asunto de Esav y Yaakov

Yaakov y Esav nacieron de la misma madre al mismo tiempo. Aun así, eran personas radicalmente distintas desde el momento de su nacimiento. Yaakov se sentía atraído hacia la espiritualidad y el estudio de la Biblia, como está escrito: "Y Yaakov era hombre sencillo, que habitaba en tiendas" (*Génesis 25:27*). Por otro lado, a Esav le impulsaban sus deseos, como leemos: "Esav llegó a ser diestro cazador, hombre del campo". Aquí la palabra "campo" alude al nivel de *Maljut*, o nuestro mundo físico.

Cada persona contiene elementos de Yaakov y Esav, y dentro de cada uno de nosotros se libra una eterna batalla entre estos dos conjuntos de atributos. Un *Midrash* dice que durante el embarazo de Rivká, siempre que pasaba por la entrada de un sitio de estudio, Yaakov la empujaba dentro de su vientre. Siempre que pasaba por un lugar impuro, Esav la empujaba en su interior.

A lo largo de los nueve meses, hubo una batalla continua entre los dos chicos: ¿quién sería el más fuerte y gobernaría el mundo? ¿Sería Yaakov y los poderes de la santidad, o Esav y los poderes de la impureza?

Esta batalla todavía continúa, y todos participamos en ella. El primer prerrequisito para la victoria es el reconocimiento de que esto es ciertamente una batalla. Si no entendemos esto, no tendremos probabilidades de vencer a nuestro propio lado oscuro. Debemos recordar siempre que el Oponente, el Lado Negativo, nunca descansa, así que debemos estar constantemente alertas y preparados para un ataque. Hay una historia sobre un rabino a quien un día fueron a despertar sus estudiantes para hacer las oraciones. Como estaba muy cansado, les dijo: "Hoy no iré". Pero tras un segundo, lo reconsideró. "No, ¡sí iré! Estoy cansado y quiero dormir, pero el Otro Lado nunca duerme. Si yo duermo, no tendré posibilidades contra Satán".

Las lecturas sobre Yaakov y Esav nos dan la fortaleza y la Luz para conectar con el lado de Yaakov y ganar la batalla contra el Lado Negativo. Podemos obtener inspiración para ello siguiendo el ejemplo de Rajel, de quien está escrito: "Y ella fue a exigir a Dios". Como Rajel, siempre que nosotros nos encontramos ante cualquier problema en nuestro trabajo espiritual, debemos ir y "exigir a Dios". Debemos pedir ayuda al Creador o a las personas que están más cerca del Creador que nosotros.

Este es el motivo por el cual muchas personas acuden a individuos justos o a las tumbas de los sabios y los antiguos kabbalistas para recibir orientación. Consultar con personas espiritualmente avanzadas es la única forma de estar seguros y tener la certeza de que estamos haciendo lo correcto. El individuo promedio no tiene la capacidad de ver las cosas como son realmente; sólo una persona justa que está cerca del Creador puede hacerlo. Hasta que alcancemos un nivel superior de espiritualidad, hay velos que nos mantienen separados de la Luz. Al ayudarnos a ver, una persona justa o un maestro espiritual literalmente nos ayuda a vivir.

De Yaakov y Esav también podemos aprender a utilizar tanto nuestro lado positivo como el negativo para hacer el trabajo del Creador. Está escrito: "Amarás al Eterno, tu Dios, con todo tu corazón" (*Deuteronomio 6:5*). Los sabios explican lo que esto significa: "con tus dos deseos".

¿Cómo es posible adorar al Creador con rasgos como el orgullo y la pereza? ¿Acaso no proceden éstos del Lado Negativo? Así es, pero todo tiene dos lados. El ego, por ejemplo, puede parecer algo muy negativo, pero una persona sin autoestima no tiene deseo de logro y nunca pondrá ningún esfuerzo en el trabajo espiritual.

El ego es negativo cuando nos hace sentir superiores a los demás o cuando nos lleva a actuar sólo para que los demás nos aprecien. Pero en nuestro interior, nuestro ego nos ayuda a apreciar nuestra propia fuerza y saber que podemos hacer cosas grandes y asombrosas. La más importante de estas tareas, desde luego, es revelar la Luz del Creador.

En el versículo: "Y Rivká dijo a Yitsjak: 'Estoy cansada de...'", (*Génesis 27:46*) la letra *Kof* que aparece en la palabra *katstí* (cansada o disgustada) es una letra pequeña. *Kof* es la única letra que desciende más allá de la línea de escritura, lo cual simboliza el efecto de la Luz que se da al Lado Negativo. La presencia del libre albedrío hace que la negatividad sea inevitable en el mundo. Los efectos de esta negatividad vienen de la letra *Kof* porque, sin la energía del Creador, nada puede existir.

Nuestros rasgos negativos dan energía al Lado Negativo. Pero, como explicamos antes, cuando utilizamos estos rasgos para servir al Creador, estamos evitando que el Oponente se vuelva todavía más fuerte. Adquirimos esta fortaleza de la letra pequeña *Kof*. Esta es la fuerza del Mesías, quien proporciona el poder que garantiza que la Luz del Creador vaya solamente al Lado Positivo y no al Oponente.

Con relación al tema del ego, en el libro Avnéi Zicarón está escrito: "Una vez el Vidente de Lublin (Rav Yaakov Yitsjak de Lublin, 1745–1815) dijo alegremente que había visto a través del Espíritu Divino que la Redención estaba cerca. 'Ha habido un despertar porque este es el momento desde Arriba', dijo. Poco después, el Vidente de Lublin empezó a llorar y dijo que había visto a través del Espíritu Divino una voz que provenía del Cielo y pedía a todos que regresaran. El momento de la Redención había sido pospuesto porque la gente estaban peleando por quiénes gobernarían sobre los otros".

También está escrito sobre el Vidente de Lublin: "Una vez estaba muy ansioso porque la Redención viniera ese año, pero no sucedió. Él dijo que las personas comunes se habían arrepentido totalmente, y si fuera por ellas la Redención habría venido. Pero no vino a causa de las personas cuya posición y orgullo les impedía ser humildes. Ellos no se podían arrepentir de verdad".

De esto aprendemos lo importante que es trabajar en nuestro ego, aunque no debemos borrarlo totalmente. Simplemente debemos ser conscientes de que más allá de cualquier poder que tengamos en el mundo material, el poder del Creador siempre es infinitamente mayor. Debemos utilizar nuestra conciencia de nuestra fuerza física para ser humildes en el ámbito espiritual.

La oración de Yitsjak

Está escrito: "Y oró Yitsjak al Eterno en favor de su mujer" (*Génesis 25:21*). Como sabemos, Rivká no tenía matriz y era incapaz de concebir hijos, pero gracias a las oraciones de Yitsjak, ella dio a luz a Yaakov y Esav. Por lo tanto, en las oraciones matutinas de *Shabat*, decimos: "Por las bocas de los rectos, Tú serás exaltado. Y por los labios de los justos, Tú serás bendecido. Y por las lenguas de los piadosos, Tú serás santificado. Y entre los santos, Tú serás loado". Las primeras letras de estas palabras arameas deletrean juntas los nombres de Yitsjak y Rivká. De esta forma se nos recuerda que oremos por otras personas igual que Yitsjak oró por Rivká.

También está escrito: "Y lo escuchó el Eterno y Rivká, su mujer, concibió". ¿Por qué fueron respondidas las oraciones de Yitsjak, y no las de Rivká? El Creador nos enseña que debemos orar no sólo por nuestras propias necesidades, sino también por las necesidades de los demás. Si no oramos por los demás, el juicio cae sobre nosotros y nuestros deseos son inspeccionados aunque nuestras acciones sean merecedoras. Pero cuando oramos por los demás y por nosotros mismos, el Creador a veces nos concede lo que pedimos, aunque no lo merezcamos.

SINOPSIS DE TOLDOT

En esta sección se describe por primera vez la lucha fundamental entre el bien y el mal que tiene lugar en el mundo físico. Yaakov representa la fuerza del bien y Esav la fuerza del mal. Esta lectura nos permite conectar con las fuerzas representadas por Yaakov mientras vencemos a las fuerzas del mal.

PRIMERA LECTURA - AVRAHAM - JÉSED

[19] Y estas son las generaciones de Yitsjak, hijo de Avraham; Avraham fue el padre de Yitsjak. [20] Tenía Yitsjak cuarenta años cuando tomó por mujer a Rivká, hija de Betuel, el arameo de Padán Aram, hermana de Laván, el arameo. [21] Yitsjak oró al Eterno en favor de su mujer, porque ella era estéril; y el Eterno lo escuchó, y Rivká su mujer concibió.

[22] Los hijos luchaban dentro de ella y ella dijo: "Si esto es así, ¿para qué vivo yo?". Y fue a consultar al Eterno. [23] Y el Eterno le dijo: "Dos naciones hay en tu vientre, y dos pueblos se dividirán desde tus entrañas; un pueblo será más fuerte que el otro, y el mayor servirá al menor". [24] Cuando se cumplieron los días de dar a luz, había mellizos en su vientre. [25] El primero salió rubicundo, todo velludo como una pelliza, y por tanto lo llamaron Esav.

COMENTARIO DEL RAV

"¿Cómo puedo engañar a mi padre?", preguntó Yaakov. No fue: "¿Por qué debo engañar a mi padre?". Su pregunta era cómo podía hacerse pasar por Esav, cuya piel era velluda y cuya voz era grave.

Recuerda, los patriarcas no sólo son profetas. Estas personas no sólo son conscientes de lo que está ocurriendo, sino que también son carrozas, tienen el control total sobre el mundo físico. Están conectados con el Mundo Superior donde no hay tiempo, espacio ni movimiento. Estamos hablando de personas de este calibre y esta conciencia; entonces, ¿por qué haría Yaakov esta pregunta?

El Zóhar empieza a proporcionarnos una definición y una explicación claras de lo que podemos extraer de la pregunta de Yaakov. El asunto es que tienes que jugar bien el juego. Y es un juego. Se nos han dado las herramientas para jugar el Juego de la Vida. Si no hacemos uso de estas herramientas, si no hacemos uso de la tecnología y el sistema de la Kabbalah, no podremos eliminar el caos de nuestra vida.

Las personas piensan que cuando Yaakov tomó la bendición de Yitsjak se trató de un engaño.

La Torá no está hablando de un engaño. Olvida lo que la historia parece decir. Ésta es sólo trata una pista y una insinuación.

El aspecto importante y la enseñanza de esta historia bíblica es que podemos ir atrás en el tiempo. Lo hacemos todo el tiempo, con el Aná Bejóaj, con la secuencia "Yud, Caf, Shin". Así es como Yaakov se convirtió en el primogénito.

Cuando nos sumergimos en la mikve, meditamos en Yud, Caf, Shin. ¿Qué efecto tiene esto? En la mikve estamos engañando a Satán. Satán se está comiendo las células sanas y al mismo tiempo se está multiplicando. Estamos totalmente en deuda con el Zóhar por habernos dado esto. La secuencia Yud, Caf, Shin se lleva el alimento de las células, la Fuerza de Luz, y así parece que la célula muere. Pero en realidad no muere. Sin embargo, Satán se cree el engaño y se marcha porque no tiene motivo para quedarse, puesto que Satán necesita alimento y sólo puede recibirlo de algo que contiene energía, en este caso una célula viva.

Y cuando Satán se marcha, la célula "revive". Estamos haciendo que Satán crea que la célula está muerta. Eso es engañar. Este engaño es de lo que

PRIMERA LECTURA - AVRAHAM – JÉSED

וְאֵ֣לֶּה תּוֹלְדֹ֥ת יִצְחָ֖ק בֶּן־אַבְרָהָ֑ם ד"פ ב"ן אַבְרָהָ֖ם וו"פ אל, רמ"וז 19
הוֹלִ֥יד אֶת־יִצְחָֽק׃ ד"פ ב"ן 20 וַיְהִ֤י יִצְחָק֙ ד"פ ב"ן בֶּן־אַרְבָּעִ֣ים שָׁנָ֔ה בְּקַחְתּ֣וֹ
אֶת־רִבְקָ֗ה בַּת־בְּתוּאֵל֙ הָֽאֲרַמִּ֔י מִפַּדַּ֖ן אֲרָ֑ם אֲח֛וֹת לָבָ֥ן הָאֲרַמִּ֖י
ל֥וֹ לְאִשָּֽׁה׃ 21 וַיֶּעְתַּ֨ר יִצְחָ֤ק ד"פ ב"ן לַֽיהֹוָה�**אדני/אהדונהי** לְנֹ֣כַח גי"פ יהוה אִשְׁתּ֗וֹ
ס"ת וזה כִּ֥י עֲקָרָ֖ה הִ֑וא וַיֵּעָ֤תֶר לוֹ֙ יְהֹוָה**אדני/אהדונהי** וַתַּ֖הַר רִבְקָ֥ה אִשְׁתּֽוֹ׃
22 וַיִּתְרֹֽצֲצ֤וּ הַבָּנִים֙ בְּקִרְבָּ֔הּ וַתֹּ֣אמֶר אִם־כֵּ֔ן יוהך לָ֥מָּה זֶּ֖ה אָנֹ֑כִי איע
וַתֵּ֖לֶךְ לִדְרֹ֥שׁ אֶת־יְהֹוָֽה**אדני/אהדונהי**׃ 23 וַיֹּ֨אמֶר יְהֹוָ֜ה**אדני/אהדונהי** לָ֗הּ שְׁנֵ֤י גוֹיִם֙
(כתיב: גיים) בְּבִטְנֵ֔ךְ וּשְׁנֵ֣י לְאֻמִּ֔ים מִמֵּעַ֖יִךְ יִפָּרֵ֑דוּ וּלְאֹם֙ מִלְאֹ֣ם יֶֽאֱמָ֔ץ
וְרַ֖ב יצחק, ד"פ ב"ן יַעֲבֹ֥ד צָעִֽיר׃ 24 וַיִּמְלְא֥וּ יָמֶ֖יהָ לָלֶ֑דֶת וְהִנֵּ֥ה תוֹמִ֖ם בְּבִטְנָֽהּ׃
25 וַיֵּצֵ֤א הָרִאשׁוֹן֙ אַדְמוֹנִ֔י כֻּלּ֖וֹ כְּאַדֶּ֣רֶת שֵׂעָ֑ר וַיִּקְרְא֥וּ שְׁמ֖וֹ מהטו ע"ה עֵשָֽׂו׃

---

habla la Torá y lo que está detrás de la historia del "engaño" de Yaakov a Yitsjak.

pasaba por un lugar positivo en el que se estaba revelando Luz mediante actos de compartir, mientras que Esav daba patadas cuando estaba cerca de lugares donde se estaban manifestando actos negativos.

Una de las explicaciones que Rashi da a esto es que los hijos ya estaban luchando por la posesión de ambos mundos. Esto era turbador para Rivká, y le hacía pensar que sólo llevaba dentro de sí un hijo, el cual parecía incapaz de distinguir entre las energías positivas y negativas.

Cuando una persona carece de orientación espiritual, nunca se compromete totalmente con alguna línea de acción o crecimiento. En cierta forma, este es el peor estado del ser. Si una persona es totalmente negativa, al menos la situación está clara y hay un potencial para el cambio.

וַיֶּעְתַּר

Génesis 25:21 – Rivká nació sin útero, razón por la cual no podía tener hijos; pero Yitsjak oró para que ella pudiera concebir. Es importante señalar que Yitsjak pudo haber tenido hijos con otra persona. En su acto de compartir —es decir, en sus oraciones por Rivká— vemos el poder de la oración por los demás, lo cual puede crear milagros a su favor.

וַיֹּאמֶר

Génesis 25:23 – Rivká concibió gemelos: Yaakov, quien era totalmente positivo, y Esav, quien era totalmente negativo. Durante el embarazo de Rivká, Yaakov daba patadas cuando ella

²⁶ Y después salió su hermano, con su mano asida al talón de Esav, y lo llamaron Yaakov. Yitsjak tenía sesenta años cuando Rivká dio a luz a los mellizos.

²⁷ Los niños crecieron, y Esav llegó a ser diestro cazador, hombre del campo. Pero Yaakov era hombre pacífico, que habitaba en tiendas. ²⁸ Yitsjak amaba a Esav porque le gustaba lo que cazaba, pero Rivká amaba a Yaakov.

²⁹ Un día, cuando Yaakov había preparado un potaje, Esav vino hambriento del campo.

³⁰ Y Esav dijo a Yaakov: "¡Te ruego que me des a comer un poco de esta sopa roja, pues estoy hambriento!". Por eso lo llamaron Edom.

³¹ Y Yaakov contestó: "Véndeme este día tu primogenitura". ³² Y Esav dijo: "Mira, yo estoy a punto de morir, ¿de qué me sirve la primogenitura?".

³³ Y Yaakov dijo: "Júramelo este día". Esav se lo juró, y vendió su primogenitura a Yaakov.

³⁴ Entonces Yaakov dio a Esav pan y sopa de lentejas. Él comió y bebió, se levantó y se fue. Así despreció Esav su primogenitura.

26 ¹ Y hubo hambre en la tierra, además del hambre anterior que había ocurrido durante los días de Avraham. Entonces Yitsjak fue a Avimélej, rey de los filisteos, a Gerar. ² El Eterno se le apareció a Yitsjak y le dijo: "No desciendas a Egipto. Quédate en la tierra que Yo te diré.

הַלִּעִיטֵנִי

Génesis 25:30 – Esav llegó a su hogar y encontró a Yaakov preparando una sopa de lentejas mientras lamentaba la muerte de su abuelo, Avraham. Ambos estaban muy cansados: Yaakov por haber hecho la sopa y Esav porque acababa de luchar contra Nimrod y lo había matado.

"Y Rivká tomó las ropas predilectas de su hijo mayor Esav…" (Génesis 27:15). Éstas son las ropas que Esav tomó de Nimrod. Son las vestiduras preciosas desde Adam, las cuales vinieron a las manos de Nimrod, quien las usaba cuando cazaba, como está escrito: "Fue un poderoso cazador ante Dios…" (Génesis 10:9). Y Esav salió al campo, donde luchó con —y mató— a Nimrod, y le quitó la vestidura. Éste es el significado de "…Esav vino del campo y desfallecía" (Bereshit 25:29). Ya ha sido explicado por qué está aquí escrito: "y desfallecía", y en otra parte: "¡…porque mi alma desfallece ante los asesinos!" (Jeremías 4:31). ÉSTOS SON ANÁLOGOS. ALLÍ ESTÁ ESCRITO "DESFALLECE" PARA REFERIRSE AL ASESINATO. AQUÍ TAMBIÉN HAY ASESINATO, PORQUE ESAV ASESINÓ A NIMROD.
– El Zóhar, Toldot 17:131

Los sabios dicen que Esav estaba agotado porque había cometido cinco crímenes aquel día: había violado a una doncella prometida, había matado a Nimrod, había negado a Dios, había negado la Resurrección de los Muertos y rechazó la primogenitura (Baba Basra 16b).

Cuando Esav pidió a Yaakov un poco de sopa, Yaakov contestó que a cambio quería los derechos de primogenitura de Esav. Esav accedió, y Yaakov le dio la sopa. Todo el mundo hace intercambios en la vida, pero debemos ir con cuidado de no renunciar a algo muy importante para obtener algo muy pequeño.

26 וְאַחֲרֵי־כֵן יָצָא אָחִיו וְיָדוֹ אֹחֶזֶת בַּעֲקֵב בעקב ב״פ מ״ם עֵשָׂו וַיִּקְרָא

עם ה׳ אותיות = ב״פ קס״א שְׁמוֹ יעקב ע״ה מהע ע״ה יַעֲקֹב יאהדונהי ∗ אידהנויה וַיִּצְחָק דפ ב״ן בֶּן־שִׁשִּׁים

שָׁנָה בְּלֶדֶת אֹתָם: 27 וַיִּגְדְּלוּ יאל הַנְּעָרִים וַיְהִי עֵשָׂו אִישׁ ע״ה קנ״א קס״א יֹדֵעַ

צַיִד ב״פ ב״ן אִישׁ ע״ה קנ״א קס״א שָׂדֶה קנ״א קס״א וְיַעֲקֹב יאהדונהי ∗ אידהנויה אִישׁ ע״ה קנ״א קס״א תָּם

י״פ רבוע אתהי יֹשֵׁב אֹהָלִים: 28 וַיֶּאֱהַב יִצְחָק דפ ב״ן אֶת־עֵשָׂו כִּי־צַיִד ב״פ ב״ן בְּפִיו

וְרִבְקָה אֹהֶבֶת אֶת־יַעֲקֹב יאהדונהי אידהנויה: 29 וַיָּזֶד יַעֲקֹב יאהדונהי ∗ אידהנויה

נָזִיד וַיָּבֹא עֵשָׂו מִן־הַשָּׂדֶה שדי וְהוּא עָיֵף: 30 וַיֹּאמֶר עֵשָׂו אֶל־יַעֲקֹב

יאהדונהי ∗ אידהנויה הַלְעִיטֵנִי נָא מִן־הָאָדֹם מ״ה הָאָדֹם מ״ה הַזֶּה וה׳ כִּי עָיֵף

אָנֹכִי איע עַל־כֵּן קָרָא־שְׁמוֹ מהע ע״ה אֱדוֹם: 31 וַיֹּאמֶר יַעֲקֹב יאהדונהי אידהנויה

מִכְרָה כַיּוֹם גנר, זן, מזבוו אֶת־בְּכֹרָתְךָ לִי: 32 וַיֹּאמֶר עֵשָׂו הִנֵּה מ״ה יה אָנֹכִי

איע הוֹלֵךְ מיה לָמוּת וְלָמָּה־זֶּה לִי בְּכֹרָה: 33 וַיֹּאמֶר יַעֲקֹב יאהדונהי ∗ אידהנויה

הִשָּׁבְעָה לִּי כַּיּוֹם גנר, זן, מזבוו וַיִּשָּׁבַע לוֹ וַיִּמְכֹּר אֶת־בְּכֹרָתוֹ לְיַעֲקֹב

יאהדונהי ∗ אידהנויה: 34 וְיַעֲקֹב יאהדונהי ∗ אידהנויה נָתַן לְעֵשָׂו לֶחֶם ג״פ יהוה וּנְזִיד עֲדָשִׁים

וַיֹּאכַל וַיֵּשְׁתְּ וַיָּקָם וַיֵּלַךְ כלי וַיִּבֶז עֵשָׂו אֶת־הַבְּכֹרָה: [פ] 26 1 וַיְהִי רָעָב

רבוע אלהים רבוע יהוה בָּאָרֶץ אלהים דאלפין מִלְּבַד הָרָעָב רבוע אלהים רבוע יהוה הָרִאשׁוֹן

אֲשֶׁר הָיָה יהה בִּימֵי אַבְרָהָם וז״פ אל, רמ״ח וַיֵּלֶךְ יִצְחָק דפ ב״ן כלי אֶל־אֲבִימֶלֶךְ

מֶלֶךְ־פְּלִשְׁתִּים י״פ אלהים גְּרָרָה: 2 וַיֵּרָא אֵלָיו יְהֹוָהִדיאהדונהי יאהדונהי וַיֹּאמֶר

Nuestras necesidades inmediatas pueden parecer tan abrumadoras que podemos perder la perspectiva del panorama completo: nuestros objetivos a largo plazo, nuestros derechos y nuestros deberes.

וַיֵּרָא

Génesis 26:2 – Aunque en años anteriores Dios les había permitido a Avraham y a Yaakov que fueran a Egipto, el Creador ordenó a Yitsjak que no fuera. Esto se debe a que Yitsjak representa el juicio. Sólo la tierra de Israel podía contener la fuerza y la intensidad del poder de este juicio, por lo cual Yitsjak debía permanecer en Israel; si hubiera abandonado Israel, se habría desatado el juicio para que reinara sin restricciones en el universo. Nosotros también debemos ser conscientes de la necesidad de limitar nuestro juicio.

Cuando encontramos personas que nos lastiman o nos enojan, debemos utilizar las herramientas de la Kabbalah para serenarnos y así nuestras emociones no puedan descontrolarse.

³ *Reside en esta tierra y Yo estaré contigo y te bendeciré, porque a ti y a tu descendencia daré todas estas tierras, y confirmaré contigo el juramento que juré a tu padre, Avraham.*

⁴ *Multiplicaré tu descendencia como las estrellas del cielo, y daré a tu descendencia todas estas tierras. En tu simiente serán bendecidas todas las naciones de la tierra,*

⁵ *porque Avraham obedeció Mi voz, y guardó Mi ordenanza, Mis mandamientos, Mis estatutos y Mis leyes".*

SEGUNDA LECTURA - YITSJAK – GUEVURÁ

⁶ *E Yitsjak habitó en Gerar.*

⁷ *Cuando los hombres de aquel lugar le preguntaron acerca de su mujer, Yitsjak dijo: "Es mi hermana"; porque tenía temor de decir: "Es mi mujer". Porque pensaba: "No sea que los hombres del lugar me maten por causa de Rivká, pues es de hermosa apariencia".*

⁸ *Y sucedió que después de haber estado ellos allí largo tiempo, Avimélej, rey de los filisteos, miró por la ventana y vio a Yitsjak acariciando a Rivká, su mujer.*

⁹ *Y Avimélej llamó a Yitsjak, y le dijo: "Ciertamente ella es tu mujer. ¿Por qué, pues, dijiste: 'Es mi hermana'?". E Yitsjak le dijo: "Porque me dije: 'No sea que yo muera por causa de ella'" respondió Yitsjak.*

¹⁰ *Y Avimélej dijo: "¿Qué es esto que nos has hecho? Porque alguien del pueblo fácilmente pudiera haberse acostado con tu mujer, y habrías traído culpa sobre nosotros".*

¹¹ *Y Avimélej ordenó a todo el pueblo, diciendo: "El que toque a este hombre o a su mujer, de cierto morirá".*

¹² *Yitsjak sembró en aquella tierra, y cosechó aquel año ciento por uno. Y el Eterno lo bendijo.*

אֲחֹתִי

Génesis 26:7 – Después de instalarse en Gerar, Yitsjak, temeroso de ser asesinado por aquellos que deseaban a su esposa, les dijo a los habitantes del pueblo que Rivká era su hermana. Cuando Avimélej, el rey filisteo, descubrió esta mentira, se enfadó mucho con Yitsjak por haberle mentido. Pero, igual que ocurrió anteriormente con su padre Avraham, Yitsjak no estaba mintiendo. Esto es así porque Rivká era su alma gemela, y por lo tanto ella personificaba la *Shejiná*, a la cual la Kabbalah describe como nuestra "hermana".

אַל־תֵּרֵד מִצְרָיְמָה מצר שְׁכֹן בָּאָרֶץ אלהים דאלפין אֲשֶׁר אֹמַר אֵלֶיךָ אני 3 גּוּר

בָּאָרֶץ דייפ בין עיה אלהים דאלפין הַזֹּאת וְאֶהְיֶה עִמְּךָ נמם וַאֲבָרֶכֶךָּ כִּי־לְךָ וּלְזַרְעֲךָ

אֶתֵּן אֶת־כָּל יל ־הָאֲרָצֹת הָאֵל (אלד עיה) לאה וַהֲקִמֹתִי אֶת־הַשְּׁבֻעָה אֲשֶׁר

נִשְׁבַּעְתִּי לְאַבְרָהָם וייפ אל, רמייז אָבִיךָ 4 וְהִרְבֵּיתִי אֶת־זַרְעֲךָ כְּכוֹכְבֵי

הַשָּׁמַיִם ייפ טל, ייפ כזו וְנָתַתִּי לְזַרְעֲךָ אֵת כָּל יל ־הָאֲרָצֹת הָאֵל לאה (אלד עיה)

וְהִתְבָּרְכוּ יהוה עייב ריבוע מייה בְזַרְעֲךָ כֹּל יל גּוֹיֵי הָאָרֶץ אלהים דההין עייה 5 עֵקֶב

בייפ מום אֲשֶׁר־שָׁמַע אַבְרָהָם וייפ אל, רמייז בְּקֹלִי וַיִּשְׁמֹר מִשְׁמַרְתִּי מִצְוֹתַי פוי

וְחֻקּוֹתַי וְתוֹרֹתָי:

SEGUNDA LECTURA - YITSJAK - GUEVURÁ

6 וַיֵּשֶׁב יִצְחָק דייפ בין בִּגְרָר: 7 וַיִּשְׁאֲלוּ אַנְשֵׁי הַמָּקוֹם יהוה ברבוע, ויפ אל לְאִשְׁתּוֹ

וַיֹּאמֶר אֲחֹתִי הִוא כִּי יָרֵא לֵאמֹר אִשְׁתִּי פֶּן־יַהַרְגֻנִי אַנְשֵׁי הַמָּקוֹם

יהוה ברבוע, ויפ אל עַל־רִבְקָה כִּי־טוֹבַת מַרְאֶה הִוא: 8 וַיְהִי אל כִּי אָרְכוּ־לוֹ

שָׁם הַיָּמִים גבר וַיַּשְׁקֵף אֲבִימֶלֶךְ מֶלֶךְ פְּלִשְׁתִּים ייפ אלהים בְּעַד הַחַלּוֹן

מנד וַיַּרְא וְהִנֵּה מייה יה יִצְחָק דייפ בין מְצַחֵק אֵת רִבְקָה אִשְׁתּוֹ: 9 וַיִּקְרָא

עם הי אותיות = בייפ קסייא אֲבִימֶלֶךְ לְיִצְחָק דייפ בין וַיֹּאמֶר אַךְ אהיה הִנֵּה מייה יה אִשְׁתְּךָ

הִוא וְאֵיךְ אָמַרְתָּ אֲחֹתִי הִוא וַיֹּאמֶר אֵלָיו יִצְחָק דייפ בין כִּי אָמַרְתִּי ייפ אדני עיה

פֶּן־אָמוּת עָלֶיהָ בהלל 10 וַיֹּאמֶר אֲבִימֶלֶךְ מַה מייה ־זֹּאת עָשִׂיתָ לָּנוּ אלהים, מום

כִּמְעַט שָׁכַב אַחַד אהבה, דאגה, דאלה הָעָם אֶת־אִשְׁתֶּךָ וְהֵבֵאתָ עָלֵינוּ רבוע סיג

אָשָׁם: 11 וַיְצַו אֲבִימֶלֶךְ אֶת־כָּל יל ־הָעָם לֵאמֹר הַנֹּגֵעַ בָּאִישׁ קנייא קסייא

הַזֶּה ולו וּבְאִשְׁתּוֹ מוֹת יוּמָת: 12 וַיִּזְרַע יִצְחָק דייפ בין בָּאָרֶץ אלהים דאלפין הַהִוא

וַיִּמְצָא בַּשָּׁנָה הַהִוא מֵאָה שְׁעָרִים כתר וַיְבָרֲכֵהוּ יְהֹוָה אדני יאהדונהי:

TERCERA LECTURA - YAAKOV - TIFÉRET

[13] Yitsjak se enriqueció, y siguió engrandeciéndose hasta que llegó a ser muy poderoso.

[14] Tenía muchos rebaños de ovejas, vacas y mucha servidumbre, y los filisteos le tenían envidia.

[15] Todos los pozos que los siervos de su padre habían cavado en los días de su padre, Avraham, los filisteos los cegaron llenándolos de tierra.

[16] Entonces Avimélej dijo a Yitsjak: "Vete de aquí, porque tú eres mucho más poderoso que nosotros".

[17] Yitsjak se fue de allí, acampó en el Valle de Gerar y se estableció allí.

[18] E Yitsjak volvió a cavar los pozos de agua que habían sido cavados en los días de su padre, Avraham, porque los filisteos los habían cegado después de la muerte de Avraham, y les puso los mismos nombres que su padre les había puesto.

[19] Cuando los siervos de Yitsjak cavaron en el valle encontraron allí un manantial.

[20] Entonces riñeron los pastores de Gerar con los pastores de Yitsjak, diciendo: "El agua es nuestra". Y él llamó al pozo Ések, porque habían reñido con él.

[21] Y cavaron otro pozo, y también riñeron por él; y él lo llamó Sitná.

[22] Y se trasladó de allí y cavó otro pozo, y no riñeron por él; y lo llamó Rehobot, porque dijo: "Al fin el Eterno ha hecho lugar para nosotros, y prosperaremos en la tierra".

הַבְּאֵרֹת

Génesis 26:15 – Al excavar pozos, Yitsjak intentaba restaurar el poder que el agua tenía antes del Pecado de Adam y del Diluvio. El Lado Negativo había intentado llevarse ese poder, tal como evidencian las acciones de los filisteos, que llenaron los pozos, y las de los pastores de Gerar, que lucharon por cada uno de los pozos nuevos que Yitsjak excavaba. Dios se apareció a Yitsjak en un sueño, asegurándole que estaba protegido. Casi inmediatamente después, Avimélej acudió a él buscando la paz. Independientemente de cuántos obstáculos se interponen en nuestro camino, de lo vulnerables que nos sentimos, si estamos conectados con la Luz del Creador estamos protegidos y tendremos éxito en nuestros proyectos.

La determinación de Yitsjak de seguir excavando se refleja en la determinación con la cual seguimos "excavando" en nosotros mismos, buscando la Luz que existe en cada uno de nosotros.

וַיֹּעְתֵּק

Génesis 26:22 – Una vez que Yitsjak y Avimélej hicieron las paces, los sirvientes de Yitsjak vinieron a decirle que habían encontrado agua. Entonces Yitsjak pudo restaurar el poder del agua que había estado presente antes del Pecado de Adam y del Diluvio.

TERCERA LECTURA - YAAKOV - TIFÉRET

13 וַיִּגְדַּל יול הָאִישׁ ע״ה קנ״א קס״א וַיֵּלֶךְ כלו הָלוֹךְ וְגָדֵל עַד כִּי־גָדַל מְאֹד מ״ה:

14 וַיְהִי אל לוֹ מִקְנֵה־צֹאן מלוי אהיה דיודין ע״ה וּמִקְנֵה בָקָר וַעֲבֻדָּה רַבָּה וַיְקַנְאוּ אֹתוֹ פְּלִשְׁתִּים י״פ אלהים: 15 וְכָל־ ילי הַבְּאֵרֹת אֲשֶׁר חָפְרוּ עַבְדֵי אָבִיו בִּימֵי אַבְרָהָם וח״פ אל, רמ״ז אָבִיו סִתְּמוּם פְּלִשְׁתִּים י״פ אלהים וַיְמַלְאוּם עָפָר: 16 וַיֹּאמֶר אֲבִימֶלֶךְ אֶל־יִצְחָק ד״פ ב״ן לֵךְ מֵעִמָּנוּ רבוע ס״ג כִּי־עָצַמְתָּ מִמֶּנּוּ מְאֹד מ״ה: 17 וַיֵּלֶךְ כלו מִשָּׁם יִצְחָק ד״פ ב״ן וַיִּחַן בְּנַחַל־גְּרָר וַיֵּשֶׁב שָׁם: 18 וַיָּשָׁב יִצְחָק ד״פ ב״ן וַיַּחְפֹּר | אֶת־בְּאֵרֹת הַמַּיִם אֲשֶׁר חָפְרוּ בִּימֵי אַבְרָהָם וח״פ אל, רמ״ז אָבִיו וַיְסַתְּמוּם פְּלִשְׁתִּים י״פ אלהים אַחֲרֵי מוֹת אַבְרָהָם וח״פ אל, רמ״ז וַיִּקְרָא עם ה׳ אותיות = ב״פ קס״א לָהֶן שֵׁמוֹת כַּשֵּׁמֹת אֲשֶׁר־קָרָא לָהֶן אָבִיו: 19 וַיַּחְפְּרוּ עַבְדֵי־יִצְחָק ד״פ ב״ן בַּנָּחַל וַיִּמְצְאוּ־שָׁם בְּאֵר קנ״א ← ב״ן מַיִם חַיִּים בינה ע״ה: 20 וַיָּרִיבוּ רֹעֵי גְרָר עִם־רֹעֵי יִצְחָק ד״פ ב״ן לֵאמֹר לָנוּ אלהים, מום הַמָּיִם ר״ת ללה, אדני וַיִּקְרָא עם ה׳ אותיות = ב״פ קס״א שֵׁם יהוה עדי הַבְּאֵר קנ״א ← ב״ן עֵשֶׂק כִּי הִתְעַשְּׂקוּ עִמּוֹ: 21 וַיַּחְפְּרוּ בְּאֵר קנ״א ← ב״ן אַחֶרֶת וַיָּרִיבוּ גַּם יגל עָלֶיהָ פהל וַיִּקְרָא עם ה׳ אותיות = ב״פ קס״א שְׁמָהּ שִׂטְנָה ע״ה אלהים דיודין ← אדני: 22 וַיַּעְתֵּק מִשָּׁם וַיַּחְפֹּר בְּאֵר קנ״א ← ב״ן אַחֶרֶת וְלֹא רָבוּ עָלֶיהָ וַיִּקְרָא עם ה׳ אותיות = ב״פ קס״א שְׁמָהּ רְחֹבוֹת קס״א קס״א קס״א קמ״ג וַיֹּאמֶר כִּי־עַתָּה הִרְחִיב יהוה אדני אהדונהי לָנוּ אלהים, מום וּפָרִינוּ בָאָרֶץ אלהים דאלפין:

CUARTA LECTURA - MOSHÉ - NÉTSAJ

[23] *De allí Yitsjak subió a Beersheva.*

[24] *Y el Eterno se le apareció esa noche y le dijo: "Yo soy el Dios de tu padre, Avraham. No temas, porque Yo estoy contigo; y te bendeciré y multiplicaré tu descendencia por amor a Mi siervo Avraham".*

[25] *Y allí Yitsjak construyó un altar e invocó el nombre del Eterno y plantó allí su tienda; y allí abrieron los siervos de Yitsjak un pozo.*

[26] *Entonces Avimélej vino a él desde Gerar, con su consejero Ahuzat y con Fijol, jefe de su ejército.*

[27] *Y les preguntó Yitsjak: "¿Por qué han venido a mí, ustedes que me odian y me han echado de entre ustedes?".*

[28] *Y ellos respondieron: "Vemos claramente que el Eterno ha estado contigo, así es que dijimos: 'Haya ahora un juramento entre nosotros, entre tú y nosotros, y hagamos un pacto contigo,*

[29] *de que no nos harás ningún mal, así como nosotros no te hemos tocado y sólo te hemos hecho bien, y te hemos despedido en paz. Tú eres ahora el bendito del Eterno'".*

QUINTA LECTURA - AHARÓN - HOD

[30] *Y él les preparó un banquete, y comieron y bebieron.*

[31] *Muy de mañana se levantaron y se hicieron mutuo juramento. Entonces Yitsjak los despidió y ellos se fueron de su lado en paz.*

[32] *Y sucedió que aquel mismo día los siervos de Yitsjak llegaron y le informaron acerca del pozo que habían cavado, y le dijeron: "¡Hemos hallado agua!".*

[33] *Y lo llamó Sheva. Por eso el nombre de la ciudad es Beersheva hasta hoy.*

CUARTA LECTURA - MOSHÉ – NÉTSAJ

23 וַיַּעַל מִשָּׁם בְּאֵר קנ"א ⅃ ב"ן שָׁבַע אלהים דיודין ⅃ ע"ב: 24 וַיֵּרָא אֵלָיו יְהֹוָ(אדניאהדונהי)

בַּלַּיְלָה מלה הַהוּא וַיֹּאמֶר אָנֹכִי אֱלֹהֵי איע אֱלֹהֵי דמב, ילה אַבְרָהָם וי"פ אל, רמ"זז אָבִיךָ

אַל־תִּירָא כִּי־אִתְּךָ דן, אָנֹכִי איע וּבֵרַכְתִּיךָ וְהִרְבֵּיתִי אֶת־זַרְעֲךָ בַּעֲבוּר

אַבְרָהָם וי"פ אל, רמ"זז עַבְדִּי: 25 וַיִּבֶן שָׁם מִזְבֵּחַ וֹן, נגד וַיִּקְרָא עם ה' אותיות = ב"פ קס"א

בְּשֵׁם עדי יהוה יְהֹוָ(אדניאהדונהי) וַיֶּט־שָׁם אָהֳלוֹ וַיִּכְרוּ־שָׁם עַבְדֵי־יִצְחָק ד"פ ב"ן

בְּאֵר קנ"א ⅃ ב"ן: 26 וַאֲבִימֶלֶךְ הָלַךְ מיה אֵלָיו מִגְּרָר וַאֲחֻזַּת מֵרֵעֵהוּ וּפִיכֹל

שַׂר אלהים דיודין ורבוע אלהים צְבָאוֹ: 27 וַיֹּאמֶר אֲלֵהֶם יִצְחָק ד"פ ב"ן מַדּוּעַ בָּאתֶם

אֵלָי וְאַתֶּם שְׂנֵאתֶם אֹתִי וַתְּשַׁלְּחוּנִי מֵאִתְּכֶם: 28 וַיֹּאמְרוּ רָאוֹ רָאִינוּ

כִּי־הָיָה יְהֹוָה יהה(אדניאהדונהי) עִמָּךְ נמם וַנֹּאמֶר תְּהִי נָא אָלָה בֵּינוֹתֵינוּ בֵּינֵינוּ

וּבֵינֶךָ וְנִכְרְתָה בְרִית עִמָּךְ נמם: 29 אִם יוהך ־תַּעֲשֵׂה עִמָּנוּ רִיבוע ס"ג רָעָה

רהע כַּאֲשֶׁר לֹא נְגַעֲנוּךָ וְכַאֲשֶׁר עָשִׂינוּ עִמְּךָ נמם רַק־טוֹב וה וַנְּשַׁלֵּחֲךָ

בְּשָׁלוֹם אַתָּה עַתָּה בְּרוּךְ יהוה ע"ב רבוע מ"ה יְהֹוָ(אדניאהדונהי):

QUINTA LECTURA - AHARÓN - HOD

30 וַיַּעַשׂ לָהֶם מִשְׁתֶּה וַיֹּאכְלוּ וַיִּשְׁתּוּ: 31 וַיַּשְׁכִּימוּ בַבֹּקֶר וַיִּשָּׁבְעוּ

אִישׁ ע"ה קנ"א קס"א לְאָחִיו וַיְשַׁלְּחֵם יִצְחָק ד"פ ב"ן וַיֵּלְכוּ מֵאִתּוֹ בְּשָׁלוֹם:

32 וַיְהִי אל| בַּיּוֹם נגד, וֹן, מזבח הַהוּא וַיָּבֹאוּ עַבְדֵי יִצְחָק ד"פ ב"ן וַיַּגִּדוּ לוֹ

עַל־אֹדוֹת הַבְּאֵר קנ"א ⅃ ב"ן אֲשֶׁר חָפָרוּ וַיֹּאמְרוּ לוֹ מָצָאנוּ מָיִם:

33 וַיִּקְרָא עם ה' אותיות = ב"פ קס"א אֹתָהּ שִׁבְעָה עַל־כֵּן שֵׁם יהוה עדי הָעִיר

בְּוֹזֶהֶךְ, ערי, סנדלפון בְּאֵר קנ"א ⅃ ב"ן שָׁבַע קנ"א ⅃ ב"ן שֶׁבַע אלהים דיודין ⅃ ע"ב עַד הַיּוֹם נגד, וֹן, מזבח הַזֶּה והו: [ס]

[34] *Cuando Esav tenía cuarenta años, se casó con Yehudit, hija de Beeri, el hitita, y con Basemat, hija de Elón, el hitita;*

[35] *y ellas una fuente de amargura para Yitsjak y Rivká. 27 [1] Y aconteció que siendo ya viejo Yitsjak, y sus ojos demasiado débiles para ver, llamó a Esav, su hijo mayor, y le dijo: "Hijo mío". Y él le dijo: "Aquí estoy".*

[2] Y dijo Yitsjak: "Mira, yo soy viejo y no sé el día de mi muerte. [3] Ahora pues, te ruego, toma tu equipo, tu aljaba y tu arco, sal al campo y tráeme caza. [4] Prepárame un buen guisado como a mí me gusta, y tráemelo para que yo coma, y que mi alma te bendiga antes de que yo muera".

[5] Y Rivká estaba escuchando cuando Yitsjak hablaba a su hijo Esav. Y cuando Esav fue al campo a cazar un venado para traer a casa.

[6] Y Rivká dijo a su hijo Yaakov: "Mira, oí a tu padre que hablaba con tu hermano, Esav, diciéndole:

[7] 'Tráeme caza y prepárame un buen guisado para que coma y te bendiga en presencia del Eterno antes de mi muerte'. [8] Ahora pues, hijo mío, obedéceme en lo que te mando: [9] ve ahora al rebaño y tráeme de allí dos de los mejores cabritos de las cabras, y yo prepararé con ellos un buen guisado para tu padre como a él le gusta.

[10] Entonces se lo llevarás a tu padre, que comerá, para que te bendiga antes de su muerte". [11] Y Yaakov dijo a su madre Rivká: "Pero Esav, mi hermano, es hombre un velludo y yo soy lampiño.

בֶּן־אַרְבָּעִים

Génesis 26:34 – Esav copió a su padre casándose a la edad de cuarenta y tomando a dos esposas. De hecho, Esav también copió a su padre en muchos otros sentidos. Pero Esav estaba meramente imitando a Yitsjak sin poder alcanzar el mismo nivel de conciencia que su padre. Cuando realmente queremos crecer, debemos ir más allá de los atavíos y los elementos externos. Tenemos que hacer el trabajo espiritual interno para alcanzar el siguiente nivel.

כִּי־זָקֵן יִצְחָק

Génesis 27:1 – Yitsjak tenía una bendición para darle a uno de sus hijos, y eligió dársela a Esav. Esto se debe a que Yitsjak personificaba la energía del juicio, que él también reconocía en Esav. Sin embargo, no debemos juzgar que Yitsjak haya escogido a Esav, porque es de naturaleza humana compartir con aquellos cuyas características parecen más similares a las nuestras.

וְרִבְקָה שֹׁמַעַת

Génesis 27:5 – Cuando Rivká escuchó las intenciones de Yitsjak, le dijo a Yaakov que le trajera carne para preparar una comida con el fin de que él se la diera a Yitsjak. Ella estaba planeando que Yitsjak le diera su bendición a Yaakov en lugar de Esav, pero Yaakov tuvo miedo de que si su padre descubría el engaño lo maldijera en lugar de bendecirlo. Rivká tranquilizó a Yaakov diciéndole: "Caiga sobre mí tu maldición" (*Génesis 27:13*). El significado de esto se origina en el hecho de que Rivká era la reencarnación de Javá. Como Javá, sus acciones habían traído una maldición sobre Adam y toda la humanidad, pero más tarde, como

34 וַיְהִי עֵשָׂו בֶּן־אַרְבָּעִים שָׁנָה וַיִּקַּח אִשָּׁה אֶת־יְהוּדִית בַּת־בְּאֵרִי הַחִתִּי וְאֶת־בָּשְׂמַת בַּת־אֵילֹן הַחִתִּי: 35 וַתִּהְיֶיןָ מֹרַת רוּחַ לְיִצְחָק וּלְרִבְקָה: [ס] 27 1 וַיְהִי כִּי־זָקֵן יִצְחָק וַתִּכְהֶיןָ עֵינָיו

מֵרְאֹת וַיִּקְרָא אֶת־עֵשָׂו בְּנוֹ הַגָּדֹל וַיֹּאמֶר אֵלָיו בְּנִי וַיֹּאמֶר אֵלָיו הִנֵּנִי: 2 וַיֹּאמֶר הִנֵּה־נָא זָקַנְתִּי לֹא יָדַעְתִּי יוֹם מוֹתִי: 3 וְעַתָּה שָׂא־נָא כֵלֶיךָ תֶּלְיְךָ וְקַשְׁתֶּךָ וְצֵא הַשָּׂדֶה וְצוּדָה לִּי צֵיִד: 4 וַעֲשֵׂה־לִי מַטְעַמִּים כַּאֲשֶׁר אָהַבְתִּי וְהָבִיאָה לִּי וְאֹכֵלָה בַּעֲבוּר תְּבָרֶכְךָ נַפְשִׁי בְּטֶרֶם אָמוּת: 5 וְרִבְקָה שֹׁמַעַת בְּדַבֵּר יִצְחָק אֶל־עֵשָׂו בְּנוֹ וַיֵּלֶךְ עֵשָׂו הַשָּׂדֶה לָצוּד צַיִד לְהָבִיא: 6 וְרִבְקָה אָמְרָה אֶל־יַעֲקֹב בְּנָהּ לֵאמֹר הִנֵּה שָׁמַעְתִּי אֶת־אָבִיךָ מְדַבֵּר אֶל־עֵשָׂו אָחִיךָ לֵאמֹר: 7 הָבִיאָה לִּי צַיִד וַעֲשֵׂה־לִי מַטְעַמִּים וְאֹכֵלָה וַאֲבָרֶכְכָה לִפְנֵי יְהוָה לִפְנֵי מוֹתִי: 8 וְעַתָּה בְנִי שְׁמַע בְּקֹלִי לַאֲשֶׁר אֲנִי מְצַוָּה אֹתָךְ: 9 לֶךְ־נָא אֶל־הַצֹּאן וְקַח־לִי מִשָּׁם שְׁנֵי גְּדָיֵי עִזִּים טֹבִים וְאֶעֱשֶׂה אֹתָם מַטְעַמִּים לְאָבִיךָ כַּאֲשֶׁר אָהֵב: 10 וְהֵבֵאתָ לְאָבִיךָ וְאָכָל בַּעֲבֻר אֲשֶׁר יְבָרֶכְךָ לִפְנֵי מוֹתוֹ: 11 וַיֹּאמֶר יַעֲקֹב אֶל־רִבְקָה אִמּוֹ הֵן עֵשָׂו אָחִי אִישׁ שָׂעִר וְאָנֹכִי אִישׁ חָלָק:

Rivká, pudo completar el *tikún* (corrección) de Javá ayudando a Yaakov a recibir la bendición y a restaurar la Luz que ella (como Javá) le había quitado al mundo. Con relación al versículo: "Caiga sobre mí tu maldición, hijo mío", el Arí escribió:

Rivká es una encarnación de Javá, a causa de quien el hombre, que es Yaakov, fue maldecido. La belleza de Yaakov era como la belleza de Adam. Ahora tenían que corregir esta maldición escuchando a

Rivká para bien, de forma similar a cuando Adam escuchó a Javá, pero en aquel momento [del primer pecado] de mala manera, como está escrito: "Por cuanto has escuchado la voz de tu mujer" (Génesis 3:17). Este es el significado de: "solamente obedece (literalmente 'escucha') a mi voz" (Génesis 27:13), cuyo sentido es que ahora escuchó para bien, y por consiguiente, anteriormente fue para mal.
– Los escritos de Rav Yitsjak Luria

¹² Quizá mi padre me toque y entonces seré para él un engañador, y traeré sobre mí una maldición y no una bendición".

¹³ Y su madre le respondió: "Caiga sobre mí tu maldición, hijo mío. Solamente obedéceme, y ve y tráemelos".

¹⁴ Yaakov fue, tomó los cabritos y los trajo a su madre, y su madre hizo un buen guisado, como a su padre le gustaba.

¹⁵ Y Rivká tomó las mejores vestiduras de Esav, su hijo mayor, que ella tenía en la casa, y vistió a Yaakov, su hijo menor. ¹⁶ Le puso las pieles de los cabritos sobre las manos y sobre la parte lampiña del cuello,

¹⁷ y puso el guisado que había hecho y el pan en manos de su hijo Yaakov. ¹⁸ Y Yaakov fue a su padre, y le dijo: "Padre mío". "Aquí estoy. ¿Quién eres, hijo mío?" preguntó Yitsjak. ¹⁹ Yaakov contestó a su padre: "Soy Esav, tu primogénito. He hecho lo que me dijiste. Siéntate, te ruego, y come de mi caza para que me bendigas".

²⁰ E Yitsjak dijo a su hijo: "¿Cómo es que la has encontrado tan pronto, hijo mío?". Y él dijo: "Porque el Eterno, tu Dios, lo trajo a mí", respondió Yaakov. ²¹ Yitsjak entonces dijo a Yaakov: "Te ruego que te acerques para tocarte, hijo mío, a ver si en verdad eres o no mi hijo Esav".

²² Y Yaakov se acercó a Yitsjak su padre, y él lo tocó y dijo: "La voz es la voz de Yaakov, pero las manos son las manos de Esav". ²³ Y no lo reconoció porque sus manos eran velludas como las de su hermano, Esav, y lo bendijo. ²⁴ Y le preguntó: "¿Eres en verdad mi hijo Esav?". Y respondió Yaakov: "Lo soy".

²⁵ Entonces dijo: "Sírveme, y comeré de la caza de mi hijo para que yo te bendiga". Y le sirvió, y comió; le trajo también vino, y bebió.

וַתִּקַּ֥ח

Génesis 27:15 – Rivká vistió a Yaakov con las ropas de Esav, que eran también las ropas de Adam. Anteriormente, el mismo día que Esav le pidió a Yaakov que le diera sopa de lentejas, Esav había matado a Nimrod para obtener sus vestimentas, que tenían el poder de hacer que los animales se inclinaran ante la persona que las vestía. Esta vestimenta única es lo que hacía que la caza fuera tan fácil para Adam. Hoy en día, aunque no tenemos la vestimenta que Adam llevó, al escuchar esta lectura podemos vestirnos de un poder espiritual que puede protegernos y ayudarnos a tener éxito en nuestros proyectos.

הַקֹּל֙ קֹ֣ול יַעֲקֹ֔ב

Génesis 27:22 – Yitsjak, que ahora era ciego, tocó a Yaakov y dijo: "La voz es la voz de Yaakov, pero las manos son las manos de Esav". En ese mismo momento, Yitsjak percibió la esencia del Jardín de Edén en las vestimentas de Yaakov; esa esencia había entrado en la tienda con Yaakov porque él era la reencarnación de Adam. Yitsjak entonces bendijo a Yaakov. El *Zóhar* dice:

Esav ocultó esas vestiduras con Rivká y las vestía cuando iba de cacería. El día EN QUE YITSJAK LO LLAMÓ PARA QUE RECIBIERA LAS BENDICIONES, no las llevó al campo y fue tarde por lo tanto. Cuando Esav las

12 אוּלַ֤י יְמֻשֵּׁ֙נִי֙ אָבִ֔י וְהָיִ֥יתִי בְעֵינָ֖יו כִּמְתַעְתֵּ֑עַ וְהֵבֵאתִ֥י עָלַ֛י קְלָלָ֖ה וְלֹ֥א בְרָכָֽה׃ 13 וַתֹּ֤אמֶר לוֹ֙ אִמּ֔וֹ עָלַ֥י קִלְלָתְךָ֖ בְּנִ֑י אַ֛ךְ שְׁמַ֥ע בְּקֹלִ֖י וְלֵ֥ךְ קַֽח־לִֽי׃ 14 וַיֵּ֙לֶךְ֙ וַיִּקַּ֔ח וַיָּבֵ֖א לְאִמּ֑וֹ וַתַּ֤עַשׂ אִמּוֹ֙ מַטְעַמִּ֔ים כַּאֲשֶׁ֖ר אָהֵ֥ב אָבִֽיו׃ 15 וַתִּקַּ֣ח רִ֠בְקָה אֶת־בִּגְדֵ֨י עֵשָׂ֜ו בְּנָ֤הּ הַגָּדֹל֙ הַחֲמֻדֹ֔ת אֲשֶׁ֥ר אִתָּ֖הּ בַּבָּ֑יִת וַתַּלְבֵּ֥שׁ אֶֽת־יַעֲקֹ֖ב בְּנָ֥הּ הַקָּטָֽן׃ 16 וְאֵ֗ת עֹרֹת֙ גְּדָיֵ֣י הָֽעִזִּ֔ים הִלְבִּ֖ישָׁה עַל־יָדָ֑יו וְעַ֖ל חֶלְקַ֥ת צַוָּארָֽיו׃ 17 וַתִּתֵּ֧ן אֶת־הַמַּטְעַמִּ֛ים וְאֶת־הַלֶּ֖חֶם אֲשֶׁ֣ר עָשָׂ֑תָה בְּיַ֖ד יַעֲקֹ֥ב בְּנָֽהּ׃ 18 וַיָּבֹ֥א אֶל־אָבִ֖יו וַיֹּ֣אמֶר אָבִ֑י וַיֹּ֣אמֶר הִנֶּ֔נִּי מִ֥י אַתָּ֖ה בְּנִֽי׃ 19 וַיֹּ֨אמֶר יַעֲקֹ֜ב אֶל־אָבִ֗יו אָנֹכִי֙ עֵשָׂ֣ו בְּכֹרֶ֔ךָ עָשִׂ֕יתִי כַּאֲשֶׁ֥ר דִּבַּ֖רְתָּ אֵלָ֑י קֽוּם־נָ֣א שְׁבָ֗ה וְאָכְלָה֙ מִצֵּידִ֔י בַּעֲב֖וּר תְּבָרֲכַ֥נִּי נַפְשֶֽׁךָ׃ 20 וַיֹּ֤אמֶר יִצְחָק֙ אֶל־בְּנ֔וֹ מַה־זֶּ֛ה מִהַ֥רְתָּ לִמְצֹ֖א בְּנִ֑י וַיֹּ֕אמֶר כִּ֥י הִקְרָ֛ה יְהֹוָ֥ה אֱלֹהֶ֖יךָ לְפָנָֽי׃ 21 וַיֹּ֤אמֶר יִצְחָק֙ אֶֽל־יַעֲקֹ֔ב גְּשָׁה־נָּ֥א וַאֲמֻֽשְׁךָ֖ בְּנִ֑י הַֽאַתָּ֥ה זֶ֛ה בְּנִ֥י עֵשָׂ֖ו אִם־לֹֽא׃ 22 וַיִּגַּ֧שׁ יַעֲקֹ֛ב אֶל־יִצְחָ֥ק אָבִ֖יו וַיְמֻשֵּׁ֑הוּ וַיֹּ֗אמֶר הַקֹּל֙ ק֣וֹל יַעֲקֹ֔ב וְהַיָּדַ֖יִם יְדֵ֥י עֵשָֽׂו׃ 23 וְלֹ֣א הִכִּיר֔וֹ כִּֽי־הָי֣וּ יָדָ֗יו כִּידֵ֛י עֵשָׂ֥ו אָחִ֖יו שְׂעִרֹ֑ת וַֽיְבָרְכֵֽהוּ׃ 24 וַיֹּ֕אמֶר אַתָּ֥ה זֶ֖ה בְּנִ֣י עֵשָׂ֑ו וַיֹּ֖אמֶר אָֽנִי׃ 25 וַיֹּ֗אמֶר הַגִּ֤שָׁה לִּי֙ וְאֹֽכְלָה֙ מִצֵּ֣יד בְּנִ֔י לְמַ֥עַן תְּבָֽרֶכְךָ֖ נַפְשִׁ֑י וַיַּ֨גֶּשׁ־ל֜וֹ וַיֹּאכַ֗ל וַיָּ֧בֵא ל֛וֹ יַ֖יִן וַיֵּֽשְׁתְּ׃

---

usaba, no producían ningún olor, pero cuando Yaakov las vistió, el objeto perdido fue restaurado YA QUE REGRESARON AL ASPECTO DE ADAM. *Porque la belleza de Yaakov era la belleza de Adam. Fueron, por lo tanto, regresadas a su lugar y emitieron fragancia.*

– El Zóhar, Toldot 17:132

Nosotros no podemos recibir esta bendición hasta que ocurra nuestra propia transformación interna, ya que debido a nuestra propia ceguera no podemos ver la verdad espiritual. Nuestras bendiciones llegan como resultado de las acciones que hemos realizado en esta vida o en otra, acciones que han abierto nuestra visión espiritual.

26 Y su padre, Yitsjak, le dijo: "Te ruego que te acerques y me beses, hijo mío". 27 Yaakov se acercó y lo besó; y al notar el olor de sus vestidos, Yitsjak lo bendijo, diciendo: "Ciertamente el olor de mi hijo es como el aroma de un campo que el Eterno ha bendecido.

SEXTA LECTURA - YOSEF - YESOD

28 Dios te dé, pues, del rocío del cielo, y de la fertilidad de la tierra, y abundancia de grano y vino. 29 Sírvante pueblos y póstrense ante ti naciones; sé señor de tus hermanos, e inclínense ante ti los hijos de tu madre. Malditos los que te maldigan, y benditos los que te bendigan". 30 Y sucedió que tan pronto como Yitsjak había terminado de bendecir a Yaakov, y apenas había salido Yaakov de la presencia de su padre Yitsjak, su hermano Esav llegó de su cacería. 31 También él hizo un buen guisado y lo trajo a su padre, y dijo a su padre: "Levántese mi padre, y coma de la caza de su hijo, para que tu alma me bendiga".

32 Y su padre, Yitsjak, le dijo: "¿Quién eres?". Y él respondió: "Soy tu hijo, tu primogénito, Esav". 33 Yitsjak tembló con un estremecimiento muy grande, y dijo: "¿Quién fue entonces el que trajo caza, antes de que tú vinieras, y me la trajo y la comí toda, y lo bendije? Sí, y bendito será". 34 Al oír Esav las palabras de su padre, clamó con un grande y amargo clamor, y dijo a su padre: "¡Bendíceme también a mí, padre mío!". 35 Y Yitsjak respondió: "Tu hermano vino con engaño y se ha llevado tu bendición". 36 Y Esav dijo: "Con razón se llama Yaakov, pues me ha engañado estas dos veces: me quitó mi primogenitura y ahora me ha quitado mi bendición". Y dijo: "¿No has reservado una bendición para mí?". 37 E Yitsjak respondió Esav: "Mira, yo lo he puesto por señor tuyo, y le he dado por siervos a todos sus parientes; y con grano y vino nuevo lo he sustentado. En cuanto a ti ¿qué haré, pues, hijo mío?".

וַיְהִי

Génesis 27:30 – Después de que Yaakov partiera, Esav entró a ver a su padre. El *Zóhar* dice que Yitsjak tembló cuando entró su hijo porque Esav llevaba con él la esencia del Infierno.

"…y Yitsjak se angustió en gran manera". PREGUNTA: *¿Cuál es el significado de la palabra "gran" como está usada en la Escritura? Y* CONTESTA: *Está escrito aquí y en otra parte, como en "…este gran fuego…" (Deuteronomio 18:16).* EN AMBOS VERSÍCULOS, ESTO SE REFIERE A UN GRAN FUEGO, SIGNIFICANDO *que Guehinom [el Infierno] entró con él.*
          – El Zóhar, Toldot 19:175

El alto nivel de discernimiento de Yitsjak estaba a su disposición para ayudarle a detectar los atributos espirituales de sus hijos. De esto también aprendemos que cualquier situación puede ser el Cielo para una persona y el Infierno para otra: todo depende de nuestra conciencia, que es más poderosa que cualquier circunstancia externa.

וַיֶּחֱרַד

Génesis 27:33 – Tras descubrir cómo su padre había sido engañado, Esav le rogó a Yitsjak que al menos le diera algún tipo de bendición. La bendición verdadera se la había dado a Yaakov, pero Yitsjak le dio a Esav una de menor grado. Este incidente nos enseña el peligro de conformarnos con menos; en nuestro trabajo espiritual, siempre debemos hacer lo máximo posible y esmerarnos por hacer un esfuerzo adicional.

26 וַיֹּאמֶר אֵלָיו יִצְחָק ד"פ ב"ן אָבִיו גְּשָׁה־נָּא וּשְׁקָה־לִּי בְּנִי: 27 וַיִּגַּשׁ

וַיִּשַּׁק־לוֹ וַיָּרַח אֶת־רֵיחַ בְּגָדָיו וַיְבָרֲכֵהוּ וַיֹּאמֶר רְאֵה רֶאֵה רַח בְּנִי

כְּרֵיחַ שָׂדֶה אֲשֶׁר בֵּרֲכוֹ יהוה ע"ב ריבוע מ"ה יְהוָֹה אֲדֹנָי ר"ת אבי:

SEXTA LECTURA - YOSEF– YESOD

28 וְיִתֶּן־ י"פ מלוי ע"ב לְךָ הָאֱלֹהִים ילה, מום מִטַּל כוזו הַשָּׁמַיִם י"פ טל, י"פ כוזו וּמִשְׁמַנֵּי

הָאָרֶץ אלהים דההין ע"ה וְרֹב יצוזק, ד"פ ב"ן דָּגָן וְתִירֹשׁ: 29 יַעַבְדוּךָ עַמִּים וְיִשְׁתַּחֲווּ

(כתיב: וישתחו) לְךָ לְאֻמִּים הֱוֵה גְבִיר לְאַחֶיךָ וְיִשְׁתַּחֲווּ לְךָ בְּנֵי אִמֶּךָ

אֹרֲרֶיךָ אָרוּר וּמְבָרֲכֶיךָ בָּרוּךְ יהוה ע"ב רבוע מ"ה: 30 וַיְהִי אל כַּאֲשֶׁר כִּלָּה

יִצְחָק ד"פ ב"ן לְבָרֵךְ אֶת־יַעֲקֹב יאהדונהי - אידהנויה וַיְהִי אל אַךְ אהיה יָצֹא יָצָא

יַעֲקֹב יאהדונהי - אידהנויה מֵאֵת פְּנֵי וזכמה - בינה יִצְחָק ד"פ ב"ן אָבִיו וְעֵשָׂו אָחִיו בָּא

מִצֵּידוֹ: 31 וַיַּעַשׂ גַּם יגל הוּא מַטְעַמִּים וַיָּבֵא לְאָבִיו וַיֹּאמֶר לְאָבִיו יָקֻם

אָבִי וְיֹאכַל מִצֵּיד ב"ן בְּנוֹ בַּעֲבוּר תְּבָרֲכַנִּי נַפְשֶׁךָ: 32 וַיֹּאמֶר לוֹ יִצְחָק

אָבִיו ד"פ ב"ן מִי יל"י אָתָּה וַיֹּאמֶר אֲנִי אני בִּנְךָ בְכֹרְךָ עֵשָׂו: 33 וַיֶּחֱרַד יצוזק

ד"פ ב"ן וְחֶרְדָה גְּדֹלָה לחוו, מבה, יול, אום עַד־מְאֹד מ"ה וַיֹּאמֶר מִי יל"י אֵפוֹא הוּא

הַצָּד־צַיִד ב"ן וַיָּבֵא לִי וָאֹכַל מִכֹּל יל"י בְּטֶרֶם רמ"ח תָּבוֹא וָאֲבָרֲכֵהוּ גַּם

יגל בָּרוּךְ יהוה ע"ב רבוע מ"ה יִהְיֶה ייי: 34 כִּשְׁמֹעַ עֵשָׂו אֶת־דִּבְרֵי רַח אָבִיו וַיִּצְעַק

צְעָקָה גְּדֹלָה לחוו, מבה, יול, אום וּמָרָה עַד־מְאֹד מ"ה וַיֹּאמֶר לְאָבִיו בָּרֲכֵנִי

גַם יגל אָנִי אני אָבִי: 35 וַיֹּאמֶר בָּא אָחִיךָ בְּמִרְמָה וַיִּקַּח וזעם בִּרְכָתֶךָ:

36 וַיֹּאמֶר הֲכִי קָרָא שְׁמוֹ מהש ע"ה יַעֲקֹב יאהדונהי - אידהנויה וַיַּעְקְבֵנִי זֶה פַעֲמַיִם

אֶת־בְּכֹרָתִי לָקָח וְהִנֵּה מ"ה יה עַתָּה לָקַח בִּרְכָתִי וַיֹּאמַר הֲלֹא־אָצַלְתָּ לִּי

בְרָכָה: 37 וַיַּעַן יִצְחָק ד"פ ב"ן וַיֹּאמֶר לְעֵשָׂו הֵן גְּבִיר שַׂמְתִּיו לָךְ וְאֶת־כָּל

יל"י אֶחָיו נָתַתִּי לוֹ לַעֲבָדִים וְדָגָן וְתִירֹשׁ סְמַכְתִּיו וּלְכָה אֵפוֹא מָה מ"ה

38 Y Esav dijo a su padre: "¿No tienes más que una bendición, padre mío? ¡Bendíceme también a mí, padre mío!". Y Esav alzó su voz y lloró. 39 Entonces su padre, Yitsjak, le dijo: "He aquí que lejos de la fertilidad de la tierra será tu morada, y lejos del rocío que baja del cielo. 40 Por tu espada vivirás, y a tu hermano servirás; mas acontecerá que cuando te impacientes, arrancarás su yugo de tu cuello".

41 Esav, pues, guardó rencor a Yaakov a causa de la bendición con que su padre lo había bendecido; y Esav se dijo: "Los días de luto por mi padre están cerca; entonces mataré a mi hermano, Yaakov".

42 Y cuando las palabras de Esav, su hijo mayor, le fueron comunicadas a Rivká, envió a llamar a Yaakov, su hijo menor, y le dijo: "Mira, en cuanto a ti, tu hermano Esav se consuela con la idea de matarte.

43 Ahora pues, hijo mío, obedece mi voz: levántate y huye a Jarán, a casa de mi hermano Laván. 44 Quédate con él algunos días hasta que se calme el furor de tu hermano; 45 hasta que la ira de tu hermano contra ti se calme, y olvide lo que le hiciste. Entonces enviaré y te traeré de allá. ¿Por qué he de sufrir la pérdida de ustedes dos en un mismo día?".

46 Entonces Rivká dijo a Yitsjak: "Estoy cansada de vivir a causa de las hijas de Jet. Si Yaakov toma mujer de las hijas de Jet, como éstas, de las hijas de esta tierra, ¿para qué me servirá la vida?".

28 1 Yitsjak llamó a Yaakov, lo bendijo y le ordenó diciendo: "No tomarás mujer de entre las hijas de Canaán. 2 Levántate, ve a Padán Aram, a casa de Betuel, padre de tu madre; y toma de allí mujer de entre las hijas de Laván, hermano de tu madre.

3 Dios Todopoderoso te bendiga, te haga fecundo y te multiplique, para que llegues a ser multitud de pueblos.

4 Que también te dé la bendición de Avraham, a ti y a tu descendencia contigo, para que tomes posesión de la tierra de tus peregrinaciones, la que Dios dio a Avraham".

וְאַהַרְגָ֖ה אֶת יַעֲקֹֽב

Génesis 27:41 – Esav quería matar a su hermano porque Yaakov había robado su bendición, por lo que Rivká le dijo a Yaakov que huyera y fuera a ver a la familia de ella. Sin embargo, la verdadera razón espiritual de la partida de Yaakov es que necesitaba pasar por un proceso de limpieza, un *tikún*, para ser merecedor de su procreación subsecuente de las Doce Tribus. Las acciones que llevó a cabo afectaron y continuaron afectando al futuro de toda la humanidad para siempre.

קָצְתִּי

Génesis 27:46 – La letra aramea *Kof* va más abajo de la línea de escritura. En este versículo, la palabra *katstí* (estoy cansada) tiene una *Kof* pequeña, por lo que esta letra no desciende más allá de la línea. Mientras que la *Kof* normal da una pequeña muestra de energía a Satán, la *Kof* pequeña niega esa muestra.

אֶעֱשֶׂה בְּנִי: 38 וַיֹּאמֶר עֵשָׂו אֶל־אָבִיו הַבְרָכָה עסמ"ב אַחַ֖ת הִוא־לְךָ֣ אָבִ֔י

בָּרֲכֵנִי גַם־אָ֫נִי אָבִ֑י יגל וַיִּשָּׂא עֵשָׂ֛ו קֹל֖וֹ וַיֵּ֑בְךְּ: 39 וַיַּ֛עַן יִצְחָ֥ק ד"פ ב"ן אָבִ֖יו

וַיֹּ֣אמֶר אֵלָ֑יו הִנֵּ֞ה מ"ה יה מִשְׁמַנֵּ֤י הָאָ֨רֶץ֙ אלהים דההין ע"ה יִֽהְיֶ֣ה יייי מֽוֹשָׁבֶ֔ךָ וּמִטַּ֥ל

הַשָּׁמַ֖יִם י"פ טל, י"פ כווו מֵעָֽל: 40 וְעַל־חַרְבְּךָ֣ תִֽחְיֶ֔ה יהוה, יהה וְאֶת־אָחִ֖יךָ תַּעֲבֹ֑ד

וְהָיָ֗ה כַּאֲשֶׁ֣ר תָּרִ֔יד וּפָרַקְתָּ֥ עֻלּ֖וֹ מֵעַ֥ל עלב צַוָּארֶֽךָ: 41 וַיִּשְׂטֹ֤ם עֵשָׂו֙

אֶֽת־יַעֲקֹ֔ב יאהדונהי + אידהנויה עַל־הַ֨בְּרָכָ֔ה עסמ"ב אֲשֶׁ֥ר בֵּרֲכ֖וֹ יהוה ע"ב ריבוע מ"ה

אָבִ֑יו וַיֹּ֨אמֶר עֵשָׂ֜ו בְּלִבּ֗וֹ יִקְרְבוּ֙ יְמֵי֙ אֵ֣בֶל אָבִ֔י $\boxed{\text{וְאַֽהַרְגָ֖ה אֶת־יַֽעֲקֹ֥ב}}$

יאהדונהי + אידהנויה אָחִֽי: 42 וַיֻּגַּ֣ד לְרִבְקָ֔ה ראה אֶת־דִּבְרֵ֖י עֵשָׂ֣ו בְּנָ֣הּ הַגָּדֹ֑ל

לההו, מבה, אום וַתִּשְׁלַ֞ח וַתִּקְרָ֤א לְיַֽעֲקֹב֙ יאהדונהי + אידהנויה בְּנָ֣הּ הַקָּטָ֔ן וַתֹּ֣אמֶר

אֵלָ֔יו מ"ה יה הִנֵּה֙ עֵשָׂ֣ו אָחִ֔יךָ מִתְנַחֵ֥ם לְךָ֖ לְהָרְגֶֽךָ: 43 וְעַתָּ֥ה בְנִ֖י שְׁמַ֣ע

בְּקֹלִ֑י וְק֧וּם בְּרַח־לְךָ֛ אֶל־לָבָ֥ן אָחִ֖י חָרָֽנָה: 44 וְיָשַׁבְתָּ֥ עִמּ֖וֹ יָמִ֣ים גלך

אֲחָדִ֑ים עַ֥ד אֲשֶׁר־תָּשׁ֖וּב חֲמַ֥ת אָחִֽיךָ: 45 עַד־שׁ֨וּב אַף־אָחִ֜יךָ מִמְּךָ֗

וְשָׁכַח֙ אֵ֣ת אֲשֶׁר־עָשִׂ֣יתָ לּ֔וֹ וְשָׁלַחְתִּ֖י וּלְקַחְתִּ֣יךָ מִשָּׁ֑ם לָמָ֥ה אֶשְׁכַּ֛ל

גַּם־שְׁנֵיכֶ֖ם יגל י֥וֹם נגד, וז, מזבח אֶחָֽד אהבה, דאגה: 46 וַתֹּ֤אמֶר רִבְקָה֙ אֶל־יִצְחָ֔ק

ד"פ ב"ן $\boxed{\text{קַ֣צְתִּי}}$ בְחַיַּ֔י מִפְּנֵ֖י בְּנ֣וֹת חֵ֑ת וזת אם יוהך ־לֹקֵ֣חַ יַֽעֲקֹ֣ב יאהדונהי + אידהנויה

אִשָּׁ֣ה מִבְּנֽוֹת־חֵ֗ת כָּאֵ֨לֶּה֙ מִבְּנ֣וֹת הָאָ֔רֶץ אלהים דההין ע"ה לָ֥מָּה לִּ֖י חַיִּֽים

בינה ע"ה: 28 1 וַיִּקְרָ֥א עם ה' אותיות = ב"פ קס"א יִצְחָ֛ק ד"פ ב"ן אֶֽל־יַעֲקֹ֖ב יאהדונהי + אידהנויה

וַיְבָ֣רֶךְ עסמ"ב אֹת֑וֹ וַיְצַוֵּ֨הוּ֙ פיו וַיֹּ֣אמֶר ל֔וֹ לֹֽא־תִקַּ֥ח אִשָּׁ֖ה מִבְּנ֥וֹת כְּנָֽעַן:

2 ק֥וּם לֵךְ֙ פַּדֶּ֣נָֽה אֲרָ֔ם ב"פ ראה בֵּ֥יתָה ד"פ בְתוּאֵ֖ל אֲבִ֣י אִמֶּ֑ךָ וְקַח־לְךָ֤ מִשָּׁם֙

אִשָּׁ֔ה מִבְּנ֥וֹת לָבָ֖ן אֲחִ֥י אִמֶּֽךָ: 3 וְאֵ֤ל שַׁדַּי֙ מהע יְבָרֵ֣ךְ עסמ"ב אֹֽתְךָ֔ וְיַפְרְךָ֖

וְיַרְבֶּ֑ךָ וְהָיִ֖יתָ לִקְהַ֥ל עַמִּֽים ע"ה קס"א: 4 וְיִֽתֶּן־ י"פ מלוי ע"ב לְךָ֙ אֶת־בִּרְכַּ֣ת

אַבְרָהָ֔ם וז"פ אל, רמ"ח לְךָ֖ וּלְזַרְעֲךָ֣ אִתָּ֑ךְ לְרִשְׁתְּךָ֙ אֶת־אֶ֣רֶץ אלהים דאלפין

מְגֻרֶ֔יךָ אֲשֶׁר־נָתַ֥ן אֱלֹהִ֖ים ילה, מום לְאַבְרָהָֽם: וז"פ אל, רמ"ח:

SÉPTIMA LECTURA - DAVID - MALJUT

⁵ Entonces Yitsjak despidió a Yaakov, y éste fue a Padán Aram, a casa de Laván, hijo de Betuel el arameo, hermano de Rivká, madre de Yaakov y Esav.

⁶ Cuando Esav vio que Yitsjak había bendecido a Yaakov y lo había enviado a Padán Aram para tomar allí mujer para sí, y que cuando lo bendijo, le dio órdenes, diciendo: "No tomarás para ti mujer de entre las hijas de Canaán";

MAFTIR

⁷ y que Yaakov había obedecido a su padre y a su madre, y se había ido a Padán Aram;

⁸ Esav se dio cuenta que las hijas de Canaán no eran del agrado de su padre Yitsjak;

⁹ así que Esav fue a Yishmael, y tomó por mujer, además de las mujeres que ya tenía, a Majalat, hija de Yishmael, hijo de Avraham, hermana de Nebayot.

וַיֵּצֵא

Génesis 28:5 – Yitsjak le dijo a Yaakov que sólo se casara con alguien de su propia familia, de la misma forma que al mismo Yitsjak se le dijo que debía casarse con una mujer de la familia de su padre, Avraham. Cuando Esav descubrió esto, tomó a otra esposa: la hija de Yishmael, su tío.

Sin embargo, esta acción sólo era una imitación de la acción que traería un crecimiento espiritual verdadero a Yaakov. Esav no estaba dispuesto a hacer el trabajo interno que esto requería. La vida no se trata únicamente de realizar acciones correctas; la verdadera espiritualidad es siempre un proceso de transformación consciente.

SÉPTIMA LECTURA- DAVID – MALJUT

5 וַיִּשְׁלַ֨ח יִצְחָ֜ק דּ"פ ב"ן אֶֽת־יַעֲקֹ֗ב יאהדונהי - אידהנויה וַיֵּ֙לֶךְ֙ כלי פַּדֶּ֣נָֽה אֲרָ֔ם אֶל־לָבָ֤ן בֶּן־בְּתוּאֵל֙ הָֽאֲרַמִּ֔י אֲחִ֣י רִבְקָ֔ה אֵ֥ם יוהך יַעֲקֹ֖ב יאהדונהי - אידהנויה וְעֵשָֽׂו׃ 6 וַיַּ֣רְא עֵשָׂ֗ו כִּֽי־בֵרַ֣ךְ יִצְחָק֮ דּ"פ ב"ן אֶֽת־יַעֲקֹב֒ יאהדונהי - אידהנויה וְשִׁלַּ֤ח אֹתוֹ֙ פַּדֶּ֣נָֽה אֲרָ֔ם לָקַֽחַת־ל֥וֹ מִשָּׁ֖ם אִשָּׁ֑ה בְּבָרֲכ֣וֹ יהוה ע"ב ריבוע מ"ה אֹת֔וֹ וַיְצַ֤ו עָלָיו֙ לֵאמֹ֔ר לֹֽא־תִקַּ֥ח אִשָּׁ֖ה מִבְּנ֥וֹת כְּנָֽעַן׃

MAFTIR

7 וַיִּשְׁמַ֣ע יַעֲקֹ֔ב יאהדונהי - אידהנויה אֶל־אָבִ֖יו וְאֶל־אִמּ֑וֹ וַיֵּ֖לֶךְ כלי פַּדֶּ֥נָֽה אֲרָֽם׃ 8 וַיַּ֣רְא עֵשָׂ֔ו כִּ֥י רָע֖וֹת בְּנ֣וֹת כְּנָ֑עַן בְּעֵינֵ֖י ריבוע מ"ה יִצְחָ֥ק דּ"פ ב"ן אָבִֽיו׃ 9 וַיֵּ֥לֶךְ כלי עֵשָׂ֖ו אֶל־יִשְׁמָעֵ֑אל וַיִּקַּ֡ח וזעם אֶֽת־מָחֲלַ֣ת ׀ בַּת־יִשְׁמָעֵ֨אל בֶּן־אַבְרָהָ֜ם וז"פ אל, רמ"ח אֲח֧וֹת נְבָי֛וֹת עַל־נָשָׁ֖יו ל֥וֹ לְאִשָּֽׁה׃ [ס] [ס] [ס]

HAFTARÁ DE TOLDOT

El profeta Malaquías (en adelante: Malají) habla sobre Esav y Yaakov, y las diferencias entre ellos. De las palabras de Malají aprendemos a aplicar este análisis para ver tanto lo positivo como lo

MALAQUÍAS 1:1-2:7

1 ¹ Oráculo: Palabra del Eterno a Israel por medio de Malají.

² "Yo los he amado", dice el Eterno. "Pero ustedes dicen: '¿En qué nos has amado?'. ¿No era Esav hermano de Yaakov?" declara el Eterno. "Sin embargo, Yo amé a Yaakov,

³ y aborrecí a Esav, e hice de sus montes desolación, y di su heredad a los chacales del desierto".

⁴ Aunque Edom diga: "Hemos sido destruidos, pero reconstruiremos las ruinas", el Eterno Todopoderoso dice así: "Ellos edificarán, pero Yo destruiré. Y los llamarán territorio impío y pueblo contra quien el Eterno está indignado para siempre.

⁵ Sus ojos lo verán, y ustedes dirán: '¡Sea engrandecido el Eterno más allá de la frontera de Israel!'.

⁶ El hijo honra a su padre, y el siervo a su señor. Pues si Yo soy Padre, ¿dónde está la honra a Mí? Y si Yo soy Señor, ¿dónde está el temor a Mí?", dice el Eterno Todopoderoso. "Son ustedes, sacerdotes, que desprecian Mi nombre. Pero ustedes dicen: '¿En qué hemos despreciado Tu nombre?'.

⁷ En que ustedes ofrecen alimento inmundo sobre Mi altar. Y ustedes preguntan: '¿En qué Te hemos deshonrado?'- En que dicen: 'La mesa del Eterno es despreciable'.

⁸ Cuando presentan un animal ciego para el sacrificio, ¿no es eso malo? Y cuando presentan el animal cojo y el enfermo, ¿no es eso malo? ¿Por qué no lo ofreces a tu gobernante? ¿Estará contento contigo o te recibirá con benignidad?", dice el Eterno Todopoderoso.

⁹ "Ahora les ruego que pidan ustedes la gracia de Dios, para que se apiade de nosotros. Con tal ofrenda de su parte, ¿los recibirá Él con benignidad?", dice el Eterno Todopoderoso.

¹⁰ "¡Oh, si hubiera entre ustedes quien cerrara las puertas del Templo para que no encendieran Mi altar en vano! ¡No Me causan satisfacción ustedes!", dice el Eterno Todopoderoso, "ni de su mano aceptaré ofrenda.

HAFTARÁ DE TOLDOT

negativo en nosotros. Debemos entender que esta dicotomía existe en cada uno de nosotros, y debemos trabajar espiritualmente para revelar los aspectos positivos en nosotros mismos a la vez que minimizamos nuestros deseos negativos, egoístas y basados en el ego.

מַלְאָכִי פֶּרֶק 1, פָּסוּק 1–פֶּרֶק 2, פָּסוּק 7

אָהַבְתִּי 2 מַלְאָכִי בְּיַד אֶל־יִשְׂרָאֵל יְהוָֹה־אדני־אהדנהי דְּבַר רֹאשׁ מַשָּׂא 1 1

עֵשָׂו הֲלוֹא־אָח אֲהַבְתָּנוּ בַּמָּה וַאֲמַרְתֶּם יְהוָֹה־אדני־אהדנהי אָמַר אֶתְכֶם

אדנוה ־ יאהדונהי אֶת־יַעֲקֹב וָאֹהַב יְהוָֹה־אדני־אהדנהי נְאָם־ לְיַעֲקֹב

לְתַנּוֹת נַחֲלָתוֹ וְאֶת־ שְׁמֵמָה הָרָיו אֶת־ וָאָשִׂים שָׂנֵאתִי וְאֶת־עֵשָׂו 3

היי כֹּה וְזֵרְבוֹת וְנִבְנֶה וְנָשׁוּב רֻשַּׁשְׁנוּ אֱדוֹם כִּי־תֹאמַר 4 מִדְבָּר:

אֶדְרוֹס אֶ"ה ע"ה יהוה ־ אהיה ב"פ וַאֲנִי יַבְנוּ הֵמָּה שכינה פני צְבָאוֹת יְהוָֹה־אדני־אהדנהי אָמַר

עַד־עוֹלָם: יְהוָֹה־אדני־אהדנהי אֲשֶׁר־זָעַם וְהָעָם רִשְׁעָה גְּבוּל לָהֶם וְקָרְאוּ

מֵעַל יְהוָֹה־אדני־אהדנהי יִגְדַּל תֹּאמְרוּ וְאַתֶּם תִּרְאֶינָה רבוע מ"ה וְעֵינֵיכֶם 5

אני אָנִי "אָב אִם וְ אֲדֹנָיו יוהך וְעֶבֶד אָב יְכַבֵּד בֵּן 6 יִשְׂרָאֵל: עלם לִגְבוּל

יְהוָֹה־אדני־אהדנהי אָמַר מוֹרָאִי אַיֵּה אני אָנִי "אֲדוֹנִים אִם וְ יוהך כְּבוֹדִי אַיֵּה

בַּמֶּה וַאֲמַרְתֶּם רבוע ס"ג ־ רבוע ע"ב שְׁמִי בּוֹזֵי מלה הַכֹּהֲנִים לָכֶם שכינה פני צְבָאוֹת

וַאֲמַרְתֶּם מְגֹאָל ג"פ יהוה לֶחֶם זן, נגד עַל־מִזְבְּחִי מַגִּישִׁים 7 אֶת־שְׁמֶךָ: בָּזִינוּ

וְכִי־תַגִּישׁוּן 8 הוּא: נִבְזֶה יְהוָֹה־אדני־אהדנהי שֻׁלְחַן בְּאָמָרְכֶם גֵּאַלְנוּךָ בַּמֶּה

נָא הַקְרִיבֵהוּ רַע אֵין לָדוּ וְחֹלֶה פִּסֵּחַ תַגִּישׁוּ וְכִי רָע אֵין לִזְבֹּחַ עִוֵּר

צְבָאוֹת יְהוָֹה־אדני־אהדנהי אָמַר בִּן ־ מ"ה ־ ס"ג פָנֶיךָ הֲיִשָּׂא אוֹ הֲיִרְצְךָ לְפֶחָתֶךָ

הָיְתָה מִיֶּדְכֶם וִיחָנֵּנוּ יא"י אֵל־ בינה ־ וחכמה פָּנֵי נָא חַלּוּ־ וְעַתָּה 9 פני שכינה:

שכינה פני צְבָאוֹת יְהוָֹה־אדני־אהדנהי אָמַר מ"ה ס"ג ע"ב פָּנִים מִכֶּם הֲיִשָּׂא זֹאת

וְזֵם זן, נגד מִזְבְּחִי תָאִירוּ וְלֹא־ דְּלָתַיִם וְיִסְגֹּר אל ב"פ בָּכֶם ־ יגל גַּם מִי 10

[11] *Porque desde la salida del Sol hasta su puesta, Mi Nombre será grande entre las naciones, y en todo lugar se ofrecerá incienso a Mi Nombre, y ofrendas puras; porque grande será Mi Nombre entre las naciones", dice el Eterno Todopoderoso.*

[12] *"Pero ustedes lo profanan, cuando dicen: 'La mesa del Eterno es inmunda, y su fruto, su alimento despreciable'.*

[13] *También dicen: '¡Ay, qué fastidio!', y con indiferencia lo desprecian", dice el Eterno Todopoderoso. "Cuando traen lo robado, o cojo, o enfermo; así traen la ofrenda. ¿Aceptaré eso de su mano?", dice el Eterno.*

[14] *"¡Maldito sea el engañador que tiene un macho apto en su rebaño, y lo promete, pero sacrifica un animal dañado al Eterno! Porque Yo soy el Gran Rey", dice el Eterno Todopoderoso, "y Mi Nombre es temido entre las naciones".*

2 [1] *"Y ahora, para ustedes, sacerdotes, es este mandamiento.*

[2] *Si no escuchan, y si no deciden de corazón dar honor a Mi Nombre", dice el Eterno Todopoderoso, "enviaré sobre ustedes maldición, y maldeciré sus bendiciones; y en verdad, ya las he maldecido, porque no lo han decidido de corazón.*

[3] *Yo reprenderé a su descendencia, y les echaré estiércol a la cara, los despojos de sus fiestas, y serán llevados con él.*

[4] *Entonces sabrán que les he enviado este mandamiento para que Mi pacto siga con Leví", dice el Eterno Todopoderoso.*

[5] *"Mi Pacto con él era de vida y paz, las cuales le di para que Me reverenciara; y él Me reverenció, y estaba lleno de temor ante Mi Nombre.*

[6] *La verdadera instrucción estaba en su boca, y no se hallaba iniquidad en sus labios; en paz y rectitud caminaba conmigo, y apartaba a muchos de la iniquidad.*

[7] *Pues los labios de un sacerdote deben guardar la sabiduría, y los hombres deben buscar la instrucción de su boca, porque él es el mensajero del Eterno Todopoderoso".*

אֵֽין־לִ֤י חֵ֙פֶץ֙ בָּכֶ֔ם אָמַר֙ יְהֹוָ֣האֲדֹנָיׄ צְבָא֔וֹת פני שכינה וּמִנְחָ֖ה ע"ה ב"פ ב"ן

לֹא־אֶרְצֶ֥ה מִיֶּדְכֶֽם׃ 11 כִּ֣י מִמִּזְרַח־שֶׁ֜מֶשׁ ב"פ ש"ך וְעַד־מְבוֹא֗וֹ גָּד֤וֹל

שְׁמִי֙ לתֹה, מבה, יזל, אום רבוע ע"ב - רבוע ס"ג בַּגּוֹיִ֔ם וּבְכָל־מָק֗וֹם לכב יהוה ברבוע מֻקְטָ֥ר

מֻגָּ֛שׁ לִשְׁמִ֖י רבוע ע"ב - רבוע ס"ג וּמִנְחָ֣ה ע"ה ב"פ ב"ן טְהוֹרָ֑ה י"פ אכא כִּֽי־גָד֤וֹל

שְׁמִי֙ לתֹה, מבה, יזל, אום רבוע ע"ב - רבוע ס"ג בַּגּוֹיִ֔ם אָמַ֖ר יְהֹוָ֥האֲדֹנָיׄ צְבָאֽוֹת

פני שכינה׃ 12 וְאַתֶּ֖ם מְחַלְּלִ֣ים אוֹת֑וֹ בֶּאֱמָרְכֶ֗ם שֻׁלְחַ֤ן אֲדֹנָיׄ ללה מְגֹאָ֣ל ה֔וּא

וְנִיב֖וֹ נִבְזֶ֥ה אָכְלֽוֹ׃ 13 וַאֲמַרְתֶּם֩ הִנֵּ֨ה מ"ה מ"ה מַתְּלָאָ֜ה וְהִפַּחְתֶּ֤ם אוֹתוֹ֙ אָמַר֙

יְהֹוָ֣האֲדֹנָיׄ צְבָא֔וֹת פני שכינה וַהֲבֵאתֶ֣ם גָּז֗וּל וְאֶת־הַפִּסֵּ֙חַ֙ וְאֶת־הַ֣חוֹלֶ֔ה

וַהֲבֵאתֶ֖ם אֶת־הַמִּנְחָ֑ה ע"ה ב"פ ב"ן הַאֶרְצֶ֥ה אוֹתָ֛הּ מִיֶּדְכֶ֖ם אָמַ֥ר

יְהֹוָֽהאֲדֹנָיׄ׃ [ס] 14 וְאָר֣וּר נוֹכֵ֗ל וְיֵ֤שׁ בְּעֶדְרוֹ֙ זָכָ֔ר וְנֹדֵ֛ר וְזֹבֵ֥חַ מָשְׁחָ֖ת

לַֽאדֹנָ֑יׄ ללה כִּ֣י מֶ֤לֶךְ גָּדוֹל֙ לתֹה, מבה, יזל, אום אָ֔נִי אני אָמַר֙ יְהֹוָ֣האֲדֹנָיׄ צְבָא֔וֹת

פני שכינה וּשְׁמִ֖י ג"פ אלהים נוֹרָ֥א בַגּוֹיִֽם׃ 2 1 וְעַתָּ֗ה אֲלֵיכֶ֛ם הַמִּצְוָ֥ה פוי הַזֹּ֖את

הַכֹּהֲנִֽים מלה׃ 2 אִם־לֹ֣א תִשְׁמְע֡וּ יוהך וְאִם־לֹא֩ יוהך תָשִׂ֨ימוּ עַל־לֵ֜ב לָתֵ֧ת

כָּב֣וֹד ל"ב לִשְׁמִ֗י רבוע ע"ב - רבוע ס"ג אָמַר֙ יְהֹוָ֣האֲדֹנָיׄ צְבָא֔וֹת פני שכינה וְשִׁלַּחְתִּ֤י

בָכֶם֙ ב"פ אל אֶת־הַמְּאֵרָ֔ה וְאָרוֹתִ֖י אֶת־בִּרְכֽוֹתֵיכֶ֑ם וְגַ֣ם יגל אָרוֹתִ֔יהָ כִּ֥י

אֵינְכֶ֖ם שָׂמִ֥ים עַל־לֵֽב׃ 3 הִנְנִ֨י גֹעֵ֤ר לָכֶם֙ אֶת־הַזֶּ֔רַע וְזֵרִ֤יתִי פֶ֙רֶשׁ֙

עַל־פְּנֵיכֶ֔ם פֶּ֖רֶשׁ חַגֵּיכֶ֑ם וְנָשָׂ֥א אֶתְכֶ֖ם אֵלָֽיו׃ 4 וִֽידַעְתֶּ֕ם כִּ֣י שִׁלַּ֣חְתִּי

אֲלֵיכֶ֔ם אֵ֖ת הַמִּצְוָ֣ה פוי הַזֹּ֑את לִֽהְי֤וֹת בְּרִיתִי֙ אֶת־לֵוִ֔י דמב, מלוי ע"ב אָמַ֖ר

יְהֹוָ֥האֲדֹנָיׄ צְבָאֽוֹת פני שכינה׃ 5 בְּרִיתִ֣י ׀ הָיְתָ֣ה אִתּ֗וֹ הַֽחַיִּים֙ בינה ע"ה וְהַ֨שָּׁל֔וֹם

וָאֶתְּנֵֽם־ל֥וֹ מוֹרָ֖א וַיִּֽירָאֵ֑נִי וּמִפְּנֵ֤י שְׁמִי֙ רבוע ע"ב - רבוע ס"ג נִחַ֥ת ה֖וּא׃ 6 תּוֹרַ֤ת

אֱמֶת֙ אהיה פעמים אהיה, ז"פ ס"ג הָיְתָ֣ה בְּפִ֔יהוּ וְעַוְלָ֖ה לֹא־נִמְצָ֣א בִשְׂפָתָ֑יו בְּשָׁל֤וֹם

וּבְמִישׁוֹר֙ מ"ה הָלַ֣ךְ אִתִּ֔י וְרַבִּ֖ים הֵשִׁ֥יב מֵֽעָוֺֽן ג"פ מ"ב׃ 7 כִּֽי־שִׂפְתֵ֤י כֹהֵן֙ מלה

יִשְׁמְרוּ־דַ֔עַת וְתוֹרָ֖ה יְבַקְשׁ֣וּ מִפִּ֑יהוּ כִּ֛י מַלְאַ֥ךְ יְהֹוָה־אֲדֹנָיׄ צְבָא֖וֹת

פני שכינה הֽוּא׃

VAYETSÉ

LA LECCIÓN DE VAYETSÉ
(Génesis 28:10-32:3)

"Y salió Yaakov…" (Génesis 28:10)

Yaakov abandonó la tierra de Israel y fue a Jarán como le sugirieron sus padres. Rivká lo envió lejos porque el espíritu de Dios le dijo que Esav quería matarlo. Yitsjak lo envió lejos porque estaba preocupado por la nacionalidad de la mujer con la que Yaakov quería casarse. Sin embargo, ninguna de estas es la verdadera razón por la cual Yaakov tenía que partir y "salir" de su lugar.

Yaakov tenía que partir por su propio bien, no por su padre o su madre o su hermano. En la Biblia, está escrito de una forma simple: "Y Yaakov partió". No se da ningún otro motivo relacionado con otra persona. Yaakov debía irse por su trabajo en este mundo y por el nivel espiritual que él representaba. Hay cosas en nuestra vida que se requiere que hagamos, aun cuando no estemos dispuestos. Cuando vemos que esto es cierto en una situación específica —una en la que no tenemos otra elección salvo tomar una acción concreta— podemos estar seguros de que el Creador nos está mostrando nuestro camino para que podamos tomar acción. Se nos dice que cuando llevamos a cabo esa acción difícil, se nos puede dar ayuda Divina, de la misma forma que cuando Yaakov abandonó Beersheva los ángeles lo llevaron (*Sojer Tov 91:6*).

Aunque es cierto que abandonar Israel se considera "descender" en un sentido espiritual, no es el caso cuando se aplica a una persona justa como Yaakov, nuestro Patriarca. Después de todo, él es una carroza para la *Sefirá* de *Tiféret*, así como el padre de las Doce Tribus de Israel. Después de que Yaakov luchara contra el ángel, el Creador le dio el nombre de "Israel".

> Y el hombre dijo: "Ya no será tu nombre Yaakov, sino Israel, porque has luchado con Dios y con los hombres, y has prevalecido".
> – Génesis 32:29

Cuando Yaakov abandonó Beersheva, la santidad de Israel partió con él, y este es el motivo por el cual no está escrito "él descendió", sino "él salió". Aunque Yaakov estaba físicamente fuera de Israel, todavía estaba allí espiritualmente.

Aun estando fuera de Israel podemos hacer una conexión con su energía siempre que tengamos la santidad de Israel dentro de nosotros. Este es el canal que Yaakov abrió para nosotros: las personas que deben estar fuera de Israel por cualquier motivo pueden llevarse a Israel con ellas, dentro de su corazón y de su alma.

¿Por qué fue elegido Yaakov para ser el canal de la energía de Israel fuera de Israel? Porque él era la reencarnación de Adam. De hecho, todos formamos parte de Adam, y fuimos separados de Adam y de nosotros sólo después de que Adam pecara. No obstante, sólo la reencarnación de

Adam podía ser un canal para que toda la nación de Israel llevara su Luz fuera de sus fronteras físicas. Sólo Yaakov podía conectar las *Columnas Derecha* e *Izquierda*, uniendo elementos que por naturaleza son opuestos el uno al otro. La misericordia y el juicio —es decir, Avraham e Yitsjak— no pueden estar unificados; o estamos en el juicio o estamos en la misericordia, pero no podemos estar en ambos. Sólo Yaakov, la *Columna Central*, podía resolver esta dicotomía fundamental. Yaakov es el filamento de la bombilla, el conducto entre las energías positivas y negativas.

> *Pero Yaakov era fuerte por todos lados, por el lado de Yitsjak y el lado de Avraham. Samael vino a la derecha y vio a Avraham fuerte con el vigor del día, a saber, el lado derecho, el cual es Jésed. Él vino a la izquierda y vio a Yitsjak poderoso con la fuerza de juicio riguroso. Vino al cuerpo, a saber: a la Columna Central, y vio a Yaakov fuerte en estos dos lados. Avraham y Yitsjak lo rodearon, uno desde aquí y otro desde allá. Entonces "Y vio que no podía con él y lo tocó en la cavidad del muslo..." (Génesis 32:26), un sitio fuera del cuerpo, el único pilar del cuerpo en el cual el cuerpo entero está apoyado, a saber: Nétsaj, el pilar de Tiféret, llamado 'cuerpo'. Entonces "...lastimó el muslo de Yaakov en su lucha con él" (ibid.).*
> — El Zóhar, Toldot 19:197

Cuando personificamos la conciencia de la *Columna Central*, podemos unir la verdad, la paz y la bondad amorosa, y podemos conectar con Yaakov y la energía completa que él poseía. Podemos ser canales de la misma energía equilibradora y resistiva que Yaakov, independientemente de dónde vivamos o dónde viajemos. Las personas que viven en Israel —y las que no viven— pueden todas conectarse con este poder al leer esta sección de la Biblia.

Rajel y Leá

Yaakov amaba a Rajel, pero el Creador le concedió a Leá el mérito de casarse primero con Yaakov, y después Leá concibió hijos cuando Rajel no pudo. Al leer esta simple historia, uno puede preguntarse qué tipo de Creador puede traer tanto caos a una familia.

Aun después de la muerte, Rajel fue separada de Yaakov. Leá está enterrada con Yaakov; mientras que Rajel, que murió mientras daba a luz a Binyamín, está enterrada sola en el camino hacia Belén. El *Zóhar* explica lo siguiente:

> *Dado que Leá fue y lloró junto al camino por Yaakov, mereció ser sepultada con él. Rajel, quien no salió a rezar por él, fue por lo tanto enterrada junto al camino. El secreto de este asunto es que la una está revelada y la otra no lo está.*
> — El Zóhar, Vayejí 29:273

Pero hay una razón para todo lo que sucede. Cómo vemos las cosas no es siempre como realmente son. Las vidas de Yaakov, Rajel y Leá no eran como las vidas de otras personas. Todos ellos son carrozas, almas muy elevadas y espirituales que como seres humanos liberan y manifiestan ciertas fuerzas cósmicas. Al hacerlo, ellos revelan la forma en que funciona la estructura energética del universo, y esto desempeña un papel clave en el destino de la humanidad. Todo lo que Yaakov,

Rajel y Leá vivieron todavía influye en todas y cada una de las personas que han existido o que existirán en el mundo.

"Rajel" es un código para nuestra manera de pensar, y "Leá" es un código para la forma en que debemos ver nuestra vida. Rajel representa a *Maljut*, el mundo físico, o manifestación; Leá representa a *Biná*, el mundo espiritual o potencial.

> *Ven y ve: Seguramente esto es así. Todo lo que pertenece al mundo superior, Leá, está oculto, y todo lo que pertenece al mundo inferior está revelado. Por lo tanto, Leá fue ocultada y sepultada en la cueva de Majpelá, y Rajel fue enterrada junto al camino real. La una está escondida y la otra está descubierta. Así, el mundo superior sobrepasa en ocultación.*
> – El Zóhar, Vayetsé 24:243

El problema es que amamos a Rajel, y deseamos profundamente que todo le vaya bien. Sin embargo, Leá representa la vida real que ni siquiera somos conscientes de que queremos. Debemos aprender a vivir la vida de Leá, que es el nivel de *Biná*, como si fuera la vida de Rajel, que es *Maljut*. Debemos amar a Leá como si fuera Rajel, y amar lo espiritual como si fuera lo físico. Si somos capaces de transformar nuestros anhelos físicos en anhelos espirituales, cada uno de nuestros deseos y acciones nos llevará más cerca de Dios. Hay una frase que dice que debemos aprender a amar al que regala y no a lo regalado; por ejemplo, si deseamos bellas flores, debemos aprender a desear al Creador en lugar de las flores. De esa forma, trascendemos el mundo físico y amamos cada vez más lo espiritual como si fuera lo físico; o a Leá como si fuera Rajel.

La cuestión está en a qué le damos más valor. ¿A cuántas personas en el mundo les importa realmente que no haya Templo? ¿Quién llora por su destrucción? Sin embargo, si perdemos dinero en una transacción de negocios, lloramos amargamente por la pérdida. Amamos tanto a Rajel —nuestra vida física aquí en el mundo— que tenemos muy poco crecimiento espiritual. Sólo cuando aprendamos a amar a Leá tanto como amamos a Rajel podremos verdaderamente revelar la Luz del Creador en este mundo.

SINOPSIS DE VAYETSÉ

Vayetsé significa "él salió". El mensaje para la humanidad es que sólo cuando "salimos" de nosotros mismos, cuando abandonamos nuestra zona de confort y nos elevamos por encima de nuestra naturaleza y nuestros deseos egoístas, iniciamos nuestro verdadero viaje espiritual. En esta historia, Yaakov tuvo que "salir" para embarcarse en su camino hacia convertirse en "Israel": el conducto de energía para la nación de Israel.

Al conectar con esta lectura particular, podemos adquirir el poder para dejar atrás nuestra naturaleza imperfecta con el fin de hacer un cambio drástico en nuestra vida y crear un nuevo destino.

PRIMERA LECTURA - AVRAHAM - JÉSED

¹⁰ **Y**aakov salió de Beersheva y fue para Jarán. ¹¹ Y llegó a cierto lugar y pasó la noche allí, porque el Sol se había puesto, y tomó de las piedras del lugar, las puso de almohada y se acostó en el lugar aquel.

¹² Y soñó, y vio una escalera apoyada en la tierra cuyo extremo superior llegaba al Cielo, y vio que los ángeles de Dios subían y bajaban.

¹³ Y he aquí que el Eterno se erguía junto a él, y dijo: "Yo soy el Eterno, el Dios de tu padre, Avraham, y el Dios de Yitsjak. La tierra en la que estás acostado te la daré a ti y a tu descendencia.

¹⁴ Tu descendencia será como el polvo de la tierra. Te extenderás hacia el Oeste y hacia el Este, hacia el Norte y hacia el Sur; y en ti y en tu simiente serán bendecidas todas las familias de la tierra. ¹⁵ Mira: Yo estoy contigo. Te guardaré por dondequiera que vayas y te haré volver a esta tierra. No te dejaré hasta que haya hecho lo que te he prometido".

¹⁶ Despertó Yaakov de su sueño y dijo: "Ciertamente el Eterno está en este lugar y yo no lo sabía".

COMENTARIO DEL RAV

Laván accedió a que Yaakov tuviera todo el ganado con lunares, motas y manchas porque era muy inusual que el ganado tuviera crías con lunares, motas y manchas.

Esta historia no tiene ningún sentido si la leemos en sentido literal. Sin embargo, el *Zóhar* explica que se trata realmente de crear distintos universos. El *Zóhar* dice que aquí tenemos una oportunidad de volver al momento de la Creación y cambiar las cosas en el nivel de la semilla.

Rav Áshlag explica en *Las Diez Emanaciones Luminosas* (*Talmud Éser Sefirot*) que hay tres orígenes de la Creación —*nekudim* (puntos), *akudim* (rayas), y *berudim* (manchas)— que contienen todos los secretos del Universo. Estamos hablando de los primeros momentos en el tiempo, antes de que emergiera todo y se manifestara en un estado físico; un tiempo incluso anterior a la célula madre. Si volvemos a la raíz y activamos las células madre, tal como hacemos cuando recitamos la sección de "*Kéter*" en la conexión de *Musaf*, entonces podemos empezar a regenerar y rejuvenecer nuestras células, e incluso crear células nuevas. Nosotros —al menos aquellos de nosotros que pensamos que podemos— podemos regenerar distintas partes de nuestro cuerpo que se han debilitado. Tenemos la capacidad a través de esta *Historia de Vayetsé* de crear cada día de nuevo en un nivel físico. Sólo con leer estas tres palabras (*nekudim, akudim, berudim*), podemos absorber la capacidad de eliminar el caos de nuestra vida y podemos cambiar nuestro destino al regresar al tiempo anterior a la fisicalidad, al tiempo de la antimateria.

PRIMERA LECTURA - AVRAHAM – JÉSED

10 וַיֵּצֵא יַעֲקֹב יאהדונהי ـ אידהנויה מִבְּאֵר קנ"א ـ ב"ן שֶׁבַע אלהים דיורין ـ ע"ב וַיֵּלֶךְ כלי

חָרָנָה: 11 וַיִּפְגַּע בַּמָּקוֹם יהוה ברבוע וַיָּלֶן שָׁם כִּי־בָא הַשֶּׁמֶשׁ ב"פ ש"ך וַיִּקַּח רֹעם

מֵאַבְנֵי הַמָּקוֹם יהוה ברבוע וַיָּשֶׂם מְרַאֲשֹׁתָיו ריבוע אלהים ـ אלהים דיורין ע"ה וַיִּשְׁכַּב

בַּמָּקוֹם יהוה ברבוע הַהוּא: 12 וַיַּחֲלֹם מ"ה יה וְהִנֵּה מ"ה יה סֻלָּם נומ מֻצָּב אַרְצָה

וְרֹאשׁוֹ מַגִּיעַ הַשָּׁמָיְמָה וְהִנֵּה מ"ה יה מַלְאֲכֵי אֱלֹהִים ילה, מום אלהים דההן ע"ה

עֹלִים וְיֹרְדִים רי בּוֹ: 13 וְהִנֵּה מ"ה יה יְהֹוָהּאהדונהי נִצָּב עָלָיו וַיֹּאמַר אֲנִי אני

יְהֹוָהּאהדונהי אֱלֹהֵי דמב, ילה אַבְרָהָם וז"פ אל, רמ"ח אָבִיךָ וֵאלֹהֵי לכב, דמב, ילה

יִצְחָק די"פ ב"ן הָאָרֶץ אלהים דההן ע"ה אֲשֶׁר אַתָּה שֹׁכֵב עָלֶיהָ פהל לְךָ אֶתְּנֶנָּה

וּלְזַרְעֶךָ: 14 וְהָיָה יהוה, יהה זַרְעֲךָ כַּעֲפַר הָאָרֶץ אלהים דההן ע"ה וּפָרַצְתָּ יָמָּה

וָקֵדְמָה וְצָפֹנָה עסמ"ב ע"ה וָנֶגְבָּה וְנִבְרְכוּ יהוה ע"ב ריבוע מ"ה בְךָ ילי כָּל־מִשְׁפְּחֹת

הָאֲדָמָה וּבְזַרְעֶךָ: 15 וְהִנֵּה מ"ה יה אָנֹכִי איע עִמָּךְ נומ וּשְׁמַרְתִּיךָ בְּכֹל לכב

אֲשֶׁר־תֵּלֵךְ וַהֲשִׁבֹתִיךָ אֶל־הָאֲדָמָה הַזֹּאת כִּי לֹא אֶעֱזָבְךָ עַד אֲשֶׁר

אִם יוזר־עָשִׂיתִי אֵת אֲשֶׁר־דִּבַּרְתִּי רֹאה לָךְ: 16 וַיִּיקַץ יַעֲקֹב יאהדונהי ـ אידהנויה

וַיַּחֲלֹם

וַיַּחֲלֹם

Génesis 28:12 – **La escalera de Yaakov**. Una noche durante su viaje, Yaakov tuvo un sueño en el que vio ángeles que ascendían y descendían de una escalera al Cielo.

"Y soñó, y he aquí una escalera apoyada en la tierra, y su parte superior llegaba al Cielo..." (Génesis 28:12). Esto está seis grados por encima del nivel de un sueño, HOD DE LA NUKVÁ, a los dos grados de profecía, NÉTSAJ Y HOD DE ZEIR ANPÍN. Los seis grados son: YESOD DE ZEIR ANPÍN, JÉSED, GUEVURÁ, TIFÉRET, NÉTSAJ Y HOD DE LA NUKVÁ. Por lo tanto, un sueño es una parte de sesenta de profecía, PORQUE CADA UNA DE ESTAS SEIS SEFIROT INCLUYE DIEZ SEFIROT, Y DIEZ VECES SEIS ES SESENTA. Y UN SUEÑO, QUE ES LO MÁS BAJO, CONTIENE UNO DE SESENTA. La escalera alude a él viendo a sus hijos recibir la Torá en el Monte Sinaí en el futuro, porque la escalera representa a Sinaí, porque MONTE SINAÍ, COMO SE LEE EN LA ESCRITURA, "está en el suelo", "y su parte superior", A SABER: SU PUNTO MÁS ALTO, llega al Cielo. Y todas las Carrozas y tropas de los Ángeles Elevados descendieron allí con el Santísimo, bendito sea Él, cuando les dio la Torá, COMO ESTÁ ESCRITO: "LOS ÁNGELES DE ELOHIM ASCIENDEN Y DESCIENDEN POR ELLA".

– El Zóhar, Vayetsé 11:70

[17] *Y tuvo miedo y dijo: "¡Cuán asombroso es este lugar! ¡Esto no es más que la casa de Dios, y ésta es la puerta del Cielo!".* [18] *Y Yaakov se levantó muy de mañana, y tomó la piedra que había puesto de almohada, la erigió por señal y le derramó aceite por encima.*

[19] *A aquel lugar le puso el nombre de Bet El, aunque anteriormente el nombre de la ciudad era Luz.* [20] *Entonces Yaakov hizo un voto, diciendo: "Si Dios está conmigo y me guarda en este camino en que voy, y me da alimento para comer y ropa para vestir,* [21] *y vuelvo en paz a casa de mi padre, entonces el Eterno será mi Dios.*

[22] *Y esta piedra que he puesto por señal será casa de Dios; y de todo lo que me des, te daré a Ti el diezmo".*

SEGUNDA LECTURA - YITSJAK - GUEVURÁ

29 [1] *Entonces Yaakov siguió su camino, y fue a la tierra de la gente del oriente.*

[2] *Y miró, y vio un pozo en el campo donde tres rebaños de ovejas estaban echados allí junto a él, porque de aquel pozo daban de beber a los rebaños. Y había una gran piedra sobre la boca del pozo.*

[3] *Y todos los rebaños se juntaban allí, y rodaban la piedra de la boca del pozo y daban de beber a las ovejas, y volvían a poner la piedra en su lugar sobre la boca del pozo.*

[4] *Y Yaakov dijo a los pastores: "Hermanos míos, ¿de dónde son?". Y ellos dijeron: "Somos de Jarán".*

A lo largo del sueño, los ángeles actuales de Yaakov estaban siendo intercambiados por otros. Mientras había estado en Israel, Yaakov necesitó ángeles sólo para que le apoyaran espiritualmente, pero una vez que abandonó su país, necesitó ángeles para que le apoyaran física y también espiritualmente. Esto nos recuerda que en nuestra propia vida debemos aprender a utilizar las herramientas kabbalísticas que son apropiadas para nuestra situación. Cuando recitamos la Meditación del Kabbalista: el Nombre de Dios de 42 letras, conocido como el *Aná Bejóaj*, recibimos el apoyo y la protección de los ángeles del día lunes los lunes, de los ángeles del día martes los martes, y así sucesivamente, siempre invocando y atrayendo los ángeles que son apropiados para un momento y un lugar específicos.

El sueño de Yaakov tuvo lugar en lo que es ahora el Monte del Templo en Jerusalén. Yaakov necesitaba una conexión mayor con el Creador para obtener sustento, por lo que hizo un acuerdo con Dios: para poder recibir protección y bendiciones, comida y vestimentas, Yaakov daría una décima parte de todo lo que tenía. Este es el inicio de la herramienta espiritual del diezmo. Cuando diezmamos, formamos una asociación con Dios a través de la cual recibimos protección y bendiciones del Creador a cambio de los frutos de nuestro trabajo. Yaakov entendió las leyes universales como el Pan de la Vergüenza y actuó en concordancia con el sistema del universo.

מִשֵּׁנָתוֹ וַיֹּאמֶר אָכֵן יהוה מ״ה יֵשׁ יְהֹוָה אדני ואדני בַּמָּקוֹם יהוה ברבוע הַזֶּה והו ואנכי

לֹא יָדָעְתִּי: 17 וַיִּירָא וַיֹּאמַר מַה מ״ה נּוֹרָא ע״ה ג״פ אלהים הַמָּקוֹם יהוה ברבוע

הַזֶּה והו אֵין זֶה כִּי אִם יוהך בֵּית ב״פ ראה אֱלֹהִים ילה, מום וְזֶה שַׁעַר הַשָּׁמַיִם

י״פ טל, י״פ כווו: 18 וַיַּשְׁכֵּם יַעֲקֹב יאהדונהי ואהדנויה ־ אידהנויה בַּבֹּקֶר וַיִּקַּח וזעם אֶת־הָאֶבֶן

יוד הה ואו הה אֲשֶׁר־שָׂם מְרַאֲשֹׁתָיו ריבוע אלהים אלהים ־ אלהים דיודין ע״ה וַיָּשֶׂם אֹתָהּ מַצֵּבָה

וַיִּצֹק שֶׁמֶן י״פ טל, י״פ כווו, ביט עַל־רֹאשָׁהּ ריבוע אלהים אלהים ־ אלהים דיודין ע״ה: 19 וַיִּקְרָא

עם ה אותיות = ב״פ קס״א אֶת־שֵׁם הַמָּקוֹם יהוה ברבוע הַהוּא בֵּית ב״פ ראה ־אֵל

יא״י וְאוּלָם לוּז שֵׁם הָעִיר בוזחר, ערי, סנדלפון לָרִאשֹׁנָה: 20 וַיִּדַּר יַעֲקֹב

יאהדונהי ־ אידהנויה נֶדֶר לֵאמֹר אִם יוהך יִהְיֶה אֱלֹהִים יי ילה, מום עִמָּדִי וּשְׁמָרַנִי

בַּדֶּרֶךְ ב״פ יב״ק הַזֶּה והו אֲשֶׁר אָנֹכִי אים הוֹלֵךְ מיה וְנָתַן ־לִי

לֶחֶם ג״פ יהוה לֶאֱכֹל וּבֶגֶד לִלְבֹּשׁ: 21 וְשַׁבְתִּי בְשָׁלוֹם אֶל־בֵּית ב״פ ראה אָבִי

וְהָיָה יהוה, יהה יְהֹוָה אדני ואדני ־ אידהנויה לִי לֵאלֹהִים ילה, מום: 22 וְהָאֶבֶן יוד הה ואו הה הַזֹּאת

אֲשֶׁר־שַׂמְתִּי מַצֵּבָה יִהְיֶה יי בֵּית ב״פ ראה אֱלֹהִים ילה, מום וְכֹל ילי אֲשֶׁר תִּתֶּן

ב״פ כהת ־לִי עַשֵּׂר אֲעַשְּׂרֶנּוּ לָךְ:

SEGUNDA LECTURA - YITSJAK - GUEVURÁ

29 1 וַיִּשָּׂא יַעֲקֹב יאהדונהי ־ אידהנויה רַגְלָיו וַיֵּלֶךְ אַרְצָה אלהים דההין ע״ה בְּנֵי־קֶדֶם

רבוע בן: 2 וַיַּרְא וְהִנֵּה בְאֵר מ״ה יה קנ״א ־ בן בַּשָּׂדֶה וְהִנֵּה מ״ה יה שָׁם־שְׁלֹשָׁה

עֶדְרֵי־צֹאן מלוי אהיה דיודין ע״ה רֹבְצִים עָלֶיהָ פ‍הל כִּי מִן־הַבְּאֵר קנ״א ־ בן הַהוּא

יַשְׁקוּ הָעֲדָרִים וְהָאֶבֶן יוד הה ואו הה גְּדֹלָה לההו, מובה, יזל, אום עַל־פִּי הַבְּאֵר קנ״א ־ בן:

3 וְנֶאֶסְפוּ־שָׁמָּה מהש כָל־ ילי הָעֲדָרִים וְגָלֲלוּ אֶת־הָאֶבֶן יוד הה ואו הה מֵעַל

פִּי הַבְּאֵר קנ״א ־ בן וְהִשְׁקוּ אֶת־הַצֹּאן וְהֵשִׁיבוּ אֶת־הָאֶבֶן יוד הה ואו הה

עַל־פִּי הַבְּאֵר קנ״א ־ בן לִמְקֹמָהּ: 4 וַיֹּאמֶר לָהֶם יַעֲקֹב יאהדונהי ־ אידהנויה אַחַי

⁵ Entonces les dijo: "¿Conocen a Laván, hijo de Najor?". "Lo conocemos", le respondieron.

⁶ Y él les dijo: "¿Se encuentra bien?". "Está bien. Mira, su hija Rajel viene con las ovejas", le contestaron. ⁷ Y Yaakov dijo: "Aún es pleno día, no es tiempo de recoger el ganado. Den de beber a las ovejas, y vayan a apacentarlas". ⁸ Pero ellos dijeron: "No podemos, hasta que se junten todos los rebaños y quiten la piedra de la boca del pozo. Entonces daremos de beber a las ovejas". ⁹ Y mientras estaba él hablando con ellos, llegó Rajel con las ovejas de su padre, pues ella era pastora.

¹⁰ Y sucedió que cuando Yaakov vio a Rajel, hija de Laván, hermano de su madre, y las ovejas de Laván, hermano de su madre, Yaakov subió y quitó la piedra de la boca del pozo, y dio de beber al rebaño de Laván, hermano de su madre.

¹¹ Y Yaakov besó a Rajel, y alzó su voz y lloró. ¹² Yaakov hizo saber a Rajel que él era pariente de su padre, y que era hijo de Rivká. Y ella corrió y se lo hizo saber a su padre. ¹³ Y sucedió que cuando Laván oyó las noticias de Yaakov, hijo de su hermana, corrió a su encuentro, lo abrazó, lo besó y lo trajo a su casa. Entonces él contó a Laván todas estas cosas.

¹⁴ Y Laván le dijo: "Ciertamente tú eres hueso mío y carne mía". Y Yaakov se quedó con él todo un mes. ¹⁵ Y Laván dijo a Yaakov: "¿Acaso porque eres mi pariente has de servirme a cambio de nada? Hazme saber cuál será tu salario".

¹⁶ Laván tenía dos hijas. El nombre de la mayor era Leá, y el nombre de la menor, Rajel.

¹⁷ Los ojos de Leá eran delicados, pero Rajel era hermosa y de buen parecer.

רָחֵל

Génesis 29:6 – Cuando llegó a Jarán, Yaakov encontró a Rajel junto al pozo. Una vez más, vemos el simbolismo profundo y el poder del agua. Yaakov besó a Rajel y luego empezó a llorar porque pudo ver su futuro con ella, que su relación sería dulce y amarga, que ella moriría en el parto y que no serían enterrados juntos.

וַתָּרָץ

Génesis 29:12 – Rajel fue a su casa y le dijo a Laván, su padre, que Yaakov había llegado; Laván corrió a buscar a Yaakov, lo besó y lo abrazó. Sin embargo, en realidad Laván estaba más interesado en descubrir cuánto dinero había traído Yaakov con él, pues recordaba que cuando el sirviente de Avraham vino a buscar a Rivká, trajo consigo un gran rebaño de animales y muchos regalos. Un comentario nos dice que Laván estaba tan seguro de que Yaakov tenía que tener dinero, que lo intentó todo para averiguar dónde estaba. Pero no había dinero.

וַיֹּאמֶר

Génesis 29:14 – Laván hizo un trato con Yaakov, según el cual le daría a su hija Rajel si Yaakov estaba dispuesto a trabajar para él durante siete años. Sin embargo, Laván engañó a Yaakov, y al final de dicho período le dio a Leá en su lugar para que se casara con ella.

El ejemplo de persistencia de Yaakov nos muestra que por muy derrotados que nos sintamos, todavía podemos vencer a Satán, el Oponente, si trabajamos suficientemente duro y mantenemos nuestra certeza absoluta en el resultado final.

מֵאַ֣יִן אַתֶּ֔ם וַיֹּ֣אמְר֔וּ מֵחָרָ֖ן אֲנָֽחְנוּ׃ 5 וַיֹּ֣אמֶר לָהֶ֔ם הַיְדַעְתֶּ֖ם
אֶת־לָבָ֣ן בֶּן־נָח֑וֹר וַיֹּאמְר֖וּ יָדָֽעְנוּ׃ 6 וַיֹּ֤אמֶר לָהֶם֙ הֲשָׁל֣וֹם ל֔וֹ וַיֹּאמְר֖וּ
שָׁל֑וֹם וְהִנֵּה֙ רָחֵ֣ל בִּתּ֔וֹ בָּאָ֖ה עִם־הַצֹּֽאן׃
7 וַיֹּ֗אמֶר הֵ֥ן עוֹד֙ הַיּ֣וֹם גָּד֔וֹל לֹא־עֵ֖ת
הֵאָסֵ֣ף הַמִּקְנֶ֑ה הַשְׁק֥וּ הַצֹּ֖אן וּלְכ֥וּ רְעֽוּ׃ 8 וַיֹּֽאמְרוּ֮ לֹ֣א
נוּכַל֒ עַ֣ד אֲשֶׁ֤ר יֵאָֽסְפוּ֙ כָּל־הָ֣עֲדָרִ֔ים וְגָֽלְלוּ֙ אֶת־הָאֶ֔בֶן
מֵעַ֖ל פִּ֣י הַבְּאֵ֑ר וְהִשְׁקִ֖ינוּ הַצֹּֽאן׃ 9 עוֹדֶ֖נּוּ מְדַבֵּ֣ר
עִמָּ֑ם וְרָחֵ֣ל ׀ בָּ֗אָה עִם־הַצֹּאן֙ אֲשֶׁ֣ר
לְאָבִ֔יהָ כִּ֥י רֹעָ֖ה הִֽוא׃ 10 וַיְהִ֡י כַּאֲשֶׁר֩ רָאָ֨ה יַעֲקֹ֜ב
אֶת־רָחֵ֗ל בַּת־לָבָן֙ אֲחִ֣י אִמּ֔וֹ וְאֶת־צֹ֥אן לָבָ֖ן
אֲחִ֣י אִמּ֑וֹ וַיִּגַּ֣שׁ יַעֲקֹ֗ב וַיָּ֤גֶל אֶת־הָאֶ֨בֶן֙ מֵעַל֙
פִּ֣י הַבְּאֵ֔ר וַיַּ֕שְׁקְ אֶת־צֹ֥אן לָבָ֖ן אֲחִ֥י אִמּֽוֹ׃ 11 וַיִּשַּׁ֥ק
יַעֲקֹ֖ב לְרָחֵ֑ל וַיִּשָּׂ֥א אֶת־קֹל֖וֹ וַיֵּֽבְךְּ׃ 12 וַיַּגֵּ֨ד יַעֲקֹ֜ב
לְרָחֵ֗ל כִּ֣י אֲחִ֤י אָבִ֨יהָ֙ ה֔וּא וְכִ֥י בֶן־רִבְקָ֖ה ה֑וּא
וַתָּ֖רָץ וַתַּגֵּ֥ד לְאָבִֽיהָ׃ 13 וַיְהִי֩ כִשְׁמֹ֨עַ לָבָ֜ן אֶת־שֵׁ֣מַע ׀ יַֽעֲקֹ֣ב
בֶּן־אֲחֹת֗וֹ וַיָּ֤רָץ לִקְרָאתוֹ֙ וַיְחַבֶּק־לוֹ֙ וַיְנַשֶּׁק־ל֔וֹ וַיְבִיאֵ֖הוּ אֶל־בֵּית֑וֹ
וַיְסַפֵּ֣ר לְלָבָ֔ן אֵ֥ת כָּל־הַדְּבָרִ֖ים הָאֵֽלֶּה׃ 14 וַיֹּ֤אמֶר לוֹ֙ לָבָ֔ן
אַ֛ךְ עַצְמִ֥י וּבְשָׂרִ֖י אָ֑תָּה וַיֵּ֥שֶׁב עִמּ֖וֹ חֹ֥דֶשׁ יָמִֽים׃ 15 וַיֹּ֤אמֶר
לָבָן֙ לְיַֽעֲקֹ֔ב הֲכִי־אָחִ֣י אַ֔תָּה וַעֲבַדְתַּ֖נִי חִנָּ֑ם הַגִּ֥ידָה לִּ֖י
מַה־מַּשְׂכֻּרְתֶּֽךָ׃ 16 וּלְלָבָ֖ן שְׁתֵּ֣י בָנ֑וֹת שֵׁ֤ם הַגְּדֹלָה֙
לֵאָ֔ה וְשֵׁ֥ם הַקְּטַנָּ֖ה רָחֵֽל׃ 17 וְעֵינֵ֥י לֵאָ֖ה
רַכּ֑וֹת וְרָחֵל֙ הָֽיְתָ֔ה יְפַת־תֹּ֖אַר וִיפַ֥ת מַרְאֶֽה׃

TERCERA LECTURA - YAAKOV - TIFÉRET

¹⁸ Y Yaakov se enamoró de Rajel, y dijo: "Te serviré siete años por Rajel, tu hija menor".

¹⁹ Laván le respondió: "Mejor es dártela a ti que dársela a otro hombre. Quédate conmigo".

²⁰ Yaakov, pues, sirvió siete años por Rajel, y le parecieron unos pocos días, por el amor que le tenía.

²¹ Entonces Yaakov dijo a Laván: "Dame mi mujer, porque mi tiempo se ha cumplido para unirme a ella".

²² Laván reunió a todos los hombres del lugar, e hizo un banquete. ²³ Y sucedió que al anochecer tomó a su hija Leá y se la trajo, y Yaakov se llegó a ella.

²⁴ Y Laván dio su sierva Zilpá a su hija Leá como sierva. ²⁵ Y sucedió que en la mañana, ¡he aquí que era Leá! Y Yaakov dijo a Laván: "¿Qué es esto que me has hecho? ¿No fue por Rajel quien te serví? ¿Por qué me has engañado?".

²⁶ Y Laván respondió: "No se acostumbra en nuestro lugar dar a la menor antes que a la mayor.

²⁷ Cumple la semana nupcial de ésta, y te daremos también la otra por el servicio que habrás de rendirme aún otros siete años".

וַיֶּאֱהַב

Génesis 29:18 – Aunque pueda parecernos raro que Yaakov tuviera tantos hijos con Leá, a quien amaba menos que a Rajel, debemos ser cautos en utilizar nuestra percepción limitada de la realidad para entender este asunto espiritual, pues seguramente nos equivocaremos. Es crucial aplicar una conciencia espiritual a cada historia de la Biblia y no tomarnos literalmente lo que en realidad es una profunda lección codificada sobre la naturaleza de la realidad.

תִּתִּי

Génesis 29:19 – Después de haber sido engañado para que se casara con Leá, Yaakov seguía deseando casarse con Rajel, así que Laván hizo otro trato con él. Laván le daría a Yaakov su hija Rajel si estaba dispuesto a trabajar para él otros siete años. Se nos cuenta que Laván estaba intentando evitar la creación de las Doce Tribus de Israel al impedir la unión de Rajel y Yaakov. En esencia, estaba intentando evitar que la Luz se revelara a través de Yaakov, Rajel, Leá y las Doce Tribus. Sin embargo, Yaakov venció finalmente los esfuerzos traicioneros de Laván para detener su matrimonio con Rajel.

Yaakov heredó dos mundos: el Mundo Revelado y el Mundo Oculto. Por consecuencia, del Mundo Oculto, DE LEÁ, fueron producidas las seis tribus. Y del Mundo Revelado, DE RAJEL, las otras dos tribus fueron producidas. También, el Mundo Oculto, LEÁ, LA NUKVÁ DE ZEIR ANPÍN, produjo seis finales, y el Mundo Revelado, RAJEL, produjo dos. [...] Y Yaakov estaba situado entre los dos mundos, EL REVELADO Y EL OCULTO, en la figura misma de ellos. Por lo tanto, todo lo que Leá dijo estaba

TERCERA LECTURA - YAAKOV - TIFÉRET

18 וַיֶּאֱהַב יַעֲקֹב יאהדונהי - אידהנויה אֶת־רָחֵל רבוע ס"ג - ע"ב וַיֹּאמֶר אֶעֱבָדְךָ

שֶׁבַע אלהים דיודין - ע"ב שָׁנִים בְּרָחֵל רבוע ס"ג - ע"ב בִּתְּךָ הַקְּטַנָּה: 19 וַיֹּאמֶר

לָבָן טוֹב ובו' תִּתִּי אֹתָהּ לָךְ מִתִּתִּי אֹתָהּ לְאִישׁ ע"ה קנ"א קס"א אַחֵר שְׁבָה

עִמָּדִי: 20 וַיַּעֲבֹד יַעֲקֹב יאהדונהי - אידהנויה בְּרָחֵל רבוע ס"ג - ע"ב שֶׁבַע אלהים דיודין - ע"ב

שָׁנִים וַיִּהְיוּ מלוי ס"ג בְעֵינָיו ריבוע מ"ה כְיָמִים נקל אֲחָדִים בְּאַהֲבָתוֹ אֹתָהּ:

21 וַיֹּאמֶר יַעֲקֹב יאהדונהי - אידהנויה אֶל־לָבָן הָבָה אֶת־אִשְׁתִּי כִּי מָלְאוּ יָמָי

וְאָבוֹאָה אֵלֶיהָ: 22 וַיֶּאֱסֹף לָבָן אֶת־כָּל־יל־אַנְשֵׁי הַמָּקוֹם יהוה ברבוע וַיַּעַשׂ

מִשְׁתֶּה: 23 וַיְהִי בָעֶרֶב רבוע אלהים רבוע יהוה וַיִּקַּח וחם אֶת־לֵאָה לאה (אלד ע"ה) בִתּוֹ

וַיָּבֵא אֹתָהּ אֵלָיו וַיָּבֹא אֵלֶיהָ: 24 וַיִּתֵּן לָבָן לָהּ אֶת־זִלְפָּה שִׁפְחָתוֹ

לְלֵאָה לאה (אלד ע"ה) בִתּוֹ שִׁפְחָה: 25 וַיְהִי אל מלוי אדה"ה בַבֹּקֶר וְהִנֵּה מ"ה יה הִוא

לֵאָה לאה (אלד ע"ה) וַיֹּאמֶר אֶל־לָבָן מַה מ"ה מ"ה־זֹּאת עָשִׂיתָ לִּי הֲלֹא בְרָחֵל

רבוע ס"ג - ע"ב עָבַדְתִּי עִמָּךְ נמם וְלָמָּה רִמִּיתָנִי: 26 וַיֹּאמֶר לָבָן לֹא־יֵעָשֶׂה כֵן

בִּמְקוֹמֵנוּ לָתֵת הַצְּעִירָה לִפְנֵי הַבְּכִירָה: 27 מַלֵּא שְׁבֻעַ אלהים דיודין - ע"ב

---

cubierto, y todo lo que Rajel dijo estaba al descubierto.
— El Zóhar, Vayetsé 14:105

Nuestra lección aquí es que por muy derrotados que podamos sentirnos, con certeza absoluta y deseo por la Luz podemos superarlo todo, incluso a Satán.

La esencia de ciertos aspectos del Creador está oculta dentro de los aspectos astrológicos a los que se hace alusión en los párrafos siguientes. Cada uno de estos aspectos varía según la esencia espiritual de cada uno de los hijos de Yaakov (y por lo tanto de cada una de las Tribus de Israel). Cuando estos aspectos se vinculan con sus letras asociadas en el alfabeto arameo, se insinúa una influencia sutil que puede ser utilizada para explorar esas mismas características dentro de nosotros mismos. No es necesario examinarlas de forma lógica, sino sólo dejar que su influencia nos toque en los niveles más profundos. La astrología kabbalística se limita a revelar los recursos y las desventajas que poseemos al entrar en este mundo, antes de que nuestro libre albedrío añada, potencie o corrija estos rasgos y antes de que nuestro destino los ponga a prueba en la acción. De ninguna manera debe concebirse como un destino inalienable. La astrología no nos controla; este es el motivo por el cual se dice que los hijos de Yaakov controlan los signos astrológicos, y no al revés. No busques el poder en los Cielos; más bien, envía tu propio poder espiritual a los Cielos, donde se verá reflejado en la Luz que viene del Creador.

²⁸ Así lo hizo Yaakov, y cumplió la semana de ella. Y él también le dio a su hija Rajel por mujer.

²⁹ Y Laván dio su sierva Bilhá a su hija Rajel como sierva.

³⁰ Y Yaakov se llegó también a Rajel, y amó más a Rajel que a Leá; y sirvió a Laván durante otros siete años.

³¹ Y cuando el Eterno vio que Leá era aborrecida, y le concedió hijos. Pero Rajel era estéril. ³² Y concibió Leá y dio a luz un hijo, y le puso por nombre Reuvén, pues dijo: "Ciertamente, el Eterno ha visto mi aflicción. Ahora mi marido me amará".

³³ Concibió de nuevo y dio a luz un hijo, y dijo: "Por cuanto el Eterno ha oído que soy aborrecida, me ha dado también este hijo". Así que le puso por nombre Shimón.

³⁴ Concibió otra vez y dio a luz un hijo, y dijo: "Ahora esta vez mi marido se apegará a mí, porque le he dado tres hijos". Así que le puso por nombre Leví.

³⁵ Concibió una vez más y dio a luz un hijo, y dijo: "Esta vez alabaré al Eterno". Así que le puso por nombre Yehuda. Y dejó de dar a luz.

30 ¹ Y cuando Rajel vio que ella no daba hijos a Yaakov, tuvo envidia de su hermana, y dijo a Yaakov: "Dame hijos, o si no, me muero".

רְאוּבֵן – (דה)

Génesis 29:32 – Reuvén, el hijo primogénito de Leá, controla el mes de Aries (*Nisán*) con las letras *Dálet* y *Hei*. Cuando Yaakov tuvo relaciones sexuales con Leá, estaba engañado; en su conciencia, él pensaba que estaba con Rajel, por lo que el Creador contuvo la primera gota de semen de Yaakov para que cuando Rajel concibiera más tarde a Yosef, el hijo de Rajel fuera el verdadero primogénito. A causa de esta acción del Creador, Reuvén, el hijo primogénito de Leá, no fue en realidad concebido a partir de la primera gota de semen de Yaakov y, por lo tanto, no fue el primogénito de Yaakov.

שִׁמְעוֹן – (פו)

Génesis 29:33 – Shimón controla el mes de Tauro (*Iyar*) con las letras *Pei* y *Vav*. Shimón representa el juicio severo, y es el más fuerte de los hermanos y el líder del ejército. De hecho, los sabios nos dicen que Shimón fue el hermano que arrojó a Yosef en el hoyo y ordenó a los demás que lo apedrearan (*Bereshit Rabá 84:16; Tanjuma, ed. Buber, Vayeshev 13*).

לֵוִי – (רז)

Génesis 29:34 – Leví controla el mes de Géminis (*Siván*) con las letras *Resh* y *Zayin*. De Leví descendieron Moshé, Aharón, los levitas y los cohanim o sacerdotes. Se dice que ninguno de los ancestros de las tribus vivió más que Leví, y mientras él estuvo vivo, Israel no fue esclavizado por Egipto (*Séder Olam Rabá 3*).

יְהוּדָה – (וזת)

Génesis 29:35 – Yehuda controla el mes de Cáncer (*Tamuz*) con las letras *Jet* y *Tav*. Yehuda controla la enfermedad del cáncer. Es interesante notar que la historia cuenta cómo Yehuda mismo fue "curado". Se nos dice que Yehuda impuso una prohibición sobre sí mismo prometiendo que llevaría a Binyamín de vuelta a

זֹאת וְנִתְּנָה לְךָ גַּם ‎אֶת־זֹאת בַּעֲבֹדָה אֲשֶׁר תַּעֲבֹד עִמָּדִי עוֹד שֶׁבַע

שָׁנִים אֲחֵרוֹת: 28 וַיַּעַשׂ יַעֲקֹב כֵּן וַיְמַלֵּא שְׁבֻעַ

זֹאת וַיִּתֶּן־לוֹ אֶת־רָחֵל בִּתּוֹ לוֹ לְאִשָּׁה:

29 וַיִּתֵּן לָבָן לְרָחֵל בִּתּוֹ אֶת־בִּלְהָה שִׁפְחָתוֹ לָהּ לְשִׁפְחָה:

30 וַיָּבֹא גַּם אֶל־רָחֵל וַיֶּאֱהַב גַּם ‎אֶת־רָחֵל

מִלֵּאָה וַיַּעֲבֹד עִמּוֹ עוֹד שֶׁבַע שָׁנִים אֲחֵרוֹת:

31 וַיַּרְא יְהוָה כִּי־שְׂנוּאָה לֵאָה וַיִּפְתַּח אֶת־רַחְמָהּ

וְרָחֵל עֲקָרָה: 32 וַתַּהַר לֵאָה וַתֵּלֶד בֵּן וַתִּקְרָא שְׁמוֹ

רְאוּבֵן כִּי אָמְרָה כִּי־רָאָה יְהוָה בְּעָנְיִי

כִּי עַתָּה יֶאֱהָבַנִי אִישִׁי: 33 וַתַּהַר עוֹד וַתֵּלֶד בֵּן וַתֹּאמֶר כִּי־שָׁמַע

יְהוָה כִּי־שְׂנוּאָה אָנֹכִי וַיִּתֶּן־לִי גַּם ‎אֶת־זֶה

וַתִּקְרָא שְׁמוֹ שִׁמְעוֹן: 34 וַתַּהַר עוֹד וַתֵּלֶד בֵּן וַתֹּאמֶר עַתָּה

הַפַּעַם יִלָּוֶה אִישִׁי אֵלַי כִּי־יָלַדְתִּי לוֹ שְׁלֹשָׁה בָנִים עַל־כֵּן קָרָא־שְׁמוֹ

לֵוִי 35 וַתַּהַר עוֹד וַתֵּלֶד בֵּן וַתֹּאמֶר הַפַּעַם אוֹדֶה

אֶת־יְהוָה עַל־כֵּן קָרְאָה שְׁמוֹ יְהוּדָה וַתַּעֲמֹד מִלֶּדֶת:

30 1 וַתֵּרֶא רָחֵל כִּי לֹא יָלְדָה לְיַעֲקֹב וַתְּקַנֵּא

רָחֵל בַּאֲחֹתָהּ וַתֹּאמֶר אֶל־יַעֲקֹב הָבָה־לִּי בָנִים

su padre. Durante los años que Israel vagó por el desierto, los huesos de Yehuda se revolvieron en su tumba. Una vez que Moshé vino y rezó por la misericordia, Yehuda fue absuelto efectivamente de la prohibición, y sus extremidades volvieron a ensamblarse (*Sotá 7b*).

וַתְּקַנֵּא

Génesis 30:1 – Rajel sintió celos por Leá, ya que estaba enojada porque Yaakov se había casado con ella en su lugar. Sin juzgar a Rajel, debemos recordar que no tenemos que sentir celos de los demás basándonos en lo que observamos en el momento presente, ya que no podemos ver el panorama completo. Los acontecimientos de hoy pueden ser el resultado de algo que sucedió hace mucho tiempo, quizá incluso en una vida previa.

Por otro lado, la envidia de Rajel no estaba tanto causada por la relación de Leá con Yaakov, sino más bien por las acciones indudablemente buenas de Leá, las cuales hicieron que se ganara el derecho a concebir hijos con él (*Bereshit Rabá 52*).

²Entonces se encendió la ira de Yaakov contra Rajel, y dijo: "¿Estoy yo en lugar de Dios, que te ha negado el fruto de tu vientre?".

³Y ella dijo: "Aquí está mi sierva Bilhá. Llégate a ella para que dé a luz sobre mis rodillas, para que por medio de ella yo también tenga hijos".

⁴Y Rajel le dio a su sierva Bilhá por mujer, y Yaakov se llegó a ella.

⁵Bilhá concibió y dio a luz un hijo a Yaakov.

⁶Entonces Rajel dijo: "Dios me ha hecho juzgado; y también ha oído mi voz y me ha dado un hijo". Por tanto le puso por nombre Dan.

⁷Concibió otra vez Bilhá, sierva de Rajel, y dio a luz un segundo hijo a Yaakov.

⁸Y Rajel dijo: "Con grandes luchas he luchado con mi hermana, y he prevalecido". Y le puso por nombre Naftalí.

⁹Viendo Leá que había dejado de dar a luz, tomó a su sierva Zilpá y la dio por mujer a Yaakov.

¹⁰Y Zilpá, sierva de Leá, dio a luz un hijo a Yaakov.

¹¹Entonces Leá dijo: "¡Cuán afortunada!". Y le puso por nombre Gad.

¹²Después Zilpá, sierva de Leá, dio a luz un segundo hijo a Yaakov.

¹³Y Leá dijo: "Dichosa de mí, porque las mujeres me llamarán bienaventurada". Y le puso por nombre Asher.

בִּלְהָה

Génesis 30:3 – Rajel no podía concebir hijos, así que le dio su sirvienta, Bilhá, a Yaakov para que él pudiera tener hijos con ella.

דָּן – (דנ)

Génesis 30:6 – Dan controla el mes de Escorpio (*Mar Jeshván*) con las letras *Dálet* y *Nun*. Este es el mes del Diluvio. Rashi comentó que Dan se vengaría de los filisteos en nombre de su pueblo y cuando Moshé bendijo a los hijos de Israel, él dijo: "Dan es cachorro de león que salta desde Basán" (*Deuteronomio 33:22*).

נַפְתָּלִי – (סג)

Génesis 30:8 – Naftalí controla el mes de Sagitario (*Kislev*) con las letras *Sámej* y *Guímel*. Este es el mes de los milagros. Se dice que Naftalí era un pregonero de buenas noticias.

גָּד – (עב)

Génesis 30:11 – Gad controla el mes de Capricornio (*Tevet*) con las letras *Ayin* y *Bet*. Estas dos letras representan los 72 Nombres de Dios.

Moshé utilizó estas secuencias y fórmulas para vencer a las leyes de la naturaleza y dividir el Mar Rojo (*Éxodo 14:19-21*). La partición del Mar Rojo

וְאִם יוהך ־אַיִן מֵתָה אָנֹכִי אימ: 2 וַיִּחַר־אַף יַעֲקֹב יאהדונהי ־ אידהנויה בְּרָחֵל

רביע ס״ג ־ ע״ב וַיֹּאמֶר הֲתַחַת אֱלֹהִים ילה, מום אימ אָנֹכִי אֲשֶׁר־מָנַע מִמֵּךְ פְּרִי

ע״ה אלהים דאלפין ־בָטֶן: 3 וַתֹּאמֶר הִנֵּה אֲמָתִי מ״ב בָּא אֵלֶיהָ בִּלְהָה

עַל־בִּרְכַּי וְאִבָּנֶה גַם יג״ל ־אָנֹכִי אימ מִמֶּנָּה: 4 וַתִּתֶּן ב״פ כהת ־לֹו אֶת־בִּלְהָה

מ״ב שִׁפְחָתָהּ לְאִשָּׁה וַיָּבֹא אֵלֶיהָ יַעֲקֹב יאהדונהי ־ אידהנויה: 5 וַתַּהַר בִּלְהָה מ״ב

וַתֵּלֶד לְיַעֲקֹב יאהדונהי ־ אידהנויה בֵּן: 6 וַתֹּאמֶר רָחֵל רביע ס״ג ־ ע״ב דָּנַנִּי אֱלֹהִים

ילה, מום וְגַם יג״ל שָׁמַע בְּקֹלִי וַיִּתֶּן י״פ מלוי ע״ב ־לִי בֵּן עַל־כֵּן קָרְאָה שְׁמֹו

מהטע ע״ה דָן: 7 וַתַּהַר עֹוד וַתֵּלֶד בִּלְהָה מ״ב שִׁפְחַת רָחֵל רביע ס״ג ־ ע״ב בֵּן שֵׁנִי

לְיַעֲקֹב יאהדונהי ־ אידהנויה: 8 וַתֹּאמֶר רָחֵל רביע ס״ג ־ ע״ב נַפְתּוּלֵי אֱלֹהִים ילה, מום

נִפְתַּלְתִּי עִם־אֲחֹתִי גַם יג״ל ־יָכֹלְתִּי וַתִּקְרָא שְׁמֹו מהטע ע״ה נַפְתָּלִי: 9 וַתֵּרֶא

לֵאָה לאה (אלד ע״ה) כִּי עָמְדָה מִלֶּדֶת וַתִּקַּח אֶת־זִלְפָּה שִׁפְחָתָהּ וַתִּתֵּן

ב״פ כהת אֹתָהּ לְיַעֲקֹב יאהדונהי ־ אידהנויה לְאִשָּׁה: 10 וַתֵּלֶד זִלְפָּה שִׁפְחַת לֵאָה

לאה (אלד ע״ה) לְיַעֲקֹב יאהדונהי ־ אידהנויה בֵּן: 11 וַתֹּאמֶר לֵאָה בָּא גָד (כתיב: בגד)

וַתִּקְרָא אֶת־שְׁמֹו מהטע ע״ה גָד: 12 וַתֵּלֶד זִלְפָּה שִׁפְחַת לֵאָה לאה (אלד ע״ה)

בֵּן שֵׁנִי לְיַעֲקֹב יאהדונהי ־ אידהנויה: 13 וַתֹּאמֶר לֵאָה לאה (אלד ע״ה) בְּאָשְׁרִי כִּי

אִשְּׁרוּנִי בָּנֹות וַתִּקְרָא אֶת־שְׁמֹו מהטע ע״ה אָשֵׁר ריבוע אלהים ־ אלהים דיודין ע״ה:

---

es un ejemplo del control sobre la naturaleza. A nivel personal, representa el control sobre nuestros impulsos reactivos. Con sólo escanear esta configuración de letras, obtenemos el poder para vencer a nuestra naturaleza reactiva y la ayuda para conectarnos más a la Luz en cualquier situación.

אָשֵׁר – (צב)

Génesis 30:13 – Asher controla el mes de Acuario (Shevat) con las letras Tsadi y Bet. Según el Séfer Yetsirá (El Libro de la Formación), escrito por Avraham el Patriarca, el nombre

Asher significa "placer" o "felicidad", y Asher es la personificación del olivo del cual procede el aceite de la bendición. El Zóhar dice:

Éste es el secreto del versículo: "De Asher su pan será suculento, y producirá manjares de rey" (Génesis 49:20), LO QUE SIGNIFICA QUE ASHER ES EL MENCIONADO JUSTO [...] QUE DERRAMA MANJARES SOBRE LA NUKVÁ [...] Del Mundo por Venir, BINÁ, sale una corriente sobre el Justo [...] para verter manjares y manjares sobre la Tierra, la cual ha sido pan de pobreza convertido en pan de mijo.
– El Zóhar, Vayejí, 74:751

CUARTA LECTURA - MOSHÉ - NÉTSAJ

[14] *En los días de la cosecha de trigo, Reuvén fue y halló mandrágoras en el campo, y las trajo a su madre, Leá. Entonces Rajel dijo a Leá: "Dame, te ruego, de las mandrágoras de tu hijo".*

[15] *Pero ella le respondió: "¿Te parece poco haberme quitado el marido? ¿Me quitarás también las mandrágoras de mi hijo?". Y Rajel dijo: "Que él duerma, pues, contigo esta noche a cambio de las mandrágoras de tu hijo".*

[16] *Cuando Yaakov vino del campo por la tarde, Leá salió a su encuentro y le dijo: "Debes llegarte a mí, porque ciertamente te he alquilado por las mandrágoras de mi hijo". Y él durmió con ella aquella noche.*

[17] *Escuchó Dios a Leá, y ella concibió y dio a luz el quinto hijo a Yaakov.*

[18] *Entonces Leá dijo: "Dios me ha dado mi recompensa porque di mi sierva a mi marido". Y le puso por nombre Yisajar.*

[19] *Y concibió Leá otra vez y dio a luz el sexto hijo a Yaakov.*

[20] *Y Leá dijo: "Dios me ha favorecido con una buena dote. Ahora mi marido vivirá conmigo, porque le he dado seis hijos". Y le puso por nombre Zevulún.*

[21] *Y después dio a luz una hija, y le puso por nombre Dina.*

דּוּדָאִים

Génesis 30:14 – A lo largo de los años, se ha dicho que las raíces de mandrágora curan la infertilidad. Cuando ni Rajel ni Leá podían concebir, Reuvén trajo raíz de mandrágora para Leá, su madre. Rajel sintió celos y pidió que Leá le diera un poco de mandrágora.

Leá le dijo a Rajel: "Me lo has quitado todo: primero, mi marido, y ahora mi capacidad para tener hijos". Pero Leá restringió la ira que sentía hacia su hermana dándole a Rajel la mandrágora, y con su acto incondicional de compartir, Leá permitió que ambas pudieran concebir hijos. Leá concibió a Yisajar y Rajel a Yosef.

Sin embargo, leemos en el *Zóhar* que fue Dios —y no la mandrágora— la que abrió la matriz de Rajel. Esto nos recuerda que coloquemos la Causa de Todas las Causas en el centro de nuestro pensamiento. El *Zóhar* dice:

Pudiera ser dicho que las mandrágoras abrieron la matriz de Rajel. Esto no es así, como está escrito: "...y Elohim la escuchó y ABRIÓ SU MATRIZ" (Génesis 30:22). Así Dios abrió su matriz, y nada más. En cuanto a las mandrágoras, aunque tienen el poder de acción arriba, no está en su poder dar hijos, porque los hijos dependen del Mazal, y de nada más.

– El Zóhar, Vayetsé 23:199

CUARTA LECTURA - MOSHÉ – NÉTSAJ

14 וַיֵּלֶךְ כלי רְאוּבֵן ג״פ אלהים בִּימֵי קְצִיר־חִטִּים וַיִּמְצָא דוּדָאִים בַּשָּׂדֶה
וַיָּבֵא אֹתָם אֶל־לֵאָה (אלד ע״ה) לֵאה אִמּוֹ וַתֹּאמֶר רָחֵל רבוע ס״ג - ע״ב אֶל־לֵאָה
(אלד ע״ה) לֵאה תְּנִי־נָא לִי מִדּוּדָאֵי בְּנֵךְ: 15 וַתֹּאמֶר לָהּ הַמְעַט קַחְתֵּךְ
אֶת־אִישִׁי וְלָקַחַת גַּם יג״ל אֶת־דּוּדָאֵי בְּנִי וַתֹּאמֶר רָחֵל רבוע ס״ג - ע״ב לָכֵן
יִשְׁכַּב עִמָּךְ נום הַלַּיְלָה מלה תַּחַת דּוּדָאֵי בְנֵךְ: 16 וַיָּבֹא יַעֲקֹב יאהדונהי - אידהנויה
מִן־הַשָּׂדֶה שדי בָּעֶרֶב רבוע אלהים רבוע יהוה וַתֵּצֵא לֵאָה לֵאה (אלד ע״ה) לִקְרָאתוֹ
וַתֹּאמֶר אֵלַי תָּבוֹא כִּי שָׂכֹר יפ ב״ן שְׂכַרְתִּיךָ בְּדוּדָאֵי בְּנִי וַיִּשְׁכַּב עִמָּהּ
בַּלַּיְלָה מלה הוּא: 17 וַיִּשְׁמַע אֱלֹהִים ילה, מום אֶל־לֵאָה לֵאה (אלד ע״ה) וַתַּהַר וַתֵּלֶד
לְיַעֲקֹב יאהדונהי - אידהנויה בֵּן חֲמִישִׁי: 18 וַתֹּאמֶר לֵאָה לֵאה (אלד ע״ה) נָתַן אֱלֹהִים
ילה, מום שְׂכָרִי אֲשֶׁר־נָתַתִּי שִׁפְחָתִי לְאִישִׁי וַתִּקְרָא שְׁמוֹ מהשע ע״ה יִשָּׂשכָר
יפ ב״ן - יפ אלב 19 וַתַּהַר עוֹד לֵאָה לֵאה (אלד ע״ה) וַתֵּלֶד בֵּן־שִׁשִּׁי לְיַעֲקֹב ילג
יאהדונהי - אידהנויה: 20 וַתֹּאמֶר לֵאָה לֵאה (אלד ע״ה) זְבָדַנִי אֱלֹהִים ילה, מום אֹתִי זֶבֶד
טוֹב והו הַפַּעַם יִזְבְּלֵנִי אִישִׁי כִּי־יָלַדְתִּי לוֹ שִׁשָּׁה בָנִים וַתִּקְרָא אֶת־שְׁמוֹ
מהשע ע״ה זְבֻלוּן 21 וְאַחַר יָלְדָה בַּת וַתִּקְרָא אֶת־שְׁמָהּ דִּינָה: 22 וַיִּזְכֹּר

יִשָּׂשכָר – (כט)

Génesis 30:18 – Yisajar controla el mes de Leo (*Av*) con las letras *Caf* y *Tet*. Leo es extremadamente importante, pues está asociado con el nacimiento del Mesías; el *Talmud* nos dice que el Mesías nacerá en el noveno día de *Av*.

זְבוּלוּן – (רי)

Génesis 30:20 – Zevulún controla el mes de Virgo (*Elul*) con las letras *Resh* y *Yud*. Yisajar y Zevulún llegaron a un acuerdo que dividía los reinos físicos y espirituales entre ambos, lo

cual hizo que se apoyaran mutuamente. Yisajar estudiaba todo el día, mientras que Zevulún era el responsable de los asuntos de negocios. Zevulún respaldaba económicamente a Yisajar, e Yisajar le daba a Zevulún la mitad de su Luz espiritual.

דִּינָה

Génesis 30:21 – Leá tuvo una hija llamada Dina. Originalmente, la niña tendría que haber sido un niño, pero Leá rezó para que fuera una niña y de esta forma Rajel pudiera ser el fundamento de al menos dos tribus.

22 Entonces Dios se acordó de Rajel. Y Dios la escuchó y abrió su vientre. 23 Ella concibió y dio a luz un hijo, y dijo: "Dios ha quitado mi afrenta". 24 Y le puso por nombre Yosef, diciendo: "El Eterno me añadió otro hijo". 25 Cuando Rajel hubo dado a luz a Yosef, Yaakov dijo a Laván: "Despídeme para que me vaya a mi lugar y a mi tierra. 26 Dame mis mujeres y mis hijos por los cuales te he servido, y déjame ir. Porque tú bien sabes el servicio que te he prestado".

27 Pero Laván le respondió: "Si ahora he hallado gracia ante tus ojos, quédate conmigo. Me he dado cuenta de que el Eterno me ha bendecido por causa tuya".

QUINTA LECTURA - AHARÓN - HOD

28 Y dijo Laván: "Fíjame tu salario, y te lo daré". 29 Pero Yaakov le respondió: "Tú sabes cómo te he servido, y cómo le ha ido a tu ganado conmigo. 30 Porque tenías poco antes de que yo viniera, y ha aumentado hasta ser multitud. El Eterno te ha bendecido en todo lo que he hecho. Y ahora, ¿cuándo proveeré yo también para mi propia casa?".

31 "¿Qué te daré?" preguntó Laván. Y Yaakov respondió: "No me des nada. Volveré a pastorear y a cuidar tu rebaño si tan sólo haces esto por mí:

32 déjame pasar por entre todo tu rebaño hoy, apartando de él toda oveja moteada y manchada y toda oveja marrón, y las manchadas y moteadas de entre las cabras, y ése será mi salario.

33 Mi honradez responderá por mí el día de mañana, cuando vengas a ver acerca de mi salario. Todo lo que no sea moteado y manchado entre las cabras, y manchado entre las ovejas, si es hallado conmigo, se considerará robado".

יוֹסֵף – (קֹּ״ג)

Génesis 30:24 – Al fin, Rajel dio a luz a Yosef, que controla el mes de Piscis (*Adar*) con las letras *Kof* y *Guímel*. Según el *Zóhar*, él fue concebido a partir de la primera gota de semen de Yaakov, que Dios había protegido y destinado a este propósito. El *Zóhar* explica:

Fue revelado ante Dios que todo lo que Yaakov, el perfecto, hizo, fue verdadero, y que él albergaba pensamientos de Verdad. La noche que tuvo coito con Leá, sus pensamientos estaban con Rajel. Estaba con Leá y pensaba en Rajel, y su progenie vino de ese pensamiento.
  – El Zóhar, Vayetsé 22:185

שְׂכָרִי

Génesis 30:32 – Finalmente, después de trabajar 14 años por Leá y Rajel, Yaakov empezó a trabajar para sí mismo y su propio sustento físico. Según el acuerdo que hizo con Laván, a su suegro se le permitía quedarse con todas las cabras y las ovejas moteadas del rebaño. Yaakov se quedaría con los animales de colores sólidos, así como cualquier animal manchado nacido de animales de colores sólidos. Después de que Yaakov colocara varas de madera pelada en los abrevaderos, la Luz hizo que todas las crías que nacieran a partir de aquel momento fueran moteadas, para que de esta forma todas pertenecieran a Yaakov. Así fue como Dios aseguró el sustento de Yaakov. De esto

וַיִּשְׁמַע אֵלֶיהָ אֱלֹהִים אֶת־רָחֵל מום, ילה, אֱלֹהִים ע"ב - קס"א, יהו אור ע"ה

23 וַיִּפְתַּח אֶת־רַחְמָהּ: וַתַּהַר וַתֵּלֶד בֵּן וַתֹּאמֶר אָסַף אֱלֹהִים ילה, מום

אֶת־חֶרְפָּתִי: 24 וַתִּקְרָא אֶת־שְׁמוֹ יוֹסֵף לֵאמֹר

יֹסֵף 25 וַיְהִי כַּאֲשֶׁר יָלְדָה כִּי בֶּן אַחֵר

רָחֵל אֶת־יוֹסֵף וַיֹּאמֶר יַעֲקֹב

אֶל־לָבָן שַׁלְּחֵנִי וְאֵלְכָה אֶל־מְקוֹמִי וּלְאַרְצִי: 26 תְּנָה

אֶת־נָשַׁי וְאֶת־יְלָדַי אֲשֶׁר עָבַדְתִּי אֹתְךָ בָּהֵן וְאֵלֵכָה כִּי אַתָּה יָדַעְתָּ

אֶת־עֲבֹדָתִי אֲשֶׁר עֲבַדְתִּיךָ: 27 וַיֹּאמֶר אֵלָיו לָבָן אִם־נָא מָצָאתִי

חֵן בְּעֵינֶיךָ נִחַשְׁתִּי וַיְבָרֲכֵנִי יְהוָה בִּגְלָלֶךָ:

QUINTA LECTURA - AHARÓN - HOD

28 וַיֹּאמַר נָקְבָה שְׂכָרְךָ עָלַי וְאֶתֵּנָה: 29 וַיֹּאמֶר אֵלָיו

אַתָּה יָדַעְתָּ אֵת אֲשֶׁר עֲבַדְתִּיךָ וְאֵת אֲשֶׁר־הָיָה מִקְנְךָ אִתִּי: 30 כִּי

מְעַט אֲשֶׁר־הָיָה לְךָ לְפָנַי וַיִּפְרֹץ לָרֹב וַיְבָרֶךְ יְהוָה אֹתְךָ

לְרַגְלִי וְעַתָּה מָתַי אֶעֱשֶׂה גַם־אָנֹכִי לְבֵיתִי: 31 וַיֹּאמֶר מָה

אֶתֶּן־לָךְ וַיֹּאמֶר יַעֲקֹב לֹא־תִתֶּן־לִי מְאוּמָה אִם־

תַּעֲשֶׂה־לִּי הַדָּבָר הַזֶּה אָשׁוּבָה אֶרְעֶה צֹאנְךָ אֶשְׁמֹר: 32 אֶעֱבֹר

בְּכָל־צֹאנְךָ הַיּוֹם הָסֵר מִשָּׁם כָּל־שֶׂה נָקֹד וְטָלוּא

וְכָל־שֶׂה־חוּם בַּכְּשָׂבִים וְטָלוּא וְנָקֹד בָּעִזִּים וְהָיָה שְׂכָרִי:

33 וְעָנְתָה־בִּי צִדְקָתִי בְּיוֹם מָחָר כִּי־תָבוֹא עַל־שְׂכָרִי לְפָנֶיךָ

---

aprendemos que cuando seguimos un camino espiritual —cuando somos guiados totalmente por la Luz— nuestras necesidades materiales siempre son cubiertas. El *Zóhar* dice:

Cuando todos los bebederos son llenados en todos los cuatro lados del mundo, le es dada agua a todos los rebaños, a cada uno de acuerdo con su grado, de LOS CUATRO

³⁴ Y Laván dijo: "Muy bien, sea conforme a tu palabra". ³⁵ Aquel mismo día apartó Laván los machos cabríos moteados o manchados y todas las cabras moteadas o manchadas, y todo lo que tenía algo de blanco, y de entre los corderos todos los negros, y lo puso todo al cuidado de sus hijos.

³⁶ Y puso una distancia de tres días de camino entre sí y Yaakov; y Yaakov apacentaba el resto de los rebaños de Laván. ³⁷ Entonces Yaakov tomó una vara fresca de álamo, y varas de avellano y de castaño, y les sacó tiras blancas de la corteza, descubriendo así lo blanco de las varas.

³⁸ Y colocó las varas que había descortezado delante de los rebaños, en los canales, en los abrevaderos, donde los rebaños venían a beber; y se apareaban cuando venían a beber. ³⁹ Así se apareaban los rebaños junto a las varas, y los rebaños tenían crías rayadas, moteadas y manchadas.

⁴⁰ Yaakov apartó los corderos, y puso los rebaños en dirección a lo rayado, y a todo lo marrón en el rebaño de Laván, y puso su propio rebaño aparte. No lo puso con el rebaño de Laván.

⁴¹ Además, cada vez que los más robustos del rebaño se apareaban, Yaakov ponía las varas a la vista del rebaño en los canales, para que se aparearan frente a las varas.

⁴² Pero cuando el rebaño era débil, no las ponía, de manera que las crías débiles vinieron a ser de Laván y las robustas de Yaakov. ⁴³ Así prosperó el hombre en gran manera, y tuvo grandes rebaños, y siervas y siervos, y camellos y asnos.

31 ¹ Pero Yaakov oyó las palabras de los hijos de Laván, que decían: "Yaakov se ha apoderado de todo lo que era de nuestro padre, y de lo que era de nuestro padre ha hecho toda esta riqueza".

ASPECTOS DE JOJMÁ, BINÁ, TIFÉRET Y MALJUT. Cuando Yaakov vino a purificar este grado, LA NUKVÁ, escogió el lado derecho, que era digno de él. El Otro Lado, que no era digno, fue separado de él, como está escrito: "y puso sus propios rebaños aparte y no los juntó con el ganado de Laván…" (Génesis 30:40). Él estaba "aparte", por su cuenta, y no oraba a los dioses extraños de los otros lados. ¡Feliz es la porción de Yisrael, de quien está escrito: "porque eres un pueblo santo ante el Eterno tu Dios, y Dios te escogió…" (Deuteronomio 14:2)!
— El Zóhar, Vayetsé 38:353

וַיִּשְׁמַע

Génesis 31:1 – Yaakov oyó a los hijos de Laván decir que Yaakov había robado de su padre. Entonces Dios le dijo a Yaakov que su trabajo en casa de Laván había finalizado y que ahora era el momento de que siguiera avanzando. Yaakov había trabajado catorce años por sus dos esposas y seis años adicionales para acumular sus rebaños. Pero cuando escuchó que lo acusaban de ladrón, se abrió al mensaje de Dios que le decía que debía partir. De esta lección aprendemos que una vez que nuestro tikún, nuestra corrección espiritual, está completada, nuestro trabajo está finalizado con respecto a

ס״ג - מ״ה - ב״ן כֹּל יכי אֲשֶׁר־אֵינֶנּוּ נָקֹד וְטָלוּא בָּעִזִּים וְחוּם בַּכְּשָׂבִים גָּנוּב

הוּא אִתִּי: 34 וַיֹּאמֶר לָבָן הֵן לוּ יְהִי כִדְבָרֶךָ רמה: 35 וַיָּסַר בַּיּוֹם נגד, זך, מזבח

הַהוּא אֶת־הַתְּיָשִׁים הָעֲקֻדִּים וְהַטְּלֻאִים וְאֵת כָּל־יכי הָעִזִּים הַנְּקֻדּוֹת

וְהַטְּלֻאֹת כֹּל יכי אֲשֶׁר־לָבָן בּוֹ וְכָל־יכי ־חוּם בַּכְּשָׂבִים וַיִּתֵּן בְּיַד־בָּנָיו:

36 וַיָּשֶׂם דֶּרֶךְ ב״פ יב״ק שְׁלֹשֶׁת יָמִים נכך בֵּינוֹ וּבֵין יַעֲקֹב יאהדונהי - אידהנויה וְיַעֲקֹב

יאהדונהי - אידהנויה רֹעֶה רהע אֶת־צֹאן מלוי אהיה דיודין ע״ה לָבָן הַנּוֹתָרֹת: 37 וַיִּקַּח וזעם

־לוֹ יַעֲקֹב יאהדונהי - אידהנויה מַקַּל לִבְנֶה לַח וְלוּז וְעַרְמוֹן וַיְפַצֵּל בָּהֵן פְּצָלוֹת

לְבָנוֹת מַחְשֹׂף הַלָּבָן אֲשֶׁר עַל־הַמַּקְלוֹת: 38 וַיַּצֵּג אֶת־הַמַּקְלוֹת אֲשֶׁר

פִּצֵּל בָּרְהָטִים בְּשִׁקֲתוֹת הַמָּיִם אֲשֶׁר תָּבֹאןָ הַצֹּאן מלוי אהיה דיודין ע״ה לִשְׁתּוֹת

לְנֹכַח ג״פ יהוה הַצֹּאן מלוי אהיה דיודין ע״ה וַיֵּחַמְנָה בְּבֹאָן לִשְׁתּוֹת: 39 וַיֶּחֱמוּ הַצֹּאן

מלוי אהיה דיודין ע״ה אֶל־הַמַּקְלוֹת וַתֵּלַדְןָ הַצֹּאן מלוי אהיה דיודין ע״ה עֲקֻדִּים נְקֻדִּים

וּטְלֻאִים: 40 וְהַכְּשָׂבִים הִפְרִיד יַעֲקֹב יאהדונהי - אידהנויה וַיִּתֵּן י״ש מלוי ע״ב פְּנֵי

וחכמה - בינה הַצֹּאן מלוי אהיה דיודין ע״ה אֶל־עָקֹד וְכָל־יכי ־חוּם בְּצֹאן מלוי אהיה דיודין ע״ה

לָבָן וַיָּשֶׁת־לוֹ עֲדָרִים לְבַדּוֹ מ״ב וְלֹא שָׁתָם עַל־צֹאן מלוי אהיה דיודין ע״ה לָבָן:

41 וְהָיָה יהוה, יהה בְּכָל־לכב ־יַחֵם הַצֹּאן מלוי אהיה דיודין ע״ה הַמְקֻשָּׁרוֹת וְשָׂם יַעֲקֹב

יאהדונהי - אידהנויה אֶת־הַמַּקְלוֹת לְעֵינֵי ריבוע מ״ה הַצֹּאן מלוי אהיה דיודין ע״ה בָּרְהָטִים

לְיַחֲמֵנָּה בַּמַּקְלוֹת: 42 וּבְהַעֲטִיף הַצֹּאן מלוי אהיה דיודין ע״ה לֹא יָשִׂים וְהָיָה

יהוה, יהה הָעֲטֻפִים לְלָבָן וְהַקְּשֻׁרִים לְיַעֲקֹב יאהדונהי - אידהנויה: 43 וַיִּפְרֹץ הָאִישׁ

ע״ה קנ״א קס״א מְאֹד מ״ה מְאֹד וַיְהִי מ״ה אל־לו צֹאן מלוי אהיה דיודין ע״ה רַבּוֹת וּשְׁפָחוֹת

וַעֲבָדִים וּגְמַלִּים וַחֲמֹרִים: 31 1 וַיִּשְׁמַע אֶת־דִּבְרֵי רמה בְנֵי־לָבָן לֵאמֹר

לָקַח יַעֲקֹב יאהדונהי - אידהנויה אֵת כָּל־יכי ־אֲשֶׁר לְאָבִינוּ וּמֵאֲשֶׁר לְאָבִינוּ עָשָׂה

---

un área específica de nuestra vida. Así pues, cuando el Creador nos da una señal de que ha llegado el momento de seguir avanzando, la Luz nos apoyará para que podamos llevar a cabo esta decisión.

² También Yaakov observó el semblante de Laván, y vio que ya no era como antes.

³ Entonces el Eterno dijo a Yaakov: "Vuelve a la tierra de tus padres y a tus familiares, y Yo estaré contigo".

⁴ Y Yaakov envió a llamar a Rajel y a Leá al campo, donde estaba su rebaño,

⁵ y les dijo: "Veo que el semblante de su padre para conmigo no es como antes. Pero el Dios de mi padre ha estado conmigo.

⁶ Ustedes saben que he servido a su padre con todas mis fuerzas.

⁷ No obstante, él me ha engañado, y ha cambiado mi salario diez veces; sin embargo, Dios no le ha permitido perjudicarme.

⁸ Si él decía: 'Las moteadas serán tu salario', entonces todo el rebaño paría moteadas; y si decía: 'Las rayadas serán tu salario', entonces todo el rebaño paría rayadas.

⁹ De esta manera Dios ha quitado el ganado al padre de ustedes y me lo ha dado a mí.

¹⁰ Y sucedió que por el tiempo cuando el rebaño estaba en celo, alcé los ojos y vi en sueños que los machos cabríos que cubrían las hembras eran rayados, moteados y abigarrados.

¹¹ Y el ángel de Dios me dijo en el sueño: 'Yaakov'; y yo respondí: 'Aquí estoy'.

¹² Y él dijo: 'Levanta ahora los ojos y ve que todos los machos cabríos que están cubriendo las hembras son rayados, moteados y abigarrados, pues yo he visto todo lo que Laván te ha hecho.

¹³ Yo soy el Dios de Bet El, donde tú ungiste un pilar, donde Me hiciste un voto. Levántate ahora, sal de esta tierra, y vuelve a la tierra donde naciste'".

¹⁴ Rajel y Leá le respondieron: "¿Tenemos todavía nosotras parte o herencia alguna en la casa de nuestro padre?

וַיֹּאמֶר

Génesis 31:5 – Yaakov le explicó a Rajel y a Leá cómo había adquirido todas sus ovejas y cabras. Él tuvo un sueño con animales que estaban marcados, manchados y moteados, y un ángel le dio una explicación e instrucciones. El Arí escribió que el sueño de Yaakov se refería a las dimensiones de los Mundos Superiores; debido a que Yaakov procedía de los Mundos Superiores, tenía el dominio incluso sobre los Reinos Inferiores.

וַתַּעַן

Génesis 31:14 – Rajel y Leá dijeron que se sentían como extrañas en la casa de su propio padre porque todo el dinero fue a parar a Laván; su padre no compartía nada. Por lo tanto, toda la

אֶת כָּל ־יְלִי הַכָּבֹד הַזֶּה וּהוּ: 2 וַיַּרְא יַעֲקֹב יאהדונהי ־ אידהנויה אֶת־פְּנֵי וּחכמה ־ בינה

לָבָן וְהִנֵּה מ״ה יה אֵינֶנּוּ עִמּוֹ כִּתְמוֹל שִׁלְשׁוֹם: 3 וַיֹּאמֶר יְהֹוָה ואדני יאהדונהי

אֶל־יַעֲקֹב יאהדונהי ־ אידהנויה שׁוּב אֶל־אֶרֶץ אלהים דאלפין אֲבוֹתֶיךָ וּלְמוֹלַדְתֶּךָ

וְאֶהְיֶה אהיה עִמָּךְ: 4 וַיִּשְׁלַח יַעֲקֹב נמב״ה וַיִּקְרָא יאהדונהי ־ אידהנויה עם ה׳ אותיות = ב״פ קס״א

לְרָחֵל רבוע ס״ג ־ ע״ב וּלְלֵאָה לאה (אלד ע״ה) הַשָּׂדֶה שדי אֶל־צֹאנוֹ: 5 | וַיֹּאמֶר | לָהֶן

רְאֶה ראה אָנֹכִי איע אֶת־פְּנֵי וחכמה ־ בינה אֲבִיכֶן כִּי־אֵינֶנּוּ אֵלַי כִּתְמוֹל שִׁלְשֹׁם

וֵאלֹהֵי לכב,דמב, ילה אָבִי היה הָיָה יהה עִמָּדִי: 6 וְאַתֵּנָה יְדַעְתֶּן כִּי בְּכָל ־כֹּחִי לכב

עָבַדְתִּי אֶת־אֲבִיכֶן: 7 וַאֲבִיכֶן הֵתֶל בִּי וְהֶחֱלִף אֶת־מַשְׂכֻּרְתִּי עֲשֶׂרֶת

מֹנִים וְלֹא־נְתָנוֹ אֱלֹהִים ילה, מום לְהָרַע עִמָּדִי: 8 אִם ־כֹּה הי יֹאמַר יודך

נְקֻדִּים יהיה יֹאמַר שְׂכָרֶךָ וְיָלְדוּ כָל ־יְלִי הַצֹּאן מלוי אהיה דיודין ע״ה נְקֻדִּים וְאִם יודך

־כֹּה הי יֹאמַר עֲקֻדִּים יִהְיֶה יהיה שְׂכָרֶךָ וְיָלְדוּ כָל ־יְלִי הַצֹּאן מלוי אהיה דיודין ע״ה

עֲקֻדִּים: 9 וַיַּצֵּל אֱלֹהִים ילה, מום אֶת־מִקְנֵה אֲבִיכֶם וַיִּתֶּן י״פ מלוי ע״ב ־לִי:

10 וַיְהִי בְּעֵת י״פ אהיה ־ יהויות יַחֵם הַצֹּאן מלוי אהיה דיודין ע״ה וָאֶשָּׂא עֵינַי ריבוע מ״ה

וָאֵרֶא בַּחֲלוֹם וְהִנֵּה הָעַתֻּדִים הָעֹלִים עַל־הַצֹּאן מלוי אהיה דיודין ע״ה עֲקֻדִּים

נְקֻדִּים וּבְרֻדִּים: 11 וַיֹּאמֶר אֵלַי מַלְאַךְ הָאֱלֹהִים ילה, מום בַּחֲלוֹם יַעֲקֹב

יאהדונהי ־ אידהנויה וָאֹמַר הִנֵּנִי: 12 וַיֹּאמֶר שָׂא־נָא עֵינֶיךָ ע״ה קס״א וּרְאֵה ראה כָל

־יְלִי הָעַתֻּדִים הָעֹלִים עַל־הַצֹּאן מלוי אהיה דיודין ע״ה עֲקֻדִּים נְקֻדִּים וּבְרֻדִּים

כִּי רָאִיתִי אֵת כָּל ־יְלִי ־אֲשֶׁר לָבָן עֹשֶׂה לָּךְ: 13 אָנֹכִי איע הָאֵל לאה (אלד ע״ה)

בֵּית ב״פ ראה ־אֵל ייא״י אֲשֶׁר מָשַׁחְתָּ שָּׁם מַצֵּבָה אֲשֶׁר נָדַרְתָּ לִּי שָׁם נֶדֶר

עַתָּה קוּם צֵא מִן־הָאָרֶץ אלהים דההין ע״ה הַזֹּאת וְשׁוּב אֶל־אֶרֶץ אלהים דאלפין

מוֹלַדְתֶּךָ: 14 | וַתַּעַן | רָחֵל רבוע ס״ג ־ ע״ב וְלֵאָה לאה (אלד ע״ה) וַתֹּאמַרְנָה לוֹ הַעוֹד

---

familia decidió huir. Rajel se llevó los ídolos de su padre, que tenían el poder de la magia y la profecía del Lado Negativo. Rashi dice que Rajel tomó los ídolos para impedir que su padre los idolatrara y, por lo tanto, ella tuvo intenciones nobles.

15 ¿No nos ha tratado como extranjeras? Pues nos ha vendido, y también ha consumido por completo el precio de nuestra compra.

16 Ciertamente, toda la riqueza que Dios ha quitado de nuestro padre es nuestra y de nuestros hijos; ahora pues, todo lo que Dios te ha dicho, hazlo".

SEXTA LECTURA - YOSEF - YESOD

17 Entonces Yaakov se levantó, montó a sus hijos y a sus mujeres en los camellos,

18 y puso en camino todo su ganado y todas las posesiones que había acumulado, el ganado adquirido que había acumulado en Padán Aram, para ir a Yitsjak, su padre, a la tierra de Canaán. 19 Mientras Laván había ido a trasquilar sus ovejas, Rajel robó los ídolos que eran de su padre.

20 Yaakov se escabulló sin decirle a Laván, el arameo, que se marchaba. 21 Huyó, pues, Yaakov con todo lo que tenía. Se levantó, cruzó el río y se dirigió hacia la región montañosa de Galaad.

22 Al tercer día, le informaron a Laván que Yaakov había huido, 23 tomó a sus parientes consigo y lo persiguió por siete días; y lo alcanzó en los montes de Galaad.

24 Pero Dios vino a Laván, el arameo, en sueños durante la noche, y le dijo: "De ningún modo hables a Yaakov ni bien ni mal".

25 Alcanzó, pues, Laván a Yaakov, quien había plantado su tienda en la región montañosa, y Laván y sus parientes acamparon en los montes de Galaad.

26 Entonces Laván dijo a Yaakov: "¿Qué has hecho, engañándome y llevándote a mis hijas como si fueran cautivas de guerra?

27 ¿Por qué huiste en secreto y te escabulliste, y no me avisaste para que yo pudiera despedirte con alegría y cantos, con panderos y liras?

28 ¿Por qué no me has permitido besar a mis hijos y a mis hijas? En esto has obrado neciamente.

וַיֻּגַּד

Génesis 31:22 – Cuando Laván descubrió que Yaakov y su familia habían huido junto con sus rebaños y posesiones —y sus preciados ídolos—, salió en su persecución. En un sueño, Dios le dijo a Laván que no le diera nada a Yaakov. Esto se debe a que Laván era tan negativo que todo lo que tocaba se volvía corrupto. Por esta misma razón, nosotros debemos también ser cautos de no aceptar cosas de personas negativas, aunque nos sintamos atraídos por lo que ofrecen.

לָ֫נוּ אלהים, מום וַיֹּאכַל וְנוֹזְלָה בְּבֵית ב״פ ראה אָבִינוּ: 15 הֲלוֹא נָכְרִיּוֹת נֶחְשַׁבְנוּ

לוֹ כִּי מְכָרָנוּ וַיֹּאכַל גַּם יגל ־אָכוֹל אֶת־כַּסְפֵּנוּ: 16 כִּי כָל־ יל ־הָעֹ֫שֶׁר

אֲשֶׁר הִצִּיל אֱלֹהִים ילה, מום מֵאָבִינוּ מוב אלהים, לָ֫נוּ הוּא מום וּלְבָנֵינוּ וְעַתָּה כֹּל

ילי אֲשֶׁר אָמַר אֱלֹהִים ילה, מום אֵלֶ֫יךָ אני עֲשֵׂה:

SEXTA LECTURA - YOSEF – YESOD

17 וַיָּ֫קָם יַעֲקֹב יאהדונהי ־ אידהנויה וַיִּשָּׂא אֶת־בָּנָיו וְאֶת־נָשָׁיו עַל־הַגְּמַלִּים:

18 וַיִּנְהַג אֶת־כָּל־ ילי ־מִקְנֵ֫הוּ וְאֶת־כָּל־ ילי ־רְכֻשׁוֹ אֲשֶׁר רָכָשׁ מִקְנֵה קִנְיָנוֹ

אֲשֶׁר רָכַשׁ בְּפַדַּן אֲרָם לָבוֹא אֶל־יִצְחָק ד״פ ב״ן אָבִיו אַ֫רְצָה אלהים דההין ע״ה

כְּנָעַן: 19 וְלָבָן הָלַךְ מ״ה לִגְזֹז אֶת־צֹאנוֹ וַתִּגְנֹב רָחֵל רבוע ס״ג ־ ע״ב ־ אֶת־הַתְּרָפִים

אֲשֶׁר לְאָבִיהָ: 20 וַיִּגְנֹב יַעֲקֹב יאהדונהי ־ אידהנויה אֶת־לֵב לָבָן הָאֲרַמִּי

עַל־בְּלִי הִגִּיד לוֹ כִּי בֹרֵ֫חַ הוּא: 21 וַיִּבְרַח הוּא וְכָל־ ילי ־אֲשֶׁר־לוֹ וַיָּ֫קָם

וַיַּעֲבֹר רפ״ח, ע״ב ־ רי״ו אֶת־הַנָּהָר וַיָּ֫שֶׂם אֶת־פָּנָיו הַר רבוע אלהים ־ ה הַגִּלְעָד:

22 וַיֻּגַּד לְלָבָן בַּיּוֹם גגד, זן, מזבח הַשְּׁלִישִׁי כִּי בָרַח יַעֲקֹב יאהדונהי ־ אידהנויה:

23 וַיִּקַּח וזעם אֶת־אֶחָיו עִמּוֹ וַיִּרְדֹּף אַחֲרָיו ב״פ יב״ק דֶּ֫רֶךְ שִׁבְעַת יָמִים גלך

וַיַּדְבֵּק אֹתוֹ בְּהַר אור, רז הַגִּלְעָד: 24 וַיָּבֹא אֱלֹהִים ילה, מום אֶל־לָבָן הָאֲרַמִּי

בַּחֲלֹם ג הויות הַלָּ֫יְלָה מלה וַיֹּ֫אמֶר לוֹ הִשָּׁ֫מֶר לְךָ פֶּן־תְּדַבֵּר ראה עִם־יַעֲקֹב

יאהדונהי ־ אידהנויה מִטּוֹב ורהו עַד־רָע: 25 וַיַּשֵּׂג לָבָן אֶת־יַעֲקֹב יאהדונהי ־ אידהנויה

וְיַעֲקֹב יאהדונהי ־ אידהנויה תָּקַע אֶת־אָהֳלוֹ בָּהָר אור, רז וְלָבָן תָּקַע ב״פ בזוזר בָּהָר ב״פ בזוזר

אֶת־אֶחָיו בְּהַר אור, רז הַגִּלְעָד: 26 וַיֹּ֫אמֶר לָבָן לְיַעֲקֹב יאהדונהי ־ אידהנויה מֶה מ״ה

עָשִׂ֫יתָ וַתִּגְנֹב אֶת־לְבָבִי בוכו וַתְּנַהֵג אֶת־בְּנֹתַי כִּשְׁבֻיוֹת חָ֫רֶב: 27 לָ֫מָּה

נַחְבֵּ֫אתָ לִבְרֹחַ וַתִּגְנֹב אֹתִי וְלֹא־הִגַּ֫דְתָּ לִּי וָאֲשַׁלֵּחֲךָ בְּשִׂמְחָה וּבְשִׁרִים

בְּתֹף וּבְכִנּוֹר: 28 וְלֹא נְטַשְׁתַּ֫נִי לְנַשֵּׁק לְבָנַי וְלִבְנֹתָי עַתָּה הִסְכַּ֫לְתָּ עֲשׂוֹ:

[29] *Tengo poder para hacerte daño, pero anoche el Dios de tu padre me dijo: 'De ningún modo hables a Yaakov ni bien ni mal'.* [30] *Ahora, ciertamente te has marchado porque anhelabas mucho la casa de tu padre. Pero ¿por qué robaste mis dioses?".*

[31] *Entonces Yaakov respondió a Laván: "Porque tuve miedo, pues dije: 'No sea que me quites a tus hijas a la fuerza'.* [32] *Pero aquél con quien encuentres tus dioses, no vivirá. En presencia de nuestros parientes indica lo que es tuyo entre mis cosas y llévatelo". Pues Yaakov no sabía que Rajel los había robado.*

[33] *Entró entonces Laván en la tienda de Yaakov, en la tienda de Leá y en la tienda de las dos siervas, pero no encontró nada. Después salió de la tienda de Leá y entró en la tienda de Rajel.* [34] *Rajel había tomado los ídolos, los había puesto en los aparejos del camello y se había sentado sobre ellos. Y Laván buscó por toda la tienda, pero no los encontró.*

[35] *Y ella dijo a su padre: "No se enoje mi señor porque no pueda levantarme delante de él, pues estoy con lo que es común entre las mujeres". Y él buscó, pero no encontró los ídolos.* [36] *Entonces se enojó Yaakov y discutió con Laván. Y Yaakov dijo a Laván: "¿Cuál es mi transgresión? ¿Cuál es mi pecado para que con tanta insistencia me hayas perseguido?*

[37] *Aunque has buscado en todas mis cosas, ¿qué has hallado de todas las cosas de tu casa? Ponlo delante de mis parientes y de tus parientes para que ellos juzguen entre nosotros dos.*

[38] *Estos veinte años yo he estado contigo. Tus ovejas y tus cabras no han abortado, ni yo he comido los carneros de tus rebaños.*

[39] *No te traía lo despedazado por las fieras. Yo cargaba con la pérdida. Tú lo demandabas de mi mano, tanto lo robado de día como lo robado de noche.* [40] *Estaba yo que de día el calor me consumía y de noche la helada, y el sueño huía de mis ojos.*

[41] *Estos veinte años he estado en tu casa. Catorce años te serví por tus dos hijas y seis por tu rebaño, y diez veces cambiaste mi salario.*

לֹא יִחְיֶה

Génesis 31:32 – **El poder del habla maliciosa.** Laván declaró que no tenía nada que decir a Yaakov, pero sí le preguntó: "¿Quién se llevó mis ídolos?". Yaakov le respondió: "¡Aquél con quien encuentres tus dioses, no vivirá!". Pero trágicamente, Yaakov desconocía que había sido Rajel quien se los había llevado. Como resultado de lo que Yaakov dijo, Rajel tenía que morir, y así fue como ella murió finalmente en un parto. Aquí hay una lección enormemente importante: debemos tener mucho cuidado con lo que decimos, abstenernos del habla maliciosa (en hebreo *lashón hará*), especialmente cuando estamos deprimidos o enfadados. Esto se debe a que los ángeles negativos utilizarán estas palabras en nuestra contra. Por ejemplo, si una mujer dice enojada: "¡Nunca tendré hijos!", puede impedir quedar embarazada, aunque quiera concebir.

29 יֶשׁ־לְאֵל אֶל יָדִי לַעֲשׂוֹת עִמָּכֶם רָע וֵאלֹהֵי אֲבִיכֶם אֶמֶשׁ|
אָמַר אֵלַי לֵאמֹר הִשָּׁמֶר לְךָ מִדַּבֵּר עִם־יַעֲקֹב מִטּוֹב
עַד־רָע: 30 וְעַתָּה הָלֹךְ הָלַכְתָּ כִּי־נִכְסֹף נִכְסַפְתָּה לְבֵית
אָבִיךָ לָמָּה גָנַבְתָּ אֶת־אֱלֹהָי: 31 וַיַּעַן יַעֲקֹב וַיֹּאמֶר
לְלָבָן כִּי יָרֵאתִי כִּי אָמַרְתִּי פֶּן־תִּגְזֹל אֶת־בְּנוֹתֶיךָ מֵעִמִּי: 32 עִם אֲשֶׁר
תִּמְצָא אֶת־אֱלֹהֶיךָ לֹא יִחְיֶה נֶגֶד אַחֵינוּ הַכֶּר־לְךָ מָה
עִמָּדִי וְקַח־לָךְ וְלֹא־יָדַע יַעֲקֹב כִּי רָחֵל
גְּנָבָתַם: 33 וַיָּבֹא לָבָן בְּאֹהֶל יַעֲקֹב| וּבְאֹהֶל
לֵאָה וּבְאֹהֶל שְׁתֵּי הָאֲמָהֹת וְלֹא מָצָא
וַיֵּצֵא מֵאֹהֶל לֵאָה וַיָּבֹא בְּאֹהֶל
רָחֵל: 34 וְרָחֵל לָקְחָה אֶת־הַתְּרָפִים וַתְּשִׂמֵם בְּכַר
הַגָּמָל וַתֵּשֶׁב עֲלֵיהֶם וַיְמַשֵּׁשׁ לָבָן אֶת־כָּל־הָאֹהֶל וְלֹא
מָצָא: 35 וַתֹּאמֶר אֶל־אָבִיהָ אַל־יִחַר בְּעֵינֵי אֲדֹנִי כִּי
לוֹא אוּכַל לָקוּם מִפָּנֶיךָ כִּי־דֶרֶךְ נָשִׁים לִי וַיְחַפֵּשׂ וְלֹא
מָצָא אֶת־הַתְּרָפִים: 36 וַיִּחַר לְיַעֲקֹב וַיָּרֶב בְּלָבָן
וַיַּעַן יַעֲקֹב וַיֹּאמֶר לְלָבָן מַה־פִּשְׁעִי מַה חַטָּאתִי כִּי
דָלַקְתָּ אַחֲרָי: 37 כִּי־מִשַּׁשְׁתָּ אֶת־כָּל־כֵּלַי מַה־מָּצָאתָ מִכֹּל
כְּלֵי־בֵיתֶךָ שִׂים כֹּה נֶגֶד אַחַי וְאַחֶיךָ וְיוֹכִיחוּ בֵּין
שְׁנֵינוּ: 38 זֶה עֶשְׂרִים שָׁנָה אָנֹכִי עִמָּךְ רְחֵלֶיךָ וְעִזֶּיךָ לֹא שִׁכֵּלוּ
וְאֵילֵי צֹאנְךָ לֹא אָכָלְתִּי: 39 טְרֵפָה לֹא־הֵבֵאתִי אֵלֶיךָ אָנֹכִי
אֲחַטֶּנָּה מִיָּדִי תְּבַקְשֶׁנָּה גְּנֻבְתִי יוֹם וּגְנֻבְתִי לָיְלָה: 40 הָיִיתִי
בַיּוֹם אֲכָלַנִי חֹרֶב וְקֶרַח בַּלָּיְלָה וַתִּדַּד שְׁנָתִי מֵעֵינָי:
41 זֶה־לִּי עֶשְׂרִים שָׁנָה בְּבֵיתֶךָ עֲבַדְתִּיךָ אַרְבַּע־עֶשְׂרֵה שָׁנָה
בִּשְׁתֵּי בְנֹתֶיךָ וְשֵׁשׁ שָׁנִים בְּצֹאנֶךָ וַתַּחֲלֵף אֶת־מַשְׂכֻּרְתִּי עֲשֶׂרֶת

42 Si el Dios de mi padre, Dios de Avraham y temor de Yitsjak, no hubiera estado conmigo, ciertamente me habrías enviado ahora con las manos vacías. Pero Dios ha visto mi aflicción y la labor de mis manos, y anoche hizo justicia".

SÉPTIMA LECTURA - DAVID - MALJUT

43 Respondió Laván a Yaakov: "Las hijas son mis hijas, y los hijos mis hijos, y los rebaños mis rebaños, y todo lo que ves es mío. ¿Pero qué puedo yo hacer hoy a estas mis hijas, o a sus hijos que ellas dieron a luz?

44 Ahora bien, ven, hagamos un pacto tú y yo y que sirva de testimonio entre los dos".

45 Entonces Yaakov tomó una piedra y la levantó como señal.

46 Y Yaakov dijo a sus parientes: "Recojan piedras". Y tomaron piedras e hicieron un montón, y comieron allí junto al montón.

47 Laván lo llamó Jegar Sahaduta, pero Yaakov lo llamó Galed.

48 Entonces Laván dijo: "Este montón es hoy un testigo entre tú y yo". Por eso fue llamado Galed,

49 y Mitspá, porque dijo: "Que el Eterno nos vigile a los dos cuando nos hayamos apartado el uno del otro.

50 Si maltratas a mis hijas, o si tomas otras mujeres además de mis hijas, aunque nadie lo sepa, Dios es testigo entre tú y yo".

51 Y Laván dijo a Yaakov: "Mira este montón, y mira el pilar que he puesto entre tú y yo.

52 Testigo sea este montón y testigo sea el pilar de que yo no pasaré de este montón hacia ti y tú no pasarás de este montón y de este pilar hacia mí, para hacer daño.

53 El Dios de Avraham y el Dios de Najor, Dios de sus padres, juzgue entre nosotros". Entonces Yaakov juró por temor en el nombre de su padre, Yitsjak.

בְּרִית

Génesis 31:44 – Yaakov hizo un pacto de separación con Laván para que ninguno de ellos entrara en territorio del otro. Esto representa la separación total del bien y el mal. Aunque el bien y el mal están claramente definidos, a menudo no podemos distinguir el uno del otro. Debemos fomentar la capacidad que existe en nuestro interior para reconocer claramente el bien y el mal, así como para hacer la elección correcta entre ambos.

וּפַ֙חַד֙ אֲבִי אַבְרָהָ֔ם דמב, ילה אֲבִ֣י אֱלֹהֵ֤י לוּלֵ֞י אֱלֹהֵ֣י דמב, ילה מָנִ֑ים: 42

וְאֶת־יְגִ֣יעַ שִׁלַּחְתָּ֑נִי אֶת־עָנְיִ֤י רִיקָ֣ם כִּ֚י עַתָּ֣ה הָיָ֣ה יְהֹוָ֣ה ד"פ ב"ן לִ֔י יִצְחָ֖ק

אִמֶ֑שׁ: וַיּ֥וֹכַח מום, ילה אֱלֹהִ֖ים רָאָ֥ה רָאָ֣ה כַּפַּ֥י

SÉPTIMA LECTURA - DAVID – MALJUT

43 וַיַּ֨עַן לָבָ֜ן וַיֹּ֣אמֶר אֶֽל־יַעֲקֹ֗ב יאהדונהי ← אידהנויה הַבָּנ֣וֹת בְּנֹתַ֗י וְהַבָּנִ֤ים

בָּנַי֙ וְהַצֹּ֣אן מלוי אהיה דיודין ע"ה צֹאנִ֔י וְכֹ֛ל ילי אֲשֶׁר־אַתָּ֥ה רֹאֶ֖ה רֹאֵה לִי־ה֑וּא

וְלִבְנֹתַ֞י מ"ה מָֽה־אֶֽעֱשֶׂ֤ה לָאֵ֙לֶּה֙ הַיּ֔וֹם נגד, זן, מזבוז א֥וֹ לִבְנֵיהֶ֖ן אֲשֶׁ֥ר יָלָֽדוּ:

44 וְעַתָּ֗ה לְכָ֛ה נִכְרְתָ֥ה אֲנִ֣י אני וְאַתָּ֑ה יהוה, יהה וְהָיָ֥ה לְעֵ֖ד בֵּינִ֥י   בְּרִית

וּבֵינֶֽךָ: 45 וַיִּקַּ֥ח וזם יַעֲקֹ֖ב יאהדונהי ← אידהנויה אָ֑בֶן יוד הה ואו הה וַיְרִימֶ֖הָ מַצֵּבָֽה:

46 וַיֹּ֨אמֶר יַעֲקֹ֤ב יאהדונהי ← אידהנויה לְאֶחָיו֙ לִקְט֣וּ אֲבָנִ֔ים וַיִּקְח֥וּ וזם אֲבָנִ֖ים

וַיַּֽעֲשׂוּ־גָ֑ל וַיֹּ֥אכְלוּ שָׁ֖ם עַל־הַגָּֽל: 47 וַיִּקְרָא־ עם ה' אותיות = ב"פ קס"א ל֣וֹ לָבָ֔ן יְגַ֖ר

קס"א ב"ן שָׂהֲדוּתָ֑א וְיַֽעֲקֹ֔ב יאהדונהי ← אידהנויה קָ֥רָא ל֖וֹ גַּלְעֵֽד: 48 וַיֹּ֣אמֶר לָבָ֔ן

הַגַּ֨ל הַזֶּ֥ה והו עֵ֛ד בֵּינִ֥י וּבֵֽינְךָ֖ הַיּ֑וֹם נגד, זן, מזבוז עַל־כֵּ֥ן קָרָא־שְׁמ֖וֹ בהשע ע"ה

גַּלְעֵֽד: 49 וְהַמִּצְפָּה֙ אֲשֶׁ֣ר אָמַ֔ר יִ֥צֶף יְהֹוָ֖האדני אהדונהי בֵּינִ֣י וּבֵינֶ֑ךָ כִּ֥י נִסָּתֵ֖ר

ב"פ מצר אִ֖ישׁ ע"ה קנ"א קס"א מֵרֵעֵֽהוּ: 50 אִם־ יוהך תְּעַנֶּ֣ה אֶת־בְּנֹתַ֗י וְאִם־ יוהך תִּקַּ֤ח

נָשִׁים֙ עַל־בְּנֹתַ֔י אֵ֥ין אִ֖ישׁ ע"ה קנ"א קס"א עִמָּ֑נוּ רִבוע ס"ג רְאֵ֕ה רֹאֵה אֱלֹהִ֥ים ילה, מום

עֵ֖ד בֵּינִ֥י וּבֵינֶֽךָ: 51 וַיֹּ֥אמֶר לָבָ֖ן לְיַֽעֲקֹ֑ב יאהדונהי ← אידהנויה הִנֵּ֣ה מ"ה יה | הַגַּ֣ל

הַזֶּ֗ה וְהִנֵּה֙ מ"ה יה הַמַּצֵּבָ֔ה אֲשֶׁ֥ר יָרִ֖יתִי בֵּינִ֥י וּבֵינֶֽךָ: 52 עֵ֚ד הַגַּ֣ל הַזֶּ֔ה והו

וְעֵדָ֖ה הַמַּצֵּבָ֑ה אִם־ יוהך אָ֗נִי אני לֹֽא־אֶֽעֱבֹ֤ר אֵלֶ֙יךָ֙ אֶת־הַגַּ֣ל הַזֶּ֔ה והו וְאִם־

יוהך אַ֠תָּה לֹֽא־תַעֲבֹ֨ר אֵלַ֜י אֶת־הַגַּ֤ל הַזֶּה֙ והו וְאֶת־הַמַּצֵּבָ֣ה הַזֹּ֔את לְרָעָֽה

רהע: 53 אֱלֹהֵ֨י דמב, ילה אַבְרָהָ֜ם ו"פ אל, רמ"ח וֵֽאלֹהֵ֣י (וזכל) נָ֗חוֹר יִשְׁפְּט֤וּ בֵינֵ֙ינוּ֙

אֱלֹהֵ֣י (וזכל) אֲבִיהֶ֑ם וַיִּשָּׁבַ֣ע יַעֲקֹ֔ב יאהדונהי ← אידהנויה בְּפַ֖חַד אָבִ֥יו יִצְחָֽק: ד"פ ב"ן

54 Luego ofreció Yaakov un sacrificio en el monte, y llamó a sus parientes a comer. Comieron, y pasaron la noche en el monte.

MAFTIR

55 Laván se levantó muy de mañana, besó a sus hijos y a sus hijas, y los bendijo. Luego se fue y regresó a su lugar.

32 1 Yaakov siguió su camino, y los ángeles de Dios le salieron al encuentro.

2 Y al verlos, Yaakov dijo: "¡Este es el campamento de Dios!". Por eso le puso a aquel lugar el nombre de Mahanáym.

וַיִּפְגְּעוּ־בוֹ

Génesis 32:2 – Yaakov siguió su camino. Aunque los ángeles se encontraron con él de nuevo, él ya no necesitaba su protección espiritual, ni tampoco necesitaba su ayuda en este proceso de limpieza. Tal como explica el *Zóhar*:

> *Ven y ve: Cuando Yaakov se dirigió a Jarán, era soltero. Está escrito: "Y lo alcanzó la noche en el lugar y reposó allí porque el Sol se puso, y tomó de las piedras del lugar y las puso como almohada para sus cabezas y se acostó en aquel lugar" (Génesis 28:11). Entonces se le respondió sólo en un sueño. Después que se casó y vino a todas las tribus, las huestes celestiales se reunieron con él y le suplicaron, como está escrito: "… y lo alcanzaron (también: le suplicaron) ángeles del Eterno" (Génesis 32:2). Ahora ellos vinieron a encontrarlo, A SABER: A SUPLICARLE. Primero él ESTABA ROGANDO, como está escrito: "Y lo alcanzó (heb. vayifgá) la noche en el lugar". Ahora ellos ROGABAN, COMO ESTÁ ESCRITO: "y lo alcanzaron (heb. vayifgueú)".*
> *– El Zóhar, Vayetsé 43:386*

54 וַיִּזְבַּ֨ח יַעֲקֹ֥ב יאהדונהי ~ אידהנויה זֶ֙בַח֙ אור, רו וַיִּקְרָ֣א עם ה' אותיות = ב"פ קס"א בָהָ֔ר
לְאֶחָ֖יו לֶאֱכָל־לָ֑חֶם ג"פ יהוה וַיֹּ֣אכְלוּ לֶ֔חֶם ג"פ יהוה וַיָּלִ֖ינוּ בָהָֽר אור, רו:

MAFTIR

32 1 וַיַּשְׁכֵּ֨ם לָבָ֜ן בַּבֹּ֗קֶר וַיְנַשֵּׁ֧ק לְבָנָ֛יו וְלִבְנוֹתָ֖יו וַיְבָ֣רֶךְ עסמ"ב אֶתְהֶ֑ם וַיֵּ֛לֶךְ
כלי וַיָּ֥שָׁב לָבָ֖ן לִמְקֹמֽוֹ: 2 וְיַעֲקֹ֖ב יאהדונהי ~ אידהנויה הָלַ֣ךְ מיה לְדַרְכּ֑וֹ וַיִּפְגְּעוּ־ב֖וֹ
מַלְאֲכֵ֥י אֱלֹהִֽים ילה, מום: 3 וַיֹּ֤אמֶר יַעֲקֹב֙ יאהדונהי ~ אידהנויה כַּאֲשֶׁ֣ר רָאָ֔ם מַחֲנֵ֥ה
אֱלֹהִ֖ים ילה, מום זֶ֑ה וַיִּקְרָ֛א עם ה' אותיות = ב"פ קס"א שֵֽׁם עסי יהוה ־הַמָּק֥וֹם יהוה ברביע
הַה֖וּא מַֽחֲנָֽיִם: [פ]

HAFTARÁ DE VAYETSÉ

Aunque esta *Haftará* habla sobre la huida de Yaakov de Laván, la lección importante aquí es la advertencia en contra de la idolatría. El ego, el poder, el dinero y cien otras fuerzas pueden ser nuestros ídolos en el mundo material. Cualquier cosa es un ídolo si estamos esclavizados a ella y si esa esclavitud nos impide conectar con la Luz. Todos tenemos al menos un ídolo, lo sepamos o no. Para un ejecutivo de negocios que trabaja catorce horas al día y casi nunca está en casa, su

OSEAS 11:7 - 12:12

11 *7* *"Mi pueblo se mantiene infiel contra Mí; aunque llamen al Altísimo, Él no los elevará de ninguna manera.*

8 ¿Cómo podré abandonarte, Efraim? ¿Cómo podré entregarte, Israel? ¿Cómo podré Yo hacerte como a Adma? ¿Cómo podré tratarte como a Zeboim? Mi corazón se conmueve dentro de Mí, se enciende toda Mi compasión.

9 No ejecutaré el furor de Mi ira; no volveré a destruir a Efraim. Porque Yo soy Dios y no hombre, el Santo en medio de ti, y no vendré con furor.

10 En pos del Eterno caminarán, Él rugirá como un león; ciertamente Él rugirá, y Sus hijos vendrán temblando desde Occidente.

11 De Egipto vendrán temblando como aves, y de la tierra de Asiria como palomas, y Yo los estableceré en sus casas", declara el Eterno.

12 *1* *"Efraim Me rodea de mentiras, y de engaño la casa de Israel; Yehuda todavía anda lejos de Dios, y del Santo, que es fiel.*

2. Efraim es compañero del viento, y persigue todo el día al viento del Este. Multiplica la mentira y la violencia; hace pacto con Asiria, y el aceite es llevado a Egipto.

3 El Eterno también tiene pleito con Yehuda, y castigará a Yaakov conforme a sus caminos; conforme a sus obras le pagará.

4 En el vientre tomó a su hermano por el talón, y en su madurez luchó con Dios.

5 Luchó con el ángel y prevaleció, lloró y Le pidió Su ayuda; en Bet El Lo encontró, y allí Él habló con nosotros,

HAFTARÁ DE VAYETSÉ

altar es su escritorio de oficina, ante el cual se sustenta en su adoración infinita al dios del dinero. Tu altar es una fuerte indicación de lo que adoras, consciente o inconscientemente. Los altares y los ídolos pueden ser permanentes o temporales, externos o internos, pero una cosa es cierta: tu ídolo es seguramente el lugar en el que te enfocas. Meditar y participar en esta lectura nos ayuda a identificar a nuestros ídolos personales, y también nos da la fuerza para liberarnos de ellos y reconectarnos con la Luz de la Creación.

הוֹשֵׁעַ **פרק** 11, **פסוק** 7-**פרק** 12, **פסוק** 12

11 7 וְעַמִּי תְלוּאִים לִמְשׁוּבָתִי וְאֶל־עַל יִקְרָאֻהוּ יַחַד לֹא יְרוֹמֵם:

8 אֵיךְ אֵל אֶתֶּנְךָ אֶפְרַיִם אל מצפן אֲמַגֶּנְךָ יִשְׂרָאֵל אֵיךְ אל אֶתֶּנְךָ כְאַדְמָה אֲשִׂימְךָ כִּצְבֹאיִם נֶהְפַּךְ עָלַי לִבִּי יַחַד נִכְמְרוּ נִחוּמָי: 9 לֹא אֶעֱשֶׂה

וזרוֹן אַפִּי לֹא אָשׁוּב לְשַׁחֵת אֶפְרָיִם אל מצפן כִּי אֵל אָנֹכִי ייא־ איע וְלֹא־אִישׁ

בְּקִרְבְּךָ קָדוֹשׁ וְלֹא אָבוֹא בְּעִיר בוֹזֹיךָ, ערי, סנדלפוי: 10 אַחֲרֵי ע"ה קס"א קס"א

יְהֹוָה אדני אהדנהי יֵלְכוּ כְּאַרְיֵה רי"י יִשְׁאָג כִּי־הוּא יִשְׁאַג וְיֶחֶרְדוּ בָנִים

מִיָּם ילי: 11 יֶחֶרְדוּ כְצִפּוֹר מִמִּצְרַיִם מצר וּכְיוֹנָה יהוה מ"ה מֵאֶרֶץ אלהים דאלפין

אַשּׁוּר בוזיךך ע"ה וְהוֹשַׁבְתִּים ב"ה ראה עַל־בָּתֵּיהֶם נְאֻם־יְהֹוָה אדני אהדנהי [ס]

12 1 סְבָבֻנִי בְכַחַשׁ אֶפְרַיִם אל מצפן וּבְמִרְמָה בֵּית ב"פ ראה יִשְׂרָאֵל וִיהוּדָה

עֹד רָד עִם־אֵל ייא וְעִם־קְדוֹשִׁים אֶפְרַיִם אל מצפן רֹעֶה רתע רוּחַ מלוי אלהים דיודין וְרֹדֵף קָדִים כָּל־הַיּוֹם גגד, זן, מזבוח כָּזָב וָשֹׁד יַרְבֶּה וּבְרִית

עִם־אַשּׁוּר אבגיתן ע"ה, ועד ע"ה יִכְרֹתוּ וְשֶׁמֶן יי"פ טל, י"פ כוזו, ביט לְמִצְרַיִם מצר יוּבָל:

3 וְרִיב לַיהֹוָה אדניאהדנהי עִם־יְהוּדָה וְלִפְקֹד עַל־יַעֲקֹב יאהדונהי ‑ אידהניה

כִּדְרָכָיו ב"פ יב"ק כְּמַעֲלָלָיו יָשִׁיב לוֹ: 4 בַּבֶּטֶן עָקַב ב"פ מום אֶת־אָחִיו וּבְאוֹנוֹ

שָׂרָה אֶת־אֱלֹהִים ילה, מום־ז וַיָּשַׂר אֶל־מַלְאָךְ וַיֻּכָל בָּכֹה וַיִּתְחַנֶּן־לוֹ

6 el Eterno Dios Todopoderoso, ¡el Eterno es Su recuerdo!

7 Pero tú, vuelve a tu Dios, practica la misericordia y la justicia, y espera siempre en tu Dios.

8 A un mercader, en cuyas manos hay balanzas falsas, le gusta estafar.

9 Efraim ha dicho: 'Ciertamente me he enriquecido, he adquirido riquezas para mí; en todos mis trabajos no hallarán en mí iniquidad alguna que sea pecado'.

10 Pero Yo soy el Eterno, tu Dios, que te sacó de la tierra de Egipto; de nuevo te haré habitar en tiendas, como en los días de las fiestas señaladas.

11 También he hablado a los profetas y les di muchas visiones; y por medio de los profetas hablé en parábolas.

12 ¿Hay iniquidad en Galaad? Ciertamente son indignos. ¿En Guilgal sacrifican toros? Sí, sus altares son como montones de piedra en los surcos del campo".

בֵּית בּ״פ ראה ־אֵל יי״אי יִמְצָאֶנּוּ וְשָׁם יְדַבֵּר ראה עִמָּנוּ ריבוע ס״ג: 6 וַיהוָ֣ה אהדנהיאהדונהי
אֱלֹהֵי דמב, ילה הַצְבָאוֹת יְהוָ֣האהדניאיאהדונהי זִכְרוֹ: 7 וְאַתָּה בֵּאלֹהֶיךָ ילה תָשׁוּב
וָחֶסֶד ע״ב, ריבוע יהוה וּמִשְׁפָּט ע״ה ה״פ אלהים שְׁמֹר וְקַוֵּה אֶל־אֱלֹהֶיךָ ילה תָּמִיד
נתה, קס״א ← קנ״א ← קמ״ג: 8 כְּנַעַן בְּיָדוֹ מֹאזְנֵי מִרְמָה לַעֲשֹׁק אָהֵב: 9 וַיֹּאמֶר
אֶפְרַיִם אל מצפץ אַךְ אהיה עָשַׁרְתִּי מָצָאתִי אוֹן לִי כָּל־ ילי יְגִיעַי לֹא
יִמְצְאוּ־לִי עָוֹן אֲשֶׁר־חֵטְא: 10 וְאָנֹכִי איע יְהוָ֣האהדניאיאהדונהי אֱלֹהֶיךָ ילה מֵאֶרֶץ
אלהים דאלפין מִצְרָיִם מצר עֹד אוֹשִׁיבְךָ בָאֳהָלִים כִּימֵי מוֹעֵד: 11 וְדִבַּרְתִּי
ראה עַל־הַנְּבִיאִים וְאָנֹכִי איע וְחָזוֹן הִרְבֵּיתִי וּבְיַד הַנְּבִיאִים אֲדַמֶּה: 12 אִם־
יוהך ־גִּלְעָד אָוֶן אַךְ אהיה ־שָׁוְא הָיוּ בַּגִּלְגָּל שְׁוָרִים זִבֵּחוּ גַּם מִזְבְּחוֹתָם
כְּגַלִּים עַל תַּלְמֵי שָׂדָי:

VAYISHLAJ

LA LECCIÓN DE VAYISHLAJ
(Génesis 32:4-36:43)

Con relación al miedo que tenía Yaakov de la agresión de Esav, Rashi escribió: "Rav Shimón bar Yojái dijo que Esav odiaba a Yaakov, pero en aquel momento su misericordia lo venció y lo besó con todo su corazón". En pocas palabras, mientras que esta sección trata sobre el odio, la misericordia y el perdón, la mayoría de nosotros se enfoca sólo en el odio. La Kabbalah enseña que nosotros somos los responsables del odio que hay en nuestra vida.

Si sólo nos enfocamos en el odio de Esav por Yaakov, conectaremos con la energía del odio. Sin embargo, si nos enfocamos en las palabras: "…en aquel momento su misericordia lo venció y lo besó con todo su corazón", conectamos con una energía muy distinta. Es importante que seamos capaces de ver ambos aspectos de esta historia. Todo depende de nosotros y sólo de nosotros. Si sólo podemos ver un lado, esto nos muestra que nuestra naturaleza es *Deseo de Recibir para Sí Mismo*, que es la ley de "Esav odia a Yaakov".

Cuando encontramos formas de elevarnos por encima de nuestras propias tendencias naturales, transformamos nuestro *Deseo de Recibir para Sí Mismo* en *Deseo de Recibir para Compartir* y, por lo tanto, conectamos con la Luz. Podemos elevarnos por encima del juicio, puesto que si somos juzgados es sólo porque hemos ejercido el juicio contra otras personas. Si podemos renunciar a los pensamientos prejuiciosos e injustos, nadie podría condenarnos, ni siquiera Satán, y seríamos amados por los demás porque estamos proyectando y enfocándonos en el amor.

Si no entendemos por qué estamos sufriendo, debemos examinar nuestras acciones, y si no encontramos una razón para el sufrimiento, debemos iniciar nuestro estudio espiritual. Sólo a través del estudio de la naturaleza espiritual del universo nuestros ojos se abrirán a la verdad. El *Zóhar* explica:

En el principio: Bereshit. Rav Shimón abrió la discusión con el versículo: "Y he puesto Mis palabras en tu boca" (Isaías 51:16). Cuán importante es para una persona estudiar laboriosamente la Torá día y noche. Muy importante, ya que Dios escucha atentamente las voces de aquellos que se ocupan con el estudio de la Torá. Y cada palabra que recibe una interpretación nueva por parte de una persona que profundiza en el estudio de la Torá crea un Firmamento nuevo.
— El Zóhar, Prólogo 61

'Debido a que ellos aceptan el consejo DEL SABIO, Yo les perdono sus iniquidades y serán recibidos con gusto en Mi presencia'. Todo esto instruye Dios para aquéllos que se afanan en la Torá y, debido a esto, felices y dignos de encomio son aquéllos que estudian la Torá. Aquéllos que están ocupados en la Torá son grandes árboles en este mundo.
— El Zóhar, Balak 28:319

De las explicaciones anteriores, podemos ver que esta historia de la Biblia en particular contiene una energía única para ayudarnos a comprender la verdad. Si todos nos comprometemos a estudiar un poco más de lo habitual, nos ganaremos y obtendremos más felicidad, más entendimiento e incluso más milagros en nuestra vida.

SINOPSIS DE VAYISHLAJ

Vayishlaj significa "enviar lejos". Esta palabra engloba la energía y la conciencia requerida para soltar a alguien o a algo. A menudo, tenemos dificultades para desapegarnos de personas y situaciones negativas, pero esta historia en particular de Génesis nos da el poder para hacerlo.

PRIMERA LECTURA - AVRAHAM – JÉSED

[4] Entonces Yaakov envió mensajeros delante de sí a su hermano Esav, a la tierra de Seir, región de Edom.

[5] Y les dio órdenes, diciendo: "Así dirán a mi señor Esav: 'Así dice tu siervo Yaakov: He morado con Laván, y allí me he quedado hasta ahora.

[6] Tengo bueyes, asnos y rebaños, siervos y siervas; y envío a avisar a mi señor, para hallar gracia ante tus ojos'".

[7] Los mensajeros regresaron a Yaakov, diciendo: "Fuimos a tu hermano Esav, y él también viene a tu encuentro, y 400 hombres con él".

[8] Yaakov tuvo mucho temor y se angustió. Dividió en dos campamentos a la gente que estaba con él, y las ovejas, las vacas y los camellos, [9] y dijo: "Si Esav viene a un campamento y lo ataca, el campamento que queda escapará".

COMENTARIO DEL RAV

Esav quería matar a su hermano, pero no sabía cómo hacerlo. Él, muy a su pesar, sentía amor por su hermano. En Esav podemos ver la historia de todo un grupo de gente que nació no sólo para entregarse a la negatividad, sino para esforzarse en alcanzarla como se supone que debemos esforzarnos por alcanzar la rectitud. Hay un elemento de Esav en todos nosotros, un aspecto de nosotros que está plenamente decidido a ir en contra de nuestros mejores intereses. Cuando te dices a ti mismo: "Eh, ¿por qué no sale todo como yo quiero? ¿Por qué mi vida no va como se supone que debe ir?", está hablando el Esav dentro de ti. Cuando tienes sentimientos como este en tu corazón, eres uno con Esav.

Cuando Esav fue a agarrar el cuello de Yaakov, su intención nunca fue que Yaakov saliera vivo. Pero el poder de la negatividad de Esav no podía penetrar el escudo protector que Yaakov había adquirido. Yaakov había logrado dominar al ángel negativo y ahora era la Carroza de Israel. Este era su destino, y ahora estaba preparado para cumplirlo. Aquí también hay una lección para todos nosotros. Nosotros también necesitamos que el Lado Negativo nos ponga a prueba, y sólo si superamos esta prueba podremos convertirnos en las personas que estamos destinadas a ser. Debemos derrotar al Esav que está en nuestro interior para protegernos de cualquier fuerza malvada externa, hasta de la muerte misma.

Cuando Esav se acercó a Yaakov, algo cambió en el nivel metafísico, y ese cambio determinó la acción física que Esav pudo realizar. El cambio sucedió cuando Esav sintió la Luz que fluía al mundo físico a través de Yaakov. Cada pensamiento negativo que Esav tenía sobre cómo iba a tratar a Yaakov simplemente se evaporó. Él abrazó a Yaakov y lo amó, lo amó de verdad. El odio se convirtió en amor. Esta es una lección increíble que aprendí de mi maestro, quien la aprendió de su maestro.

PRIMERA LECTURA - AVRAHAM – JÉSED

וַיִּשְׁלַ֣ח 4 יַעֲקֹ֨ב יאהדונהי - אידהנויה מַלְאָכִים֙ לְפָנָ֔יו אֶל־עֵשָׂ֖ו אָחִ֑יו אַ֥רְצָה

אלהים דההין ע״ה שֵׂעִ֖יר שְׂדֵ֥ה אֱד֑וֹם: 5 וַיְצַ֣ו אֹתָ֗ם לֵאמֹ֔ר כֹּ֤ה הי תֹֽאמְרוּן֙

לַֽאדֹנִ֣י לכה לְעֵשָׂ֔ו כֹּ֥ה הי אָמַ֖ר עַבְדְּךָ֣ ד"ך יַעֲקֹ֑ב פוי יאהדונהי - אידהנויה עִם־לָבָ֣ן

גַּ֔רְתִּי וָאֵחַ֖ר עַד־עָֽתָּה: 6 וַֽיְהִי־לִי֙ שׁ֣וֹר אבגיתצ, ושר, אהבת חנם וַחֲמ֔וֹר צֹ֖אן

מלוי אהיה דיודין ע״ה וְעֶ֣בֶד וְשִׁפְחָ֑ה ג' מלוי אההו וָֽאֶשְׁלְחָה֙ לְהַגִּ֣יד לַֽאדֹנִ֔י לִמְצֹא־חֵ֖ן

מוזי בְּעֵינֶֽיךָ: 7 וַיָּשֻׁ֨בוּ֙ הַמַּלְאָכִ֔ים אֶֽל־יַעֲקֹ֖ב יאהדונהי - אידהנויה לֵאמֹ֑ר

בָּ֤אנוּ אֶל־אָחִ֨יךָ֙ אֶל־עֵשָׂ֔ו וְגַם֙ יגל הֹלֵ֣ךְ מ"ה לִקְרָֽאתְךָ֔ וְאַרְבַּע־מֵא֥וֹת

אִ֖ישׁ ע״ה קנ״א קס״א עִמּֽוֹ: 8 וַיִּירָ֧א יַעֲקֹ֛ב יאהדונהי - אידהנויה מְאֹ֖ד וַיֵּ֣צֶר ל֑וֹ וַיַּ֜חַץ

אֶת־הָעָ֣ם אֲשֶׁר־אִתּ֗וֹ וְאֶת־הַצֹּ֧אן מלוי אהיה דיודין ע״ה וְאֶת־הַבָּקָ֛ר וְהַגְּמַלִּ֖ים

לִשְׁנֵ֥י מַחֲנֽוֹת: 9 וַיֹּ֕אמֶר יוהך אִם־יָב֥וֹא עֵשָׂ֛ו אֶל־הַמַּחֲנֶ֥ה הָאַחַ֖ת וְהִכָּ֑הוּ

וַיִּשְׁלַח

Yaakov y Esav sirven como metáforas para enseñarnos hechos básicos de la vida. Como sabemos, en el ámbito físico la Luz y la oscuridad no pueden coexistir en el mismo lugar. Cuando traemos Luz a la oscuridad, la oscuridad debe desaparecer. No tiene otra opción. Pon una luz en un auditorio a oscuras, y por muy pequeña que sea esa luz, hará que la oscuridad desaparezca independientemente de cuál sea la proporción de la oscuridad con relación a esa luz. El mismo principio opera en todos los niveles del universo, ya se trate de una vela en un auditorio o de la transformación de Esav de una persona de odio en una de amor.

La Luz del *Zóhar* puede hacer más que protegernos de la oscuridad. Puede transformar literalmente el Lado Negativo en algo positivo.

Génesis 32:4 – Yaakov envió ángeles a su hermano, Esav. Los ángeles regresaron para decirle a Yaakov que Esav tenía 400 hombres — los cuales podemos entender que eran ángeles del mal— con él. La preparación estaba en marcha para la batalla entre el bien y el mal.

וַיַּחַץ

Génesis 32:8 – Yaakov dividió su campo en dos. Al hacerlo, esperaba que si una mitad de su gente moría, la otra mitad podría sobrevivir. La Biblia también dice que Yaakov estaba asustado y angustiado, y Rashi da una explicación a esto diciéndonos que Yaakov sentía miedo porque podían matarlo y angustia porque podía ser que él tuviera que matar a alguien. Por lo tanto, se aseguró de estar bien preparado. De esto aprendemos que, si bien nuestra primera prioridad debe ser siempre la dimensión espiritual, debemos ocuparnos también del ámbito físico.

10 Entonces Yaakov dijo: "¡Oh Dios de mi padre Avraham y Dios de mi padre Yitsjak, oh Eterno, que me dijiste: 'Vuelve a tu tierra y a tus familiares, y Yo te haré prosperar!'. 11 Indigno soy de toda misericordia y de toda la fidelidad que has mostrado a Tu siervo. Porque con sólo mi cayado crucé este Jordán, y ahora he llegado a tener dos campamentos. 12 Líbrame, Te ruego, de la mano de mi hermano, de la mano de Esav, porque yo le tengo miedo, no sea que venga y me hiera a mí y a las madres con los hijos. 13 Porque Tú me dijiste: 'De cierto te haré prosperar, y haré tu descendencia como la arena del mar que no se puede contar por su gran cantidad'".

SEGUNDA LECTURA - YITSJAK - GUEVURÁ

14 Yaakov pasó la noche allí. Entonces de lo que tenía consigo escogió un presente para su hermano Esav: 15 Doscientas cabras y veinte machos cabríos, doscientas ovejas y veinte carneros, 16 treinta camellas criando con sus crías, cuarenta vacas y diez novillos, veinte asnas y diez asnos. 17 Yaakov los entregó a sus siervos, cada manada aparte, y dijo a sus siervos: "Pasen delante de mí, y pongan un buen espacio entre manada y manada". 18 Y ordenó al primero: "Cuando mi hermano Esav te encuentre y te pregunte: ¿De quién eres y adónde vas, y de quién son estos animales que van delante de ti?'. 19 Entonces responderás: 'Son de tu siervo Yaakov. Es un presente enviado a mi señor Esav. Mire, él también viene detrás de nosotros'". 20 También dio órdenes al segundo y al tercero, y a todos los que iban tras las manadas, diciendo: "De esta manera hablarán a Esav cuando lo encuentren, 21 y dirán: 'Mira, tu siervo Yaakov también viene detrás de nosotros'". Pues dijo: "Lo apaciguaré con el presente que va delante de mí. Y después veré su rostro; quizá me acepte".

וַיֹּאמֶר

Génesis 32:10 – **Yaakov oró**. Frente al conflicto inminente con su hermano y las fuerzas del mal, Yaakov oró y recordó al Creador Su promesa de hacer que la descendencia de Yaakov fuera tan numerosa como los granos de arena en el desierto.

Esto nos recuerda que siempre que nos estemos enfrentando a algo potencialmente negativo, podemos transformarlo a través del poder de la oración. El *Zóhar* nos dice:

Ven y ve: La oración de Yaakov lo protegió de Esav, Y NO SU MÉRITO, porque deseó mantenerlo [su mérito] en reserva para sus descendientes y no gastarlo en servir a sus propias necesidades contra Esav. Por lo tanto oró a Dios y no dependió de su mérito para su rescate.
– El Zóhar, Vayishlaj 3:58

מִנְחָה

Génesis 32:14 – Yaakov ofreció un tributo a Esav enviándole una gran porción de sus rebaños. De la misma manera, nosotros siempre deberíamos dar algo al Lado Negativo, igual que damos un pequeño trozo de pan en *Shabat*. Al distraer a Satán con nuestros regalos, podemos obtener el control sobre el Lado Negativo.

De manera similar, en ese día DE YOM KIPUR, el Satán está listo para espiar en la tierra, y debemos enviar algo delante de él con lo cual esté ocupado. Mientras está ocupado con esto, dejará a los hijos de Yisrael solos.
– El Zóhar, Emor 34:243

וְהָיָה יהוה, יהה הַמַּחֲנֶה הַנִּשְׁאָר לִפְלֵיטָה: 10 וַיֹּאמֶר יַעֲקֹב יאהדונהי ~ אידהנויה

אֱלֹהֵי דמב, ילה אָבִי אַבְרָהָם וז״פ אל, רמ״ח וֵאלֹהֵי לכב, דמב, ילה אָבִי יִצְחָק ד״פ ב״ן

יְהֹוָה אהדונהי~אהדונהי הָאֹמֵר אֵלַי שׁוּב לְאַרְצְךָ וּלְמוֹלַדְתְּךָ וְאֵיטִיבָה עִמָּךְ: נמב

11 קָטֹנְתִּי מִכֹּל ילו הַחֲסָדִים ע״ב, ריבוע יהוה וּמִכָּל ילי הָאֱמֶת אהיה פעמים אהיה, ז״פ ס״ג

אֲשֶׁר עָשִׂיתָ אֶת־עַבְדֶּךָ פוי כִּי בְמַקְלִי עָבַרְתִּי אֶת־הַיַּרְדֵּן י״פ יהוה וד׳ אותיות

הַזֶּה ודו וְעַתָּה הָיִיתִי לִשְׁנֵי מַחֲנוֹת: 12 הַצִּילֵנִי נָא מִיַּד אָחִי מִיַּד עֵשָׂו

כִּי־יָרֵא אָנֹכִי אי״ע אֹתוֹ פֶּן־יָבוֹא וְהִכַּנִי אֵם יוהך עַל־בָּנִים: 13 וְאַתָּה אָמַרְתָּ

הֵיטֵב אֵיטִיב עִמָּךְ נמב וְשַׂמְתִּי אֶת־זַרְעֲךָ כְּחוֹל רבוע אהיה הַיָּם ילי אֲשֶׁר

לֹא־יִסָּפֵר מֵרֹב:

SEGUNDA LECTURA - YITSJAK - GUEVURÁ

14 וַיָּלֶן שָׁם בַּלַּיְלָה מלה הַהוּא וַיִּקַּח חועם מִן־הַבָּא מִנְחָה עה׳ ב״פ ב״ן בְּיָדוֹ

לְעֵשָׂו אָחִיו: 15 עִזִּים מָאתַיִם וּתְיָשִׁים עֶשְׂרִים רְחֵלִים מָאתַיִם וְאֵילִים

עֶשְׂרִים: 16 גְּמַלִּים מֵינִיקוֹת וּבְנֵיהֶם שְׁלֹשִׁים פָּרוֹת אַרְבָּעִים וּפָרִים

עֲשָׂרָה אֲתֹנֹת עֶשְׂרִים וַעְיָרִם עֲשָׂרָה: 17 וַיִּתֵּן י״פ מלוי ע״ב בְּיַד־עֲבָדָיו

עֵדֶר עֵדֶר לְבַדּוֹ מ״ב וַיֹּאמֶר אֶל־עֲבָדָיו עִבְרוּ לְפָנַי וְרֶוַח תָּשִׂימוּ בֵּין

עֵדֶר וּבֵין עֵדֶר: 18 וַיְצַו אֶת־הָרִאשׁוֹן לֵאמֹר כִּי יִפְגָשְׁךָ עֵשָׂו אָחִי

וּשְׁאֵלְךָ לֵאמֹר לְמִי ילו אַ֗תָּה וְאָנָה תֵלֵךְ וּלְמִי ילו אֵלֶּה לְפָנֶיךָ: ס״ג ~ מ״ה ~ ב״ן

19 וְאָמַרְתָּ לְעַבְדְּךָ פוי לְיַעֲקֹב יאהדונהי ~ אידהנויה מִנְחָה עה׳ ב״פ ב״ן הִוא שְׁלוּחָה

לַאדֹנִי לְעֵשָׂו וְהִנֵּה יג״ל גַם־הוּא יג״ל אַחֲרֵינוּ: 20 וַיְצַו גַּם אֶת־הַשֵּׁנִי גַּם

יג״ל אֶת־הַשְּׁלִישִׁי גַּם יג״ל אֶת־כָּל־ ילו הַהֹלְכִים מ״ה אַחֲרֵי הָעֲדָרִים לֵאמֹר

כַּדָּבָר ראה הַזֶּה ודו תְּדַבְּרוּן ראה אֶל־עֵשָׂו בְּמֹצַאֲכֶם אֹתוֹ: 21 וַאֲמַרְתֶּם גַּם

יג״ל הִנֵּה מ״ה יה עַבְדְּךָ פוי יַעֲקֹב יאהדונהי ~ אידהנויה אַחֲרֵינוּ כִּי־אָמַר אֲכַפְּרָה פָנָיו

²² *El obsequio pasó, pues, delante de él, y Yaakov durmió aquella noche en el campamento.* ²³ *Aquella misma noche Yaakov se levantó, y tomó a sus dos mujeres, a sus dos siervas y a sus once hijos, y cruzó el vado de Yabok.*

²⁴ *Después que los tomó y los hizo pasar el arroyo, hizo pasar también todo lo que tenía.* ²⁵ *Yaakov se quedó solo, y un hombre luchó con él hasta rayar el alba.*

²⁶ *Cuando vio que no podía prevalecer contra Yaakov, lo tocó en la coyuntura del muslo, y se dislocó la coyuntura del muslo de Yaakov mientras luchaba con él.*

²⁷ *Entonces el hombre dijo: "Suéltame porque raya el alba". "No te soltaré si no me bendices", le respondió Yaakov.* ²

⁸ *"¿Cómo te llamas?", le preguntó el hombre. "Yaakov", le respondió él.*

²⁹ *Y el hombre dijo: "Tu nombre ya no será Yaakov, sino Israel, porque has luchado con lo divino y con los hombres, y has prevalecido".* ³⁰ *Entonces Yaakov le dijo: "Dame a conocer ahora tu nombre". "¿Para qué preguntas por mi nombre?", le respondió el hombre. Y lo bendijo allí.*

TERCERA LECTURA - YAAKOV - TIFÉRET

³¹ *Y Yaakov le puso a aquel lugar el nombre de Peniel, porque dijo: "He visto a Dios cara a cara, y ha sido preservada mi vida".*

וַיֵּאָבֵק

Génesis 32:25 – Yaakov luchó contra un ángel que, según Rashi, era el Ángel de la Guarda de Esav. Esto representa la batalla entre el bien y el mal, y de ello aprendemos que lo que sucede en el plano físico es una manifestación de lo que sucede en el plano espiritual: como es Arriba, es Abajo. Se nos cuenta que Dios recordó al ángel los cinco grandes méritos de Yaakov, con lo cual el ángel vio que no podría vencer al hombre (*Shir HaShirim Rabá 3:5*).

בֵּרַכְתָּנִי

Génesis 32:27 – Cuando Yaakov ganó la batalla contra el ángel, le pidió a éste una bendición. Puesto que era el Ángel de la Guarda de Esav, la lección aquí está relacionada con la necesidad de que Esav soltara. Cuando Esav le pidió a su padre, Yitsjak, su bendición, sentía que Yaakov se la había robado y que él —Esav— todavía la merecía. A través de la derrota de su ángel, vemos que Esav puede al fin soltar el deseo de la bendición de su padre. Debido a que perdió la batalla contra Yaakov, el ángel de Esav renunció a la demanda de la bendición por parte de Esav.

יִשְׂרָאֵל

Génesis 32:29 – Cuando hubo finalizado la lucha, el ángel cambió el nombre de Yaakov por el de Israel, lo cual representa el ascenso de Yaakov a un nivel espiritual más elevado. El nombre Israel lo incluye todo verdaderamente. La *Yud* representa a Yaakov e Yitsjak; la *Shin* representa a Sará; la *Resh* representa a Rajel y Rivká; la *Álef* representa a Avraham y la *Lámed* representa a

בְּמַגְּנִזָה ע״ה ב״פ ב״ן הַהֹלֶכֶת לְפָנַי וחכמה ־ בינה וּמֵאַחֲרֵי־כֵן אֶרְאֶה פָּנָיו אוּלַי אום

יִשָּׂא פָנָי בינה ־ וחכמה 22 וַתַּעֲבֹר הַמִּנְחָה ע״ה ב״פ ב״ן עַל־פָּנָיו וְהוּא לָן בַּלַּיְלָה

הַהוּא בַּמַּחֲנֶה מלה 23 וַיָּקָם | בַּלַּיְלָה מלה הוּא וַיִּקַּח וחם אֶת־שְׁתֵּי נָשָׁיו

וְאֶת־שְׁתֵּי שִׁפְחֹתָיו וְאֶת־אַחַד אהבה, דאגה עָשָׂר יְלָדָיו וַיַּעֲבֹר רפ״ח, ע״ב ־ רי״ו

אֵת מַעֲבַר יַבֹּק יהוה ־ אלהים, יהוה ־ אהיה, יהוה ־ אדני 24 וַיִּקָּחֵם וחם וַיַּעֲבִרֵם אֶת־הַנָּחַל

וַיַּעֲבֵר רפ״ח, ע״ב ־ רי״ו אֶת־אֲשֶׁר־לוֹ: 25 וַיִּוָּתֵר יַעֲקֹב יאהדונהי ־ אידהנויה לְבַדּוֹ מ״ב

וַיֵּאָבֵק אִישׁ ע״ה קנ״א קס״א עִמּוֹ עַד עֲלוֹת הַשָּׁחַר: 26 וַיַּרְא כִּי לֹא יָכֹל

לוֹ וַיִּגַּע בְּכַף־יְרֵכוֹ וַתֵּקַע ב״פ בוזהר ־ י׳ אותיות כַּף־יֶרֶךְ יַעֲקֹב יאהדונהי ־ אידהנויה

בְּהֵאָבְקוֹ עִמּוֹ: 27 וַיֹּאמֶר שַׁלְּחֵנִי כִּי עָלָה הַשָּׁחַר וַיֹּאמֶר לֹא אֲשַׁלֵּחֲךָ

כִּי אִם בֵּרַכְתָּנִי יוהך ־ 28 וַיֹּאמֶר אֵלָיו מַה מ״ה ־שְּׁמֶךָ וַיֹּאמֶר יַעֲקֹב

יאהדונהי ־ אידהנויה 29 וַיֹּאמֶר לֹא יַעֲקֹב יאהדונהי ־ אידהנויה יֵאָמֵר עוֹד שִׁמְךָ כִּי

אִם יוהך ־ יִשְׂרָאֵל כִּי־שָׂרִיתָ עִם־אֱלֹהִים ילה, מום וְעִם־אֲנָשִׁים וַתּוּכָל:

30 וַיִּשְׁאַל יַעֲקֹב יאהדונהי ־ אידהנויה וַיֹּאמֶר הַגִּידָה־נָּא שְׁמֶךָ וַיֹּאמֶר לָמָּה זֶּה

תִּשְׁאַל לִשְׁמִי וַיְבָרֶךְ עסמ״ב אֹתוֹ שָׁם:

TERCERA LECTURA - YAAKOV - TIFÉRET

31 וַיִּקְרָא עם ה׳ אותיות = ב״פ קס״א יַעֲקֹב יאהדונהי ־ אידהנויה שֵׁם שדי יהוה יהוה הַמָּקוֹם יהוה ברבוע

פְּנִיאֵל כִּי־רָאִיתִי אֱלֹהִים ילה, מום פָּנִים ע״ב ס״ג מ״ה אֶל־פָּנִים ע״ב ס״ג מ״ה וַתִּנָּצֵל

Leá. Además, el nombre Israel representa a las Doce Tribus de Israel. Por lo tanto, a través de este único nombre podemos conectar con el poder de las matriarcas, los patriarcas y todas las Doce Tribus.

El Arí escribió:

Al llamar ahora a Yaakov por el nombre de Israel, Dios le daba una insinuación de que todos los patriarcas y las matriarcas estarían incluidos en el nombre Israel —las iniciales de Yitsjak, Yaakov, Sará, Rivká, Rajel, Avraham y Leá— pues él era el pilar de todos ellos.
— Los Escritos de Rav Yitsjak Luria

32 El Sol salía cuando Yaakov cruzaba Peniel, y cojeaba de su muslo.

33 Por eso, hasta hoy, los Israelitas no comen el tendón de la cadera que está en la coyuntura del muslo, porque el hombre tocó la coyuntura del muslo de Yaakov en el tendón de la cadera.

33 1 Cuando Yaakov alzó los ojos, vio que Esav venía y 400 hombres con él. Entonces dividió a los niños entre Leá y Rajel y las dos siervas.

2 Puso a las siervas con sus hijos delante, a Leá con sus hijos después, y a Rajel con Yosef en último lugar.

3 Entonces Yaakov se les adelantó, y se inclinó hasta el suelo siete veces hasta que llegó cerca de su hermano.

4 Esav corrió a su encuentro y lo abrazó, y echándose sobre su cuello lo besó, y ambos lloraron.

5 Esav alzó sus ojos y vio a las mujeres y a los niños, y dijo: "¿Quiénes son éstos que vienen contigo?". "Son los hijos que Dios en su misericordia ha concedido a tu siervo". respondió Yaakov.

CUARTA LECTURA - MOSHÉ – NÉTSAJ

6 Entonces se acercaron las siervas con sus hijos, y se inclinaron. *7* Leá también se acercó con sus hijos, y se inclinaron. Después Yosef se acercó con Rajel, y se inclinaron.

8 "¿Qué te propones con toda esta muchedumbre que he encontrado?". Preguntó Esav. "Hallar gracia ante los ojos de mi señor", respondió Yaakov.

9 Pero Esav dijo: "Tengo bastante, hermano mío. Sea tuyo lo que es tuyo".

צֹלֵעַ

Génesis 32:32 – Después de la lucha, Yaakov cojeaba por la ciática, ya que durante la batalla el ángel había golpeado a Yaakov en su nervio ciático. De los 365 tendones y nervios del cuerpo, Satán sólo tiene el control absoluto del nervio ciático, por lo que este era el único lugar en el cuerpo de Yaakov en el que el ángel podía penetrar y golpear.

וַיִּשָּׁקֵהוּ

Génesis 33:4 – La palabra *vayishakehu* (él lo besó) aparece en este versículo con puntos encima de cada una de sus letras. Esav corrió hacia Yaakov y lo besó. Rav Shimón bar Yojái nos dice que aunque Esav odiaba a Yaakov, en el preciso momento en que corrió a besarlo, en realidad lo amaba. Aunque Esav era totalmente negativo y Yaakov era totalmente positivo, el amor y la dignidad humana eran todavía posibles en su relación. Nosotros debemos intentar

נַפְשִׁי: 32 וַיִּזְרַח־לוֹ הַשֶּׁמֶשׁ ב"פ שׁ"ר כַּאֲשֶׁר עָבַר אֶת־פְּנוּאֵל וְהוּא צֹלֵעַ

עַל־יְרֵכוֹ: 33 עַל־כֵּן לֹא־יֹאכְלוּ בְנֵי־יִשְׂרָאֵל אֶת־גִּיד הַנָּשֶׁה אֲשֶׁר

עַל־כַּף הַיָּרֵךְ עַד הַיּוֹם נגד, זז, מזבח הַזֶּה והו כִּי נָגַע בְּכַף־יֶרֶךְ יַעֲקֹב

יאהדונהי - אידהנויה בְּגִיד הַנָּשֶׁה: 33 1 וַיִּשָּׂא יַעֲקֹב יאהדונהי - אידהנויה עֵינָיו רִיבוע מ"ה

וַיַּרְא וְהִנֵּה עֵשָׂו בָּא וְעִמּוֹ אַרְבַּע מֵאוֹת אִישׁ ע"ה קנ"א קס"א אֲיוֹ וַיַּחַץ אֶת־הַיְלָדִים

עַל־לֵאָה לאה (אלד ע"ה) וְעַל־רָחֵל רבוע ס"ג - ע"ב וְעַל שְׁתֵּי הַשְּׁפָחוֹת: 2 וַיָּשֶׂם

אֶת־הַשְּׁפָחוֹת וְאֶת־יַלְדֵיהֶן רִאשֹׁנָה וְאֶת־לֵאָה לאה (אלד ע"ה) וִילָדֶיהָ

אַחֲרֹנִים וְאֶת־רָחֵל רבוע ס"ג - ע"ב וְאֶת־יוֹסֵף ציון, קנאה, ר"פ יהוה, ה"פ אל אַחֲרֹנִים:

3 וְהוּא עָבַר לִפְנֵיהֶם וַיִּשְׁתַּחוּ אַרְצָה אלהים דההין ע"ה שֶׁבַע אלהים דיודין - ע"ב

פְּעָמִים עַד־גִּשְׁתּוֹ עַד־אָחִיו: 4 וַיָּרָץ עֵשָׂו לִקְרָאתוֹ וַיְחַבְּקֵהוּ וַיִּפֹּל

עַל־צַוָּארָו וַיִּשָּׁקֵהוּ וַיִּבְכּוּ: 5 וַיִּשָּׂא אֶת־עֵינָיו רִיבוע מ"ה וַיַּרְא אֶת־הַנָּשִׁים

וְאֶת־הַיְלָדִים וַיֹּאמֶר מִי ילי ־אֵלֶּה לָּךְ וַיֹּאמַר הַיְלָדִים אֲשֶׁר־חָנַן

אֱלֹהִים ילה, מום אֶת־עַבְדֶּךָ פוי:

CUARTA LECTURA - MOSHÉ – NÉTSAJ

6 וַתִּגַּשְׁןָ הַשְּׁפָחוֹת הֵנָּה מ"ה יה וְיַלְדֵיהֶן וַתִּשְׁתַּחֲוֶיןָ: 7 וַתִּגַּשׁ גַּם ־לֵאָה יגל

לאה (אלד ע"ה) וִילָדֶיהָ וַיִּשְׁתַּחֲווּ וְאַחַר נִגַּשׁ יוֹסֵף ציון, קנאה, ר"פ יהוה, ה"פ אל וְרָחֵל

רבוע ס"ג - ע"ב וַיִּשְׁתַּחֲווּ: 8 וַיֹּאמֶר מִי ילי לְךָ כָּל יל ־הַמַּחֲנֶה הַזֶּה והו אֲשֶׁר

פָּגָשְׁתִּי וַיֹּאמֶר לִמְצֹא־חֵן מחוי בְּעֵינֵי אֲדֹנִי רִיבוע מ"ה: 9 וַיֹּאמֶר עֵשָׂו יֶשׁ־לִי

emular estos sentimientos positivos por quienes nos rodean, y los puntos encima de la palabra *vayishakehu* nos dan la energía y la fuerza para hacerlo.

Puesto que la misma raíz *Nun-Shin-Kof* también significa "ser encendido, iluminado o prendido",

podemos pensar en la posibilidad de que el alma de Yaakov activó la Luz para su hermano y de esta forma causó el amor que llenó a Esav en aquel momento. Nuestras propias sensibilidades pueden a menudo catalizar las sensibilidades de los demás.

¹⁰ Pero Yaakov respondió: "No, te ruego que si ahora he hallado gracia ante tus ojos, tomes el presente de mi mano, porque veo tu rostro como uno ve el rostro del ser divino, y me has recibido favorablemente".

¹¹ "Acepta, te ruego, el presente que se te ha traído, pues Dios me ha favorecido, y porque yo tengo mucho". Y le insistió, y él lo aceptó.

¹² Entonces Esav dijo: "Pongámonos en marcha y vámonos; yo iré delante de ti".

¹³ Pero él le dijo: "Mi señor sabe que los niños son tiernos, y que debo cuidar de las ovejas y las vacas que están criando. Si los apuramos mucho, en un solo día todos los rebaños morirán".

¹⁴ Adelántese ahora mi señor a su siervo; y yo avanzaré sin prisa, al paso del ganado que va delante de mí, y al paso de los niños, hasta que llegue a mi señor en Seir".

¹⁵ Y Esav dijo: "Permíteme dejarte parte de la gente que está conmigo". "¿Para qué? Halle yo gracia ante los ojos de mi señor", le respondió Yaakov.

¹⁶ Aquel mismo día regresó Esav por su camino a Seir.

¹⁷ Yaakov siguió hasta Sucot. Allí se edificó una casa e hizo cobertizos para su ganado. Por eso al lugar se le puso el nombre de Sucot.

¹⁸ Yaakov llegó sin novedad a la ciudad de Shejem, que está en la tierra de Canaán, cuando vino de Padán Aram, y acampó frente a la ciudad.

¹⁹ Y la parcela de campo donde había plantado su tienda se la compró a los hijos de Jamor, padre de Shejem, por cien monedas.

²⁰ Allí levantó un altar, y lo llamó: El Elohei Israel.

וְלָקַחְתָּ

Génesis 33:10 – Yaakov quería darle todo a Esav, pero Esav no quería aceptar tanto. Sin embargo, Yaakov sabía que Satán, el Lado Negativo, tenía que recibir algo, y que al dar a Esav, Yaakov podría controlar cuánto se llevaba Satán. Hay una vieja frase que habla sobre "pagar la deuda a Satán". Lo que esto significa en realidad es que el Lado Negativo siempre toma una parte de lo que hacemos, no importa qué. Si nos resistimos a este proceso, le hacemos posible a Satán que tome todavía más y quizá se lo lleve todo.

שְׁכֶם

Génesis 33:18 – Yaakov llegó a la ciudad de Shejem (ahora Nablus), donde compró una porción de tierra que finalmente sería la tumba de Yosef. Este punto es un lugar con una energía muy elevada, pero no es el hecho de que Yosef esté enterrado allí lo que lo convierte en sagrado, puesto que lo físico no puede ser nunca una causa de lo espiritual. El nivel de la semilla —la causa— de todo es siempre espiritual. Yosef fue enterrado en este sitio porque es un lugar con energía poderosa.

רְבָ אוֹזֹי יְהִי לְךָ אֲשֶׁר־לָךְ: 10 וַיֹּאמֶר יַעֲקֹב אֱלֹהֵינוּ ואדהנויה ← אֲדֹנָי אַל־נָא אִם

נָא מָצָאתִי חֵן בְּעֵינֶיךָ ע"ה קס"א וְלָקַחְתָּ מִנְחָתִי מִיָּדִי כִּי עַל־כֵּן

רָאִיתִי פָנֶיךָ ס"ג מ"ה ב"ן כִּרְאֹת פְּנֵי אֱלֹהִים חכמה ← בינה יל"ה מום וַתִּרְצֵנִי:

11 קַח־נָא אֶת־בִּרְכָתִי אֲשֶׁר הֻבָאת לָךְ כִּי־חַנַּנִי אֱלֹהִים יל"ה מום וְכִי

יֶשׁ־לִי־כֹל ילי וַיִּפְצַר־בּוֹ וַיִּקָּח: 12 וַיֹּאמֶר נִסְעָה וְנֵלֵכָה וְאֵלְכָה

לְנֶגְדֶּךָ חז, מזבח: 13 וַיֹּאמֶר אֵלָיו אֲדֹנִי יֹדֵעַ כִּי־הַיְלָדִים רַכִּים וְהַצֹּאן

מלוי אהיה דיודין ע"ה וְהַבָּקָר עָלוֹת עָלָי וּדְפָקוּם יוֹם נגד, חז, מזבח אָחָד אהבה, דאגה

וָמֵתוּ כָּל־הַצֹּאן ילי מלוי אהיה דיודין ע"ה: 14 יַעֲבָר־נָא אֲדֹנִי לִפְנֵי עַבְדּוֹ וַאֲנִי

אני אֶתְנַהֲלָה לְאִטִּי לְרֶגֶל עסמ"ב ע"ה הַמְּלָאכָה אֲשֶׁר־לְפָנַי וּלְרֶגֶל עסמ"ב ע"ה

הַיְלָדִים עַד אֲשֶׁר־אָבֹא אֶל־אֲדֹנִי שֵׂעִירָה: 15 וַיֹּאמֶר עֵשָׂו אַצִּיגָה־נָּא

עִמְּךָ נמ מִן־הָעָם אֲשֶׁר אִתִּי וַיֹּאמֶר לָמָּה זֶּה אֶמְצָא־חֵן מזוי בְּעֵינֵי

ריבוע מ"ה אֲדֹנִי: 16 וַיָּשָׁב בַּיּוֹם נגד, חז, מזבח הַהוּא עֵשָׂו לְדַרְכּוֹ שֵׂעִירָה:

17 וְיַעֲקֹב יאהדונהי ← ואדהנויה נָסַע סֻכֹּתָה וַיִּבֶן לוֹ בָּיִת ב"פ ראה וּלְמִקְנֵהוּ עָשָׂה

סֻכֹּת עַל־כֵּן קָרָא שֵׁם שדי יהוה הַמָּקוֹם יהוה ברבוע סֻכּוֹת: [ס] 18 וַיָּבֹא יַעֲקֹב

יאהדונהי ← ואדהנויה שָׁלֵם ע"ע עִיר בן־זהר, ערי, סנדלפון שְׁכֶם אֲשֶׁר בְּאֶרֶץ אלהים דאלפין

כְּנַעַן בְּבֹאוֹ מִפַּדַּן אֲרָם וַיִּחַן אֶת־פְּנֵי הָעִיר בן־זהר, ערי, סנדלפון בינה ← חכמה:

19 וַיִּקֶן אֶת־חֶלְקַת הַשָּׂדֶה אֲשֶׁר נָטָה־שָׁם אָהֳלוֹ מִיַּד בְּנֵי־חֲמוֹר

אֲבִי שְׁכֶם בְּמֵאָה מלוי ע"ב, דמב קְשִׂיטָה: 20 וַיַּצֶּב־שָׁם מִזְבֵּחַ חז, נגד וַיִּקְרָא

עם ה' אותיות = ב"פ קס"א לוֹ אֵל יי א"י אֱלֹהֵי דמב, ילה יִשְׂרָאֵל: [ס]

QUINTA LECTURA - AHARÓN – HOD

34 ¹ Y Dina, la hija de Leá, a quien ésta había dado a luz a Yaakov, salió a visitar a las hijas de la tierra. ² Cuando la vio Shejem, hijo de Jamor el jeveo, príncipe de la tierra, se la llevó y se acostó con ella y la violó. ³ Pero él se enamoró de Dina, hija de Yaakov, y amó a la joven y le habló tiernamente.

⁴ Entonces Shejem habló a su padre Jamor, diciendo: "Consígueme a esta muchacha por mujer". ⁵ Y Yaakov oyó que Shejem había deshonrado a su hija Dina, pero como sus hijos estaban con el ganado en el campo, Yaakov guardó silencio hasta que ellos llegaran.

⁶ Jamor, padre de Shejem, salió a donde Yaakov para hablar con él. ⁷ Y los hijos de Yaakov regresaron del campo al oírlo. Y aquellos hombres estaban muy tristes e irritados en gran manera porque Shejem había cometido una terrible ofensa en Israel acostándose con la hija de Yaakov, pues tal cosa no debe hacerse.

⁸ Pero Jamor habló con ellos: "El alma de mi hijo Shejem anhela a la hija de ustedes. Les ruego que se la den por mujer".

⁹ "Enlácense con nosotros en matrimonios. Dennos sus hijas y tomen las nuestras para ustedes". ¹⁰ "Así morarán con nosotros, y la tierra estará a su disposición. Habiten y comercien y adquieran propiedades en ella".

¹¹ Dijo también Shejem al padre y a los hermanos de ella: "Si hallo gracia ante sus ojos, les daré lo que me digan".

¹² "Pídanme cuanta dote y presentes quieran y les daré conforme a lo que me digan, pero denme a la joven por mujer". ¹³ Pero los hijos de Yaakov respondieron a Shejem y a su padre Jamor y les hablaron con engaño, porque Shejem había deshonrado a su hermana Dina.

¹⁴ Y les dijeron: "No podemos hacer tal cosa, dar nuestra hermana a un hombre no circuncidado, pues para nosotros eso es una deshonra". ¹⁵ "Sólo con esta condición los complaceremos: si ustedes se hacen como nosotros, circuncidándose cada uno de sus varones;

¹⁶ entonces sí les daremos nuestras hijas, y tomaremos sus hijas para nosotros, y moraremos con ustedes y seremos un solo pueblo".

וַתִּתְּנוּ–לִי

Génesis 34:12 – Shejem (con el mismo nombre que la ciudad), hijo de Jamor, el príncipe de la región, quería casarse con Dina, la hija de Yaakov y Leá, después de haberla violado. A Shejem le dijeron que podía casarse con Dina sólo si primero circuncidaba a todos los hombres de su ciudad.

QUINTA LECTURA - AHARÓN – HOD

34 1 וַתֵּצֵ֤א דִינָה֙ בַּת־לֵאָ֔ה לאה (אלד ע״ה) אֲשֶׁ֥ר יָלְדָ֖ה לְיַעֲקֹ֑ב יאהדונהי • אידהנויה

לִרְא֖וֹת בִּבְנ֥וֹת הָאָֽרֶץ׃ אלהים דההין ע״ה 2 וַיַּ֨רְא אֹתָ֜הּ שְׁכֶ֧ם בֶּן־חֲמ֛וֹר הַֽחִוִּ֖י

נְשִׂ֣יא הָאָ֑רֶץ אלהים דההין ע״ה וַיִּקַּ֥ח וזוזם אֹתָ֛הּ וַיִּשְׁכַּ֥ב אֹתָ֖הּ וַיְעַנֶּֽהָ׃ 3 וַתִּדְבַּ֣ק

נַפְשׁ֔וֹ בְּדִינָ֖ה בַּת־יַעֲקֹ֑ב יאהדונהי • אידהנויה וַיֶּֽאֱהַב֙ אֶת־הַֽנַּעֲרָ֔ וַיְדַבֵּ֖ר ראה עַל־לֵ֥ב

הַֽנַּעֲרָֽ׃ 4 וַיֹּ֣אמֶר שְׁכֶ֔ם אֶל־חֲמ֥וֹר אָבִ֖יו לֵאמֹ֑ר קַֽח־לִ֛י אֶת־הַיַּלְדָּ֥ה

הַזֹּ֖את לְאִשָּֽׁה׃ 5 וְיַעֲקֹ֣ב יאהדונהי • אידהנויה שָׁמַ֗ע כִּ֤י טִמֵּא֙ אֶת־דִּינָ֣ה בִתּ֔וֹ

וּבָנָ֛יו הָי֥וּ אֶת־מִקְנֵ֖הוּ בַּשָּׂדֶ֑ה וְהֶחֱרִ֥שׁ יַעֲקֹ֖ב יאהדונהי • אידהנויה עַד־בֹּאָֽם׃

6 וַיֵּצֵ֛א חֲמ֥וֹר אֲבִֽי־שְׁכֶ֖ם אֶֽל־יַעֲקֹ֑ב יאהדונהי • אידהנויה לְדַבֵּ֥ר ראה אִתּֽוֹ׃ 7 וּבְנֵ֣י

יַעֲקֹ֗ב יאהדונהי • אידהנויה בָּ֤אוּ מִן־הַשָּׂדֶה֙ שדי כְּשָׁמְעָ֔ם וַיִּֽתְעַצְּבוּ֙ הָֽאֲנָשִׁ֔ים

וַיִּ֥חַר לָהֶ֖ם מְאֹ֑ד מ״ה כִּֽי־נְבָלָ֞ה עָשָׂ֣ה בְיִשְׂרָאֵ֗ל לִשְׁכַּב֙ אֶת־בַּֽת־יַעֲקֹ֔ב

יאהדונהי • אידהנויה וְכֵ֖ן לֹ֥א יֵעָשֶֽׂה׃ 8 וַיְדַבֵּ֥ר ראה חֲמ֖וֹר אִתָּ֣ם לֵאמֹ֑ר שְׁכֶ֣ם

בְּנִ֗י חָֽשְׁקָ֤ה נַפְשׁוֹ֙ בְּבִתְּכֶ֔ם תְּנ֨וּ נָ֥א אֹתָ֛הּ ל֖וֹ לְאִשָּֽׁה׃ 9 וְהִֽתְחַתְּנ֖וּ

אֹתָ֑נוּ בְּנֹֽתֵיכֶם֙ תִּתְּנוּ־לָ֔נוּ אלהים, מום וְאֶת־בְּנֹתֵ֖ינוּ תִּקְח֥וּ לָכֶֽם׃ 10 וְאִתָּ֖נוּ

תֵּשֵׁ֑בוּ וְהָאָ֙רֶץ֙ אלהים דההין ע״ה תִּֽהְיֶ֣ה לִפְנֵיכֶ֔ם שְׁבוּ֙ וּסְחָר֔וּהָ וְהֵֽאָחֲז֖וּ בָּֽהּ׃

11 וַיֹּ֤אמֶר שְׁכֶם֙ אֶל־אָבִ֣יהָ וְאֶל־אַחֶ֔יהָ אֶמְצָא־חֵ֖ן בְּעֵֽינֵיכֶ֑ם מזי ריבוע מ״ה

וַאֲשֶׁ֥ר תֹּאמְר֛וּ אֵלַ֖י אֶתֵּֽן׃ 12 הַרְבּ֨וּ עָלַ֤י מְאֹד֙ מ״ה מֹ֣הַר וּמַתָּ֔ן וְאֶ֨תְּנָ֔ה

כַּאֲשֶׁ֥ר תֹּאמְר֖וּ אֵלָ֑י נתה, קס״א • קנ״א • קמ״ג וּתְנוּ־לִ֥י אֶת־הַֽנַּעֲרָ֖ לְאִשָּֽׁה׃

13 וַיַּעֲנ֨וּ בְנֵֽי־יַעֲקֹ֜ב יאהדונהי • אידהנויה אֶת־שְׁכֶ֨ם וְאֶת־חֲמ֥וֹר אָבִ֛יו בְּמִרְמָ֖ה

וַיְדַבֵּ֑רוּ ראה אֲשֶׁ֣ר טִמֵּ֔א אֵ֖ת דִּינָ֥ה אֲחֹתָֽם׃ 14 וַיֹּאמְר֣וּ אֲלֵיהֶ֗ם לֹ֤א נוּכַל֙

לַעֲשׂוֹת֙ הַדָּבָ֣ר ראה הַזֶּ֔ה וד לָתֵת֙ אֶת־אֲחֹתֵ֔נוּ לְאִ֖ישׁ ע״ה קנ״א קס״א אֲשֶׁר־ל֣וֹ

עָרְלָ֑ה כִּֽי־חֶרְפָּ֥ה ה֖וּא לָ֑נוּ אלהים, מום׃ 15 אַ֣ךְ אהיה ־בְּזֹ֖את נֵא֣וֹת לָכֶ֑ם אִ֚ם

תִּהְי֣וּ יוהך כָמֹ֔נוּ לְהִמֹּ֥ל לָכֶ֖ם כָּל־זָכָֽר כל ילי ׃ 16 וְנָתַ֤נּוּ אֶת־בְּנֹתֵ֙ינוּ֙ לָכֶ֗ם

¹⁷ "Pero si no nos escuchan, y no se circuncidan, entonces tomaremos a nuestra hija y nos iremos".

¹⁸ Sus palabras parecieron razonables a Jamor y a Shejem, hijo de Jamor.

¹⁹ El joven, pues, no tardó en hacerlo porque estaba enamorado de la hija de Yaakov. Y él era el más respetado de toda la casa de su padre.

²⁰ Entonces Jamor y su hijo Shejem vinieron a la puerta de su ciudad, y hablaron a los hombres de la ciudad:

²¹ "Estos hombres están en paz con nosotros; déjenlos, pues, morar en la tierra y comerciar en ella, porque vean, la tierra es bastante amplia para ellos. Tomemos para nosotros a sus hijas por mujeres y démosles nuestras hijas".

²² "Pero sólo con esta condición consentirán ellos en morar con nosotros para que seamos un solo pueblo: que se circuncide todo varón entre nosotros, como ellos están circuncidados".

²³ "¿No serán nuestros su ganado y sus propiedades y todos sus animales? Consintamos sólo en esto, y morarán con nosotros".

²⁴ Y escucharon a Jamor y a su hijo Shejem todos los que salían por la puerta de la ciudad, y fue circuncidado todo varón: todos los que salían por la puerta de la ciudad.

²⁵ Pero sucedió que al tercer día, cuando estaban con más dolor, dos hijos de Yaakov, Shimón y Leví, hermanos de Dina, tomaron cada uno su espada y entraron en la ciudad, que estaba desprevenida, y mataron a todo varón.

²⁶ Mataron también a Jamor y a su hijo Shejem a filo de espada, y tomaron a Dina de la casa de Shejem, y salieron.

²⁷ Después vinieron los hijos de Yaakov, pasaron sobre los muertos y saquearon la ciudad, porque ellos habían deshonrado a su hermana.

וַיְהִי

Génesis 34:25 – En el tercer día después de la circuncisión, cuando el dolor de los hombres de Shejem era más intenso, Shimón y Leví, los hermanos de Dina, mataron a todos los hombres recientemente circuncidados.

Ya hemos aprendido que Shimón personificaba la cualidad del juicio severo, y que Leví era su segundo en esta materia. (De hecho, la palabra *leví* significa "secundario" o "adjunto"). El *Zóhar* dice:

> *Éstos son Shimón y Leví, quienes eran hermanos en todos los aspectos, porque ambos venían del lado del Juicio Severo, y su enojo era por lo tanto un enojo asesino, como está escrito: "¡Maldito sea su enojo porque es violento, y su furia se endureció…!" (Génesis 49:7).*
> *– El Zóhar, Vayeshev 12:109*

וְאֶת־בְּנֹתֵיכֶם נִקַּח־לָנוּ אלהים, מום וַיִּשְׁבוּ אִתְּכֶם וְהָיִינוּ לְעַם עלב אֶחָד

17 וְאִם יוהך ־לֹא תִשְׁמְעוּ אֵלֵינוּ לְהִמּוֹל וְלָקַחְנוּ אֶת־בִּתֵּנוּ אהבה, דאגה:

וְהָלָכְנוּ מיה: 18 וַיִּיטְבוּ דִבְרֵיהֶם רְאה בְּעֵינֵי רביע מ״ה חֲמוֹר וּבְעֵינֵי רביע מ״ה

שְׁכֶם בֶּן־חֲמוֹר: 19 וְלֹא־אֵחַר הַנַּעַר עיך לַעֲשׂוֹת הַדָּבָר רְאה כִּי חָפֵץ

בְּבַת־יַעֲקֹב יאהדונהי - אידהנויה וְהוּא נִכְבָּד מִכֹּל יל בֵּית בּ״פ ראה אָבִיו:

20 וַיָּבֹא חֲמוֹר וּשְׁכֶם בְּנוֹ אֶל־שַׁעַר עִירָם בזוהר, ערי, סנדלפו״ן וַיְדַבְּרוּ רְאה

אֶל־אַנְשֵׁי עִירָם בזוהר, ערי, סנדלפו״ן לֵאמֹר: 21 הָאֲנָשִׁים הָאֵלֶּה שְׁלֵמִים הֵם

אִתָּנוּ וְיֵשְׁבוּ בָאָרֶץ אלהים דאלפין וְיִסְחֲרוּ אֹתָהּ וְהָאָרֶץ אלהים דההן ע״ה הִנֵּה

רַחֲבַת־יָדַיִם לִפְנֵיהֶם אֶת־בְּנֹתָם נִקַּח־לָנוּ אלהים, מום לְנָשִׁים וְאֶת־בְּנֹתֵינוּ

נִתֵּן לָהֶם: 22 אַךְ אהיה ־בְּזֹאת יֵאֹתוּ לָנוּ אלהים, מום הָאֲנָשִׁים לָשֶׁבֶת אִתָּנוּ

לִהְיוֹת לְעַם עלב אֶחָד אהבה, דאגה בְּהִמּוֹל לָנוּ אלהים, מום כָּל יל ־זָכָר כַּאֲשֶׁר

הֵם נִמֹּלִים: 23 מִקְנֵהֶם וְקִנְיָנָם וְכָל יל ־בְּהֶמְתָּם הֲלוֹא לָנוּ אלהים, מום הֵם

אַךְ אהיה נֵאוֹתָה לָהֶם וְיֵשְׁבוּ אִתָּנוּ: 24 וַיִּשְׁמְעוּ אֶל־חֲמוֹר וְאֶל־שְׁכֶם

בְּנוֹ כָּל יל ־יֹצְאֵי שַׁעַר עִירוֹ בזוהר, ערי, סנדלפו״ן וַיִּמֹּלוּ כָּל יל ־זָכָר כָּל יל ־יֹצְאֵי

שַׁעַר עִירוֹ בזוהר, ערי, סנדלפו״ן: 25 $\boxed{\text{וַיְהִי}}$ אל בַּיּוֹם נגד, זן, מזבח הַשְּׁלִישִׁי בִּהְיוֹתָם

כֹּאֲבִים וַיִּקְחוּ שְׁנֵי־בְנֵי־יַעֲקֹב יאהדונהי - אידהנויה שִׁמְעוֹן וְלֵוִי דמב, מלוי ע״ב

אֲחֵי דִינָה אִישׁ ע״ה קנ״א קס״א וְזֻגורה חַרְבּוֹ רי״ו, גבורה וַיָּבֹאוּ עַל־הָעִיר בזוהר, ערי, סנדלפו״ן

בֶּטַח וַיַּהַרְגוּ כָּל יל ־זָכָר: 26 וְאֶת־חֲמוֹר וְאֶת־שְׁכֶם בְּנוֹ הָרְגוּ

לְפִי־חָרֶב וַיִּקְחוּ אֶת־דִּינָה וזעם מִבֵּית בּ״פ ראה שְׁכֶם וַיֵּצֵאוּ: 27 בְּנֵי יַעֲקֹב

Aunque Shejem era conocido por ser un lugar de energías negativas y vivían en él muchas personas negativas, el ataque fue llevado a cabo sin la ayuda de los otros hermanos. La circuncisión de los hombres de Shejem simboliza la necesidad de expiación y purificación antes de la muerte, y la historia completa nos muestra cómo los actos malvados atraen un juicio severo sin misericordia. Las muertes que ocurrieron fueron una limpieza

de juicio para toda la ciudad de Shejem. Hay algunas personas que son totalmente negativas, y aunque ninguno de nosotros puede determinar quiénes son, Yaakov y sus hijos estaban capacitados para hacer este juicio.

Ellos sabían exactamente quién necesitaba ser eliminado para que ocurriera la limpieza, y llevaron a cabo esta tarea.

²⁸ Y se llevaron sus ovejas, sus vacas y sus asnos, lo que había en la ciudad y lo que había en el campo. ²⁹ También se llevaron cautivos a todos sus pequeños y a sus mujeres, y saquearon todos sus bienes y todo lo que había en las casas. ³⁰ Entonces Yaakov dijo a Shimón y a Leví: "Ustedes me han traído dificultades, haciéndome odioso entre los habitantes del país, entre los Cananeos y los Ferezeos. Como mis hombres son pocos, ellos se juntarán contra mí y me atacarán, y seré destruido yo y mi casa". ³¹ Pero ellos dijeron: "¿Había de tratar él a nuestra hermana como a una ramera?".

35 ¹ Entonces Dios dijo a Yaakov: "Levántate, sube a Bet-El y habita allí. Haz allí un altar a Dios, que se te apareció cuando huías de tu hermano Esav". ² Y Yaakov dijo a los de su casa y a todos los que estaban con él: "Quiten los dioses extranjeros que hay entre ustedes. Puríííquense y cámbiense los vestidos". ³ "Levantémonos, y subamos a Bet-El; y allí haré un altar a Dios, quien me respondió en el día de mi angustia, y que ha estado conmigo en el camino por donde he andado".⁴ Entregaron, pues, a Yaakov todos los dioses extranjeros que tenían en su poder y los pendientes que tenían en sus orejas; y Yaakov los escondió debajo de la encina que estaba junto a Shejem. ⁵ Al continuar el viaje, hubo gran terror en las ciudades alrededor de ellos, y no persiguieron a los hijos de Yaakov. ⁶ Llegó Yaakov a Luz, es decir, Bet-El, que está en la tierra de Canaán, él y todo el pueblo que estaba con él.⁷ Edificó allí un altar, y llamó al lugar El Bet-El, porque allí Dios se le había manifestado cuando huía de su hermano. ⁸ Débora, nodriza de Rivká, murió y fue sepultada al pie de Bet-El, debajo de la encina. Esta fue llamada Alón Bacut.

עֲלֵה

Génesis 35:1 – Regreso a la Tierra de Israel.
Dios le dijo a Yaakov que regresara al lugar donde tuvo el sueño de los ángeles que subían y bajaban por la escalera. Este era el lugar donde el Templo fue construido posteriormente. Pero antes, Yaakov tenía que hacer algo con respecto a los ídolos que la gente estaba adorando.

וַיִּטְמֹן

Génesis 35:4 – Antes de que Yaakov se llevara a todos a Israel, ordenó a toda su familia que se deshiciera de sus ídolos. En este caso, él estaba tratando con la eliminación de los ídolos físicos que la gente adoraba, pero el significado de la idolatría es a menudo muy simplificado. El concepto es más amplio que la mera adoración de estatuas o espíritus de la naturaleza. Las formas de idolatría más prevalentes y negativas son aquellas que incluyen la devoción a cosas como el ego, el poder, el control y la riqueza. Cuando hay algo en nuestra vida que es más importante para nosotros que nuestra devoción a la Luz del Creador, estamos tomando parte en la idolatría.

וַתָּמָת

Génesis 35:8 – *Devorá, nodriza de Rivká, murió y fue sepultada.* La Biblia afirma abruptamente que la nodriza de Rivká murió. Sin embargo, nuestros sabios explican que en realidad fue Rivká la que murió, pero Yaakov no estaba presente para honrarla en el momento de su muerte. A Yaakov se le dio permiso para estar ausente porque estaba ocupado con la importante tarea espiritual de luchar contra el ángel de Esav.

Hay ocasiones en las que no podemos cumplir con ciertas obligaciones porque tenemos otras tareas más apremiantes. A veces un propósito espiritual más elevado nos aleja de nuestras responsabilidades cotidianas, y es este propósito espiritual más elevado el que debe ser siempre prioritario. También hay ocasiones en las que Satán hace que nos saltemos una obligación, y una vez lo ha conseguido, nos hace sentir culpables por ello.

יאהדונהי ⟵ אידהנויה בָּ֣אוּ עַל־הַֽחֲלָלִ֔ים וַיָּבֹ֖זּוּ הָעִ֑יר בֿﺟֿזֿﻫ֔ר, עﺮﻳ, ﺳﻧﺩﻟﭘﻳﻥ אֲשֶׁ֥ר טִמְּא֖וּ

אֲחוֹתָֽם: 28 אֶת־צֹאנָ֤ם וְאֶת־בְּקָרָם֙ וְאֶת־חֲמֹ֣רֵיהֶ֔ם וְאֵ֥ת אֲשֶׁר־בָּעִ֖יר

בֿﺟֿזֿﻫ֔ר, עﺮﻳ, ﺳﻧﺩﻟﭘﻳﻥ וְאֶת־אֲשֶׁ֥ר בַּשָּׂדֶ֖ה לָקָֽחוּ: 29 וְאֶת־כָּל־ﻳﻠﻲ ־חֵילָ֣ם וﻣﺏ וְאֶת־כָּל־

ﻳﻠﻲ ־טַפָּ֤ם וְאֶת־נְשֵׁיהֶם֙ שָׁב֣וּ וַיָּבֹ֑זּוּ וְאֵ֖ת כָּל־ ﻳﻠﻲ ־אֲשֶׁ֥ר בַּבָּֽיִת: בֿ״פ ﺭﺍﻫ:

30 וַיֹּ֨אמֶר יַעֲקֹ֜ב יﺍﻫﺩﻭﻧﻫﻲ ⟵ ﺍﻳﺩﻫﻧﻭﻳﻫ אֶל־שִׁמְע֣וֹן וְאֶל־לֵוִי֮ ﺩﻣﺏ, ﻣﻠﻲ ע״ﺏ עֲכַרְתֶּ֣ם

אֹתִי֒ לְהַבְאִישֵׁ֙נִי֙ בְּיֹשֵׁ֣ב הָאָ֔רֶץ ﺍﻟﻫﻳﻡ ﺩﻫﻫﻳﻥ ע״ﻫ בַּֽכְּנַעֲנִ֖י וּבַפְּרִזִּ֑י וַאֲנִי֙

ﺍﻧﻲ, ﺏ״פ ﺍﻫﻳﻫ ⟵ ﻳﻫﻭﻫ מְתֵ֣י מִסְפָּ֔ר וְנֶאֶסְפ֤וּ עָלַי֙ וְהִכּ֔וּנִי וְנִשְׁמַדְתִּ֖י אֲנִ֣י ﺍﻧﻲ וּבֵיתִֽי׃

ﺏ״פ ﺭﺍﻫ: 31 וַיֹּאמְר֑וּ הַכְזוֹנָ֕ה יַעֲשֶׂ֖ה אֶת־אֲחוֹתֵֽנוּ׃ [פ] 35 1 וַיֹּ֤אמֶר אֱלֹהִים֙

ﻳﻠﻫ, ﻣﻭﻡ אֶֽל־יַעֲקֹ֔ב יﺍﻫﺩﻭﻧﻫﻲ ⟵ ﺍﻳﺩﻫﻧﻭﻳﻫ ק֥וּם עֲלֵ֛ה בֵּֽית ﺏ״פ ﺭﺍﻫ ־אֵ֖ל וְשֶׁב־שָׁ֑ם

וַעֲשֵׂה־שָׁ֣ם מִזְבֵּ֔חַ ﻫﻥ, ﻧﺟﺩ לָאֵל֙ יﺍﻫ״ﻲ הַנִּרְאֶ֣ה אֵלֶ֔יךָ ﺍﻧﻲ בְּבָרְחֲךָ֔ מִפְּנֵ֖י ﺑﻳﻧﻫ ⟵ ﺣﻛﻣﻫ

עֵשָׂ֥ו אָחִֽיךָ׃ 2 וַיֹּ֤אמֶר יַעֲקֹב֙ יﺍﻫﺩﻭﻧﻫﻲ ⟵ ﺍﻳﺩﻫﻧﻭﻳﻫ אֶל־בֵּית֔וֹ ﺏ״פ ﺭﺍﻫ וְאֶ֖ל כָּל־ ﻳﻠﻲ

־אֲשֶׁ֣ר עִמּ֑וֹ הָסִ֜רוּ אֶת־אֱלֹהֵ֤י ﺩﻣﺏ, ﻳﻠﻫ הַנֵּכָר֙ אֲשֶׁ֣ר בְּתֹכְכֶ֔ם וְהִֽטַּהֲר֔וּ יﺍ״פ ﺍﻛﺍ

וְהַחֲלִ֖יפוּ שִׂמְלֹתֵיכֶֽם׃ 3 וְנָק֥וּמָה וְנַעֲלֶ֖ה בֵּֽית ﺏ״פ ﺭﺍﻫ ־אֵ֑ל וְאֶֽעֱשֶׂה־שָּׁ֣ם

מִזְבֵּ֗חַ ﻫﻥ, ﻧﺟﺩ לָאֵ֞ל יﺍﻫ״ﻲ הָעֹנֶ֤ה אֹתִי֙ בְּי֣וֹם ﻧﺟﺩ, ﻫﻥ, ﻣﺯﺑﻭﺡ צָֽרָתִ֔י וַֽיְהִי֙ ﺍﻝ עִמָּדִ֔י בַּדֶּ֖רֶךְ

ﺏ״פ ﻳﺑﻕ אֲשֶׁ֥ר הָלָֽכְתִּי׃ ﻣﻳﻫ־ﺩ 4 וַיִּתְּנ֣וּ אֶֽל־יַעֲקֹ֗ב יﺍﻫﺩﻭﻧﻫﻲ ⟵ ﺍﻳﺩﻫﻧﻭﻳﻫ אֵ֣ת כָּל־ ﻳﻠﻲ ־אֱלֹהֵ֤י

ﺩﻣﺏ, ﻳﻠﻫ הַנֵּכָר֙ אֲשֶׁ֣ר בְּיָדָ֔ם וְאֶת־הַנְּזָמִ֖ים אֲשֶׁ֣ר בְּאָזְנֵיהֶ֑ם ﻳﻭﺩ ﻫﻲ ﻭﺍﻭ ﻫﻫ וַיִּטְמֹ֤ן

אֹתָם֙ יﺍﻫﺩﻭﻧﻫﻲ ⟵ ﺍﻳﺩﻫﻧﻭﻳﻫ יַעֲקֹ֔ב תַּ֚חַת הָֽאֵלָ֔ה אֲשֶׁ֖ר עִם־שְׁכֶֽם׃ 5 וַיִּסָּ֑עוּ וַֽיְהִ֣י ﺍﻝ |

חִתַּ֣ת אֱלֹהִ֗ים ﻳﻠﻫ, ﻣﻭﻡ עַל־הֶֽעָרִים֙ אֲשֶׁר֙ סְבִֽיבֹ֣תֵיהֶ֔ם וְלֹ֣א רָֽדְפ֔וּ אַֽחֲרֵ֖י

בְּנֵ֥י יַעֲקֹֽב׃ יﺍﻫﺩﻭﻧﻫﻲ ⟵ ﺍﻳﺩﻫﻧﻭﻳﻫ 6 וַיָּבֹ֨א יַעֲקֹ֜ב יﺍﻫﺩﻭﻧﻫﻲ ⟵ ﺍﻳﺩﻫﻧﻭﻳﻫ ל֗וּזָה אֲשֶׁר֙ בְּאֶ֣רֶץ

ﺍﻟﻫﻳﻡ ﺩﺍﻟﭘﻳﻥ כְּנַ֔עַן הִ֖וא בֵּ֣ית ﺏ״פ ﺭﺍﻫ ־אֵ֑ל יﺍﻫ״ﻲ ה֖וּא וְכָל־ ﻳﻠﻲ ־הָעָ֥ם אֲשֶׁר־עִמּֽוֹ׃

7 וַיִּ֤בֶן שָׁם֙ מִזְבֵּ֔חַ ﻧﺟﺩ, ﻫﻥ וַיִּקְרָא֙ עﻡ ﻫ ﺍﻭﺗﻳﻭﺕ = ﺏ״פ ﻗﺱ״ﺍ יﻫﻭﻫ ﺑﺭﺑﻭﻉ לַמָּק֔וֹם אֵ֖ל יﺍﻫ״ﻲ בֵּ֣ית

ﺏ״פ ﺭﺍﻫ ־אֵ֑ל יﺍﻫ״ﻲ כִּ֣י שָׁ֗ם נִגְל֤וּ אֵלָיו֙ הָֽאֱלֹהִ֔ים ﻳﻠﻫ, ﻣﻭﻡ בְּבָרְח֖וֹ מִפְּנֵ֥י ﻭﺣﻛﻣﻫ ⟵ ﺑﻳﻧﻫ

אָחִֽיו׃ 8 וַתָּ֤מָת דְּבֹרָה֙ מֵינֶ֣קֶת רִבְקָ֔ה וַתִּקָּבֵ֛ר מִתַּ֥חַת לְבֵֽית ﺏ״פ ﺭﺍﻫ

־אֵ֖ל יﺍﻫ״ﻲ תַּ֣חַת הָֽאַלּ֑וֹן וַיִּקְרָ֥א עﻡ ﻫ ﺍﻭﺗﻳﻭﺕ = ﺏ״פ ﻗﺱ״ﺍ שְׁמ֖וֹ ﻣﻫﻭ ע״ﻫ אַלּ֥וֹן בָּכֽוּת׃ [פ]

[9] *Cuando Yaakov volvió de Padán Aram Dios se le apareció de nuevo, y lo bendijo.*

[10] *Y Dios le dijo: "Tu nombre es Yaakov; no te llamarás más Yaakov, sino que tu nombre será Israel". Y le puso el nombre de Israel.*

[11] *También le dijo Dios: "Yo soy el Dios Todopoderoso. Sé fecundo y multiplícate; una nación y multitud de naciones vendrán de ti, y reyes saldrán de tus entrañas".*

SEXTA LECTURA - YOSEF – YESOD

[12] *"La tierra que les di a Avraham y a Yitsjak, te la daré a ti y a tu descendencia después de ti".*

[13] *Entonces Dios se alejó de su lado, del lugar donde había hablado con él.*

[14] *Yaakov erigió un pilar en el lugar donde Dios había hablado con él, un pilar de piedra, y derramó sobre él una libación; también derramó sobre él aceite.*

[15] *Y Yaakov le puso el nombre de Bet-El al lugar donde Dios había hablado con él.*

[16] *Entonces salieron de Bet-El; y cuando aún faltaba cierta distancia para llegar a Efrata, Rajel comenzó a dar a luz y tuvo mucha dificultad en su parto.*

[17] *Cuando ella estaba en lo más duro del parto, la partera le dijo: "No temas, porque ahora tienes este otro hijo".*

[18] *Y cuando su alma partía, (pues murió), lo llamó Benoní; pero su padre lo llamó Binyamín.*

יִשְׂרָאֵל

Génesis 35:10 – Rav Bajya ben Asher (1255-1340), dijo que después de que Dios le cambiara el nombre a Yaakov por "Israel", el nombre Yaakov siguió siendo utilizado para asuntos relacionados con el mundo físico, mientras que el nombre Israel se utilizaba para asuntos espirituales, incluyendo el papel espiritual de los descendientes de Yaakov.

בִּנְיָמִין – (פל)

Génesis 35:18 – Binyamín controla el mes de Libra (*Tishrei*), simbolizado por las letras *Pei* y *Lámed*. Él era el duodécimo hijo de Yaakov y era de vital importancia en su conexión con el trabajo de Yaakov y Yosef, tal como explica el *Zóhar*:

> *La Shejiná está LOCALIZADA entre dos seres justos: el justo celestial, Yosef, y el justo abajo, Binyamín. Este YOSEF es el marido de la Reina, y BINYAMÍN es el huésped.*

9 וַיֵּרָא אֱלֹהִים יכ״ה, מום אֶל־יַעֲקֹב יאהדונהי ־ אידהנויה עוֹד בְּבֹאוֹ מִפַּדַּן אֲרָם

וַיְבָרֶךְ עסמ״ב אֹתוֹ: 10 וַיֹּאמֶר־לוֹ אֱלֹהִים יכ״ה, מום שִׁמְךָ יַעֲקֹב יאהדונהי ־ אידהנויה

לֹא־יִקָּרֵא שִׁמְךָ עוֹד יַעֲקֹב יאהדונהי ־ אידהנויה כִּי אִם יוהך ־ יִשְׂרָאֵל יִהְיֶה

שְׁמֶךָ יוי וַיִּקְרָא עם ה׳ אותיות = ב״פ קס״א אֶת־שְׁמוֹ מהע ע״ה יִשְׂרָאֵל: 11 וַיֹּאמֶר לוֹ

אֱלֹהִים יכ״ה, מום אֲנִי אני אֵל שַׁדַּי מהע פְּרֵה וּרְבֵה גּוֹי מלוי מ״ה וּקְהַל גּוֹיִם יִהְיֶה

יוי מִמֶּךָּ וּמְלָכִים מֵחֲלָצֶיךָ יֵצֵאוּ:

SEXTA LECTURA - YOSEF – YESOD

12 וְאֶת־הָאָרֶץ אלהים דההין ע״ה אֲשֶׁר וז״פ אל, רמ״ח נָתַתִּי לְאַבְרָהָם וּלְיִצְחָק

ד״ס ב״ן לְךָ אֶתְּנֶנָּה וּלְזַרְעֲךָ אַחֲרֶיךָ אֶתֵּן אֶת־הָאָרֶץ אלהים דההין ע״ה: 13 וַיַּעַל

מֵעָלָיו אֱלֹהִים יכ״ה, מום בַּמָּקוֹם יהוה ברבוע אֲשֶׁר־דִּבֶּר רְאֵה אִתּוֹ: 14 וַיַּצֵּב יַעֲקֹב

יאהדונהי ־ אידהנויה מַצֵּבָה בַּמָּקוֹם יהוה ברבוע אֲשֶׁר־דִּבֶּר רְאֵה אִתּוֹ מַצֶּבֶת אָבֶן

יוד הה ואו הה וַיַּסֵּךְ עָלֶיהָ פהל נֶסֶךְ וַיִּצֹק עָלֶיהָ פהל שָׁמֶן י״פ טל, י״פ כוזו, ביט: 15 וַיִּקְרָא

עם ה׳ אותיות = ב״פ קס״א יַעֲקֹב יאהדונהי ־ אידהנויה אֶת־שֵׁם עדי יהוה הַמָּקוֹם יהוה ברבוע אֲשֶׁר

דִּבֶּר רְאֵה אִתּוֹ שָׁם אֱלֹהִים יכ״ה, מום בֵּית ב״פ ראה ־ אֵל ייא״י: 16 וַיִּסְעוּ מִבֵּית ב״פ ראה

אֵל ייא״י וַיְהִי אל ־ עוֹד כִּבְרַת־הָאָרֶץ אלהים דההין ע״ה לָבוֹא אֶפְרָתָה וַתֵּלֶד

רָחֵל רבוע ס״ג ־ ע״ב וַתְּקַשׁ בְּלִדְתָּהּ: 17 וַיְהִי בְהַקְשֹׁתָהּ בְּלִדְתָּהּ וַתֹּאמֶר

לָהּ הַמְיַלֶּדֶת אַל־תִּירְאִי כִּי־גַם יג״ל זֶה לָךְ בֵּן: 18 וַיְהִי בְּצֵאת נַפְשָׁהּ

ר״ת ב״ן כִּי מֵתָה וַתִּקְרָא שְׁמוֹ מהע ע״ה בֶּן־אוֹנִי בינה וְאָבִיו קָרָא־לוֹ בִנְיָמִין:

Por lo tanto, está escrito: "Hace habitar en casa a la mujer estéril" (Salmos 113:9). Esto se refiere al mundo revelado, significando la Shejiná inferior quien es el pilar principal del hogar, Rajel. Y ELLA ESTÁ entre dos justos, el Superior y el Inferior.
— El Zóhar, Hashmatot 32:198

19 Murió Rajel, y fue sepultada en el camino de Efrata, es decir, Belén.

20 Y Yaakov erigió un pilar sobre su sepultura; ése es el pilar de la sepultura de Rajel hasta hoy.

21 Entonces Yisrael salió y plantó su tienda más allá de Migdal Éder.

22 Y mientras Yisrael moraba en aquella tierra, Reuvén fue y se acostó con Bilhá, concubina de su padre; e Yisrael lo supo. Y los hijos de Yaakov fueron doce.

23 Hijos de Leá: Reuvén, el primogénito de Yaakov, después Shimón, Leví, Yehuda, Yisajar y Zevulún. 24 Hijos de Rajel: Yosef y Binyamín. 25 Hijos de Bilhá, sierva de Rajel: Dan y Neftalí.

26 Hijos de Zilpá, sierva de Leá: Gad y Asher. Estos son los hijos de Yaakov que le nacieron en Padán Aram.

27 Yaakov fue a su padre Yitsjak en Mambré de Kiryat-Arba, es decir, Hebrón, donde habían residido Avraham e Yitsjak.

28 Yitsjak vivió 180 años.

29 Y expiró Yitsjak. Murió y fue reunido a su pueblo, anciano y lleno de años. Sus hijos Esav y Yaakov lo sepultaron.

וַתָּמָת

Génesis 35:19 – Rajel murió justo al nacer Binyamín. A simple vista puede parecer que Rajel tuvo una vida desdichada. Fue forzada a esperar siete años para casarse con Yaakov, quien en su lugar se casó primero con su hermana Leá. Cuando finalmente se le permitió casarse con Yaakov, no podía concebir hijos. Cuando finalmente pudo concebir hijos, murió dando a luz a su segundo hijo. Su aparente infortunio continuó aun tras su muerte, puesto que no fue enterrada junto a su marido. Sin embargo, los sabios nos dicen que Yaakov enterró a Rajel en la carretera para que cuando los exiliados pasaran por allí en el futuro en su camino a Babilonia, ella sintiera su angustia y elevara oraciones por ellos (*Bereshit Rabá 82:10*).

De esto vemos la gran importancia tanto del lugar de Rajel en la historia de Israel como del poder que tenía para atraer misericordia de los Mundos Superiores para su pueblo, incluso después de su muerte. Ella carga con el dolor de toda la humanidad. El *Zóhar* dice que la tumba de Rajel nunca desaparecerá hasta el día que Dios resucite a los muertos.

> *Y estos son los dos Mesías —Mesías, hijo de Yosef, y Mesías, hijo de Yaakov— que pasarán por la tumba de Rajel cuando vengan a redimir a Israel.*
> *– Tikuná Kadmaá, El sexto tikún 1:9*

וַיִּשְׁכַּב

Génesis 35:22 – Reuvén, hijo de Yaakov, durmió supuestamente con Bilhá, la concubina de su padre. Una pausa en el versículo (un espacio entre las palabras) que narra este acontecimiento indica que hay algo importante que debe comprenderse. Aunque los comentarios enseñan que en realidad Reuvén no tuvo relaciones sexuales con Bilhá, ciertamente

וַתָּ֣מָת רָחֵ֑ל וַתִּקָּבֵר֙ בְּדֶ֣רֶךְ אֶפְרָ֔תָה הִ֖וא בֵּ֥ית 19
לֶ֑חֶם: 20 וַיַּצֵּ֧ב יַעֲקֹ֛ב מַצֵּבָ֖ה עַל־קְבֻרָתָ֑הּ הִ֛וא מַצֶּ֥בֶת
קְבֻרַֽת־רָחֵ֖ל עַד־הַיּֽוֹם: 21 וַיִּסַּ֖ע יִשְׂרָאֵ֑ל וַיֵּ֣ט אׇהֳלֹ֔ה
מֵהָ֖לְאָה לְמִגְדַּל־עֵֽדֶר: 22 וַיְהִ֗י בִּשְׁכֹּ֤ן יִשְׂרָאֵל֙ בָּאָ֣רֶץ הַהִ֔וא
וַיֵּ֣לֶךְ רְאוּבֵ֗ן וַיִּשְׁכַּב֙ אֶת־בִּלְהָ֔ה פִּילֶ֣גֶשׁ אָבִ֔יו וַיִּשְׁמַ֖ע
יִשְׂרָאֵ֑ל [פ] וַיִּֽהְי֥וּ בְנֵֽי־יַעֲקֹ֖ב שְׁנֵ֥ים עָשָֽׂר: 23 בְּנֵ֣י לֵאָ֗ה
בְּכֹ֤ור יַעֲקֹב֙ רְאוּבֵ֔ן וְשִׁמְעֹ֖ון וְלֵוִ֣י
וִֽיהוּדָ֔ה וְיִשָּׂשכָ֖ר וּזְבוּלֻֽן: 24 בְּנֵ֣י רָחֵ֔ל יוֹסֵ֖ף
וּבִנְיָמִֽן: 25 וּבְנֵ֤י בִלְהָה֙ שִׁפְחַ֣ת רָחֵ֔ל דָּ֖ן וְנַפְתָּלִֽי: 26 וּבְנֵ֥י
זִלְפָּ֛ה שִׁפְחַ֥ת לֵאָ֖ה גָּ֣ד וְאָשֵׁ֑ר אֵ֗לֶּה
בְּנֵ֣י יַעֲקֹ֔ב אֲשֶׁ֥ר יֻלַּד־לֹ֖ו בְּפַדַּ֥ן אֲרָֽם: 27 וַיָּבֹ֤א יַעֲקֹב֙
אֶל־יִצְחָ֣ק אָבִ֔יו מַמְרֵ֖א קִרְיַ֣ת הָאַרְבַּ֑ע הִ֣וא
חֶבְרֹ֔ון אֲשֶׁר־גָּֽר־שָׁ֥ם אַבְרָהָ֖ם וְיִצְחָֽק: 28 וַיִּהְי֖וּ יְמֵ֣י
יִצְחָ֑ק מְאַ֥ת שָׁנָ֖ה וּשְׁמֹנִ֥ים שָׁנָֽה: 29 וַיִּגְוַ֨ע יִצְחָ֜ק וַיָּ֣מָת וַיֵּאָ֗סֶף

---

ocurrió alguna transgresión, puesto que él perdió su primogenitura como resultado.

Tras la muerte de Rajel, Reuvén quería que su padre, Yaakov, se trasladara a la tienda de Leá, la madre de Reuvén. Pero Yaakov ya había trasladado su cama a la tienda de Bilhá, la sirvienta de Leá. Entonces Reuvén le faltó al respeto a su padre trasladando físicamente la cama de Yaakov a la tienda de Leá. Cuando Reuvén fue a trasladar la cama, Bilhá estaba acostada en ella, y en el momento en que Reuvén la vio sintió deseo por ella. Puesto que el nivel de conciencia espiritual de una persona determina verdaderamente la naturaleza de sus acciones, y dado que la conciencia de Reuvén incluía la lujuria, fue como si se hubiera acostado con Bilhá; independientemente de lo que ocurrió en realidad a nivel físico. Esto nos enseña que debemos aprender a controlar hasta nuestros

pensamientos mediante nuestra conciencia espiritual elevada, ya que cada pensamiento tiene un efecto, aunque no siempre se manifieste.

וַיָּמָת

Génesis 35:29 – Yitsjak murió después de haber llevado una vida larga y satisfactoria. En el preciso momento en que abandonamos este mundo, nuestra alma está en transición. Nuestro cuerpo todavía está aquí, pero también estamos conectados con los Mundos Superiores. Cuando se trata de una persona sumamente espiritual, precisamente en el momento de la muerte de esa persona, su rectitud y su conciencia, así como toda la Luz que ha revelado en este mundo, están disponibles y accesibles para nosotros en su totalidad.

36 ¹ Estas son las generaciones de Esav, es decir, Edom. ² Esav tomó sus mujeres de las hijas de Canaán: a Ada, hija de Elón, el Hitita; a Aholibama, hija de Aná y nieta de Zibeón el Heveo; ³ y a Basemat, hija de Yishmael, hermana de Nebayot. ⁴ Ada dio a luz a Elifaz para Esav; y Basemat dio a luz a Reuel. ⁵ Y Aholibama dio a luz a Yeush, a Yalam y a Kóraj. Estos son los hijos que le nacieron a Esav en la tierra de Canaán.

⁶ Entonces Esav tomó a sus mujeres, sus hijos y sus hijas y todas las personas de su casa, también su ganado y todas sus bestias, y todos los bienes que había acumulado en la tierra de Canaán, y se fue a otra tierra lejos de su hermano Yaakov. ⁷ Porque los bienes de ellos habían llegado a ser tantos que no podían habitar juntos, y la tierra en que moraban no podía sostenerlos a causa de su mucho ganado.

⁸ Esav habitó en la región montañosa de Seir. Esav es Edom. ⁹ Estas son las generaciones de Esav, padre de los Edomitas, en la región montañosa de Seir. ¹⁰ Estos son los nombres de los hijos de Esav: Elifaz, hijo de Ada, mujer de Esav, y Reuel, hijo de Basemat, mujer de Esav. ¹¹ Y los hijos de Elifaz fueron Teimán, Omar, Zefo, Gatam y Kenaz. ¹² Timná fue concubina de Elifaz, hijo de Esav, y le dio un hijo, Amalec. Estos son los descendientes de Ada, mujer de Esav. ¹³ Estos son los hijos de Reuel: Najat, Zeraj, Shama y Miza. Estos fueron los hijos de Basemat, mujer de Esav. ¹⁴ Y éstos fueron los hijos de Aholibama, mujer de Esav, hija de Aná, nieta de Zibeón: ella tuvo de Esav a Yeush, Yalam y Kóraj.

¹⁵ Estos son los jefes de entre los hijos de Esav. Los hijos de Elifaz, primogénito de Esav, son: el jefe Teimán, el jefe Omar, el jefe Zefo, el jefe Kenaz, ¹⁶ el jefe Kóraj, el jefe Gatam y el jefe Amalec. Estos son los jefes que descendieron de Elifaz en la tierra de Edom; éstos son los hijos de Ada. ¹⁷ Estos son los hijos de Reuel, hijo de Esav: el jefe Najat, el jefe Zeraj, el jefe Shama y el jefe Miza. Estos son los jefes que descendieron de Reuel en la tierra de Edom; éstos son los hijos de Basemat, mujer de Esav.

De aquí la importancia de hacer una conexión con nuestros sabios en el aniversario de su muerte, ya que es el momento en el que su gran Luz espiritual está más disponible.

Rashi dice que Yitsjak fue una de las seis únicas personas sobre las cuales el Ángel de la Muerte no ha tenido poder; en su lugar, murió por un beso de la Divina Presencia. El *Zóhar* afirma lo siguiente:

Y así, uno cuya alma se va a través de un beso, ésta se junta a otro espíritu, SIGNIFICANDO EL ESPÍRITU DIOS, un espíritu que nunca se apartará de él. Esto es lo que se quiere decir por un beso. De ese modo la Congregación de Yisrael dijo: "Que me bese con los besos de su boca" para que un espíritu se uniera al otro y nunca se separaran.
— El Zóhar, Mishpatim 27:552

תלדות

Génesis 36:1 – Los descendientes de Esav. Los nombres de los descendientes de Esav representan categorías distintas de negatividad. Esta lista de nombres proporciona un conjunto de señales a través de las cuales podemos primero aprender a identificar la negatividad específica que se manifiesta en nuestro propio comportamiento y luego aprender a superarla. Muy a menudo, sabemos que tenemos un problema, pero no sabemos de lo que necesitamos desprendernos para soltar el problema. La clave está en identificar dos cosas: qué está causando el problema a nivel de la raíz y cómo transformarlo.

אֶל־עַמָּיו זָקֵן וּשְׂבַע יָמִים גּלּר וַיִּקְבְּרוּ אֹתוֹ עֵשָׂו וְיַעֲקֹב יאהדונהי · אידהנויה
בָּנָיו: [פ] 36 1 וְאֵלֶּה תֹּלְדוֹת עֵשָׂו הוּא אֱדוֹם: 2 עֵשָׂו לָקַח אֶת־נָשָׁיו
מִבְּנוֹת כְּנָעַן אֶת־עָדָה בַּת־אֵילוֹן הַחִתִּי וְאֶת־אָהֳלִיבָמָה בַּת־עֲנָה
בַּת־צִבְעוֹן הַחִוִּי: 3 וְאֶת־בָּשְׂמַת בַּת־יִשְׁמָעֵאל אֲחוֹת נְבָיוֹת: 4 וַתֵּלֶד
עָדָה לְעֵשָׂו אֶת־אֱלִיפָז וּבָשְׂמַת יָלְדָה אֶת־רְעוּאֵל: 5 וְאָהֳלִיבָמָה
יָלְדָה אֶת־יְעוּשׁ (כתיב: יעיש) וְאֶת־יַעְלָם וְאֶת־קֹרַח אֵלֶּה בְּנֵי עֵשָׂו אֲשֶׁר
יֻלְּדוּ־לוֹ בְּאֶרֶץ אלהים דאלפין כְּנָעַן: 6 וַיִּקַּח חום עֵשָׂו אֶת־נָשָׁיו וְאֶת־בָּנָיו
וְאֶת־בְּנֹתָיו וְאֶת־כָּל־ ילי נַפְשׁוֹת בֵּיתוֹ ב"פ ראה וְאֶת־מִקְנֵהוּ וְאֶת־כָּל־ ילי
בְּהֶמְתּוֹ וְאֵת כָּל־ ילי קִנְיָנוֹ אֲשֶׁר רָכַשׁ בְּאֶרֶץ אלהים דאלפין כְּנָעַן וַיֵּלֶךְ כלי
אֶל־אֶרֶץ אלהים דאלפין מִפְּנֵי יַעֲקֹב יאהדונהי · אידהנויה 7 כִּי־הָיָה יהה רְכוּשָׁם
רַב מִשֶּׁבֶת יַחְדָּו וְלֹא יָכְלָה אֶרֶץ אלהים דאלפין מְגוּרֵיהֶם לָשֵׂאת אֹתָם
מִפְּנֵי מִקְנֵיהֶם: 8 וַיֵּשֶׁב עֵשָׂו בְּהַר אור, רז שֵׂעִיר עֵשָׂו הוּא אֱדוֹם: 9 וְאֵלֶּה
תֹּלְדוֹת עֵשָׂו אֲבִי אֱדוֹם בְּהַר אור, רז שֵׂעִיר: 10 אֵלֶּה שְׁמוֹת בְּנֵי־עֵשָׂו
אֱלִיפַז בֶּן־עָדָה אֵשֶׁת עֵשָׂו רְעוּאֵל בֶּן־בָּשְׂמַת אֵשֶׁת עֵשָׂו: 11 וַיִּהְיוּ
בְּנֵי אֱלִיפָז תֵּימָן אוֹמָר צְפוֹ וְגַעְתָּם וּקְנַז: 12 וְתִמְנַע ב"פ בוזחר | הָיְתָה
פִילֶגֶשׁ לֶאֱלִיפַז בֶּן־עֵשָׂו וַתֵּלֶד לֶאֱלִיפַז אֶת־עֲמָלֵק אֵלֶּה בְּנֵי עָדָה
אֵשֶׁת עֵשָׂו: 13 וְאֵלֶּה בְּנֵי רְעוּאֵל נַחַת וָזֶרַח שַׁמָּה וּמִזָּה אֵלֶּה הָיוּ בְּנֵי
בָשְׂמַת אֵשֶׁת עֵשָׂו: 14 וְאֵלֶּה הָיוּ בְּנֵי אָהֳלִיבָמָה בַת־עֲנָה בַּת־צִבְעוֹן
אֵשֶׁת עֵשָׂו וַתֵּלֶד לְעֵשָׂו אֶת־יְעוּשׁ (כתיב: יעיש) וְאֶת־יַעְלָם וְאֶת־קֹרַח:
15 אֵלֶּה אַלּוּפֵי בְנֵי־עֵשָׂו בְּנֵי אֱלִיפַז בְּכוֹר עֵשָׂו אַלּוּף תֵּימָן אַלּוּף
אוֹמָר אַלּוּף צְפוֹ אַלּוּף קְנַז: 16 אַלּוּף־קֹרַח אַלּוּף גַּעְתָּם אַלּוּף עֲמָלֵק
אֵלֶּה אַלּוּפֵי אֱלִיפַז בְּאֶרֶץ אלהים דאלפין אֱדוֹם אֵלֶּה בְּנֵי עָדָה: 17 וְאֵלֶּה
בְּנֵי רְעוּאֵל בֶּן־עֵשָׂו אַלּוּף נַחַת אַלּוּף זֶרַח אַלּוּף שַׁמָּה אַלּוּף מִזָּה
אֵלֶּה אַלּוּפֵי רְעוּאֵל בְּאֶרֶץ אלהים דאלפין אֱדוֹם אֵלֶּה בְּנֵי בָשְׂמַת אֵשֶׁת

18 Estos son los hijos de Aholibama, mujer de Esav: el jefe Yaush, el jefe Yalam, el jefe Kóraj. Estos son los jefes que descendieron de Aholibama, mujer de Esav, hija de Aná.

19 Estos fueron los hijos de Esav, es decir, Edom, y éstos sus jefes.

SÉPTIMA LECTURA - DAVID — MALJUT

20 Estos son los hijos de Seir el Horeo, habitantes de aquella tierra: Lotán, Shobal, Zibeón, Aná, 21 Dishón, Etser y Dishán. Estos son los jefes que descendieron de los Horeos, los hijos de Seir en la tierra de Edom.

22 Los hijos de Lotán fueron Jorí y Heimam; y la hermana de Lotán era Timná. 23 Estos son los hijos de Shobal: Alván, Manajat, Eival, Sefo y Onam. 24 Estos son los hijos de Zibeón: Ayá y Aná. Este es el Aná que halló las fuentes termales en el desierto cuando pastoreaba los asnos de su padre Zibeón.

25 Estos son los hijos de Aná: Disón y Aholibama, hija de Aná. 26 Estos son los hijos de Dishón: Jemdán, Eshbán, Yitrán y Jerán. 27 Estos son los hijos de Etser: Bilhán, Zaaván y Akán.

28 Estos son los hijos de Dishán: Uz y Arán.

29 Estos son los jefes que descendieron de los Horeos: el jefe Lotán, el jefe Shobal, el jefe Zibeón, el jefe Aná, 30 el jefe Dishón, el jefe Etser y el jefe Dishán. Estos son los jefes que descendieron de los Horeos, jefe por jefe, en la tierra de Seir.

31 Estos son los reyes que reinaron en la tierra de Edom, antes de que rey alguno reinara sobre los Israelitas:

הַמְּלָכִים

Génesis 36:31 – **Los ocho reyes.** El Arí escribió que la historia de los ocho reyes se refiere en realidad a la entrega de las *Sefirot* a la dimensión física en la cual vivimos.

> *Entenderás entonces cómo Hadar, el octavo rey, es literalmente Yesod, y precede al Jésed que ahora llamamos Jésed. Después de que emergieran las siete Sefirot, los reyes fueron corregidos de nuevo y todos fueron incluidos en las siete Sefirot, después de haber filtrado su Juicio. Los desperdicios fueron refinados,*

> *y el resto fue incluido y endulzado en aquellas siete Sefirot, cada uno de acuerdo a su nivel, pues los reyes en sí mismos son aquellas siete Sefirot.*
>   *– Los Escritos de Rav Yitsjak Luria, Vol. 5, pág. 189*

Esta sección nos muestra muy claramente la importancia de recordar que la Biblia es un texto codificado que no debe leerse ni ser tomado de forma literal. Rav Shimón bar Yojái dijo que sería mejor que una persona nunca hubiera nacido a que tomara la Biblia en sentido literal sin penetrar en sus significados más profundos.

עֵשָׂו: 18 וְאֵלֶּה בְּנֵי אָהֳלִיבָמָה אֵשֶׁת עֵשָׂו אַלּוּף יְעוּשׁ אַלּוּף יַעְלָם אַלּוּף קֹרַח אֵלֶּה אַלּוּפֵי אָהֳלִיבָמָה בַּת־עֲנָה אֵשֶׁת עֵשָׂו: 19 אֵלֶּה בְנֵי־עֵשָׂו וְאֵלֶּה אַלּוּפֵיהֶם הוּא אֱדוֹם: [ס]

SÉPTIMA LECTURA - DAVID – MALJUT

20 אֵלֶּה בְנֵי־שֵׂעִיר הַחֹרִי יֹשְׁבֵי הָאָרֶץ אלהים דההין ע״ה לוֹטָן וְשׁוֹבָל וְצִבְעוֹן וַעֲנָה: 21 וְדִשׁוֹן וְאֵצֶר וְדִישָׁן אֵלֶּה אַלּוּפֵי הַחֹרִי בְּנֵי שֵׂעִיר בְּאֶרֶץ אלהים דאלפין אֱדוֹם: 22 וַיִּהְיוּ בְנֵי־לוֹטָן חֹרִי וְהֵימָם וַאֲחוֹת לוֹטָן תִּמְנָע: ב״פ בֹּזֶה 23 וְאֵלֶּה בְּנֵי שׁוֹבָל עַלְוָן וּמָנַחַת וְעֵיבָל שְׁפוֹ וְאוֹנָם: 24 וְאֵלֶּה בְנֵי־צִבְעוֹן וְאַיָּה וַעֲנָה הוּא עֲנָה אֲשֶׁר מָצָא אֶת־הַיֵּמִם בַּמִּדְבָּר רמ״ח, אברהם בִּרְעֹתוֹ אֶת־הַחֲמֹרִים לְצִבְעוֹן אָבִיו: 25 וְאֵלֶּה בְנֵי־עֲנָה דִּשֹׁן וְאָהֳלִיבָמָה בַּת־עֲנָה: 26 וְאֵלֶּה בְּנֵי דִישָׁן חֶמְדָּן וְאֶשְׁבָּן וְיִתְרָן וּכְרָן: 27 אֵלֶּה בְּנֵי־אֵצֶר בִּלְהָן וְזַעֲוָן וַעֲקָן: 28 אֵלֶּה בְנֵי־דִישָׁן עוּץ וַאֲרָן: 29 אֵלֶּה אַלּוּפֵי הַחֹרִי אַלּוּף לוֹטָן אַלּוּף שׁוֹבָל אַלּוּף צִבְעוֹן אַלּוּף עֲנָה: 30 אַלּוּף דִּשֹׁן אַלּוּף אֵצֶר אַלּוּף דִּישָׁן אֵלֶּה אַלּוּפֵי הַחֹרִי לְאַלֻּפֵיהֶם בְּאֶרֶץ שֵׂעִיר אלהים דאלפין: [פ] 31 וְאֵלֶּה הַמְּלָכִים אֲשֶׁר מָלְכוּ בְּאֶרֶץ

Y por lo tanto él TAMBIÉN *causa que* EL ESTUDIO DE *la Kabbalah y la sabiduría sean eliminadas de la Torá Oral y de la Torá Escrita, con el resultado de que las personas no las estudiarán. Aquel que dice que la Torá y el Talmud sólo tienen un sentido literal, definitivamente es como si* ELIMINARA *el flujo de ese río,* YESOD, *y de ese jardín,* MALJUT. *¡Ay de él, es mejor para él no haber nacido en el mundo y no enseñar la Torá Escrita y la Torá Oral, pues se considera,* SI NO ESTUDIA LA KABBALAH, *como si él hubiera regresado al mundo sin formas y al vacío!* PORQUE EL MUNDO ES CORREGIDO POR LA REVELACIÓN DE LOS SECRETOS CELESTIALES Y LOS MISTERIOS DE LA TORÁ QUE SON LLAMADOS *"Luz".* ASÍ, LA FALTA DE FORMA Y EL VACÍO, QUE PREVALECÍAN ANTES DE LA CORRECCIÓN, SON CORREGIDOS. Y QUIEN NO PONE ATENCIÓN PARA ENTENDER LOS SECRETOS DE LA TORÁ, QUE ES LA PARTE PRINCIPAL DE LA CORRECCIÓN DEL MUNDO, ES CONSIDERADO COMO QUE HA REGRESADO EL MUNDO AL CAOS. *Y él trae la pobreza y un largo exilio al mundo.*
      – Tikuná Tresar, Tikuná Cuarenta y Tres para el Día Vigésimo Segundo 1:2

³² Bela, hijo de Beor, reinó en Edom; y el nombre de su ciudad era Dinaba.

³³ Murió Bela, y reinó en su lugar Yovav, hijo de Zeraj, de Bosra.

³⁴ Murió Yovav, y reinó en su lugar Jusham, de la tierra de los Temanitas.

³⁵ Murió Jusham, y reinó en su lugar Hadad, hijo de Bedad, el que derrotó a Midián en el campo de Moav; y el nombre de su ciudad era Avit.

³⁶ Murió Hadad, y reinó en su lugar Samla de Masreca.

³⁷ Murió Shamlá, y reinó en su lugar Shaúl de Rehobot, del río.

³⁸ Murió Shaúl, y reinó en su lugar Baal Janán, hijo de Ajbor.

³⁹ Y murió Baal Janán, hijo de Ajbor, y reinó en su lugar Hadar; y el nombre de su ciudad era Pau; y el nombre de su mujer era Mehetabel, hija de Matred, hija de Mezaab.

MAFTIR

⁴⁰ Estos son los nombres de los jefes que descendieron de Esav, según sus familias y sus localidades, por sus nombres: el jefe Timná, el jefe Alvá, el jefe Yetet,

⁴¹ el jefe Aholibama, el jefe Ela, el jefe Pinón,

⁴² el jefe Kenaz, el jefe Teimán, el jefe Mivtsar,

⁴³ el jefe Magdiel y el jefe Iram. Estos son los jefes de Edom, es decir, Esav, padre de los Edomitas, según sus moradas en la tierra de su posesión.

אַלּוּפֵי עֵשָׂו

Génesis 36:40 – Los generales del ejército de Esav. Cada uno de los generales de Esav que se nombran en esta sección representa una fuerza negativa distinta. Al leer estos nombres, podemos obtener la inmunidad a las influencias dañinas de esas fuerzas.

אלהים דאלפין אֱדֹום לִפְנֵי מְלָךְ־מֶלֶךְ לִבְנֵי יִשְׂרָאֵל: 32 וַיִּמְלֹךְ בֶּאֱדֹום

בֶּלַע בֶּן־בְּעֹור וְשֵׁם עִירֹו שדי יהוה בׇּזְחַרְ, ערי, סנדלפון דִּנְהָבָה: 33 וַיָּמׇת בֶּלַע

וַיִּמְלֹךְ תַּחְתָּיו יֹובָב בֶּן־זֶרַח מִבׇּצְרָה: 34 וַיָּמׇת יֹובָב וַיִּמְלֹךְ תַּחְתָּיו

וְשֵׁם מֵאֶרֶץ אלהים דאלפין הַתֵּימָנִי: 35 וַיָּמׇת וְשֵׁם וַיִּמְלֹךְ תַּחְתָּיו הֲדַד

אאא״י בֶּן־בְּדַד הַמַּכֶּה אֶת־מִדְיָן בִּשְׂדֵה מֹואָב יוד הא ואו הה וְשֵׁם עִירֹו

בׇּזְחַרְ, ערי, סנדלפון עֲוִית: 36 וַיָּמׇת הֲדַד אאא״י וַיִּמְלֹךְ תַּחְתָּיו שַׂמְלָה מִמַּשְׂרֵקָה:

37 וַיָּמׇת שַׂמְלָה וַיִּמְלֹךְ תַּחְתָּיו שָׁאוּל מֵרְחֹבֹות הַנָּהָר: 38 וַיָּמׇת שָׁאוּל

וַיִּמְלֹךְ תַּחְתָּיו בַּעַל חָנָן בֶּן־עַכְבֹּור: 39 וַיָּמׇת בַּעַל חָנָן בֶּן־עַכְבֹּור

וַיִּמְלֹךְ תַּחְתָּיו הֲדַר ד״פ ב״ן ע״ה וְשֵׁם שדי יהוה עִירֹו בׇּזְחַרְ, ערי, סנדלפון פָּעוּ וְשֵׁם

אִשְׁתֹּו מְהֵיטַבְאֵל בַּת־מַטְרֵד בַּת מֵי ילי זָהָב:

MAFTIR

40 וְאֵלֶּה שְׁמֹות אַלּוּפֵי עֵשָׂו לְמִשְׁפְּחֹתָם לִמְקֹמֹתָם בִּשְׁמֹתָם אַלּוּף

תִּמְנָע ב״פ בׇּזְחַרְ אַלּוּף עַלְוָה אַלּוּף יְתֵת: 41 אַלּוּף אׇהֳלִיבָמָה אַלּוּף אֵלָה

אַלּוּף פִּינֹן: 42 אַלּוּף קְנַז אַלּוּף תֵּימָן אַלּוּף מִבְצָר: 43 אַלּוּף מַגְדִּיאֵל

אַלּוּף עִירָם אֵלֶּה| אַלּוּפֵי אֱדֹום לְמֹשְׁבֹתָם בְּאֶרֶץ אלהים דאלפין אֲחֻזָּתָם

הוּא עֵשָׂו אֲבִי אֱדֹום: [פ]

HAFTARÁ DE VAYISHLAJ

El profeta Obadyá habla sobre la destrucción de Edom. El Segundo Templo fue destruido por los romanos, que eran Edom (es decir, Esav). El final de nuestro exilio actual de la Luz será la Redención Final, la cual eliminará todo el caos y la negatividad.

"Estos son los reyes que reinaron en la tierra de Edom" (Génesis 36:31), " la tierra " es el lado del grado de Esav, tal como está escrito: "Esav, quien es Edom". TODOS ESTOS REYES vinieron del lado del espíritu impuro. " antes de que rey alguno reinara sobre los hijos de Israel" (Ibíd.) se refiere a estos grados DE ESAV, que se encuentran en las puertas inferiores y son los primeros EN SER PERFECCIONADOS. La razón por la cual Yaakov dijo "Adelántese ahora mi señor a su siervo" (Génesis 33:14) es que los grados de Esav son los primeros en entrar Y SER PERFECCIONADOS, PUES LOS GRADOS INFERIORES SON CORREGIDOS PRIMERO Y LOS GRADOS SUPERIORES DESPUÉS.

– El Zóhar, Vayishlaj 24:242

ABDÍAS 1:1-21

1 ¹ Visión de Obadyá. Así dice Dios Eterno acerca de Edom; hemos oído un mensaje del Eterno: Un mensajero ha sido enviado a las naciones, a decirles: '¡Levántense!', y nos levantaremos contra Edom en batalla'".

² "Yo te haré pequeño. Entre las naciones eres muy despreciado". ³ La soberbia de tu corazón te ha engañado, Tú que habitas en las hendiduras de la peña, en las alturas de tu morada; que dices en tu corazón: ¿Quién me derribará por tierra?'.

⁴ Aunque te remontes como el águila, y aunque entre las estrellas pongas tu nido, de allí te derribaré", declara el Eterno.

⁵ "Si vinieran a ti ladrones, salteadores de noche (¡cómo quedarías arruinado!), ¿No robarían sólo hasta que les bastara? Si vinieran a ti vendimiadores, ¿No dejarían algunos racimos?".

⁶ "¡Cómo será escudriñado Esav, y rebuscados sus tesoros escondidos! ⁷ ¡Hasta la frontera te echarán todos tus aliados; te engañarán, te dominarán los que están en paz contigo; los que comen tu pan tenderán emboscada contra ti, pero no los detectarás!".

⁸ "¿No destruiré en aquel día", declara el Eterno, "a los sabios de Edom y el entendimiento del monte de Esav?". ⁹ "Entonces tus valientes serán atemorizados, oh Teimán, De modo que todo hombre será cortado del monte de Esav con muerte violenta".

HAFTARÁ DE VAYISHLAJ

Esta Haftará está relacionada con la forma en que las cosas supremamente importantes se venden para obtener beneficio económico, como cuando Yosef fue vendido por sus hermanos. Cuando cometemos un acto de estas características, perdemos el derecho a nuestra plenitud máxima en beneficio de la gratificación instantánea. El profeta habla sobre cómo las acciones ocultas de Esav serán buscadas y conocidas, y que nunca debemos dudar que todas nuestras acciones —buenas y malas—son conocidas Arriba y tendrán sus consecuencias en la Redención Final. Perdemos algo fundamentalmente importante siempre que malgastamos nuestro tiempo precioso para la meditación, nuestro tiempo precioso con nuestra familia, nuestro tiempo precioso para hacer buenas obras; todo para satisfacer las demandas de nuestros deseos materiales y físicos.

עוֹבַדְיָה פֶּרֶק 1, פְּסוּקִים 1–21

1 חֲזוֹן עֹבַדְיָה כֹּה־אָמַר אֲדֹנָי יֱהֹוִה לֶאֱדוֹם שְׁמוּעָה שָׁמַעְנוּ מֵאֵת יְהֹוָה וְצִיר בַּגּוֹיִם שֻׁלָּח קוּמוּ וְנָקוּמָה עָלֶיהָ לַמִּלְחָמָה: 2 הִנֵּה קָטֹן נְתַתִּיךָ בַּגּוֹיִם בָּזוּי אַתָּה מְאֹד: 3 זְדוֹן לִבְּךָ הִשִּׁיאֶךָ שֹׁכְנִי בְחַגְוֵי־סֶלַע מְרוֹם שִׁבְתּוֹ אֹמֵר בְּלִבּוֹ מִי יוֹרִדֵנִי אָרֶץ: 4 אִם־תַּגְבִּיהַּ כַּנֶּשֶׁר וְאִם־בֵּין כּוֹכָבִים שִׂים קִנֶּךָ מִשָּׁם אוֹרִידְךָ נְאֻם־יְהֹוָה: 5 אִם־גַּנָּבִים בָּאוּ־לְךָ אִם־שׁוֹדְדֵי לַיְלָה אֵיךְ נִדְמֵיתָה הֲלוֹא יִגְנְבוּ דַּיָּם אִם־בֹּצְרִים בָּאוּ לָךְ הֲלוֹא יַשְׁאִירוּ עֹלֵלוֹת: 6 אֵיךְ נֶחְפְּשׂוּ עֵשָׂו נִבְעוּ מַצְפֻּנָיו: 7 עַד־הַגְּבוּל שִׁלְּחוּךָ כֹּל אַנְשֵׁי בְרִיתֶךָ הִשִּׁיאוּךָ יָכְלוּ לְךָ אַנְשֵׁי שְׁלֹמֶךָ לַחְמְךָ יָשִׂימוּ מָזוֹר תַּחְתֶּיךָ אֵין תְּבוּנָה בּוֹ: 8 הֲלוֹא בַּיּוֹם הַהוּא נְאֻם־יְהֹוָה וְהַאֲבַדְתִּי חֲכָמִים מֵאֱדוֹם וּתְבוּנָה מֵהַר עֵשָׂו: 9 וְחַתּוּ גִבּוֹרֶיךָ תֵּימָן לְמַעַן יִכָּרֶת־אִישׁ מֵהַר

[10] "Por la violencia contra tu hermano Yaakov, te cubrirá la vergüenza, y serás cortado para siempre.

[11] El día que te pusiste a un lado, el día en que extraños se llevaban su riqueza, y extranjeros entraban por su puerta y sobre Jerusalén echaban suertes, tú también eras como uno de ellos".

[12] "No te alegres en el día de tu hermano, en el día de su exterminio. No te alegres de los hijos de Yehuda en el día de su destrucción. Sí, no te jactes en el día de su angustia".

[13] "No entres por la puerta de Mi pueblo en el día de su ruina. Sí, no te alegres tú de su desgracia en el día de su ruina; no te apoderes de sus riquezas en el día de su ruina".

[14] "No aceches en la encrucijada para exterminar a sus fugitivos, y no entregues a sus sobrevivientes en el día de su angustia".

[15] "Porque se acerca el día del Eterno sobre todas las naciones. Como tú has hecho, te será hecho; tus acciones recaerán sobre tu cabeza".

[16] "Como ustedes bebieron en Mi santo monte, así beberán continuamente todas las naciones. Beberán y tragarán, y serán como si no hubieran sido.

[17] Pero en el Monte Sión quedará un remanente, y será lugar santo, y la casa de Yaakov volverá a tomar sus posesiones".

[18] "Entonces la casa de Yaakov será un fuego, y la casa de Yosef una llama, y hojarasca la casa de Esav. Los quemarán y los consumirán, y no quedará sobreviviente alguno de la casa de Esav", porque el Eterno ha hablado".

[19] "Entonces los del Sur poseerán el monte de Esav, y los de la Sefela, la llanura de los Filisteos; poseerán también el territorio de Efraín y el territorio de Samaria, y Binyamín poseerá Galaad".

[20] "Y los desterrados de este ejército de los israelitas que están entre los Cananeos hasta Sarepta, y los desterrados de Jerusalén que están en Sefarad, poseerán las ciudades del Sur".

[21] "Los libertadores subirán al Monte Sión para juzgar al monte de Esav, y el reino será del Eterno".

עֵשָׂו מִקָּטֶל: 10 מֵחֲמַס אָחִיךָ יַעֲקֹב תְּכַסְּךָ בוּשָׁה וְנִכְרַתָּ

לְעוֹלָם: 11 בְּיוֹם עֲמָדְךָ מִנֶּגֶד בְּיוֹם

שְׁבוֹת זָרִים וְנָכְרִים בָּאוּ שְׁעָרָו וְעַל־יְרוּשָׁלַ͏ִם יַדּוּ גוֹרָל גַּם

אַתָּה כְּאַחַד מֵהֶם: 12 וְאַל־תֵּרֶא בְיוֹם־אָחִיךָ

בְּיוֹם נָכְרוֹ וְאַל־תִּשְׂמַח לִבְנֵי־יְהוּדָה בְּיוֹם אָבְדָם

וְאַל־תַּגְדֵּל פִּיךָ בְּיוֹם צָרָה: 13 אַל־תָּבוֹא בְשַׁעַר־עַמִּי

בְּיוֹם אֵידָם אַל־תֵּרֶא גַם־אַתָּה בְּרָעָתוֹ בְּיוֹם אֵידוֹ

וְאַל־תִּשְׁלַחְנָה בְחֵילוֹ בְּיוֹם אֵידוֹ: 14 וְאַל־תַּעֲמֹד עַל־הַפֶּרֶק

לְהַכְרִית אֶת־פְּלִיטָיו וְאַל־תַּסְגֵּר שְׂרִידָיו בְּיוֹם צָרָה:

15 כִּי־קָרוֹב יוֹם־יְהוָה עַל־כָּל־הַגּוֹיִם כַּאֲשֶׁר

עָשִׂיתָ יֵעָשֶׂה לָּךְ גְּמֻלְךָ יָשׁוּב בְּרֹאשֶׁךָ: 16 כִּי

כַּאֲשֶׁר שְׁתִיתֶם עַל־הַר קָדְשִׁי יִשְׁתּוּ כָל־הַגּוֹיִם תָּמִיד וְשָׁתוּ וְלָעוּ

וְהָיוּ כְּלוֹא הָיוּ: 17 וּבְהַר צִיּוֹן תִּהְיֶה פְלֵיטָה וְהָיָה

קֹדֶשׁ וְיָרְשׁוּ בֵּית יַעֲקֹב אֵת מוֹרָשֵׁיהֶם:

18 וְהָיָה בֵית־יַעֲקֹב אֵשׁ וּבֵית יוֹסֵף

לֶהָבָה וּבֵית עֵשָׂו לְקַשׁ וְדָלְקוּ בָהֶם וַאֲכָלוּם

וְלֹא־יִהְיֶה שָׂרִיד לְבֵית עֵשָׂו כִּי יְהוָה דִּבֵּר: 19 וְיָרְשׁוּ

הַנֶּגֶב אֶת־הַר עֵשָׂו וְהַשְּׁפֵלָה אֶת־פְּלִשְׁתִּים וְיָרְשׁוּ

אֶת־שְׂדֵה אֶפְרַיִם וְאֵת שְׂדֵה שֹׁמְרוֹן וּבִנְיָמִן אֶת־הַגִּלְעָד:

20 וְגָלֻת הַחֵל־הַזֶּה לִבְנֵי יִשְׂרָאֵל אֲשֶׁר־כְּנַעֲנִים עַד־צָרְפַת וְגָלֻת

יְרוּשָׁלַ͏ִם אֲשֶׁר בִּסְפָרַד יִרְשׁוּ אֵת עָרֵי הַנֶּגֶב: 21 וְעָלוּ מוֹשִׁעִים

בְּהַר צִיּוֹן לִשְׁפֹּט אֶת־הַר עֵשָׂו וְהָיְתָה

לַיהוָה הַמְּלוּכָה:

VAYESHEV

LA LECCIÓN DE VAYESHEV
(Génesis 37:1–40:23)

"La Luz estaba allí cuando decidieron vender a Yosef".

El Santísimo, bendito sea Él, consintió en el acto DE VENDER A YOSEF A EGIPTO, *de modo que el decreto que Él hizo entre las piezas fuese cumplido …*
– El Zóhar, Vayeshev 19:195

En Génesis 37:12, encontramos algo que sucede sólo diez veces en toda la Biblia: dos puntos encima de la palabra *et* (el). El versículo dice: "Después sus hermanos fueron a apacentar el rebaño de su padre en Shejem". Antes de que podamos explicar el significado de los puntos, debemos tratar otra cuestión sobre este versículo. El *Zóhar* dice que la palabra *et* es superflua; podemos entender este versículo perfectamente sin ella. De hecho, aunque aproximadamente se traduce como "el", en realidad no hay una traducción exacta para *et* en español o en ninguna otra lengua.

El pasaje del *Zóhar* dice: "El Santísimo, bendito sea Él, consintió el acto DE VENDER A YOSEF A EGIPTO...", ¿pero por qué hay puntos sobre las letras *Álef* y *Tav* (*et*)? En otros lugares de la Biblia no hay puntos cuando la Luz está presente. La Luz estaba con Avraham y las otras personas justas, pero no había puntos.

Asimismo, ¿debemos entender que la Luz quería que Yosef fuera vendido y llevado a Egipto? Diez personas fueron reencarnadas y asesinadas a causa del pecado de vender a Yosef. Si la intención de la Luz era que los hermanos de Yosef llevaran a cabo este acto, debemos preguntarnos por qué fueron castigados por ello.

Una cosa está clara: Yosef tenía que ir a Egipto. Esto era necesario para que sucediera la limpieza espiritual (*tikún*) del pueblo de Israel; consecuentemente, esto les permitiría recibir la Torá. En este sentido, el viaje de Yosef a Egipto y su estancia allí eran esenciales, no sólo para su propio *tikún*, sino para el *tikún* de todo el mundo. Así, de hecho, la lección y el poder representados por los dos puntos es la Luz del Creador que está con nosotros, no sólo en los buenos momentos sino también en aquellos momentos que nos parecen demasiado caóticos y angustiantes cuando están sucediendo.

Imagina un hombre que pierde un vuelo de avión. Está furioso porque tiene muchas cosas que hacer en el lugar de destino y otras personas dependen de él. Sin embargo, hay algo que no sabe: hay una bomba en el avión; si fuera consciente de ello, besaría el suelo donde está parado. Su enojo y su frustración están completamente fuera de lugar, pero él no lo sabe porque no puede de ver el panorama completo. No obstante, aquellos que están conectados con la Luz consideran que hay un aspecto positivo en cada acontecimiento, y por lo tanto aprecian y confían en que la Luz está trabajando a su favor.

La *Guemará* (esa parte del *Talmud* que contiene comentarios y análisis rabínicos de su predecesor, la *Mishná*) habla de un hombre llamado Najum que, pasara lo que pasara, siempre decía "Esto también es para bien". En una ocasión, el pueblo de Israel quería enviar un regalo —un cofre lleno de piedras preciosas— al rey, y le pidieron a Najum que fuera él quien lo entregara, ya que era muy sabio. En su viaje, se paró a dormir en una posada. El posadero abrió el cofre, robó las piedras preciosas y llenó el cofre de cenizas. Cuando Najum llegó al palacio del rey, el cofre fue abierto y se descubrieron las cenizas.

El rey gritó: "¿Acaso el pueblo de Israel se está riendo de mí?". Luego ordenó matar a Najum, pero aun entonces Najum dijo: "¡Esto también es para bien!". En aquel momento, su pureza y certeza fueron tales que mereció la presencia del profeta Eliyahu, quien se acercó al rey disfrazado como uno de sus más fieles cortesanos. Eliyahu dijo: "Señor, estas cenizas son del Patriarca Avraham. Cuando Avraham acostumbraba esparcir estas cenizas, se convertían en espadas, y con esas espadas él podía derrotar a cualquier enemigo".

Asombrado ante la noticia de su buena fortuna, el rey llenó la caja de piedras preciosas y envió a Najum a casa con gran respeto y gratitud. En su camino de vuelta a casa, Najum volvió a dormir en la misma posada, donde el posadero se sorprendió al verlo con vida.

El posadero le preguntó: "¿Qué le llevaste al rey?"

Najum respondió: "Sólo lo que me llevé de la posada".

Así pues, el posadero tomó todas las cenizas de su casa y se las llevó al rey. Pero Eliyahu, todavía disfrazado de cortesano fiel, le dijo al rey que esas cenizas no tenían ningún poder mágico. El rey, enojado por el engaño, ordenó que mataran al posadero.

Debemos recordar que el Creador quiere sólo lo mejor para nosotros. Al entender los puntos de esta sección y conectar con su poder, todos mereceremos y aprenderemos a ver lo bueno en todo lo que sucede, incluso las cosas pequeñas y a veces superfluas como la palabra *et*.

"Pero Reuvén oyó esto y lo libró de sus manos" (Génesis 37:21).

Hay enseñanzas en la Biblia que son tremendamente importantes, pero resulta fácil pasar por alto su importancia porque se mencionan en tan sólo unas pocas palabras. Ejemplos de esto son los acontecimientos en la vida de Avraham desde su niñez hasta que cumplió 74 años, y los acontecimientos en la vida de Moshé desde los 13 hasta los 80 años. Después de todo, Avraham y Moshé no eran personas corrientes: fueron, y todavía lo son hasta hoy, carrozas del sistema espiritual, portadores de la Luz. Cada momento de sus vidas fue crucial e influye en cada momento de nuestra vida, incluso hoy en día.

De forma similar, nuestras propias acciones reverberan por todo el mundo. Debemos reconocer la importancia de lo que hacemos porque cada uno de nosotros contribuye al sistema espiritual y tiene una Luz única que sólo nosotros podemos revelar.

Cuando Reuvén vino a salvar a su hermano Yosef, entendió que estaba haciendo lo correcto, pero no sabía el efecto que tendría esta acción sobre las generaciones venideras. Si Reuvén hubiera sabido cuánta importancia le daba la Luz a este acto, seguramente le habría otorgado mucha más relevancia a su propia acción. Esto nos enseña que debemos considerar cada una de nuestras acciones como si estuvieran construyendo todo un mundo para siempre. Cada uno de nosotros debe hacer más e impulsarse en todo momento a hacer un esfuerzo adicional para revelar la Luz. Nunca sabemos si "tan sólo una cosa más" cambiará no sólo nuestra propia vida, sino que transformará el mundo entero.

SINOPSIS DE VAYESHEV

Después de todos sus desafíos y sus pruebas, Yaakov se había vuelto autocomplaciente. Sentía que había logrado todo lo que estaba destinado a hacer. Fue en este momento cuando le arrebataron a su hijo Yosef. De esto aprendemos que nunca debemos dormirnos en los laureles, espiritualmente a hablando. Debemos estar siempre preparados para crecer y llevar a cabo el trabajo espiritual que requiere tal crecimiento.

PRIMERA LECTURA - AVRAHAM - JÉSED

37 ¹ Yaakov vivió en la tierra donde había habitado su padre, en la tierra de Canaán.

² Esta es la historia de las generaciones de Yaakov: Cuando Yosef tenía diecisiete años, apacentaba el rebaño con sus hermanos. El joven estaba con los hijos de Bilhá y con los hijos de Zilpá, mujeres de su padre. Y Yosef trajo a su padre malos informes sobre ellos. ³ Israel amaba a Yosef más que a todos sus hijos, porque era para él el hijo de su vejez; y le hizo una túnica de muchos colores. ⁴ Y sus hermanos vieron que su padre amaba más a Yosef que a todos ellos; por eso lo odiaban y no podían hablarle amablemente.

COMENTARIO DEL RAV

El *Zóhar* pregunta: ¿qué significa "Yaakov amaba más a Yosef"? Es demasiado disparatado asumir que estos gigantes espirituales tuvieran los mismos comportamientos que observamos en nuestro muy inferior nivel espiritual. Lo que la Torá nos está enseñando es que Yaakov es la carroza de *Tiféret* en la Tríada Superior del Escudo de David, y Yosef es la carroza de *Yesod* en la Tríada Inferior, así como de la energía de la *Columna Central*. Su afinidad se debe a que ambos representaban el aspecto de la *Columna Central*.

Sin embargo, en nuestro mundo físico de *Maljut*, debemos superar la apariencia de separación entre cada uno de nosotros, y volver a conectar a nivel del alma. En el nivel del alma, hay muy poca diferencia entre nosotros. Al regresar casi al principio, al momento en que todos éramos una sola alma, podemos superar la ilusión de separación que vivimos ahora. Cuando volvemos a ese momento, elevamos nuestra conciencia, y nos colocamos de repente en un nivel cuántico y empezamos a sentir unidad y afinidad con personas que ni siquiera están relacionadas con nosotros.

Debemos elevarnos por encima de la diferenciación que existe en esta vida, e incluso en vidas anteriores, para alcanzar la unidad y la unicidad que es la Luz del Creador. La separación es la razón fundamental por la cual tenemos guerras, dolor y sufrimiento. Éstos son el resultado de la fragmentación que existe, no sólo en nuestra conciencia, sino también en nuestro comportamiento cotidiano. No obstante, nuestro deseo primario es conectar con la Fuerza de Luz de Dios. Dios nunca vivirá el caos, el dolor y el sufrimiento que vivimos los mortales. Al conectar con la Luz, vamos inmediatamente más allá de las limitaciones del tiempo, el espacio y el movimiento. Vamos más allá del dolor, el sufrimiento e incluso la muerte.

El *Zóhar* nos explica que la razón por la cual escuchamos esta historia de la Biblia se debe a que cuando el caos reina en una familia es porque existen celos, y éstos sólo están ahí para validar nuestro odio. Odiamos y queremos justificarlo. Odiamos, envidiamos a alguien que en realidad nos hizo mucho daño, ¿y entonces por qué debemos poner la otra mejilla? El *Zóhar* dice que si realmente estás decidido a eliminar el caos y tienes alguna carencia, no debes darle vueltas a por qué otra

PRIMERA LECTURA - AVRAHAM – JÉSED

37 1 וַיֵּשֶׁב יַעֲקֹב יאהדונהי - אידהניה אלהים דאלפין בְּאֶרֶץ מְגוּרֵי אָבִיו בְּאֶרֶץ אלהים דאלפין כְּנָעַן: 2 אֵלֶּה | תֹּלְדוֹת יַעֲקֹב יאהדונהי - אידהניה יוֹסֵף בֶּן־שְׁבַע אלהים דיורין ע״ב ה״פ אל ה"פ יהוה, ו״פ יהוה, קנאה, ציון, עֶשְׂרֵה שָׁנָה הָיָה יהה רֹעֶה רהע אֶת־אֶחָיו בַּצֹּאן וְהוּא נַעַר ש״ך אֶת־בְּנֵי בִלְהָה וְאֶת־בְּנֵי זִלְפָּה נְשֵׁי אָבִיו וַיָּבֵא יוֹסֵף ציון, קנאה, ה"פ יהוה, ו״פ יהוה, ה״פ אל אֶת־דִּבָּתָם רָעָה רהע אֶל־אֲבִיהֶם: 3 וְיִשְׂרָאֵל אָהַב אֶת־יוֹסֵף ציון, קנאה, ה"פ יהוה, ו״פ יהוה, ה״פ אל מִכָּל־יל״י בָּנָיו כִּי־בֶן־זְקֻנִים הוּא לוֹ וְעָשָׂה לוֹ כְּתֹנֶת פַּסִּים : 4 וַיִּרְאוּ אֶחָיו כִּי־אֹתוֹ אָהַב אֲבִיהֶם מִכָּל־יל״י אֶחָיו וַיִּשְׂנְאוּ וי״י אֹתוֹ וְלֹא יָכְלוּ דַּבְּרוֹ ראה לְשָׁלֹם:

---

persona tiene algo que tú no tienes; en su lugar, debes alegrarte por ella y hacer algo para atraer aquello que te falta en tu vida.

Esta paradoja es lo que se nos presenta aquí: ¿dio Yaakov a su hijo una túnica, cuando sabía que los hermanos de Yosef ya lo odiaban? ¡La respuesta es no! Yaakov no estaba interesado en crear más odio o envidia, sino que nos estaba demostrando lo que ocurre en este mundo en el que vivimos. El único camino que podemos tomar para eliminar el caos de nuestra vida es tratar a todo el mundo con dignidad humana. Debemos entender que aunque alguien puede parecer nuestro "enemigo", él o ella también tiene esa chispa de Dios en su interior. Sólo mediante la ausencia de envidia y con unidad podremos salvarnos.

כְּתֹנֶת פַּסִּים

Génesis 37:3 – Yaakov hizo una túnica de colores para Yosef. Las palabras arameas para esa túnica son *quetónet pasim*, un acrónimo de los cuatro ángeles especiales que lo protegían constantemente. Rashi dice que las cuatro letras de la palabra *pasim* (*Pei*, *Sámej*, *Yud*, *Mem*) se refieren a los problemas de Yosef, puesto que fue vendido a Potifar, a los mercaderes (heb. *sojarim*), a los ismaelitas y a los medianitas.

וַיִּשְׂנְאוּ

Génesis 37:4 – Los hermanos estaban celosos de la relación de Yosef con su padre, Yaakov, pero el mismo Yaakov era en parte responsable de esto, ya que parecía favorecer enormemente a Yosef. Según Rashi, Yaakov intentaba hacer que Yosef olvidara sus sueños para que sus hermanos no lo odiaran. Sin embargo, su intento de disminuir la tensión entre sus hijos fue infructuoso. Como padres, debemos hacer un esfuerzo adicional para tratar a nuestros hijos imparcialmente. Aunque podamos sentir una mayor afinidad con uno de ellos por encima de los demás, debemos esforzarnos por evitar que esto influya en nuestros actos. Si no hacemos este esfuerzo, seremos parcialmente responsables de los celos que puedan surgir entre ellos.

⁵ *Yosef tuvo un sueño, y cuando se lo contó a sus hermanos ellos lo odiaron aún más.*

⁶ *Y él les dijo: "Les ruego que escuchen este sueño que he tenido:*

⁷ *estábamos atando gavillas en medio del campo, y sucedió que mi gavilla se levantó y se puso derecha, y entonces las gavillas de ustedes se ponían alrededor y se inclinaban hacia mi gavilla".*

⁸ *Y sus hermanos le dijeron: "¿Acaso reinarás sobre nosotros? ¿O acaso te enseñorearás sobre nosotros?". Y lo odiaron aún más por causa de sus sueños y de sus palabras.*

⁹ *Yosef tuvo también otro sueño, y se lo contó a sus hermanos, diciendo: "He tenido otro sueño; y esta vez el Sol, la Luna y once estrellas se inclinaban ante mí".*

¹⁰ *Cuando se lo contó a su padre y a sus hermanos, su padre lo reprendió, y le dijo: "¿Qué es este sueño que has tenido? ¿Acaso yo, tu madre y tus hermanos vendremos a inclinarnos hasta el suelo ante ti?".*

¹¹ *Sus hermanos le tenían envidia, pero su padre reflexionaba sobre lo que se había dicho.*

SEGUNDA LECTURA - YITSJAK - GUEVURÁ

¹² *Después sus hermanos fueron a apacentar el rebaño de su padre en Shejem.*

וַיַּחֲלֹם

Génesis 37:5 – Yosef tuvo dos sueños que revelaron los caminos por los que su vida diferiría de las vidas de sus hermanos. Esta sección nos muestra el poder de los sueños. A veces los sueños pueden revelarnos el futuro, pero hay algunos principios que debemos respetar para llegar a entender y utilizar nuestros sueños correctamente. No todo lo que aparece en un sueño ocurrirá necesariamente en nuestras horas de vigilia, ni tampoco todos los acontecimientos que hay en nuestros sueños son importantes. Debido a esto, debemos seleccionar cuidadosamente a aquellas personas con quienes elegimos hablar de nuestros sueños. Su interpretación tendrá una influencia en el significado que el sueño tiene para nosotros y en las partes del sueño que parecen importantes. Debemos contar nuestros sueños a alguien que nos ama y a quien nosotros amamos. En el *Zóhar* leemos:

Rav Jiyá y Rav Yosi estaban con Rav Shimón. Rav Jiyá dijo: Hemos aprendido que un sueño no interpretado se parece a una carta sin abrir. PREGUNTA: ¿Quiere esto decir que el sueño se hace realidad sin que el soñador esté consciente de esto, o que esto no se hace de plano realidad? Contesta: SIGNIFICA QUE el sueño se hace realidad, pero el soñador no lo sabe. Porque hay un poder morando sobre el sueño, LO CUAL LO HACE VOLVERSE REALIDAD. Sólo el soñador no está consciente de si el sueño se hace realidad o no, TAL COMO UNO NO CONOCE EL CONTENIDO DE UNA CARTA NO ABIERTA.

– El Zóhar, Vayeshev 7:93.

5 וַיַּחֲלֹם יוֹסֵף ציון, קנאה, ר"פ יהוה, ה"פ אל חֲלוֹם וַיַּגֵּד לְאֶחָיו וַיּוֹסִפוּ עוֹד שְׂנֹא אֹתוֹ: 6 וַיֹּאמֶר אֲלֵיהֶם שִׁמְעוּ־נָא הַחֲלוֹם הַזֶּה יה אֲשֶׁר חָלָמְתִּי: 7 וְהִנֵּה מ"ה יה אֲנַחְנוּ מְאַלְּמִים אֲלֻמִּים בְּתוֹךְ הַשָּׂדֶה ס"ד וְהִנֵּה קָמָה אֲלֻמָּתִי וְגַם יגל־נִצָּבָה וְהִנֵּה תְסֻבֶּינָה אֲלֻמֹּתֵיכֶם וַתִּשְׁתַּחֲוֶיןָ לַאֲלֻמָּתִי: 8 וַיֹּאמְרוּ לוֹ אֶחָיו הֲמָלֹךְ תִּמְלֹךְ עָלֵינוּ אִם יוהך־מָשׁוֹל תִּמְשֹׁל בָּנוּ וַיּוֹסִפוּ עוֹד שְׂנֹא אֹתוֹ עַל־חֲלֹמֹתָיו וְעַל־דְּבָרָיו ראה: 9 וַיַּחֲלֹם עוֹד חֲלוֹם אַחֵר וַיְסַפֵּר אֹתוֹ לְאֶחָיו וַיֹּאמֶר הִנֵּה חָלַמְתִּי חֲלוֹם עוֹד וְהִנֵּה הַשֶּׁמֶשׁ ב"פ ע"ך וְהַיָּרֵחַ וְאַחַד אהבה, דאגה עָשָׂר כּוֹכָבִים מִשְׁתַּחֲוִים לִי: 10 וַיְסַפֵּר אֶל־אָבִיו וְאֶל־אֶחָיו וַיִּגְעַר־בּוֹ אָבִיו וַיֹּאמֶר לוֹ מָה מ"ה הַחֲלוֹם הַזֶּה יה אֲשֶׁר חָלָמְתָּ הֲבוֹא נָבוֹא אֲנִי אני־וְאִמְּךָ וְאַחֶיךָ לְהִשְׁתַּחֲוֹת לְךָ אָרְצָה אלהים דההין ע"ה: 11 וַיְקַנְאוּ־בוֹ אֶחָיו וְאָבִיו שָׁמַר אֶת־הַדָּבָר ראה:

SEGUNDA LECTURA - YITSJAK - GUEVURÁ

12 וַיֵּלְכוּ אֶחָיו לִרְעוֹת אֶת־צֹאן מלוי אהיה דיודין ע"ה אֲבִיהֶם בִּשְׁכֶם:

אֶת
∘∘

Génesis 37:12 – Los dos puntos encima de la palabra *et* (el). Esta es una de las diez únicas veces en la Biblia entera en las que aparecen dos puntos sobre una palabra. Yosef fue a Egipto, y el *Zóhar* revela que Dios estuvo involucrado en este suceso; aunque los hermanos hicieron mal en vender a Yosef, la Luz siempre tuvo el control. Cuando nos suceden cosas dolorosas, debemos recordar siempre que la Luz está todavía presente: nunca estamos solos.

El *Zóhar* nos dice que Rav Shimón preguntó acerca de los puntos sobre la partícula "et" y se le dijo que los puntos representan la *Shejiná*, quien habitaba entre diez de los doce hermanos, excluyendo a Yosef y Binyamín.

Rav Shimón pregunta: ¿Por qué esta partícula Et es añadida? Contesta: La preposición Et tiene puntos sobre ella, que representan a la Shejiná, porque la Shejiná, llamada 'Et', moraba con ellos cuando eran un grupo de diez. Donde hay diez hombres, la Shejiná se cierne sobre ellos. Eran diez porque Yosef no estaba con ellos y el pequeño Binyamín estaba en casa. Cuando iban, la Shejiná estaba entre ellos, por cuya razón hay puntos arriba de la partícula Et.
— El Zóhar, Vayeshev 8:95

13 E Israel dijo a Yosef: "Como sabrás, tus hermanos están apacentando el rebaño en Shejem. Ven, y te voy a enviar a ellos". "Heme aquí", le respondió Yosef.

14 Entonces Israel le dijo: "Ve ahora y mira cómo están tus hermanos y cómo está el rebaño, y tráeme noticias de ellos". Lo envió, pues, desde el Valle de Hebrón. Cuando Yosef llegó a Shejem,

15 un hombre lo encontró dando vueltas por el campo, y le preguntó: "¿Qué buscas?". *16* Y Yosef respondió: "Busco a mis hermanos. ¿Podría informarme dónde están apacentando el rebaño?".

17 "Se han ido de aquí", le contestó el hombre, "pues yo les oí decir: 'Vamos a Dotán'". Entonces Yosef fue tras sus hermanos y los encontró en Dotán.

18 Pero ellos lo vieron de lejos, y antes que se les acercara, tramaron contra él para matarlo.

19 Y se dijeron unos a otros: "¡Aquí viene el soñador!

20 Ahora pues, vengan, matémoslo y arrojémoslo a uno de los pozos; y diremos: 'Una bestia salvaje lo devoró'. Entonces veremos en qué quedan sus sueños".

21 Pero Reuvén oyó esto e intentó librarlo de sus manos, y dijo: "No le quitemos la vida".

Ahora que vemos que los diez hermanos estaban conectados con la *Shejiná* cuando vendieron a Yosef, eso nos muestra cómo la Luz maneja los asuntos por el bien mayor de aquellas personas que aprenden a seguirla.

> *Por esa razón, estaban colaborando con la Shejiná cuando vendieron a Yosef; la hicieron socia en su juramento y la hicieron jurar QUE NO REVELARÍA LA VENTA DE YOSEF. Así, hasta que LA VENTA de Yosef fue conocida, la Shejiná no descansó sobre Yaakov.*
> – El Zóhar, Vayeshev 8:96

אישי

Génesis 37:15 – Antes de que sus hermanos lo arrojaran al pozo, Yosef estaba buscándolos sin tener idea de dónde estaban. Él pidió ayuda a alguien, y un hombre, cuyo nombre no se menciona, le dijo a Yosef dónde podía encontrar a sus hermanos. La palabra que se utiliza para describir a esta persona es *ish*, que es la palabra aramea para "hombre". Es importante señalar que la palabra *ish* se utiliza también en referencia al Ángel Guardián de Esav. Sabemos que el hombre que ayudó a Yosef era positivo, mientras que el ángel de Esav era negativo, sin embargo a ambos se les menciona con la misma palabra. De esto aprendemos que las acciones expresan nuestra naturaleza espiritual; las acciones son la evidencia de nuestro nivel de conciencia. *Ish* nos muestra que el hombre puede ser tanto positivo como negativo.

Otra explicación que da el *Zóhar* dice que el "hombre" que dirigió a Yosef hacia sus hermanos se refiere al ángel Gavriel:

> *"Y un hombre lo encontró" se refiere a Gavriel. Ha sido explicado aquí que está escrito: "Y un hombre lo encontró" y en otro lado está escrito: "… Gavriel, el hombre a quien vi en la visión al principio…" (Daniel 9:21). POR ANALOGÍA, APRENDEMOS QUE EL HOMBRE EN LA PRIMERA FRASE ES TAMBIÉN GAVRIEL, y "vagando" en todas*

13 וַיֹּאמֶר יִשְׂרָאֵל אֶל־יוֹסֵף הֲלוֹא אַחֶיךָ רֹעִים בִּשְׁכֶם לְכָה וְאֶשְׁלָחֲךָ אֲלֵיהֶם וַיֹּאמֶר לוֹ הִנֵּנִי: 14 וַיֹּאמֶר לוֹ לֶךְ־נָא רְאֵה אֶת־שְׁלוֹם אַחֶיךָ וְאֶת־שְׁלוֹם הַצֹּאן וַהֲשִׁבֵנִי דָּבָר וַיִּשְׁלָחֵהוּ מֵעֵמֶק חֶבְרוֹן וַיָּבֹא שְׁכֶמָה: 15 וַיִּמְצָאֵהוּ אִישׁ וְהִנֵּה תֹעֶה בַּשָּׂדֶה וַיִּשְׁאָלֵהוּ הָאִישׁ לֵאמֹר מַה־תְּבַקֵּשׁ: 16 וַיֹּאמֶר אֶת־אַחַי אָנֹכִי מְבַקֵּשׁ הַגִּידָה־נָּא לִי אֵיפֹה הֵם רֹעִים: 17 וַיֹּאמֶר הָאִישׁ נָסְעוּ מִזֶּה כִּי שָׁמַעְתִּי אֹמְרִים נֵלְכָה דֹּתָיְנָה וַיֵּלֶךְ יוֹסֵף אַחַר אֶחָיו וַיִּמְצָאֵם בְּדֹתָן: 18 וַיִּרְאוּ אֹתוֹ מֵרָחֹק וּבְטֶרֶם יִקְרַב אֲלֵיהֶם וַיִּתְנַכְּלוּ אֹתוֹ לַהֲמִיתוֹ: 19 וַיֹּאמְרוּ אִישׁ אֶל־אָחִיו הִנֵּה בַּעַל הַחֲלֹמוֹת הַלָּזֶה בָּא: 20 וְעַתָּה לְכוּ וְנַהַרְגֵהוּ וְנַשְׁלִכֵהוּ בְּאַחַד הַבֹּרוֹת וְאָמַרְנוּ חַיָּה רָעָה אֲכָלָתְהוּ וְנִרְאֶה מַה־יִּהְיוּ חֲלֹמֹתָיו: 21 וַיִּשְׁמַע רְאוּבֵן וַיַּצִּלֵהוּ מִיָּדָם וַיֹּאמֶר לֹא נַכֶּנּוּ נָפֶשׁ:

---

formas, por confiar en sus hermanos, buscar la fraternidad sin obtenerla, y por buscarlos sin encontrarlos. Por lo tanto, "le preguntó: '¿Qué buscas?'".
– El Zóhar, Vayeshev 10:105

Así pues, podemos ver cómo todas las fuerzas celestiales conspiraron para mover a Yosef a lo largo del camino que debía seguir. La Luz de este pasaje abre nuestros ojos y nos muestra el camino a la libertad permitiéndonos reconocer las dificultades de la vida por lo que realmente son: oportunidades para elevarnos por encima de la fuerza de los impulsos y, por lo tanto, llevar a cabo la transformación interna.

וַיִּתְנַכְּלוּ

Génesis 37:18 – Cuando Yosef se encontró con sus hermanos, ellos querían matarlo, pero Reuvén los convenció para que en su lugar arrojaran a Yosef en un pozo. Finalmente, los hermanos vendieron a Yosef como esclavo y fue llevado a Egipto.

El *Zóhar* explica que la razón por la cual los hermanos pudieron hacer tal cosa a Yosef es que sabían algo de Kabbalah, y con el pequeño conocimiento que tenían concluyeron que no era necesario que Yosef viviera. Los hermanos sabían lo suficiente como para ser un peligro.

Este es un ejemplo excelente del principio que dice que un poco de conocimiento es algo peligroso. Nunca debemos sentirnos satisfechos o ser arrogantes con respecto a nuestro conocimiento. Es importante que seamos proactivos en aprender más, en hacer preguntas a nuestros maestros y en esforzarnos para obtener más sabiduría y entendimiento.

²² Reuvén les dijo además: "No derramen sangre. Échenlo en este pozo del desierto, pero no le pongan la mano encima". Esto dijo para poder librarlo de las manos de ellos y devolverlo a su padre.

TERCERA LECTURA - YAAKOV - TIFÉRET

²³ Y cuando Yosef llegó a sus hermanos, lo despojaron de su túnica, la túnica de muchos colores que llevaba puesta. ²⁴ Lo tomaron y lo echaron en el pozo. El pozo estaba vacío, no había agua en él.

²⁵ Entonces se sentaron a comer, y cuando levantaron los ojos, vieron una caravana de ismaelitas que venía de Galaad con sus camellos cargados de especias, bálsamo y mirra, e iban bajando hacia Egipto.

²⁶ Y Yehuda dijo a sus hermanos: "¿Qué ganaremos con matar a nuestro hermano y ocultar su sangre?

²⁷ Vengan, vendámoslo a los ismaelitas y no pongamos las manos sobre él, pues es nuestro hermano, carne y sangre nuestra". Y sus hermanos le hicieron caso.

²⁸ Pasaron entonces los mercaderes madianitas, y ellos sacaron a Yosef, subiéndolo del pozo, y vendieron a Yosef a los ismaelitas por veinte siclos de plata. Y éstos se llevaron a Yosef a Egipto.

²⁹ Cuando Reuvén volvió al pozo, Yosef ya no estaba en el pozo. Entonces rasgó sus vestidos;

בְּעֶשְׂרִים כָּסֶף

Génesis 37:28 – La cantidad de dinero por la cual fue vendido Yosef, 20 monedas de plata, está relacionada con la Redención del Primogénito. Cuando el hijo primogénito es redimido en la ceremonia de *Pidyón HaBen*, llamada "La redención del primogénito", el dinero que se ofrece es para completar parte del *tikún* (corrección) del pecado que cometieron los hermanos de Yosef al venderlo.

וַיָּשָׁב

Génesis 37:29 – Reuvén creía que los hermanos sólo habían arrojado a Yosef a un pozo, y volvió

más tarde a rescatar al chico. Pero descubrió que Yosef había desaparecido; los hermanos lo habían vendido como esclavo. Yaakov les había encomendado a uno de sus hijos cada día asumir la responsabilidad de todo lo que sucediera aquel día. Reuvén era responsable del día en que Yosef fue arrojado al pozo, e intentó al menos asegurarse de que Yosef estaba a salvo en aquel pozo y nada peor podía ocurrirle mientras permaneciera allí.

Ven y ve lo que Reuvén hizo. Sensatamente se juntó con ellos y dijo: "... No lo matemos" (Génesis 37:21), en vez de 'No lo maten', porque no estuvo allí cuando Yosef fue vendido. Cada uno de ellos acompañó a su padre por un día. Cuando fue el día

22 וַיֹּאמֶר אֲלֵהֶם | רְאוּבֵן ג"פ אלהים אַל־תִּשְׁפְּכוּ־דָם רביע אהיה הַשְׁלִיכוּ אֹתוֹ
אֶל־הַבּוֹר יצחק, ד"פ בן הַזֶּה ו"ה אֲשֶׁר בַּמִּדְבָּר רמ"ח, אברהם וְיָד אַל־תִּשְׁלְחוּ־בוֹ
לְמַעַן הַצִּיל אֹתוֹ מִיָּדָם לַהֲשִׁיבוֹ אֶל־אָבִיו:

TERCERA LECTURA - YAAKOV - TIFÉRET

23 וַיְהִי אל כַּאֲשֶׁר־בָּא יוֹסֵף ציון, קנאה, ו"פ יהוה, ה"פ אל אֶל־אֶחָיו וַיַּפְשִׁיטוּ
אֶת־יוֹסֵף ציון, קנאה, ו"פ יהוה, ה"פ אל אֶת־כֻּתָּנְתּוֹ אֶת־כְּתֹנֶת הַפַּסִּים אֲשֶׁר
עָלָיו: 24 וַיִּקָּחֻהוּ ו"ה וַיַּשְׁלִכוּ אֹתוֹ הַבֹּרָה וְהַבּוֹר יצחק, ד"פ בן רֵק אֵין בּוֹ
מָיִם: 25 וַיֵּשְׁבוּ לֶאֱכָל־לֶחֶם ג"פ יהוה וַיִּשְׂאוּ עֵינֵיהֶם רביע מ"ה וַיִּרְאוּ וְהִנֵּה
מ"ה יה אֹרְחַת יִשְׁמְעֵאלִים בָּאָה מִגִּלְעָד וּגְמַלֵּיהֶם נֹשְׂאִים נְכֹאת
וּצְרִי מצפצ, י"פ ייי, אלהים דיודין וָלֹט הוֹלְכִים לְהוֹרִיד מִצְרָיְמָה מצר 26 וַיֹּאמֶר
יְהוּדָה אֶל־אֶחָיו מַה מ"ה ־בֶּצַע כִּי נַהֲרֹג אֶת־אָחִינוּ וְכִסִּינוּ אֶת־דָּמוֹ:
27 לְכוּ וְנִמְכְּרֶנּוּ לַיִּשְׁמְעֵאלִים וְיָדֵנוּ אַל־תְּהִי־בוֹ כִּי־אָחִינוּ בְשָׂרֵנוּ
הוּא וַיִּשְׁמְעוּ אֶחָיו: 28 וַיַּעַבְרוּ אֲנָשִׁים מִדְיָנִים סֹחֲרִים וַיִּמְשְׁכוּ
וַיַּעֲלוּ אֶת־יוֹסֵף מִן־הַבּוֹר יצחק, ד"פ בן ה"פ אל וַיִּמְכְּרוּ אֶת־יוֹסֵף
ציון, קנאה, ו"פ יהוה, ה"פ אל לַיִּשְׁמְעֵאלִים בְּעֶשְׂרִים כָּסֶף וַיָּבִיאוּ אֶת־יוֹסֵף
ציון, קנאה, ו"פ יהוה, ה"פ אל מִצְרָיְמָה מצר 29 וַיָּשָׁב רְאוּבֵן ג"פ אלהים אֶל־הַבּוֹר

---

de Reuvén, no deseó que Yosef muriese. Está por lo tanto escrito: "Y volvió Reuvén al pozo y ¡he aquí que Yosef no estaba! —NI SIQUIERA MUERTO — Y se rasgó las vestiduras" (Génesis 37:29). Inmediatamente "regresó con sus hermanos y les dijo: '¡El niño no está!'" (Génesis 37:30).
– El Zóhar, Vayeshev 13:137

Sin embargo, si Reuvén hubiera hecho un esfuerzo adicional, no sólo protegiendo a Yosef en el pozo sino también sacándolo de allí cuando los hermanos se hubieran marchado y ayudándolo a escapar, Yosef no habría sido vendido como esclavo. Cuando llevamos a cabo una acción espiritual, nunca debemos quedarnos satisfechos haciendo el mínimo. Debemos siempre motivarnos a hacer lo más que podamos para expandir y construir nuestra Vasija para recibir la Luz.

[30] y volvió a sus hermanos y les dijo: "¡El muchacho no está allí! Y yo, ¿adónde iré?".

[31] Así que tomaron la túnica de Yosef, mataron un macho cabrío, y empaparon la túnica en la sangre. [32] Entonces enviaron la túnica de muchos colores y la llevaron a su padre, y dijeron: "Encontramos esto. Te rogamos que lo examines para ver si es la túnica de tu hijo o no".

[33] Él la reconoció, y dijo: "Es la túnica de mi hijo. Una bestia salvaje lo ha devorado. Sin duda Yosef ha sido despedazado". [34] Yaakov rasgó sus vestidos, puso cilicio sobre sus lomos y estuvo de duelo por su hijo muchos días.

[35] Todos sus hijos y todas sus hijas vinieron para consolarlo, pero él rehusó ser consolado, y dijo: "Ciertamente enlutado iré a la tumba por causa de mi hijo". Y su padre lloró por él.

[36] Mientras tanto, los madianitas lo vendieron en Egipto a Potifar, oficial del Faraón, capitán de la guardia.

CUARTA LECTURA - MOSHÉ - NÉTSAJ

38 [1] Por aquel tiempo Yehuda se separó de sus hermanos, y visitó a un adulamita llamado Jirá. [2] Allí Yehuda vio a la hija de un cananeo llamado Shúa. La tomó, y se llegó a ella.

וַיְּבִיאוּ

Génesis 37:32 – **Los hermanos le mostraron la túnica de Yosef a Yaakov**. Los hermanos no sabían cómo decirle a su padre lo que le habían hecho a Yosef. En lugar de decir la verdad o incluso decir una mentira, se limitaron a tomar la túnica de colores que pertenecía a Yosef, empaparla en sangre de cabra y mostrársela a Yaakov. En realidad no mintieron a su padre, pero sus acciones hicieron que Yaakov creyera algo que no era cierto.

Yaakov, por supuesto, había hecho algo muy similar a su propio padre. Había engañado a Yitsjak presentándose con la vestimenta de Esav, haciendo así que su padre llegara a una conclusión falsa.

Está escrito DE YAAKOV: "Y le puso (Rivká) las pieles de los cabritos sobre las manos y parte del cuello" (Génesis 27:16). Por lo tanto, está dicho DE SUS HIJOS: "...y mojaron la camisa con sangre" (Génesis 37:31). Esto fue: medida por medida. Tal como "Yitsjak se estremeció en muy grande manera..." (ibid. 33) por causa de él, SUS HIJOS lo hicieron estremecerse cuando dijeron: "... Reconoce si es o no la camisa de tu hijo" (Génesis 37:32).
– El Zóhar, Vayeshev 13:142

Mentir es una de las formas en que nos despojamos de la Luz multicolor que nos rodea. Despojarla de otra persona causándole dolor es inexcusable, y este tipo de actos siempre acarrean consecuencias. Una de las leyes del universo es que pagamos del mismo modo nuestros propios actos de traición.

וַיִּקְרַע בֵּן ד״פ ב״ן יצחק, קִנְאָה, וָ״פ יהוה, ה״פ אל וְהִנֵּה אֵין־יוֹסֵף ציון

אֶת־בְּגָדָיו: 30 וַיָּשָׁב אֶל־אֶחָיו וַיֹּאמַר הַיֶּלֶד אֵינֶנּוּ וַאֲנִי אני, ב״פ אהיה - יהוה

אָנָה אֲנִי־בָא: אני יהוה 31 וַיִּקְחוּ וּעלם אֶת־כְּתֹנֶת יוֹסֵף ציון, קִנְאָה, וָ״פ יהוה, ה״פ אל וַיִּשְׁחֲטוּ

שְׂעִיר עִזִּים וַיִּטְבְּלוּ אֶת־הַכֻּתֹּנֶת בַּדָּם רביע אהיה: 32 וַיְשַׁלְּחוּ אֶת־כְּתֹנֶת

הַפַּסִּים וַיָּבִיאוּ אֶל־אֲבִיהֶם וַיֹּאמְרוּ זֹאת מָצָאנוּ הַכֶּר־נָא הַכְּתֹנֶת

בִּנְךָ הִוא אִם־לֹא: יודר 33 וַיַּכִּירָהּ וַיֹּאמֶר כְּתֹנֶת בְּנִי וְחַיָּה רָעָה רהע

אֲכָלָתְהוּ טָרֹף רמ״ח ע״ה טֹרַף רמ״ח ע״ה יוֹסֵף ע״ה ציון, קִנְאָה, וָ״פ יהוה, ה״פ אל 34 וַיִּקְרַע

יַעֲקֹב יהדונהי - אידהנויה שִׂמְלֹתָיו וַיָּשֶׂם שַׂק בְּמָתְנָיו וַיִּתְאַבֵּל עַל־בְּנוֹ יָמִים

רַבִּים: גלך 35 וַיָּקֻמוּ כָל־בָּנָיו יכי וְכָל־בְּנֹתָיו יכי לְנַחֲמוֹ וַיְמָאֵן לְהִתְנַחֵם

וַיֹּאמֶר כִּי־אֵרֵד אֶל־בְּנִי אָבֵל שְׁאֹלָה וַיֵּבְךְּ אֹתוֹ אָבִיו: 36 וְהַמְּדָנִים

מָכְרוּ אֹתוֹ אֶל־מִצְרַיִם מצר לְפוֹטִיפַר סְרִיס פַּרְעֹה שַׂר אלהים דיודין ורבוע אלהים

הַטַּבָּחִים: [פ]

CUARTA LECTURA - MOSHÉ – NÉTSAJ

38 1 וַיְהִי בָּעֵת הַהִוא וַיֵּרֶד רִי יְהוּדָה מֵאֵת אֶחָיו וַיֵּט עַד־אִישׁ

ע״ה קנ״א קס״א עֲדֻלָּמִי וּשְׁמוֹ וְזִירָה: מהע ע״ה 2 וַיַּרְא־שָׁם יְהוּדָה בַּת־אִישׁ

וַיֵּרֶד

Génesis 38:1 – Yehuda había sugerido vender a Yosef. Más tarde estaba abrumado por la culpa, y dejó a su familia para casarse y tener tres hijos. Posteriormente, su hijo mayor se casó con una mujer llamada Tamar. Cuando este hijo murió sin haber tenido descendencia, su hermano debía casarse con la viuda para que el linaje continuara. Esta costumbre recibe el nombre de Matrimonio por Levirato. Lamentablemente, este hermano también murió; ambos murieron por causa de su negatividad. El *Zóhar* dice:

Cuando un hombre no tiene éxito en procrear hijos en este mundo, Dios lo arranca DE ESTE MUNDO y lo replanta una y otra vez. ESTO ES: MUERE Y NACE OTRA VEZ EN EL MUNDO HASTA QUE TIENE ÉXITO EN ENGENDRAR HIJOS.

– El *Zóhar, Vayeshev 16:157*

Sin embargo, si la viuda de un hombre se casa con el hermano de este y logran tener descendencia, el hombre es redimido de su estado sin descendencia. El *Zóhar* dice:

³ Ella concibió y dio a luz un hijo, y le puso por nombre Er. ⁴ Concibió otra vez y dio a luz otro hijo, y le puso por nombre Onán. ⁵ Aún dio a luz a otro hijo, y le puso por nombre Shela. Y fue en Quezib que le nació. ⁶ Entonces Yehuda tomó mujer para Er, su primogénito, la cual se llamaba Tamar.

⁷ Pero Er, primogénito de Yehuda, era malo ante los ojos del Eterno, y el Eterno le quitó la vida. ⁸ Entonces Yehuda dijo a Onán: "Llégate a la mujer de tu hermano, y cumple con ella tu deber como cuñado, y levanta descendencia a tu hermano".

⁹ Pero Onán sabía que la descendencia no sería suya. Así que cuando se llegaba a la mujer de su hermano, derramaba su semen en tierra para no dar descendencia a su hermano. ¹⁰ Pero lo que hacía era malo ante los ojos del Eterno, así que también a él le quitó la vida.

¹¹ Entonces Yehuda dijo a su nuera Tamar: "Quédate viuda en casa de tu padre hasta que crezca mi hijo Shela"; pues pensaba: "Temo que él muera también como sus hermanos". Así que Tamar se fue y se quedó en casa de su padre.

¹² Pasaron muchos días y murió la hija de Shúa, mujer de Yehuda. Y pasado el duelo, Yehuda subió a los trasquiladores de sus ovejas en Timnat, él y su amigo Jirá el adulamita.

¹³ Y se lo hicieron saber a Tamar, diciéndole: "Mira, tu suegro sube a Timnat a trasquilar sus ovejas".

¹⁴ Entonces ella se quitó sus ropas de viuda y se cubrió con un velo para disfrazarse, y se sentó a la entrada de Einaim que está en el camino de Timnat. Porque veía que Shela había crecido, y ella aún no había sido dada a él por mujer.

¹⁵ Cuando la vio Yehuda, pensó que era una ramera, pues se había cubierto el rostro.

Un cuarto oscuro se vuelve progresivamente más iluminado con cada encendido de una nueva vela. Cada alma que viene a este mundo es parecida a una vela. Aunque la Realidad Verdadera —que es nuestro último destino— ofrece inmortalidad y satisfacción sin fin, durante el curso de la evolución espiritual humana, la Luz está temporalmente debilitada. La inmortalidad es relegada al acto de procreación y maternidad, que asegura la entrada actual en este mundo de almas nuevas con el propósito de efectuar la Corrección Final de la humanidad. En otras palabras, la cadena de la humanidad es inmortal, mientras que el cuerpo individual permanece perecedero y finito. Todos los hombres viven por la existencia de la cadena hasta tiempo tal que la humanidad complete su corrección y transformación espirituales. A esa altura, la fuerza de la inmortalidad se expandirá y traerá vida interminable. Esta transformación, la Redención Final, es apresurada por medio de traer nuevas almas a este mundo, cuya Luz, a través del camino de la Torá, ayuda a disminuir la oscuridad y la muerte y acelera el proceso de corrección.
– El Zóhar, Vayeshev 16

3 וַתַּהַר וַתֵּלֶד וַיָּבֹא אֵלֶיהָ שׁוּעַ וַיִּקָּחֶהָ וּשְׁמוֹ כְּנַעֲנִי
בֵּן וַיִּקְרָא אֶת־שְׁמוֹ עֵר: 4 וַתַּהַר עוֹד וַתֵּלֶד בֵּן
וַתִּקְרָא אֶת־שְׁמוֹ אוֹנָן: 5 וַתֹּסֶף עוֹד וַתֵּלֶד בֵּן וַתִּקְרָא אֶת־שְׁמוֹ
שֵׁלָה וְהָיָה בִכְזִיב בְּלִדְתָּהּ אֹתוֹ: 6 וַיִּקַּח יְהוּדָה אִשָּׁה
לְעֵר בְּכוֹרוֹ וּשְׁמָהּ תָּמָר: 7 וַיְהִי עֵר בְּכוֹר יְהוּדָה רַע בְּעֵינֵי
יְהֹוָה וַיְמִתֵהוּ יְהֹוָה: 8 וַיֹּאמֶר יְהוּדָה לְאוֹנָן בֹּא
אֶל־אֵשֶׁת אָחִיךָ וְיַבֵּם אֹתָהּ וְהָקֵם זֶרַע לְאָחִיךָ: 9 וַיֵּדַע אוֹנָן כִּי
לֹּא לוֹ יִהְיֶה הַזָּרַע וְהָיָה אִם־בָּא אֶל־אֵשֶׁת אָחִיו וְשִׁחֵת
אַרְצָה לְבִלְתִּי נְתָן־זֶרַע לְאָחִיו: 10 וַיֵּרַע בְּעֵינֵי יְהֹוָה
אֲשֶׁר עָשָׂה וַיָּמֶת גַּם אֹתוֹ: 11 וַיֹּאמֶר יְהוּדָה לְתָמָר כַּלָּתוֹ
שְׁבִי אַלְמָנָה בֵית־אָבִיךְ עַד־יִגְדַּל שֵׁלָה בְנִי כִּי אָמַר
פֶּן־יָמוּת גַּם־הוּא כְּאֶחָיו וַתֵּלֶךְ תָּמָר וַתֵּשֶׁב בֵּית אָבִיהָ:
12 וַיִּרְבּוּ הַיָּמִים וַתָּמָת בַּת־שׁוּעַ אֵשֶׁת־יְהוּדָה וַיִּנָּחֶם יְהוּדָה וַיַּעַל
עַל־גֹּזְזֵי צֹאנוֹ הוּא וְחִירָה רֵעֵהוּ הָעֲדֻלָּמִי תִּמְנָתָה: 13 וַיֻּגַּד לְתָמָר
לֵאמֹר הִנֵּה חָמִיךְ עֹלֶה תִמְנָתָה לָגֹז צֹאנוֹ: 14 וַתָּסַר בִּגְדֵי אַלְמְנוּתָהּ
מֵעָלֶיהָ וַתְּכַס בַּצָּעִיף וַתִּתְעַלָּף וַתֵּשֶׁב בְּפֶתַח עֵינַיִם אֲשֶׁר
עַל־דֶּרֶךְ תִּמְנָתָה כִּי רָאֲתָה כִּי־גָדַל שֵׁלָה וְהִוא לֹא־נִתְּנָה
לוֹ לְאִשָּׁה: 15 וַיִּרְאֶהָ יְהוּדָה וַיַּחְשְׁבֶהָ לְזוֹנָה כִּי כִסְּתָה פָּנֶיהָ:

וַיֹּאמֶר

Génesis 38:11 – En lugar de hacer que Tamar se casara con su tercer hijo (y quizás también causar su muerte), Yehuda envió a Tamar lejos de allí. Del *Zóhar* aprendemos:

Si el que viene DEL SEGUNDO ESPOSO elimina al espíritu anterior DEL PRIMER MARIDO, éste se va y se aleja. A veces el primero expulsa al segundo y lo ataca, hasta que éste sale del mundo. Con relación a esto aprendimos que de dos o más, ESTO ES: DESPUÉS QUE SUS DOS MARIDOS MURIERON, un hombre no debe casarse con esta mujer, porque el Ángel de la Muerte es fuerte en ella.
– *El Zóhar, Mishpatim 3:148*

Más tarde, tras la muerte de la esposa de Yehuda, él decidió visitar a una prostituta. Tamar, su propia nuera, se vistió como una prostituta

[16] Y se acercó a ella junto al camino, y le dijo: "Vamos, déjame estar contigo"; pues no sabía que era su nuera. "¿Qué me darás por estar conmigo?", le dijo ella.

[17] "Yo te enviaré un cabrito de las cabras del rebaño", respondió Yehuda. "¿Me darás una prenda hasta que lo envíes?", le dijo ella.

[18] "¿Qué prenda tengo que darte?", preguntó Yehuda. "Tu sello, tu cordón y el báculo que tienes en la mano", dijo ella. Y él se los dio y se llegó a ella, y ella concibió de él.

[19] Entonces ella se levantó y se fue. Se quitó el velo y se puso sus ropas de viuda.

[20] Cuando Yehuda envió el cabrito por medio de su amigo el adulamita, para recobrar la prenda de mano de la mujer, no la halló.

[21] Y preguntó a los hombres del lugar: "¿Dónde está la ramera que estaba en Einaim, junto al camino?". "Aquí no ha habido ninguna ramera", dijeron ellos.

[22] El volvió donde Yehuda, y le dijo: "No la encontré. Además, los hombres del lugar dijeron: 'Aquí no ha habido ninguna ramera'".

[23] Entonces Yehuda dijo: "Que se quede con las prendas, para que no seamos causa de burla. Ya ves que envié este cabrito, y tú no la has encontrado".

[24] Y a los tres meses, informaron a Yehuda, diciendo: "Tu nuera Tamar ha fornicado, y ha quedado encinta a causa de las fornicaciones". "¡Sáquenla y que sea quemada!", dijo Yehuda.

[25] Cuando la sacaban, ella envió a decir a su suegro: "Del hombre a quien pertenecen estas cosas estoy encinta. Te ruego que examines y veas de quién es este sello, este cordón y este báculo", añadió ella.

[26] Yehuda los reconoció, y dijo: "Ella es más justa que yo, por cuanto yo no la di por mujer a mi hijo Shela". Y no volvió a tener más relaciones con ella.

[27] Y sucedió que al tiempo de dar a luz, había mellizos en su vientre.

[28] Aconteció, además, que mientras daba a luz, uno de ellos sacó su mano, y la partera la tomó y le ató un hilo escarlata en la mano, diciendo: "Este salió primero".

[29] Pero sucedió que cuando él retiró su mano, su hermano salió. Entonces ella dijo: "¡Qué brecha te has abierto!". Por eso le pusieron por nombre Pérets.

[30] Después salió su hermano que tenía el hilo escarlata en la mano; y le pusieron por nombre Zaraj.

16 וַיֵּ֨ט אֵלֶ֜יהָ אֶל־הַדֶּ֗רֶךְ ב"פ יב"ק וַיֹּ֨אמֶר֙ הָֽבָה־נָּא֙ אָב֣וֹא אֵלַ֔יִךְ אֱנוֹ; ר"ת ב"ן

כִּ֥י לֹ֣א יָדַ֔ע כִּ֥י כַלָּת֖וֹ הִ֑וא וַתֹּ֗אמֶר מַה־תִּתֶּן־ מ"ה ב"פ כהת ־לִּי֙ ר"ת ה"פ אלהים

כִּ֥י תָב֖וֹא אֵלָֽי׃ 17 וַיֹּ֕אמֶר איע אָֽנֹכִ֛י אֲשַׁלַּ֥ח גְּדִֽי־ והו עִזִּ֖ים מִן־הַצֹּ֑אן

מלוי אהדה דיודין ע"ה וַתֹּ֕אמֶר אִם־תִּתֵּ֥ן יוהך ־עֵֽרָב֖וֹן ב"פ כהת עַ֥ד שָׁלְחֶֽךָ׃ 18 וַיֹּ֗אמֶר

מָ֣ה הָֽעֵֽרָבוֹן֮ מ"ה אֲשֶׁ֣ר אֶתֶּן־לָּךְ֒ וַתֹּ֗אמֶר חֹתָֽמְךָ֙ וּפְתִילֶ֔ךָ י"פ ב"ן וּמַטְּךָ֖

אֲשֶׁ֣ר בְּיָדֶ֑ךָ וַיִּתֶּן־ י"פ מלוי ע"ב ־לָּ֛הּ וַיָּבֹ֥א אֵלֶ֖יהָ וַתַּ֥הַר לֽוֹ׃ 19 וַתָּ֣קָם וַתֵּ֔לֶךְ

וַתָּ֥סַר צְעִיפָ֖הּ מֵעָלֶ֑יהָ פהל וַתִּלְבַּ֖שׁ בִּגְדֵ֥י אַלְמְנוּתָֽהּ׃ 20 וַיִּשְׁלַ֨ח יְהוּדָ֜ה

אֶת־גְּדִ֣י והו הָֽעִזִּ֗ים בְּיַד֙ רֵעֵ֣הוּ הָֽעֲדֻלָּמִ֔י לָקַ֥חַת הָֽעֵרָב֖וֹן מִיַּ֣ד הָֽאִשָּׁ֑ה

וְלֹ֖א מְצָאָֽהּ׃ 21 וַיִּשְׁאַ֞ל אֶת־אַנְשֵׁ֤י מְקֹמָהּ֙ לֵאמֹ֔ר אַיֵּ֧ה הַקְּדֵשָׁ֛ה הִ֖וא

בָֽעֵינַ֑יִם רביע מ"ה עַל־הַדָּ֑רֶךְ ב"פ יב"ק וַיֹּ֣אמְר֔וּ לֹא־הָֽיְתָ֥ה בָזֶ֖ה קְדֵשָֽׁה׃

22 וַיָּ֨שָׁב֙ אֶל־יְהוּדָ֔ה וַיֹּ֖אמֶר לֹ֣א מְצָאתִ֑יהָ וְגַ֨ם אַנְשֵׁ֤י הַמָּקוֹם֙ יהוה ברביע

אָֽמְר֔וּ לֹא־הָֽיְתָ֥ה בָזֶ֖ה קְדֵשָֽׁה׃ 23 וַיֹּ֤אמֶר יְהוּדָה֙ תִּֽקַּֽח־לָ֔הּ פֶּ֖ן נִֽהְיֶ֣ה

לָב֑וּז הִנֵּ֤ה שָׁלַ֨חְתִּי֙ הַגְּדִ֣י והו הַזֶּ֔ה והו וְאַתָּ֖ה לֹ֣א מְצָאתָֽהּ׃ 24 וַיְהִ֣י ׀ כְּמִשְׁלֹ֣שׁ

חֳדָשִׁ֗ים י"ב הוויות וַיֻּגַּ֨ד לִֽיהוּדָ֤ה לֵאמֹר֙ זָֽנְתָה֙ תָּמָ֣ר כַּלָּתֶ֔ךָ ב"פ שי"ך וְגַ֛ם הִנֵּ֥ה

הָרָ֖ה לִזְנוּנִ֑ים וַיֹּ֣אמֶר יְהוּדָ֔ה הֽוֹצִיא֖וּהָ וְתִשָּׂרֵֽף׃ 25 הִ֣וא מוּצֵ֗את וְהִ֨יא

שָֽׁלְחָ֤ה אֶל־חָמִ֨יהָ֙ לֵאמֹ֔ר לְאִישׁ֙ ע"ה קנ"א קס"א אֲשֶׁר־אֵ֣לֶּה לּ֔וֹ אָנֹכִ֖י איע

הָרָ֑ה וַתֹּ֨אמֶר֙ הַכֶּר־נָ֔א לְמִ֞י יל הַֽחֹתֶ֧מֶת וְהַפְּתִילִ֛ים י"ב ב"ן וְהַמַּטֶּ֖ה הָאֵֽלֶּה׃

26 וַיַּכֵּ֣ר יְהוּדָ֗ה וַיֹּ֨אמֶר֙ צָֽדְקָ֣ה מִמֶּ֔נִּי ע"ה ריבוע אלהים כִּֽי־עַל־כֵּ֥ן לֹֽא־נְתַתִּ֖יהָ

לְשֵׁלָ֣ה בְנִ֑י וְלֹֽא־יָסַ֥ף ע֖וֹד לְדַעְתָּֽהּ׃ 27 וַיְהִ֖י י"פ אהדה ־ י' הוויות בְּעֵ֣ת לִדְתָּ֑הּ

וְהִנֵּ֥ה מ"ה יה תְאוֹמִ֖ים בְּבִטְנָֽהּ׃ 28 וַיְהִ֣י בְלִדְתָּ֔הּ וַיִּתֶּן־ י"פ מלוי ע"ב ־יָ֑ד וַתִּקַּ֣ח

הַֽמְיַלֶּ֗דֶת וַתִּקְשֹׁ֨ר עַל־יָד֤וֹ שָׁנִי֙ לֵאמֹ֔ר זֶ֖ה יָצָ֥א רִֽאשֹׁנָֽה׃ 29 וַיְהִ֣י ׀ אבל

כְּמֵשִׁ֣יב יָד֗וֹ וְהִנֵּה֙ מ"ה יה יָצָ֣א אָחִ֔יו וַתֹּ֕אמֶר מַה־ מ"ה ־פָּרַ֖צְתָּ עָלֶ֣יךָ פָּ֑רֶץ

וַיִּקְרָ֥א עם ה' אותיות = ב"פ קס"א שְׁמ֖וֹ מהע ע"ה פָּֽרֶץ׃ 30 וְאַחַר֙ יָצָ֣א אָחִ֔יו אֲשֶׁ֥ר

עַל־יָד֖וֹ הַשָּׁנִ֑י וַיִּקְרָ֥א עם ה' אותיות = ב"פ קס"א שְׁמ֖וֹ מהע ע"ה זָֽרַח׃ [ס]

QUINTA LECTURA - AHARÓN - HOD

39 ¹ Cuando Yosef fue llevado a Egipto, Potifar, un oficial egipcio del Faraón, capitán de la guardia, lo compró a los ismaelitas que lo habían llevado allá.

² Pero el Eterno estaba con Yosef, que llegó a ser un hombre próspero, y vivía en la casa de su amo, el egipcio. ³ Vio su amo que el Eterno estaba con él y que el Eterno hacía prosperar en su mano todo lo que él hacía. ⁴ Así Yosef halló gracia ante sus ojos y llegó a ser su siervo personal, lo hizo mayordomo sobre su casa y entregó en su mano todo lo que poseía. ⁵ Y sucedió que desde el tiempo que lo hizo mayordomo sobre su casa y sobre todo lo que poseía, el Eterno bendijo la casa del egipcio por causa de Yosef. La bendición del Eterno estaba sobre todo lo que Potifar poseía en la casa y en el campo.

⁶ Así que todo lo que poseía lo dejó en mano de Yosef, y con él allí no se preocupaba de nada, excepto del pan que comía. Y era Yosef de gallarda figura y de hermoso parecer.

SEXTA LECTURA - YOSEF - YESOD

⁷ Sucedió después de estas cosas que la mujer de su amo miró a Yosef con deseo y le dijo: "Acuéstate conmigo". ⁸ Pero él rehusó y dijo a la mujer de su amo:

---

y sedujo a Yehuda. El Rey David descendió de este linaje, a pesar de que este acto parezca tan pecaminoso. Este es también el linaje del cual vendrá el Mesías. El *Zóhar* dice:

> *…¿Podría ser que Tamar, la hija de un sacerdote, quien era modesta siempre, cometiera incesto con su suegro? CONTESTA: Ella era una mujer recta e hizo esto con sabiduría. No era indecente, sino sabia, Y SABÍA LO QUE SALDRÍA DE ESTO. Se aproximó a él para traer beneficencia y verdad por medio de él.*
> *– El Zóhar, Vayeshev 18:189*

Aquí también hay otra lección. El *Zóhar* nos dice que cuando un alma justa está a punto de venir a este mundo, Satán intenta poner obstáculos en el camino para que esto no suceda. En este caso en particular, el Rey David procedía de antepasados que vivieron situaciones muy negativas, y cuando una circunstancia parece suficientemente negativa, Satán siente que

su intervención no es necesaria porque no saldría más Luz de ésta. Pero la Luz vence a la negatividad, y el alma justa puede nacer.

הוֹרַד

Génesis 39:1 – Yosef fue llevado a Egipto como esclavo, pero no tuvo que vivir toda su vida en la esclavitud. Puesto que siempre había mantenido una conciencia elevada, nunca se vio a sí mismo como una víctima y no adoptó la conciencia de un esclavo; allí donde estaba, siempre se convertía en un amo. El *Zóhar* dice:

> *Debido a que la Shejiná estaba con Yosef, todo lo que hacía prosperaba en su mano. Si tenía algo en su mano pero su señor pedía algo diferente, lo que tenía en la mano se volvía en lo que su señor deseaba […] porque Dios estaba con él.*
> *– El Zóhar, Vayeshev 20:206*

QUINTA LECTURA - AHARÓN – HOD

39 1 וְיוֹסֵף צִיוֹן, קִנְאָה, ו"פ יהוה, ה"פ אל הוּרַד מִצר בְּמִצְרַיְמָה וַיִּקְנֵהוּ פּוֹטִיפַר שכינה

סְרִיס פַּרְעֹה שַׂר אלהים דיודין ורבוע אלהים הַטַּבָּחִים אִישׁ ע"ה קנ"א קס"א מִצְרִי מצר

מִיַּד הַיִּשְׁמְעֵאלִים אֲשֶׁר הוֹרִדֻהוּ שָׁמָּה מהש"ע 2 וַיְהִי אל יְהֹוָהאדניאהדונהי

אֶת־יוֹסֵף צִיוֹן, קִנְאָה, ו"פ יהוה, ה"פ אל וַיְהִי אל אִישׁ ע"ה קנ"א קס"א מַצְלִיחַ וַיְהִי אל

בְּבֵית ב"פ ראה אֲדֹנָיו הַמִּצְרִי מצר: 3 וַיַּרְא אֲדֹנָיו כִּי יְהֹוָהאדניאהדונהי אִתּוֹ

וְכֹל ילי אֲשֶׁר־הוּא עֹשֶׂה יְהֹוָהאדניאהדונהי מַצְלִיחַ בְּיָדוֹ: 4 וַיִּמְצָא יוֹסֵף

צִיוֹן, קִנְאָה, ו"פ יהוה, ה"פ אל חֵן מחזי וַיְשָׁרֶת רבוע מ"ה אֹתוֹ וַיַּפְקִדֵהוּ עַל־בֵּיתוֹ

ב"פ ראה וְכָל־יֶשׁ־לוֹ ילי נָתַן בְּיָדוֹ: 5 וַיְהִי אל מֵאָז ומב הִפְקִיד אֹתוֹ בְּבֵיתוֹ ב"פ ראה

וְעַל כָּל־ ילי, עמם אֲשֶׁר יֶשׁ־לוֹ וַיְבָרֶךְ עסמ"ב יְהֹוָהאדניאהדונהי אֶת־בֵּית ב"פ ראה

הַמִּצְרִי מצר בִּגְלַל יוֹסֵף צִיוֹן, קִנְאָה, ו"פ יהוה, ה"פ אל וַיְהִי אל בִּרְכַּת יְהֹוָהאדניאהדונהי

בְּכָל־ לכב אֲשֶׁר יֶשׁ־לוֹ בַּבַּיִת ב"פ ראה וּבַשָּׂדֶה: 6 וַיַּעֲזֹב כָּל־ ילי אֲשֶׁר־לוֹ

בְּיַד־יוֹסֵף צִיוֹן, קִנְאָה, ו"פ יהוה, ה"פ אל וְלֹא־יָדַע אִתּוֹ מְאוּמָה כִּי אִם־ יוהך הַלֶּחֶם

ג"פ יהוה אֲשֶׁר־הוּא אוֹכֵל וַיְהִי יוֹסֵף צִיוֹן, קִנְאָה, ו"פ יהוה, ה"פ אל יְפֵה אל אדני תֹּאַר

וִיפֵה אל אדני מַרְאֶה ר"ת יתום:

SEXTA LECTURA - YOSEF – YESOD

7 וַיְהִי אל אַחַר הַדְּבָרִים ראה הָאֵלֶּה וַתִּשָּׂא אֵשֶׁת־אֲדֹנָיו אֶת־עֵינֶיהָ

רביע מ"ה אֶל־יוֹסֵף צִיוֹן, קִנְאָה, ו"פ יהוה, ה"פ אל וַתֹּאמֶר שִׁכְבָה עִמִּי: 8 וַיְמָאֵן וַיֹּאמֶר

וַתֹּאמֶר

Génesis 39:7 – Zelijá, la esposa de Potifar, el amo de Yosef, intentó seducir a Yosef. Aunque lo agarró por su ropa, él se negó a ser seducido y escapó. Por despecho, ella acusó a Yosef de haberla violado, y lo metieron en la cárcel. Un comentario dice lo siguiente sobre este episodio:

"Estando yo aquí, mi amo no se preocupa de nada en la casa, y ha puesto en mi mano todo lo que posee. ⁹ No hay nadie más grande que yo en esta casa, y a nada me he rehusado excepto a ti, pues eres su mujer. ¿Cómo entonces podría yo hacer esta gran maldad y pecar contra Dios?". ¹⁰ Y ella insistía a Yosef día tras día, pero él no accedió a acostarse con ella o a estar con ella.

¹¹ Pero un día que él entró en casa para hacer su trabajo, y no había ninguno de los hombres de la casa allí dentro,

¹² entonces ella tomó a Yosef de la ropa, y le dijo: "¡Acuéstate conmigo!". Pero él le dejó su ropa en la mano, y salió huyendo afuera.

¹³ Cuando ella vio que él había dejado su ropa en sus manos y había huido afuera,

¹⁴ llamó a los hombres de su casa y les dijo: "¡Miren, han traído a este hebreo para que se burle de nosotros! Vino a mí para acostarse conmigo, pero yo grité a gran voz.

¹⁵ Cuando él oyó que yo alzaba la voz y gritaba, dejó su ropa junto a mí y salió huyendo afuera". ¹⁶ Ella dejó junto a sí la ropa de Yosef hasta que su señor vino a casa.

¹⁷ Entonces ella le habló con estas palabras: "Vino a mí el esclavo hebreo que nos trajiste, para burlarse de mí.

¹⁸ Pero tan pronto como levanté la voz y grité, él dejó su ropa junto a mí y huyó afuera".

¹⁹ Cuando su señor escuchó las palabras que su mujer le habló, diciendo: "Esto es lo que tu esclavo me hizo", se encendió su ira.

²⁰ Entonces el amo de Yosef lo tomó y lo echó en la cárcel, en el lugar donde se encerraba a los presos del rey. Pero mientras Yosef estaba en la cárcel,

---

"Una bestia salvaje lo ha devorado" (Génesis 37:33). Le fue infundida la inspiración divina en su interior. [La bestia salvaje] era la esposa de Potifar.
– Bereshit Rabá 84:19

וַיַּעַזְבֵם

Génesis 39:12 – Cuando Yosef se resistió a las proposiciones sexuales de la esposa de Potifar, logró alcanzar el nivel espiritual de *Yesod*, el nivel que estaba destinado a alcanzar en su vida. De las acciones de Yosef aprendemos que debemos cumplir dos requisitos antes de alcanzar nuestro nivel espiritual destinado. Primero, debemos

pasar por una prueba intensa de nuestra resistencia a la tentación, y segundo, debemos atravesar un proceso de limpieza espiritual.

Cuando la esposa de Potifar intentó seducir a Yosef, él la deseaba, y aun así se resistió a su pasión. Después de este acto de restricción, Yosef, aunque era inocente, fue condenado a prisión. Fue el período de su encarcelamiento lo que logró su limpieza espiritual. Al resistirnos a la tentación en cualquiera de sus formas y a través de nuestra disposición a atravesar una limpieza, podemos conectar con nuestro potencial más elevado y completar nuestro *tikún* en esa área específica. El ejemplo de Yosef nos da la inspiración, la fortaleza espiritual y el apoyo para hacerlo.

אֶל־אֵשֶׁת אֲדֹנָיו הֵן אֲדֹנִי לֹא־יָדַע אִתִּי מַה בַּבַּיִת וְכֹל

אֲשֶׁר־יֶשׁ־לוֹ נָתַן בְּיָדִי: 9 אֵינֶנּוּ גָדוֹל בַּבַּיִת הַזֶּה

מִמֶּנִּי וְלֹא־חָשַׂךְ מִמֶּנִּי מְאוּמָה כִּי אִם־אוֹתָךְ בַּאֲשֶׁר אַתְּ־אִשְׁתּוֹ

וְאֵיךְ אֶעֱשֶׂה הָרָעָה הַגְּדֹלָה הַזֹּאת וְחָטָאתִי לֵאלֹהִים:

10 וַיְהִי כְּדַבְּרָהּ אֶל־יוֹסֵף יוֹם

יוֹם וְלֹא־שָׁמַע אֵלֶיהָ לִשְׁכַּב אֶצְלָהּ לִהְיוֹת עִמָּהּ: 11 וַיְהִי

כְּהַיּוֹם הַזֶּה וַיָּבֹא הַבַּיְתָה לַעֲשׂוֹת מְלַאכְתּוֹ וְאֵין אִישׁ

מֵאַנְשֵׁי הַבַּיִת שָׁם בַּבָּיִת: 12 וַתִּתְפְּשֵׂהוּ בְּבִגְדוֹ

לֵאמֹר שִׁכְבָה עִמִּי וַיַּעֲזֹב בִּגְדוֹ בְּיָדָהּ וַיָּנָס וַיֵּצֵא הַחוּצָה: 13 וַיְהִי

כִּרְאוֹתָהּ כִּי־עָזַב בִּגְדוֹ בְּיָדָהּ וַיָּנָס הַחוּצָה: 14 וַתִּקְרָא לְאַנְשֵׁי בֵיתָהּ

וַתֹּאמֶר לָהֶם לֵאמֹר רְאוּ הֵבִיא לָנוּ אִישׁ

עִבְרִי לְצַחֶק בָּנוּ בָּא אֵלַי לִשְׁכַּב עִמִּי וָאֶקְרָא בְּקוֹל

גָּדוֹל: 15 וַיְהִי כְשָׁמְעוֹ כִּי־הֲרִימֹתִי קוֹלִי וָאֶקְרָא וַיַּעֲזֹב

בִּגְדוֹ אֶצְלִי וַיָּנָס וַיֵּצֵא הַחוּצָה: 16 וַתַּנַּח בִּגְדוֹ אֶצְלָהּ עַד־בּוֹא אֲדֹנָיו

אֶל־בֵּיתוֹ: 17 וַתְּדַבֵּר אֵלָיו כַּדְּבָרִים הָאֵלֶּה לֵאמֹר בָּא־אֵלַי

הָעֶבֶד הָעִבְרִי אֲשֶׁר־הֵבֵאתָ לָּנוּ לְצַחֶק בִּי: 18 וַיְהִי כַּהֲרִימִי

קוֹלִי וָאֶקְרָא וַיַּעֲזֹב בִּגְדוֹ אֶצְלִי וַיָּנָס הַחוּצָה: 19 וַיְהִי כִשְׁמֹעַ אֲדֹנָיו

אֶת־דִּבְרֵי אִשְׁתּוֹ אֲשֶׁר דִּבְּרָה אֵלָיו לֵאמֹר כַּדְּבָרִים הָאֵלֶּה

עָשָׂה לִי עַבְדֶּךָ וַיִּחַר אַפּוֹ: 20 וַיִּקַּח אֲדֹנֵי יוֹסֵף

אֹתוֹ וַיִּתְּנֵהוּ אֶל־בֵּית הַסֹּהַר מְקוֹם אֲשֶׁר־אֲסִירֵי (כתיב: אסורי)

הַסֹּהַר

Génesis 39:20 – Yosef estaba en la cárcel, pero era respetado por el guarda de la prisión. Puesto que Yosef tenía una conciencia espiritual elevada, no se veía a sí mismo como una víctima; como resultado, se convirtió en el amo de la prisión. La forma en que las personas viven la vida no está determinada por sus circunstancias físicas, sino más bien por su nivel espiritual de conciencia.

²¹ el Eterno estaba con Yosef, le extendió Su misericordia y le concedió gracia ante los ojos del jefe de la cárcel. ²² El jefe de la cárcel confió en mano de Yosef a todos los presos que estaban en la cárcel, y de todo lo que allí se hacía él era responsable.

²³ El jefe de la cárcel no supervisaba nada que estuviera bajo la responsabilidad de Yosef, porque el Eterno estaba con él, y todo lo que él emprendía, el Eterno lo hacía prosperar.

SÉPTIMA LECTURA - DAVID - MALJUT

40 ¹ Después de estas cosas, sucedió que el copero y el panadero del rey de Egipto ofendieron a su señor, el rey de Egipto.

² El Faraón se enojó contra sus dos oficiales, contra el jefe de los coperos y contra el jefe de los panaderos. ³ Y los puso bajo custodia en la casa del capitán de la guardia, en la cárcel, en el mismo lugar donde Yosef estaba preso.

⁴ El capitán de la guardia se los asignó a Yosef, y él les servía. Allí estuvieron bajo custodia por algún tiempo.

⁵ Entonces los dos hombres, el copero y el panadero del rey de Egipto, que estaban encerrados en la cárcel, tuvieron ambos un sueño en una misma noche, cada uno su propio sueño y cada sueño con su propia interpretación.

וַיַּחֲלֹם

Génesis 40:3 – El copero y el panadero principales del Faraón fueron enviados a prisión. Fueron encarcelados junto a Yosef, y en la misma noche ambos tuvieron un sueño que les llenó de preocupación. Yosef interpretó sus sueños, y acabó determinando que uno de los dos hombres, el copero, viviría, pero que el panadero sería ahorcado.

En los sueños de aquellos hombres había tres canastas de pan y tres vides con uvas. Yosef lo interpretó como una referencia al cumpleaños del Faraón, que iba a ocurrir al cabo de tres días. Cuando pasaron los tres días, tanto el copero como el panadero fueron sacados de la prisión. El copero se reincorporó a su puesto anterior, mientras que el Faraón mandó colgar al panadero.

El *Zóhar* pregunta: "¿Por qué hizo Yosef esta interpretación? ¿Cuáles son las diferencias entre los dos sueños?". El copero soñó con uvas, y las uvas está relacionada con la construcción del Templo. La uva (y el vino) tienen el poder de elevar el espíritu; así pues, este era un sueño positivo sobre la creación de algo. Pero el panadero tuvo un sueño en el que llevaba canastas de pan sobre su cabeza, pero el pan que llevaba se lo comían los pájaros, lo cual Yosef entendió como una visión de la destrucción del Templo. Basándose en el contenido positivo y negativo de los sueños de aquellos dos hombres, Yosef supo inmediatamente cuál era el destino de cada soñador.

Había dos grados que ellos habían visto. EL COPERO vio el grado celestial, ZEIR ANPÍN, ascendiendo a gobernar; y la Luna, LA NUKVÁ, brillando. EL PANADERO vio oscuridad y a la serpiente malvada gobernando a LA

הַמֶּלֶךְ אֲסוּרִים וַיְהִי אל ־שָׁם בְּבֵית בּ"פ ראה הַסֹּהַר: 21 וַיְהִי אל יְהֹוָה יאהדונהי

אֶת־יוֹסֵף ציון, קנאה, ו"פ יהוה, ה"פ אל וַיֵּט אֵלָיו וַיֶּסֶד ע"ב, ריבוע יהוה וַיִּתֵּן י"פ מלוי ע"ב וַזְּנּוּ

בְּעֵינֵי ריבוע מ"ה שַׂר אלהים דיודין וריבוע אלהים בֵּית בּ"פ ראה הַסֹּהַר: 22 וַיִּתֵּן י"פ מלוי ע"ב

שַׂר אלהים דיודין וריבוע אלהים בֵּית בּ"פ ראה הַסֹּהַר בְּיַד־יוֹסֵף ציון, קנאה, ו"פ יהוה, ה"פ אל אֵת

כָּל־הָאֲסִירִם יל אֲשֶׁר בְּבֵית בּ"פ ראה הַסֹּהַר וְאֵת כָּל־אֲשֶׁר יל עֹשִׂים

שָׁם הוּא הָיָה עֹשֶׂה: יהה 23 אֵין | שַׂר אלהים דיודין וריבוע אלהים בֵּית בּ"פ ראה הַסֹּהַר

רֹאֶה אֶת־כָּל־יל מְאוּמָה בְּיָדוֹ בַּאֲשֶׁר יְהֹוָהאדנייאהדונהי אִתּוֹ וַאֲשֶׁר־הוּא

עֹשֶׂה יְהֹוָהאדנייאהדונהי מַצְלִיחַ: [פ]

SÉPTIMA LECTURA - DAVID – MALJUT

40 1 וַיְהִי אל אַחַר הַדְּבָרִים ראה הָאֵלֶּה חָטְאוּ מַשְׁקֵה מֶלֶךְ־מִצְרַיִם מצר

וְהָאֹפֶה לַאֲדֹנֵיהֶם לְמֶלֶךְ מִצְרָיִם מצר: 2 וַיִּקְצֹף פַּרְעֹה עַל שְׁנֵי סָרִיסָיו

עַל שַׂר אלהים דיודין וריבוע אלהים הַמַּשְׁקִים וְעַל שַׂר אלהים דיודין וריבוע אלהים הָאוֹפִים:

3 וַיִּתֵּן י"פ מלוי ע"ב אֹתָם בְּמִשְׁמַר בֵּית בּ"פ ראה שַׂר אלהים דיודין וריבוע אלהים הַטַּבָּחִים

אֶל־בֵּית בּ"פ ראה הַסֹּהַר מְקוֹם יהוה ברבוע אֲשֶׁר יוֹסֵף ציון, קנאה, ו"פ יהוה, ה"פ אל אָסוּר

שָׁם: 4 וַיִּפְקֹד שַׂר אלהים דיודין וריבוע אלהים הַטַּבָּחִים אֶת־יוֹסֵף ציון, קנאה, ו"פ יהוה, ה"פ אל

אִתָּם וַיְשָׁרֶת אֹתָם AT דין וַיִּהְיוּ אל יָמִים בְּמִשְׁמָר: זלך 5 וַיַּחַלְמוּ חֲלוֹם שְׁנֵיהֶם

אִישׁ ע"ה קנ"א קס"א חֲלֹמוֹ בְּלַיְלָה אֶחָד מלה אהבה, דאגה אִישׁ ע"ה קנ"א קס"א כְּפִתְרוֹן

NUKVÁ. Yosef por lo tanto miró en el sueño y le dio una mala interpretación. Así, todo depende de la interpretación. Ambos vieron a los dos grados GOBERNANDO A LA NUKVÁ, ZEIR ANPÍN, O LA SERPIENTE MALVADA. *O uno gobierna,* ZEIR ANPÍN, *o esa* MALVADA, LA SERPIENTE, *lo hace.*
– El Zóhar, Vayeshev 24:272

Nuestros sueños son expresiones de nuestra conciencia, y nuestra conciencia es lo que determina qué fuerzas crean nuestra realidad particular.

⁶ Cuando Yosef vino a ellos por la mañana y los observó, vio que estaban decaídos.

⁷ Y preguntó a los oficiales del Faraón que estaban con él bajo custodia en casa de su señor: "¿Por qué están sus rostros tan tristes hoy?".

⁸ Y ellos le respondieron: "Hemos tenido un sueño y no hay nadie que lo interprete". Entonces les dijo Yosef: "¿Acaso no pertenecen a Dios las interpretaciones? Les ruego que me lo cuenten".

⁹ Contó, pues, el jefe de los coperos su sueño a Yosef, y le dijo: "En mi sueño, vi que había una vid delante de mí,

¹⁰ y en la vid había tres ramas. Y al echar brotes, aparecieron las flores, y sus racimos produjeron uvas maduras.

¹¹ La copa del Faraón estaba en mi mano. Así que tomé las uvas y las exprimí en la copa del Faraón, y puse la copa en la mano del Faraón".

¹² Entonces Yosef le dijo: "Esta es su interpretación: los tres sarmientos son tres días.

¹³ Dentro de tres días el Faraón levantará su cabeza, te repondrá en tu puesto y pondrás la copa del Faraón en su mano como acostumbrabas antes cuando eras su copero.

¹⁴ Sólo te pido que te acuerdes de mí cuando te vaya bien, y te ruego que me hagas el favor de hacer mención de mí al Faraón, y me saque de esta cárcel.

¹⁵ Porque la verdad es que yo fui secuestrado de la tierra de los hebreos, y hasta aquí no he hecho nada para que me pusieran en el calabozo".

¹⁶ Cuando el jefe de los panaderos vio que había interpretado favorablemente, dijo a Yosef: "Yo también tuve un sueño: vi que había tres canastas de pan blanco sobre mi cabeza".

¹⁷ Sobre la cesta de encima había toda clase de manjares hechos por un panadero para el Faraón, y las aves los comían de la cesta sobre mi cabeza".

¹⁸ Entonces Yosef respondió: "Esta es su interpretación: las tres cestas son tres días;

וְהִזְכַּרְתַּנִי

Génesis 40:14 – Yosef le pidió al copero que rogara en su nombre al Faraón, pero la Biblia dice que el copero se olvidó de Yosef. El *Zóhar* explica que Yosef, al pedirle este favor al copero, había colocado su esperanza en un ser humano en lugar de simplemente tener certeza absoluta en la Luz del Creador. Al hacerlo, Yosef alargó el proceso de limpieza de su encarcelamiento dos años más.

וְחֲלֹמוּ הַמַּשְׁקֶה וְהָאֹפֶה אֲשֶׁר לְמֶלֶךְ מִצְרַיִם מצר אֲשֶׁר אֲסוּרִים בְּבֵית

בבפ ראה הַסֹּהַר: 6 וַיָּבֹא אֲלֵיהֶם יוֹסֵף ציון, קנאה, ו״פ יהוה, ה״פ אל בַּבֹּקֶר וַיַּרְא אֹתָם

וְהִנָּם זֹעֲפִים: 7 וַיִּשְׁאַל אֶת־סְרִיסֵי פַרְעֹה אֲשֶׁר אִתּוֹ בְמִשְׁמַר בֵּית

בבפ ראה אֲדֹנָיו לֵאמֹר מַדּוּעַ פְּנֵיכֶם רָעִים הַיּוֹם נגד, זז, מזבח: 8 וַיֹּאמְרוּ אֵלָיו

ציון, קנאה, ו״פ יהוה, ה״פ אל וְחֲלוֹם חָלַמְנוּ וּפֹתֵר אלהים ـ בבפ אלהים דיורין אֵין אֹתוֹ וַיֹּאמֶר אֲלֵהֶם יוֹסֵף

מום הַלוֹא לֵאלֹהִים יֶלה, פִּתְרֹנִים סַפְּרוּ־נָא לִי: 9 וַיְסַפֵּר

שַׂר אלהים דיורין ורבוע אלהים הַמַּשְׁקִים אֶת־חֲלֹמוֹ לְיוֹסֵף ציון, קנאה, ו״פ יהוה, ה״פ אל

וַיֹּאמֶר לוֹ בַּחֲלוֹמִי וְהִנֵּה מ״ה יה־גֶפֶן לְפָנָי: 10 וּבַגֶּפֶן שְׁלֹשָׁה שָׂרִיגִם

אלהים דיורין ורבוע אלהים ـ בן וְהוּא כְפֹרַחַת עָלְתָה נִצָּהּ הִבְשִׁילוּ אַשְׁכְּלֹתֶיהָ

עֲנָבִים בבפ אלהים: 11 וְכוֹס אלהים, מום פַרְעֹה בְּיָדִי וָאֶקַּח אֶת־הָעֲנָבִים

בבפ אלהים וָאֶשְׂחַט אֹתָם אֶל־כּוֹס אלהים, מום פַרְעֹה וָאֶתֵּן אֶת־הַכּוֹס אלהים, מום

עַל־כַּף פַּרְעֹה: 12 וַיֹּאמֶר לוֹ יוֹסֵף ציון, קנאה, ו״פ יהוה, ה״פ אל זֶה פִּתְרֹנוֹ שְׁלֹשֶׁת

הַשָּׂרִגִים רבוע אלהים ـ אלהים דיורין ـ בן ע״ה שְׁלֹשֶׁת יָמִים גלך הֵם: 13 בְּעוֹד |

שְׁלֹשֶׁת יָמִים גלך יִשָּׂא פַרְעֹה אֶת־רֹאשֶׁךָ וַהֲשִׁיבְךָ עַל־כַּנֶּךָ וְנָתַתָּ

כוֹס אלהים, מום כֹּס פַּרְעֹה בְּיָדוֹ כַּמִּשְׁפָּט ע״ה ה״פ אלהים הָרִאשׁוֹן אֲשֶׁר הָיִיתָ

מַשְׁקֵהוּ: 14 כִּי אִם יוֹכר זְכַרְתַּנִי אִתְּךָ כַּאֲשֶׁר יִיטַב לָךְ וְעָשִׂיתָ־נָּא

עִמָּדִי חָסֶד ע״ב, רבוע יהוה וְהַזְכַּרְתַּנִי אֶל־פַּרְעֹה וְהוֹצֵאתַנִי מִן־הַבַּיִת

בבפ ראה הַזֶּה וה״ו: 15 כִּי־גֻנֹּב גֻּנַּבְתִּי מֵאֶרֶץ אלהים דאלפין הָעִבְרִים וְגַם יגל פֹּה

מילה, ע״ה אלהים, ע״ה מום לֹא־עָשִׂיתִי מְאוּמָה כִּי־שָׂמוּ אֹתִי בַּבּוֹר יצחק, ד״פ ב״ן:

16 וַיַּרְא שַׂר אלהים דיורין ורבוע אלהים הָאֹפִים כִּי טוֹב וה״ו, אום פָּתָר וַיֹּאמֶר

אֶל־יוֹסֵף ציון, קנאה, ו״פ יהוה, ה״פ אל אַף־אֲנִי אני בַּחֲלוֹמִי מ״ה יה וְהִנֵּה שְׁלֹשָׁה סַלֵּי

חֹרִי עַל־רֹאשִׁי רבוע אלהים ـ אלהים דיורין ע״ה: 17 וּבַסַּל הָעֶלְיוֹן יְלי מִכֹּל מַאֲכַל

פַּרְעֹה מַעֲשֵׂה אֹפֶה וְהָעוֹף ציון, יוסף, ו״פ יהוה, ה״פ אל אֹכֵל אֹתָם מִן־הַסַּל מֵעַל

עלם ראשִׁי רבוע אלהים ـ אלהים דיורין ע״ה: 18 וַיַּעַן יוֹסֵף ציון, קנאה, ו״פ יהוה, ה״פ אל וַיֹּאמֶר

19 dentro de tres días el Faraón te alzará por la cabeza y te colgará en un árbol, y las aves comerán la carne de tu cuerpo".

MAFTIR

20 Y sucedió que al tercer día, que era el día del cumpleaños del Faraón, éste hizo un banquete para todos sus siervos, y levantó la cabeza del jefe de los coperos y la cabeza del jefe de los panaderos en medio de sus siervos.

21 Y repuso al jefe de los coperos en su cargo y éste puso la copa en manos del Faraón;

22 pero ahorcó al jefe de los panaderos, tal como les había interpretado Yosef.

23 No obstante, el jefe de los coperos no se acordó de Yosef, sino que se olvidó de él.

זֶה פִּתְרֹנוֹ שְׁלֹשֶׁת הַסַּלִּים שְׁלֹשֶׁת יָמִים נכך הֵם: ⁱ⁹ בְּעוֹד | שְׁלֹשֶׁת יָמִים

נכך יִשָּׂא פַרְעֹה אֶת־רֹאשְׁךָ מֵעָלֶיךָ וְתָלָה אוֹתְךָ עַל־עֵץ ע"ה קס"א וְאָכַל

הָעוֹף ציון, יוסף, ו"פ יהוה, ה"פ אל אֶת־בְּשָׂרְךָ מֵעָלֶיךָ:

MAFTIR

²⁰ וַיְהִי אל | בַּיּוֹם נגד, זך, מזבח הַשְּׁלִישִׁי יוֹם נגד, זך, מזבח הֻלֶּדֶת אֶת־פַּרְעֹה וַיַּעַשׂ

מִשְׁתֶּה לְכָל־ יה - אדני עֲבָדָיו וַיִּשָּׂא אֶת־רֹאשׁ ריבוע אלהים - אלהים דיודין ע"ה |

שַׂר אלהים דיודין ורבוע אלהים הַמַּשְׁקִים וְאֶת־רֹאשׁ ריבוע אלהים - אלהים דיודין ע"ה

שַׂר אלהים דיודין ורבוע אלהים הָאֹפִים בְּתוֹךְ עֲבָדָיו: ²¹ וַיָּשֶׁב אֶת־שַׂר

אלהים דיודין ורבוע אלהים הַמַּשְׁקִים עַל־מַשְׁקֵהוּ וַיִּתֵּן הַכּוֹס אלהים, מום עַל־כַּף

פַּרְעֹה: ²² וְאֵת שַׂר אלהים דיודין ורבוע אלהים הָאֹפִים תָּלָה כַּאֲשֶׁר פָּתַר לָהֶם

יוֹסֵף ציון, קנאה, ו"פ יהוה, ה"פ אל: ²³ וְלֹא־זָכַר שַׂר אלהים דיודין ורבוע אלהים הַמַּשְׁקִים

אֶת־יוֹסֵף ציון, קנאה, ו"פ יהוה, ה"פ אל וַיִּשְׁכָּחֵהוּ: [פ]

HAFTARÁ DE VAYESHEV

Esta lectura de *Haftará* comparte con nosotros la verdad de que en la vida a menudo entregamos mucho para obtener muy poco a cambio. Nos vendemos a un precio muy bajo. Tendemos a conformarnos con la gratificación inmediata porque no tenemos la confianza, la certeza o la paciencia de que nuestra plenitud finalmente llegará.

Hay una historia sobre un hombre pobre y solitario que rezaba al Creador para que le enviara alguien con quien compartir *Shabat*. Gracias a la gran compasión de Dios, el Creador decidió enviarle al profeta Eliyahu; esto ayudaría a este hombre a alcanzar grandes alturas espirituales.

AMÓS 2:6-3:8

2 *6 Así dice el Eterno: "Por tres transgresiones de Israel, y por cuatro, no revocaré su castigo, porque venden al justo por plata y al necesitado por un par de sandalias.*

7 Los que pisotean en el polvo de la tierra la cabeza de los desvalidos, y niegan justicia a los oprimidos. Un hombre y su padre se llegan a la misma joven profanando Mi Santo Nombre.

8 Sobre ropas empeñadas se tienden junto a cualquier altar, y el vino de los que han sido multados lo beben en la casa de su Dios.

9 Yo mismo destruí a los amorreos delante de ellos, cuya altura era como la altura de los cedros, y eran fuertes como las encinas; destruí su fruto arriba y su raíz abajo.

10 Y a ustedes Yo los hice subir de la tierra de Egipto, y los conduje por el desierto cuarenta años para que tomaran posesión de la tierra del amorreo.

11 Y levanté profetas de entre sus hijos y nazareos de entre sus jóvenes. ¿No es así, israelitas?", declara el Eterno.

12 "Pero ustedes hicieron beber vino a los nazareos, y a los profetas les ordenaron que no profetizaran.

13 Así que Yo los oprimiré como está oprimida una carreta llena de gavillas.

14 La huida le fallará al ligero, y el fuerte no fortalecerá su poder, ni el guerrero salvará su vida.

HAFTARÁ DE VAYESHEV

Mientras Eliyahu se preparaba para este viaje, el hombre se sintió desesperado e impaciente. Entonces decidió empezar *Shabat* yendo a su granero y bendiciendo el vino y el pan con su asno como única compañía. El Creador vio esto y decidió que después de todo aquel hombre no necesitaba al profeta Eliyahu. El hombre pasó el resto de *Shabat* solo con su asno.

Nunca debemos sustituir a nada ni a nadie por la presencia de Dios y los mensajeros celestiales. Leer esta sección nos ayudará a desarrollar nuestra certeza absoluta en la Luz, y nos dará fuerzas para aquellos momentos en los que nuestra paciencia se debilita.

עָמוֹס פֶּרֶק 2, פָּסוּק 6–פֶּרֶק 3, פָּסוּק 8

2 ‎6 כֹּה אָמַר יְהוָה עַל־שְׁלֹשָׁה פִּשְׁעֵי יִשְׂרָאֵל וְעַל־אַרְבָּעָה
לֹא אֲשִׁיבֶנּוּ עַל־מִכְרָם בַּכֶּסֶף צַדִּיק וְאֶבְיוֹן בַּעֲבוּר נַעֲלָיִם: ‎7 הַשֹּׁאֲפִים
עַל־עֲפַר־אֶרֶץ בְּרֹאשׁ דַּלִּים וְדֶרֶךְ
עֲנָוִים יַטּוּ וְאִישׁ וְאָבִיו יֵלְכוּ אֶל־הַנַּעֲרָה לְמַעַן חַלֵּל
אֶת־שֵׁם קָדְשִׁי: ‎8 וְעַל־בְּגָדִים חֲבֻלִים יַטּוּ אֵצֶל כָּל־מִזְבֵּחַ
וְיֵין עֲנוּשִׁים יִשְׁתּוּ בֵּית אֱלֹהֵיהֶם: ‎9 וְאָנֹכִי הִשְׁמַדְתִּי
אֶת־הָאֱמֹרִי מִפְּנֵיהֶם אֲשֶׁר כְּגֹבַהּ אֲרָזִים גָּבְהוֹ וְחָסֹן הוּא כָּאַלּוֹנִים
וָאַשְׁמִיד פִּרְיוֹ מִמַּעַל וְשָׁרָשָׁיו מִתָּחַת: ‎10 וְאָנֹכִי הֶעֱלֵיתִי אֶתְכֶם
מֵאֶרֶץ מִצְרַיִם וָאוֹלֵךְ אֶתְכֶם בַּמִּדְבָּר אַרְבָּעִים
שָׁנָה לָרֶשֶׁת אֶת־אֶרֶץ הָאֱמֹרִי: ‎11 וָאָקִים מִבְּנֵיכֶם לִנְבִיאִים
וּמִבַּחוּרֵיכֶם לִנְזִרִים הַאַף אֵין־זֹאת בְּנֵי יִשְׂרָאֵל נְאֻם־יְהוָה:
‎12 וַתַּשְׁקוּ אֶת־הַנְּזִרִים יָיִן וְעַל־הַנְּבִיאִים צִוִּיתֶם לֵאמֹר לֹא
תִּנָּבְאוּ: ‎13 הִנֵּה אָנֹכִי מֵעִיק תַּחְתֵּיכֶם כַּאֲשֶׁר תָּעִיק הָעֲגָלָה
הַמְלֵאָה לָהּ עָמִיר: ‎14 וְאָבַד מָנוֹס מִקָּל וְחָזָק לֹא־יְאַמֵּץ כֹּחוֹ

¹⁵ *El que empuña el arco no resistirá, el ligero de pies no escapará, ni el que monta a caballo salvará su vida.*

¹⁶ *Aun el más intrépido entre los guerreros huirá desnudo aquel día", declara el Eterno.*

3 ¹ *Oigan esta palabra que el Eterno ha hablado contra ustedes, hijos de Israel, contra toda la familia que Él subió de la tierra de Egipto diciendo:*

² *"Sólo a ustedes he conocido de todas las familias de la tierra; por eso los castigaré por todas sus iniquidades".*

³ *¿Andan dos hombres juntos si no se han puesto de acuerdo?*

⁴ *¿Ruge un león en la selva sin tener presa? ¿Gruñe un leoncillo desde su guarida si no ha apresado algo?*

⁵ *¿Cae un ave en la trampa en la tierra si no hay cebo en ella? ¿Se levanta la trampa del suelo si no ha atrapado algo?*

⁶ *Si se toca la trompeta en la ciudad, ¿no temblará el pueblo? Si sucede una calamidad en la ciudad, ¿no la ha causado el Eterno?*

⁷ *Ciertamente el Eterno Soberano no hace nada sin revelar Su plan a Sus siervos los profetas.*

⁸ *Ha rugido un león, ¿quién no temerá? Ha hablado el Eterno Soberano, ¿quién no profetizará?*

וְגִבּוֹר לֹא־יְמַלֵּט נַפְשׁוֹ: 15 וְתֹפֵשׂ הַקֶּשֶׁת לֹא יַעֲמֹד וְקַל נמם בְּרַגְלָיו לֹא

יְמַלֵּט וְרֹכֵב הַסּוּס ריבוע אדני, כוכ לֹא יְמַלֵּט נַפְשׁוֹ: 16 וְאַמִּיץ לִבּוֹ בַּגִּבּוֹרִים

עָרוֹם יָנוּס בַּיּוֹם נגד, זך, מזבח הַהוּא נְאֻם־יְהוָֹה(אדניאהדונהי): [פ] 3 1 שִׁמְעוּ

אֶת־הַדָּבָר רְאה הַזֶּה ווו אֲשֶׁר דִּבֶּר רְאה יְהוָֹה(אדניאהדונהי) עֲלֵיכֶם בְּנֵי יִשְׂרָאֵל

עַל כָּל ילי, עמם ־הַמִּשְׁפָּחָה אֲשֶׁר הֶעֱלֵיתִי מֵאֶרֶץ אלהים דאלפין מִצְרַיִם

מצר לֵאמֹר: 2 רַק אֶתְכֶם יָדַעְתִּי מִכֹּל ילי מִשְׁפְּחוֹת הָאֲדָמָה עַל־כֵּן

אֶפְקֹד עֲלֵיכֶם אֵת כָּל ילי ־עֲוֺנֹתֵיכֶם: 3 הֲיֵלְכוּ שְׁנַיִם יַחְדָּו בִּלְתִּי אִם

יוהך ־נוֹעָדוּ: 4 הֲיִשְׁאַג אַרְיֵה ריי בַּיַּעַר בזהר, ערי, סנדלפון וְטֶרֶף רמיח עיה אֵין לוֹ

הֲיִתֵּן כְּפִיר קוֹלוֹ מִמְּעֹנָתוֹ בִּלְתִּי אִם ־לָכָד: 5 הֲתִפֹּל צִפּוֹר עַל־פַּח

הָאָרֶץ אלהים דההין עיה וּמוֹקֵשׁ אֵין לָהּ הֲיַעֲלֶה־פַּח מִן־הָאֲדָמָה וְלָכוֹד לֹא

יִלְכּוֹד: 6 אִם יוהך ־יִתָּקַע בפ בזהר + י אותיות שׁוֹפָר בְּעִיר בזהר, ערי, סנדלפון וְעָם

לֹא יֶחֱרָדוּ אִם יוהך ־תִּהְיֶה רהע רָעָה בְּעִיר בזהר, ערי, סנדלפון וַיהוָֹה(אדניאהדונהי)

לֹא עָשָׂה: 7 כִּי לֹא יַעֲשֶׂה אֲדֹנָי יְהוִֹה(אהדונהי) דָּבָר רְאה כִּי אִם יוהך ־גָּלָה

סוֹדוֹ מיכ, ייפ האא אֶל־עֲבָדָיו הַנְּבִיאִים: 8 אַרְיֵה ריי שָׁאָג מִי ילי לֹא יִירָא

אֲדֹנָי יְהוִֹה(אהדונהי) דִּבֶּר רְאה מִי ילי לֹא יִנָּבֵא:

MIKETS

LECCIÓN DE MIKETS
(Génesis 41:1–44:17)

La historia de *Mikets* empieza así: "Cuando pasaron dos años completos, el Faraón tuvo un sueño…". En su sueño había ganado flaco y ganado gordo. El auténtico propósito del sueño era doble: advertía no sólo de la hambruna venidera, sino también de que sería Yosef quien descubriría el significado del sueño, lo cual aseguraría que se le asignara un alto cargo: segundo del rey. En realidad, el sueño tendría que haber ocurrido dos años antes, pero como a Yosef se le añadieron dos años más a su sentencia, el sueño se retrasó ese mismo período de tiempo. Esto queda claro en la forma en la cual el versículo está escrito: "Cuando pasaron dos años completos, el Faraón tuvo un sueño…".

En parte, la lección aquí está relacionada con la forma que intentamos que los acontecimientos deseados ocurran tan rápido como sea posible. Debemos recordar que todo ya ha sido preparado para nosotros. Nuestros esfuerzos y nuestros deseos son importantes y pueden tener un efecto, pero cuando hacemos nuestros esfuerzos en nombre de nosotros mismos, nuestro poder es limitado drásticamente.

El secreto radica en saber qué tipo de esfuerzo es importante y cuánto esfuerzo es suficiente. Cuando una persona se cuestiona si vale la pena rezar por la mañana aun cuando le hace llegar tarde al trabajo, la respuesta es: "Sí, claro que vale la pena". Pero debe haber un entendimiento y una predisposición para hacer el esfuerzo adicional. La verdad es que si tuviéramos nuestro corazón y nuestra conciencia en el lugar adecuado, podríamos tener instantáneamente todo lo que necesitamos en un solo segundo. Aunque es muy agradable tener dinero (el resultado de nuestro trabajo), el esfuerzo para elevar la conciencia espiritual del que estamos hablando trae no sólo dinero sino literalmente una alegría y una plenitud completas en todas las cosas.

Imagina dos comercios. En uno, los empleados trabajan todo el día y logran generar una cierta cantidad de dinero. En el otro, el personal no vende casi nada durante todo el día, pero justo antes de cerrar aparece un cliente y se gasta miles de dólares. Este principio no sólo es aplicable al dinero. No tenemos que estar constantemente trabajando como esclavos para conseguir lo que queremos y necesitamos. Es posible ganar más en un segundo de lo que hemos ganado en todo un año.

Los resultados de nuestro trabajo en esta vida no están tan relacionados con nuestro esfuerzo físico como con nuestro esfuerzo espiritual. Es importante creer verdaderamente que las bendiciones no nos llegan como resultado de nuestras propias acciones físicas, sino que más bien nos llegan del Creador y que nuestro esfuerzo espiritual para conectar con el Creador las atraen a nosotros.

Una persona que sólo cree en sí misma y en su propio esfuerzo puede generar algo de dinero, pero al final esto no le hará feliz.

Hay una historia sobre el director de una *yeshivá* (un seminario judío) que le pidió al Jafets Jayim (Rav Israel Meir el Cohén), un gran erudito y líder espiritual, que recomendara un supervisor para su *yeshivá*. El Jafets Jayim sugirió a un hombre joven que tenía un gran corazón y podía crear una diferencia en el nivel espiritual de la *yeshivá*, y por supuesto, el director del *yeshivá* procedió a seguir su consejo.

Muchos días más tarde, el Jafets Jayim reconsideró su recomendación. Cuando el director de la *yeshivá* preguntó el motivo, el Jafets Jayim respondió que unos días antes este joven se había estado quejando de su vida y de no tener dinero. El Jafets Jayim dijo que debido a esto había desestimado su recomendación, puesto que una persona que se queja de las condiciones físicas de su vida no puede ser una influencia espiritual en una *yeshivá*.

Si Yosef hubiera aceptado su largo encarcelamiento con la certeza de que el Creador lo liberaría cuando fuera el momento adecuado, podría haber evitado los dos años adicionales en prisión. Si hubiera tenido paciencia unos días más, su problema se habría solucionado.

Se ha dicho que las personas enferman según el juicio que atraen sobre sí mismas a través de sus acciones, y que recuperan su salud a través de su deseo de Dios. Aunque trabajen duramente para sanarse, es el Creador quien hace que la sanación sea posible. Por lo tanto, está escrito en la *Guemará*: "…un médico sanará". Esto significa que el Creador da permiso a los médicos para sanar. No significa necesariamente que los enfermos tengan permiso para ser sanados, sino que a los doctores se les permite sanarlos. El *Zóhar* dice:

> *El hombre se vuelve puro solamente a través de las palabras del estudio espiritual. Por esta razón, las palabras de la Torá nunca reciben contaminación, ya que LA FUNCIÓN DE LA TORÁ es purificar a los impuros. Hay sanación en la Torá, como está escrito: "Esto dará sanación a tus músculos y médula a tus huesos" (Proverbios 3:8). Hay pureza en la Torá, como está escrito: "El temor de Dios es puro, durando para siempre…" (Salmos 19:10). ¿Qué se quiso decir con "durando para siempre"? SIGNIFICA que permanece constantemente en el estado de pureza, que nunca es quitado de este temor.*
>
> *-- El Zóhar, Kedoshim 3:11*

Se nos dice que aquel que es verdaderamente temeroso de Dios será liberado de las limitaciones de la ley natural. Esto se debe a que la naturaleza fue creada para aquellas personas que no hacen un esfuerzo en sus vidas por descubrir la verdad del Creador; la naturaleza sigue su curso con esas personas. Por otro lado, cuando una persona está por encima de la naturaleza y sabe que puede confiar sólo en Dios durante toda su vida, Dios será su seguridad. Cualquiera y todas las circunstancias de nuestra vida son un efecto directo del deseo del Creador y de nuestra capacidad para llevar a cabo la voluntad del Creador.

Así pues, cuando sentimos presión y estrés, debemos dejar de reaccionar y en su lugar ejercitar la paciencia y la certeza. Al no reaccionar, dejamos espacio para que la Luz se revele dentro de nosotros. Al final, esta es la única forma de que podamos eliminar verdaderamente el caos de nuestra vida.

SINOPSIS DE MIKETS

Esta historia se lee casi siempre en el *Shabat* de *Janucá*, el tiempo de los milagros. La mayoría de eventos cósmicos poseen un nivel de energía espiritual inferior al de *Shabat*. Esto se debe a que la energía de los eventos cósmicos y festividades celestiales se distribuye a lo largo del año, mientras que la energía que se obtiene y que está disponible en *Shabat* es más potente porque controla un período de tiempo más corto: una semana. Así pues, cuando un evento cósmico como *Janucá*, *Rosh Hashaná* o *Yom Kipur* cae en *Shabat*, este evento nos ofrece un nivel más elevado de energía espiritual.

Cuando Yosef puso su fe en el copero en lugar de hacerlo en la Luz del Creador, se añadieron dos años más a su sentencia carcelaria. Esta historia del Libro de Génesis empieza cuando concluyen esos dos años.

PRIMERA LECTURA - AVRAHAM - JÉSED

41 ¹ *uando pasaron dos años completos, el Faraón tuvo un sueño: soñó que estaba de pie junto al Nilo. ² Y de pronto, del Nilo subieron siete vacas de hermoso aspecto y gordas, y pacían en el carrizal.*

³ Entonces otras siete vacas de mal aspecto y flacas subieron del Nilo detrás de ellas, y se pararon junto a las otras vacas a la orilla del Nilo. ⁴ Y las vacas de mal aspecto y flacas devoraron las siete vacas de hermoso aspecto y gordas. Entonces el Faraón se despertó. ⁵ Se quedó dormido y soñó por segunda vez. Vio que siete espigas llenas y buenas crecían en una sola caña, ⁶ y que siete espigas, menudas y quemadas por el viento del Este, brotaron después de aquéllas. ⁷ Y las espigas menudas devoraron a las siete espigas gruesas y llenas. Entonces Faraón despertó, y resultó que era un sueño. ⁸ Y por la mañana su espíritu estaba turbado, y mandó llamar a todos los magos, y a todos sus sabios de Egipto. El Faraón les contó sus sueños, pero no hubo quien se los pudiera interpretar al Faraón.

COMENTARIO DEL RAV

Mientras Yosef estaba en el calabozo, tenía el control total. Los celadores le dieron el control. Vivir en el calabozo era muy incómodo, pero él nunca se rindió; siempre mantuvo su certeza en la Fuerza de Luz de Dios. Entendió que su incomodidad era parte de un proceso de limpieza y, al hacerlo, doblegó a su Lado Negativo. Esto no significa que estaba contento por lo que estaba atravesando, sino que comprendió por qué sucedía. Satán nos agarra cuando confundimos la dificultad con lo que en realidad ocurre por nuestro propio bien. ¡La Torá nos está enseñando que nosotros creamos nuestra propia libertad!

Yosef representa a Yesod, una dimensión superior que está más allá de nuestro mundo físico de Maljut. La lección de Yosef para nosotros trata sobre la tentación y el peligro de la duda, y la inclinación a creer que nuestro destino está fuera de nuestro alcance. Recuerda: Satán no sólo está intentando que cometamos crímenes. Lo que desea —y lo que ha conseguido durante más de 3.400 años— es asegurarse de que los seres humanos no tengan el control de su conciencia. Satán está siempre ahí para decirnos que no somos responsables de lo que ocurre en nuestra vida. Alguien más está creando todo este caos. ¡Es tan fácil caer en esta trampa! Todos asumimos que estamos en control de nuestra conciencia, y esa asunción es el arma más importante de Satán. Su trabajo es convencernos de entregar el control de nuestra mente. Necesitamos recuperar el control de nuestra mente, y debemos utilizar las herramientas, la tecnología y los sistemas de la Kabbalah para lograrlo.

Cada minuto surgen en nuestra mente miles de pensamientos. No tenemos el control. Esto es lo que aprendemos de Yosef: que hay otro lugar —no en el Cielo sino en nuestra conciencia— donde podemos y debemos mantener el control.

Nunca debemos perder de vista este hecho y debemos reconocer la batalla constante que se produce para mantener la propiedad de nuestra conciencia. Entonces, y sólo entonces, descubriremos que no hay nada de naturaleza física y material que no podamos dominar en este mundo. Hasta la ciencia dice hoy en día que nuestra mente es el 99% de quienes somos, no la fisicalidad del 1% en la cual colocamos nuestro énfasis.

PRIMERA LECTURA - AVRAHAM – JÉSED

41 1 וַיְהִי אֵל מִקֵּץ שְׁנָתַיִם יָמִים וּפַרְעֹה וְהִנֵּה 2 וְהִנֵּה מִן־הַיְאֹר עֹלֹת עָמֵד עַל־הַיְאֹר שֶׁבַע פָּרוֹת יְפוֹת מַרְאֶה וּבְרִיאֹת בָּשָׂר וַתִּרְעֶינָה בָּאָחוּ: 3 וְהִנֵּה שֶׁבַע פָּרוֹת אֲחֵרוֹת עֹלוֹת אַחֲרֵיהֶן מִן־הַיְאֹר רָעוֹת מַרְאֶה וְדַקּוֹת בָּשָׂר וַתַּעֲמֹדְנָה אֵצֶל הַפָּרוֹת עַל־שְׂפַת הַיְאֹר: 4 וַתֹּאכַלְנָה הַפָּרוֹת רָעוֹת הַמַּרְאֶה וְדַקֹּת הַבָּשָׂר אֵת שֶׁבַע הַפָּרוֹת יְפֹת הַמַּרְאֶה וְהַבְּרִיאֹת וַיִּיקַץ פַּרְעֹה: 5 וַיִּישָׁן וַיַּחֲלֹם שֵׁנִית וְהִנֵּה שֶׁבַע שִׁבֳּלִים עֹלוֹת בְּקָנֶה אֶחָד בְּרִיאוֹת וְטֹבוֹת: 6 וְהִנֵּה שֶׁבַע שִׁבֳּלִים דַּקּוֹת וּשְׁדוּפֹת קָדִים צֹמְחוֹת אַחֲרֵיהֶן: 7 וַתִּבְלַעְנָה הַשִּׁבֳּלִים הַדַּקּוֹת אֵת שֶׁבַע הַשִּׁבֳּלִים הַבְּרִיאוֹת וְהַמְּלֵאוֹת וַיִּיקַץ פַּרְעֹה וְהִנֵּה חֲלוֹם: 8 וַיְהִי בַבֹּקֶר וַתִּפָּעֶם רוּחוֹ וַיִּשְׁלַח וַיִּקְרָא אֶת־כָּל־חַרְטֻמֵּי מִצְרַיִם

וַחֲלֹם

Génesis 41:1 – El Faraón tuvo dos sueños que le mostraron el futuro de Egipto. Puesto que era el responsable del país, se le permitió recibir estos mensajes a pesar de que no estaba en un nivel espiritual muy elevado. El mismo principio es aplicable a nuestra vida. Se nos conceden sueños relacionados con áreas dentro de nuestro propio ámbito —sobre personas y cosas cercanas a nosotros— aunque no estemos en un nivel espiritual muy elevado. Los padres, por ejemplo, a menudo reciben sueños sobre sus hijos y su familia.

Las personas que están en un nivel espiritual elevado pueden recibir sus enseñanzas celestiales a través de los sueños. El Arí escribió:

"Cuando Rav Yitsjak dijo: '¿Acaso no queda, Dios no lo permita, esperanza para nosotros?', mi maestro le dijo: 'Si eres digno, vendré y te enseñaré'. Rav Yitsjak preguntó: '¿Cómo puedes venir y enseñarnos después de morir en este mundo?' y él respondió: 'Las cosas secretas no son asunto tuyo, cómo vendré a ti, ya sea en un sueño, o estando despierto, o en una visión'".
—Los Escritos del Arí, La puerta de la reencarnación, Introducción 39:65

⁹ Entonces el jefe de los coperos dijo al Faraón: "Quisiera me recuerdan mis faltas.

¹⁰ Cuando el Faraón se enojó con sus siervos y me puso bajo custodia en la casa del capitán de la guardia, a mí y al jefe de los panaderos,

¹¹ él y yo tuvimos un sueño en una misma noche. Y cada sueño tenía su propio significado.

¹² Y estaba allí con nosotros un joven hebreo, un siervo del capitán de la guardia. Y se los contamos, y él nos interpretó los sueños, dando a cada hombre una interpretación conforme a su sueño.

¹³ Y las cosas sucedieron tal como él lo había interpretado: a mí me restableció el Faraón en mi puesto, pero al otro lo ahorcó".

¹⁴ Entonces el Faraón mandó llamar a Yosef, y lo sacaron aprisa del calabozo. Después de afeitarse y cambiarse sus vestidos, vino al Faraón.

SEGUNDA LECTURA - YITSJAK - GUEVURÁ

¹⁵ Y el Faraón dijo a Yosef: "He tenido un sueño y no hay quien lo interprete. Pero he oído decir de ti, que oyes un sueño y lo puedes interpretar".

¹⁶ "No depende de mí", respondió Yosef al Faraón, "Dios dará al Faraón una respuesta favorable".

¹⁷ Entonces el Faraón dijo a Yosef: "En mi sueño yo estaba de pie a la orilla del Nilo.

מַזְכִּיר

Génesis 41:9 – El copero recordó a Yosef. Aunque la interpretación de Yosef del sueño del copero había previsto que sería salvada la vida de aquel hombre, él olvidó a Yosef una vez que salió de prisión. Dos años más tarde, cuando el Faraón tuvo un sueño que necesitaba interpretación, el copero recordó a Yosef. La gente a menudo se olvida de lo que alguien ha hecho por ella en el pasado y sólo piensa: "¿Qué has hecho por mí últimamente?". Pero nunca podemos saber cuándo alguien a quien hemos ayudado nos devolverá de repente toda esa bondad.

וַיִּקְרָא

Génesis 41:14 – El Faraón reclamó la presencia de Yosef. Según el *Midrash*, para hablar con el Faraón uno tenía que poder escalar setenta escalones, y cada uno de esos escalones requería el conocimiento de una lengua distinta. Se nos cuenta que la noche antes de que Yosef se presentara ante el Faraón, el ángel Gavriel lo visitó en la cárcel y le enseñó las setenta lenguas. Yosef también obtuvo protección contra las fuerzas negativas y la magia negra que rodeaba al Faraón. Siempre que tenemos que defendernos o presentarnos ante personas que pueden ser nuestros adversarios de alguna manera, debemos adquirir la protección

מִצְ־ וְאֶת־כָּל־יֹּ חַרְטֻמֶּיהָ וַיְסַפֵּר פַּרְעֹה לָהֶם אֶת־חֲלֹמוֹ וְאֵין־פּוֹתֵר אוֹתָם לְפַרְעֹה: 9 וַיְדַבֵּר שַׂר אלהים דיודין ורבוע אלהים הַמַּשְׁקִים אֶת־פַּרְעֹה לֵאמֹר אֶת־חֲטָאַי אֲנִי מַזְכִּיר אני הַיּוֹם נגד, זֹּו מזבח: 10 פַּרְעֹה קָצַף עַל־עֲבָדָיו וַיִּתֵּן אֹתִי בְּמִשְׁמַר בֵּית ב״פ ראה שַׂר אלהים דיודין ורבוע אלהים הַטַּבָּחִים אֹתִי וְאֵת שַׂר הָאֹפִים אלהים דיודין ורבוע אלהים: 11 וַנַּחַלְמָה חֲלוֹם בְּלַיְלָה מלה אֶחָד אהבה, דאגה אֲנִי אני וָהוּא אִישׁ ע״ה קנ״א קס״א כְּפִתְרוֹן חֲלֹמוֹ חָלָמְנוּ: 12 וְשָׁם אִתָּנוּ נַעַר שׂר עִבְרִי עֶבֶד אלהים דיודין ורבוע אלהים לְשַׂר הַטַּבָּחִים וַנְּסַפֶּר־לוֹ וַיִּפְתָּר־לָנוּ אלהים, מום אֶת־חֲלֹמֹתֵינוּ אִישׁ ע״ה קנ״א קס״א כַּחֲלֹמוֹ פָּתָר: 13 וַיְהִי אל כַּאֲשֶׁר פָּתַר־לָנוּ אלהים, מום כֵּן הָיָה יהה אֹתִי הֵשִׁיב עַל־כַּנִּי וְאֹתוֹ תָלָה י״פ אלהים ־ ה״ל: 14 וַיִּשְׁלַח פַּרְעֹה וַיִּקְרָא עם ה׳ אותיות = ב״פ קס״א אֶת־יוֹסֵף ציון, קנאה, ו״פ יהוה, ה״פ אל וַיְרִיצֻהוּ מִן־הַבּוֹר יצחק, ד״פ ב״ן וַיְגַלַּח וַיְחַלֵּף שִׂמְלֹתָיו וַיָּבֹא אֶל־פַּרְעֹה:

SEGUNDA LECTURA - YITSJAK - GUEVURÁ

15 וַיֹּאמֶר פַּרְעֹה אֶל־יוֹסֵף ציון, קנאה, ו״פ יהוה, ה״פ אל חֲלוֹם חָלַמְתִּי וּפֹתֵר אֵין אֹתוֹ וַאֲנִי אני שָׁמַעְתִּי עָלֶיךָ לֵאמֹר תִּשְׁמַע חֲלוֹם לִפְתֹּר אֹתוֹ: 16 וַיַּעַן יוֹסֵף ציון, קנאה, ו״פ יהוה, ה״פ אל אֶת־פַּרְעֹה לֵאמֹר בִּלְעָדָי אֱלֹהִים ילה, מום יַעֲנֶה אֶת־שְׁלוֹם פַּרְעֹה: 17 וַיְדַבֵּר ראה פַּרְעֹה אֶל־יוֹסֵף ציון, קנאה, ו״פ יהוה, ה״פ אל

---

adecuada. La forma en la que recibimos esta protección es observando cómo hablamos y lo que decimos. Además, debemos pedirle a la Luz que hable a través de nosotros. Esta es la "lengua adecuada" que debemos invocar en situaciones inciertas. La meditación de los 72 Nombres de Dios para decir las palabras correctas (Yud, Yud, Zayin) es una herramienta muy poderosa para lograr este objetivo.

¹⁸ Y vi siete vacas gordas y de hermoso aspecto que salieron del Nilo. Pacían en el carrizal.

¹⁹ Pero detrás de ellas subieron otras siete vacas, magras, de muy mal aspecto y flacas, de tal fealdad como yo nunca había visto en toda la tierra de Egipto.

²⁰ Y las vacas flacas y feas se comieron a las primeras siete vacas gordas.

²¹ Pero cuando las habían devorado, no se podía notar que las hubieran devorado; pues su aspecto era tan feo como al principio. Entonces me desperté.

²² En mi sueño también vi que siete espigas llenas y hermosas crecían en una sola caña;

²³ y que siete espigas marchitas, menudas y quemadas por el viento del Este, brotaron después de aquéllas.

²⁴ Las espigas menudas devoraron a las siete espigas hermosas. Se lo conté a los magos, pero no hubo quien me lo pudiera explicar".

²⁵ Entonces Yosef dijo al Faraón: "Los dos sueños del Faraón son uno. Dios ha anunciado al Faraón lo que Él va a hacer.

²⁶ Las siete vacas hermosas son siete años, y las siete espigas hermosas son siete años. Los dos sueños son uno.

²⁷ Y las siete vacas flacas y feas que subieron detrás de ellas son siete años, y las siete espigas quemadas por el viento del Este serán siete años de hambre.

בְּחֻלְבְּמִי

Génesis 41:17 – El Faraón le contó a Yosef sus dos sueños. Cuando el Faraón relató sus sueños a Yosef, cambió algunos detalles para poner a prueba la comprensión de Yosef. Yosef no sólo le dijo al Faraón cuál era el significado de sus sueños, sino que también pudo corregir su relato de éstos. Yosef estaba sintonizado no sólo con el significado profundo de los sueños, sino también con los símbolos que aparecían en ellos. El Arí nos dice que la interpretación de un sueño es de un nivel superior al del sueño en sí mismo porque es a través del que hace la interpretación que el significado más elevado se vuelve claro.

Este es el significado interno de "Yosef es una rama fecunda (heb. porat)" (Génesis 49:22), porque en Yesod, Yosef, se reúnen todos los cerebros. Entonces era llamado "Yosef es una rama fecunda", y se convirtió en el intérprete de sueños. Por lo tanto, la interpretación es de un nivel superior al sueño porque el sueño es el significado interno de los cerebros separados, cuando están atrapados en la garganta, mientras que el intérprete es el secreto de los cerebros cuando se revelan Abajo en Yesod, cuando el sueño se reconoce que está arriba, oculto.
  – Los Escritos de Rav Yitsjak Luria, Vayeshev 26

וַיֹּאמֶר

Génesis 41:25 – Yosef interpretó los sueños. Yosef auspició siete años de abundancia seguidos de siete años de hambruna. Gracias a la correcta

בְּחֲלֹמִי הִנְנִי עֹמֵד עַל־שְׂפַת הַיְאֹר: 18 וְהִנֵּה מִן־הַיְאֹר

עֹלֹת שֶׁבַע פָּרוֹת בְּרִיאוֹת בָּשָׂר וִיפֹת

תֹּאַר וַתִּרְעֶינָה בָּאָחוּ: 19 וְהִנֵּה שֶׁבַע־ פָּרוֹת אֲחֵרוֹת

עֹלוֹת אַחֲרֵיהֶן דַּלּוֹת וְרָעוֹת תֹּאַר מְאֹד וְרַקּוֹת בָּשָׂר

לֹא־רָאִיתִי כָהֵנָּה בְּכָל־אֶרֶץ מִצְרַיִם לָרֹעַ: 20 וַתֹּאכַלְנָה

הַפָּרוֹת הָרַקּוֹת וְהָרָעוֹת אֵת שֶׁבַע הַפָּרוֹת הָרִאשֹׁנוֹת

הַבְּרִיאֹת: 21 וַתָּבֹאנָה אֶל־קִרְבֶּנָה וְלֹא נוֹדַע כִּי־בָאוּ אֶל־קִרְבֶּנָה

וּמַרְאֵיהֶן רַע כַּאֲשֶׁר בַּתְּחִלָּה וָאִיקָץ: 22 וָאֵרֶא בַּחֲלֹמִי וְהִנֵּה שֶׁבַע

שִׁבֳּלִים עֹלֹת בְּקָנֶה אֶחָד

מְלֵאֹת וְטֹבוֹת: 23 וְהִנֵּה שֶׁבַע שִׁבֳּלִים

צְנֻמוֹת דַּקּוֹת שְׁדֻפוֹת קָדִים צֹמְחוֹת אַחֲרֵיהֶם: 24 וַתִּבְלַעְןָ הַשִּׁבֳּלִים

הַדַּקֹּת אֵת שֶׁבַע הַשִּׁבֳּלִים הַטֹּבוֹת וָאֹמַר אֶל־הַחַרְטֻמִּים

וְאֵין מַגִּיד לִי: 25 וַיֹּאמֶר יוֹסֵף אֶל־פַּרְעֹה חֲלוֹם פַּרְעֹה

אֶחָד הוּא אֵת אֲשֶׁר הָאֱלֹהִים עֹשֶׂה הִגִּיד לְפַרְעֹה:

26 שֶׁבַע פָּרֹת הַטֹּבֹת שֶׁבַע שָׁנִים הֵנָּה

וְשֶׁבַע הַשִּׁבֳּלִים הַטֹּבֹת שֶׁבַע שָׁנִים הֵנָּה

חֲלוֹם אֶחָד הוּא: 27 וְשֶׁבַע הַפָּרוֹת הָרַקּוֹת

וְהָרָעֹת הָעֹלֹת אַחֲרֵיהֶן שֶׁבַע שָׁנִים הֵנָּה

interpretación de Yosef, los supervisores del Faraón pudieron salvar a muchas personas del hambre, almacenando granos durante los años buenos. La capacidad de Yosef para interpretar el sueño tuvo consecuencias poderosas en el mundo material, pero sólo porque los supervisores dieron los pasos necesarios para evitar el desastre que se estaba previendo y actuaron en nombre de todos los habitantes del país, no sólo en el suyo propio. Cuando la información se recibe de los Mundos Superiores,

debe realizarse el trabajo físico en este nivel para hacer el mejor uso de lo que nos dice el Creador.

A partir de los años de abundancia y de hambruna en Egipto podemos hacer una analogía con nuestra propia vida, en la cual tenemos que elegir entre abundancia y hambruna a diario. Cuando se utilizan con la conciencia correcta de compartir, las herramientas de la Kabbalah nos conectan con un reino de abundancia y prosperidad ilimitadas.

[28] *Esto es lo que he dicho al Faraón: Dios ha mostrado al Faraón lo Él que va a hacer.*

[29] *Van a venir siete años de gran abundancia en toda la tierra de Egipto;* [30] *y después de ellos vendrán siete años de hambre. Será olvidada toda la abundancia en la tierra de Egipto, y el hambre asolará la tierra.* [31] *No se conocerá la abundancia en la tierra a causa del hambre que vendrá, que será muy severa.*

[32] *En cuanto a la repetición del sueño al Faraón dos veces, quiere decir que el asunto está firmemente determinado por Dios, y que Dios lo hará pronto.* [33] *Ahora pues, busque el Faraón un hombre prudente y sabio, y póngalo a cargo de la tierra de Egipto.*

[34] *Decida el Faraón nombrar inspectores sobre el país y exija un quinto de la producción de la tierra de Egipto en los siete años de abundancia.*

[35] *Que los inspectores recojan todos los víveres de esos años buenos que vienen, y almacenen en las ciudades el grano para alimento bajo la autoridad del Faraón, y que lo protejan.*

[36] *Y que los víveres sean una reserva para el país durante los siete años de hambre que ocurrirán en la tierra de Egipto, a fin de que el país no perezca por el hambre".* [37] *La idea pareció bien al Faraón y a todos sus siervos.* [38] *Entonces el Faraón dijo a sus siervos: "¿Podemos hallar un hombre como éste, en quien esté el espíritu de Dios?".*

וַיְשִׁיתֵהוּ

Génesis 41:33 – Yosef se convirtió en el consejero más cercano al Faraón, segundo al mando sólo por debajo del gobernante mismo. Esta era la persona que había sido vendida como esclavo y que había pasado años en prisión, y aun así se había convertido en el segundo en la jerarquía de poder sólo por debajo del rey de Egipto. De este episodio aprendemos que si mantenemos la conciencia correcta, todo nos saldrá bien. Lo opuesto es también cierto: si no pensamos en nuestro prójimo además de en nosotros mismos, el presente podrá parecernos gratificante, pero las cosas acabarán derrumbándose.

Un comentario dice que igual que Yosef se veía a sí mismo pequeño cuando era un esclavo, también fue así cuando se convirtió en el virrey (*Shemot Rabá 1:7*). Una humildad tal siempre va de la mano con la verdadera grandeza espiritual, ya que una persona como Yosef piensa realmente que todos sus poderes y su sustento provienen de Dios.

לְפִקָּדוֹן

Génesis 41:36 – Yosef tenía un plan para salvar a Egipto durante los años de hambruna y, puesto que tenía el control sobre toda la comida en Egipto, pudo llevar a cabo este plan. El *Zóhar* dice:

Está escrito: "Y Yosef era el gobernante del país". Yosef es el Sol, Zeir Anpín, porque Yosef es Yesod de Zeir Anpín, quien rige sobre la Luna, la Nukvá, brillando sobre ella y sustentándola. "... Era quien le vendía grano a toda la gente en el país..." (Génesis 42:6), como el río que fluye de Edén, Yesod llamado Yosef, surte a todos con alimento.
– El Zóhar, Mikets 7:113

Para nosotros, en la actualidad, hay dos personas con quienes debemos conectarnos para asegurar nuestro sustento. Uno es Yosef y el otro es Rav Shimón bar Yojái. La importancia de Rav Shimón en el asunto del sustento le fue

מ״ה יה וְשֶׁבַע אלהים דיורין ~ ע״ב הַשֳׁבֳּלִים הָרֵקוֹת שְׁדֻפוֹת הַקָּדִים יִהְיוּ שֶׁבַע

אלהים דיורין ~ ע״ב שְׁנֵי רָעָב רבוע אלהים ~ ע״ב: 28 הוּא הַדָּבָר ראה אֲשֶׁר דִּבַּרְתִּי

ראה אֶל־פַּרְעֹה אֲשֶׁר הָאֱלֹהִים ילה, מום עֹשֶׂה הֶרְאָה אֶת־פַּרְעֹה: 29 הִנֵּה

שֶׁבַע אלהים דיורין ~ ע״ב שָׁנִים בָּאוֹת שָׂבָע אלהים דיורין ~ ע״ב גָּדוֹל לתהו, מבה, יזל, אום

בְּכָל לכב אֶרֶץ אלהים דאלפין מִצְרָיִם מצר: 30 וְקָמוּ שֶׁבַע אלהים דיורין ~ ע״ב שְׁנֵי

רָעָב רבוע אלהים ~ ע״ב אַחֲרֵיהֶן וְנִשְׁכַּח כָּל ילי הַשָּׂבָע אלהים דיורין ~ ע״ב בְּאֶרֶץ

אלהים דאלפין מִצְרָיִם מצר וְכִלָּה הָרָעָב רבוע אלהים ~ ע״ב אֶת־הָאָרֶץ אלהים דההן ע״ב:

31 וְלֹא־יִוָּדַע הַשָּׂבָע אלהים דיורין ~ ע״ב בָּאָרֶץ אלהים דאלפין מִפְּנֵי הָרָעָב

רבוע אלהים ~ ע״ב הַהוּא אַחֲרֵי־כֵן כִּי־כָבֵד הוּא מְאֹד מ״ה: 32 וְעַל הִשָּׁנוֹת

הַחֲלוֹם אֶל־פַּרְעֹה פַּעֲמָיִם כִּי־נָכוֹן הַדָּבָר ראה מֵעִם הָאֱלֹהִים ילה, מום

וּמְמַהֵר הָאֱלֹהִים ילה, מום לַעֲשֹׂתוֹ: 33 וְעַתָּה יֵרֶא פַרְעֹה אִישׁ ע״ה קנ״א קס״א

נָבוֹן וְחָכָם עַל־אָרֶץ וִישִׁיתֵהוּ מצר: 34 יַעֲשֶׂה פַרְעֹה אלהים דאלפין מִצְרָיִם

וְיַפְקֵד פְּקִדִים עַל־הָאָרֶץ אלהים דההן ע״ה וְחִמֵּשׁ אֶת־אֶרֶץ אלהים דאלפין מִצְרָיִם

מצר בְּשֶׁבַע אלהים דיורין ~ ע״ב שְׁנֵי הַשָּׂבָע אלהים דיורין ~ ע״ב: 35 וְיִקְבְּצוּ אֶת־כָּל ילי

אֹכֶל הַשָּׁנִים הַטֹּבוֹת הַבָּאֹת הָאֵלֶּה וְיִצְבְּרוּ־בָר תַּחַת יַד־פַּרְעֹה

אֹכֶל בֶּעָרִים וְשָׁמָרוּ: 36 וְהָיָה יהוה, יהה הָאֹכֶל לְפִקָּדוֹן לָאָרֶץ אלהים דאלפין

לְשֶׁבַע אלהים דיורין ~ ע״ב שְׁנֵי הָרָעָב רבוע אלהים ~ ע״ב אֲשֶׁר תִּהְיֶיןָ בְּאֶרֶץ אלהים דאלפין

מִצְרָיִם מצר וְלֹא־תִכָּרֵת הָאָרֶץ אלהים דההן ע״ה בָּרָעָב רבוע אלהים ~ ע״ב: 37 וַיִּיטַב

הַדָּבָר ראה בְּעֵינֵי רבוע מ״ה פַרְעֹה וּבְעֵינֵי ריבוע מ״ה כָּל ילי עֲבָדָיו: 38 וַיֹּאמֶר

פַרְעֹה אֶל־עֲבָדָיו הֲנִמְצָא כָזֶה אִישׁ ע״ה קנ״א קס״א אֲשֶׁר רוּחַ מלוי אלהים דיורין

אֱלֹהִים ילה, מום בּוֹ:

---

revelada al Rav Berg a través de su maestro, Rav Brandwein: "Rav Brandwein dijo que siempre debo ser consciente de que Rav Shimón está conmigo. 'No tengas miedo', dijo él, 'y ten la certeza de que todo el dinero del mundo está ahí en la tesorería de Rav Shimón bar Yojái'" (*Yedid Nafshí, pág.26*).

TERCERA LECTURA - YAAKOV - TIFÉRET

³⁹ *Y el Faraón dijo a Yosef: "Puesto que Dios te ha hecho saber todo esto, no hay nadie tan prudente ni tan sabio como tú.*

⁴⁰ *Tú estarás a cargo de mi palacio, y todo mi pueblo obedecerá tus órdenes. Solamente en el trono yo seré mayor que tú". ⁴¹ El Faraón dijo también a Yosef: "He aquí que te he puesto a cargo de toda la tierra de Egipto".*

⁴² *Y el Faraón se quitó el anillo de sellar de su mano y lo puso en la mano de Yosef. Lo vistió con vestiduras de lino fino y puso un collar de oro en su cuello.*

⁴³ *Lo hizo montar en su segundo carro, y proclamaron delante de él: "¡Doblen la rodilla!". Y lo puso a cargo de toda la tierra de Egipto.*

⁴⁴ *Entonces el Faraón dijo a Yosef: "Yo soy el Faraón, pero nadie levantará su mano ni su pie sin tu permiso en toda la tierra de Egipto".*

⁴⁵ *Y el Faraón llamó a Yosef por el nombre de Zafnat Panéaj, y le dio por mujer a Osnat, hija de Potifar, sacerdote de On. Y salió Yosef para ver la tierra de Egipto. ⁴⁶ Yosef tenía treinta años cuando se presentó ante el Faraón, rey de Egipto. Y salió Yosef de la presencia del Faraón y recorrió toda la tierra de Egipto.*

⁴⁷ *La tierra produjo a manos llenas durante los siete años de abundancia. ⁴⁸ Yosef recogió todo el alimento producido en estos siete años de abundancia que hubo en la tierra de Egipto, y lo guardó en las ciudades. En cada ciudad guardó el fruto de sus campos circunvecinos.*

⁴⁹ *Así Yosef almacenó grano en gran abundancia, como la arena del mar, hasta que dejó de medirlo porque no se podía medir.*

⁵⁰ *Antes de que llegaran los años de hambre, le nacieron a Yosef dos hijos, los que le dio Osnat, hija de Potifar, sacerdote de On.*

אָסְנַת

Génesis 41:45 – Yosef se casó con Osnat, la hija de la esposa de su anterior amo, Potifar. La madre de Osnat era la misma mujer que había intentado seducir a Yosef. Cuando las personas vienen a nuestra vida, debemos reconocer que tenemos un *tikún* con ellas. No siempre sabemos cuánto nos llevará completar nuestro *tikún* —podría ser un minuto, unas semanas o toda una vida—, así que es importante que no subestimemos ni sobrestimemos la relevancia de todas las personas que nos encontramos en la vida.

Un comentario dice que Osnat era en realidad la hija de Dina y que el ángel Mijael la había llevado a Egipto a casa de Potifar, donde la esposa de Potifar la había criado como una hija (*Yalkut Shimoní, Vayishlaj 134*). Todos los acontecimientos importantes en la vida de Yosef ocurrieron mediante intervención Divina, así de estrecho era su vínculo con el Plan Divino.

TERCERA LECTURA - YAAKOV – TIFÉRET

39 וַיֹּ֤אמֶר פַּרְעֹה֙ אֶל־יוֹסֵ֔ף ציון, קנאה, ו"פ יהוה, ה"פ אל אַחֲרֵ֨י הוֹדִ֧יעַ אֱלֹהִ֛ים

ילה, מום אוֹתְךָ֖ אֶת־כָּל־זֹ֑את אֵֽין־נָב֥וֹן וְחָכָ֖ם כָּמֽוֹךָ אלהים: 40 אתה אַתָּה֙ תִּהְיֶ֣ה

עַל־בֵּיתִ֔י ב"פ ראה וְעַל־פִּ֖יךָ יִשַּׁ֣ק כָּל־עַמִּ֑י אלהים רַ֥ק הַכִּסֵּ֖א אֶגְדַּ֥ל מִמֶּֽךָּ:

41 וַיֹּ֥אמֶר פַּרְעֹ֖ה אֶל־יוֹסֵ֑ף ציון, קנאה, ו"פ יהוה, ה"פ אל רְאֵה֙ ראה נָתַ֣תִּי אֹֽתְךָ֔ עַ֖ל

כָּל־ ילי, עמם אֶ֥רֶץ אלהים דאלפין מִצְרָֽיִם מצר: 42 וַיָּ֨סַר פַּרְעֹ֤ה אֶת־טַבַּעְתּוֹ֙ מֵעַ֣ל

עלם יָד֔וֹ וַיִּתֵּ֥ן אֹתָ֖הּ עַל־יַ֣ד יוֹסֵ֑ף ציון, קנאה, ו"פ יהוה, ה"פ אל וַיַּלְבֵּ֤שׁ אֹתוֹ֙ בִּגְדֵי־שֵׁ֔שׁ

ידע וַיָּ֛שֶׂם רְבִ֥ד הַזָּהָ֖ב זהב עַל־צַוָּארֽוֹ חזי: 43 וַיַּרְכֵּ֣ב אֹת֗וֹ בְּמִרְכֶּ֤בֶת הַמִּשְׁנֶה֙

אֲשֶׁר־ל֔וֹ וַיִּקְרְא֥וּ לְפָנָ֖יו אַבְרֵ֑ךְ וְנָת֣וֹן אֹת֔וֹ עַ֖ל כָּל־ ילי, עמם אֶ֥רֶץ אלהים דאלפין

מִצְרָֽיִם מצר: 44 וַיֹּ֧אמֶר פַּרְעֹ֛ה אֶל־יוֹסֵ֖ף ציון, קנאה, ו"פ יהוה, ה"פ אל אֲנִ֣י אני פַרְעֹ֑ה

וּבִלְעָדֶ֗יךָ לֹֽא־יָרִ֨ים אִ֜ישׁ ע"ה קנ"א קס"א אֶת־יָד֧וֹ וְאֶת־רַגְל֛וֹ לכב בְּכָל־אֶ֥רֶץ

אלהים דאלפין מִצְרָֽיִם מצר: 45 וַיִּקְרָ֨א עם ה' אותיות = ב"פ קס"א פַּרְעֹ֣ה שֵׁם שדי יהוה יוֹסֵף֮

ציון, קנאה, ו"פ יהוה, ה"פ אל צָֽפְנַ֣ת פַּעְנֵחַ֒ י"פ מלוי ע"ב וַיִּתֶּן־ל֣וֹ אֶת־ אָֽסְנַ֗ת יהוה מצפצ רבוע יהוה

בַּת־פּ֥וֹטִי פֶ֛רַע כֹּהֵ֥ן מלה אֹ֖ן לְאִשָּׁ֑ה וַיֵּצֵ֥א יוֹסֵ֖ף ציון, קנאה, ו"פ יהוה, ה"פ אל עַל־אֶ֥רֶץ

אלהים דאלפין מִצְרָֽיִם מצר: 46 וְיוֹסֵף֙ ציון, קנאה, ו"פ יהוה, ה"פ אל בֶּן־שְׁלֹשִׁ֣ים שָׁנָ֔ה בְּעָמְד֕וֹ

לִפְנֵ֖י פַּרְעֹ֣ה מֶֽלֶךְ־מִצְרָ֑יִם מצר וַיֵּצֵ֤א יוֹסֵף֙ ציון, קנאה, ו"פ יהוה, ה"פ אל מִלִּפְנֵ֣י פַרְעֹ֔ה

וַֽיַּעֲבֹ֖ר רפ"וז, ע"ב - רי"ו בְּכָל־אֶ֥רֶץ לכב אלהים דאלפין מִצְרָֽיִם מצר: 47 וַתַּ֣עַשׂ הָאָ֔רֶץ

אלהים דההין ע"ה בְּשֶׁ֖בַע אלהים דיודין ־ ע"ב שְׁנֵ֣י הַשָּׂבָ֑ע לִקְמָצִֽים: 48 וַיִּקְבֹּ֞ץ אֶת־כָּל־

ילי אֹ֣כֶל | שֶׁ֣בַע אלהים דיודין ־ ע"ב שָׁנִ֗ים אֲשֶׁ֤ר הָיוּ֙ בְּאֶ֣רֶץ אלהים דאלפין מִצְרַ֔יִם

מצר וַיִּתֶּן־ י"פ מלוי ע"ב אֹ֖כֶל בֶּֽעָרִ֑ים אֹ֧כֶל שְׂדֵה־הָעִ֛יר בוזהר, ערי, סנדלפון אֲשֶׁ֥ר

סְבִיבֹתֶ֖יהָ נָתַ֥ן בְּתוֹכָֽהּ: 49 וַיִּצְבֹּ֨ר יוֹסֵ֥ף ציון, קנאה, ו"פ יהוה, ה"פ אל בָּ֛ר כּוזו

ריבוע אהוה כַּח֥וֹל ילי הַיָּ֖ם הַרְבֵּ֣ה מְאֹ֑ד מ"ה עַ֛ד כִּי־חָדַ֥ל לִסְפֹּ֖ר כִּי־אֵ֥ין מִסְפָּֽר:

50 וּלְיוֹסֵ֤ף ציון, קנאה, ו"פ יהוה, ה"פ אל יֻלַּד֙ שְׁנֵ֣י בָנִ֔ים בְּטֶ֥רֶם תָּב֖וֹא שְׁנַ֣ת הָרָעָ֑ב

[51] *Al primogénito Yosef le puso el nombre de Menashé, porque dijo: "Dios me ha hecho olvidar todo mi trabajo y toda la casa de mi padre".* [52] *Y al segundo le puso el nombre de Efraim, porque dijo: "Dios me ha hecho fecundo en la tierra de mi aflicción".*

CUARTA LECTURA - MOSHÉ - NÉTSAJ

[53] *Pasaron los siete años de abundancia que había habido en la tierra de Egipto,*

[54] *y comenzaron a venir los siete años de hambre, tal como Yosef había dicho. Entonces hubo hambre en todas las tierras, pero en toda la tierra de Egipto había alimento.*

[55] *Cuando se sintió el hambre en toda la tierra de Egipto, el pueblo clamó al Faraón por alimento. El Faraón dijo a todos los egipcios: "Vayan a Yosef, y hagan lo que él les diga".*

[56] *El hambre también se extendió sobre toda la faz de la Tierra. Entonces Yosef abrió todos los graneros y vendió a los egipcios, pues el hambre era severa en la tierra de Egipto.*

[57] *Y de todos los países venían a Egipto para comprar grano a Yosef, porque el hambre era severa en toda la Tierra.*

42 [1] *Cuando Yaakov supo que había alimento en Egipto, dijo a sus hijos: "¿Por qué se están mirando?*

[2] *He oído que hay alimento en Egipto", añadió; "desciendan allá, y compren de allí un poco para nosotros, para que vivamos y no muramos".* [3] *Entonces diez de los hermanos de Yosef descendieron para comprar grano en Egipto.*

רָעָב

Génesis 41:54 – La hambruna también devastó las tierras que rodeaban a Egipto, pero todos podían acudir a Yosef y obtener provisiones. De igual modo que Yosef sirvió como fuente de sustento durante el período de hambruna, hay ciertos momentos del año que generan más sustento que otros en la forma de energía adicional. Esta energía puede ser positiva o negativa, pero al conectar con los períodos de energía positiva podemos obtener fortaleza para los tiempos difíciles. La energía de *Shabat*, por ejemplo, puede darnos sustento para toda la semana.

רְדוּ

Génesis 42:2 – Yaakov envió a sus hijos a Egipto para obtener comida. Rashi nos cuenta que Yaakov dijo: "desciendan" (en hebreo: *redú*), no simplemente "vayan". Puesto que el valor numérico de *redú* es 210, esto es una alusión a los 210 años de esclavitud física que el pueblo de Israel sufriría en Egipto. Cuando los hermanos de Yosef entraron en Egipto, este fue el verdadero inicio del Exilio en aquel país. Puesto que este es el nivel de la semilla del Exilio, al leer esta sección de la Biblia tenemos el poder de liberarnos de cualquier "Egipto" espiritual o esclavitud que podamos estar enfrentando en nuestra vida.

רבוע אלהים ~ ע"ב אֲשֶׁר יָלְדָה־לּוֹ אָסְנַת יהוה מצפצ רבוע יהוה בַּת־פּוֹטִי פֶרַע כֹּהֵן

מלה אוֹן: 51 וַיִּקְרָא עם ה' אותיות = ב"פ קס"א יוֹסֵף ציון, קנאה, ר"פ יהוה, ה"ס אל אֶת־שֵׁם עדי יהוה

הַבְּכוֹר מְנַשֶּׁה כִּי־נַשַּׁנִי אֱלֹהִים ילה, מום אֶת־כָּל יְלי ־עֲמָלִי וְאֵת כָּל יְלי

־בֵּית ב"פ ראה אָבִי: 52 וְאֵת שֵׁם עדי יהוה הַשֵּׁנִי קָרָא אֶפְרָיִם אל מצפץ כִּי־הִפְרַנִי

אֱלֹהִים ילה, מום בְּאֶרֶץ אלהים דאלפין עָנְיִי ריבוע מ"ה:

CUARTA LECTURA – MOSHÉ – NÉTSAJ

53 וַתִּכְלֶינָה שֶׁבַע אלהים דיודין ~ ע"ב שְׁנֵי הַשָּׂבָע אלהים דיודין ~ ע"ב אֲשֶׁר הָיָה יהוה

בְּאֶרֶץ אלהים דאלפין מִצְרָיִם מצר: 54 וַתְּחִלֶּינָה שֶׁבַע אלהים דיודין ~ ע"ב שְׁנֵי הָרָעָב

[רָעָב] ציון, קנאה, ר"פ יהוה, ה"ס אל וַיְהִי ~ ע"ב רבוע אלהים לָבוֹא כַּאֲשֶׁר אָמַר יוֹסֵף

בְּכָל ~ ע"ב רבוע אלהים ־הָאֲרָצוֹת לכב וּבְכָל ־אֶרֶץ אלהים דאלפין מִצְרָיִם מצר

הָיָה יהוה ג"פ יהוה לָחֶם: 55 וַתִּרְעַב כָּל יְלי ־אֶרֶץ אלהים דאלפין מִצְרַיִם מצר וַיִּצְעַק

הָעָם אֶל־פַּרְעֹה לַלֶּחֶם ג"פ יהוה וַיֹּאמֶר פַּרְעֹה לְכָל ־מִצְרַיִם מצר יה ~ אדני

לְכוּ אֶל־יוֹסֵף ציון, קנאה, ר"פ יהוה, ה"ס אל אֲשֶׁר־יֹאמַר לָכֶם תַּעֲשׂוּ: 56 וְהָרָעָב

הָיָה יהוה עַל כָּל יְלי ־פְּנֵי וחכמה ~ בינה ־הָאָרֶץ אלהים דההין ע"ה וַיִּפְתַּח רבוע אלהים ~ ע"ב

יוֹסֵף ציון, קנאה, ר"פ יהוה, ה"ס אל אֶת־כָּל יְלי ־אֲשֶׁר בָּהֶם וַיִּשְׁבֹּר לְמִצְרַיִם מצר וַיֶּחֱזַק

הָרָעָב פהל רבוע אלהים ~ ע"ב רבוע אלהים בְּאֶרֶץ אלהים דאלפין מִצְרָיִם מצר: 57 וְכָל יְלי

־הָאָרֶץ אלהים דההין ע"ה בָּאוּ מִצְרַיְמָה מצר לִשְׁבֹּר אֶל־יוֹסֵף ציון, קנאה, ה"ס אל

כִּי־חָזַק פהל הָרָעָב רבוע אלהים ~ ע"ב בְּכָל לכב ־הָאָרֶץ אלהים דההין ע"ה: 42 1 וַיַּרְא

יַעֲקֹב יאהדונהי ~ אידהנויה כִּי יֶשׁ־שֶׁבֶר בְּמִצְרָיִם מצר וַיֹּאמֶר יַעֲקֹב יאהדונהי ~ אידהנויה

לְבָנָיו לָמָּה תִּתְרָאוּ: 2 וַיֹּאמֶר הִנֵּה מ"ה יה שָׁמַעְתִּי כִּי יֶשׁ־שֶׁבֶר בְּמִצְרָיִם

מצר [רְדוּ] י"פ אהיה ־שָׁמָּה מהטי וְשִׁבְרוּ־לָנוּ אלהים, מום מִשָּׁם וְנִחְיֶה וְלֹא נָמוּת:

3 וַיֵּרְדוּ אֲחֵי־יוֹסֵף ציון, קנאה, ר"פ יהוה, ה"ס אל עֲשָׂרָה לִשְׁבֹּר בָּר מִמִּצְרָיִם מצר:

4 *Pero Yaakov no envió con sus hermanos a Binyamín, hermano de Yosef, porque dijo: "No sea que le suceda algo malo".* *5* *Los hijos de Israel fueron entre los que iban a comprar grano, pues también había hambre en la tierra de Canaán.* *6* *Y Yosef era el gobernante de aquel país. Él era quien vendía a todo el pueblo de esa tierra. Cuando los hermanos de Yosef llegaron, se postraron ante él rostro en tierra.*

7 *Tan pronto como Yosef vio a sus hermanos, los reconoció, pero fingió no conocerlos y les habló duramente. Y les dijo: "¿De dónde han venido?". "De la tierra de Canaán para comprar alimentos", le respondieron ellos.* *8* *Yosef había reconocido a sus hermanos, aunque ellos no lo habían reconocido a él.* *9* *Yosef se acordó de los sueños que había tenido acerca de ellos, y les dijo: "Ustedes son espías. Han venido para ver las partes indefensas de nuestra tierra".* *10* *"No, señor mío", le dijeron ellos, "sino que tus siervos han venido para comprar alimentos.* *11* *Todos nosotros somos hijos de un mismo padre. Somos hombres honrados, tus siervos no son espías".*

12 *"¡No! Ustedes han venido para ver las partes indefensas de nuestra tierra", les dijo.*

13 *Pero ellos dijeron: "Tus siervos eran doce hermanos, hijos del mismo padre en la tierra de Canaán; y el menor está hoy con nuestro padre, y el otro ya no existe".* *14* *Entonces Yosef les dijo: "Es tal como les dije:¡ ustedes son espías!* *15* *En esto serán probados: por vida del Faraón que no saldrán de este lugar a menos que su hermano menor venga aquí.*

16 *Envíen a uno de ustedes y que traiga a su hermano, mientras ustedes quedan presos, para que sean probadas sus palabras, a ver si hay verdad en ustedes. Y si no, ¡por vida del Faraón, ciertamente son espías!".* *17* *Y los puso a todos juntos bajo custodia por tres días.*

18 *Yosef les dijo al tercer día: "Hagan esto y vivirán, pues yo temo a Dios:*

וַיֵּרָא

Génesis 42:7 – Cuando Yosef vio a sus hermanos que venían a pedir comida, fue muy cruel con ellos y les acusó de ser espías. Lo hizo porque sabía que necesitaban ser purificados espiritualmente por haber cometido el pecado de venderlo como esclavo. Yosef quiso ser un agente de su limpieza en lugar de dejarlo en manos de Satán, puesto que él podía administrarla de una forma misericordiosa.

Si hay una limpieza que necesita ocurrir en nuestra vida, la Luz la inicia en primer lugar con misericordia. No obstante, si la persona se resiste, Satán toma el poder y la limpieza se vuelve más dolorosa.

Dios sabe que Samael, quien es el patrón de Esav, vendrá a Él para recordarle los pecados de los hijos de Yisrael y tendrá acumuladas todas SUS INIQUIDADES para él mismo para el día del juicio. Y Dios les dará un remedio DE ANTEMANO, de modo que por todas y cada una de las iniquidades, Él los golpeó y los purificó con sufrimientos, poco a poco. Ése es el significado de "purificar" de antemano, a través de sufrimientos. Así, en el proceso de verdad EN EL FUTURO, "'No te purificaré'" del mundo a través de juicio, pues has sufrido ya aflicción EN CADA MOMENTO, poco a poco.
– El Zóhar, Balak 20:274

וְאֶת־בִּנְיָמִין אֲחִי יוֹסֵף צִיוֹן, קִנְאָה, ו"פ יהוה, ה"פ אל לֹא־שָׁלַח יַעֲקֹב יאהדונהי ← אידהנויה 4
אֶת־אֶחָיו כִּי אָמַר פֶּן־יִקְרָאֶנּוּ אָסוֹן: 5 וַיָּבֹאוּ בְּנֵי יִשְׂרָאֵל לִשְׁבֹּר בְּתוֹךְ
הַבָּאִים כִּי־הָיָה יהה הָרָעָב רבוע אלהים ← ע"ב בְּאֶרֶץ אלהים דאלפין כְּנָעַן: 6 וְיוֹסֵף
צִיוֹן, קִנְאָה, ו"פ יהוה, ה"פ אל הוּא הַשַּׁלִּיט עַל־הָאָרֶץ אלהים דההין ע"ה הוּא הַמַּשְׁבִּיר
לְכָל־ ← אדני יה עַם הָאָרֶץ אלהים דההין ע"ה וַיָּבֹאוּ אֲחֵי יוֹסֵף צִיוֹן, קִנְאָה, ו"פ יהוה, ה"פ אל
וַיִּשְׁתַּחֲווּ־לוֹ אַפַּיִם אָרְצָה: 7 וַיַּרְא יוֹסֵף צִיוֹן, קִנְאָה, ו"פ יהוה, ה"פ אל אֶת־אֶחָיו
וַיַּכִּרֵם וַיִּתְנַכֵּר אֲלֵיהֶם וַיְדַבֵּר ראה אִתָּם קָשׁוֹת וַיֹּאמֶר אֲלֵהֶם מֵאַיִן
בָּאתֶם וַיֹּאמְרוּ מֵאֶרֶץ אלהים דאלפין כְּנַעַן לִשְׁבָּר־אֹכֶל: 8 וַיַּכֵּר יוֹסֵף
צִיוֹן, קִנְאָה, ו"פ יהוה, ה"פ אל אֶת־אֶחָיו וְהֵם לֹא הִכִּרֻהוּ: 9 וַיִּזְכֹּר ע"ב ← קס"א, יהי אור ע"ה
יוֹסֵף צִיוֹן, קִנְאָה, ו"פ יהוה, ה"פ אל אֵת הַחֲלֹמוֹת אֲשֶׁר חָלַם לָהֶם ג"פ יהוה וַיֹּאמֶר
אֲלֵהֶם מְרַגְּלִים אַתֶּם לִרְאוֹת אֶת־עֶרְוַת הָאָרֶץ אלהים דההין ע"ה בָּאתֶם:
10 וַיֹּאמְרוּ אֵלָיו לֹא אֲדֹנִי וַעֲבָדֶיךָ בָּאוּ לִשְׁבָּר־אֹכֶל: 11 כֻּלָּנוּ בְּנֵי אִישׁ
ע"ה קנ"א קס"א אֶחָד אהבה, דאגה נָחְנוּ כֵּנִים אֲנַחְנוּ לֹא־הָיוּ עֲבָדֶיךָ מְרַגְּלִים:
12 וַיֹּאמֶר אֲלֵהֶם לֹא כִּי־עֶרְוַת הָאָרֶץ אלהים דההין ע"ה בָּאתֶם לִרְאוֹת ר"ת הבבל:
13 וַיֹּאמְרוּ שְׁנֵים עָשָׂר עֲבָדֶיךָ אַחִים| אֲנַחְנוּ בְּנֵי אִישׁ ע"ה קנ"א קס"א אֶחָד
אהבה, דאגה בְּאֶרֶץ אלהים דאלפין כְּנָעַן וְהִנֵּה הַקָּטֹן אֶת־אָבִינוּ הַיּוֹם נגד, זן, מזבוח
וְהָאֶחָד אהבה, דאגה אֵינֶנּוּ: 14 וַיֹּאמֶר אֲלֵהֶם יוֹסֵף צִיוֹן, קִנְאָה, ו"פ יהוה, ה"פ אל הוּא
אֲשֶׁר דִּבַּרְתִּי ראה אֲלֵכֶם לֵאמֹר מְרַגְּלִים אַתֶּם: 15 בְּזֹאת תִּבָּחֵנוּ וְזִי
פַרְעֹה אִם יוהך תֵּצְאוּ מִזֶּה כִּי אִם יוהך ־בְּבוֹא אֲחִיכֶם הַקָּטֹן הֵנָּה
מ"ה יה:← 16 שִׁלְחוּ מִכֶּם אֶחָד אהבה, דאגה וְיִקַּח וזעם אֶת־אֲחִיכֶם וְאַתֶּם הֵאָסְרוּ
וְיִבָּחֲנוּ דִּבְרֵיכֶם ראה הַאֱמֶת אהיה פעמים אהיה, ז"פ ס"ג אִתְּכֶם וְאִם יוהך ־לֹא וְזִי
פַרְעֹה כִּי מְרַגְּלִים אַתֶּם: 17 וַיֶּאֱסֹף אֹתָם אֶל־מִשְׁמָר שְׁלֹשֶׁת יָמִים
נכך:← 18 וַיֹּאמֶר אֲלֵהֶם יוֹסֵף צִיוֹן, קִנְאָה, ו"פ יהוה, ה"פ אל בַּיּוֹם נגד, זן, מזבוח הַשְּׁלִישִׁי זֹאת
עֲשׂוּ וִחְיוּ אֶת־הָאֱלֹהִים ילה, מום אֲנִי יָרֵא:

QUINTA LECTURA - AHARÓN - HOD

19 Si son hombres honrados, que uno de sus hermanos quede encarcelado en su prisión. El resto de ustedes, vayan, lleven grano para el hambre de sus casas. 20 Pero deben traerme a su hermano menor, para que sus palabras sean verificadas, y no morirán". Y así lo hicieron. 21 Entonces se dijeron el uno al otro: "Verdaderamente somos culpables en cuanto a nuestro hermano, porque vimos la angustia de su alma cuando nos rogaba por su vida, y no lo escuchamos, por eso ha venido sobre nosotros esta angustia". 22 Reuvén les respondió: "¿No les dije yo: 'No pequen contra el muchacho' y no me escucharon? Ahora hay que rendir cuentas por su sangre". 23 Ellos, sin embargo, no sabían que Yosef los entendía, porque había un intérprete entre él y ellos. 24 Y Yosef se apartó de ellos y lloró. Pero luego volvió a ellos y les habló, tomó de entre ellos a Shimón, y lo ató a la vista de sus hermanos.

25 Yosef mandó que les llenaran sus vasijas de grano y que devolvieran el dinero a cada uno poniéndolo en su saco, y que les dieran provisiones para el camino. Y así se hizo con ellos. 26 Ellos, pues, cargaron el grano sobre sus asnos, y se fueron de allí. 27 Y cuando uno de ellos abrió su saco para dar forraje a su asno en la posada, vio que su dinero estaba en la boca de su costal. 28 Entonces dijo a sus hermanos: "Me ha sido devuelto mi dinero, y miren, está en mi costal". Y se les sobresaltó el corazón, y temblando se decían el uno al otro: "¿Qué es esto que Dios nos ha hecho?". 29 Cuando llegaron a su padre, Yaakov, en la tierra de Canaán, le contaron todo lo que les había sucedido: 30 "El hombre, el señor de aquella tierra, nos habló duramente y nos tomó por espías del país. 31 Pero nosotros le dijimos: 'Somos hombres honrados, no somos espías. 32 Éramos doce hermanos, hijos de nuestro padre. Uno ya no existe, y el menor está hoy con nuestro padre en la tierra de Canaán'.

אֲשֵׁמִים

Génesis 42:21 – De la nada, uno de los hermanos remarcó: "Quizá esto esté pasando porque vendimos a nuestro hermano…". Debemos notar aquí que los hermanos habían pasado por muchos años de procesos espirituales; cada noche examinaban sus limitaciones y escudriñaban sus almas en *Yom Kipur*, pero nunca habían vivido verdaderamente las consecuencias del mal que le habían hecho a Yosef. Fue sólo cuando pasaron por esta limpieza física —sufriendo de hambre, teniendo que responder a Yosef y siendo acusados de un crimen que no habían cometido— que se volvieron conscientes de sus malas acciones. A veces también necesitamos una manifestación física de nuestras transgresiones (es decir, una limpieza por parte de Satán) antes de reconocer finalmente nuestras malas acciones.

וַיְצַו

Génesis 42:25 – Yosef envió a sus hermanos de vuelta con su padre con algo de comida, pero sólo les dejó marcharse con una condición: tenían que traerle de vuelta a su hermano más joven, Binyamín. Rashi dijo que Yosef tomó a Shimón como rehén como garantía porque recordaba lo que había ocurrido en Nablus, la ciudad de Shejem, y sabía que si Shimón y Leví estaban juntos podrían conspirar para matarlo.

וַיָּבֹאוּ

Génesis 42:29 – Al regresar a casa, los hermanos le contaron a Yaakov lo que había sucedido en Egipto. Reuvén le pidió a su familia que enviara a Binyamín a Egipto con él, y juró por las cabezas de sus dos hijos que les devolvería

QUINTA LECTURA - AHARÓN – HOD

19 אִם־כֵּנִים֙ אַתֶּ֔ם אֲחִיכֶ֣ם אֶחָ֔ד אהבה, דאה יֵאָסֵ֔ר בְּבֵ֣ית ב״פ ראה מִשְׁמַרְכֶ֑ם

וְאַתֶּם֙ לְכ֣וּ הָבִ֔יאוּ שֶׁ֖בֶר רַעֲב֣וֹן בָּתֵּיכֶֽם ב״פ ראה 20 וְאֶת־אֲחִיכֶ֤ם הַקָּטֹן֙

תָּבִ֣יאוּ אֵלַ֔י וְיֵאָמְנ֥וּ דִבְרֵיכֶ֖ם ראה וְלֹ֣א תָמ֑וּתוּ וַיַּעֲשׂוּ־כֵֽן 21 וַיֹּאמְר֞וּ

אִ֣ישׁ ע״ה קנ״א קס״א אֶל־אָחִ֗יו אֲבָל֮ אֲשֵׁמִ֣ים ׀ אֲנַ֘חְנוּ֮ עַל־אָחִינוּ֒ אֲשֶׁ֨ר רָאִ֜ינוּ

צָרַ֤ת נַפְשׁוֹ֙ בְּהִתְחַֽנְנ֣וֹ אֵלֵ֔ינוּ וְלֹ֣א שָׁמָ֑עְנוּ עַל־כֵּן֙ בָּ֣אָה אֵלֵ֔ינוּ הַצָּרָ֖ה

אלהים דההין הַזֹּֽאת 22 וַיַּעַן֩ רְאוּבֵ֨ן ג״פ אלהים אֹתָ֜ם לֵאמֹ֗ר הֲלוֹא֩ אָמַ֨רְתִּי

אֲלֵיכֶ֧ם ׀ לֵאמֹ֛ר אַל־תֶּחֶטְא֥וּ בַיֶּ֖לֶד וְלֹ֣א שְׁמַעְתֶּ֑ם וְגַם־דָּמ֖וֹ יגל הִנֵּ֥ה

מ״ה יה נִדְרָֽשׁ 23 וְהֵם֙ לֹ֣א יָֽדְע֔וּ כִּ֥י שֹׁמֵ֖עַ יוֹסֵ֑ף ציון, קנאה, ו״פ יהוה, ה״פ אל כִּ֥י

הַמֵּלִ֖יץ בֵּינֹתָֽם 24 וַיִּסֹּ֤ב מֵֽעֲלֵיהֶם֙ וַיֵּ֔בְךְּ וַיָּ֥שָׁב אֲלֵהֶ֖ם וַיְדַבֵּ֣ר ראה אֲלֵהֶ֑ם

25 וַיְצַ֣ו חולם מֵֽאִתָּ֗ם אֶת־שִׁמְעוֹן֙ וַיֶּאֱסֹ֥ר אֹת֖וֹ לְעֵינֵיהֶֽם רביע מ״ה ׀

יוֹסֵ֗ף ציון, קנאה, ו״פ יהוה, ה״פ אל וַיְמַלְא֣וּ אֶת־כְּלֵיהֶם֮ בָּר֒ וּלְהָשִׁ֤יב כַּסְפֵּיהֶם֙

אִ֣ישׁ ע״ה קנ״א קס״א אֶל־שַׂקּ֔וֹ וְלָתֵ֥ת לָהֶ֛ם צֵדָ֖ה לַדָּ֑רֶךְ ב״פ יב״ק וַיַּ֥עַשׂ לָהֶ֖ם כֵּֽן

26 וַיִּשְׂא֥וּ אֶת־שִׁבְרָ֖ם עַל־חֲמֹֽרֵיהֶ֑ם וַיֵּלְכ֖וּ מִשָּֽׁם 27 וַיִּפְתַּ֨ח הָאֶחָ֜ד

אהבה, דאה אֶת־שַׂקּ֗וֹ לָתֵ֥ת מִסְפּ֛וֹא לַחֲמֹר֖וֹ בַּמָּל֑וֹן וַיַּרְא֙ אֶת־כַּסְפּ֔וֹ וְהִנֵּה־

מ״ה יה ה֖וּא בְּפִ֥י אַמְתַּחְתּֽוֹ 28 וַיֹּ֤אמֶר אֶל־אֶחָיו֙ הוּשַׁ֣ב כַּסְפִּ֔י וְגַ֖ם הִנֵּ֣ה

בְאַמְתַּחְתִּ֑י וַיֵּצֵ֣א לִבָּ֗ם וַיֶּֽחֶרְד֞וּ אִ֣ישׁ ע״ה קנ״א קס״א אֶל־אָחִ֣יו לֵאמֹ֔ר מַה־ מ״ה

זֹּ֛את עָשָׂ֥ה אֱלֹהִ֖ים ילה, מום כֵ֥נוּ אלהים, מום לָֽנוּ 29 וַיָּבֹ֛אוּ אֶל־יַעֲקֹ֥ב אאהדונהי + אידהנויה

אֲבִיהֶ֖ם אלהים דההין ע״ה אַ֣רְצָה כְּנָ֑עַן וַיַּגִּ֣ידוּ יהה ל֔וֹ אֵ֛ת כָּל־ ילי הַקֹּרֹ֥ת אֹתָ֖ם

לֵאמֹֽר 30 דִּ֠בֶּר ראה הָאִ֨ישׁ ע״ה קנ״א קס״א אֲדֹנֵ֥י הָאָ֛רֶץ אלהים דההין ע״ה אִתָּ֖נוּ קָשׁ֑וֹת

וַיִּתֵּ֣ן אֹתָ֔נוּ כִּֽמְרַגְּלִ֖ים אֶת־הָאָֽרֶץ אלהים דההין ע״ה 31 וַנֹּ֥אמֶר אֵלָ֖יו כֵּנִ֣ים

אֲנָ֑חְנוּ לֹ֥א הָיִ֖ינוּ מְרַגְּלִֽים 32 שְׁנֵים־עָשָׂ֧ר אֲנַ֛חְנוּ אַחִ֖ים בְּנֵ֣י אָבִ֑ינוּ

הָאֶחָ֤ד אהבה, דאה אֵינֶ֨נּוּ֙ וְהַקָּטֹ֥ן הַיּ֛וֹם נגד, זן, מזבח אֶת־אָבִ֖ינוּ בְּאֶ֥רֶץ אלהים דאלפין

³³ Entonces el hombre, el señor de aquel país, nos dijo: 'Por esto sabré que son hombres honrados: dejen uno de sus hermanos conmigo y tomen grano para el hambre de sus casas, y márchense.

³⁴ Pero tráiganme a su hermano menor para que yo sepa que ustedes no son espías, sino hombres honrados. Les devolveré a su hermano, y podrán comerciar en la tierra'".

³⁵ Cuando vaciaron sus sacos, ¡el atado del dinero de cada uno estaba en su saco! Y al ver ellos y su padre los atados de su dinero, tuvieron temor. ³⁶ Y su padre, Yaakov, les dijo: "Ustedes me han privado de mis hijos; Yosef ya no existe, y Shimón ya no existe, y ahora se quieren llevar a Binyamín. ¡Todas estas cosas son contra mí!".

³⁷ Entonces Reuvén habló a su padre: "Puedes dar muerte a mis dos hijos si no te lo traigo de regreso. Ponlo bajo mi cuidado, y yo te lo devolveré".

³⁸ Pero Yaakov dijo: "Mi hijo no descenderá con ustedes. Pues su hermano ha muerto, y sólo él me queda. Si algo malo le acontece en el viaje en que van, harán descender mis canas con dolor a la tumba".

43 ¹ El hambre iba agravándose en la tierra. ² Y cuando acabaron de comer el grano que habían traído de Egipto, su padre les dijo: "Vuelvan allá y cómprennos un poco de alimento". ³ Pero Yehuda le respondió: "Aquel hombre claramente nos advirtió: 'No verán mi rostro si su hermano no está con ustedes'. ⁴ Si envías a nuestro hermano con nosotros, descenderemos y compraremos alimento.

⁵ Pero si no lo envías, no descenderemos. Porque el hombre nos dijo: 'No verán mi rostro si su hermano no está con ustedes'". ⁶ Entonces Israel respondió: "¿Por qué me han causado problemas informando al hombre que tenían un hermano más?".

⁷ Pero ellos dijeron: "El hombre nos preguntó específicamente acerca de nosotros y nuestros familiares, diciendo: '¿Vive aún su padre? ¿Tienen otro hermano?'. Y nosotros contestamos sus preguntas. ¿Acaso podíamos nosotros saber que él diría: 'Traigan a su hermano'?".

⁸ Y Yehuda dijo a su padre, Israel: "Envía al muchacho conmigo. Nos levantaremos e iremos, para que vivamos y no perezcamos, tanto nosotros como tú y nuestros pequeños.

---

a Binyamín sano y salvo. Yaakov rechazó la oferta porque ya no confiaba en Reuvén; él recordaba que años atrás Reuvén había estado a cargo aquel día en el que Yosef desapareció.

שִׂבּוּ

Génesis 43:2 – La hambruna persistía. A medida que las provisiones se agotaban, Yaakov les dijo a sus hijos que fueran a Egipto a buscar más comida. Los hijos protestaron porque no podrían conseguir más comida a menos que se llevaran a Binyamín con ellos.

כְּנָֽעַן: 33 וַיֹּאמֶר אֵלֵינוּ הָאִישׁ ז"פ אדם אֲדֹנֵי הָאָרֶץ אלהים דההון ע"ה בְּזֹאת אֵדַע

כִּי כֵנִים אַתֶּם אֲחִיכֶם הָֽאֶחָד הַנִּיחוּ אִתִּי וְאֶת־רַֽעֲבוֹן בָּתֵּיכֶם

ב"פ ראה קְחוּ וָלֵֽכוּ: 34 וְהָבִיאוּ אֶת־אֲחִיכֶם הַקָּטֹן אֵלַי וְאֵֽדְעָה כִּי לֹא

מְרַגְּלִים אַתֶּם כִּי כֵנִים אַתֶּם אֶת־אֲחִיכֶם אֶתֵּן לָכֶם וְאֶת־הָאָרֶץ

אלהים דההון ע"ה תִּסְחָֽרוּ: 35 וַיְהִי אל הֵם מְרִיקִים שַׂקֵּיהֶם וְהִנֵּה יה מ"ה יְה־אִישׁ

ע"ה קנ"א קס"א צְרֽוֹר־כַּסְפּוֹ בְּשַׂקּוֹ וַיִּרְאוּ אֶת־צְרֹרוֹת כַּסְפֵּיהֶם הֵמָּה

וַֽאֲבִיהֶם וַיִּירָֽאוּ: 36 וַיֹּאמֶר אֲלֵהֶם יַֽעֲקֹב יאהדונהי - אידהנויה אֲבִיהֶם אֹתִי

שִׁכַּלְתֶּם יוֹסֵף ציון, קנאה, ה"פ יהוה, ו"פ אל אֵינֶנּוּ וְשִׁמְעוֹן אֵינֶנּוּ וְאֶת־בִּנְיָמִן תִּקָּחוּ

עָלַי הָיוּ כֻלָּֽנָה: 37 וַיֹּאמֶר רְאוּבֵן ג"פ אלהים אֶל־אָבִיו לֵאמֹר אֶת־שְׁנֵי בָנַי

תָּמִית אִם יוהך ־לֹא אֲבִיאֶנּוּ אֵלֶיךָ תְּנָה נתה, קס"א ־ קנ"א ־ קמ"ג אֹתוֹ עַל־יָדִי

וַֽאֲנִי אני אֲשִׁיבֶנּוּ אֵלֶֽיךָ: 38 וַיֹּאמֶר לֹֽא־יֵרֵד בְּנִי עִמָּכֶם כִּֽי־אָחִיו מֵת

וְהוּא לְבַדּוֹ מ"ב נִשְׁאָר וּקְרָאָהוּ אָסוֹן בַּדֶּרֶךְ ב"פ יב"ק אֲשֶׁר תֵּֽלְכוּ־בָהּ

וְהֽוֹרַדְתֶּם אֶת־שֵׂיבָתִי בְּיָגוֹן שְׁאֽוֹלָה: 43 1 וְהָֽרָעָב רבוע אלהים ־ ע"ב כָּבֵד

בָּאָרֶץ אלהים דאלפין: 2 וַיְהִי אל כַּֽאֲשֶׁר כִּלּוּ לֶֽאֱכֹל אֶת־הַשֶּׁבֶר אֲשֶׁר

הֵבִיאוּ מִמִּצְרָיִם מצר וַיֹּאמֶר אֲלֵיהֶם אֲבִיהֶם שֻׁבוּ שִׁבְרוּ־לָנוּ אלהים, מום

מְעַט־אֹֽכֶל: 3 וַיֹּאמֶר אֵלָיו יְהוּדָה לֵאמֹר הָעֵד הֵעִד בָּנוּ הָאִישׁ

ע"ה קנ"א קס"א לֵאמֹר לֹֽא־תִרְאוּ פָנַי וחכמה ־ בינה בִּלְתִּי אֲחִיכֶם אִתְּכֶם: 4 אִם

יוהך ־יֶשְׁךָ מְשַׁלֵּחַ אֶת־אָחִינוּ אִתָּנוּ נֵֽרְדָה וְנִשְׁבְּרָה לְךָ אֹֽכֶל: 5 וְאִם

יוהך ־אֵֽינְךָ מְשַׁלֵּחַ לֹא נֵרֵד כִּֽי־הָאִישׁ ע"ה קנ"א קס"א אָמַר אֵלֵינוּ לֹֽא־תִרְאוּ

פָנַי וחכמה ־ בינה בִּלְתִּי אֲחִיכֶם אִתְּכֶם: 6 וַיֹּאמֶר יִשְׂרָאֵל לָמָה הֲרֵֽעֹתֶם לִי

לְהַגִּיד לָאִישׁ ע"ה קנ"א קס"א הַעוֹד לָכֶם אָח: 7 וַיֹּֽאמְרוּ שָׁאוֹל שָֽׁאַל־הָאִישׁ

ז"פ אדם לָנוּ אלהים, מום וּלְמֽוֹלַדְתֵּנוּ לֵאמֹר הַעוֹד אֲבִיכֶם חַי הֲיֵשׁ לָכֶם אָח

וַנַּֽגֶּד־לוֹ עַל־פִּי הַדְּבָרִים ראה הָאֵלֶּה הֲיָדוֹעַ נֵדַע כִּי יֹאמַר הוֹרִידוּ

אֶת־אֲחִיכֶם: 8 וַיֹּאמֶר יְהוּדָה אֶל־יִשְׂרָאֵל אָבִיו שִׁלְחָה הַנַּעַר שיך אִתִּי

9 Yo me haré responsable de él. De mi mano lo demandarás. Si yo no te lo vuelvo a traer y lo pongo delante de ti, que lleve yo la culpa para siempre delante de ti.

10 Porque si no hubiéramos perdido tiempo, sin duda ya habríamos regresado por segunda vez".

11 Entonces su padre, Israel, les dijo: "Si así tiene que ser, hagan esto: tomen de los mejores productos de la tierra en sus vasijas, y lleven a aquel hombre como presente un poco de bálsamo y un poco de miel, especias y mirra, nueces y almendras.

12 Y tomen doble cantidad de dinero en su mano, y lleven de nuevo en su mano el dinero que fue devuelto en la boca de sus costales. Tal vez fue un error.

13 Tomen también a su hermano, levántense y vuelvan a aquel hombre.

14 ¡Que Dios Todopoderoso les conceda misericordia ante aquel hombre para que ponga en libertad a su otro hermano y a Binyamín! En cuanto a mí, si he de ser privado de mis hijos, que así sea".

15 Tomaron, pues, los hombres este presente, doble cantidad de dinero en su mano y a Binyamín. Se levantaron y descendieron a Egipto y se presentaron delante de Yosef.

SEXTA LECTURA - YOSEF - YESOD

16 Cuando Yosef vio a Binyamín con ellos, dijo al mayordomo de su casa: "Haz entrar a estos hombres a casa, y mata un animal y prepáralo, porque estos hombres comerán conmigo al mediodía".

וָזְטָאתֵי

Génesis 43:9 – Yehuda le rogó a su padre que le dejara ser quien llevara a Binyamín a Egipto, diciendo que asumiría la culpa si le sucediera algo a su hermano pequeño. Con esta acción, Yehuda empezó su *tikún*, o proceso de corrección.

Puesto que fue él quien vendió a Yosef como esclavo, ahora estaba dispuesto a atravesar la limpieza necesaria. Fue su disposición lo que hizo posible que sus hermanos y Yosef se reunieran: físicamente, emocionalmente y espiritualmente.

Conectar con Yehuda nos ayuda a iniciar el proceso de corrección en nuestra vida. Siempre que llevamos a cabo una acción, la energía de esa acción regresa a nosotros. Yehuda originó la venta de Yosef por parte de sus hermanos, y a cambio se convirtió en el instrumento de su limpieza. Si mostramos amor y cuidado genuinos por los demás, este amor y este cuidado regresarán a nosotros. Si mostramos celos o enojo por los demás, esta negatividad reaparecerá finalmente en nuestra vida. Esta es la Ley Universal de Causa y Efecto.

וְנָק֙וּמָה֙ וְנֵלֵ֔כָה וְנִֽחְיֶ֖ה וְלֹ֣א נָמ֑וּת גַּם ־אֲנַ֙חְנוּ֙ גַם ־אַתָּ֔ה גַם ־טַפֵּֽנוּ׃ 9 אָֽנֹכִי֙ אֶֽעֶרְבֶ֔נּוּ מִיָּדִ֖י תְּבַקְשֶׁ֑נּוּ אִם ־לֹ֙א הֲבִיאֹתִ֤יו אֵלֶ֙יךָ֙ וְהִצַּגְתִּ֣יו לְפָנֶ֔יךָ וְחָטָ֥אתִי לְךָ֖ כָּל ־הַיָּמִֽים׃ 10 כִּ֖י לוּלֵ֣א הִתְמַהְמָ֑הְנוּ כִּֽי ־עַתָּ֥ה שַׁ֖בְנוּ זֶ֥ה פַעֲמָֽיִם׃ 11 וַיֹּ֙אמֶר אֲלֵהֶ֜ם יִשְׂרָאֵ֣ל אֲבִיהֶ֗ם אִם ־כֵּ֣ן ׀ אֵפוֹ֮ זֹ֣את עֲשׂוּ֒ קְח֞וּ מִזִּמְרַ֣ת הָאָ֗רֶץ בִּכְלֵיכֶם֙ וְהוֹרִ֣ידוּ לָאִ֖ישׁ מִנְחָ֑ה מְעַ֤ט צֳרִי֙ וּמְעַ֣ט דְּבַ֔שׁ נְכֹ֣את וָלֹ֔ט בָּטְנִ֖ים וּשְׁקֵדִֽים׃ 12 וְכֶ֥סֶף מִשְׁנֶ֖ה קְח֣וּ בְיֶדְכֶ֑ם וְאֶת ־הַכֶּ֜סֶף הַמּוּשָׁ֨ב בְּפִ֤י אַמְתְּחֹֽתֵיכֶם֙ תָּשִׁ֣יבוּ בְיֶדְכֶ֔ם אוּלַ֖י מִשְׁגֶּ֥ה הֽוּא׃ 13 וְאֶת ־אֲחִיכֶ֖ם קָ֑חוּ וְק֖וּמוּ שׁ֥וּבוּ אֶל ־הָאִֽישׁ׃ 14 וְאֵ֣ל שַׁדַּ֗י יִתֵּ֙ן לָכֶ֤ם רַחֲמִים֙ לִפְנֵ֣י הָאִ֔ישׁ וְשִׁלַּ֥ח לָכֶ֛ם אֶת ־אֲחִיכֶ֥ם אַחֵ֖ר וְאֶת ־בִּנְיָמִ֑ין וַאֲנִ֕י כַּאֲשֶׁ֥ר שָׁכֹ֖לְתִּי שָׁכָֽלְתִּי׃ 15 וַיִּקְח֤וּ הָֽאֲנָשִׁים֙ אֶת ־הַמִּנְחָ֣ה הַזֹּ֔את וּמִשְׁנֶה ־כֶּ֛סֶף לָקְח֥וּ בְיָדָ֖ם וְאֶת ־בִּנְיָמִ֑ן וַיָּקֻ֙מוּ֙ וַיֵּרְד֣וּ מִצְרַ֔יִם וַיַּֽעַמְד֖וּ לִפְנֵ֥י יוֹסֵֽף׃

SEXTA LECTURA - YOSEF – YESOD

16 וַיַּ֙רְא יוֹסֵ֤ף אִתָּם֙ אֶת ־בִּנְיָמִ֔ין וַיֹּ֙אמֶר֙ לַֽאֲשֶׁ֣ר עַל ־בֵּית֔וֹ הָבֵ֥א אֶת ־הָאֲנָשִׁ֖ים הַבָּ֑יְתָה וּטְבֹ֤חַ טֶ֙בַח֙ וְהָכֵ֔ן

בִּנְיָמִן

Génesis 43:16 – Estos versículos nos hablan sobre la prueba final de los hermanos. Cuando se pusieron de camino a Egipto, Binyamín fue acusado de robo. Una y otra vez, cuando los hermanos sentían que las cosas no podían ir peor, la situación empeoraba. Los hermanos habían estado cómodos en su propia negatividad, así que como resultado, su situación continuó deteriorándose hasta que fueron obligados a dejar a Binyamín en Egipto como ladrón. La lección que aprendemos de esta sección es que la autocomplacencia es uno de nuestros mayores enemigos porque nuestra actitud puede hacer que las cosas vayan cada vez

17 El hombre hizo como Yosef le dijo, y llevó a los hombres a casa de Yosef.

18 Ellos tenían miedo porque eran llevados a casa de Yosef y dijeron: "Por causa del dinero que fue devuelto en nuestros costales la primera vez hemos sido traídos aquí, para tener pretexto contra nosotros y caer sobre nosotros y tomarnos por esclavos con nuestros asnos".

19 Entonces se acercaron al mayordomo de la casa de Yosef, y le hablaron a la entrada de la casa,

20 y dijeron: "Oh señor mío, ciertamente descendimos la primera vez para comprar alimentos.

21 Y cuando llegamos a la posada, abrimos nuestros costales, y el dinero de cada uno estaba en la boca de su costal, la cantidad exacta. Así que lo hemos vuelto a traer en nuestra mano.

22 También hemos traído otro dinero en nuestra mano para comprar alimentos. No sabemos quién puso nuestro dinero en nuestros costales".

23 Y el mayordomo les dijo: "No se preocupen, no teman. El Dios de ustedes y el Dios de su padre les ha dado ese tesoro en sus costales. Yo haré constar que recibí el dinero de ustedes". Entonces les sacó a Shimón.

24 Después el mayordomo llevó a los hombres a casa de Yosef, y les dio agua y se lavaron los pies. También dio forraje a sus asnos.

25 Entonces prepararon los presentes para la venida de Yosef al mediodía, pues habían oído que iban a comer allí.

26 Cuando Yosef regresó a su casa, ellos le trajeron a la casa los presentes que traían en su mano y se postraron ante él en tierra.

27 Entonces él les preguntó cómo se encontraban, y añadió: "¿Cómo está su anciano padre de quien me hablaron? ¿Vive todavía?".

28 "Tu siervo nuestro padre está bien; todavía vive", contestaron. Y ellos se inclinaron en reverencia.

29 Al alzar Yosef sus ojos y ver a su hermano Binyamín, hijo de su madre, les preguntó: "¿Es éste su hermano menor de quien me hablaron?". Y dijo: "Dios te imparta Su gracia, hijo mío".

---

peor hasta que finalmente nos encontremos de frente con nuestras iniquidades. Nuestro trabajo espiritual nunca acaba: sólo porque pensemos que hemos completado un aspecto de nuestro *tikún* no significa que hayamos finalizado.

כִּי אִתִּי יֹאכְלוּ הָאֲנָשִׁים בַּצָּהֳרָיִם: 17 וַיַּעַשׂ הָאִישׁ ז"פ ארם כַּאֲשֶׁר

אָמַר יוֹסֵף ציון, קנאה, ר"פ יהוה, ה"פ אל וַיָּבֵא הָאִישׁ ז"פ ארם אֶת־הָאֲנָשִׁים בֵּיתָה

ב"פ ראה יוֹסֵף ציון, קנאה, ר"פ יהוה, ה"פ אל: 18 וַיִּירְאוּ הָאֲנָשִׁים כִּי הוּבְאוּ בֵּית ב"פ ראה

יוֹסֵף ציון, קנאה, ר"פ יהוה, ה"פ אל וַיֹּאמְרוּ עַל־דְּבַר ראה הַכֶּסֶף הַשָּׁב בְּאַמְתְּחֹתֵינוּ

בַּתְּחִלָּה אֲנַחְנוּ מוּבָאִים לְהִתְגֹּלֵל עָלֵינוּ וּלְהִתְנַפֵּל עָלֵינוּ וְלָקַחַת אֹתָנוּ

לַעֲבָדִים וְאֶת־חֲמֹרֵינוּ: 19 וַיִּגְּשׁוּ אֶל־הָאִישׁ ז"פ ארם אֲשֶׁר עַל־בֵּית ב"פ ראה

יוֹסֵף ציון, קנאה, ר"פ יהוה, ה"פ אל וַיְדַבְּרוּ ראה אֵלָיו פֶּתַח הַבָּיִת ב"פ ראה: 20 וַיֹּאמְרוּ בִּי

אֲדֹנִי יָרֹד יָרַדְנוּ בַּתְּחִלָּה לִשְׁבָּר־אֹכֶל: 21 וַיְהִי כִּי־בָאנוּ אֶל־הַמָּלוֹן

וַנִּפְתְּחָה אֶת־אַמְתְּחֹתֵינוּ וְהִנֵּה כֶסֶף־אִישׁ ע"ה קנ"א קס"א בְּפִי אַמְתַּחְתּוֹ

כַּסְפֵּנוּ בְּמִשְׁקָלוֹ וַנָּשֶׁב אֹתוֹ בְּיָדֵנוּ: 22 וְכֶסֶף אַחֵר הוֹרַדְנוּ בְיָדֵנוּ

לִשְׁבָּר־אֹכֶל ר"ת הבל לֹא יָדַעְנוּ מִי־ילי שָׂם כַּסְפֵּנוּ בְּאַמְתְּחֹתֵינוּ: 23 וַיֹּאמֶר

שָׁלוֹם לָכֶם אַל־תִּירָאוּ אֱלֹהֵיכֶם ילה,וֵאלֹהֵי לכב, דמב, ילה אֲבִיכֶם נָתַן לָכֶם

מַטְמוֹן בְּאַמְתְּחֹתֵיכֶם כַּסְפְּכֶם בָּא אֵלָי וַיּוֹצֵא אֲלֵהֶם אֶת־שִׁמְעוֹן:

24 וַיָּבֵא הָאִישׁ ז"פ ארם אֶת־הָאֲנָשִׁים בֵּיתָה ב"פ ראה יוֹסֵף ציון, קנאה, ר"פ יהוה, ה"פ אל

וַיִּתֵּן י"פ מלוי ע"ב מַיִם וַיִּרְחֲצוּ רַגְלֵיהֶם וַיִּתֵּן מִסְפּוֹא לַחֲמֹרֵיהֶם: 25 וַיָּכִינוּ

אֶת־הַמִּנְחָה ע"ה ב"פ בן עַד־בּוֹא יוֹסֵף ציון, קנאה, ר"פ יהוה, ה"פ אל בַּצָּהֳרָיִם כִּי

שָׁמְעוּ כִּי־שָׁם יֹאכְלוּ לָחֶם ג"פ יהוה: 26 וַיָּבֹא יוֹסֵף ציון, קנאה, ר"פ יהוה, ה"פ אל

הַבַּיְתָה ב"פ ראה וַיָּבִיאוּ לוֹ אֶת־הַמִּנְחָה ע"ה ב"פ בן אֲשֶׁר־בְּיָדָם הַבָּיְתָה

ב"פ ראה וַיִּשְׁתַּחֲווּ־לוֹ אָרְצָה אלהים דההין ע"ה: 27 וַיִּשְׁאַל לָהֶם לְשָׁלוֹם וַיֹּאמֶר

הֲשָׁלוֹם אֲבִיכֶם הַזָּקֵן אֲשֶׁר אֲמַרְתֶּם הַעוֹדֶנּוּ חָי: 28 וַיֹּאמְרוּ שָׁלוֹם

לְעַבְדְּךָ פני לְאָבִינוּ עוֹדֶנּוּ חָי וַיִּקְּדוּ וַיִּשְׁתַּחֲווּ (כתיב: וישתחו): 29 וַיִּשָּׂא עֵינָיו

רביע מ"ה וַיַּרְא אֶת־בִּנְיָמִין אָחִיו בֶּן־אִמּוֹ וַיֹּאמֶר הֲזֶה הו אֲחִיכֶם הַקָּטֹן

אֲשֶׁר אֲמַרְתֶּם אֵלָי וַיֹּאמַר אֱלֹהִים ילה, מום יָחְנְךָ בְּנִי:

SÉPTIMA LECTURA - DAVID - MALJUT

[30] *Yosef se apresuró a salir, pues se sintió profundamente conmovido a causa de su hermano y buscó dónde llorar. Entró en su aposento y lloró allí.*

[31] *Después se lavó la cara y salió, y controlándose, dijo: "Sirvan la comida".*

[32] *Le sirvieron a Yosef en un lado, a los hermanos en otro lado, y a los egipcios que comían con él, también les sirvieron aparte. Porque los egipcios no podían comer con los hebreos, pues esto es abominación para los egipcios.*

[33] *Los sentaron delante de él conforme a sus edades, desde el primogénito hasta el más joven. Ellos se miraban unos a otros con asombro.*

[34] *Él les llevó porciones de su propia mesa, pero la porción de Binyamín era cinco veces mayor que la de cualquiera de ellos. Bebieron, pues, y se alegraron con él.*

44 [1] *Entonces Yosef ordenó al mayordomo de su casa, diciendo: "Llena de alimento los costales de los hombres, todo lo que puedan llevar, y pon el dinero de cada uno de ellos en la boca de su costal.*

[2] *Y mi copa, la copa de plata, ponla en la boca del costal del menor, con el dinero de su grano". Y el mayordomo hizo conforme a lo que había dicho Yosef.*

[3] *Al rayar el alba, fueron despedidos los hombres con sus asnos.*

[4] *Cuando ellos habían salido de la ciudad, y no estaban muy lejos, Yosef dijo al mayordomo de su casa: "Levántate, sigue a esos hombres. Cuando los alcances, diles: '¿Por qué han pagado mal por bien?*

[5] *¿No es ésta la copa en que bebe mi señor, y que de hecho usa para adivinar? Obraron mal en lo que hicieron'".*

[6] *Así que los alcanzó, les dijo estas palabras.*

[7] *Y ellos le dijeron: "¿Por qué habla mi señor de esta manera? Lejos esté de sus siervos hacer tal cosa.*

[8] *El dinero que encontramos en la boca de nuestros costales, se lo volvimos a traer de la tierra de Canaán. ¿Cómo, pues, habíamos de robar de la casa de su señor plata u oro?.*

[9] *Aquel de sus siervos que sea hallado con ella, que muera, y también nosotros entonces seremos esclavos de mi señor".*

SÉPTIMA LECTURA - DAVID – MALJUT

30 וַיְמַהֵר יוֹסֵף ציון, קנאה, ו״פ יהוה, ה״פ אל כִּי־נִכְמְרוּ רַחֲמָיו אֶל־אָחִיו וַיְבַקֵּשׁ

לִבְכּוֹת וַיָּבֹא הַחַדְרָה וַיֵּבְךְּ שָׁמָּה: 31 וַיִּרְחַץ מהעל פָּנָיו וַיֵּצֵא וַיִּתְאַפַּק

וַיֹּאמֶר שִׂימוּ לָחֶם ג״פ יהוה: 32 וַיָּשִׂימוּ לוֹ לְבַדּוֹ מ״ב וְלָהֶם לְבַדָּם

וְלַמִּצְרִים מצר הָאֹכְלִים אִתּוֹ לְבַדָּם כִּי לֹא יוּכְלוּן הַמִּצְרִים מצר לֶאֱכֹל

אֶת־הָעִבְרִים לֶחֶם ג״פ יהוה כִּי־תוֹעֵבָה הִוא לְמִצְרָיִם מצר: 33 וַיֵּשְׁבוּ לְפָנָיו

הַבְּכֹר כִּבְכֹרָתוֹ וְהַצָּעִיר כִּצְעִרָתוֹ וַיִּתְמְהוּ הָאֲנָשִׁים אִישׁ ע״ה קנ״א קס״א

אֶל־רֵעֵהוּ: 34 וַיִּשָּׂא מַשְׂאֹת מֵאֵת פָּנָיו אֲלֵהֶם וַתֵּרֶב מַשְׂאַת בִּנְיָמִן

מִמַּשְׂאֹת כֻּלָּם חָמֵשׁ יָדוֹת וַיִּשְׁתּוּ וַיִּשְׁכְּרוּ עִמּוֹ: 44 1 וַיְצַו אֶת־אֲשֶׁר

עַל־בֵּיתוֹ ב״פ ראה לֵאמֹר מַלֵּא אֶת־אַמְתְּחֹת הָאֲנָשִׁים אֹכֶל כַּאֲשֶׁר

יוּכְלוּן שְׂאֵת וְשִׂים כֶּסֶף־אִישׁ ע״ה קנ״א קס״א בְּפִי אַמְתַּחְתּוֹ: 2 וְאֶת־גְּבִיעִי

גְּבִיעַ ה״פ טוב הַכֶּסֶף תָּשִׂים בְּפִי אַמְתַּחַת הַקָּטֹן וְאֵת כֶּסֶף שִׁבְרוֹ

וַיַּעַשׂ כִּדְבַר ראה יוֹסֵף ציון, קנאה, ו״פ יהוה, ה״פ אל אֲשֶׁר דִּבֵּר ראה: 3 הַבֹּקֶר אוֹר

רז, אין־סוף וְהָאֲנָשִׁים שֻׁלְּחוּ הֵמָּה וַחֲמֹרֵיהֶם: 4 הֵם יָצְאוּ אֶת־הָעִיר

סוזהר, ערי, סנדלפון לֹא הִרְחִיקוּ וְיוֹסֵף ציון, קנאה, ו״פ יהוה, ה״פ אל אָמַר לַאֲשֶׁר

עַל־בֵּיתוֹ ב״פ ראה קוּם רְדֹף אַחֲרֵי הָאֲנָשִׁים וְהִשַּׂגְתָּם וְאָמַרְתָּ אֲלֵהֶם

לָמָּה שִׁלַּמְתֶּם רָעָה רהע תַּחַת טוֹבָה אכא: 5 הֲלוֹא זֶה אֲשֶׁר יִשְׁתֶּה אֲדֹנִי

ללה בּוֹ וְהוּא נַחֵשׁ יְנַחֵשׁ בּוֹ הֲרֵעֹתֶם אֲשֶׁר עֲשִׂיתֶם: 6 וַיַּשִּׂגֵם וַיְדַבֵּר

ראה אֲלֵהֶם אֶת־הַדְּבָרִים ראה הָאֵלֶּה: 7 וַיֹּאמְרוּ אֵלָיו לָמָּה יְדַבֵּר ראה

אֲדֹנִי כַּדְּבָרִים ראה הָאֵלֶּה וְלִילָה לַעֲבָדֶיךָ מֵעֲשׂוֹת כַּדָּבָר ראה הַזֶּה

יהו: 8 הֵן כֶּסֶף אֲשֶׁר מָצָאנוּ בְּפִי אַמְתְּחֹתֵינוּ הֱשִׁיבֹנוּ אֵלֶיךָ מֵאֶרֶץ

אלהים דאלפין כְּנַעַן וְאֵיךְ אל נִגְנֹב מִבֵּית ב״פ ראה אֲדֹנֶיךָ כֶּסֶף אוֹ זָהָב: 9 אֲשֶׁר

יִמָּצֵא אִתּוֹ מֵעֲבָדֶיךָ וָמֵת וְגַם יגל ־אֲנַחְנוּ נִהְיֶה לַאדֹנִי לַעֲבָדִים:

¹⁰ Y él dijo: "Muy bien. Sea conforme a sus palabras. Aquél que sea hallado con ella será mi esclavo, y los demás de ustedes serán inocentes".

¹¹ Ellos se dieron prisa. Cada uno bajó su costal a tierra, y cada cual abrió su costal.

¹² El mayordomo registró, comenzando con el mayor y acabando con el menor, y la copa fue hallada en el costal de Binyamín.

¹³ Entonces ellos rasgaron sus vestidos, y después de cargar cada uno su asno, regresaron a la ciudad.

MAFTIR

¹⁴ Cuando Yehuda llegó con sus hermanos a casa de Yosef, él estaba aún allí, y ellos cayeron a tierra delante de él.

¹⁵ Y Yosef les dijo: "¿Qué acción es ésta que han hecho? ¿No saben que un hombre como yo puede ciertamente adivinar?".

¹⁶ Entonces dijo Yehuda: ""Qué podemos decir a mi señor? ¿Qué podemos hablar y cómo nos justificaremos? Dios ha descubierto la iniquidad de sus siervos. Así que somos esclavos de mi señor, tanto nosotros como aquél en cuyo poder fue encontrada la copa".

¹⁷ Pero Yosef respondió: "Lejos esté de mí hacer eso. El hombre en cuyo poder ha sido encontrada la copa será mi esclavo. Pero ustedes, vuelvan en paz a su padre".

10 וַיֹּאמֶר גַּם יגל ־עַתָּה כְדִבְרֵיכֶם ראה כֶּן־הוּא אֲשֶׁר יִמָּצֵא אִתּוֹ יִהְיֶה־

יָי ־לִי עָבֶד וְאַתֶּם תִּהְיוּ נְקִיִּם ע״ה קס״א: 11 וַיְמַהֲרוּ וַיּוֹרִדוּ אִישׁ ע״ה קנ״א קס״א

אֶת־אַמְתַּחְתּוֹ   אַרְצָה אלהים דההין ע״ה   וַיִּפְתְּחוּ   אִישׁ ע״ה קנ״א קס״א אַמְתַּחְתּוֹ:

12 וַיְחַפֵּשׂ בַּגָּדוֹל לההו, מבה, יזל, אום הֵחֵל לההו וּבַקָּטֹן כִּלָּה וַיִּמָּצֵא הַגָּבִיעַ ה״פ טוב

בְּאַמְתַּחַת בִּנְיָמִן: 13 וַיִּקְרְעוּ שִׂמְלֹתָם וַיַּעֲמֹס אִישׁ ע״ה קנ״א קס״א עַל־חֲמֹרוֹ

וַיָּשֻׁבוּ הָעִירָה בוזחר, ערי, סנדלפון:

MAFTIR

14 וַיָּבֹא יְהוּדָה וְאֶחָיו בֵּיתָה ב״פ ראה יוֹסֵף ציון, קנאה, ו״פ יהוה, ה״פ אל וְהוּא עוֹדֶנּוּ שָׁם

וַיִּפְּלוּ לְפָנָיו אָרְצָה אלהים דההין ע״ה: 15 וַיֹּאמֶר לָהֶם יוֹסֵף ציון, קנאה, ה״פ יהוה, ו״פ אל

מָה מ״ה ־הַמַּעֲשֶׂה הַזֶּה והו אֲשֶׁר עֲשִׂיתֶם הֲלוֹא יְדַעְתֶּם כִּי־נַחֵשׁ יְנַחֵשׁ

אִישׁ ע״ה קנ״א קס״א אֲשֶׁר כָּמֹנִי: 16 וַיֹּאמֶר יְהוּדָה מַה מ״ה ־נֹּאמַר לַאדֹנִי מַה

מ״ה ־נְּדַבֵּר ראה וּמַה מ״ה ־נִּצְטַדָּק הָאֱלֹהִים ילה, מום מָצָא רִבוע מ״ה ע״ה אֶת־עֲוֹן

ג״פ מ״ב עֲבָדֶיךָ הִנֶּנּוּ עֲבָדִים לַאדֹנִי גַּם יגל ־אֲנַחְנוּ גַּם יגל אֲשֶׁר־נִמְצָא

הַגָּבִיעַ בְּיָדוֹ: 17 וַיֹּאמֶר חָלִילָה לִּי מֵעֲשׂוֹת זֹאת הָאִישׁ ו״פ אדם אֲשֶׁר

נִמְצָא הַגָּבִיעַ ה״פ טוב בְּיָדוֹ הוּא יִהְיֶה־יָי ־לִּי עָבֶד וְאַתֶּם עֲלוּ לְשָׁלוֹם

אֶל־אֲבִיכֶם: [ס]

HAFTARÁ DE MIKETS

Esta *Haftará* habla del famoso cuento del juicio del Rey Shlomó (Salomón), en el cual el rey medió entre dos mujeres que afirmaban ser las madres de un único bebé. Lo maravilloso de este cuento es que existía una madre que prefería ver a un bebé partido en dos antes de renunciar al bebé y entregárselo a la otra mujer. Muchas personas pueden sentir que tienen justificación —incluso en quitarle la vida a otra persona— a causa de su propia indignación y la agitación de sus emociones.

El vínculo entre la historia de Yosef y sus hermanos en Egipto y la sabiduría del Rey Shlomó tiene que ver con la naturaleza del reinado y el juicio. Cuando Yosef fue ascendido a esa posición elevada, tuvo que ejercer el juicio en ambos sentidos de la palabra: utilizar la sensibilidad, el discernimiento y el buen juicio en su evaluación del carácter y las necesidades de las personas, y

I REYES 3:15 - 4:1

3 *15* *Shlomó se despertó y vio que había sido un sueño. Entró en Jerusalén y se puso delante del arca del pacto del Eterno. Ofreció holocaustos e hizo ofrendas de paz, y también dio un banquete para todos sus siervos.*

16 *Por ese tiempo dos mujeres que eran rameras vinieron al rey y se presentaron delante de él.*

17 *Y una de las mujeres dijo: "Oh, mi señor, yo y esta mujer vivimos en la misma casa; y yo di a luz estando con ella en la casa.*

18 *Y sucedió que al tercer día después de dar yo a luz, esta mujer también dio a luz; estábamos juntas, nadie de fuera estaba con nosotras en la casa, solamente nosotras dos.*

19 *Y el hijo de esta mujer murió durante la noche, porque ella se durmió sobre él.*

20 *Entonces ella se levantó a medianoche, tomó a mi hijo de mi lado mientras yo, su sierva, estaba dormida y lo puso en su regazo, y a su hijo muerto lo puso en mi regazo.*

21 *Cuando me levanté al amanecer para dar el pecho a mi hijo, ¡vi que estaba muerto! Pero cuando lo observé con cuidado a la luz de la mañana, vi que no era mi hijo, el que yo había dado a luz".*

22 *Entonces la otra mujer dijo: "¡No! Pues mi hijo es el que vive y tu hijo es el muerto". Pero la primera mujer dijo: "No, tu hijo es el muerto y mi hijo es el que vive". Así discutían ellas delante del rey.*

HAFTARÁ DE MIKETS

juzgar a los demás mediante el castigo y la misericordia. Estas funciones requerían tanto fortaleza de carácter como la adherencia a un conjunto de pautas morales que Yosef y Shlomó obtenían de su dedicación al Creador.

En ambas lecturas —Génesis y Reyes— se toma a un hijo como rehén. Esto puede ser una metáfora de los "hijos" de nuestras necesidades propias, que son los resultados de nuestras propias acciones. La Ley Universal de Causa y Efecto entra en funcionamiento, y son nuestras propias acciones y la fuerza de nuestro deseo de conectar con la Luz del Creador lo que determina cuánta misericordia recibimos a cambio.

מלכים 1, פרק 3 פסוק 15–פרק 4, פסוק 1

3 15 וַיִּקַץ שְׁלֹמֹה וְהִנֵּה חֲלוֹם וַיָּבוֹא יְרוּשָׁלִַם וַיַּעֲמֹד לִפְנֵי אֲרוֹן בְּרִית־אֲדֹנָי וַיַּעַל עֹלוֹת וַיַּעַשׂ שְׁלָמִים וַיַּעַשׂ מִשְׁתֶּה לְכָל־עֲבָדָיו׃ 16 אָז תָּבֹאנָה שְׁתַּיִם נָשִׁים זֹנוֹת אֶל־הַמֶּלֶךְ וַתַּעֲמֹדְנָה לְפָנָיו׃ 17 וַתֹּאמֶר הָאִשָּׁה הָאַחַת בִּי אֲדֹנִי אֲנִי וְהָאִשָּׁה הַזֹּאת יֹשְׁבֹת בְּבַיִת אֶחָד וָאֵלֵד עִמָּהּ בַּבָּיִת׃ 18 וַיְהִי בַּיּוֹם הַשְּׁלִישִׁי לְלִדְתִּי וַתֵּלֶד גַּם־הָאִשָּׁה הַזֹּאת וַאֲנַחְנוּ יַחְדָּו אֵין־זָר אִתָּנוּ בַּבַּיִת זוּלָתִי שְׁתַּיִם־אֲנַחְנוּ בַּבָּיִת׃ 19 וַיָּמָת בֶּן־הָאִשָּׁה הַזֹּאת לָיְלָה אֲשֶׁר שָׁכְבָה עָלָיו׃ 20 וַתָּקָם בְּתוֹךְ הַלַּיְלָה וַתִּקַּח אֶת־בְּנִי מֵאֶצְלִי וַאֲמָתְךָ יְשֵׁנָה וַתַּשְׁכִּיבֵהוּ בְּחֵיקָהּ וְאֶת־בְּנָהּ הַמֵּת הִשְׁכִּיבָה בְחֵיקִי׃ 21 וָאָקֻם בַּבֹּקֶר לְהֵינִיק אֶת־בְּנִי וְהִנֵּה־מֵת וָאֶתְבּוֹנֵן אֵלָיו בַּבֹּקֶר וְהִנֵּה לֹא־הָיָה בְנִי אֲשֶׁר יָלָדְתִּי׃ 22 וַתֹּאמֶר הָאִשָּׁה הָאַחֶרֶת לֹא כִי בְּנִי הַחַי וּבְנֵךְ הַמֵּת וְזֹאת אֹמֶרֶת לֹא כִי בְּנֵךְ הַמֵּת וּבְנִי

²³ Entonces el rey dijo: "Esta dice: 'Este es mi hijo que está vivo y tu hijo es el muerto'; y la otra dice: 'No, porque tu hijo es el muerto y mi hijo es el que vive'".

²⁴ Y el rey dijo: "Tráiganme una espada". Y trajeron una espada al rey.

²⁵ Entonces el rey dijo: "Partan al niño vivo en dos, y den la mitad a una y la otra mitad a la otra".

²⁶ Entonces la mujer de quien era el niño vivo habló al rey, pues estaba profundamente conmovida por su hijo, y dijo: "¡Oh, mi señor, dele a ella el niño vivo, y de ninguna manera lo mate!". Pero la otra decía: "No será ni mío ni tuyo; ¡Pártanlo!".

²⁷ Entonces el rey dio su sentencia: "Den el niño vivo a la primera mujer, y de ninguna manera lo maten. Ella es la madre".

²⁸ Cuando todo Israel oyó del veredicto que el rey había pronunciado, temieron al rey, porque vieron que la sabiduría de Dios estaba en él para administrar justicia.

⁴¹ Así el Rey Shlomó gobernó rey sobre todo Israel.

הֶחָ֔י וַתְּדַבֵּ֖רְנָה ראה לִפְנֵ֥י הַמֶּֽלֶךְ׃ 23 וַיֹּ֣אמֶר הַמֶּ֗לֶךְ זֹ֤את אֹמֶ֙רֶת֙ זֶֽה־בְּנִ֤י

הַחַי֙ וּבְנֵ֣ךְ הַמֵּ֔ת י"פ רבוע אהיה וְזֹ֤את אֹמֶ֙רֶת֙ לֹ֣א כִ֤י בְּנֵ֣ךְ הַמֵּ֔ת י"פ רבוע אהיה

וּבְנִ֖י הֶחָֽי׃ [פ] 24 וַיֹּ֖אמֶר הַמֶּ֑לֶךְ קְח֣וּ לִי־חָ֑רֶב וַיָּבִ֥אוּ הַחֶ֖רֶב לִפְנֵ֥י הַמֶּֽלֶךְ׃

25 וַיֹּ֣אמֶר הַמֶּ֗לֶךְ גִּזְר֛וּ אֶת־הַיֶּ֥לֶד הַחַ֖י לִשְׁנָ֑יִם וּתְנ֤וּ אֶת־הַֽחֲצִי֙ לְאַחַ֔ת

וְאֶת־הַֽחֲצִ֖י לְאֶחָֽת׃ 26 וַתֹּ֣אמֶר הָאִשָּׁה֩ אֲשֶׁר־בְּנָ֨הּ הַחַ֜י אֶל־הַמֶּ֗לֶךְ

כִּֽי־נִכְמְר֣וּ רַחֲמֶ֘יהָ֮ עַל־בְּנָהּ֒ וַתֹּ֣אמֶר ׀ בִּ֣י אֲדֹנִ֗י תְּנוּ־לָהּ֙ אֶת־הַיָּל֣וּד הַחַ֔י

וְהָמֵ֖ת אַל־תְּמִיתֻ֑הוּ וְזֹ֣את אֹמֶ֗רֶת גַּם־לִ֥י יגל גַם־לָ֛ךְ לֹ֥א יִהְיֶ֖ה יי גְּזֹֽרוּ׃

27 וַיַּ֨עַן הַמֶּ֜לֶךְ וַיֹּ֗אמֶר תְּנוּ־לָהּ֙ אֶת־הַיָּל֣וּד הַחַ֔י וְהָמֵ֖ת לֹ֣א תְמִיתֻ֑הוּ

הִ֖יא אִמּֽוֹ׃ [ס] 28 וַיִּשְׁמְע֣וּ כָל־ יל ־יִשְׂרָאֵ֗ל אֶת־הַמִּשְׁפָּט֙ ע"ה ה"פ אלהים אֲשֶׁ֣ר

שָׁפַ֣ט הַמֶּ֔לֶךְ וַיִּֽרְא֖וּ מִפְּנֵ֣י הַמֶּ֑לֶךְ כִּ֣י רָא֔וּ כִּֽי־חָכְמַ֧ת אֱלֹהִ֛ים ילה, מום

בְּקִרְבּ֖וֹ לַעֲשׂ֥וֹת מִשְׁפָּֽט׃ ע"ה ה"פ אלהים [ס] 4 1 וַֽיְהִי֙ הַמֶּ֣לֶךְ שְׁלֹמֹ֔ה מֶ֖לֶךְ

עַל־כָּל־ ילי, עמם ־יִשְׂרָאֵֽל׃ [ס]

VAYIGASH

LA LECCIÓN DE VAYIGASH
(Génesis 44:18-47:27)

"Y Yosef dijo a sus hermanos: 'Yo soy Yosef'" (Génesis 45:4)

En esta historia bíblica, Yosef se revela finalmente ante sus hermanos. Cuando los hermanos de Yosef llegaron a Egipto para comprar comida, él los trató fríamente desde el principio. Eso hizo que surgieran preguntas en sus mentes acerca de por qué ocurría todo aquello. Se culpaban unos a otros y luchaban por comprender qué les estaban haciendo y por qué. Pero todo esto acabó cuando escucharon las palabras: "Yo soy Yosef". En aquel momento, todas sus preguntas encontraron respuesta. Dejaron de culparse entre ellos y dejaron de dudar de su conexión con el Creador.

Rashi dijo que todos estaban aterrorizados por igual, debido a la vergüenza que sentían. En la presencia de la persona a quien habían ofendido y que ahora tenía tanto poder sobre sus vidas, se sentían llenos de miedo. La mayoría de nosotros culpamos a otras personas de lo que sucede en nuestra vida. Antes de poder reconocer de que el Creador está presente en cada momento de nuestros días, debemos primero dejar de culpar y de enfadarnos con los demás; sólo entonces podremos ver el panorama general. Mientras que lo que sucede ahora es el panorama incompleto, el panorama general es como la comprensión total que se dio en los hermanos cuando escucharon: "Yo soy Yosef". En nuestra propia vida, esta comprensión llega cuando escuchamos: "Yo soy Dios; Yo soy Quien hizo esto por ti". Cuando nos esforzamos por recordar que todo —tanto lo bueno como lo malo— viene del Creador, somos bendecidos con inspiración y orientación Divina.

"Todas las almas que vinieron con Yaakov a Egipto..." (Génesis 46:26)

Cuando Yaakov, sus hijos y sus familias se fueron a Egipto, está escrito: "Todas las almas (personas) que vinieron de la casa de Yaakov a Egipto eran en total setenta". La palabra "almas" en la frase "todas las almas" está escrita en su forma singular en arameo, y describe a todas las personas y las cosas que estaban en la casa de Yaakov, aunque "almas" debería estar escrito en su forma plural. Entonces, ¿por qué en una sección previa que describe la familia de Esav está escrita en su forma plural: "Y Esav tomó sus esposas, sus hijos y sus hijas, y todas las almas de su casa..." (Génesis 36:6)?

La respuesta a esta pregunta es que los justos pueden estar físicamente separados y vivir en muchos lugares distintos del mundo, pero siempre están conectados entre ellos como si fueran uno. Cuando decimos en nuestras oraciones: "Una sola alma", en realidad todos estamos juntos desde cualquier parte del mundo.

"Ama a tu prójimo como a ti mismo" es casi imposible de conseguir si pensamos que "tú eres tú y yo soy yo". Sólo mediante una conciencia de unidad podemos amar a nuestro prójimo tanto como a nosotros mismos. Si alguien está sufriendo o pasando por tiempos difíciles, tenemos que ayudar; no porque somos "buenas personas", sino porque sentimos el dolor como nuestro propio. Si sientes dolor en tu mano derecha, tu mano izquierda no dice: "Bueno, ese no es mi problema". Cuando Yaakov y su familia se fueron "unidos", fue porque Yaakov sabía que esta era la única forma de que pudieran salir de Egipto. En cada generación tenemos nuestro propio "Egipto", nuestro lugar de exilio espiritual, y sólo a través de la unión podremos abandonar este exilio y hacer nuestro trabajo espiritual.

Los regalos de Binyamín

Está escrito que Yosef dio más a Binyamín que al resto de sus hermanos; no un poco más, sino cinco veces más (Génesis 45:22). ¿Por qué actuó Yosef de una forma que podía despertar celos entre los hermanos, especialmente porque fueron los celos los que llevaron a los hermanos de Yosef a venderlo en primer lugar?

Para entender esto, debemos saber primero que todas las acciones de nuestros Patriarcas no fueron sólo para el los mismos o para su propia época, sino para todo el mundo y para todas las generaciones. Si Yosef no le hubiera dado a Binyamín las vestimentas que le dio, Mordejái no habría tenido la fortaleza para luchar contra el malvado Hamán. Sólo gracias al mérito de la fortaleza de Yosef como líder de Egipto, Mordejai pudo derrotar a Hamán. Yosef era consciente de los efectos a largo plazo de sus acciones. El Arí escribió:

> Puesto que Yaakov se inclinó ante Esav y lo hizo su amo mediante su reverencia, dañó a Nétsaj grandemente, hasta que Binyamín ('hijo de la derecha') apareció, quien todavía no había nacido cuando Yaakov se inclinó ante Esav. Así pues, Mordejái, que no quería inclinarse ante Hamán, que es Esav, descendió de Binyamín.
> – Los Escritos del Arí, I Samuel 9

De esto debemos aprender que todas las acciones de todas las generaciones previas han preparado nuestro camino. Todo está preparado. Dios no nos pide que venzamos a Satán, nuestro Oponente, por cuenta propia. No estamos en el nivel de Rav Shimón o de Rav Yitsjak Luria (el Arí). Y no necesitamos estarlo, porque ellos lo han preparado todo para nosotros, como en el *Zóhar* o en *Los Escritos del Arí*. Disponemos de la ayuda de estos libros de Luz y sabiduría.

"Pocos y malos han sido los años de mi vida" (Génesis 47:9)

Un comentario nos dice que cuando Yaakov dijo: "pocos y malos", Dios le dijo: "Te salvé de Esav; te devolví a Dina y a Yosef. ¿Por qué te estás quejando?". Debido a esta queja, se le restaron 33 años a la vida de Yaakov.

No estamos juzgando a Yaakov, pero de todo esto podemos aprender una hermosa lección. A causa de sus quejas, Yaakov parecía mucho mayor y murió mucho más pronto de lo previsto. Si

Yaakov, en su nivel de conciencia, hubiera aceptado con amor todo lo que le ocurrió, su apariencia física se habría transformado en la de alguien más joven y feliz. Su pelo no se habría vuelto blanco, y habría parecido más joven para su edad. Las personas envejecen porque no aprecian lo que la Luz hace por ellas. Cuando se sienten bien, toman las cosas por sentadas. Pero cuando pasan por tiempos difíciles, claman al Creador: "¿Qué me estás haciendo?".

Sin embargo, no es suficiente con apreciar o siquiera conocer la Luz. La Luz tiene que formar parte de nosotros. Nuestra conexión con la Luz tiene que ser con cada músculo, cada nervio, cada pelo de nuestro cuerpo, hasta que no quede espacio para el dolor, el sufrimiento, la vejez e incluso la muerte.

SINOPSIS DE VAYIGASH

Vayigash significa "acercarse", aproximarse a la Luz del Creador. Hay ciertas cosas que podemos hacer y que nos ayudan a acercarnos a la Luz, mientras que otras cosas hacen que nos distanciemos de ella. Compartir nos acerca, por ejemplo, mientras que la duda y el enojo nos distancian. Esta lectura nos da el poder para acercarnos a la Luz del Creador.

.

PRIMERA LECTURA - AVRAHAM - JÉSED

[18] Entonces Yehuda se le acercó, y dijo: *"¡Oh mi señor! Permite a tu siervo hablar una palabra a los oídos de mi señor, y que no se encienda tu ira contra tu siervo, pues tú eres como el Faraón mismo.*

[19] *Mi señor preguntó a sus siervos: '¿Tienen padre o hermano?'.*

[20] *Y respondimos a mi señor: 'Tenemos un padre ya anciano y un hermano pequeño, hijo de su vejez. Su hermano ha muerto, así que sólo queda él, de los hijos de su madre, y su padre lo ama'.*

COMENTARIO DEL RAV

Esta historia trata sobre los miembros de una familia que "se acercan" los unos a los otros tras una larga separación. Estuvieron separados en el espacio y en el tiempo, así como emocionalmente e incluso espiritualmente.

La separación espiritual, según el *Zóhar*, se explica también en las primeras palabras de la lectura: *"Vayigash elav Yehuda"* (Yehuda se acercó a él). Estas tres palabras son la temática principal de esta historia bíblica a nivel espiritual. "Yehuda se acercó a él" significa que se cerró la brecha entre el mundo físico (*Maljut*) y el Universo Perfecto de *Zeir Anpín*: la Realidad del Árbol de la Vida en el nivel de *Yesod*.

Para conectarse y obtener sustento de *Zeir Anpín* y todo lo que éste contiene, se requiere un nivel de crecimiento espiritual. Y por este motivo Yehuda repitió toda la historia. La repetición se hizo para eliminar el caos causado por la separación. Fue entonces cuando Yosef se reveló ante ellos.

Cuando enfrentamos cierto caos, como sucede hoy en día con el caos de la inestabilidad financiera o la mala salud, Satán tiene su manera de ayudarnos a olvidar el dolor una vez que las cosas mejoran. Este caos parece desaparecer, pero en realidad no se ha marchado; simplemente vuelve de maneras distintas.

¿Qué es el caos? Es la ausencia de Luz. Eliminar el caos significa no tener su influencia en nuestra vida. Este es un concepto que la humanidad tiene que comprender. Necesitamos entender que no es suficiente con eliminar una forma de caos en un área de nuestra vida. Estamos hablando de encender la Luz y hacer que la oscuridad desaparezca de todas las áreas de nuestra vida de una vez por todas. El *Zóhar* explica que la razón por la cual la Torá dice "se acercó a él" es porque sólo hay una forma de eliminar el caos: cuando *Maljut* se vuelve uno con *Yesod*.

En lugar de culpar y justificarnos, debemos asumir la responsabilidad. Hay un proceso de *tikún*. No existe tal cosa como una persona que sufre para siempre. Hay un final para el sufrimiento; hay un proceso a través del cual ocurre el *tikún*. Cuando *Zeir Anpín* toma el control, hay *rajamim* (misericordia). Como cuando los hermanos reconocieron que quizá el caos estaba sucediendo porque habían vendido a su hermano Yosef. Este reconocimiento es lo que causó que Yosef se revelara ante ellos.

¿Miramos atrás y pensamos sobre nuestra propia negatividad, y en el momento en el que enfrentamos caos nos preguntamos qué hicimos para crear esta situación? La mayoría de nosotros todavía queremos culpar a otros por el caos que estamos viviendo. Tal vez las cosas no siempre vayan perfectamente y sin complicaciones. El caos acosó a los

PRIMERA LECTURA - AVRAHAM – JÉSED

וַיִּגַּשׁ 18 אֵלָיו יְהוּדָה וַיֹּאמֶר בִּי אֲדֹנִי יְדַבֶּר ־ראה ־נָא עַבְדְּךָ פי׳ דָבָר

רֵאה בְּאָזְנֵי יוד הי ואו הה אֲדֹנִי וְאַל־יִחַר אַפְּךָ בְּעַבְדֶּךָ פי׳ כִּי כָמוֹךָ אלהים

כְּפַרְעֹה: 19 אֲדֹנִי שָׁאַל אֶת־עֲבָדָיו לֵאמֹר הֲיֵשׁ־לָכֶם אָב אוֹ־אָח:

20 וַנֹּאמֶר אֶל־אֲדֹנִי יֶשׁ־לָנוּ אלהים מום דָם אָב זָקֵן קסא עה וְיֶלֶד מה עה זְקֻנִים

קָטָן וְאָחִיו מֵת ייף רביע אההה וַיִּוָּתֵר הוּא לְבַדּוֹ מב לְאִמּוֹ וְאָבִיו אֲהֵבוֹ:

---

hermanos de Yosef una y otra vez durante 22 años hasta que finalmente se dieron cuenta de que esto les estaba sucediendo porque habían vendido a su hermano.

Podemos acortar nuestro proceso de *tikún*. De eso trata la tecnología de la Kabbalah. Para acortar el proceso de *tikún*, debemos aprovechar cada momento en el que podamos obtener Luz adicional, aceptando la responsabilidad por nuestras acciones pasadas y cerrando ese capítulo de nuestra vida.

Esta es una lección muy poderosa para nosotros, y todo lo que tenemos que hacer es abrir una puerta en nosotros mismos. Pero es difícil liberarnos del sinsentido de "sigo teniendo algo de razón en aquello que pasó". ¿Por qué en una discusión no podemos decir simplemente "tú tienes la razón y yo estoy equivocado"? ¿Qué sucedería? Tenemos que asumir la responsabilidad de nuestras acciones y de todo lo que nos llega como consecuencia de éstas. A veces el caos surge de acciones en una vida pasada. Pero ya sea en esta vida o en una anterior, tenemos que preguntarnos a nosotros mismos qué hicimos para causar esta situación… aunque se trate de algo bueno.

Debemos repetirnos a nosotros mismos: "Cada aspecto negativo en mi vida sólo se debe a mí". Si podemos hacer eso tan sólo durante una hora o dos, podemos acceder a las puertas que están literalmente abiertas durante la lectura de esta historia en *Shabat*. Si aun así no podemos soltar la idea de quién tuvo la culpa, habremos malgastado esta oportunidad.

Te hago un llamado: necesitamos toda la Luz que nos pueda llegar de esta historia. Si podemos simplemente asumir la responsabilidad de todas nuestras acciones, entonces habremos abierto las puertas de la abundancia que nunca han estado abiertas antes.

וַיִּגַּשׁ

Génesis 44:18 – Cuando Yehuda regresó a Yosef después de que la familia agotara toda la comida que Yosef les había dado previamente, él completó su corrección al salvar a Binyamín y devolver a Yosef a la familia. El ejemplo de Yehuda nos recuerda que pueden existir largos períodos de tiempo entre el principio y el final de nuestra corrección. Una causa está casi siempre separada de su efecto por el paso del tiempo. Al conectar con Yehuda, podemos obtener el control de nuestro tiempo, acercando la causa al efecto de nuestras acciones. El *Zóhar* afirma:

Rav Yehuda dijo ¡Felices son los justos, cuya llegada juntos trae paz al mundo, porque ellos saben cómo traer simultaneidad y se acercan uno al otro para aumentar la paz en el mundo!

21 Entonces dijiste a tus siervos: 'Tráiganmelo para que yo lo vea'. 22 Y nosotros respondimos a mi señor: 'El muchacho no puede dejar a su padre, pues si dejara a su padre, éste moriría'.

23 Tú, sin embargo, dijiste a tus siervos: 'Si su hermano menor no desciende con ustedes, no volverán a ver mi rostro'. 24 Aconteció, pues, que cuando volvimos a mi padre, tu siervo, le contamos las palabras de mi señor.

25 Y nuestro padre dijo: 'Regresen, cómprennos un poco de alimento'. 26 Pero nosotros respondimos: 'No podemos ir. Si nuestro hermano menor va con nosotros, entonces iremos. Porque no podemos ver el rostro del hombre si nuestro hermano no está con nosotros'. 27 Y mi padre, tu siervo, nos dijo: 'Ustedes saben que mi mujer me dio a luz dos hijos;

28 uno de ellos ya salió de mi lado', y dijo: 'Seguro que ha sido despedazado, y no lo he visto desde entonces. 29 Si también se llevan a éste de mi presencia, y algo malo le sucede, ustedes harán descender mis canas con dolor a la tumba'. 30 Ahora pues, cuando yo vuelva a mi padre, tu siervo, y el muchacho no esté con nosotros, como su vida está ligada a la vida del muchacho,

SEGUNDA LECTURA - YITSJAK - GUEVURÁ

31 sucederá que cuando él vea que el muchacho no está con nosotros, morirá. Así pues, tus siervos harán descender las canas de nuestro padre, tu siervo, con dolor a la tumba. 32 Porque yo, tu siervo, me hice responsable del muchacho con mi padre, diciendo: 'Si no te lo traigo, ¡que lleve yo la culpa delante de mi padre para siempre!'.

33 Ahora pues, te ruego que quede este tu siervo como esclavo de mi señor, en lugar del muchacho, y que el muchacho vuelva con sus hermanos.

34 Pues, ¿cómo regresaré ante mi padre no estando el muchacho conmigo? No me permita ver el mal que sobrevendrá a mi padre".

45 1 Yosef ya no pudo contenerse delante de todos los que estaban junto a él, y exclamó: "¡Hagan salir a todos de mi presencia!". Y no había nadie con él cuando Yosef se dio a conocer a sus hermanos.

Porque hasta que Yosef y Yehuda se acercaron uno al otro, no hubo paz. Una vez que se acercaron uno al otro, la paz aumentó en el mundo. La alegría abundó arriba y abajo, cuando Yosef y Yehuda se aproximaron uno al otro, y todas las tribus se juntaron con Yosef.
— El Zóhar, Vayigash 6:61

21 וַתֹּ֗אמֶר אֶל־עֲבָדֶ֔יךָ הוֹרִדֻ֖הוּ אֵלָ֑י וְאָשִׂ֥ימָה עֵינִ֖י רִבוע מ״ה עָלָֽיו:

22 וַנֹּ֨אמֶר֙ אֶל־אֲדֹנִ֔י שֵׁ״ך לֹא־יוּכַ֥ל הַנַּ֖עַר לַעֲזֹ֣ב אֶת־אָבִ֑יו וְעָזַ֥ב אֶת־אָבִ֖יו

וָמֵֽת: י״פ רבוע אהי״ה 23 וַתֹּ֙אמֶר֙ אֶל־עֲבָדֶ֔יךָ יוהך אִם־לֹ֥א יֵרֵ֛ד אֲחִיכֶ֥ם הַקָּטֹ֖ן

אִתְּכֶ֑ם לֹ֥א תֹסִפ֖וּן לִרְא֥וֹת פָּנָ֑י חוכמה – בינה אל 24 וַיְהִי֙ כִּ֣י עָלִ֔ינוּ אֶֽל־עַבְדְּךָ֖

אָבִ֑י וַנַּ֨גֶּד־ל֔וֹ אֵ֖ת דִּבְרֵ֥י ראה אֲדֹנִֽי: 25 וַיֹּ֖אמֶר אָבִ֑ינוּ שֻׁ֖בוּ שִׁבְרוּ־לָ֥נוּ

אלהים, מזה מְעַט־אֹֽכֶל: 26 וַנֹּ֕אמֶר לֹ֥א נוּכַ֖ל לָרֶ֑דֶת אִם־יֵ֣שׁ יוהך אָחִ֤ינוּ

הַקָּטֹן֙ אִתָּ֔נוּ וְיָרַ֔דְנוּ כִּי־לֹ֣א נוּכַ֗ל לִרְאוֹת֙ פָּנֵ֣י חוכמה – בינה הָאִ֔ישׁ ז״פ אדם

וְאָחִ֥ינוּ הַקָּטֹ֖ן אֵינֶ֥נּוּ אִתָּֽנוּ: 27 וַיֹּ֛אמֶר עַבְדְּךָ֥ פיי אָבִ֖י אֵלֵ֑ינוּ אַתֶּ֣ם יְדַעְתֶּ֔ם

כִּ֥י שְׁנַ֖יִם יָֽלְדָה־לִּ֥י אִשְׁתִּֽי: 28 וַיֵּצֵ֤א הָֽאֶחָד֙ אהבה, דאגה בֵּֽאֵתִ֔י וָאֹמַ֕ר אַ֖ךְ

אהיה רפ״ח ע״ה טָרֹ֣ף רפ״ח ע״ה טֹרָ֑ף וְלֹ֥א רְאִיתִ֖יו עַד־הֵֽנָּה: מ״ה יה 29 וּלְקַחְתֶּ֧ם גַּם

יגל אֶת־זֶ֛ה מֵעִ֥ם עמם פָּנַ֖י חוכמה – בינה וְקָרָ֣הוּ אָס֑וֹן וְהֽוֹרַדְתֶּ֧ם אֶת־שֵׂיבָתִ֛י

בְּרָעָ֖ה רת״ע שְׁאֹֽלָה: 30 וְעַתָּ֗ה כְּבֹאִי֙ אֶל־עַבְדְּךָ֣ זד פיי אָבִ֔י וְהַנַּ֖עַר שֵׁ״ך אֵינֶ֣נּוּ

אִתָּ֑נוּ וְנַפְשׁ֖וֹ קְשׁוּרָ֥ה בְנַפְשֽׁוֹ:

SEGUNDA LECTURA - YITSJAK - GUEVURÁ

31 וְהָיָ֗ה יהוה, יה כִּרְאוֹת֛וֹ יה כִּי־אֵ֥ין הַנַּ֖עַר שֵׁ״ך וָמֵ֑ת י״פ רבוע אהיה וְהוֹרִ֨ידוּ

עֲבָדֶ֜יךָ אֶת־שֵׂיבַ֨ת עַבְדְּךָ֧ זד פיי אָבִ֛ינוּ בְּיָג֖וֹן שְׁאֹֽלָה: 32 כִּ֤י עַבְדְּךָ֙ פיי עָרַ֣ב

רבוע אלהים – ע״ב אֶת־הַנַּ֔עַר שֵׁ״ך מֵעִ֥ם אָבִ֖י לֵאמֹ֑ר יוהך אִם־לֹ֤א אֲבִיאֶ֙נּוּ֙ אֵלֶ֔יךָ

וְחָטָ֥אתִי לְאָבִ֖י כָּל־ ילי הַיָּמִֽים: נלך 33 וְעַתָּ֗ה יֵֽשֶׁב־נָ֤א עַבְדְּךָ֙ פיי תַּ֣חַת

הַנַּ֔עַר שֵׁ״ך עֶ֖בֶד לַֽאדֹנִ֑י וְהַנַּ֖עַר שֵׁ״ך יַ֥עַל עִם־אֶחָֽיו: 34 כִּי־אֵיךְ֙ אל אֶֽעֱלֶ֣ה

אֶל־אָבִ֔י וְהַנַּ֖עַר שֵׁ״ך אֵינֶ֣נּוּ אִתִּ֑י פֶּ֚ן אֶרְאֶ֣ה בָרָ֔ע אֲשֶׁ֥ר יִמְצָ֖א אֶת־אָבִֽי:

45 1 וְלֹֽא־יָכֹ֨ל יוֹסֵ֜ף צִוה, ו״פ יהוה לְהִתְאַפֵּ֗ק לְכֹ֤ל יה – אדני הַנִּצָּבִים֙ עָלָ֔יו וַיִּקְרָ֕א

עם ה׳ אותיות = ב״פ קס״א הוֹצִ֥יאוּ כָל־ ילי אִ֖ישׁ ע״ה קנ״א אין קס״א מֵעָלָ֑י וְלֹא־עָ֤מַד אִישׁ֙

² Lloró tan fuerte que lo oyeron los egipcios, y la casa de Faraón se enteró de ello.

³ Yosef dijo a sus hermanos: "¡Yo soy Yosef! ¿Vive todavía mi padre?". Pero sus hermanos no podían contestarle porque estaban atónitos delante de él.

⁴ Y Yosef dijo a sus hermanos: "Acérquense ahora a mí". Y ellos se acercaron, y les dijo: "¡Yo soy su hermano Yosef, a quien ustedes vendieron a Egipto!

⁵ Ahora pues, no se entristezcan ni les pese el haberme vendido aquí. Pues para preservar vidas me envió Dios delante de ustedes.

⁶ Porque en estos dos años ha habido hambre en la tierra y todavía quedan otros cinco años en los cuales no habrá ni siembra ni siega.

⁷ Dios me envió delante de ustedes para preservarles un remanente en la tierra, y para guardarlos con vida mediante una gran liberación.

TERCERA LECTURA - YAAKOV - TIFÉRET

⁸ Así pues, no fueron ustedes los que me enviaron aquí, sino Dios. Él me ha puesto por padre del Faraón y señor de toda su casa y gobernador sobre toda la tierra de Egipto.

⁹ Dense prisa y suban adonde mi padre, y díganle: 'Así dice tu hijo Yosef: Dios me ha hecho señor de todo Egipto. Ven a mí, no te demores.

אֲנִי

Génesis 45:3 – Yehuda presentó su argumento a Yosef diciéndole que debía llevar a Binyamín de vuelta con su padre, Yaakov. El *Zóhar* dice:

Éstos son Yehuda y Yosef, quienes fueron reyes. Los dos se juntaron porque Yehuda se volvió responsable por Binyamín y se comprometió ante su padre en este mundo y en el Mundo por Venir. Por lo tanto, vino a argüir con Yosef, a causa de Binyamín, para que no fuera proscrito de este mundo y del Mundo por Venir.
—El Zóhar, Vayigash 3:23

Después de esto, Yosef dijo: "Yo soy Yosef, ¿vive todavía mi padre?". Aunque Yosef había oído a Yehuda hablar de su padre, todavía necesitaba confirmar que Yaakov estaba vivo. A través de esta lectura descubrimos que Yehuda mostró más preocupación por su padre, Yaakov, de la que había mostrado años atrás por su hermano. Cuando Yehuda vendió a Yosef como esclavo, no le importó el daño que había causado. Pero cuando Yehuda se hizo personalmente responsable ante Yaakov de devolver a Binyamín, se comprometió más y su propio destino se puso en juego.

A menudo nos comportamos así. Somos poco estrictos con nuestro trabajo espiritual hasta que nos afecta personalmente y nuestros intereses están en juego. Entonces, de repente, somos más cuidadosos con lo que pensamos, sentimos y hacemos.

עד קנ"א קס"א **אֹתוֹ בְּהִתְוַדַּע יוֹסֵף אֶל־אֶחָיו** ציון, ר"פ יהוה 2 וַיִּתֵּן אֶת־קֹלוֹ בִּבְכִי

וַיִּשְׁמְעוּ מִצְרַיִם מצר וַיִּשְׁמַע בֵּית ב"פ ראה פַּרְעֹה: 3 וַיֹּאמֶר יוֹסֵף ציון, ר"פ יהוה

אֶל־אֶחָיו | **אֲנִי** אני יוסף הַעוֹד אָבִי חָי וְלֹא־יָכְלוּ אֶחָיו לַעֲנוֹת ציון, ר"פ יהוה

אֹתוֹ כִּי נִבְהֲלוּ מִפָּנָיו: 4 וַיֹּאמֶר יוֹסֵף אֶל־אֶחָיו גְּשׁוּ־נָא אֵלַי ציון, ר"פ יהוה

וַיִּגָּשׁוּ וַיֹּאמֶר אֲנִי אני יוסף אֲחִיכֶם אֲשֶׁר־מְכַרְתֶּם אֹתִי מִצְרָיְמָה ציון, ר"פ יהוה

מצר: 5 וְעַתָּה | אַל־תֵּעָצְבוּ וְאַל־יִחַר בְּעֵינֵיכֶם כִּי־מְכַרְתֶּם אֹתִי ריבוע מ"ה

הֵנָּה מ"ה כִּי לְמִחְיָה **שְׁלָחַנִי** אֱלֹהִים ילה, מום לִפְנֵיכֶם: 6 כִּי־זֶה שְׁנָתַיִם

הָרָעָב רבוע אלהים - ע"ב בְּקֶרֶב הָאָרֶץ אלהים דההין ע"ה וְעוֹד חָמֵשׁ שָׁנִים אֲשֶׁר

אֵין־חָרִישׁ וְקָצִיר: 7 וַיִּשְׁלָחֵנִי אֱלֹהִים ילה, מום לִפְנֵיכֶם לָשׂוּם לָכֶם

שְׁאֵרִית בָּאָרֶץ אלהים דאלפין וּלְהַחֲיוֹת לָכֶם לִפְלֵיטָה גְּדֹלָה: להוו, מבה, יזל, אום

TERCERA LECTURA - YAAKOV - TIFÉRET

8 וְעַתָּה לֹא־אַתֶּם שְׁלַחְתֶּם אֹתִי הֵנָּה מ"ה כִּי הָאֱלֹהִים מ"ה יה, מום וַיְשִׂימֵנִי ילה,

לְאָב לְפַרְעֹה וּלְאָדוֹן אני יה - אדני לְכָל ל ב"פ ראה בֵּיתוֹ וּמֹשֵׁל בְּכָל־אֶרֶץ לכב

מִצְרָיִם אלהים דאלפין מצר: 9 מַהֲרוּ בן דוד **וַעֲלוּ** אֶל־אָבִי וַאֲמַרְתֶּם אֵלָיו כֹּה אָמַר הי

<table>
<tr><td>שְׁלָחַנִי</td><td>וַעֲלוּ</td></tr>
</table>

Génesis 45:5 – Yosef les dijo a sus hermanos que no se lo reprocharan a sí mismos porque fue Dios quien lo había enviado a Egipto para ser un proveedor. Yosef estaba intentado consolar a sus hermanos haciéndoles saber que la Luz siempre había tenido el control.	Génesis 45:9 – Yosef puso a prueba a sus hermanos enviándolos de regreso a Israel y a su padre, Yaakov, una vez más. A cada uno de los hermanos le dio una cierta cantidad de comida, pero a Binyamín le dio cinco veces más que a los demás. Lo hizo para ver si sus hermanos se ponían celosos de Binyamín y lo dañaban de alguna forma. Fue una prueba para ver cuánto crecimiento espiritual habían tenido después de haber vendido a Yosef como esclavo.
Sea cual sea la situación en la que estemos, debemos recordar que tenemos que confiar en la Luz. No debemos echar la culpa ni dar el crédito —ya sea a nosotros mismos o a otra persona— porque todo viene de la Luz.	

¹⁰ Y habitarás en la tierra de Goshen, y estarás cerca de mí, tú y tus hijos y los hijos de tus hijos, tus ovejas y tus vacas y todo lo que tienes.

¹¹ Allí proveeré también para ti, pues aún quedan cinco años de hambre, para que no caigas en la miseria tú, ni tu casa y todo lo que tienes'.

¹² Y ahora, los ojos de ustedes y los ojos de mi hermano Binyamín ven que es mi boca la que les habla.

¹³ Notifiquen a mi padre toda mi gloria en Egipto y todo lo que han visto; dense prisa y traigan aquí a mi padre".

¹⁴ Entonces se echó sobre el cuello de su hermano Binyamín, y lloró. Y Binyamín también lloró sobre su cuello.

¹⁵ Y besó a todos sus hermanos, y lloró sobre ellos. Después sus hermanos hablaron con él.

¹⁶ Cuando se oyó la noticia en la casa del Faraón, de que los hermanos de Yosef habían venido, le agradó al Faraón y a sus siervos.

¹⁷ Entonces el Faraón dijo a Yosef: "Dile a tus hermanos: 'Hagan esto: carguen sus animales y regresen a la tierra de Canaán;

¹⁸ y tomen a su padre y a sus familias y vengan a mí y yo les daré lo mejor de la tierra de Egipto, y comerán de la abundancia de la tierra'.

CUARTA LECTURA - MOSHÉ - NÉTSAJ

¹⁹ Y a ti se te ordena decirles: 'Hagan esto: tomen carruajes de la tierra de Egipto para sus pequeños y para sus mujeres, y traigan a su padre y vengan.

²⁰ Y no se preocupen por sus posesiones personales, pues lo mejor de toda la tierra de Egipto será de ustedes'".

²¹ Y así lo hicieron los hijos de Israel. Yosef les dio carretas conforme a la orden del Faraón, y les dio provisiones para el camino.

²² A todos ellos les dio mudas de ropa, pero a Binyamín le dio 300 siclos de plata y cinco mudas de ropa.

בִּנְךָ יוֹסֵף צִיוּן, ר"פ יהוה שְׁמֻנִי אֱלֹהִים יֵלה. מום לְאָדוֹן אָנִי לְכָל יה – אדני ־מִצְרַיִם

מצר רְדָה אֵלַי אַל־תַּעֲמֹד: 10 וְיָשַׁבְתָּ בְאֶרֶץ אלהים דאלפין ־גֹּשֶׁן וְהָיִיתָ

קָרוֹב אֵלַי אַתָּה וּבָנֶיךָ וּבְנֵי בָנֶיךָ וְצֹאנְךָ וּבְקָרְךָ וְכָל יל ־אֲשֶׁר־לָךְ:

11 וְכִלְכַּלְתִּי אֹתְךָ שָׁם כִּי־עוֹד חָמֵשׁ שָׁנִים רָעָב רבוע אלהים ־פֶּן־תִּוָּרֵשׁ ע"ב – עד

אַתָּה וּבֵיתְךָ ב"פ ראה וְכָל יל ־אֲשֶׁר־לָךְ: 12 וְהִנֵּה עֵינֵיכֶם ריבוע מ"ה רֹאוֹת

וְעֵינֵי ריבוע מ"ה אָחִי בִנְיָמִין כִּי־פִי הַמְדַבֵּר ראה אֲלֵיכֶם: 13 וְהִגַּדְתֶּם לְאָבִי

אֶת־כָּל יל ־כְּבוֹדִי בְּמִצְרַיִם מצר וְאֵת כָּל יל ־אֲשֶׁר רְאִיתֶם וּמִהַרְתֶּם

וְהוֹרַדְתֶּם אֶת־אָבִי הֵנָּה מ"ה יה: 14 וַיִּפֹּל עַל־צַוְּארֵי בִנְיָמִן־אָחִיו וַיֵּבְךְּ

וּבִנְיָמִן בָּכָה עַל־צַוָּארָיו: 15 וַיְנַשֵּׁק לְכָל יה – אדני ־אֶחָיו וַיֵּבְךְּ עֲלֵהֶם

וְאַחֲרֵי כֵן דִּבְּרוּ ראה אֶחָיו אִתּוֹ: 16 וְהַקֹּל נִשְׁמַע בֵּית ב"פ ראה פַּרְעֹה לֵאמֹר

בָּאוּ אֲחֵי יוֹסֵף צִיון, ר"פ יהוה וַיִּיטַב בְּעֵינֵי ריבוע מ"ה פַּרְעֹה וּבְעֵינֵי ריבוע מ"ה עֲבָדָיו:

17 וַיֹּאמֶר פַּרְעֹה אֶל־יוֹסֵף צִיון, ר"פ יהוה אֱמֹר אֶל־אַחֶיךָ זֹאת עֲשׂוּ טַעֲנוּ

אֶת־בְּעִירְכֶם וּלְכוּ־בֹאוּ אַרְצָה אלהים דההין ע"ה כְּנָעַן: 18 וּקְחוּ אֶת־אֲבִיכֶם

וְאֶת־בָּתֵּיכֶם ב"פ ראה וּבֹאוּ אֵלָי וְאֶתְּנָה לָכֶם אֶת־טוּב והו אלהים דאלפין אֶרֶץ

מִצְרַיִם מצר וְאִכְלוּ אֶת־חֵלֶב הָאָרֶץ אלהים דההין ע"ה:

CUARTA LECTURA - MOSHÉ – NÉTSAJ

19 וְאַתָּה צֻוֵּיתָ פי זֹאת עֲשׂוּ קְחוּ־לָכֶם מֵאֶרֶץ אלהים דאלפין מִצְרַיִם מצר

עֲגָלוֹת לְטַפְּכֶם וְלִנְשֵׁיכֶם וּנְשָׂאתֶם אֶת־אֲבִיכֶם וּבָאתֶם: 20 וְעֵינְכֶם

ריבוע מ"ה אַל־תָּחֹס עַל־כְּלֵיכֶם כלי כִּי־טוּב והו, אום כָּל יל ־אֶרֶץ אלהים דאלפין

מִצְרַיִם מצר לָכֶם הוּא: 21 וַיַּעֲשׂוּ־כֵן בְּנֵי יִשְׂרָאֵל וַיִּתֵּן לָהֶם יוֹסֵף צִיון, ר"פ יהוה

עֲגָלוֹת עַל־פִּי פַרְעֹה וַיִּתֵּן לָהֶם צֵדָה לַדָּרֶךְ ב"פ יב"ק: 22 לְכֻלָּם נָתַן

לָאִישׁ ע"ה קנ"א קס"א וְחֲלִפוֹת שְׂמָלֹת וּלְבִנְיָמִן נָתַן שָׁלֹשׁ מֵאוֹת כֶּסֶף וְחָמֵשׁ

²³ Y a su padre le envió lo siguiente: diez asnos cargados de lo mejor de Egipto, y diez asnas cargadas de grano, pan y alimentos y otras provisiones para el camino.

²⁴ Luego despidió a sus hermanos, y cuando se iban les dijo: "¡No riñan en el camino!".

²⁵ Ellos subieron de Egipto y vinieron a la tierra de Canaán, a su padre Yaakov.

²⁶ Y le informaron: "¡Yosef vive todavía y es gobernante en toda la tierra de Egipto!". Pero él se quedó atónito, porque no les podía creer.

²⁷ Pero cuando ellos le contaron todas las cosas que Yosef les había dicho, y cuando vio los carruajes que Yosef había enviado para llevarlo, el espíritu de su padre, Yaakov, revivió.

QUINTA LECTURA - AHARÓN - HOD

²⁸ Entonces Israel dijo: "¡Estoy convencido! Mi hijo Yosef vive todavía. Iré y lo veré antes que yo muera".

46 ¹ Israel salió con todo lo que tenía y llegó a Beersheva, y ofreció sacrificios al Dios de su padre, Yitsjak.

² Y Dios habló a Israel en una visión nocturna, y dijo: "¡Yaakov! ¡Yaakov!". Y él respondió: "Aquí estoy".

³ Y Él dijo: "Yo soy Dios, el Dios de tu padre; no temas descender a Egipto, porque allí te haré una gran nación.

וַיְפֶג

Génesis 45:26 – Los hermanos le dijeron a Yaakov que Yosef seguía vivo, pero Yaakov no les creyó. Puesto que Yaakov era un alma tan elevada y un profeta, debemos preguntarnos por qué no pudo ver que su hijo Yosef seguía vivo. Fue porque desde el momento en que Yaakov vio las vestiduras de Yosef manchadas de sangre, se deprimió y perdió su capacidad de ser un profeta. Esta es una lección muy importante para nosotros en la actualidad: en el momento en que nos deprimimos, perdemos el poder de la profecía y nos negamos la oportunidad de recibir mensajes de los ángeles y señales de la Luz del Creador.

Rashi nos dice que el espíritu de Yaakov revivió cuando los hermanos le entregaron la señal que Yosef les había dado como prueba de que era él quien había enviado los carruajes, la comida y los tesoros. Rashi dice: "Esto significa que la Shejiná (Presencia Divina) descansó de nuevo sobre él [Yaakov] después de haberlo abandonado los años anteriores mientras se lamentaba por la pérdida de Yosef".

Las señales del Creador están a nuestro alrededor, y cuando nos abramos a ellas, nuestro espíritu revivirá.

וְחֵלֶפֹת שְׂמָלֹת: 23 וּלְאָבִיו שָׁלַח כְּזֹאת עֲשָׂרָה חֲמֹרִים נֹשְׂאִים מִטּוּב

מִצְרָיִם מצר וְעֶשֶׂר אֲתֹנֹת נֹשְׂאֹת בָּר וָלֶחֶם ג"פ יהוה וּמָזוֹן לְאָבִיו לַדָּרֶךְ

ב"פ יב"ק: 24 וַיְשַׁלַּח אֶת־אֶחָיו וַיֵּלֵכוּ כלי וַיֹּאמֶר אֲלֵהֶם אַל־תִּרְגְּזוּ בַּדָּרֶךְ

ב"פ יב"ק: 25 וַיַּעֲלוּ מִמִּצְרָיִם מצר וַיָּבֹאוּ אֶרֶץ אלהים דאלפין כְּנַעַן אֶל־יַעֲקֹב

אֲבִיהֶם: 26 וַיַּגִּדוּ לוֹ לֵאמֹר עוֹד יוֹסֵף ציון, ר"פ יהוה וְזִי וְכִי־הוּא

מֹשֵׁל בְּכָל־אֶרֶץ לכב אלהים דאלפין מִצְרָיִם מצר וַיָּפָג לִבּוֹ כִּי לֹא־הֶאֱמִין

לָהֶם: 27 וַיְדַבְּרוּ ראה אֵלָיו אֵת כָּל־דִּבְרֵי ילי יוֹסֵף ראה ציון, ר"פ יהוה אֲשֶׁר דִּבֶּר

ראה אֲלֵהֶם וַיַּרְא אֶת־הָעֲגָלוֹת אֲשֶׁר־שָׁלַח יוֹסֵף לָשֵׂאת אֹתוֹ וַתְּחִי רוּחַ

מלוי אלהים דיודין יַעֲקֹב יאהדונהי ~ איהדנויה אֲבִיהֶם:

QUINTA LECTURA - AHARÓN - HOD

28 וַיֹּאמֶר יִשְׂרָאֵל רַב עוֹד־יוֹסֵף ציון, ר"פ יהוה בְּנִי וְזִי אֵלְכָה וְאֶרְאֶנּוּ

בְּטֶרֶם רמ"ח ע"ה אָמוּת: 46 1 וַיִּסַּע יִשְׂרָאֵל וְכָל־אֲשֶׁר־לוֹ וַיָּבֹא בְּאֵרָה

קנ"א ~ ב"ן שֶׁבַע אלהים דיודין ~ ע"ב וַיִּזְבַּח זְבָחִים לֵאלֹהֵי דמב, ילה אָבִיו יִצְחָק ד"פ ב"ן:

2 וַיֹּאמֶר אֱלֹהִים ילה, מום לְיִשְׂרָאֵל בְּמַרְאֹת הַלַּיְלָה מלה וַיֹּאמֶר יַעֲקֹב

יאהדונהי ~ איהדנויה יַעֲקֹב | יאהדונהי ~ איהדנויה וַיֹּאמֶר הִנֵּנִי: 3 וַיֹּאמֶר אָנֹכִי אים הָאֵל

וַיִּסַּע

Génesis 46:1 – Yaakov descendió a Egipto. Dios se apareció ante Yaakov y le dijo que no temiera, que estaría a salvo en su viaje. Así pues, Yaakov descendió a Egipto sintiéndose seguro por la promesa que se le había hecho. El *Zóhar* dice que 600.000 ángeles fueron con él. Cuando se fue a Egipto, se llevó todo lo que tenía y todas las personas que amaba y empezó una vida totalmente nueva. Dejó atrás todos los lugares que eran familiares y cómodos por algo totalmente desconocido, sólo con la certeza de la presencia del Creador en su vida.

De la misma forma, cuando cada uno de nosotros desciende a su Egipto particular (es decir, finaliza un proceso de *tikún*), dejando lo conocido y lo cómodo atrás y entrando en una situación en la que podemos encontrarnos con dificultades desconocidas, debemos armarnos con el uso de las herramientas y la tecnología de la Kabbalah como el escaneo del *Zóhar*, la meditación en el *Aná Bejóaj* y los 72 Nombres de Dios.

4 Yo descenderé contigo a Egipto, y ciertamente, Yo también te haré volver; y la propia mano de Yosef cerrará tus ojos".

5 Entonces Yaakov se fue de Beersheva. Los hijos de Israel llevaron a su padre Yaakov, y a sus pequeños y a sus mujeres, en los carruajes que el Faraón había enviado para llevarlo.

6 Y también tomaron sus ganados y posesiones que habían acumulado en la tierra de Canaán y vinieron a Egipto, Yaakov y toda su descendencia con él:

7 sus hijos y sus nietos con él, sus hijas y sus nietas. A toda su descendencia trajo consigo a Egipto.

8 Estos son los nombres de los hijos de Israel, Yaakov y sus hijos, que fueron a Egipto: Reuvén, primogénito de Yaakov.

9 Los hijos de Reuvén: Janoj, Falú, Jetsrón y Carmi.

10 Los hijos de Shimón: Yemuel, Yamín, Ohad, Yajín, Tsojar y Shaúl, hijo de la cananea.

11 Los hijos de Leví: Gershón, Kehat y Merari.

12 Los hijos de Yehuda: Er, Onán, Shela, Pérets y Zaraj, pero Er y Onán murieron en la tierra de Canaán. Los hijos de Pérets fueron Jetsrón y Hamul.

13 Los hijos de Yisajar: Tolá, Fuvá, Yov y Shimrón.

14 Los hijos de Zevulún: Séred, Elón y Yajleel.

15 Estos son los hijos de Leá, los que le dio a Yaakov en Padán Aram, y además su hija Dina; todos sus hijos y sus hijas eran treinta y tres.

16 Los hijos de Gad: Tsifión, Jaguí, Shuni, Etsbón, Erí, Arodí y Arelí.

17 Los hijos de Asher: Yimná, Yishvá, Yishví, Beriá y Seraj, hermana de ellos. Y los hijos de Beriá: Jeber y Maljiel.

18 Estos son los hijos de Zilpá, a quien Laván dio a su hija Leá, y que le dio a Yaakov; en total dieciséis personas.

19 Los hijos de Rajel, mujer de Yaakov: Yosef y Binyamín.

20 A Yosef, en la tierra de Egipto le nacieron Menashé y Efraim, los cuales le dio Osnat, hija de Potifar, sacerdote de On.

לאה (אלד ע״ה) אֱלֹהֵי דמב, ילה אָבִיךָ אַל־תִּירָא מֵרְדָה מִצְרַיְמָה מצר כִּי־לְגוֹי

מלוי מ״ה גָּדוֹל לתהו, מבה, יזל, אום אֲשִֽׂימְךָ שָׁם: 4 אָנֹכִי איע אֵרֵד עִמְּךָ נמב מִצְרַיְמָה

מצר וְאָנֹכִי איע אַעַלְךָ גַם־עָלֹה יגל וְיוֹסֵף ציון, ר״פ יהוה יָשִׁית יָדוֹ עַל־עֵינֶֽיךָ

ע״ה קס״א׃ 5 וַיָּקָם יַעֲקֹב מִבְּאֵר קנ״א ~ בן שֶׁבַע אלהים דיורן ~ ע״ב

וַיִּשְׂאוּ בְנֵֽי־יִשְׂרָאֵל אֶת־יַעֲקֹב יאהדונהי ~ אידהנויה אֲבִיהֶם וְאֶת־טַפָּם

וְאֶת־נְשֵׁיהֶם בָּעֲגָלוֹת אֲשֶׁר־שָׁלַח פַּרְעֹה לָשֵׂאת אֹתֽוֹ: 6 וַיִּקְחוּ וזעם

אֶת־מִקְנֵיהֶם וְאֶת־רְכוּשָׁם אֲשֶׁר רָכְשׁוּ בְּאֶרֶץ אלהים דאלפין כְּנַעַן וַיָּבֹאוּ

מִצְרַיְמָה מצר יַעֲקֹב יאהדונהי ~ אידהנויה וְכָל־זַרְעוֹ אִתּֽוֹ: 7 בָּנָיו וּבְנֵי בָנָיו

אִתּוֹ בְּנֹתָיו וּבְנוֹת בָּנָיו וְכָל־זַרְעוֹ הֵבִיא אִתּוֹ מִצְרָֽיְמָה מצר [ס]

8 וְאֵלֶּה שְׁמוֹת בְּנֵֽי־יִשְׂרָאֵל הַבָּאִים מִצְרַיְמָה מצר יַעֲקֹב יאהדונהי ~ אידהנויה

וּבָנָיו בְּכֹר יַעֲקֹב יאהדונהי ~ אידהנויה רְאוּבֵֽן ג״פ אלהים׃ 9 וּבְנֵי רְאוּבֵן ג״פ אלהים

חֲנוֹךְ וּפַלּוּא וְחֶצְרֹן וְכַרְמִֽי׃ 10 וּבְנֵי שִׁמְעוֹן יְמוּאֵל וְיָמִין וְאֹהַד וְיָכִין

וְצֹחַר וְשָׁאוּל בֶּן־הַֽכְּנַעֲנִֽית׃ 11 וּבְנֵי לֵוִי מווי ע״ב, דמב גֵּרְשׁוֹן ע״ה ב״פ מנצפ״ך קְהָת

וּמְרָרִֽי׃ 12 וּבְנֵי יְהוּדָה עֵר י״פ זו״ן וְאוֹנָן וְשֵׁלָה וָפֶרֶץ וָזָרַח ריו ע״ה וַיָּמָת עֵר

וְאוֹנָן בְּאֶרֶץ אלהים דאלפין כְּנַעַן וַיִּֽהְיוּ מלוי ס״ג בְנֵֽי־פֶרֶץ חֶצְרֹן וְחָמֽוּל׃ 13 וּבְנֵי

יִשָּׂשכָר תּוֹלָע אבגיתץ, ושר וּפֻוָּה וְיוֹב וְשִׁמְרֹֽן׃ 14 וּבְנֵי זְבוּלֻן סֶרֶד וְאֵלוֹן

וְיַחְלְאֵֽל׃ 15 אֵלֶּה | בְּנֵי לֵאָה (אלד ע״ה) לאה אֲשֶׁר יָֽלְדָה לְיַעֲקֹב יאהדונהי ~ אידהנויה

בְּפַדַּן אֲרָם וְאֵת דִּינָה בִתּוֹ כָּל־נֶפֶשׁ ילי ~ ז׳ הויות בָּנָיו וּבְנוֹתָיו שְׁלֹשִׁים

וְשָׁלֹֽשׁ׃ 16 וּבְנֵי גָד צִפְיוֹן וְחַגִּי שׁוּנִי וְאֶצְבֹּן עֵרִי וַֽאֲרוֹדִי וְאַרְאֵלִֽי׃

17 וּבְנֵי אָשֵׁר מלוי אהיה דיודין יִמְנָה וְיִשְׁוָה וְיִשְׁוִי וּבְרִיעָה וְשֶׂרַח אֲחֹתָם

וּבְנֵי בְרִיעָה חֶבֶר וּמַלְכִּיאֵֽל׃ 18 אֵלֶּה בְּנֵי זִלְפָּה אֲשֶׁר־נָתַן לָבָן לְלֵאָה

לאה (אלד ע״ה) בִּתּוֹ וַתֵּלֶד אֶת־אֵלֶּה לְיַעֲקֹב יאהדונהי ~ אידהנויה שֵׁשׁ עֶשְׂרֵה נָֽפֶשׁ

רמ״ח ~ ז׳ הויות׃ 19 בְּנֵי רָחֵל רבוע ס״ג ~ ע״ב אֵשֶׁת יַעֲקֹב יאהדונהי ~ אידהנויה יוֹסֵף ציון, ר״פ יהוה

וּבִנְיָמִֽן׃ 20 וַיִּוָּלֵד לְיוֹסֵף ציון, ר״פ יהוה בְּאֶרֶץ אלהים דאלפין מִצְרַיִם מצר אֲשֶׁר

²¹ Los hijos de Binyamín: Bela, Bejer, Ashbel, Guera, Naamán, Ejí, Rosh, Mupim, Jupim y Ard. ²² Estos son los hijos de Rajel, que le nacieron a Yaakov; catorce personas en total.

²³ Los hijos de Dan: Jushim. ²⁴ Los hijos de Naftalí: Yajtseel, Guni, Yétser y Shilem.

²⁵ Estos son los hijos de Bilhá, a quien Laván dio a su hija Rajel, y que ella le dio a Yaakov; en total siete personas.

²⁶ Todas las personas de la familia de Yaakov, que vinieron a Egipto, descendientes directos suyos, no incluyendo las mujeres de los hijos de Yaakov, eran en total sesenta y seis personas.

²⁷ Y los hijos de Yosef, que le nacieron en Egipto, eran dos: todas las personas de la casa de Yaakov que vinieron a Egipto, eran setenta.

SEXTA LECTURA - YOSEF - YESOD

²⁸ Yaakov envió a Yehuda delante de él a Yosef, para indicar delante de él el camino a Goshen, y llegaron a la tierra de Goshen.

²⁹ Yosef preparó su carro y subió a Goshen para ir al encuentro de su padre, Israel. Apenas lo vio, se echó sobre su cuello y lloró largamente sobre su cuello.

³⁰ Entonces Israel dijo a Yosef: "Ahora ya puedo morir, después que he visto tu rostro y sé que todavía vives".

³¹ Y Yosef dijo a sus hermanos y a la familia de su padre: "Subiré y lo haré saber al Faraón, y le diré: 'Mis hermanos y la familia de mi padre, que estaban en la tierra de Canaán, han venido a mí. ³² Los hombres son pastores de ovejas, pues son hombres de ganado. Han traído sus ovejas y sus vacas, y todo lo que tienen'.

³³ Y cuando el Faraón los llame y les diga: '¿Cuál es su ocupación?'.

שׁבְעִים

Génesis 46:27 – Setenta personas —que formaban la familia completa de Yaakov— fueron a Egipto. Cada una de esas personas representaba a una nación. El *Zóhar* dice:

Rabí Jiyá estaba sentado frente a RABÍ SHIMÓN. Le dijo: En el comienzo, ¿Por qué la Torá cuenta doce hijos de Yaakov, pero después era setenta, como está escrito: "Todas las almas de la casa de Yaakov eran setenta" (Génesis 46:27)? ¿Y cuál es la razón por la que fueron setenta y no más? Rabí Shimón le dijo: Esto corresponde a las setenta naciones en el mundo. Eran una nación equivalente a todas ellas.

– El Zóhar, Shemot 11:65

יָלְדָה־לּוֹ אָסְנַת יהוה מצפצ רבוע יהוה בַּת־פּוֹטִי פֶרַע כֹּהֵן מלה אֵן אֶת־מְנַשֶּׁה

וְאֶת־אֶפְרָיִם אל מצפץ: 21 וּבְנֵי בִנְיָמִן בֶּלַע וָבֶכֶר וְאַשְׁבֵּל גֵּרָא וְנַעֲמָן

אֵחִי וָרֹאשׁ ריבוע אלהים ~ אלהים דיודין ע"ה מֻפִּים וְחֻפִּים וָאָרְדְּ: 22 אֵלֶּה בְּנֵי

רָחֵל רבוע ס"ג ~ ע"ב אֲשֶׁר יֻלַּד לְיַעֲקֹב יאהדונהי ~ איהדנויה כָּל יל ־נֶפֶשׁ רמ"ח ~ ד' הויות

אַרְבָּעָה עָשָׂר: 23 וּבְנֵי־דָן חֻשִׁים: 24 וּבְנֵי נַפְתָּלִי יַחְצְאֵל וְגוּנִי וְיֵצֶר

וְשִׁלֵּם: 25 אֵלֶּה בְּנֵי בִלְהָה מ"ב אֲשֶׁר־נָתַן לָבָן לְרָחֵל רבוע ס"ג ~ ע"ב בִּתּוֹ

וַתֵּלֶד אֶת־אֵלֶּה לְיַעֲקֹב יאהדונהי ~ איהדנויה כָּל יל ־נֶפֶשׁ רמ"ח ~ ד' הויות שִׁבְעָה:

26 כָּל יל ־הַנֶּפֶשׁ רמ"ח ~ ד' הויות הַבָּאָה לְיַעֲקֹב יאהדונהי ~ איהדנויה מִצְרַיְמָה מצר יֹצְאֵי

יְרֵכוֹ מִלְּבַד נְשֵׁי בְנֵי־יַעֲקֹב יאהדונהי ~ איהדנויה כָּל יל ־נֶפֶשׁ רמ"ח ~ ד' הויות שִׁשִּׁים

וָשֵׁשׁ: 27 וּבְנֵי יוֹסֵף צִיון, ו"פ יהוה אֲשֶׁר־יֻלַּד־לּוֹ בְמִצְרַיִם מצר נֶפֶשׁ רמ"ח ~ ד' הויות

שְׁנָיִם כָּל יל ־הַנֶּפֶשׁ רמ"ח ~ ד' הויות לְבֵית ב"פ ראה ־יַעֲקֹב יאהדונהי ~ איהדנויה הַבָּאָה

מִצְרַיְמָה מצר: שִׁבְעִים [ס]

SEXTA LECTURA - YOSEF – YESOD

28 וְאֶת־יְהוּדָה שָׁלַח לְפָנָיו אֶל־יוֹסֵף צִיון, ו"פ יהוה לְהוֹרֹת לְפָנָיו גֹּשְׁנָה

וַיָּבֹאוּ אַרְצָה אלהים דההין ע"ה גֹּשֶׁן: 29 וַיֶּאְסֹר יוֹסֵף צִיון, ו"פ יהוה מֶרְכַּבְתּוֹ וַיַּעַל

לִקְרַאת־יִשְׂרָאֵל אָבִיו גֹּשְׁנָה וַיֵּרָא אֵלָיו וַיִּפֹּל עַל־צַוָּארָיו וַיֵּבְךְ

עַל־צַוָּארָיו עוֹד: 30 וַיֹּאמֶר יִשְׂרָאֵל אֶל־יוֹסֵף צִיון, ו"פ יהוה אָמוּתָה הַפָּעַם

אַחֲרֵי רְאוֹתִי אֶת־פָּנֶיךָ ס"ג ~ מ"ה ~ ב"ן כִּי עוֹדְךָ חָי: 31 וַיֹּאמֶר יוֹסֵף צִיון, ו"פ יהוה

אֶל־אֶחָיו וְאֶל־בֵּית ב"פ ראה אָבִיו אֶעֱלֶה וְאַגִּידָה לְפַרְעֹה וְאֹמְרָה

אֵלָיו אַחַי וּבֵית ב"פ ראה ־אָבִי אֲשֶׁר בְּאֶרֶץ אלהים דאלפין ־כְּנַעַן בָּאוּ אֵלָי:

32 וְהָאֲנָשִׁים רֹעֵי צֹאן מלוי אהיה דיודין ע"ה כִּי־אַנְשֵׁי מִקְנֶה הָיוּ וְצֹאנָם וּבְקָרָם

וְכָל יל ־אֲשֶׁר לָהֶם הֵבִיאוּ: 33 וְהָיָה יהוה, יהה כִּי־יִקְרָא לָכֶם פַּרְעֹה וְאָמַר

³⁴ Ustedes responderán: 'Tus siervos han sido hombres de ganado desde su juventud hasta ahora, tanto nosotros como nuestros padres', a fin de que habiten en la tierra de Goshen. Porque para los egipcios todo pastor de ovejas es una abominación".

47 ¹ Entonces Yosef vino e informó al Faraón: "Mi padre y mis hermanos, con sus ovejas, sus vacas y todo lo que poseen, han venido de la tierra de Canaán. Ahora ellos están en la tierra de Goshen". ² Y tomó cinco hombres de entre sus hermanos, y los presentó delante del Faraón.

³ Entonces el Faraón dijo a sus hermanos: "¿Cuál es su ocupación?". "Sus siervos son pastores de ovejas, tanto nosotros como nuestros padres", ellos respondieron al Faraón.

⁴ Dijeron también al Faraón: "Hemos venido a residir en esta tierra, porque no hay pasto para los rebaños de tus siervos, pues el hambre es severa en la tierra de Canaán. Ahora pues, permite que tus siervos habiten en la tierra de Goshen".

⁵ Y el Faraón dijo a Yosef: "Tu padre y tus hermanos han venido a ti. ⁶ La tierra de Egipto está a tu disposición. En lo mejor de la tierra haz habitar a tu padre y a tus hermanos. Que habiten en la tierra de Goshen, y si sabes que hay hombres capaces entre ellos, ponlos a cargo de mi ganado".

⁷ Yosef trajo a su padre Yaakov y lo presentó al Faraón. Después que Yaakov bendijo al Faraón,

⁸ el Faraón le preguntó: "¿Cuántos años tienes?".

Aunque hoy en día hay más de 200 naciones en el mundo, cada una de ellas se originó de una de estas 70. A cada persona que descendió a Egipto se le entregó la Luz que representaba a una nación. Siempre que recibimos la Luz del Creador, debemos ser conscientes de que está destinada a ser compartida con los demás —incluso naciones completas— además de ser para nosotros mismos. Somos responsables de compartir nuestra Luz con el mundo entero.

תָּשֵׁבוּ

Génesis 46:34 – Yaakov entró en Egipto. Aunque se suponía que la hambruna debía durar siete años, finalizó en el momento en que Yaakov entró en Egipto. Esto se debe a que las personas justas tienen la capacidad de utilizar el poder de la mente sobre la materia. De esta forma, pueden cambiar el destino y crear milagros.

En lugar de dejar a su familia en Egipto, Yosef se aseguró de que se asentaran en la tierra de Goshen, un área específica dentro de Egipto en la que no había negatividad. Yosef no quería que su familia estuviera rodeada por las fuerzas negativas que encarnaban los egipcios.

Yosef les dijo a sus hermanos que cuando el Faraón los llamara y les preguntara acerca de sus ocupaciones, debían decirle: "'Tus siervos han sido hombres de ganado desde su juventud hasta ahora, tanto nosotros como nuestros padres', a fin de que habiten en la tierra de Goshen, porque para los egipcios todo pastor de ovejas es una abominación" (Génesis 46:34).

De esto aprendemos que es muy importante elegir nuestro ambiente. Hasta la persona más poderosamente positiva que vive en un ambiente negativo recibe influencias de su entorno.

מַה מ״ה ־בַּמַעֲשֵׂיכֶם: 34 וַאֲמַרְתֶּם אַנְשֵׁי מִקְנֶה הָיוּ עֲבָדֶיךָ מִנְּעוּרֵינוּ

וְעַד־עַתָּה גַּם יגל ־אֲנַחְנוּ גַּם יגל ־אֲבֹתֵינוּ בַּעֲבוּר תֵּשְׁבוּ בְּאֶרֶץ

גֹּשֶׁן אלהים דאלפין כִּי־תוֹעֲבַת מִצְרַיִם מצר כָּל יל ־רֹעֵה רהע מלוי אהיה דיודין ע״ה: ־צֹאן

47 1 וַיָּבֹא יוֹסֵף ציון, ר״פ יהוה וַיַּגֵּד לְפַרְעֹה וַיֹּאמֶר אָבִי וְאַחַי וְצֹאנָם וּבְקָרָם

וְכָל יל ־אֲשֶׁר לָהֶם בָּאוּ מֵאֶרֶץ אלהים דאלפין כְּנָעַן וְהִנָּם בְּאֶרֶץ אלהים דאלפין

גֹּשֶׁן: 2 וּמִקְצֵה אֶחָיו לָקַח חֲמִשָּׁה אֲנָשִׁים וַיַּצִּגֵם לִפְנֵי פַרְעֹה: 3 וַיֹּאמֶר

פַּרְעֹה אֶל־אֶחָיו מַה מ״ה ־מַעֲשֵׂיכֶם וַיֹּאמְרוּ אֶל־פַּרְעֹה רֹעֵה רהע צֹאן

מלוי אהיה דיודין ע״ה עֲבָדֶיךָ גַּם יגל ־אֲנַחְנוּ גַּם יגל ־אֲבוֹתֵינוּ: 4 וַיֹּאמְרוּ אֶל־פַּרְעֹה

לָגוּר בָּאָרֶץ אלהים דאלפין בָּאנוּ כִּי־אֵין מִרְעֶה לַצֹּאן מלוי אהיה דיודין ע״ה אֲשֶׁר

לַעֲבָדֶיךָ כִּי־כָבֵד הָרָעָב רבוע אלהים ־ ע״ב בְּאֶרֶץ אלהים דאלפין כְּנָעַן וְעַתָּה

יֵשְׁבוּ־נָא עֲבָדֶיךָ בְּאֶרֶץ אלהים דאלפין גֹּשֶׁן: 5 וַיֹּאמֶר פַּרְעֹה אֶל־יוֹסֵף

ציון, ר״פ יהוה לֵאמֹר אָבִיךָ וְאַחֶיךָ בָּאוּ אֵלֶיךָ אנ״י אֶרֶץ אלהים דאלפין מִצְרַיִם

מצר לְפָנֶיךָ ס״ג ־ מ״ה ־ בן עׄ הוּא בְּמֵיטַב הָאָרֶץ אלהים דההן ע״ה הוֹשֵׁב אֶת־אָבִיךָ

וְאֶת־אַחֶיךָ יֵשְׁבוּ בְּאֶרֶץ אלהים דאלפין גֹּשֶׁן וְאִם יהיר ־יָדַעְתָּ וְיֶשׁ־בָּם מ״ב

אַנְשֵׁי־חַיִל ומב וְשַׂמְתָּם שָׂרֵי מִקְנֶה עַל־אֲשֶׁר־לִי: 7 וַיָּבֵא יוֹסֵף ציון, ר״פ יהוה

אֶת־יַעֲקֹב יאהדונהי ־ אידהנויה אָבִיו וַיַּעֲמִדֵהוּ לִפְנֵי פַרְעֹה וַיְבָרֶךְ עסמ״ב ־ בן ־יַעֲקֹב

יאהדונהי ־ אידהנויה אֶת־פַּרְעֹה: 8 וַיֹּאמֶר פַּרְעֹה אֶל־יַעֲקֹב יאהדונהי ־ אידהנויה כַּמָּה

לִפְנֵי

Génesis 47:7 – Yaakov y el Faraón se encontraron finalmente. Cuando el Faraón le preguntó a Yaakov su edad, Yaakov le contestó que tenía 130 años y que se había enfrentado a muchas dificultades a lo largo de su vida. Un comentario nos dice que Yaakov se parecía tanto a Avraham que el Faraón le preguntó su edad para asegurarse de que en realidad no era Avraham (*Midrash HaGadol, Bereshit 47:8*).

La Kabbalah enseña que el proceso de envejecimiento humano no existía antes de Yaakov; las personas simplemente morían. Sin embargo, el envejecimiento es en realidad una bendición que nos recuerda que el tiempo pasa y que todavía tenemos trabajo espiritual que debemos hacer. De Yaakov podemos aprender a no quejarnos de nuestra vida o del lugar en el que nos encontramos en nuestro camino espiritual. Todo viene de la Luz, y cada obstáculo es una oportunidad para trabajar en nuestro crecimiento espiritual.

⁹ Entonces Yaakov respondió al Faraón: "Los años de mi peregrinación son 130 años; pocos y malos han sido los años de mi vida, y no han alcanzado a los años que mis padres vivieron en los días de su peregrinación". ¹⁰ Y Yaakov bendijo al Faraón, y salió de su presencia.

SÉPTIMA LECTURA - DAVID - MALJUT

¹¹ Así, pues, Yosef estableció allí a su padre y a sus hermanos, y les dio posesión en la tierra de Egipto, en lo mejor de la tierra, en la tierra de Ramsés, como el Faraón había mandado.

¹² Yosef también proporcionó alimentos a su padre, a sus hermanos y a toda la casa de su padre, según el número de sus hijos.

¹³ No había alimento en toda la tierra, de modo que el hambre era muy severa, y la tierra de Egipto y la tierra de Canaán desfallecían a causa del hambre.

¹⁴ Y Yosef recogió todo el dinero que había en la tierra de Egipto y en la tierra de Canaán a cambio del grano que le compraban, y Yosef trajo el dinero al palacio del Faraón.

¹⁵ Cuando se acabó el dinero en la tierra de Egipto y en la tierra de Canaán, todos los Egipcios vinieron a Yosef, diciendo: "Danos alimento, pues ¿por qué hemos de morir delante de ti? Ya que nuestro dinero se ha acabado".

¹⁶ Entonces Yosef dijo: "Entreguen sus ganados y yo les daré alimento por sus ganados, puesto que su dinero se ha acabado".

¹⁷ Trajeron, pues, sus ganados a Yosef, y Yosef les dio pan a cambio de los caballos, las ovejas y las cabras, las vacas y los asnos; aquel año les proporcionó alimento a cambio de todos sus ganados.

¹⁸ Y terminado aquel año, vinieron a él al año siguiente, y le dijeron: "No encubriremos a mi señor que el dinero se ha acabado, y que el ganado pertenece a mi señor. No queda nada para mi señor, excepto nuestros cuerpos y nuestras tierras.

וַיִּכְלֶט

Génesis 47:14 – Todo el dinero de Egipto fluía a través de Yosef. Yosef es la carroza, el canal para la *Sefirá* de *Yesod*. Para alcanzar el nivel de *Maljut*, toda la Luz tiene que fluir a través de la *Sefirá* de *Yesod*. Puesto que Yosef era el canal de *Yesod*, la Luz fluía a través de él, y por lo tanto todo el dinero también fluía a través de él. Esto está conectado con el concepto de "como es Arriba, es Abajo". A menudo sólo perseguimos el sustento físico, pero si perseguimos primero el espiritual también lo recibiremos en el nivel físico. Si perseguimos la Luz con certeza absoluta, se nos proporcionará todo lo demás.

יְמֵי שְׁנֵי וְחַיֶּיךָ׃ 9 וַיֹּאמֶר יַעֲקֹב יַאֲדֹנָי ~ יְאֲהֹדִנֵֶּה אֶל־פַּרְעֹה יְמֵי שְׁנֵי מְגוּרַי

שְׁלֹשִׁים וּמְאַת שָׁנָה מְעַט וְרָעִים הָיוּ יְמֵי שְׁנֵי חַיַּי וְלֹא הִשִּׂיגוּ אֶת־יְמֵי

שְׁנֵי חַיֵּי אֲבֹתַי בִּימֵי מְגוּרֵיהֶם׃ 10 וַיְבָרֶךְ עסמ״ב יַעֲקֹב יַאֲדֹנָי ~ יְאֲהֹדִנֵֶּה

אֶת־פַּרְעֹה וַיֵּצֵא מִלִּפְנֵי פַרְעֹה׃

SÉPTIMA LECTURA - DAVID – MALJUT

11 וַיּוֹשֵׁב יוֹסֵף צִיון, ר״פ יהוה אֶת־אָבִיו וְאֶת־אֶחָיו וַיִּתֵּן לָהֶם אֲחֻזָּה בְּאֶרֶץ

אלהים דאלפין מִצְרַיִם מצר בְּמֵיטַב הָאָרֶץ אלהים דההון ע״ה בְּאֶרֶץ אלהים דאלפין רַעְמְסֵס

כַּאֲשֶׁר צִוָּה פוי פַרְעֹה׃ 12 וַיְכַלְכֵּל יוֹסֵף צִיון, ר״פ יהוה אֶת־אָבִיו וְאֶת־אֶחָיו

וְאֵת כָּל־יְלֵי ־בֵּית אָבִיו לֶחֶם ג״פ יהוה לְפִי הַטָּף׃ 13 וְלֶחֶם ג״פ יהוה אֵין בְּכָל

הָאָרֶץ אלהים דההון ע״ה כִּי־כָבֵד הָרָעָב רבוע אלהים ~ אלהים ~ ע״ב מְאֹד וַתֵּלַה לכב

אֶרֶץ י״פ אלהים ~ ה׳ אלהים דאלפין מִצְרַיִם מצר וְאֶרֶץ אלהים דאלפין כְּנַעַן מִפְּנֵי הָרָעָב

רבוע אלהים ~ ע״ב׃ 14 וַיְלַקֵּט יוֹסֵף צִיון, ר״פ יהוה אֶת־כָּל־יִלי ־הַכֶּסֶף הַנִּמְצָא בְאֶרֶץ

אלהים דאלפין ־מִצְרַיִם מצר וּבְאֶרֶץ אלהים דאלפין כְּנַעַן בַּשֶּׁבֶר אֲשֶׁר־הֵם שֹׁבְרִים

וַיָּבֵא יוֹסֵף צִיון, ר״פ יהוה אֶת־הַכֶּסֶף בֵּיתָה ב״פ ראה פַּרְעֹה׃ 15 וַיִּתֹּם הַכֶּסֶף מֵאֶרֶץ

אלהים דאלפין מִצְרַיִם מצר וּמֵאֶרֶץ אלהים דאלפין כְּנַעַן וַיָּבֹאוּ כָל יִלי ־מִצְרַיִם מצר

אֶל־יוֹסֵף צִיון, ר״פ יהוה לֵאמֹר הָבָה־לָּנוּ אלהים, מוב ג״פ יהוה לֶחֶם ג״פ יהוה וְלָמָּה נָמוּת נֶגְדֶּךָ

ז, מזבחו כִּי אָפֵס כָּסֶף׃ 16 וַיֹּאמֶר יוֹסֵף צִיון, ר״פ יהוה הָבוּ אוזר, אהבה, דאגה מִקְנֵיכֶם

וְאֶתְּנָה נתהם, קס״א ~ קנ״א ~ קמ״ג לָכֶם בְּמִקְנֵיכֶם אִם ייהר ־אָפֵס כָּסֶף׃ 17 וַיָּבִיאוּ

אֶת־מִקְנֵיהֶם אֶל־יוֹסֵף צִיון, ר״פ יהוה וַיִּתֵּן לָהֶם יוֹסֵף לֶחֶם ג״פ יהוה בַּסּוּסִים

ריבוע אדני, כוק וּבְמִקְנֵה הַצֹּאן מלוי אהיה דיודין ע״ה וּבְמִקְנֵה הַבָּקָר וּבַחֲמֹרִים

וַיְנַהֲלֵם בַּלֶּחֶם ג״פ יהוה בְּכָל לכב ־מִקְנֵהֶם בַּשָּׁנָה הַהִוא׃ 18 וַתִּתֹּם הַשָּׁנָה

הַהִוא וַיָּבֹאוּ אֵלָיו בַּשָּׁנָה הַשֵּׁנִית וַיֹּאמְרוּ לוֹ לֹא־נְכַחֵד מֵאֲדֹנִי כִּי

¹⁹ *¿Por qué hemos de morir delante de tus ojos, tanto nosotros como nuestra tierra? Cómpranos a nosotros y a nuestra tierra a cambio de alimento, y nosotros y nuestra tierra seremos siervos del Faraón. Danos, pues, semilla para que vivamos y no muramos, y no quede la tierra desolada".*

²⁰ *Así compró Yosef toda la tierra de Egipto para el Faraón, pues los Egipcios vendieron cada uno su campo, porque el hambre era severa sobre ellos. Y la tierra llegó a ser del Faraón.*

²¹ *En cuanto a la gente, Yosef la hizo pasar a las ciudades, desde un extremo de la frontera de Egipto hasta el otro.*

²² *Sin embargo, no compró la tierra de los sacerdotes, pues los sacerdotes tenían ración de parte del Faraón, y vivían de la ración que el Faraón les daba. Por tanto no vendieron su tierra.*

²³ *Entonces Yosef dijo al pueblo: "Hoy los he comprado a ustedes y a sus tierras para el Faraón. Ahora, aquí hay semilla para ustedes. Vayan y siembren la tierra.*

²⁴ *Pero al tiempo de la cosecha darán la quinta parte al Faraón, y cuatro partes serán de ustedes para sembrar la tierra y para el mantenimiento de ustedes, para los de sus casas y para alimento de sus pequeños".*

MAFTIR

²⁵ *Y ellos dijeron: "Nos ha salvado la vida. Hallemos gracia ante los ojos del Faraón, mi señor, y seremos siervos de Faraón".*

²⁶ *Entonces Yosef puso una ley respecto a la tierra de Egipto, en vigor hasta hoy: que el Faraón debía recibir la quinta parte de la producción. Sólo la tierra de los sacerdotes no llegó a ser del Faraón.*

²⁷ *Ahora los israelitas habitaban en la tierra de Egipto, en Goshen. Allí adquirieron propiedades y fueron fecundos y se multiplicaron en gran manera.*

אִם יוהר ־תַּם הַכֶּסֶף וּמִקְנֵה הַבְּהֵמָה ב"ז, לכב אֶל־אֲדֹנִי לֹא נִשְׁאַר לִפְנֵי
אֲדֹנִי בִּלְתִּי אִם ־גְּוִיָּתֵנוּ וְאַדְמָתֵנוּ: 19 לָמָּה נָמוּת לְעֵינֶיךָ ע"ה קס"א גַּם
יגל ־אֲנַחְנוּ גַּם אַדְמָתֵנוּ קְנֵה־אֹתָנוּ וְאֶת־אַדְמָתֵנוּ בַּלָּחֶם ג"פ יהוה וְנִהְיֶה
אֲנַחְנוּ וְאַדְמָתֵנוּ עֲבָדִים לְפַרְעֹה וְתֶן־זֶרַע וְנִחְיֶה וְלֹא נָמוּת וְהָאֲדָמָה
לֹא תֵשָׁם: 20 וַיִּקֶן יוֹסֵף ציון, ר"פ יהוה אֶת־כָּל ־אַדְמַת מִצְרַיִם מצר לְפַרְעֹה
כִּי־מָכְרוּ מִצְרַיִם מצר אִישׁ ע"ה קנ"א קס"א שָׂדֵהוּ כִּי־חָזַק פהל עֲלֵהֶם הָרָעָב
רבוע אלהים ~ ע"ב וַתְּהִי הָאָרֶץ אלהים דההן ע"ה לְפַרְעֹה: 21 וְאֶת־הָעָם הֶעֱבִיר
אֹתוֹ לֶעָרִים מִקְצֵה גְבוּל־מִצְרַיִם מצר וְעַד־קָצֵהוּ: 22 רַק אַדְמַת
הַכֹּהֲנִים לֹא קָנָה כִּי וֹחֹק לַכֹּהֲנִים מֵאֵת פַּרְעֹה וְאָכְלוּ אֶת־וֻחְקָם
אֲשֶׁר נָתַן לָהֶם פַּרְעֹה עַל־כֵּן לֹא מָכְרוּ אֶת־אַדְמָתָם: 23 וַיֹּאמֶר
יוֹסֵף ציון, ר"פ יהוה אֶל־הָעָם הֵן קָנִיתִי אֶתְכֶם הַיּוֹם נגד, זז, מזבוז וְאֶת־אַדְמַתְכֶם
לְפַרְעֹה הֵא־לָכֶם זֶרַע וּזְרַעְתֶּם אֶת־הָאֲדָמָה: 24 וְהָיָה יהוה, יהה בַּתְּבוּאֹת
וּנְתַתֶּם חֲמִישִׁית לְפַרְעֹה וְאַרְבַּע הַיָּדֹת יִהְיֶה יײ לָכֶם לְזֶרַע הַשָּׂדֶה עֲדי
וּלְאָכְלְכֶם וְלַאֲשֶׁר בְּבָתֵּיכֶם וְלֶאֱכֹל לְטַפְּכֶם:

MAFTIR

25 וַיֹּאמְרוּ הֶחֱיִתָנוּ נִמְצָא־חֵן מוזי בְּעֵינֵי ריבוע מ"ה אֲדֹנִי וְהָיִינוּ עֲבָדִים
לְפַרְעֹה: 26 וַיָּשֶׂם אֹתָהּ יוֹסֵף ציון, ר"פ יהוה לְחֹק עַד־הַיּוֹם נגד, זז, מזבוז הַזֶּה והו
עַל־אַדְמַת מִצְרַיִם מצר לְפַרְעֹה לַחֹמֶשׁ רַק אַדְמַת הַכֹּהֲנִים לְבַדָּם
לֹא הָיְתָה לְפַרְעֹה: 27 וַיֵּשֶׁב יִשְׂרָאֵל בְּאֶרֶץ אלהים דאלפין מצר מִצְרַיִם מצר בְּאֶרֶץ
אלהים דאלפין גֹּשֶׁן וַיֵּאָחֲזוּ בָהּ וַיִּפְרוּ וַיִּרְבּוּ מְאֹד מ"ה:

HAFTARÁ DE VAYIGASH

La Resurrección de los Muertos se discute a través de la profecía de Ezequiel (en adelante: Yejezkel) de los "huesos secos", cuya continuación corresponde a esta lectura de la *Haftará*. A menudo, los nombres de Yosef y Yehuda se asignan a los niños varones en su circuncisión porque estos dos

EZEQUIEL 37:15-28

37 *15* *Y vino a mí la palabra del Eterno diciendo:*

16 *"Tú, hijo de hombre, toma una vara y escribe en ella: 'Para Yehuda y para los israelitas, sus compañeros'. Toma luego otra vara y escribe en ella: 'Para Yosef, la vara de Efraim, y para toda la casa de Israel, sus compañeros'.*

17 *Júntalas la una con la otra en una sola vara para que sean una sola en tu mano.*

18 *Y cuando los hijos de tu pueblo te pregunten: '¿No nos explicarás qué quieres decir con esto?'.*

19 *Diles: 'Así dice el Eterno Soberano: Voy a tomar la vara de Yosef, que está en la mano de Efraim, y las tribus de Israel, sus compañeros; las pondré con aquélla, con la vara de Yehuda, y las haré una sola vara, y serán una en Mi mano'.*

20 *Las varas en que escribas estarán en tu mano a la vista de ellos,*

21 *y diles: 'Así dice el Eterno Soberano: He aquí que voy a tomar a los hijos de Israel de entre las naciones adonde han ido, los recogeré de todas partes y los traeré a su propia tierra.*

22 *Y haré de ellos una nación en la tierra, en los montes de Israel; un solo rey será rey de todos ellos; nunca más serán dos naciones, y nunca más serán divididos en dos reinos.*

23 *No se contaminarán más con sus ídolos, ni con sus abominaciones, ni con ninguna de sus transgresiones; sino que los libraré de todos los lugares en que pecaron y los limpiaré. Y ellos serán Mi pueblo y Yo seré su Dios.*

24 *Mi siervo David será rey sobre ellos, y todos ellos tendrán un solo pastor; andarán en Mis ordenanzas y guardarán Mis estatutos y los cumplirán.*

25 *Habitarán en la tierra que di a Mi siervo Yaakov, en la cual habitaron sus padres; en ella habitarán ellos y sus hijos, y los hijos de sus hijos para siempre; y Mi siervo David*

HAFTARÁ DE VAYIGASH

snombres se mencionan de forma específica en esta profecía. La prevalencia de estos nombres, cuando se sostiene en personas justas, acelera la Redención Final, la Resurrección de los Muertos y el establecimiento de la inmortalidad.

יְחֶזְקֵאל פֶּרֶק 37, פְּסוּקִים 15–28

37 15 וַיְהִי דְבַר־יְהֹוָה אַהדני אֵלַי לֵאמֹר: 16 וְאַתָּה בֶן־אָדָם

קַח־לְךָ עֵץ אֶחָד וּכְתֹב עָלָיו לִיהוּדָה וְלִבְנֵי יִשְׂרָאֵל

חֲבֵרָו וּלְקַח עֵץ אֶחָד וּכְתוֹב עָלָיו לְיוֹסֵף

עֵץ אֶפְרַיִם וְכָל־בֵּית יִשְׂרָאֵל חֲבֵרָו: 17 וְקָרַב

אֹתָם אֶחָד אֶל־אֶחָד לְךָ לְעֵץ אֶחָד

וְהָיוּ לַאֲחָדִים בְּיָדֶךָ: 18 וְכַאֲשֶׁר יֹאמְרוּ אֵלֶיךָ בְּנֵי עַמְּךָ

לֵאמֹר הֲלוֹא־תַגִּיד לָנוּ מָה־אֵלֶּה לָךְ: 19 דַּבֵּר אֲלֵהֶם

כֹּה־אָמַר אֲדֹנָי יְהֹוִה אַהדני הִנֵּה אֲנִי לֹקֵחַ אֶת־עֵץ

יוֹסֵף אֲשֶׁר בְּיַד־אֶפְרַיִם וְשִׁבְטֵי יִשְׂרָאֵל חֲבֵרָו

וְנָתַתִּי אוֹתָם עָלָיו אֶת־עֵץ יְהוּדָה וַעֲשִׂיתִם לְעֵץ אֶחָד

וְהָיוּ אֶחָד בְּיָדִי: 20 וְהָיוּ הָעֵצִים אֲשֶׁר־תִּכְתֹּב עֲלֵיהֶם

בְּיָדְךָ לְעֵינֵיהֶם: 21 וְדַבֵּר אֲלֵיהֶם כֹּה־אָמַר אֲדֹנָי

יְהֹוִה אַהדני הִנֵּה אֲנִי לֹקֵחַ אֶת־בְּנֵי יִשְׂרָאֵל מִבֵּין הַגּוֹיִם אֲשֶׁר

הָלְכוּ־שָׁם וְקִבַּצְתִּי אֹתָם מִסָּבִיב וְהֵבֵאתִי אוֹתָם אֶל־אַדְמָתָם:

22 וְעָשִׂיתִי אֹתָם לְגוֹי אֶחָד בָּאָרֶץ בְּהָרֵי

יִשְׂרָאֵל וּמֶלֶךְ אֶחָד יִהְיֶה לְכֻלָּם לְמֶלֶךְ וְלֹא יְהְיוּ

(כתיב: יהיה) עוֹד לִשְׁנֵי גוֹיִם וְלֹא יֵחָצוּ עוֹד לִשְׁתֵּי מַמְלָכוֹת עוֹד:

será su príncipe para siempre.

[26] Haré con ellos un pacto de paz; será un pacto eterno con ellos. Y los estableceré, los multiplicaré y pondré Mi santuario en medio de ellos para siempre.

[27] Mi morada estará también junto a ellos, y Yo seré su Dios y ellos serán Mi pueblo.

[28] Y las naciones sabrán que Yo, el Eterno, santifico a Israel, cuando Mi santuario esté en medio de ellos para siempre'".

23 וְלֹא יִטַּמְּאוּ עוֹד בְּגִלּוּלֵיהֶם וּבְשִׁקּוּצֵיהֶם וּבְכֹל לכב פִּשְׁעֵיהֶם
וְהוֹשַׁעְתִּי אֹתָם מִכֹּל י״ מוֹשְׁבֹתֵיהֶם אֲשֶׁר חָטְאוּ בָהֶם וְטִהַרְתִּי י״פ אכא
אוֹתָם וְהָיוּ־לִי עלב לְעָם אני, ב״פ אהיה אהיה ~ יהוה וַאֲנִי אֶהְיֶה אהיה לָהֶם לֵאלֹהִים
ילה, מוב: 24 וְעַבְדִּי דָוִד מֶלֶךְ עֲלֵיהֶם וְרוֹעֶה אֶחָד אהבה, דאגה יְהְיֶה ייי לְכֻלָּם
וּבְמִשְׁפָּטַי יֵלֵכוּ כלי וְחֻקֹּתַי יִשְׁמְרוּ וְעָשׂוּ אוֹתָם: 25 וְיָשְׁבוּ עַל־הָאָרֶץ
אלהים דההן ע״ה אֲשֶׁר נָתַתִּי לְעַבְדִּי לְיַעֲקֹב יאהדונהי אֲדֹנֵי ~ אידהנויה אֲשֶׁר יָשְׁבוּ־בָהּ
אֲבוֹתֵיכֶם וְיָשְׁבוּ עָלֶיהָ פהל הֵמָּה וּבְנֵיהֶם וּבְנֵי בְנֵיהֶם עַד־עוֹלָם וְדָוִד
עַבְדִּי נָשִׂיא לָהֶם לְעוֹלָם ריבוע ס״ג + י' אותיות: 26 וְכָרַתִּי לָהֶם בְּרִית שָׁלוֹם
בְּרִית עוֹלָם יִהְיֶה ייי אוֹתָם וּנְתַתִּים וְהִרְבֵּיתִי אוֹתָם וְנָתַתִּי אֶת־מִקְדָּשִׁי
בְּתוֹכָם לְעוֹלָם ריבוע ס״ג + י' אותיות: 27 וְהָיָה יהוה, יהה מִשְׁכָּנִי עֲלֵיהֶם וְהָיִיתִי
לָהֶם לֵאלֹהִים ילה, מוב וְהֵמָּה יִהְיוּ אל ־לִי לְעָם עלב: 28 וְיָדְעוּ הַגּוֹיִם כִּי אֲנִי
אני יְהוָֹה אהדונהי אהדונהי מְקַדֵּשׁ אֶת־יִשְׂרָאֵל בִּהְיוֹת מִקְדָּשִׁי ייי בְּתוֹכָם לְעוֹלָם
ריבוע ס״ג + י' אותיות: [פ]

VAYEJÍ

LA LECCIÓN DE VAYEJÍ
(Génesis 47:28–50:26)

"Y Yaakov dijo: 'Júramelo'. Y Yosef se lo juró..." (Génesis 47:31)

Como explica el Rambán (Rav Moshé ben Najmán, también conocido como Najmánides, 1194–1270), una de las razones por las que Yaakov hizo jurar a Yosef que lo enterraría en Israel, en la Cueva de Majpelá en Hebrón —la cueva donde Adam, Javá, Avraham, Sará, Yitsjak, Rivká y Leá fueron enterrados—, fue para que actuara con más diligencia. Si Yaakov no hubiera forzado a Yosef a jurarlo, quizás Yosef no habría hecho un esfuerzo adicional y no habría llegado a enterrar a su padre en Israel.

Aun así, sabemos que el amor de Yosef por su padre era algo que no se puede describir con palabras. Entonces, ¿qué nos quiso enseñar Yaakov haciendo jurar a Yosef? Sabemos que Yosef estaba en peligro durante el funeral de Yaakov. Sin el juramento, el miedo de Yosef podría haberle hecho sentir que era imposible enfrentarse a todos los problemas relacionados con llevar a su padre a la Cueva de Majpelá. Cuando Yaakov le hizo jurar, Yosef recibió una nueva fortaleza, sabiendo que tenía el poder para superar cualquier obstáculo que se interpusiera en su camino.

Si nos decimos a nosotros mismos que parece imposible restringir nuestros deseos, debemos darnos cuenta de lo mucho que le debemos al Creador. Dios nos da aire para respirar, alimento para comer y una casa en la que vivir. Y más allá de lo que queremos recibir del Creador, el Creador quiere darnos Luz. Como dice el *Talmud*: "El deseo de la vaca de alimentar a su ternero es mayor que el deseo del ternero por alimentarse".

Debemos recordar que no hay límites a cuánta Luz podemos recibir; sólo si tenemos el deseo. Por lo tanto, nada es imposible. Como dicen los kabbalistas: "No existe tal cosa como el 'no puedo', sólo el 'no lo haré'".

"El Dios que ha sido mi pastor toda mi vida hasta este día..." (Génesis 48:15)

En los escritos del Anciano de Kelm, dice: "Nunca oí decir a una persona de clase media o rica: 'Bendigo a Dios porque tuve algo que comer este año o porque no estuve enferma'". Pero a veces, una persona justa bendecirá a Dios diciendo que todo es bueno, aunque la situación no sea buena. "Dios es mi pastor" significa "Dios me sustenta".

Constantemente pensamos y sentimos que nos merecemos cosas buenas, y nos preguntamos por qué no las tenemos. Pero en la *Guemará* está escrito: "Una persona puede ser pobre sólo en su conciencia". Una persona pobre es alguien que siente algún tipo de carencia o vacío, aunque tenga todas las cosas materiales que necesita. La verdad es que realmente no merecemos nada. El mundo no nos pertenece; sólo somos Vasijas para recibir y revelar la Luz del Creador. Lo que obtenemos no es el resultado de nuestro propio trabajo, sino que lo obtenemos a través de la misericordia y la justicia de Dios. Esta es una lección muy importante. Todo aquel que siente que merece algo, al final no tendrá nada.

Pero todo aquel que cree que no merece nada, al final recibirá.

"Pero Israel extendió su derecha y la puso sobre la cabeza de Efraim, que era el menor... cruzando a propósito sus manos..." (Génesis 48:14)

Una persona que estudia la Biblia se conecta con el Libro Sagrado. Todo lo que hace, lo hace con la Luz. Sus manos se vuelven como las manos del Creador. Dios entra en todas y cada una de las partes de su cuerpo, para que sus manos sepan automáticamente cómo hacer la voluntad de Dios. Yaakov, nuestro Patriarca, era un ejemplo puro de esto: él era literalmente parte del Creador. Debemos alcanzar el nivel en el que cada parte de nosotros, incluyendo nuestro cuerpo físico, sea un canal de la Luz, de forma que podamos activar el aspecto Divino en cada átomo de nuestro cuerpo.

Hay una historia de un hombre justo que quería ver el Jardín de Edén. Él tuvo un sueño en el cual se le mostraba el camino al Jardín. Después de seguir las indicaciones, esperaba ver bellos lagos, cascadas, árboles y todos los demás atributos de un paraíso. De repente, se encontró con dos personas sentadas en una mesa rota comiendo pan duro y bebiendo agua de copas rotas. Estaban estudiando la Biblia. "¿Dónde está el Jardín de Edén?", les preguntó. Ellos le respondieron que el Jardín de Edén no es un lugar al que vas o al que puedes entrar. El Jardín de Edén forma parte de ti.

La espiritualidad no es algo que "hacemos" o a "donde vamos" unas horas al día. Es algo que pasa a formar parte de nosotros. Está siempre en nuestro interior, dondequiera donde estemos.

El significado de descansar

Para recibir la Luz del Creador que está presente en la Biblia, debemos alcanzar una gran paz interior: descanso. ¿Pero qué es la paz verdadera? Es mucho más que el descanso físico y la comodidad. Una persona que desea descansar sólo en el sentido físico es como un hombre que intenta apagar un fuego vertiendo gasolina sobre éste. Por un instante, parecerá que haya apagado el fuego, pero luego veremos que sólo habrá conseguido que el fuego arda con más fuerza.

El verdadero descanso que necesitamos para recibir la Biblia sólo puede alcanzarse venciendo nuestro deseo corporal de evitar la incomodidad. A Yisajar se le dio la responsabilidad de las tribus que estudiaban la Biblia. Él sabía el nivel de reposo que se necesita para estar conectado con la Luz. Debido a esto, se acostumbró a sufrir, y como resultado, alcanzó la paz verdadera. El *Zóhar* dice:

"Yisajar es un asno fuerte reposando entre las majadas" (Génesis 49:14). Rav Elazar preguntó: ¿Por qué Yisajar es llamado un asno? Si es porque estudiaba la Torá, debió haber sido llamado un caballo, un león o leopardo. ¿Por qué un asno? Porque es sabido que un asno llevará cualquier carga sin patear a su amo como otros animales. No es fastidioso y descansará en cualquier lugar. Yisajar también está ocupado con la Torá, acepta la carga de la Torá y no patea a Dios. No es altivo, y como el asno, no se preocupa por su honor, sino por el honor de su Amo. "…reposando entre las majadas" como dijimos, que uno debería yacer en el suelo, vivir una vida de privación y trabajo por la Torá.

– El Zóhar, Vayejí 69:681

Una vez un hombre fue a Rav Elimélej y le preguntó: "¿Cómo es posible trabajar para Dios cuando hay tantos problemas?". Rav Elimélej le dijo a aquel hombre que fuera a ver al santo Rav Zusha, el hermano de Rav Elimélej, porque todo el mundo sabía que Rav Zusha había sido acuciado por todos los problemas que pueden existir en el mundo. Pero cuando el hombre le hizo a Rav Zusha la misma pregunta, Rav Zusha le contestó: "¡Yo no tengo ningún problema!". Para Rav Zusha, su certeza en la Luz era tan potente que era lo único que veía. La única forma de alcanzar la paz verdadera es buscar la incomodidad hasta que dicha incomodidad se convierta en descanso en sí misma.

SINOPSIS DE VAYEJÍ

Normalmente suele haber espacio físico ente las distintas secciones del Rollo de la Torá. A veces, hay una línea entera; a veces, nueve espacios. Pero aquí, entre el inicio de esta sección (*Vayejí*) y el final de la sección anterior (*Vayigash*), sólo hay de espacio el ancho de una letra. El *Zóhar* dice:

> *"Y vivió Yaakov en el país de Egipto..." (Génesis 47:28).* Pregunta: *¿Por qué está cerrada esta porción,* no habiendo espacio en la Torá entre el final de Vayigash y el principio de la porción de Vayejí? *Rav Yaakov dijo: Cuando Yaakov murió, los ojos de Yisrael fueron cerrados. Rav Yehudá dijo: Entonces,* después de la muerte de Yaakov, *descendieron al exilio, y* los egipcios *esclavizaron a* Yisrael.
>
> *Aquí* en Egipto *está considerado que "vivió Yaakov"* porque ésta era considerada vida para él. *No se dijo de él: 'vivió Yaakov' toda su vida porque su vida fue un pesar. De él está escrito: "No tuve reposo"* en la casa de Laván, *ni tuve descanso* de Esav, *ni estuve tranquilo* por causa de Diná y Shejem; *"pero vino la aflicción"* de la venta de Yosef *(Job 3:26). Mas después de que bajó a Egipto, está dicho de él: "Y vivió Yaakov". Vio a su hijo hecho un rey; vio a todos sus hijos puros y rectos, viviendo en el placer y el lujo, y él viviendo en medio de ellos como el buen vino reposando en su protección. Entonces está dicho: "Y vivió Yaakov".* Por tanto, *no hay separación,* ningún espacio, *entre "y crecieron y se multiplicaron en gran manera" y "Y vivió Yaakov", y así debe ser,* siendo el uno la continuación del otro.
>
> – El *Zóhar*, Vayejí 15:110, 112

Un comentario dice que este espacio cerrado alude al hecho de que Yaakov había querido hablarles a sus hijos sobre el Fin de los Días, que es el tiempo en el que el Mesías vendrá e iniciará la Redención Final. Sin embargo, no pudo hacerlo porque su visión profética se detuvo o se cerró; la información sobre el Fin de los Días estaba oculta para él.

> *Cuando Yaakov abrió la discusión diciendo: "...Reúnanse para que pueda decirles lo que será de ustedes en el final de los días" (Génesis 49:1), siendo el final la Shejiná,* la última de las Sefirot, *al mencionar* "lo que será de ustedes al final de los días", *mencionó el exilio. La Shejiná estaba entristecida y se fue. Más tarde, sus hijos la trajeron de regreso por la armonía creada por las palabras que pronunciaron: "¡Escucha, Israel...!" (Deuteronomio 6:4). Entonces Yaakov la detuvo y dijo: ¡Bendito sea el Nombre de la gloria de Su soberanía por siempre jamás!'. La Shejiná entonces se asentó en Su lugar.*
>
> – El *Zóhar*, Vayejí 53:518

En esta sección tan importante se nos recuerda lo fácil que es crear aberturas para que Satán entre en nuestra vida. Tan sólo una pequeña reacción de celos, enfado o cualquier otra forma de comportamiento reactivo y negativo permite a Satán poner un pie dentro.

PRIMERA LECTURA - AVRAHAM - JÉSED

[28] Yaakov vivió diecisiete años en la tierra de Egipto, y los años de su vida fueron 147 años.

[29] Cuando a Israel se le acercó el tiempo de morir, llamó a su hijo Yosef y le dijo: "Si he hallado gracia ante tus ojos, por favor, pon ahora tu mano debajo de mi muslo y trátame con misericordia y fidelidad: por favor, no me sepultes en Egipto.

[30] Cuando duerma con mis padres, me llevarás de Egipto y me sepultarás en el sepulcro de ellos". "Haré según tu palabra", le respondió Yosef.

[31] Y Yaakov dijo: "Júramelo". Y Yosef se lo juró. Entonces Israel se inclinó en adoración en la cabecera de la cama.

COMENTARIO DEL RAV

"Y Yaakov vivió diecisiete años en la tierra de Egipto" significa que la completitud total de la vida se le reveló a Yaakov en aquel país. ¿Pero por qué tuvo lugar esto en Egipto? El *Zóhar* explica que esto se debe a que Egipto era la nación más negativa de todas. ¿Cuál es el origen de la energía negativa? El *Zóhar* dice que es el cuerpo humano en sí mismo, cuya esencia es el *Deseo de Recibir para Sí Mismo*. El poder negativo de los egipcios derivaba completamente de su conexión profunda con el cuerpo físico. Este es el motivo por el cual se convirtieron en maestros del arte de la momificación.

Teniendo esto en cuenta, podemos empezar a entender por qué ocurrieron revelaciones tan grandes para Yaakov en la tierra de Egipto. Egipto era la esencia de la fisicalidad. Era como un cráter infinitamente profundo de lodo denso y pegajoso. Cuando una persona está estancada en este tipo de lodo, tiene que trabajar tan duro como pueda para salir de él. Tiene que emplear toda su fuerza. Tiene que encontrar más fortaleza de la que nunca ha tenido.

Sólo aquí, en un lugar como Egipto, podía Sólo aquí, en un lugar como Egipto, podía una persona ganarse verdaderamente el nivel más elevado de conciencia. Esta conciencia elevada no sólo les fue entregada a patriarcas y sabios como Yosef, Yaakov y Moshé. Ellos se ganaron esta conciencia en Egipto porque Egipto era un lugar en el que era casi imposible comportarse de forma positiva.

Fue en Egipto donde Yaakov alcanzó el nivel conocido como *nevuá* o "profecía". No sólo vio el futuro de sus propios hijos en el mundo, sino que también previó los numerosos períodos de exilio que la nación de Israel tendría que soportar y cómo esta Diáspora finalizaría con la llegada del Mesías (*Mashíaj*).

La profecía no es sólo sabiduría. Es el poder de ver el árbol totalmente desarrollado en la semilla, y hasta ver la semilla que más tarde saldrá de ese árbol totalmente desarrollado. Este es el nivel de profecía que Yaakov alcanzó en Egipto.

PRIMERA LECTURA - AVRAHAM - JÉSED

וַיְחִי יַעֲקֹב יאהדונהי ~ איהדנויה אֱלֹהִים דאלפין בְּאֶרֶץ מִצְרַיִם מצר שֶׁבַע עֶשְׂרֵה 28

שָׁנָה וַיְהִי אל יְמֵי־יַעֲקֹב יאהדונהי ~ איהדנויה שְׁנֵי וַיָּיו אֱלֹהִים דיודין ~ ע"ב שֶׁבַע שָׁנִים

וְאַרְבָּעִים וּמְאַת שָׁנָה: 29 וַיִּקְרְבוּ יְמֵי־יִשְׂרָאֵל לָמוּת וַיִּקְרָא עם ה' אותיות = ב"פ קס"א

לִבְנוֹ לְיוֹסֵף ציון, קנאה, ה"פ אל, ו"פ יהוה וַיֹּאמֶר לוֹ אִם יודך נָא

מָצָאתִי חֵן בְּעֵינֶיךָ מזוי ע"ה קס"א שִׂים־נָא בוכו תלות ירכי יָדְךָ תַּחַת יְרֵכִי וְעָשִׂיתָ עִמָּדִי

וָחֶסֶד ע"ב, ריבוע יהוה וֶאֱמֶת אהיה פעמים אהיה, ז"פ ס"ג אַל־נָא תִקְבְּרֵנִי בְּמִצְרָיִם מצר:

30 וְשָׁכַבְתִּי עִם־אֲבֹתַי וּנְשָׂאתַנִי מִמִּצְרַיִם מצר וּקְבַרְתַּנִי בִּקְבֻרָתָם

וַיֹּאמַר אנכי אֵיע אָנֹכִי אֶעֱשֶׂה כִדְבָרֶךָ ראה: 31 וַיֹּאמֶר הִשָּׁבְעָה לִי וַיִּשָּׁבַע לוֹ

וַיְחִי

Génesis 47:28 – **"Y Yaakov vivió diecisiete años en la tierra de Egipto..."**. Después de todo el sufrimiento que había soportado, Yaakov vivió diecisiete años de felicidad en su vida. **Vayejí** significa "y él vivió". El *Zóhar* dice:

> *"... diecisiete años..." (Génesis 47:28).* Pregunta: *¿Por qué diecisiete años?* Contesta: *Rav Shimón dijo que Yaakov estuvo pesaroso toda su vida y sus días pasaron en aflicción desde el principio. Cuando vio a Yosef parado frente a él, Yaakov miró a Yosef y su alma se llenó como si viera a la madre de Yosef. Porque la belleza de Yosef se semejaba la de Rajel y le pareció que nunca había tenido penas.*
> *– El Zóhar, Vayejí 15:113*

A veces caemos en la trampa de existir sin vivir realmente. Por ejemplo, un padre que trabaja 20 horas al día "por sus hijos" no puede estar realmente trabajando para ellos. Está trabajando y viviendo para sí mismo o incluso para su Oponente, Satán. Cuando llegue el momento en el que pueda apreciar a sus hijos, será demasiado tarde para conocerlos realmente.

וַיֹּאמֶר

Génesis 47:29 – **Yaakov hizo jurar a Yosef que lo enterraría en Israel.**

> *Aprendimos que el cuerpo de Yaakov tenía su belleza de Adam y que la imagen de Yaakov era de la forma santa celestial, la forma del Trono Sagrado. Así, no deseó ser enterrado entre los perversos. El secreto de este asunto es que no hay separación entre los Patriarcas Y SIEMPRE ESTÁN JUNTOS. Está por lo tanto escrito: "Yaceré con mis padres..." (Génesis 47:30).*
> *– El Zóhar, Vayejí 29:259*

Yaakov temía que el Faraón no permitiera que Yosef lo enterrara en Israel. Si Yaakov no le hubiera hecho jurar a Yosef que lo haría —si simplemente se lo hubiera pedido—, Yosef quizás se habría rendido al enfrentarse a los obstáculos que el Faraón podría haber puesto en su camino. Al forzar a Yosef a hacer un juramento, Yaakov le recordó que nada es imposible.

48 *¹ Y después de estas cosas, le dijeron a Yosef: "Tu padre está enfermo". Y él tomó consigo a sus dos hijos, Menashé y Efraim. ² Cuando se le avisó a Yaakov: "Tu hijo Yosef ha venido a ti"; entonces Israel hizo un esfuerzo y se sentó en la cama. ³ Y Yaakov dijo a Yosef: "El Dios Todopoderoso se me apareció en Luz, en la tierra de Canaán. Me bendijo,*

⁴ y me dijo: 'Yo te haré fecundo y te multiplicaré. Y haré de ti multitud de pueblos y daré esta tierra a tu descendencia después de ti en posesión perpetua'. ⁵ Ahora pues, tus dos hijos que te nacieron en la tierra de Egipto, antes de que yo viniera a ti a Egipto, son considerados como míos. Efraim y Menashé serán míos, como lo son Reuvén y Shimón. ⁶ Pero los hijos que has tenido después de ellos, serán tuyos. Serán llamados por el nombre de sus hermanos en el territorio de su heredad.

⁷ En cuanto a mí, cuando vine de Padán, Rajel se me murió en la tierra de Canaán, en el camino, cuando faltaba todavía cierta distancia para llegar a Efrata, y la sepulté allí en el camino a Efrata, esto es Belén".

⁸ Cuando Israel vio a los hijos de Yosef, dijo: "¿Quiénes son éstos?". ⁹ Y Yosef respondió a su padre: "Son mis hijos, los que Dios me ha dado aquí". "Acércalos a mí, te ruego, para que yo los bendiga", le dijo Israel.

SEGUNDA LECTURA - YITSJAK - GUEVURÁ

¹⁰ Los ojos de Israel estaban tan débiles por la vejez que no podía ver. Entonces Yosef se los acercó, y su padre los besó y los abrazó. ¹¹ Israel dijo a Yosef: "Nunca esperaba ver tu rostro nuevamente, y ahora Dios me ha permitido ver también a tus hijos".

ויחי

Génesis 48:1 – **Yaakov enfermó.** Yaakov fue la primera persona en la historia que enfermó. Antes de ese tiempo, las personas decidían abandonar el plano físico, estornudar y fallecer inmediatamente. De esta lectura recibimos la energía de protección contra cualquier enfermedad, así como el poder para sanar.

Él abrió la discusión diciendo: Hemos aprendido que en los primeros días, antes de que Yaakov llegara, una persona estaba apaciblemente en su hogar, SIN ENFERMEDAD ALGUNA y cuando su tiempo DE MORIR llegaba moría sin enfermedad. Cuando llegó Yaakov, pidió al Santísimo,

bendito sea Él: Señor del Universo, si esto encuentra favor ante ti, deja que una persona se enferme por dos o tres días. Entonces debía estar reunido con su gente, DE MODO QUE LE FUERA POSIBLE hacer arreglos con su familia y arrepentirse de sus pecados. EL SANTÍSIMO, BENDITO SEA ÉL, le dijo: 'Muy bien, tú serás un ejemplo para el mundo', SIGNIFICANDO: ESTO EMPEZARÁ CONTIGO. Ven y ve: está escrito con relación a él: "Y sucedió después de estas cosas que uno dijo a Yosef: He aquí que tu padre está enfermo (heb. jolé)…" (Génesis 48:1). La palabra jolé está escrita SIN UNA VAV, LO CUAL MUESTRA QUE ERA NUEVA, y que ninguna persona tuvo esto antes.
– El Zóhar, Terumá 92:898

וַיִּשְׁתַּחוּ יִשְׂרָאֵל עַל־רֹאשׁ רבוע אלהים ← אלהים דיודין ע"ה הַמִּטָּה: [פ] 48 1 וַיְהִי אל

אַחֲרֵי הַדְּבָרִים ראה הָאֵלֶּה וַיֹּאמֶר לְיוֹסֵף ציון, קנאה, ה"פ אל, ו"פ יהוה הִנֵּה אָבִיךָ

וֹלֶה לההו ועם אֶת־שְׁנֵי בָנָיו עִמּוֹ אֶת־מְנַשֶּׁה וְאֶת־אֶפְרָיִם אל מצפן: חֹלֶה וַיַּקַּח

2 וַיַּגֵּד לְיַעֲקֹב יאהדונהי ← אידהנויה וַיֹּאמֶר הִנֵּה בִּנְךָ יוֹסֵף ציון, קנאה, ה"פ אל, ו"פ יהוה

בָּא אֵלֶיךָ אני וַיִּתְחַזֵּק פהל יִשְׂרָאֵל וַיֵּשֶׁב עַל־הַמִּטָּה: 3 וַיֹּאמֶר יַעֲקֹב

אֶל־יוֹסֵף ציון, קנאה, ה"פ אל, ו"פ יהוה יאהדונהי ← אידהנויה אֵל שַׁדַּי מ'ה נִרְאָה־אֵלַי אהרן

בְּלוּז בְּאֶרֶץ אלהים דאלפין כְּנָעַן וַיְבָרֶךְ עסמ"ב אֹתִי: 4 וַיֹּאמֶר אֵלַי הִנְנִי מַפְרְךָ

וְהִרְבִּיתִךָ וּנְתַתִּיךָ לִקְהַל עַמִּים ע"ה קס"א וְנָתַתִּי אֶת־הָאָרֶץ אלהים דההן ע"ה

הַזֹּאת לְזַרְעֲךָ אַחֲרֶיךָ אֲחֻזַּת עוֹלָם: 5 וְעַתָּה שְׁנֵי־בָנֶיךָ הַנּוֹלָדִים

לְךָ בְּאֶרֶץ אלהים דאלפין מִצְרַיִם מצר עַד־בֹּאִי אני אֵלֶיךָ מִצְרַיְמָה מצר לִי־הֵם

אֶפְרַיִם אל מצפן וּמְנַשֶּׁה כִּרְאוּבֵן ג'פ אלהים וְשִׁמְעוֹן יִהְיוּ אל ־לִי: 6 וּמוֹלַדְתְּךָ

אֲשֶׁר־הוֹלַדְתָּ אַחֲרֵיהֶם לְךָ יִהְיוּ אל עַל שֵׁם שדי יהוה אֲחֵיהֶם יִקָּרְאוּ

בְּנַחֲלָתָם: 7 וַאֲנִי אני | בְּבֹאִי מִפַּדָּן מֵתָה עָלַי רָחֵל רבוע ס"ג ← ע"ב בְּאֶרֶץ

כְּנָעַן אלהים דאלפין בַּדֶּרֶךְ ב"פ יב"ק בְּעוֹד כִּבְרַת־אֶרֶץ אלהים דאלפין לָבֹא אֶפְרָתָה

וָאֶקְבְּרֶהָ שָּׁם בַּדֶּרֶךְ ב"פ יב"ק אֶפְרָת הִוא בֵּית ב"פ ראה לֶחֶם ג'פ יהוה: 8 וַיַּרְא

יִשְׂרָאֵל אֶת־בְּנֵי יוֹסֵף ציון, קנאה, ה"פ אל, ו"פ יהוה וַיֹּאמֶר מִי ־אֵלֶּה: ילי 9 וַיֹּאמֶר

יוֹסֵף ציון, קנאה, ה"פ אל, ו"פ יהוה אֶל־אָבִיו בָּנַי הֵם אֲשֶׁר־נָתַן־לִי אֱלֹהִים ילה, מום

בָּזֶה וַיֹּאמַר קָחֶם־נָא אֵלַי וַאֲבָרֲכֵם:

SEGUNDA LECTURA - YITSJAK - GUEVURÁ

10 וְעֵינֵי רבוע מ"ה יִשְׂרָאֵל כָּבְדוּ מִזֹּקֶן לֹא יוּכַל לִרְאוֹת וַיַּגֵּשׁ אֹתָם אֵלָיו

וַיִּשַּׁק לָהֶם וַיְחַבֵּק לָהֶם: 11 וַיֹּאמֶר יִשְׂרָאֵל אֶל־יוֹסֵף ציון, קנאה, ה"פ אל, ו"פ יהוה

רְאֹה ראה פָנֶיךָ ס"ג ← מ"ה ← בן לֹא פִלָּלְתִּי וְהִנֵּה הֶרְאָה אֹתִי אֱלֹהִים

[12] *Entonces Yosef los tomó de las rodillas de Israel, y se inclinó con su rostro en tierra.*

[13] *Yosef tomó a los dos, a Efraim con la derecha, hacia la izquierda de Israel, y a Menashé con la izquierda, hacia la derecha de Israel, y se los acercó.*

[14] *Pero Israel extendió su derecha y la puso sobre la cabeza de Efraim, que era el menor, y su izquierda sobre la cabeza de Menashé, cruzando a propósito sus manos, aunque Menashé era el primogénito.*

[15] *Entonces Israel bendijo a Yosef, y dijo: "El Dios delante de quien anduvieron mis padres Avraham e Yitsjak, el Dios que ha sido mi pastor toda mi vida hasta este día,*

[16] *el Ángel que me ha rescatado de todo mal, bendiga a estos muchachos; y viva en ellos mi nombre, y el nombre de mis padres Avraham e Yitsjak; y crezcan para ser multitud en medio de la tierra".*

TERCERA LECTURA - YAAKOV - TIFÉRET

[17] *Cuando Yosef vio que su padre había puesto su mano derecha sobre la cabeza de Efraim, esto le desagradó. Y tomó la mano de su padre para cambiarla de la cabeza de Efraim a la cabeza de Menashé.*

[18] *Y Yosef dijo a su padre: "No sea así, padre mío, pues éste es el primogénito. Pon tu mano derecha sobre su cabeza".*

[19] *Pero su padre se rehusó y dijo: "Lo sé, hijo mío, lo sé. Él también llegará a ser un pueblo, y él también será grande. Sin embargo, su hermano menor será más grande que él, y su descendencia llegará a ser multitud de naciones".* [20] *Y los bendijo aquel día, diciendo: "Por ti bendecirá Israel, diciendo: 'Que Dios te haga como Efraim y Menashé'". Así puso a Efraim antes de Menashé.*

וַיֵּרָא

Génesis 48:17 – **Yaakov bendijo a sus nietos, los hijos de Yosef.** En lugar de poner su mano derecha, que tiene primacía espiritual, sobre el hijo mayor de Yosef y su mano izquierda sobre el hijo menor, Yaakov cruzó sus manos. Cuando Yosef cuestionó esto, Yaakov contestó que el hijo menor necesitaba más la bendición porque los hijos que vendrían del hijo menor iban a estar en un nivel espiritual más elevado. Rashi dijo que Efraim, el hijo menor, sería el ancestro de

Yehoshúa, quien daría la tierra al pueblo de Israel y les enseñaría la Biblia.

De esto podemos extraer dos lecciones. Primero, que nunca debemos juzgar los sucesos por su apariencia: las cosas casi nunca son lo que parecen. Segundo, que en los asuntos espirituales no existe el protocolo. Debemos hacer lo que es necesario y lo que la situación exige. El trabajo espiritual no es un comportamiento memorizado. Nuestras acciones tienen que ser acordes con nuestras circunstancias.

יֹלֹה, מוּם גַּם אֶת־זַרְעֶךָ: 12 וַיּוֹצֵא יוֹסֵף צִיוֹן, וּ"פּ יהוה אֹתָם מֵעִם עמם בִּרְכָּיו

וַיִּשְׁתַּחוּ לְאַפָּיו אָרְצָה אלהים דההין ע"ה: 13 וַיִּקַּח צִיוֹן, קְנֹאָה, ה"פ אל, וּ"פּ יהוה יוֹסֵף מֵעֵם

אֶת־שְׁנֵיהֶם אֶת־אֶפְרַיִם אל מִצְפָּץ בִּימִינוֹ מִשְּׂמֹאל יִשְׂרָאֵל וְאֶת־מְנַשֶּׁה

בִּשְׂמֹאלוֹ מִימִין יִשְׂרָאֵל וַיַּגֵּשׁ אֵלָיו: 14 וַיִּשְׁלַח יִשְׂרָאֵל אֶת־יְמִינוֹ

וַיָּשֶׁת עַל־רֹאשׁ ריבוע אלהים + אלהים דיודין ע"ה אֶפְרַיִם אל מִצְפָּץ וְהוּא הַצָּעִיר

וְאֶת־שְׂמֹאלוֹ עַל־רֹאשׁ ריבוע אלהים + אלהים דיודין ע"ה מְנַשֶּׁה שִׂכֵּל אֶת־יָדָיו

כִּי מְנַשֶּׁה הַבְּכוֹר: 15 וַיְבָרֶךְ עסמ"ב אֶת־יוֹסֵף צִיוֹן, קְנֹאָה, ה"פ אל, וּ"פּ יהוה וַיֹּאמַר

הָאֱלֹהִים יֹלֹה, מוּם אֲשֶׁר הִתְהַלְּכוּ מיה אֲבֹתַי לְפָנָיו אַבְרָהָם ח"פּ אל, רמ"זו וְיִצְחָק

ד"פּ בּן הָאֱלֹהִים יֹלֹה, מוּם הָרֹעֶה רעה אֹתִי מֵעוֹדִי עַד־הַיּוֹם נגד, זן, מזבח הַזֶּה והו

16 הַמַּלְאָךְ פּוּ הַגֹּאֵל אֹתִי מִכָּל־ ילי רָע יְבָרֵךְ עסמ"ב אֶת־הַנְּעָרִים וְיִקָּרֵא

עם ה' אותיות = ב"פּ קס"א בָהֶם שְׁמִי וְשֵׁם עדי יהוה אֲבֹתַי אַבְרָהָם ח"פּ אל, רמ"זו וְיִצְחָק

ד"פּ בּן וְיִדְגּוּ לָרֹב בְּקֶרֶב הָאָרֶץ אלהים דההין ע"ה:

TERCERA LECTURA - YAAKOV - TIFÉRET

17 וַיַּרְא יוֹסֵף צִיוֹן, קְנֹאָה, ה"פ אל, וּ"פּ יהוה כִּי־יָשִׁית אָבִיו יַד־יְמִינוֹ עַל־רֹאשׁ

ריבוע אלהים + אלהים דיודין ע"ה אֶפְרַיִם אל מִצְפָּץ וַיֵּרַע בְּעֵינָיו ריבוע מ"ה וַיִּתְמֹךְ יַד־אָבִיו

לְהָסִיר אֹתָהּ מֵעַל רֹאשׁ עלם ריבוע אלהים + אלהים דיודין ע"ה אֶפְרַיִם אל מִצְפָּץ

עַל־רֹאשׁ ריבוע אלהים + אלהים דיודין ע"ה מְנַשֶּׁה: 18 וַיֹּאמֶר יוֹסֵף צִיוֹן, קְנֹאָה, ה"פ אל, וּ"פּ יהוה

אֶל־אָבִיו לֹא־כֵן אָבִי כִּי־זֶה הַבְּכֹר שִׂים יְמִינְךָ עַל־רֹאשׁוֹ

ריבוע אלהים + אלהים דיודין ע"ה: 19 וַיְמָאֵן אָבִיו וַיֹּאמֶר יָדַעְתִּי בְנִי יָדַעְתִּי גַּם יגל

הוּא יִהְיֶה יי' לְעָם עלם יגל וְגַם יגל הוּא יִגְדָּל יגל וְאוּלָם אָחִיו הַקָּטֹן יִגְדַּל יגל

מִמֶּנּוּ וְזַרְעוֹ יִהְיֶה יי' מְלֹא־הַגּוֹיִם נגד, זן, מזבח 20 וַיְבָרֲכֵם בַּיּוֹם הַהוּא לֵאמוֹר

ר"ת הבל בְּךָ יְבָרֵךְ עסמ"ב יִשְׂרָאֵל לֵאמֹר יְשִׂמְךָ אֱלֹהִים יֹלֹה, מוּם כְּאֶפְרַיִם

21 Entonces Israel dijo a Yosef: "Yo estoy a punto de morir, pero Dios estará con ustedes y los hará volver a la tierra de sus padres.

22 En cuanto a ti, te doy una parte más que a tus hermanos, la cual tomé de mano del amorreo con mi espada y con mi arco".

CUARTA LECTURA - MOSHÉ - NÉTSAJ

49 ¹ Entonces Yaakov llamó a sus hijos, y dijo: "Reúnanse para que les haga saber lo que les ha de acontecer en los días venideros. ² Júntense y oigan, hijos de Yaakov, y escuchen a Israel, su padre.

³ Reuvén, tú eres mi primogénito, mi poderío y el principio de mi vigor, prominente en dignidad y prominente en poder.

⁴ Incontrolable como el agua, no tendrás preeminencia, porque subiste a la cama de tu padre, y profanaste a aquél que subía a mi lecho. ⁵ Shimón y Leví son hermanos; sus armas instrumentos de violencia.

⁶ En su consejo no entre mi alma, a su asamblea no se una mi gloria, porque en su ira mataron hombres, y en su terquedad desjarretaron un toro. ⁷ Maldita su ira porque es feroz; y su furor porque es cruel. Los dividiré en Yaakov, y los dispersaré en Israel.

וַיִּקְרָא

Génesis 49:1 – Yaakov reunió a sus hijos para bendecirlos antes de su muerte, tanto individualmente como en grupo. De esto aprendemos que la unidad es un componente importante en una bendición verdadera. Una conciencia de "sálvese quien pueda" cancela la energía y el propósito de la bendición. El *Zóhar* dice:

Nunca hubo una cama más completa desde que el universo fue creado. En el tiempo en que Yaakov deseó partir del mundo, Avraham estaba a su derecha, Yitsjak a su izquierda, y Yaakov yacía entre ellos con la Shejiná enfrente de él. Cuando Yaakov vio esto, llamó a sus hijos y los colocó alrededor de la Shejiná en perfecto orden.
  – El Zóhar, Vayejí 54:539

רְאוּבֵן

Génesis 49:3 – **La bendición de Reuvén.** El *Zóhar* nos dice que los primeros tres hijos de Yaakov no recibieron realmente su bendición. En el caso de Reuvén, esto fue debido a que no logró ser proactivo al mover la cama de su padre tras la muerte de Rajel. Además, el lugar de Reuvén en la familia no estaba del todo claro: Dios había intervenido en el momento de su concepción, reteniendo la primera gota del semen de Yaakov con el fin de guardarla para la concepción de Yosef.

שִׁמְעוֹן וְלֵוִי

Génesis 49:5 – **La bendición de Shimón y Leví.** Debido a su asociación con la energía del juicio, a Shimón y a Leví también se les negó la bendición. El *Zóhar* dice:

אל מצפן וְכִמְנַשֶּׁה וַיָּשֶׂם אֶת־אֶפְרַיִם אל מצפן לִפְנֵי מְנַשֶּׁה: 21 וַיֹּאמֶר יִשְׂרָאֵל

אֶל־יוֹסֵף ציון, קנאה, ה"פ אל, ה"פ יהוה הִנֵּה י"פ יהוה אָנֹכִי מֵת איע י"פ רבוע אהיה וְהָיָה יהוה, יהה

אֱלֹהִים ילה, מום עִמָּכֶם וְהֵשִׁיב אֶתְכֶם אֶל־אֶרֶץ אלהים דאלפין אֲבֹתֵיכֶם:

22 וַאֲנִי אני, ב"פ אהיה ב יהוה נָתַתִּי לְךָ שְׁכֶם אַחַד אהבה, דאגה עַל־אַחֶיךָ אֲשֶׁר

לָקַחְתִּי מִיַּד הָאֱמֹרִי בְּחַרְבִּי ריי וּבְקַשְׁתִּי: [פ]

CUARTA LECTURA - MOSHÉ - NÉTSAJ

49 1 וַיִּקְרָא עם ה' אותיות = ב"פ קס"א יַעֲקֹב יאהדונהי אידהנויה אֶל־בָּנָיו וַיֹּאמֶר

הֵאָסְפוּ וְאַגִּידָה לָכֶם אֵת אֲשֶׁר־יִקְרָא אֶתְכֶם בְּאַחֲרִית הַיָּמִים נלך:

2 הִקָּבְצוּ וְשִׁמְעוּ בְּנֵי יַעֲקֹב יאהדונהי אידהנויה וְשִׁמְעוּ אֶל־יִשְׂרָאֵל אֲבִיכֶם:

3 רְאוּבֵן ג"פ אלהים בְּכֹרִי אַתָּה כֹּחִי וְרֵאשִׁית אוֹנִי יֶתֶר שְׂאֵת וְיֶתֶר עָז

אני יהוה: 4 פַּחַז כַּמַּיִם אַל־תּוֹתַר כִּי עָלִיתָ מִשְׁכְּבֵי אָבִיךָ אָז חִלַּלְתָּ

יְצוּעִי עָלָה: [פ] 5 שִׁמְעוֹן וְלֵוִי מלוי ע"ב, דמב אַחִים כְּלֵי חָמָס מְכֵרֹתֵיהֶם:

6 בְּסֹדָם אַל־תָּבֹא נַפְשִׁי בִּקְהָלָם אַל־תֵּחַד כְּבֹדִי כִּי בְאַפָּם הָרְגוּ

אִישׁ ע"ה קנ"א קס"א וּבִרְצֹנָם עִקְּרוּ־שׁוֹר אבגיתצ, וישר, אהבת חנם 7 אָרוּר אַפָּם כִּי

עָז אני יהוה וְעֶבְרָתָם כִּי קָשָׁתָה אֲחַלְּקֵם בְּיַעֲקֹב יאהדונהי אידהנויה וַאֲפִיצֵם

Ven y ve: Yaakov tuvo cuatro esposas. Tuvo hijos con todas ellas, y fue perfeccionado a través de sus esposas. Cuando Yaakov quiso partir DEL MUNDO, la Shejiná se mantuvo sobre él. Deseó bendecir A SHIMÓN Y LEVÍ pero no pudo, ya que temía a la Shejiná. Se dijo a sí mismo: ¿Cómo puedo hacerlo?, visto que ambos vienen del lado del Juicio Estricto, Y BENDECIRLOS VOLVERÁ DEFECTUOSA A LA SHEJINÁ, ya que tuve cuatro esposas QUE FUERON ATRAÍDAS DE LOS CUATRO ASPECTOS: JÉSED, GUEVURÁ, TIFÉRET Y MALJUT DE LA SHEJINÁ, Y YO FUI PERFECCIONADO A TRAVÉS DE ELLAS, YA QUE ME DIERON LAS DOCE TRIBUS, EL SECRETO DE TODA PERFECCIÓN. DADO QUE RECIBÍ MI PERFECCIÓN DE LA SHEJINÁ, ¿CÓMO PUEDO BENDECIR A SHIMÓN Y LEVÍ CONTRA LA VOLUNTAD DE ELLA? Debo entregarlos al señor de la casa, MOSHÉ, EL ESPOSO DE LA MATRONA, quien es el propietario, y él hará lo que a Ella le plazca'.
– El Zóhar, Vayejí 57:557

Si Yaakov los hubiera bendecido, el juicio en el mundo se habría vuelto devastador.

⁸ A ti, Yehuda, te alabarán tus hermanos; tu mano estará en el cuello de tus enemigos; se inclinarán a ti los hijos de tu padre.

⁹ Cachorro de león es Yehuda; de la presa, hijo mío, has subido. Se agazapa, se echa como león, o como leona, ¿quién lo despertará?

¹⁰ El cetro no se apartará de Yehuda, ni la vara de gobernante de entre sus pies, hasta que venga a quien pertenezca, y a él sea dada la obediencia de los pueblos.

¹¹ Él ata a la vid su pollino, y a la mejor cepa el hijo de su asna; él lava en vino sus vestiduras, y en la sangre de las uvas su manto.

¹² Sus ojos serán más oscuros que el vino, y sus dientes más blancos que la leche.

¹³ Zevulún habitará a la orilla del mar; y él será puerto para naves, y su límite será hasta Sidón.

¹⁴ᵞⁱˢᵃʲᵃʳ es un asno fuerte, echado entre los establos.

¹⁵ Al ver que el lugar de reposo era bueno y que la tierra era agradable, inclinó su hombro para cargar, y llegó a ser esclavo en trabajos forzados.

¹⁶ Dan dará justicia a su pueblo como una de las tribus de Israel. ¹⁷ Sea Dan serpiente junto al camino, víbora junto al sendero, que muerde los talones del caballo, y cae su jinete hacia atrás. ¹⁸ ¡Tu salvación espero, Oh Eterno!

יְהוּדָה

Génesis 49:8 – La bendición de Yehuda. Un comentario dice que la bendición de Yaakov a Yehuda produjo 30 reyes a través del linaje de Yehuda (*Otsar HaMidrashim 229*). Mediante la bendición de Yehuda, podemos conectar con la llegada de la era Mesiánica y vislumbrar cómo será esa era. El caos se convertirá en armonía y la Realidad del Árbol de la Vida será restaurada.

זְבוּלֻן

Génesis 49:13 – La bendición de Zevulún. Zevulún era una persona orientada a los negocios. Yaakov le dio una bendición para el sustento físico porque esa era el área de poder y la responsabilidad de Zevulún. Zevulún obtuvo su bendición antes de Yisajar, quien era más espiritual, demostrando así la importancia de aquellos individuos que prosperan en el mundo material proporcionando sustento a través de su trabajo o de sus contribuciones financieras, y permitiendo así que otros estudien asuntos espirituales.

יְשָׂשׂכָר

Génesis 49:14 – La bendición de Yisajar. La Biblia llama a Yisajar asno. Esto puede parecer un insulto, especialmente porque Yisajar había pasado toda su vida estudiando los secretos de la Biblia. El *Zóhar* explica:

"Yisajar es un asno fuerte reposando entre las majadas" (Génesis 49:14). Rav Elazar preguntó: ¿Por qué Yisajar es llamado un asno? Si es porque estudiaba la Torá, debió haber sido llamado un caballo, un león o leopardo. ¿Por qué un asno? Porque es sabido que un asno llevará cualquier carga sin patear a su amo como otros animales. No es fastidioso

בְּיִשְׂרָאֵל: 8 [פ] יְהוּדָה אַתָּה יוֹדוּךָ אַחֶיךָ יָדְךָ בְּעֹרֶף אֹיְבֶיךָ

יִשְׁתַּחֲוּוּ לְךָ בְּנֵי אָבִיךָ: 9 גּוּר אַרְיֵה יְהוּדָה מִטֶּרֶף

בְּנִי עָלִיתָ כָּרַע רָבַץ כְּאַרְיֵה וּכְלָבִיא מִי יְקִימֶנּוּ: 10 לֹא־יָסוּר

שֵׁבֶט מִיהוּדָה וּמְחֹקֵק מִבֵּין רַגְלָיו עַד כִּי־יָבֹא שילה וְלוֹ יִקְּהַת

עַמִּים: 11 אֹסְרִי לַגֶּפֶן עִירֹה וְלַשֹּׂרֵקָה בְּנִי אֲתֹנוֹ כִּבֵּס בַּיַּיִן

לְבֻשׁוֹ וּבְדַם־עֲנָבִים סוּתֹה: 12 חַכְלִילִי עֵינַיִם

מִיָּיִן וּלְבֶן־שִׁנַּיִם מֵחָלָב: 13 [פ] זְבוּלֻן לְחוֹף יַמִּים יִשְׁכֹּן

וְהוּא לְחוֹף אֳנִיֹּת וְיַרְכָתוֹ עַל־צִידֹן: 14 [פ] יִשָּׂשכָר חֲמֹר גָּרֶם

רֹבֵץ בֵּין הַמִּשְׁפְּתָיִם: 15 וַיַּרְא מְנֻחָה כִּי טוֹב וְאֶת־הָאָרֶץ

כִּי נָעֵמָה וַיֵּט שִׁכְמוֹ לִסְבֹּל וַיְהִי לְמַס־עֹבֵד: [ס]

16 דָּן יָדִין עַמּוֹ כְּאַחַד שִׁבְטֵי יִשְׂרָאֵל: 17 יְהִי־דָן נָחָשׁ

עֲלֵי־דֶרֶךְ שְׁפִיפֹן עֲלֵי־אֹרַח הַנֹּשֵׁךְ עִקְּבֵי־סוּס

וַיִּפֹּל רֹכְבוֹ אָחוֹר: 18 לִישׁוּעָתְךָ קִוִּיתִי יְהוָה: [ס]

---

y descansará en cualquier lugar. Yisajar también está ocupado con la Torá, acepta la carga de la Torá y no patea a Dios. No es altivo, y como el asno, no se preocupa por su honor, sino por el honor de su Amo. "…reposando entre las majadas" como dijimos, que uno debería yacer en el suelo, vivir una vida de privación y trabajo por la Torá.
– *El Zóhar, Vayejí 69:681*

Sin embargo, al referirse a él como un asno, la Biblia está hablando de su poder para soportar una carga pesada y realizar cualquier trabajo sin quejarse. Necesitamos esta cualidad para llevar a cabo nuestro propio trabajo espiritual.

דָּן

Génesis 49:16 – La bendición de Dan. Tras bendecir a Dan, Yaakov oró por primera y única vez.

Añadió un versículo especial en la oración para Dan porque el propósito de Dan era el juicio. De hecho, el nombre "Dan" y la palabra "juicio" tienen la misma raíz tanto en arameo como en hebreo.

Por esta razón, Yaakov oró diciendo: "¡Espero por Tu salvación, oh Dios!" (Génesis 49:18). PREGUNTA: ¿Por qué no pide salvación con relación a las otras tribus, sino sólo para ésta? RESPONDE: Esto es porque ha visto el poder y la fuerza de la serpiente, cuando el juicio es despertado para someter A LA SANTIDAD. POR LO TANTO, ORÓ POR SALVACIÓN.
– *El Zóhar, Vayejí 70:712*

Cuando el juicio cae sobre alguien, es porque esta persona ha dirigido juicio hacia otras personas. Aunque nos merezcamos un cierto juicio, no lo recibiremos a menos que hayamos activado su manifestación a través de nuestros propios pensamientos y sentimientos prejuiciosos.

QUINTA LECTURA - AHARÓN - HOD

[19] *A Gad salteadores lo asaltarán, pero él asaltará su retaguardia.*

[20] *En cuanto a Asher, su alimento será sustancioso, y él dará manjares dignos de un rey.*

[21] *Naftalí es una cierva en libertad, que pronuncia palabras hermosas.*

[22] *Rama fecunda es Yosef, rama fecunda junto a un manantial; sus vástagos se extienden sobre el muro.*

[23] *Los arqueros lo atacaron con furor, lo asaetearon y lo hostigaron;*

[24] *pero su arco permaneció firme y sus brazos fueron ágiles por las manos del Poderoso de Yaakov; de allí se hizo el Pastor, la Roca de Israel,*

[25] *por el Dios de tu padre que te ayuda, y por el Todopoderoso que te bendice con bendiciones de los cielos de arriba, bendiciones del abismo que está abajo, bendiciones de los pechos y del vientre materno.*

[26] *Las bendiciones de tu padre han sobrepasado las bendiciones de mis antepasados hasta el límite de los collados eternos; sean ellas sobre la cabeza de Yosef, y sobre la cabeza del consagrado de entre sus hermanos.*

גָּד

Génesis 49:19 – **La bendición de Gad.** Gad y sus descendientes eran una nación guerrera. La bendición de Yaakov para Gad garantizaba que no fuera derrotado por sus enemigos y que la gente de Gad fuera poderosa en tiempos de guerra. Nuestra batalla con nuestro Satán interior —nuestro ego— es como una guerra: si bajamos la guardia, somos derrotados. Esta batalla requiere tanta preparación como una guerra en el mundo físico. Escuchar esta bendición nos arma para la batalla constante con nuestro ego.

מֵאָשֵׁר

Génesis 49:20 – **La bendición de Asher.** Cuando Yaakov bendijo a Asher, dijo: "En cuanto a Asher, su alimento será sustancioso, y él dará manjares dignos de un rey". Asher controla el mes de Acuario. El fin del caos en el nivel personal llega a través de Asher, como también lo hace la Redención Final, cuando el caos desaparecerá por siempre de toda la Creación. En nuestras relaciones, nuestros negocios, nuestra salud y en todas las demás áreas de nuestra vida, Asher nos permite elevarnos por encima de la negatividad. Hay un comentario que dice que Yaakov le contó

QUINTA LECTURA - AHARÓN - HOD

גָּד גְּדוּד יְגוּדֶנּוּ וְהוּא יָגֻד עָקֵב: [ס] 20 ב"פ מוב מלוי אהיה דיודין מָאשֵׁר 19

שְׁמֵנָה לַחְמוֹ וְהוּא יִתֵּן מַעֲדַנֵּי־מֶלֶךְ: [ס] 21 נַפְתָּלִי אַיָּלָה שְׁלֻחָה הַנֹּתֵן

אִמְרֵי־שָׁפֶר: [ס] 22 בֵּן פֹּרָת יוֹסֵף ציון, קנאה, ה"פ אל, ו"פ יהוה אבגיתצ, וער, אהבת חנם

בֵּן פֹּרָת עֲלֵי־עָיִן בָּנוֹת צָעֲדָה עֲלֵי־שׁוּר: ריבוע מ"ה אבגיתצ, וער, אהבת חנם

23 וַיְמָרֲרֻהוּ וָרֹבּוּ וַיִּשְׂטְמֻהוּ בַּעֲלֵי חִצִּים: 24 וַתֵּשֶׁב בְּאֵיתָן קַשְׁתּוֹ

וַיָּפֹזּוּ זְרֹעֵי יָדָיו מִידֵי אֲבִיר יַעֲקֹב הרו יאהדונהי - אידהנויה משם רֹעֶה אֶבֶן רהע

יִשְׂרָאֵל: 25 מֵאֵל אָבִיךָ וְיַעְזְרֶךָּ וְאֵת שַׁדַּי וִיבָרְכֶךָּ בִּרְכֹת יוד הה ואו הה

שָׁמַיִם י"פ טל, י"פ כוזו עֵלָם מֵעָל בִּרְכֹת תְּהוֹם י"פ מ"ה ע"ה רֹבֶצֶת תָּחַת בִּרְכֹת

שָׁדַיִם וָרָחַם אברהם, ח"פ אל, רמ"ח: 26 בִּרְכֹת אָבִיךָ גָּבְרוּ עַל־בִּרְכֹת הוֹרַי

עַד־תַּאֲוַת גִּבְעֹת עוֹלָם תִּהְיֶיןָ לְרֹאשׁ ריבוע אלהים - אלהים דיודין ע"ה יוֹסֵף

וּלְקָדְקֹד נְזִיר אֶחָיו: [פ] ציון, קנאה, ה"פ אל, ו"פ יהוה

---

a Yosef el secreto de la Redención de Egipto, y Yosef se lo contó a sus hermanos; luego Asher le contó el secreto a su hija Será. Él le dijo: "Cualquier redentor que venga y diga: '[Dios] me dijo, de cierto los he recordado (Éxodo 3:16) es el redentor verdadero" (*Shemot Rabá 5:13*).

נַפְתָּלִי

Génesis 49:21 – **La bendición de Naftalí.** Naftalí fue bendecido con la velocidad física. Él siempre fue un portador de buenas noticias y llevó a cabo rápidamente las tareas de su padre. A menudo, cuando hay algo que no debemos hacer, somos rápidos en hacerlo. Sin embargo, cuando hay una tarea espiritualmente digna, solemos ser perezosos y lentos para empezar a trabajar en ella. A través de la bendición de Naftalí, se nos concede el potencial para ser lentos en las cosas

que debemos evitar y movernos con rapidez en nuestras tareas espirituales.

בֵּן פֹּרָת יוֹסֵף

Génesis 49:22 – **La bendición de Yosef.** La bendición de Yosef es eliminar el Mal de Ojo. Yosef controla el mes de Piscis, cuyo símbolo es el pez. El pez no tiene el Mal de Ojo porque siempre está rodeado de agua, que expresa el poder de la misericordia. También podemos protegernos del Mal de Ojo a través del poder del *Zóhar* y haciendo acciones de compartir y misericordia. Aunque una persona tenga la intención deliberada de lastimar a alguien, el *Zóhar* es un escudo que el Mal de Ojo no puede penetrar. Rajel también es una protección contra el Mal de Ojo, lo cual explica el hilo rojo que se coloca alrededor de su tumba en Belén y se imbuye de su energía de protección.

SEXTA LECTURA - YOSEF - YESOD

[27] *Binyamín es lobo rapaz; de mañana devora la presa, y a la tarde reparte los despojos".* [28] *Todas estas son las doce tribus de Israel, y esto es lo que les dijo su padre cuando los bendijo. A cada uno lo bendijo con la bendición que le correspondía.*

[29] *Después les ordenó y les dijo: "Voy a ser reunido con mi pueblo. Sepúltenme con mis padres en la cueva que está en el campo de Efrón, el hitita,* [30] *en la cueva que está en el campo de Majpelá, que está frente a Mamré, en la tierra de Canaán, la cual Avraham compró junto con el campo de Efrón, el hitita, para posesión de una sepultura.*

[31] *Allí sepultaron a Avraham y a su mujer Sará. Allí sepultaron a Yitsjak y a su mujer Rivká, y allí sepulté yo a Leá.* [32] *El campo y la cueva que hay en él, fueron comprados de los hijos de los hititas".* [33] *Cuando Yaakov terminó de encargar estas cosas a sus hijos, recogió sus pies en la cama y expiró, y fue reunido a su pueblo.*

[50] [1] *Yosef se echó sobre el rostro de su padre, lloró sobre él y lo besó.*

בִּנְיָמִין

Génesis 49:27 – **La bendición de Binyamín.** "Binyamín es lobo rapaz". El *Zóhar* dice que la primera explicación de por qué se le llama lobo a Binyamín es porque esto fue grabado sobre el Trono; la segunda explicación lo interpreta como una referencia al altar sobre el cual Binyamín ofrecía la carne del sacrificio diario; y la tercera explicación indicaba que, a través de los sacrificios, Binyamín apaciguó a los acusadores llamados "lobo" para que no acusaran a Israel. El *Zóhar* dice:

> *Otra explicación para "un lobo que despedaza" es que el altar estaba en la porción de Binyamín, y el altar es un lobo. Si ustedes dicen que Binyamín es un lobo, no es así; el altar en su territorio era el lobo, ya que consumía carne diariamente;* A SABER: LOS SACRIFICIOS OFRECIDOS SOBRE ÉSTE. *Binyamín acostumbraba alimentarlo* CON SACRIFICIOS *porque estaba en su territorio. Era como si criara y nutriera a ese lobo.* "...DESPEDAZA" SIGNIFICA ALIMENTAR; EL VERSÍCULO PUEDE LEERSE: 'BINYAMÍN ALIMENTARÁ AL LOBO', EL ALTAR. *Otra explicación para "un lobo que despedaza" es que "él alimentará al lobo".*

¿Quién es el lobo? ÁNGELES *juramentados con la enemistad, quienes están listos para acusar a Yisrael desde arriba. Todos ellos son apaciguados por los sacrificios, incitado el despertar arriba. Así* BINYAMÍN, EN CUYO TERRITORIO ESTÁ EL ALTAR, ALIMENTA A LOS ACUSADORES LLAMADOS LOBO, PARA QUE NO TRAIGAN ACUSACIÓN EN CONTRA DE YISRAEL.
> – El *Zóhar*, Vayejí 78:788

Aunque había bendiciones separadas para cada hijo (tribu), aprendemos aquí que Yaakov también los bendijo juntos como grupo. Aunque cada persona tiene dones y capacidades distintas, debemos recordar siempre que todos estamos juntos en este mundo. Todo lo que hacemos tiene una influencia en la vida de otras personas. Por lo tanto, no podemos pensar "yo primero". A través de compartir, revelaremos nuestra conciencia de que todos estamos bendecidos juntos.

וַיֶּאֱסֹף

Génesis 49:33 – El *Zóhar* y el *Talmud* dicen que en realidad Yaakov no murió, sólo que hay una

SEXTA LECTURA - YOSEF - YESOD

27 בִּנְיָמִין זְאֵב יִטְרָף בַּבֹּקֶר יֹאכַל עַד וְלָעֶרֶב רבוע אלהים רבוע יהוה יְחַלֵּק שָׁלָל

ב״פ עס״מ: 28 כָּל יכ׳ אֵלֶּה שִׁבְטֵי ש״ך יִשְׂרָאֵל שְׁנֵים עָשָׂר וְזֹאת אֲשֶׁר־דִּבֶּר

ראה לָהֶם אֲבִיהֶם וַיְבָרֶךְ עס״מ׳׳ב אוֹתָם אִישׁ ע״ה קנ״א קס״א אֲשֶׁר כְּבִרְכָתוֹ

בֵּרַךְ אֹתָם: 29 וַיְצַו אוֹתָם וַיֹּאמֶר אֲלֵהֶם אֲנִי נֶאֱסָף אל״ אֶל־עַמִּי קִבְרוּ

אֹתִי אֶל־אֲבֹתָי אֶל־הַמְּעָרָה ש״ך אֲשֶׁר בִּשְׂדֵה עֶפְרוֹן הַחִתִּי: 30 בַּמְּעָרָה

אֲשֶׁר בִּשְׂדֵה הַמַּכְפֵּלָה אֲשֶׁר עַל־פְּנֵי וחכמה ـ בינה מַמְרֵא סז״זכ׳׳ך ע״ה בְּאֶרֶץ

אלהים דאלפין כְּנַעַן אֲשֶׁר קָנָה אַבְרָהָם ח״פ אל, רמ״ח אֶת־הַשָּׂדֶה ש״ך מֵאֵת עֶפְרֹן

הַחִתִּי לַאֲחֻזַּת־קָבֶר: 31 שָׁמָּה מהש קָבְרוּ אֶת־אַבְרָהָם ח״פ אל, רמ״ח וְאֵת

שָׂרָה אלהים דיודין רבוע אלהים ـ ה אִשְׁתּוֹ שָׁמָּה קָבְרוּ אֶת־יִצְחָק ד״פ ב״ן וְאֵת

רִבְקָה אִשְׁתּוֹ וְשָׁמָּה מהש קָבַרְתִּי אֶת־לֵאָה לאה (אלד ע״ה): 32 מִקְנֵה הַשָּׂדֶה

די וְהַמְּעָרָה ש״ך אֲשֶׁר־בּוֹ מֵאֵת בְּנֵי־חֵת: 33 וַיְכַל יַעֲקֹב יאהדונהי ـ אידהנויה

לְצַוֺּת פ׳׳י אֶת־בָּנָיו וַיֶּאֱסֹף רַגְלָיו אֶל־הַמִּטָּה וַיִּגְוַע וַיֵּאָסֶף אֶל־עַמָּיו:

50 1 וַיִּפֹּל יוֹסֵף ציון, קנאה, ה״פ אל, ו״פ יהוה עַל־פְּנֵי וחכמה ـ בינה אָבִיו וַיֵּבְךְּ עָלָיו

---

tumba para él y que alguien está enterrado allí. El *Zóhar* dice:

Yaakov está adherido al Árbol de la Vida, que nunca tiene muerte alguna en sí, porque todos los vivientes son establecidos y perfeccionados en este árbol que da vida a todos los que lo abrazan. Por lo tanto, Yaakov no murió. ¿Y cuándo murió? Esto ocurrió cuando fue escrito: "…subió sus pies a la cama…" (Génesis 49:33). "La cama" es como dicen ustedes: "Contemplen, éste es su lecho, el de Shlomó…" (Cantar de los Cantares 3:7), QUE ES MALJUT. Acerca de esta cama, está escrito: "Los pies de ella bajan a la muerte…" (Proverbios 5:5). Por

lo tanto, está escrito: "…subió sus pies a la cama…", y entonces: "…y expiró y fue reunido con su pueblo" (Génesis 49:33). PERO TODO EL TIEMPO QUE ESTUVO ADHERIDO AL ÁRBOL DE LA VIDA, QUE ES ZEIR ANPÍN, ÉL NO MURIÓ PORQUE LA MUERTE ES SOLAMENTE DEL ASPECTO DE MALJUT.
    – El Zóhar, Beshalaj 10:97

La muerte puede ser vencida —incluso la muerte física—, así como también otros finales que son como pequeñas muertes. Estos son los tipos de muerte que se viven en la forma de relaciones que fracasan, trabajos insatisfactorios y un nivel disminuido de conciencia. Vencerlos en cada momento de nuestra vida es nuestro objetivo.

2 Yosef ordenó a sus siervos médicos que embalsamaran a su padre, y los médicos embalsamaron a Israel. 3 Se requerían cuarenta días para ello, porque éste es el tiempo requerido para el embalsamamiento. Y los egipcios lo lloraron setenta días.

4 Cuando pasaron los días de luto por él, Yosef habló a la casa del Faraón: "Si he hallado ahora gracia ante los ojos de ustedes, les ruego que hablen a Faraón, diciendo:

5 'Mi padre me hizo jurar, diciendo: Yo voy a morir. En el sepulcro que cavé para mí en la tierra de Canaán, allí me sepultarás'. Ahora pues, le ruego que me permita ir a sepultar a mi padre, y luego volveré".

6 Y el Faraón dijo: "Sube y sepulta a tu padre como él te hizo jurar". 7 Entonces Yosef subió a sepultar a su padre, y con él subieron todos los siervos del Faraón, los ancianos de su casa y todos los dignatarios de la tierra de Egipto,

8 además de toda la casa de Yosef, y sus hermanos, y la casa de su padre. Sólo dejaron a sus pequeños, sus ovejas y sus vacas en la tierra de Goshen.

9 Subieron también con él carruajes y jinetes; y era un cortejo muy grande.

10 Cuando llegaron hasta la era de Atad, que está al otro lado del Jordán, allí hicieron duelo con una grande y dolorosa lamentación. Y Yosef guardó siete días de duelo por su padre.

11 Cuando los habitantes de la tierra, los cananeos, vieron el duelo de la era de Atad, dijeron: "Este es un duelo solemne de los egipcios". Por eso llamaron al lugar Abel Mitsráyim, el cual está al otro lado del Jordán.

12 Los hijos de Yaakov hicieron con él tal como les había mandado.

13 Pues sus hijos lo llevaron a la tierra de Canaán, y lo sepultaron en la cueva del campo de Majpelá, frente a Mamré, la cual Avraham había comprado de Efrón el hitita, junto con el campo como heredad de una sepultura.

14 Después de sepultar a su padre, Yosef regresó a Egipto, él y sus hermanos, y todos los que habían subido con él para sepultar a su padre. 15 Al ver los hermanos de Yosef que su padre había muerto, dijeron: "Quizá Yosef guarde rencor contra nosotros, y de cierto nos devuelva todo el mal que le hicimos".

וַיִּקָבְרוּ

Génesis 50:13 – Yaakov fue enterrado por sus hijos. Cuando asistimos al funeral de alguien, estamos llevando a cabo una acción por la cual no esperamos nada a cambio. Hay muchas áreas de nuestra vida en las que debemos tener esta misma conciencia, y esto es especialmente cierto con respecto a nuestras relaciones. Debemos intentar desapegarnos de las compensaciones que pensamos que merecemos siempre que llevamos a cabo cualquier servicio para los demás.

וַיַּחַנְטוּ הָרֹפְאִים אֶת־יִשְׂרָאֵל: 3 וַיִּמְלְאוּ־לוֹ אַרְבָּעִים יוֹם כִּי כֵּן יִמְלְאוּ יְמֵי הַחֲנֻטִים וַיִּבְכּוּ אֹתוֹ מִצְרַיִם שִׁבְעִים יוֹם: 4 וַיַּעַבְרוּ יְמֵי בְכִיתוֹ וַיְדַבֵּר יוֹסֵף אֶל־בֵּית פַּרְעֹה לֵאמֹר אִם־נָא מָצָאתִי חֵן בְּעֵינֵיכֶם דַּבְּרוּ־נָא בְּאָזְנֵי פַרְעֹה לֵאמֹר: 5 אָבִי הִשְׁבִּיעַנִי לֵאמֹר הִנֵּה אָנֹכִי מֵת בְּקִבְרִי אֲשֶׁר כָּרִיתִי לִי בְּאֶרֶץ כְּנַעַן שָׁמָּה תִּקְבְּרֵנִי וְעַתָּה אֶעֱלֶה־נָּא וְאֶקְבְּרָה אֶת־אָבִי וְאָשׁוּבָה: 6 וַיֹּאמֶר פַּרְעֹה עֲלֵה וּקְבֹר אֶת־אָבִיךָ כַּאֲשֶׁר הִשְׁבִּיעֶךָ: 7 וַיַּעַל יוֹסֵף לִקְבֹּר אֶת־אָבִיו וַיַּעֲלוּ אִתּוֹ כָּל־עַבְדֵי פַרְעֹה זִקְנֵי בֵיתוֹ וְכֹל זִקְנֵי אֶרֶץ־מִצְרָיִם: 8 וְכֹל בֵּית יוֹסֵף וְאֶחָיו וּבֵית אָבִיו רַק טַפָּם וְצֹאנָם וּבְקָרָם עָזְבוּ בְּאֶרֶץ גֹּשֶׁן: 9 וַיַּעַל עִמּוֹ גַּם־רֶכֶב גַּם־פָּרָשִׁים וַיְהִי הַמַּחֲנֶה כָּבֵד מְאֹד: 10 וַיָּבֹאוּ עַד־גֹּרֶן הָאָטָד אֲשֶׁר בְּעֵבֶר הַיַּרְדֵּן וַיִּסְפְּדוּ־שָׁם מִסְפֵּד גָּדוֹל וְכָבֵד מְאֹד וַיַּעַשׂ לְאָבִיו אֵבֶל שִׁבְעַת יָמִים: 11 וַיַּרְא יוֹשֵׁב הָאָרֶץ הַכְּנַעֲנִי אֶת־הָאֵבֶל בְּגֹרֶן הָאָטָד וַיֹּאמְרוּ אֵבֶל־כָּבֵד זֶה לְמִצְרָיִם עַל־כֵּן קָרָא שְׁמָהּ אָבֵל מִצְרַיִם אֲשֶׁר בְּעֵבֶר הַיַּרְדֵּן: 12 וַיַּעֲשׂוּ בָנָיו לוֹ כֵּן כַּאֲשֶׁר צִוָּם: 13 וַיִּשְׂאוּ אֹתוֹ בָנָיו אַרְצָה כְּנַעַן וַיִּקְבְּרוּ אֹתוֹ בִּמְעָרַת שְׂדֵה הַמַּכְפֵּלָה אֲשֶׁר קָנָה אַבְרָהָם אֶת־הַשָּׂדֶה לַאֲחֻזַּת־קֶבֶר מֵאֵת עֶפְרֹן הַחִתִּי עַל־פְּנֵי מַמְרֵא: 14 וַיָּשָׁב יוֹסֵף מִצְרַיְמָה הוּא וְאֶחָיו וְכָל־הָעֹלִים אִתּוֹ לִקְבֹּר אֶת־אָבִיו אַחֲרֵי קָבְרוֹ אֶת־אָבִיו: 15 וַיִּרְאוּ אֲחֵי־יוֹסֵף כִּי־מֵת

¹⁶ Entonces enviaron un mensaje a Yosef, diciendo: "Tu padre mandó a decir antes de morir:

¹⁷ 'Así dirán a Yosef: Te ruego que perdones la maldad de tus hermanos y su pecado, porque ellos te trataron mal'. Y ahora, te rogamos que perdones la maldad de los siervos del Dios de tu padre". Y Yosef lloró cuando le llegó el mensaje.

¹⁸ Entonces sus hermanos vinieron también y se postraron delante de él, y dijeron: "Ahora somos tus siervos".

¹⁹ Pero Yosef les dijo: "No teman, ¿acaso estoy yo en lugar de Dios?.

²⁰ Ustedes pensaron hacerme mal, pero Dios lo cambió en bien para que sucediera como vemos hoy, y se preservara la vida de mucha gente.

SÉPTIMA LECTURA - DAVID - MALJUT

²¹ Ahora pues, no teman. Yo proveeré para ustedes y para sus hijos". Y los consoló y les habló cariñosamente. ²² Yosef se quedó en Egipto, él y toda la casa de su padre; y Yosef vivió 110 años.

MAFTIR

²³ Yosef vio la tercera generación de los hijos de Efraim; también los hijos de Majir, hijo de Menashé, nacieron sobre las rodillas de Yosef.

²⁴ Y Yosef dijo a sus hermanos: "Yo voy a morir, pero Dios ciertamente cuidará de ustedes y los hará subir de esta tierra a la tierra que Él prometió en juramento a Avraham, Yitsjak y Yaakov".

יְשַׂטְּמֵנוּ

Génesis 50:15 – Después de la muerte de Yaakov, los hermanos tenían miedo por todo lo que le habían hecho a Yosef, especialmente porque Yosef era ahora su gobernador. Se inventaron una historia, y dijeron que Yaakov les había dicho que le dijeran a Yosef que no los lastimara ni los persiguiera. Sin embargo, Yaakov no había dicho tal cosa y nunca llegó a pensar que Yosef perseguiría a sus hermanos.

Una persona verdaderamente espiritual no busca constantemente lo negativo en los demás. Por ejemplo, si una persona espiritual es lastimada de alguna forma, se enfoca menos en el daño y más en qué puede aprender de la experiencia. Una persona espiritual entiende que la persona que causa el daño está pasando por un proceso de corrección, o *tikún*, y que hay algo que aprender de cada suceso, sea bueno o malo.

אֲבִיהֶם וַיֹּאמְרוּ לוֹ יוֹסֵף ציון, קנאה, ה"פ אל, ו"פ יהוה וְהָשֵׁב יָשִׁיב לָנוּ יִשְׂטְמֵנוּ

אֵת כָּל־הָרָעָה רהע ילו אֲשֶׁר גְּמַלְנוּ אֹתוֹ: 16 וַיְצַוּוּ פוי אֶל־יוֹסֵף אלהים, מום

לֵאמֹר אָבִיךָ צִוָּה פוי לִפְנֵי מוֹתוֹ לֵאמֹר: 17 כֹּה ציון, קנאה, ה"פ אל, ו"פ יהוה

תֹאמְרוּ לְיוֹסֵף אָנָּא ב"ן, לכב דא שָׂא נָא פֶּשַׁע אַחֶיךָ הי ציון, קנאה, ה"פ אל, ו"פ יהוה

וְחַטָּאתָם כִּי־רָעָה רהע גְּמָלוּךָ וְעַתָּה שָׂא נָא לְפֶשַׁע עַבְדֵי אֱלֹהֵי דמב, ילה

אָבִיךָ וַיֵּבְךְּ יוֹסֵף בְּדַבְּרָם רעה אֵלָיו: 18 וַיֵּלְכוּ גַּם ציון, קנאה, ה"פ אל, ו"פ יהוה כלו יגל

אֶחָיו וַיִּפְּלוּ לְפָנָיו וַיֹּאמְרוּ הִנֶּנּוּ לְךָ לַעֲבָדִים: 19 וַיֹּאמֶר אֲלֵהֶם יוֹסֵף

אַל־תִּירָאוּ כִּי הֲתַחַת אֱלֹהִים ילה, מום אָנִי: 20 וְאַתֶּם אני ציון, קנאה, ה"פ אל, ו"פ יהוה

וַחֲשַׁבְתֶּם עָלַי רָעָה אֱלֹהִים רהע ילה, מום וְהָאֱלֹהִים חֲשָׁבָהּ לְטֹבָה אכא לְמַעַן עֲשֹׂה

כַּיּוֹם גגד, זי, מזבח הַזֶּה והו לְהַחֲיֹת עַם־רָב:

SÉPTIMA LECTURA - DAVID - MALJUT

21 וְעַתָּה אַל־תִּירָאוּ אָנֹכִי איע אֲכַלְכֵּל אֶתְכֶם וְאֶת־טַפְּכֶם וַיְנַחֵם

אוֹתָם וַיְדַבֵּר רעה עַל־לִבָּם: 22 וַיֵּשֶׁב יוֹסֵף ציון, קנאה, ה"פ אל, ו"פ יהוה בְּמִצְרַיִם

הוּא וּבֵית ב"ף רעה אָבִיו וַיְחִי יוֹסֵף ציון, קנאה, ה"פ אל, ו"פ יהוה מֵאָה מלוי ע"ב, דמב

וָעֶשֶׂר שָׁנִים:

MAFTIR

23 וַיַּרְא יוֹסֵף ציון, קנאה, ה"פ אל, ו"פ יהוה לְאֶפְרַיִם אל מצפץ בְּנֵי שִׁלֵּשִׁים גַּם בְּנֵי

מָכִיר בֶּן־מְנַשֶּׁה יֻלְּדוּ עַל־בִּרְכֵּי יוֹסֵף ציון, קנאה, ה"פ אל, ו"פ יהוה: 24 וַיֹּאמֶר יוֹסֵף

אֶל־אֶחָיו אָנֹכִי איע מֵת וֵאלֹהִים ילה, מום פָּקֹד ציון, קנאה, ה"פ אל, ו"פ יהוה יפ רבוע אהיה

יִפְקֹד אֶתְכֶם וְהֶעֱלָה אֶתְכֶם מִן־הָאָרֶץ אלהים דההין ע"ה הַזֹּאת אֶל־הָאָרֶץ

²⁵ Luego Yosef hizo jurar a los hijos de Israel, diciendo: "Dios ciertamente los cuidará, y ustedes se llevarán mis huesos de aquí".

²⁶ Y murió Yosef a la edad de 110 años. Lo embalsamaron y lo pusieron en un ataúd en Egipto.

וַיָּבֶם

Génesis 50:26 – Yosef murió a los 110 años de edad. El *Zóhar* nos dice que Yosef debería haber vivido hasta los 147 años, pero le dio 37 años de su vida al Rey David. Hemos aprendido que muchos de los antepasados del Rey David le dieron a David parte de sus años porque en realidad su destino era morir al nacer. David era consciente de los años que le habían dado, y sabía que cada momento de su vida era un regalo. De David aprendemos que nuestra propia vida es un tiempo prestado valioso, y por ello debemos aprovechar cada momento a través de nuestro trabajo espiritual.

Avraham ciertamente le dio al Rey David cinco de sus años, porque vivió sólo 175 de sus 180 años, cinco menos de lo que debía, COMO YITSJAK. Yaakov podía haber vivido tanto como Avraham: 175 AÑOS, pero vivió sólo 147, 28 menos que lo que debía. Así Avraham y Yaakov le dieron al Rey David 33 años de vida. Yosef vivió solamente 110 años, en vez de 147, lo cual es 37 años menos que Yaakov. JUNTO CON LOS 33 AÑOS DE AVRAHAM Y YAAKOV, el Rey David recibió un total de setenta años para su existencia, y vivió todos esos años que los Patriarcas le dejaron.
– El Zóhar, Vayishlaj 3:55

אֱלֹהִים דההין ע"ה אֲשֶׁר נִשְׁבַּע לְאַבְרָהָם וו"פ אל, רמ"ח לְיִצְחָק ד"פ ב"ן וּלְיַעֲקֹב

יאהדונהי ~ אידהנויה 25 וַיַּשְׁבַּע יוֹסֵף ציון, קנאה, ה"פ אל, ו"פ יהוה אֶת־בְּנֵי יִשְׂרָאֵל לֵאמֹר

פָּקֹד רבוע ע"ב יִפְקֹד אֱלֹהִים ילה, מום אֶתְכֶם וְהַעֲלִתֶם אֶת־עַצְמֹתַי מִזֶּה:

26 וַיָּמָת יוֹסֵף ציון, קנאה, ה"פ אל, ו"פ יהוה בֶּן־מֵאָה מלוי ע"ב וָעֶשֶׂר שָׁנִים וַיַּחַנְטוּ

אֹתוֹ וַיִּישֶׂם בָּאָרוֹן ג"פ אלהים בְּמִצְרָיִם מצר: [ע]

(וחסד-ימין) וּזֹזק   פהל   (גבורה-שמאל) וּזֹזק   פהל   (תפארת-אמצע) וּזֹזק   פהל, מהע

(מלכות) וְנִתְוּזֹזק

וּזֹזק

El final del Libro de Génesis. Cuando terminamos de leer un libro de la Biblia, repetimos la palabra *jazak* tres veces. Esta palabra significa "fuerza", y tiene el mismo valor numérico que *Pei, Hei, Lámed* y *Mem, Hei, Shin*, que son las secuencias de los 72 Nombres de Dios que nos conectan con la fuerza y la curación.

HAFTARÁ DE VAYEJÍ

Aquí se discuten los últimos días del Rey David. Durante los últimos momentos en la vida de una persona, el alma se encuentra parcialmente en los Mundos Superiores, aunque el cuerpo todavía exista en el mundo físico. Por este motivo, la Luz de toda la vida de una persona que está muriendo se manifiesta durante esos momentos. A través de nuestra conexión con el Rey David en esta *Haftará*, aprendemos que podemos ser un canal entre los Mundos Superiores e Inferiores a lo largo de nuestra vida entera, y que no debemos esperar hasta nuestros momentos finales para convertirnos en ese canal.

"El Eterno te guiará continuamente" (Isaías 58:11)

En relación con los sacrificios, se ha explicado que todos los mundos fueron restaurados a través de ellos. "El Eterno te guiará continuamente (en hebreo *tamid*)" significa que a través de la ofrenda diaria (*tamid*), se restauran todos los mundos, y luego la abundancia desciende desde Arriba.

I REYES 2:1-12

2 ¹ Y acercándose los días de su muerte, David dio órdenes a su hijo Shlomó:

² "Yo voy por el camino de todos en la Tierra. Así que sé fuerte y sé hombre.

³ Guarda los mandatos del Eterno tu Dios, andando en Sus caminos, guardando Sus estatutos, Sus mandamientos, Sus ordenanzas y Sus testimonios, conforme a lo que está escrito en la Ley de Moshé, para que prosperes en todo lo que hagas y dondequiera que vayas,

⁴ para que el Eterno cumpla la promesa que me hizo: 'Si tus hijos guardan su camino, andando delante de Mí con fidelidad, con todo su corazón y con toda su alma, no te faltará hombre sobre el trono de Israel'.

⁵ También sabes lo que me hizo Yoab, hijo de Tseruyá, lo que hizo a los dos jefes de los ejércitos de Israel, a Abner, hijo de Ner, y a Amasá, hijo de Yéter, a los cuales mató; también derramó sangre de guerra en tiempo de paz. Y puso sangre de guerra en el cinturón que lo ceñía y en las sandalias que tenía en sus pies.

HAFTARÁ DE VAYEJÍ

El Arí escribió:

Explicaremos la posición elevada del primer hombre antes de que pecara. Se dijo en el Pastor Fiel, sección Kedoshim, que el primer hombre no tenía nada de este mundo, que era un hombre justo copulando con su esposa, y así sucesivamente. El secreto de esto es: debes saber que el primer hombre comprende todas las almas. Antes de que pecara, solía ser más alto de lo que es ahora en Yetsirá. Y si dices que fue creado del polvo del Templo, que es del mundo de Asiyá, la respuesta es que los mundos no eran como son ahora porque a través de su pecado, el primer hombre, por decirlo de alguna manera, causó una mancha en todos los mundos, desde Atsilut hasta Asiyá. El sentido es que sin duda eran como los mundos —Atsilut, Briá, Yetsirá y Asiyá—, pero eran de un nivel más elevado de lo que son ahora. Ya hemos explicado cómo, a través de nuestra oración en el día de Shabat, elevamos los mundos a su lugar y sus grados. Por lo tanto, los niveles que sólo existen en nuestros tiempos como resultado de las oraciones de Shabat estaban una vez en su lugar cada día de la semana, aun sin las oraciones especiales.

– Los Escritos de Rav Yitsjak Luria 8

מלכים 1, פרק 2, פסוקים 1–12

‫2 1 וַיִּקְרְבוּ יְמֵי־דָוִד לָמוּת וַיְצַו אֶת־שְׁלֹמֹה בְנוֹ לֵאמֹר: 2 אָנֹכִי הֹלֵךְ בְּדֶרֶךְ כָּל־הָאָרֶץ וְחָזַקְתָּ וְהָיִיתָ לְאִישׁ: 3 וְשָׁמַרְתָּ אֶת־מִשְׁמֶרֶת | יְהוָֹה אֱלֹהֶיךָ לָלֶכֶת בִּדְרָכָיו לִשְׁמֹר חֻקֹּתָיו מִצְוֹתָיו וּמִשְׁפָּטָיו וְעֵדְוֹתָיו כַּכָּתוּב בְּתוֹרַת מֹשֶׁה לְמַעַן תַּשְׂכִּיל אֵת כָּל־אֲשֶׁר תַּעֲשֶׂה וְאֵת כָּל־אֲשֶׁר תִּפְנֶה שָׁם: 4 לְמַעַן יָקִים יְהוָֹה אֶת־דְּבָרוֹ אֲשֶׁר דִּבֶּר עָלַי לֵאמֹר אִם־יִשְׁמְרוּ בָנֶיךָ אֶת־דַּרְכָּם לָלֶכֶת לְפָנַי בֶּאֱמֶת בְּכָל־לְבָבָם וּבְכָל־נַפְשָׁם לֵאמֹר לֹא־יִכָּרֵת לְךָ אִישׁ מֵעַל כִּסֵּא יִשְׂרָאֵל: 5 וְגַם אַתָּה יָדַעְתָּ‬

⁶ Actúa conforme a tu sabiduría, y no permitas que sus canas desciendan a la tumba en paz.

⁷ Pero muestra bondad a los hijos de Barzilai, el galaadita, y que estén entre los que comen a tu mesa; porque ellos me ayudaron cuando huía de tu hermano Avshalom.

⁸ Recuerda, contigo está Shimí, hijo de Gera, el binyamita de Bahurim; él fue el que me maldijo con una terrible maldición el día que yo iba a Majanáyim. Pero cuando descendió a mi encuentro en el Jordán, le juré por el Eterno, diciendo: 'No te mataré a espada'.

⁹ Pero ahora, no lo dejes sin castigo, porque eres hombre sabio. Sabrás lo que debes hacer con él y harás que desciendan sus canas con sangre a la tumba".

¹⁰ Y durmió David con sus padres y fue sepultado en la Ciudad de David.

¹¹ Los días que David reinó sobre Israel fueron cuarenta años: siete años reinó en Hebrón, y treinta y tres años reinó en Jerusalén.

¹² Shlomó se sentó en el trono de David, su padre, y su reino se afianzó en gran manera.

אֵת אֲשֶׁר־עָשָׂה לִי יוֹאָב בֶּן־צְרוּיָה אֲשֶׁר עָשָׂה לִשְׁנֵי־שָׂרֵי צִבְאוֹת
יִשְׂרָאֵל לְאַבְנֵר בֶּן־נֵר וְלַעֲמָשָׂא בֶן־יֶתֶר וַיַּהַרְגֵם וַיָּשֶׂם דְּמֵי־מִלְחָמָה
בְּשָׁלֹם וַיִּתֵּן דְּמֵי מִלְחָמָה בַּחֲגֹרָתוֹ אֲשֶׁר בְּמָתְנָיו וּבְנַעֲלוֹ אֲשֶׁר
בְּרַגְלָיו: 6 וְעָשִׂיתָ כְּחָכְמָתֶךָ וְלֹא־תוֹרֵד שֵׂיבָתוֹ בְּשָׁלֹם שְׁאֹל: 7 וְלִבְנֵי
בַרְזִלַּי הַגִּלְעָדִי תַּעֲשֶׂה־חֶסֶד עֲ"ב, רביע יהוה וְהָיוּ בְּאֹכְלֵי שֻׁלְחָנֶךָ כִּי־כֵן
קָרְבוּ אֵלַי בְּבָרְחִי מִפְּנֵי אַבְשָׁלוֹם אָחִיךָ: 8 וְהִנֵּה מ"ה יה עִמְּךָ נמב שִׁמְעִי
בֶן־גֵּרָא בֶן־הַיְמִינִי מִבַּחֻרִים וְהוּא קִלְלַנִי קְלָלָה נִמְרֶצֶת בְּיוֹם
נגד, זן, מזלו לֶכְתִּי מַחֲנָיִם וְהוּא־יָרַד לִקְרָאתִי הַיַּרְדֵּן י"פ יהוה וד' אותיות וָאֶשָּׁבַע
לוֹ בַיהֹוָ̇אהדונהי לֵאמֹר יוהך אִם־אֲמִיתְךָ בֶּחָרֶב: 9 וְעַתָּה אַל־תְּנַקֵּהוּ
כִּי אִישׁ עֲ"ה קנ"א קס"א חָכָם אָתָּה וְיָדַעְתָּ אֵת אֲשֶׁר תַּעֲשֶׂה־לּוֹ וְהוֹרַדְתָּ
אֶת־שֵׂיבָתוֹ בְּדָם רבוע אהיה שְׁאוֹל: 10 וַיִּשְׁכַּב דָּוִד עִם־אֲבֹתָיו וַיִּקָּבֵר
בְּעִיר בוזהרך, ערי, סנדלפוין דָּוִד: [פ] 11 וְהַיָּמִים נכך אֲשֶׁר מָלַךְ דָּוִד עַל־יִשְׂרָאֵל
אַרְבָּעִים שָׁנָה בְּחֶבְרוֹן מָלַךְ שֶׁבַע אלהים דיודן ~ ע"ב שָׁנִים וּבִירוּשָׁלַ̇ם
אלהים דיודן פשוט ורבוע מָלַךְ שְׁלֹשִׁים וְשָׁלֹשׁ שָׁנִים: 12 וּשְׁלֹמֹה יָשַׁב עַל־כִּסֵּא
דָוִד אָבִיו וַתִּכֹּן מַלְכֻתוֹ מְאֹד: מ"ה: [ס]

LECTURAS ESPECIALES

MAFTIR DE SHABAT JANUCÁ

Las lecturas de la Torá para los siete días de *Janucá* y el *Maftir* del *Shabat* de *Janucá* son herramientas para descargar tanta Luz milagrosa como sea posible.

NÚMEROS 7:1-11

7 ¹ Y sucedió que el día en que Moshé terminó de erigir el Tabernáculo, lo ungió y lo santificó con todos sus muebles; también ungió y santificó el altar y todos sus utensilios;

² los que los jefes de Israel, las cabezas de sus casas paternas, habían presentado. Ellos eran los jefes de las tribus, los que estaban sobre los enumerados.

³ Y ellos trajeron su ofrenda delante del Eterno: seis carretas cubiertas y doce bueyes, una carreta por cada dos jefes y un buey por cada uno; y los presentaron ante el Tabernáculo.

⁴ Y el Eterno habló a Moshé, para decir:

⁵ "Acepta de ellos estas cosas, para que sean usadas en el servicio de la Tienda de Reunión; y las darás a los levitas, a cada uno conforme a su servicio".

⁶ Y Moshé tomó las carretas y los bueyes, y se los dio a los levitas.

⁷ Dio dos carretas y cuatro bueyes a los hijos de Guershón, conforme a su servicio.

⁸ Y dio cuatro carretas y ocho bueyes a los hijos de Merarí, conforme a su servicio, bajo la mano de Itamar, hijo de Aharón, el sacerdote.

⁹ Pero a los hijos de Koat no les dio nada, porque el servicio de los objetos sagrados pertenecía a ellos: los llevaban sobre sus hombros.

¹⁰ Y los jefes presentaron la ofrenda de dedicación del altar el día que fue ungido; los jefes presentaron su ofrenda ante el altar.

¹¹ Y el Eterno dijo a Moshé: "Que presenten su ofrenda, cada jefe en su día, para la dedicación del altar".

MAFTIR DE SHABAT JANUCÁ

בְּמִדְבַּר פֶּרֶק 7, פְּסוּקִים 1–11

7 וַיְהִי בְּיוֹם כַּלּוֹת מֹשֶׁה לְהָקִים אֶת־הַמִּשְׁכָּן וַיִּמְשַׁח אֹתוֹ וַיְקַדֵּשׁ אֹתוֹ וְאֶת־כָּל־כֵּלָיו וְאֶת־הַמִּזְבֵּחַ וְאֶת־כָּל־כֵּלָיו וַיִּמְשָׁחֵם וַיְקַדֵּשׁ אֹתָם: 2 וַיַּקְרִיבוּ נְשִׂיאֵי יִשְׂרָאֵל רָאשֵׁי בֵּית אֲבֹתָם הֵם נְשִׂיאֵי הַמַּטֹּת הֵם הָעֹמְדִים עַל־הַפְּקֻדִים: 3 וַיָּבִיאוּ אֶת־קָרְבָּנָם לִפְנֵי יְהֹוָה שֵׁשׁ־עֶגְלֹת צָב וּשְׁנֵי עָשָׂר בָּקָר עֲגָלָה עַל־שְׁנֵי הַנְּשִׂאִים וְשׁוֹר לְאֶחָד וַיַּקְרִיבוּ אוֹתָם לִפְנֵי הַמִּשְׁכָּן: 4 וַיֹּאמֶר יְהֹוָה אֶל־מֹשֶׁה לֵּאמֹר: 5 קַח מֵאִתָּם וְהָיוּ לַעֲבֹד אֶת־עֲבֹדַת אֹהֶל מוֹעֵד וְנָתַתָּה אוֹתָם אֶל־הַלְוִיִּם אִישׁ כְּפִי עֲבֹדָתוֹ: 6 וַיִּקַּח מֹשֶׁה אֶת־הָעֲגָלֹת וְאֶת־הַבָּקָר וַיִּתֵּן אוֹתָם אֶל־הַלְוִיִּם: 7 אֵת שְׁתֵּי הָעֲגָלוֹת וְאֵת אַרְבַּעַת הַבָּקָר נָתַן לִבְנֵי גֵרְשׁוֹן כְּפִי עֲבֹדָתָם: 8 וְאֵת אַרְבַּע הָעֲגָלֹת וְאֵת שְׁמֹנַת הַבָּקָר נָתַן לִבְנֵי מְרָרִי כְּפִי עֲבֹדָתָם בְּיַד אִיתָמָר בֶּן־אַהֲרֹן הַכֹּהֵן: 9 וְלִבְנֵי קְהָת לֹא נָתָן כִּי־עֲבֹדַת הַקֹּדֶשׁ עֲלֵהֶם בַּכָּתֵף יִשָּׂאוּ: 10 וַיַּקְרִיבוּ הַנְּשִׂאִים אֵת חֲנֻכַּת הַמִּזְבֵּחַ בְּיוֹם הִמָּשַׁח אֹתוֹ וַיַּקְרִיבוּ הַנְּשִׂיאִם אֶת־קָרְבָּנָם לִפְנֵי הַמִּזְבֵּחַ: 11 וַיֹּאמֶר יְהֹוָה אֶל־מֹשֶׁה נָשִׂיא אֶחָד לַיּוֹם נָשִׂיא אֶחָד לַיּוֹם יַקְרִיבוּ אֶת־קָרְבָּנָם לַחֲנֻכַּת הַמִּזְבֵּחַ: [ס]

LECTURA PARA EL PRIMER DÍA

Para controlar el mes de Nisán/Aries

Aries - הַ   Marte - דַ

NÚMEROS 7:12-17

7 ¹² Y el que presentó su ofrenda el primer día fue Najshón, hijo de Aminadav, de la tribu de Yehuda;

¹³ y su ofrenda fue un plato de plata de ciento treinta shekalim de peso, un tazón de plata de setenta shekalim conforme al shékel del Santuario; ambos llenos de flor de harina mezclada con aceite como ofrenda de cereal;

¹⁴ una cacerola de oro de diez shekalim, llena de incienso;

¹⁵ un novillo, un carnero y un cordero de un año, como holocausto;

¹⁶ un macho cabrío como ofrenda por pecado;

¹⁷ y para el sacrificio de las ofrendas de paz, dos novillos, cinco carneros, cinco machos cabríos y cinco corderos de un año. Esta fue la ofrenda de Najshón, hijo de Aminadav.

LECTURA PARA EL SEGUNDO DÍA

PARA CONTROLAR EL MES DE IYAR/TAURO

Tauro - וַ   Venus - פַ

NÚMEROS 7:18-23

7 ¹⁸ El segundo día, Netanel, hijo de Zuar, jefe de Yisajar, ofreció: ¹⁹ presentó como su ofrenda un plato de plata de ciento treinta shekalim de peso, un tazón de plata de

LECTURA PARA EL PRIMER DÍA

CONTROLAR EL MES DE NISÁN/ARIES

Aries - הֹ   Marte - דֹ

בְּמִדבָּר פֶּרֶק 7, פְּסוּקִים 12–17

12 וַיְהִ֗י אֵ֤ל הַמַּקְרִ֣יב בַּיֹּ֣ום גגד, זן, מזבח הָרִאשֹׁ֖ון אֶת־קָרְבָּנֹ֑ו נַחְשֹׁ֥ון
בֶּן־עַמִּינָדָ֖ב לְמַטֵּ֥ה יְהוּדָֽה׃ 13 וְקָרְבָּנֹ֞ו קַֽעֲרַת־כֶּ֣סֶף אַחַ֗ת שְׁלֹשִׁ֣ים
וּמֵאָה֮ דמב, מלוי ע"ב מִשְׁקָלָהּ֒ מִזְרָ֤ק אֶחָד֙ אהבה, דאגה כֶּ֔סֶף שִׁבְעִ֥ים שֶׁ֖קֶל
בְּשֶׁ֣קֶל הַקֹּ֑דֶשׁ שְׁנֵיהֶ֣ם | י"פ טל, י"פ כוזו, ביט מְלֵאִ֗ים סֹ֤לֶת בְּלוּלָ֥ה בַשֶּׁ֖מֶן
לְמִנְחָֽה׃ ע"ה ב"פ ב"ן 14 כַּ֥ף אַחַ֛ת עֲשָׂרָ֥ה זָהָ֖ב מְלֵאָ֥ה קְטֹֽרֶת׃ י"א אדני 15 פַּ֣ר
סזזהר, ערי, סנדלפון אֶחָ֞ד אהבה, דאגה בֶּן־בָּקָ֗ר אַ֧יִל אֶחָ֛ד אהבה, דאגה כֶּ֥בֶשׂ ב"פ קס"א
אֶחָ֖ד אהבה, דאגה בֶּן־שְׁנָתֹ֑ו לְעֹלָֽה׃ 16 שְׂעִיר־עִזִּ֥ים אֶחָ֖ד אהבה, דאגה לְחַטָּֽאת׃
17 וּלְזֶ֣בַח הַשְּׁלָמִים֮ בָּקָ֣ר שְׁנַ֒יִם֒ אֵילִ֤ם חֲמִשָּׁה֙ עַתּוּדִ֣ים חֲמִשָּׁ֔ה כְּבָשִׂ֥ים
בְּנֵֽי־שָׁנָ֖ה חֲמִשָּׁ֑ה זֶ֛ה קָרְבַּ֥ן נַחְשֹׁ֖ון בֶּן־עַמִּינָדָֽב׃ [פ]

LECTURA PARA EL SEGUNDO DÍA

CONTROLAR EL MES DE IYAR/TAURO

TAURO - ו   VENUS - פ

בְּמִדבָּר פֶּרֶק 7, פְּסוּקִים 18–23

18 בַּיֹּום֙ גגד, זן, מזבח הַשֵּׁנִ֔י הִקְרִ֖יב נְתַנְאֵ֣ל בֶּן־צוּעָ֑ר נְשִׂ֖יא יִשָּׂשׂכָֽר
י"פ אל י"פ ב"ן 19 הִקְרִ֨ב אֶת־קָרְבָּנֹ֜ו קַֽעֲרַת־כֶּ֣סֶף אַחַ֗ת שְׁלֹשִׁ֥ים וּמֵאָה֮

setenta shekalim, conforme al shékel del Santuario, ambos llenos de flor de harina mezclada con aceite como ofrenda de cereal;

²⁰ una cacerola de oro de diez shekalim, llena de incienso;

²¹ un novillo, un carnero y un cordero de un año, como holocausto;

²² un macho cabrío como ofrenda por pecado;

²³ y para el sacrificio de las ofrendas de paz, dos novillos, cinco carneros, cinco machos cabríos y cinco corderos de un año. Esta fue la ofrenda de Netanel, hijo de Tsuar.

LECTURA PARA EL TERCER DÍA

PARA CONTROLAR EL MES DE SIVÁN/GÉMINIS

Mercurio – ר   Géminis – ז

NÚMEROS 7:24-29

7 ²⁴ El tercer día se presentó Eliav, hijo de Jelón, jefe de los hijos de Zevulún:

²⁵ su ofrenda fue un plato de plata de ciento treinta shekalim de peso, un tazón de plata de setenta shekalim, conforme al shékel del santuario, ambos llenos de flor de harina mezclada con aceite como ofrenda de cereal;

²⁶ una cacerola de oro de diez shekalim, llena de incienso;

²⁷ un novillo, un carnero y un cordero de un año, como holocausto;

²⁸ un macho cabrío como ofrenda por pecado;

²⁹ y para el sacrificio de las ofrendas de paz, dos bueyes, cinco carneros, cinco machos cabríos y cinco corderos de un año. Esta fue la ofrenda de Eliav, hijo de Jelón.

דמב, מלוי ע"ב מִשְׁקָלָהּ מִזְרָק אֶחָד אהבה, דאגה כֶּסֶף שִׁבְעִים שֶׁקֶל בְּשֶׁקֶל הַקֹּדֶשׁ שְׁנֵיהֶם | מְלֵאִים סֹלֶת בְּלוּלָה בַשֶּׁמֶן י"פ טל, י"פ כוזו, ביט לְמִנְחָה עַ"ה ב"ב ב"ן: 20 כַּף אַחַת עֲשָׂרָה זָהָב מְלֵאָה קְטֹרֶת י"א אדני: 21 פַּר בוזוּהר, עָרי, סנדלפון אֶחָד אהבה, דאגה בֶּן־בָּקָר אַיִל אֶחָד אהבה, דאגה כֶּבֶשׂ ב"פ קס"א אֶחָד דָע בֶּן־שְׁנָתוֹ לְעֹלָה: 22 שְׂעִיר־עִזִּים אֶחָד אהבה, דאגה לְחַטָּאת: 23 וּלְזֶבַח הַשְּׁלָמִים בָּקָר שְׁנַיִם אֵילִם חֲמִשָּׁה עַתֻּדִים חֲמִשָּׁה כְּבָשִׂים בְּנֵי־שָׁנָה חֲמִשָּׁה זֶה קָרְבַּן נְתַנְאֵל בֶּן־צוּעָר: [פ]

LECTURA PARA EL TERCER DÍA

Controlar el mes de Siván/Géminis

MERCURIO – ר   GÉMINIS – ‏

בַּמִּדְבָּר פֶּרֶק 7, פְּסוּקִים 24–29

7 24 בַּיּוֹם גגד, זז, מזבוז הַשְּׁלִישִׁי נָשִׂיא לִבְנֵי זְבוּלֻן אֱלִיאָב בֶּן־חֵלֹן: 25 קָרְבָּנוֹ קַעֲרַת־כֶּסֶף אַחַת שְׁלֹשִׁים וּמֵאָה דמב, מלוי ע"ב מִשְׁקָלָהּ מִזְרָק אֶחָד אהבה, דאגה כֶּסֶף שִׁבְעִים שֶׁקֶל בְּשֶׁקֶל הַקֹּדֶשׁ שְׁנֵיהֶם | מְלֵאִים סֹלֶת בְּלוּלָה בַשֶּׁמֶן י"פ טל, י"פ כוזו, ביט לְמִנְחָה עַ"ה ב"ב ב"ן: 26 כַּף אַחַת עֲשָׂרָה זָהָב מְלֵאָה קְטֹרֶת י"א אדני: 27 פַּר בוזוּהר, עָרי, סנדלפון אֶחָד אהבה, דאגה בֶּן־בָּקָר אַיִל אֶחָד אהבה, דאגה כֶּבֶשׂ ב"פ קס"א אֶחָד בֶּן־שְׁנָתוֹ לְעֹלָה: 28 שְׂעִיר־עִזִּים אֶחָד אהבה, דאגה לְחַטָּאת: 29 וּלְזֶבַח הַשְּׁלָמִים בָּקָר שְׁנַיִם אֵילִם חֲמִשָּׁה עַתֻּדִים חֲמִשָּׁה כְּבָשִׂים בְּנֵי־שָׁנָה חֲמִשָּׁה זֶה קָרְבַּן אֱלִיאָב בֶּן־חֵלֹן: [פ]

LECTURA PARA EL CUARTO DÍA

PARA CONTROLAR EL MES DE TAMUZ/CÁNCER

Luna – ת   Cáncer – סה

NÚMEROS 7:30-35

7 30 El cuarto día se presentó Elitsur, hijo de Shedeiur, jefe de los hijos de Reuvén:

31 su ofrenda fue un plato de plata de ciento treinta shekalim de peso, un tazón de plata de setenta shekalim, conforme al shékel del Santuario, ambos llenos de flor de harina mezclada con aceite como ofrenda de cereal;

32 una cacerola de oro de diez shekalim, llena de incienso;

33 un novillo, un carnero y un cordero de un año, como holocausto,

34 un macho cabrío como ofrenda por pecado;

35 y para el sacrificio de las ofrendas de paz, dos bueyes, cinco carneros, cinco machos cabríos y cinco corderos de un año. Esta fue la ofrenda de Elitsur, hijo de Shedeiur.

LECTURA PARA EL QUINTO DÍA

PARA CONTROLAR EL MES DE MENAJEM AV/LEO

Leo – ט   Sol – כ

NÚMEROS 7:36-41

7 36 El quinto día se presentó Shelumiel, hijo de Tsurishadai, jefe de los hijos de Shimón:

37 su ofrenda fue un plato de plata de ciento treinta shekalim de peso, un tazón de plata

LECTURA PARA EL CUARTO DÍA

CONTROLAR EL MES DE TAMUZ/CÁNCER

LUNA - ת   CÁNCER - ח

במדבר פרק 7, פסוקים 30–35

בַּיּוֹם נגד, זן, מזבח גם אלהים הָרְבִיעִי נָשִׂיא לִבְנֵי רְאוּבֵן אֱלִיצוּר 30 7
בֶּן־שְׁדֵיאוּר: 31 קָרְבָּנוֹ קַעֲרַת־כֶּסֶף אַחַת שְׁלֹשִׁים וּמֵאָה דמב, מלוי ע״ב
מִשְׁקָלָהּ מִזְרָק אֶחָד אהבה, דאגה כֶּסֶף שִׁבְעִים שֶׁקֶל בְּשֶׁקֶל הַקֹּדֶשׁ
שְׁנֵיהֶם | מְלֵאִים סֹלֶת בְּלוּלָה בַשֶּׁמֶן י״פ טל, י״פ כוזו, ביט לְמִנְחָה ע״ה ב״פ ב״ן:
32 כַּף אַחַת עֲשָׂרָה זָהָב מְלֵאָה קְטֹרֶת י״א אדני: 33 פַּר בֹּזֹהֹ, ערי, סנדלפו״ן
אֶחָד אהבה, דאגה בֶּן־בָּקָר אַיִל אֶחָד אהבה, דאגה כֶּבֶשׂ ב״פ קס״א ־אֶחָד אהבה, דאגה
בֶּן־שְׁנָתוֹ לְעֹלָה: 34 שְׂעִיר־עִזִּים אֶחָד אהבה, דאגה לְחַטָּאת: 35 וּלְזֶבַח
הַשְּׁלָמִים בָּקָר שְׁנַיִם אֵילִם חֲמִשָּׁה עַתּוּדִים חֲמִשָּׁה כְּבָשִׂים בְּנֵי־שָׁנָה
חֲמִשָּׁה זֶה קָרְבַּן אֱלִיצוּר בֶּן־שְׁדֵיאוּר: [פ]

LECTURA PARA EL QUINTO DÍA

CONTROLAR EL MES DE MENAJEM AV/LEO

LEO - ט   SOL - כ

במדבר פרק 7, פסוקים 36–41

בַּיּוֹם נגד, זן, מזבח הַחֲמִישִׁי נָשִׂיא לִבְנֵי שִׁמְעוֹן שְׁלֻמִיאֵל בֶּן־צוּרִישַׁדָּי: 36 7
37 קָרְבָּנוֹ קַעֲרַת־כֶּסֶף אַחַת שְׁלֹשִׁים וּמֵאָה דמב, מלוי ע״ב מִשְׁקָלָהּ מִזְרָק

de setenta shekalim, conforme al shékel del Santuario, ambos llenos de flor de harina mezclada con aceite como ofrenda de cereal;

[38] una cacerola de oro de diez shekalim, llena de incienso;

[39] un novillo, un carnero y un cordero de un año, como holocausto;

[40] un macho cabrío como ofrenda por pecado;

[41] y para el sacrificio de las ofrendas de paz, dos bueyes, cinco carneros, cinco machos cabríos y cinco corderos de un año. Esta fue la ofrenda de Shelumiel, hijo de Tsurishadai.

LECTURA PARA EL SEXTO DÍA

Para controlar el mes de Elul/Virgo

Virgo – '   Mercurio – ר

NÚMEROS 7:42-47

7 [42] El sexto día se presentó Eliasaf, hijo de Deuel, jefe de los hijos de Gad:

[43] su ofrenda fue un plato de plata de ciento treinta shekalim de peso, un tazón de plata de setenta shekalim, conforme al shékel del Santuario, ambos llenos de flor de harina mezclada con aceite como ofrenda de cereal;

[44] una cacerola de oro de diez shekalim, llena de incienso;

[45] un novillo, un carnero y un cordero de un año, como holocausto;

[46] un macho cabrío como ofrenda por pecado;

[47] y para el sacrificio de las ofrendas de paz, dos novillos, cinco carneros, cinco machos cabríos y cinco corderos de un año. Esta fue la ofrenda de Eliasaf, hijo de Deuel.

אוֹזֵד אהבה, דאגה כֶּסֶף שִׁבְעִים שֶׁקֶל בְּשֶׁקֶל הַקֹּדֶשׁ שְׁנֵיהֶם | מְלֵאִים

סֹלֶת בְּלוּלָה בַשֶּׁמֶן י"ף טל, י"ף כוזו, ביט לְמִנְחָה ע"ה ב"פ ב"ן: 38 כַּף אַחַת עֲשָׂרָה

זָהָב מְלֵאָה קְטֹרֶת י"א אדני: 39 פַּר בזוהר, ערי, סנדלפון אוֹזֵד אהבה, דאגה בֶּן־בָּקָר

אִיל אֶחָד אהבה, דאגה כֶּבֶשׂ ב"פ קס"א אֶחָד אהבה, דאגה בֶּן־שְׁנָתוֹ לְעֹלָה:

40 שְׂעִיר־עִזִּים אֶחָד אהבה, דאגה לְחַטָּאת: 41 וּלְזֶבַח הַשְּׁלָמִים בָּקָר שְׁנַיִם

אֵילִם חֲמִשָּׁה עַתֻּדִים חֲמִשָּׁה כְּבָשִׂים בְּנֵי־שָׁנָה חֲמִשָּׁה זֶה קָרְבַּן

שְׁלֻמִיאֵל בֶּן־צוּרִישַׁדָּי: [פ]

LECTURA PARA EL SEXTO DÍA

CONTROLAR EL MES DE ELUL/VIRGO

VIRGO - י　　　MERCURIO – ר

בְּמִדְבַּר פֶּרֶק 7, פְּסוּקִים 42–47

7 42 בַּיּוֹם גגה, זף, מזבח הַשִּׁשִּׁי נָשִׂיא לִבְנֵי גָד אֶלְיָסָף בֶּן־דְּעוּאֵל: 43 קָרְבָּנוֹ

קַעֲרַת־כֶּסֶף אַחַת שְׁלֹשִׁים וּמֵאָה דמב, מלוי ע"ב מִשְׁקָלָהּ מִזְרָק אֶחָד

אהבה, דאגה כֶּסֶף שִׁבְעִים שֶׁקֶל בְּשֶׁקֶל הַקֹּדֶשׁ שְׁנֵיהֶם | מְלֵאִים סֹלֶת

בְּלוּלָה בַשֶּׁמֶן י"ף טל, י"ף כוזו, ביט לְמִנְחָה ע"ה ב"פ ב"ן: 44 כַּף אַחַת עֲשָׂרָה

זָהָב מְלֵאָה קְטֹרֶת י"א אדני: 45 פַּר בזוהר, ערי, סנדלפון אוֹזֵד אהבה, דאגה בֶּן־בָּקָר

אִיל אֶחָד אהבה, דאגה כֶּבֶשׂ ב"פ קס"א אֶחָד אהבה, דאגה בֶּן־שְׁנָתוֹ לְעֹלָה:

46 שְׂעִיר־עִזִּים אֶחָד אהבה, דאגה לְחַטָּאת: 47 וּלְזֶבַח הַשְּׁלָמִים בָּקָר שְׁנַיִם

אֵילִם חֲמִשָּׁה עַתֻּדִים חֲמִשָּׁה כְּבָשִׂים בְּנֵי־שָׁנָה חֲמִשָּׁה זֶה קָרְבַּן

אֶלְיָסָף בֶּן־דְּעוּאֵל: [פ]

LECTURA PARA EL SÉPTIMO DÍA

PARA CONTROLAR EL MES DE TISHREI/LIBRA

Libra – לְ   Venus – פ

NÚMEROS 7:48-53

7 *48 El séptimo día se presentó Elishama, hijo de Amihud, jefe de los hijos de Efraim.*

49 Y su ofrenda fue un plato de plata de ciento treinta shekalim de peso, un tazón de plata de setenta shekalim, conforme al shékel del Santuario, ambos llenos de flor de harina mezclada con aceite como ofrenda de cereal;

50 una cacerola de oro de diez shekalim, llena de incienso;

51 un novillo, un carnero y un cordero de un año, como holocausto;

52 un macho cabrío como ofrenda por pecado;

53 y para el sacrificio de las ofrendas de paz, dos bueyes, cinco carneros, cinco machos cabríos y cinco corderos de un año. Esta fue la ofrenda de Elishama, hijo de Amihud.

LECTURA PARA EL OCTAVO DÍA

PARA CONTROLAR EL MES DE MAR JESHVÁN/ESCORPIO

Escorpio – נ Marte – ד

NÚMEROS 7:54-59

7 *54 El octavo día se presentó Gameliel, hijo de Pedatsur, jefe de los hijos de Menashé:*

55 su ofrenda fue un plato de plata de ciento treinta shekalim de peso, un tazón de plata

LECTURA PARA EL SÉPTIMO DÍA
CONTROLAR EL MES DE TISHREI/LIBRA
LIBRA - ל   VENUS - פ

במדבר פרק 7, פסוקים 48–53

48 בַּיּוֹם גֵּד, זַ, מזבח הַשְּׁבִיעִי נָשִׂיא לִבְנֵי אֶפְרָיִם אל מצפן אֱלִישָׁמָע
בֶּן־עַמִּיהוּד: 49 קָרְבָּנוֹ קַעֲרַת־כֶּסֶף אַחַת שְׁלֹשִׁים וּמֵאָה דמב, מלוי ע"ב
מִשְׁקָלָהּ מִזְרָק אֶחָד אהבה, דאגה כֶּסֶף שִׁבְעִים שֶׁקֶל בְּשֶׁקֶל הַקֹּדֶשׁ
שְׁנֵיהֶם | מְלֵאִים סֹלֶת בְּלוּלָה בַשֶּׁמֶן י"פ טל, י"פ כוזו, ביט לְמִנְחָה ע"ה ב"פ ב"ן:
50 כַּף אַחַת עֲשָׂרָה זָהָב מְלֵאָה קְטֹרֶת: 51 פַּר י"א אדני בוזוכר, ערי, סנדלפו"ן
אֶחָד אהבה, דאגה בֶּן־בָּקָר אַיִל אֶחָד אהבה, דאגה כֶּבֶשׂ ב"פ קס"א אֶחָד אהבה, דאגה
בֶּן־שְׁנָתוֹ לְעֹלָה: 52 שְׂעִיר־עִזִּים אֶחָד אהבה, דאגה לְחַטָּאת: 53 וּלְזֶבַח
הַשְּׁלָמִים בָּקָר שְׁנַיִם אֵילִם חֲמִשָּׁה עַתֻּדִים חֲמִשָּׁה כְּבָשִׂים בְּנֵי־שָׁנָה
חֲמִשָּׁה זֶה קָרְבַּן אֱלִישָׁמָע בֶּן־עַמִּיהוּד: [פ]

LECTURA PARA EL OCTAVO DÍA
CONTROLAR EL MES DE MAR JESHVÁN/ESCORPIO
Escorpio - נ   Marte - ד

במדבר פרק 7, פסוקים 54–59

54 בַּיּוֹם גֵּד, זַ, מזבח הַשְּׁמִינִי נָשִׂיא לִבְנֵי מְנַשֶּׁה גַּמְלִיאֵל בֶּן־פְּדָהצוּר:
55 קָרְבָּנוֹ קַעֲרַת־כֶּסֶף אַחַת שְׁלֹשִׁים וּמֵאָה דמב, מלוי ע"ב מִשְׁקָלָהּ מִזְרָק

de setenta shekalim, conforme al shékel del Santuario, ambos llenos de flor de harina mezclada con aceite como ofrenda de cereal;

⁵⁶ una cacerola de oro de diez shekalim, llena de incienso;

⁵⁷ un novillo, un carnero y un cordero de un año, como holocausto;

⁵⁸ un macho cabrío como ofrenda por pecado;

⁵⁹ y para el sacrificio de las ofrendas de paz, dos novillos, cinco carneros, cinco machos cabríos y cinco corderos de un año. Esta fue la ofrenda de Gameliel, hijo de Pedatsur.

Para controlar el mes de Kislev/Sagitario

Júpiter – ♃ Sagitario – ♐

NÚMEROS 7:60-65

7 ⁶⁰ El noveno día se presentó Avidán, hijo de Guideoni, jefe de los hijos de Binyamín:

⁶¹ su ofrenda fue un plato de plata de ciento treinta shekalim de peso, un tazón de plata de setenta shekalim, conforme al shékel del Santuario, ambos llenos de flor de harina mezclada con aceite como ofrenda de cereal;

⁶² una cacerola de oro de diez shekalim, lleno de incienso;

⁶³ un novillo, un carnero y un cordero de un año, como holocausto;

⁶⁴ un macho cabrío como ofrenda por el pecado;

⁶⁵ y para el sacrificio de las ofrendas de paz, dos novillos, cinco carneros, cinco machos cabríos y cinco corderos de un año. Esta fue la ofrenda de Avidán, hijo de Guideoní.

אֶחָ֖ד אהבה, דאגה כֶּ֛סֶף שִׁבְעִ֥ים שֶׁ֖קֶל בְּשֶׁ֣קֶל הַקֹּ֑דֶשׁ שְׁנֵיהֶ֣ם ׀ מְלֵאִ֗ים

סֹ֤לֶת בְּלוּלָ֣ה בַשֶּׁ֔מֶן י"פ טל, י"פ כוזו, ביט לְמִנְחָֽה ע"ה ב"פ ב"ן: 56 כַּ֤ף אַחַת֙ עֲשָׂרָ֣ה

זָהָ֖ב מְלֵאָ֥ה קְטֹֽרֶת י"א אדני: 57 פַּ֣ר בֿזֿוֿהֿר, ערי, סנדלפוין אֶחָ֞ד אהבה, דאגה בֶּן־בָּקָ֗ר

אַ֧יִל אֶחָ֛ד אהבה, דאגה כֶּֽבֶשׂ ב"פ קס"א ־אֶחָ֥ד אהבה, דאגה בֶּן־שְׁנָת֖וֹ לְעֹלָֽה:

58 שְׂעִיר־עִזִּ֥ים אֶחָ֖ד אהבה, דאגה לְחַטָּֽאת: 59 וּלְזֶ֣בַח הַשְּׁלָמִים֮ בָּקָ֣ר שְׁנַ֒יִם֒

אֵילִ֤ם חֲמִשָּׁה֙ עַתֻּדִ֣ים חֲמִשָּׁ֔ה כְּבָשִׂ֥ים בְּנֵֽי־שָׁנָ֖ה חֲמִשָּׁ֑ה זֶ֛ה קָרְבַּ֥ן

גַּמְלִיאֵ֖ל בֶּן־פְּדָהצֽוּר: [פ]

CONTROLAR EL MES DE KISLEV/SAGITARIO

JÚPITER - גׄ   SAGITARIO - ס

בבמדבר פרק 7, פסוקים 60–65

7 60 בַּיּוֹם֙ נגד, זֿ, מזבוזו הַתְּשִׁיעִ֔י נָשִׂ֖יא לִבְנֵ֣י בִנְיָמִ֑ן אֲבִידָ֖ן בֶּן־גִּדְעֹנִֽי:

61 קָרְבָּנ֞וֹ קַֽעֲרַת־כֶּ֣סֶף אַחַ֗ת שְׁלֹשִׁ֣ים וּמֵאָה֮ דֿמֿבֿ, מלוי ע"ב מִשְׁקָלָהּ֒ מִזְרָ֤ק

אֶחָד֙ אהבה, דאגה כֶּ֣סֶף שִׁבְעִ֥ים שֶׁ֖קֶל בְּשֶׁ֣קֶל הַקֹּ֑דֶשׁ שְׁנֵיהֶ֣ם ׀ מְלֵאִ֗ים

סֹ֤לֶת בְּלוּלָ֣ה בַשֶּׁ֔מֶן י"פ טל, י"פ כוזו, ביט לְמִנְחָֽה ע"ה ב"פ ב"ן: 62 כַּ֤ף אַחַת֙ עֲשָׂרָ֣ה

זָהָ֖ב מְלֵאָ֥ה קְטֹֽרֶת י"א אדני: 63 פַּ֣ר בֿזֿוֿהֿר, ערי, סנדלפוין אֶחָ֞ד אהבה, דאגה בֶּן־בָּקָ֗ר

אַ֧יִל אֶחָ֛ד אהבה, דאגה כֶּֽבֶשׂ ב"פ קס"א ־אֶחָ֥ד אהבה, דאגה בֶּן־שְׁנָת֖וֹ לְעֹלָֽה:

64 שְׂעִיר־עִזִּ֥ים אֶחָ֖ד אהבה, דאגה לְחַטָּֽאת: 65 וּלְזֶ֣בַח הַשְּׁלָמִים֮ בָּקָ֣ר שְׁנַ֒יִם֒

אֵילִ֤ם חֲמִשָּׁה֙ עַתֻּדִ֣ים חֲמִשָּׁ֔ה כְּבָשִׂ֥ים בְּנֵֽי־שָׁנָ֖ה חֲמִשָּׁ֑ה זֶ֛ה קָרְבַּ֥ן

אֲבִידָ֖ן בֶּן־גִּדְעֹנִֽי: [פ]

PARA CONTROLAR EL MES DE TEVET/CAPRICORNIO

Saturno – ב   Capricornio – ע

NÚMEROS 7:66-71

7 *66 El décimo día se presentó Ajiezer, hijo de Amishadái, jefe de los hijos de Dan:*

67 su ofrenda fue un plato de plata de ciento treinta shekalim de peso, un tazón de plata de setenta shekalim, conforme al shékel del Santuario, ambos llenos de flor de harina mezclada con aceite como ofrenda de cereal;

68 una cacerola de oro de diez shekalim, llena de incienso;

69 un novillo, un carnero y un cordero de un año, como holocausto;

70 un macho cabrío como ofrenda por pecado;

71 y para el sacrificio de las ofrendas de paz, dos bueyes, cinco carneros, cinco machos cabríos y cinco corderos de un año. Esta fue la ofrenda de Ajiezer, hijo de Amishadái.

PARA CONTROLAR EL MES DE SHEVAT/ACUARIO

Saturno – ב   Acuario – צ

NÚMEROS 7:72-77

7 *72 El undécimo día se presentó Paguiel, hijo de Ajrán, jefe de los hijos de Asher:*

73 su ofrenda fue un plato de plata de ciento treinta shekalim de peso, un tazón de plata de setenta shekalim, conforme al shékel del Santuario, ambos llenos de flor de harina mezclada con aceite como ofrenda de cereal;

Controlar el mes de Tevet/Capricornio

Saturno - בּ   Capricornio - ע

בְּמִדְבַּר פֶּרֶק 7, פְּסוּקִים 66–71

7 66 בַּיּוֹם גּגּד, חֵּן, מזבּחּ הָעֲשִׂירִי נָשִׂיא לִבְנֵי דָן אֲחִיעֶזֶר בֶּן־עַמִּישַׁדָּי: 67 קָרְבָּנוֹ קַעֲרַת־כֶּסֶף אַחַת שְׁלֹשִׁים וּמֵאָה דמב, מלוי עׁב מִשְׁקָלָהּ מִזְרָק אֶחָד אהבה, דאגה כֶּסֶף שִׁבְעִים שֶׁקֶל בְּשֶׁקֶל הַקֹּדֶשׁ שְׁנֵיהֶם | מְלֵאִים סֹלֶת בְּלוּלָה בַשֶּׁמֶן יׁפ טל, יׁפ כּוּוּ, בּיט לְמִנְחָה עׁה בׁפ בׁן: 68 כַּף אַחַת עֲשָׂרָה זָהָב מְלֵאָה קְטֹרֶת יׁא אדני: 69 פַּר בּזּחּזּר, ערי, סנדלפוֹן אֶחָד אהבה, דאגה בֶּן־בָּקָר אַיִל אֶחָד צעּ כֶּבֶשׂ בׁפ קסׁא אֶחָד אהבה, דאגה בֶּן־שְׁנָתוֹ לְעֹלָה: 70 שְׂעִיר־עִזִּים אֶחָד אהבה, דאגה לְחַטָּאת: 71 וּלְזֶבַח הַשְּׁלָמִים בָּקָר שְׁנַיִם אֵילִם חֲמִשָּׁה עַתֻּדִים חֲמִשָּׁה כְּבָשִׂים בְּנֵי־שָׁנָה חֲמִשָּׁה זֶה קָרְבַּן אֲחִיעֶזֶר בֶּן־עַמִּישַׁדָּי: [פ]

Controlar el mes de Shevat/Acuario

Saturno - בּ   Acuario - צ

בְּמִדְבַּר פֶּרֶק 7, פְּסוּקִים 72–77

7 72 בַּיּוֹם גּגּד, חֵּן, מזבּחּ עַשְׁתֵּי עָשָׂר יוֹם נָשִׂיא לִבְנֵי אָשֵׁר מלוי אהיה דיוֹדין פַּגְעִיאֵל בֶּן־עָכְרָן: 73 קָרְבָּנוֹ קַעֲרַת־כֶּסֶף אַחַת שְׁלֹשִׁים וּמֵאָה דמב, מלוי עׁב מִשְׁקָלָהּ מִזְרָק אֶחָד אהבה, דאגה כֶּסֶף שִׁבְעִים שֶׁקֶל בְּשֶׁקֶל הַקֹּדֶשׁ שְׁנֵיהֶם | מְלֵאִים סֹלֶת בְּלוּלָה בַשֶּׁמֶן יׁפ טל, יׁפ כּוּוּ, בּיט

74 una cacerola de oro de diez shekalim, llena de incienso;

75 un novillo, un carnero y un cordero de un año, como holocausto;

76 un macho cabrío como ofrenda por pecado;

77 y para el sacrificio de las ofrendas de paz, dos novillos, cinco carneros, cinco machos cabríos y cinco corderos de un año. Esta fue la ofrenda de Paguiel, hijo de Ajrán.

PARA CONTROLAR EL MES DE ADAR/PISCIS

Júpiter – גּ   Piscis – קּ

NÚMEROS 7:78-8:4

7 78 El duodécimo día se presentó Ajirá, hijo de Einán, jefe de los hijos de Neftalí:

79 su ofrenda fue un plato de plata de ciento treinta shekalim de peso, un tazón de plata de setenta shekalim, conforme al shékel del Santuario, ambos llenos de flor de harina mezclada con aceite como ofrenda de cereal;

80 una cacerola de oro de diez shekalim, llena de incienso;

81 un novillo, un carnero y un cordero de un año, como holocausto;

82 un macho cabrío como ofrenda por pecado;

83 y para el sacrificio de las ofrendas de paz, dos novillos, cinco carneros, cinco machos cabríos y cinco corderos de un año. Esta fue la ofrenda de Ajirá, hijo de Einán.

84 Esta fue la ofrenda de dedicación del altar el día en que lo ungieron los jefes de Israel: doce platos de plata, doce tazones de plata, doce cacerolas de oro;

85 cada plato de plata pesaba ciento treinta shekalim, y cada tazón setenta shekalim; toda la plata de los utensilios era dos mil cuatrocientos shekalim, conforme al shékel del Santuario;

86 las doce cacerolas de oro, llenas de incienso, pesaban diez shekalim cada una, conforme al shékel del Santuario. Todo el oro de las cacerolas era ciento veinte shekalim;

לְמִנְחָה עֹ"ה ב"פ ב"ן: 74 כַּף אַחַת עֲשָׂרָה זָהָב מְלֵאָה קְטֹרֶת י"א אדני: 75 פַּר

בֹּזֶקֶר, ערי, סנדלפון אֶחָד אהבה, דאגה בֶּן־בָּקָר אַיִל אֶחָד אהבה, דאגה כֶּבֶשׂ ב"פ קס"א

אֶחָד אהבה, דאגה בֶּן־שְׁנָתוֹ לְעֹלָה: 76 שְׂעִיר־עִזִּים אֶחָד אהבה, דאגה לְחַטָּאת:

77 וּלְזֶבַח הַשְּׁלָמִים בָּקָר שְׁנַיִם אֵילִם חֲמִשָּׁה עַתֻּדִים חֲמִשָּׁה כְּבָשִׂים

בְּנֵי־שָׁנָה חֲמִשָּׁה זֶה קָרְבַּן פַּגְעִיאֵל בֶּן־עָכְרָן: [פ]

CONTROLAR EL MES DE ADAR/PISCIS

JÚPITER - גִּ   PISCIS - קְ

במדבר פרק 7, פסוק 78–פרק 8, פסוק 4

78 7 בַּיּוֹם גגר, זן, מזבח עַשְׁתֵּי עָשָׂר יוֹם גגר, זן, מזבח נָשִׂיא לִבְנֵי נַפְתָּלִי אֲחִירַע

בֶּן־עֵינָן: 79 קָרְבָּנוֹ קַעֲרַת־כֶּסֶף אַחַת שְׁלֹשִׁים וּמֵאָה דמב, מלוי ע"ב בְּמִשְׁקָלָהּ

מִזְרָק אֶחָד אהבה, דאגה כֶּסֶף שִׁבְעִים שֶׁקֶל בְּשֶׁקֶל הַקֹּדֶשׁ שְׁנֵיהֶם |

מְלֵאִים סֹלֶת בְּלוּלָה בַשֶּׁמֶן י"פ טל, י"פ כוזו, ביט לְמִנְחָה עֹ"ה ב"פ ב"ן: 80 כַּף אַחַת

עֲשָׂרָה זָהָב מְלֵאָה קְטֹרֶת י"א אדני: 81 פַּר בֹּזֶקֶר, ערי, סנדלפון אֶחָד אהבה, דאגה

בֶּן־בָּקָר אַיִל אֶחָד אהבה, דאגה כֶּבֶשׂ ב"פ קס"א אֶחָד אהבה, דאגה בֶּן־שְׁנָתוֹ לְעֹלָה:

82 שְׂעִיר־עִזִּים אֶחָד אהבה, דאגה לְחַטָּאת: 83 וּלְזֶבַח הַשְּׁלָמִים בָּקָר שְׁנַיִם

אֵילִם חֲמִשָּׁה עַתֻּדִים חֲמִשָּׁה כְּבָשִׂים בְּנֵי־שָׁנָה חֲמִשָּׁה זֶה קָרְבַּן

אֲחִירַע בֶּן־עֵינָן: [פ] 84 זֹאת | וַחֲנֻכַּת הַמִּזְבֵּחַ בְּיוֹם גגר, זן, מזבח הִמָּשַׁח אֹתוֹ

מֵאֵת נְשִׂיאֵי יִשְׂרָאֵל קַעֲרֹת כֶּסֶף שְׁתֵּים עֶשְׂרֵה מִזְרְקֵי־כֶסֶף שְׁנֵים

עָשָׂר כַּפּוֹת זָהָב שְׁתֵּים עֶשְׂרֵה: 85 שְׁלֹשִׁים וּמֵאָה דמב, מלוי ע"ב הַקְּעָרָה

הָאַחַת כֶּסֶף וְשִׁבְעִים הַמִּזְרָק הָאֶחָד אהבה, דאגה כֹּל יל כֶּסֶף הַכֵּלִים כלי

אַלְפַּיִם וְאַרְבַּע־מֵאוֹת בְּשֶׁקֶל הַקֹּדֶשׁ: 86 כַּפּוֹת זָהָב שְׁתֵּים־עֶשְׂרֵה

⁸⁷ el total de los animales para el holocausto fue de doce novillos; los carneros, doce; los corderos de un año con sus ofrendas de cereal, doce; y los machos cabríos para la ofrenda por pecado, doce;

⁸⁸ y el total de los animales para el sacrificio de las ofrendas de paz fue de veinticuatro novillos; los carneros, sesenta; los machos cabríos, sesenta; y los corderos de un año, sesenta. Esta fue la ofrenda de la dedicación del altar después que fue ungido.

⁸⁹ Y cuando Moshé entró en la Tienda de Reunión para que el Eterno hablara con él, oyó la Voz que le hablaba desde encima del propiciatorio que estaba sobre el arca del testimonio, de entre los dos querubines, y Él le habló.

8:¹ ᵞ el Eterno habló a Moshé, para decir:

² "Habla a Aharón y dile: Cuando eleves las velas, las siete velas alumbrarán al frente de la Menorá".

³ Y así lo hizo Aharón: elevó las lámparas al frente de la Menorá, como el Eterno había ordenado a Moshé.

⁴ Y esta era la hechura de la Menorá: de oro labrado a martillo; desde su base hasta sus flores fue obra labrada a martillo; según el modelo que el Eterno le había mostrado a Moshé, así hizo la Menorá.

מְלֵאָת קְטֹרֶת עֲשָׂרָה עֲשָׂרָה הַכַּף בְּשֶׁקֶל הַקֹּדֶשׁ כָּל ‎יּ ־זְהַב הַכַּפּוֹת

עֶשְׂרִים וּמֵאָה דמב, מלוי ע"ב: 87 כָּל ‎יּ ־הַבָּקָר לְעֹלָה שְׁנַים עָשָׂר פָּרִים

אֵילִם שְׁנֵים־עָשָׂר כְּבָשִׂים בְּנֵי־שָׁנָה שְׁנֵים עָשָׂר וּמִנְחָתָם וּשְׂעִירֵי

עִזִּים שְׁנֵים עָשָׂר לְחַטָּאת: 88 וְכֹל ‎יּ בְּקַר | זֶבַח הַשְּׁלָמִים עֶשְׂרִים

וְאַרְבָּעָה פָּרִים אֵילִם שִׁשִּׁים עַתֻּדִים שִׁשִּׁים כְּבָשִׂים בְּנֵי־שָׁנָה

שִׁשִּׁים זֹאת חֲנֻכַּת הַמִּזְבֵּחַ ‎גנד אַחֲרֵי הִמָּשַׁח אֹתוֹ: 89 וּבְבֹא מֹשֶׁה

אֶל־אֹהֶל מועד לְדַבֵּר ‎ראה אִתּוֹ וַיִּשְׁמַע אֶת־הַקּוֹל

מִדַּבֵּר ‎ראה אֵלָיו מֵעַל הַכַּפֹּרֶת אֲשֶׁר עַל־אֲרֹן הָעֵדֻת מִבֵּין שְׁנֵי

הַכְּרֻבִים וַיְדַבֵּר ‎ראה אֵלָיו: [פ] 8 1 וַיְדַבֵּר ‎ראה יְהֹוָה אֶל־מֹשֶׁה

לֵּאמֹר: 2 דַּבֵּר ‎ראה אֶל־אַהֲרֹן וְאָמַרְתָּ אֵלָיו בְּהַעֲלֹתְךָ

אֶת־הַנֵּרֹת אֶל־מוּל פְּנֵי הַמְּנוֹרָה יָאִירוּ

שִׁבְעַת הַנֵּרוֹת 3 וַיַּעַשׂ כֵּן אַהֲרֹן

אֶל־מוּל פְּנֵי הַמְּנוֹרָה הֶעֱלָה נֵרֹתֶיהָ

כַּאֲשֶׁר צִוָּה יְהֹוָה אֶת־מֹשֶׁה: 4 וְזֶה מַעֲשֵׂה הַמְּנֹרָה

מִקְשָׁה זָהָב עַד־יְרֵכָהּ עַד־פִּרְחָהּ מִקְשָׁה הִוא כַּמַּרְאֶה אֲשֶׁר הֶרְאָה

יְהֹוָה אֶת־מֹשֶׁה כֵּן עָשָׂה אֶת־הַמְּנֹרָה: [פ]

HAFTARÁ DEL PRIMER SHABAT DE JANUCÁ

En una visión, el profeta Zejaryá ve a Satán parado a la derecha del Sumo Sacerdote. Satán es muy astuto y aparece cuando menos lo esperamos. Habitualmente viene por el lado izquierdo, empujándonos a hacer cosas negativas, pero ocasionalmente viene por la derecha, empujándonos

ZACARÍAS 2:14-4:7

2 ¹⁴ *"¡Canta y regocíjate, hija de Sión, porque he aquí que vengo y moraré en medio de ti!", declara el Eterno.*

¹⁵ *Y muchas naciones se unirán al Eterno en aquel día y serán Mi pueblo, y Yo moraré en medio de ti"; y sabrás que el Eterno de los ejércitos me ha enviado a ti.*

¹⁶ *Y el Eterno heredará a Yehuda como Su porción de la tierra santa, y escogerá de nuevo a Jerusalén.*

¹⁷ *Que toda carne guarde silencio ante el Eterno, porque Él despierta y sale de Su santa morada.*

³:¹ *Y me mostró a Yehoshúa, el sumo sacerdote, de pie ante el ángel del Eterno, y el Satán estaba a su derecha para acusarlo.*

² *Y el Eterno dijo al Satán: "¡El eterno te reprende, Satán! ¡Sí, el Eterno que ha escogido a Jerusalén te reprende! ¿no es este hombre un leño sacado del fuego?".*

³ *Ahora Yehoshúa estaba vestido con harapos sucios y de pie ante el ángel.*

⁴ *Y él contestó y habló a aquellos que estaban delante de él, diciendo: "Quítenle esos harapos". Y a él le dijo: "He aquí que yo quito la iniquidad de ti, y te vestiré de gala".*

⁵ *Y yo dije: "Que le coloquen una hermosa mitra sobre su cabeza". Así pusieron una mitra sobre su cabeza y lo vistieron con vestiduras; y el ángel del Eterno permaneció ahí.*

⁶ *Y el ángel del Eterno advirtió a Yehoshúa, diciendo:*

⁷ *"Así dice el Eterno de los ejércitos: Si tú sigues Mis caminos y guardas Mi instrucción, y también gobiernas Mi casa y guardas Mis atrios, entonces te daré libre acceso entre estos que están presentes.*

HAFTARÁ DEL PRIMER SHABAT DE JANUCÁ

a sobrecargarnos con tareas positivas. Satán puede enfrentarse a nosotros desde cualquier dirección.

זְכַרְיָה פֶּרֶק 2, פָּסוּק 14–פֶּרֶק 4, פָּסוּק 7

14 רָנִּי י״ם יהוה״פּ וְשִׂמְחִי בַּת־צִיּוֹן יוסף, ו־הויות, ה״פ אל אלֹקֵי כִּי הִנְנִי־בָא וְשָׁכַנְתִּי בְתוֹכֵךְ 2

נְאֻם־יְהֹוָהאהדונהי: 15 וְנִלְווּ גוֹיִם רַבִּים אֶל־יְהֹוָהאהדונהי בַּיּוֹם נגד, זז, מזבח

הַהוּא וְהָיוּ לִי לְעָם עלכ וְשָׁכַנְתִּי בְתוֹכֵךְ וְיָדַעַתְּ כִּי־יְהֹוָהאהדונהי צְבָאוֹת

שְׁלָחַנִי אֵלָיִךְ אני: פני שכינה 16 וְנָחַל יְהֹוָהאהדונהי אֶת־יְהוּדָה חֶלְקוֹ עַל

אַדְמַת הַקֹּדֶשׁ וּבָחַר עוֹד בִּירוּשָׁלָ͏ִם ריי ש״ע: 17 הַס אדני, ללה יל כָּל־בָּשָׂר

מִפְּנֵי יְהֹוָהאהדונהי כִּי נֵעוֹר מִמְּעוֹן קָדְשׁוֹ: [ס] 3 1 וַיַּרְאֵנִי אֶת־יְהוֹשֻׁעַ

הַכֹּהֵן מכה הַגָּדוֹל לתה, מבה, זכל, אום עֹמֵד לִפְנֵי מַלְאַךְ יְהֹוָהאהדונהי וְהַשָּׂטָן

עֹמֵד עַל־יְמִינוֹ לְשִׂטְנוֹ: 2 וַיֹּאמֶר יְהֹוָהאהדונהי אֶל־הַשָּׂטָן יִגְעַר

יְהֹוָהאהדונהי בְּךָ הַשָּׂטָן וְיִגְעַר יְהֹוָהאהדונהי בְּךָ הַבֹּחֵר בִּירוּשָׁלָ͏ִם

ריי ש״ע הֲלוֹא זֶה אוּד מֻצָּל מֵאֵשׁ: 3 וִיהוֹשֻׁעַ הָיָה יהה לָבֻשׁ בְּגָדִים צוֹאִים

וְעֹמֵד לִפְנֵי הַמַּלְאָךְ פיי: 4 וַיַּעַן וַיֹּאמֶר אֶל־הָעֹמְדִים לְפָנָיו לֵאמֹר

הָסִירוּ הַבְּגָדִים הַצֹּאִים מֵעָלָיו וַיֹּאמֶר אֵלָיו ראה רְאֵה הֶעֱבַרְתִּי

מֵעָלֶיךָ עֲוֹנֶךָ וְהַלְבֵּשׁ אֹתְךָ מַחֲלָצוֹת: 5 וָאֹמַר יָשִׂימוּ צָנִיף טָהוֹר י״פ אכא

עַל־רֹאשׁוֹ ריבוע אלהים - אלהים דיודין ע״ה וַיָּשִׂימוּ הַצָּנִיף הַטָּהוֹר י״פ אכא עַל־רֹאשׁוֹ

ריבוע אלהים - אלהים דיודין ע״ה וַיַּלְבִּשֻׁהוּ בְּגָדִים וּמַלְאַךְ יְהֹוָהאהדונהי עֹמֵד:

6 וַיָּעַד מַלְאַךְ יְהֹוָהאהדונהי בִּיהוֹשֻׁעַ לֵאמֹר: 7 כֹּה־אָמַר יְהֹוָהאהדונהי

צְבָאוֹת פני שכינה אִם־בִּדְרָכַי יוהר תֵּלֵךְ ב״פ יב״ק וְאִם אֶת־מִשְׁמַרְתִּי תִּשְׁמֹר

⁸ Escucha ahora, Yehoshúa, sumo sacerdote, tú y tus compañeros que están ante ti; porque son hombres que son una señal; porque he aquí que traigo a Mi siervo, el vástago.

⁹ Porque he aquí la piedra que he puesto ante Yehoshúa. Sobre la piedra hay siete caras. He aquí que las grabaré, dijo el Eterno de los ejércitos, Y Yo quitaré la iniquidad de esa tierra en un día.

¹⁰ Y en aquel día, dijo el Eterno de los ejércitos, llamarán a cada hombre su vecino bajo la viña y bajo la higuera".

4 ¹ Y el ángel que hablaba conmigo regresó y me despertó, como a un hombre que es despertado de su sueño.

² Y me dijo: "¿Qué ves?". Y yo dije: "He aquí que he visto un candelabro todo de oro, con un tazón arriba de éste y sus siete lámparas; hay siete tubos, sí, siete, hacia las lámparas que están arriba;

³ y dos olivos junto a él, uno al lado izquierdo del tazón y otro al lado izquierdo de éste".

⁴ Y le contesté y le hablé al ángel que habló conmigo, diciendo: "¿Qué son estos, señor mío?".

⁵ Entonces el ángel que habló conmigo contestó y me dijo: "¿No sabes qué son estos?". Y yo dije: "No, señor mío".

⁶ Entonces él contestó y me habló, diciendo: «Esta es la palabra del Eterno a Zerubavel, que dice: "No por fuerza, ni por poder, sino por Mi Espíritu", dijo el Eterno de los ejércitos.

⁷ "¿Quién eres tú, gran montaña delante de Zerubavel? Has de convertirte en llanura; y él sacará la piedra de la cima con exclamaciones de 'Gracia, gracia sea sobre ella'"».

וְגַם יגל ־אַתָּה תָּדִין אֶת־בֵּיתִי ב״פ ראה וְגַם יגל תִּשְׁמֹר אֶת־חֲצֵרָי וְנָתַתִּי לְךָ
מַהְלְכִים מ״ה בֵּין הָעֹמְדִים הָאֵלֶּה: 8 שְׁמַע־נָא יְהוֹשֻׁעַ | הַכֹּהֵן מלה הַגָּדוֹל
לחה, מבה, יזל, אום אַתָּה וְרֵעֶיךָ הַיֹּשְׁבִים לְפָנֶיךָ ס״ג ־ מ״ה ־ בן כִּי־אַנְשֵׁי מוֹפֵת
הֵמָּה כִּי־הִנְנִי מֵבִיא אֶת־עַבְדִּי צֶמַח: יהוה ־ אהיה ־ יהוה ־ אדני 9 כִּי | הִנֵּה
מ״ה יה הָאֶבֶן יוד הה ואו הה אֲשֶׁר נָתַתִּי לִפְנֵי יְהוֹשֻׁעַ עַל־אֶבֶן יוד הה ואו הה אַחַת
שִׁבְעָה עֵינָיִם ריבוע מ״ה הִנְנִי מְפַתֵּחַ פִּתֻּחָהּ נְאֻם יְהֹוָה אהדנהי צְבָאוֹת
פני שכינה וּמַשְׁתִּי אֶת־עֲוֹן הָאָרֶץ ג״פ מ״ב אלהים דההין ע״ה ־הַהִיא בַּיּוֹם נגד, זן, מזבח
אֶחָד אהבה, דאגה בַּיּוֹם 10 נגד, זן, מזבח הַהוּא נְאֻם יְהֹוָה אהדנהי צְבָאוֹת פני שכינה
תִּקְרְאוּ אִישׁ ע״ה קנ״א קס״א לְרֵעֵהוּ אֶל־תַּחַת גֶּפֶן וְאֶל־תַּחַת תְּאֵנָה תנה ע״ה:

4 1 וַיָּשָׁב הַמַּלְאָךְ פיו הדבר ראה בִּי וַיְעִירֵנִי כְּאִישׁ ע״ה קנ״א קס״א אֲשֶׁר־יֵעוֹר
מִשְּׁנָתוֹ: 2 וַיֹּאמֶר אֵלַי מ״ה אַתָּה רֹאֶה ראה וָאֹמַר (כתיב: ויאמר) רָאִיתִי |
וְהִנֵּה מ״ה יה מְנוֹרַת זָהָב כֻּלָּהּ וְגֻלָּהּ עַל־רֹאשָׁהּ ריבוע אלהים ־ אלהים דיודין ע״ה
וְשִׁבְעָה נֵרֹתֶיהָ יהוה אהיה ־ יהוה אלהים עָלֶיהָ פהל שִׁבְעָה וְשִׁבְעָה מוּצָקוֹת
לַנֵּרוֹת יהוה אהיה ־ יהוה אלהים ־ יהוה אדני אֲשֶׁר עַל־רֹאשָׁהּ ריבוע אלהים ־ אלהים דיודין ע״ה:
3 וּשְׁנַיִם זֵיתִים עָלֶיהָ פהל אֶחָד אהבה, דאגה מִימִין הַגֻּלָּה וְאֶחָד אהבה, דאגה
עַל־שְׂמֹאלָהּ: 4 וָאַעַן וָאֹמַר אֶל־הַמַּלְאָךְ פיו הדבר ראה בִּי לֵאמֹר מָה מ״ה
־אֵלֶּה אֲדֹנִי: 5 וַיַּעַן הַמַּלְאָךְ פיו הדבר ראה בִּי וַיֹּאמֶר אֵלַי הֲלוֹא יָדַעְתָּ
מָה מ״ה ־הֵמָּה אֵלֶּה וָאֹמַר לֹא אֲדֹנִי: 6 וַיַּעַן וַיֹּאמֶר אֵלַי לֵאמֹר זֶה דְּבַר
־יְהֹוָה אהדנהי ראה אֶל־זְרֻבָּבֶל לֵאמֹר לֹא בְחַיִל ומב וְלֹא בְכֹחַ כִּי אִם יוהך
־בְּרוּחִי אָמַר יְהֹוָה אהדנהי צְבָאוֹת פני שכינה: 7 מִי יגל ־אַתָּה הַר רבוע אלהים ־ ה
־הַגָּדוֹל לחה, מבה, יזל, אום לִפְנֵי זְרֻבָּבֶל לְמִישֹׁר וְהוֹצִיא אֶת־הָאֶבֶן יוד הה ואו הה
הָרֹאשָׁה ריבוע אלהים ־ אלהים דיודין ע״ה תְּשֻׁאוֹת חֵן מווי וְחֵן מווי לָהּ: [פ]

HAFTARÁ DEL SEGUNDO SHABAT DE JANUCÁ

I REYES 7:40-50

7 ⁴⁰ Jirom hizo también los calderos, las palas y los tazones. Así terminó Jirom toda la obra que hizo para el Rey Shlomó en la Casa del Eterno:

⁴¹ Las dos columnas y los tazones de los capiteles que estaban en lo alto de las dos columnas, las dos mallas para cubrir los dos tazones de los capiteles que estaban en lo alto de las columnas;

⁴² las 400 granadas para las dos mallas, dos hileras de granadas por cada malla para cubrir los dos tazones de los capiteles que estaban en lo alto de las columnas;

⁴³ las diez jofainas con sus diez soportes;

⁴⁴ el mar y los doce toros debajo del mar;

⁴⁵ los calderos, las palas y los tazones; todos estos utensilios que Jirom hizo para el Rey Shlomó en la Casa del Eterno eran de bronce bruñido.

⁴⁶ El rey los fundió en la llanura del Jordán, en la tierra arcillosa entre Sucot y Saretán.

⁴⁷ Shlomó dejó todos los utensilios sin pesarlos porque eran demasiados. El peso del bronce no se pudo determinar.

⁴⁸ Shlomó hizo también todos los utensilios que estaban en la casa del Eterno: el altar de oro y la mesa de oro sobre la cual estaba el Pan de Semblantes;

⁴⁹ las Menorás de oro puro, cinco a la mano derecha y cinco a la izquierda, frente al santuario interior; las flores, las lámparas y las tenazas de oro;

⁵⁰ las copas, las despabiladeras, los tazones, las cucharas y los incensarios de oro puro; y los goznes para las puertas de la casa interior, el Santo de Santos, y también para las puertas del salón de oro principal del Templo.

HAFTARÁ DEL SEGUNDO SHABAT DE JANUCÁ

מְלָכִים 1, פֶּרֶק 7, פְּסוּקִים 40–50

40 7 וַיַּעַשׂ חִירוֹם אֶת־הַכִּיֹּרוֹת וְאֶת־הַיָּעִים וְאֶת־הַמִּזְרָקוֹת וַיְכַל חִירָם לַעֲשׂוֹת אֶת־כָּל־ יּ הַמְּלָאכָה אֲשֶׁר עָשָׂה לַמֶּלֶךְ שְׁלֹמֹה בֵּית

ב״פ ראה יְהֹוָאהדיאהדונהי: 41 עַמֻּדִים שְׁנַיִם וְגֻלֹּת הַכֹּתָרֹת אֲשֶׁר־עַל־רֹאשׁ

רִבּוּעַ אלהים ← אלהים דיודין ע״ה הָעַמּוּדִים שְׁתָּיִם וְהַשְּׂבָכוֹת שְׁתַּיִם לְכַסּוֹת

אֶת־שְׁתֵּי גֻּלֹּת הַכֹּתָרֹת אֲשֶׁר עַל־רֹאשׁ רִבּוּעַ אלהים ← אלהים דיודין ע״ה

הָעַמּוּדִים: 42 וְאֶת־הָרִמֹּנִים אַרְבַּע מֵאוֹת לִשְׁתֵּי הַשְּׂבָכוֹת שְׁנֵי־טוּרִים

רִמֹּנִים לַשְּׂבָכָה הָאֶחָת לְכַסּוֹת אֶת־שְׁתֵּי גֻּלֹּת הַכֹּתָרֹת אֲשֶׁר

עַל־פְּנֵי חוכמה ← בינה הָעַמּוּדִים: 43 וְאֶת־הַמְּכֹנוֹת עָשֶׂר וְאֶת־הַכִּיֹּרֹת עֲשָׂרָה

עַל־הַמְּכֹנוֹת: 44 וְאֶת־הַיָּם יּ אֶחָד אהבה, דאגה וְאֶת־הַבָּקָר שְׁנֵים־עָשָׂר

תַּחַת הַיָּם יּ: 45 וְאֶת־הַסִּירוֹת וְאֶת־הַיָּעִים וְאֶת־הַמִּזְרָקוֹת וְאֵת כָּל

יּ הַכֵּלִים כלי הָאֵלֶּה (כתיב: האהל) אֲשֶׁר עָשָׂה חִירָם לַמֶּלֶךְ שְׁלֹמֹה בֵּית

ב״פ ראה יְהֹוָאהדיאהדונהי: 46 בְּכִכַּר הַיַּרְדֵּן יּ״פ יהוה ור' אותיות יְצָקָם נְוֹשֶׁת מִמֹּרְט:

הַמֶּלֶךְ בְּמַעֲבֵה הָאֲדָמָה בֵּין סֻכּוֹת וּבֵין צָרְתָן: 47 וַיַּנַּח שְׁלֹמֹה אֶת־כָּל

יּ הַכֵּלִים כלי מֵרֹב מְאֹד מאד מ״ה מאד מ״ה לֹא נֶחְקַר מִשְׁקַל הַנְּחֹשֶׁת: 48 וַיַּעַשׂ

שְׁלֹמֹה אֵת כָּל יּ הַכֵּלִים כלי אֲשֶׁר בֵּית ב״פ ראה יְהֹוָה(אהדיאהדונהי) אֶת מִזְבַּח

זו, גגר הַזָּהָב וזו וְאֶת־הַשֻּׁלְחָן אֲשֶׁר עָלָיו לֶחֶם ג״פ יהוה הַפָּנִים ע״ב ס״ג מ״ה זָהָב:

49 וְאֶת־הַמְּנֹרוֹת חָמֵשׁ מִיָּמִין וְחָמֵשׁ מִשְּׂמֹאול לִפְנֵי הַדְּבִיר רי״ו, גבורה

זָהָב סָגוּר וְהַפֶּרַח וְהַנֵּרֹת יהוה ← אהיה ← יהוה ← אלהים ← יהוה ← אדני וְהַמֶּלְקַחַיִם זָהָב:

50 וְהַסִּפּוֹת וְהַמְזַמְּרוֹת וְהַמִּזְרָקוֹת וְהַכַּפּוֹת וְהַמַּחְתּוֹת זָהָב סָגוּר

וְהַפֹּתוֹת לְדַלְתוֹת הַבַּיִת ב״פ ראה הַפְּנִימִי לְקֹדֶשׁ הַקֳּדָשִׁים לְדַלְתֵי הַבַּיִת

ב״פ ראה לַהֵיכָל אדני, ללה: זָהָב: [פ]

HAFTARÁ PARA LA VÍSPERA DE ROSH JÓDESH

En un nivel, esta *Haftará* concierne a la víspera de *Rosh Jódesh*. En un sentido más profundo, esta *Haftará* habla del amor entre David y Yonatán. Aunque él mismo era heredero al trono, Yonatán sabía que David podía convertirse en rey. Sin embargo, Yonatán amaba a David y no sentía celos. Para sentir amor verdadero por otra persona, debemos abandonar nuestros deseos egoístas. Para tener una relación satisfactoria de cualquier tipo, debemos estar dispuestos a sacrificarnos.

I SAMUEL 20:18-42

20 [18] Entonces Yonatán le dijo: "Mañana es la Luna Nueva y serás echado de menos porque tu asiento estará vacío. [19] Cuando hayas estado ausente tres días, descenderás deprisa y vendrás al lugar donde te escondiste el día de aquel suceso, y permanecerás junto a la piedra Haazel.

[20] Yo tiraré tres saetas hacia un lado, como si estuviese tirando a un blanco. [21] Y he aquí que enviaré al muchacho, diciendo: 'Ve, busca las saetas'. Si digo específicamente al muchacho: 'He aquí que las saetas están más hacia este lado de ti, búscalas', entonces ven porque hay seguridad para ti y no habrá mal, como que vive el Eterno.

[22] Pero si digo al joven: 'He aquí que las saetas están más allá de ti', vete, porque el Eterno te ha enviado. [23] En cuanto al acuerdo del cual tú y yo hemos hablado, he aquí que el Eterno está entre nosotros dos para siempre".

[24] Así que David se escondió en el campo; y cuando vino la Luna Nueva el rey se sentó a comer. [25] El rey se sentó en su asiento como de costumbre, el asiento junto a la pared; entonces Yonatán se levantó y Avner se sentó al lado de Shaúl, pero el lugar de David estaba vacío.

[26] No obstante, Shaúl no dijo nada aquel día, porque pensó: "Algo debe haberle ocurrido por estar impuro; de seguro no está limpio".

[27] Y sucedió al día siguiente, el segundo día de la Luna Nueva, que el lugar de David estaba vacío; entonces Shaúl dijo a Yonatán, su hijo: "¿Por qué no ha venido el hijo de Yishái a la comida ni ayer ni hoy?"

[28] Yonatán contestó a Shaúl: "David me rogó encarecidamente que le dejara ir a Bet Lejem, [29] porque dijo: 'Te ruego que me dejes ir, pues nuestra familia tiene sacrificio en la ciudad y mi hermano me ha mandado que asista. Ahora, si he hallado gracia ante tus ojos, te ruego me dejes ir para ver a mis hermanos'. Por este motivo no ha venido a la mesa del rey".

HAFTARÁ DE LA VÍSPERA DE ROSH JÓDESH

שְׁמוּאֵל 1, פֶּרֶק 20, פְּסוּקִים 18–42

20 18 וַיֹּאמֶר־לוֹ יְהוֹנָתָן מָחָר חֹדֶשׁ י־ב הוויות וְנִפְקַדְתָּ כִּי יִפָּקֵד מוֹשָׁבֶךָ:

19 וְשִׁלַּשְׁתָּ תֵּרֵד מְאֹד מ״ה וּבָאתָ אֶל־הַמָּקוֹם יהוה ברבוע אֲשֶׁר־נִסְתַּרְתָּ

שָׁם בְּיוֹם נגד, זן, מזבח הַמַּעֲשֶׂה וְיָשַׁבְתָּ אֵצֶל הָאֶבֶן הָאָזֶל יוֹד הה וו הה וַאֲנִי

אני, ב״פ אהיה – יהוה – שְׁלֹשֶׁת הַחִצִּים צִדָּה אוֹרֶה לְשַׁלַּח־לִי לְמַטָּרָה: 21 וְהִנֵּה

מ״ה יה אֶשְׁלַח אֶת־הַנַּעַר ש״ך לֵךְ מְצָא אֶת־הַחִצִּים אִם־אָמֹר אֹמַר

לַנַּעַר ש״ך הִנֵּה מ״ה יה הַחִצִּים מִמְּךָ וָהֵנָּה וְהִנֵּה מ״ה יה קָחֶנּוּ וָבֹאָה כִּי־שָׁלוֹם

לְךָ וְאֵין דָּבָר רָאה וַי־יְהוִֹאדנהיאהדונהי 22 וְאִם־ חי ־כֹּה י אָמַר לָעֶלֶם

הִנֵּה הַחִצִּים מִמְּךָ וָהָלְאָה לֵךְ כִּי שִׁלַּחֲךָ יְהוֹֹאדנהיאהדונהי: 23 וְהַדָּבָר

רָאה אֲשֶׁר דִּבַּרְנוּ רָאה אֲנִי אני וָאָתָּה הִנֵּה מ״ה יה יְהוֹֹאדנהיאהדונהי בֵּינִי וּבֵינְךָ

עַד־עוֹלָם: [ס] 24 וַיִּסָּתֵר ב״פ מצר דָּוִד בַּשָּׂדֶה וַיְהִי הַחֹדֶשׁ י־ב הוויות וַיֵּשֶׁב

הַמֶּלֶךְ אֶל־ (כתיב: על־) הַלֶּחֶם ג״פ יהוה לֶאֱכוֹל: 25 וַיֵּשֶׁב הַמֶּלֶךְ עַל־מוֹשָׁבוֹ

כְּפַעַם ׀ בְּפַעַם אֶל־מוֹשַׁב הַקִּיר וַיָּקָם יְהוֹנָתָן וַיֵּשֶׁב אַבְנֵר מִצַּד שָׁאוּל

וַיִּפָּקֵד מְקוֹם יהוה ברבוע דָּוִד: 26 וְלֹא־דִבֶּר רָאה שָׁאוּל מְאוּמָה בַּיּוֹם נגד, זן, מזבח

הַהוּא כִּי אָמַר מִקְרֶה הוּא בִּלְתִּי טָהוֹר י״פ אכא הוּא כִּי־לֹא טָהוֹר

י״פ אכא: [ס] 27 וַיְהִי אל מִמָּחֳרַת הַחֹדֶשׁ י״ב הוויות הַשֵּׁנִי וַיִּפָּקֵד מְקוֹם יהוה ברבוע

דָּוִד [פ] וַיֹּאמֶר שָׁאוּל אֶל־יְהוֹנָתָן בְּנוֹ מַדּוּעַ לֹא־בָא בֶן־יִשַׁי גַּם יגל

תְּמוֹל גַּם יגל הַיּוֹם אֶל־הַלָּחֶם ג״פ יהוה: 28 וַיַּעַן יְהוֹנָתָן אֶת־שָׁאוּל

נִשְׁאֹל נִשְׁאַל דָּוִד מֵעִמָּדִי עַד־בֵּית ב״פ ראה לָחֶם ג״פ יהוה: 29 וַיֹּאמֶר

שַׁלְּחֵנִי נָא כִּי זֶבַח מִשְׁפָּחָה לָנוּ אלהים, מום בָּעִיר בןזהר, ערי, סנדלפון וְהוּא צִוָּה

פוי ־לִי אָחִי וְעַתָּה אִם־ יוהך ־מָצָאתִי חֵן מזיו בְּעֵינֶיךָ ע״ה קס״א אִמָּלְטָה נָּא

³⁰ Se encendió la ira de Shaúl contra Yonatán, y le dijo: "¡Hijo de mujer perversa y rebelde! ¿Acaso no sé yo que prefieres al hijo de Yishái, para tu propia vergüenza y para vergüenza de la desnudez de tu madre?

³¹ Pues mientras viva el hijo de Yishái sobre la Tierra, ni tú ni tu reino serán establecidos. Ahora manda a traérmelo, porque ciertamente ha de morir".

³² Pero Yonatán contestó a su padre Shaúl, y le dijo: "¿Por qué ha de morir? ¿Qué ha hecho?".

³³ Entonces Shaúl le arrojó la lanza para matarlo: así Yonatán supo que su padre había decidido matar a David.

³⁴ Entonces Yonatán se levantó de la mesa ardiendo de ira y no probó comida en el segundo día de la Luna Nueva, pues estaba entristecido por David y porque su padre le había deshonrado.

³⁵ Y aconteció a la mañana siguiente que Yonatán salió al campo para su encuentro con David, y un jovenzuelo iba con él.

³⁶ Y dijo a su jovencito: "Corre, busca ahora las saetas que voy a tirar". Y mientras el joven corría, tiró una saeta más allá de él.

³⁷ Cuando el muchacho llegó a la saeta que Yonatán había tirado, Yonatán le gritó al muchacho, y dijo: "¿No está la saeta más lejos de ti?".

³⁸ Y Yonatán gritó al joven: "Corre, date prisa, no te detengas". Y el jovenzuelo de Yonatán recogió la saeta y volvió a su señor.

³⁹ El joven no estaba al tanto de nada; sólo Yonatán y David sabían del asunto.

⁴⁰ Entonces Yonatán dio sus armas al muchacho y le dijo: "Vete, llévalas a la ciudad".

⁴¹ Cuando el muchacho se fue, David salió del lado del sur y cayó rostro en tierra, postrándose tres veces, y se besaron el uno al otro y lloraron juntos, pero David lloró más.

⁴² Y Yonatán dijo a David: "Vete en paz, ya que nos hemos jurado el uno al otro en el Nombre del Eterno, diciendo: 'Que el Eterno esté entre tú y yo, y entre mi descendencia y tu descendencia para siempre'".

וָאֶרְאֶה אֶת־אוֹיְבֵי עַל־כֵּן לֹא־בָא אֶל־שֻׁלְחַן הַמֶּלֶךְ: 30 [ס] וַיִּחַר־אַף
שָׁאוּל בִּיהוֹנָתָן וַיֹּאמֶר לוֹ בֶּן־נַעֲוַת הַמַּרְדּוּת הֲלוֹא יָדַעְתִּי כִּי־בֹחֵר
אַתָּה לְבֶן־יִשַׁי לְבָשְׁתְּךָ וּלְבֹשֶׁת עֶרְוַת אִמֶּךָ: 31 כִּי כָל־הַיָּמִים
אֲשֶׁר בֶּן־יִשַׁי חַי עַל־הָאֲדָמָה לֹא תִכּוֹן אַתָּה וּמַלְכוּתֶךָ וְעַתָּה שְׁלַח
וְקַח אֹתוֹ אֵלַי כִּי בֶן־מָוֶת הוּא: 32 [ס] וַיַּעַן יְהוֹנָתָן אֶת־שָׁאוּל אָבִיו
וַיֹּאמֶר אֵלָיו לָמָּה יוּמַת מֶה עָשָׂה: 33 וַיָּטֶל שָׁאוּל אֶת־הַחֲנִית עָלָיו
לְהַכֹּתוֹ וַיֵּדַע יְהוֹנָתָן כִּי־כָלָה הִיא מֵעִם אָבִיו לְהָמִית אֶת־דָּוִד: [ס]
34 וַיָּקָם יְהוֹנָתָן מֵעִם הַשֻּׁלְחָן בָּחֳרִי־אָף וְלֹא־אָכַל בְּיוֹם
הַחֹדֶשׁ הַשֵּׁנִי לֶחֶם כִּי נֶעְצַב אֶל־דָּוִד כִּי הִכְלִמוֹ אָבִיו: [ס]
35 וַיְהִי בַבֹּקֶר וַיֵּצֵא יְהוֹנָתָן הַשָּׂדֶה לְמוֹעֵד דָּוִד וְנַעַר קָטֹן עִמּוֹ:
36 וַיֹּאמֶר לְנַעֲרוֹ רֻץ מְצָא נָא אֶת־הַחִצִּים אֲשֶׁר אָנֹכִי מוֹרֶה
הַנַּעַר רָץ וְהוּא־יָרָה הַחֵצִי לְהַעֲבִרוֹ: 37 וַיָּבֹא הַנַּעַר עַד־מְקוֹם
הַחֵצִי אֲשֶׁר יָרָה יְהוֹנָתָן וַיִּקְרָא יְהוֹנָתָן אַחֲרֵי
הַנַּעַר וַיֹּאמֶר הֲלוֹא הַחֵצִי מִמְּךָ וָהָלְאָה: 38 וַיִּקְרָא
יְהוֹנָתָן אַחֲרֵי הַנַּעַר מְהֵרָה חוּשָׁה אַל־תַּעֲמֹד וַיְלַקֵּט נַעַר יְהוֹנָתָן
אֶת־הַחִצִּים (כתיב: הַחֵצִי) וַיָּבֹא אֶל־אֲדֹנָיו: 39 וְהַנַּעַר לֹא־יָדַע מְאוּמָה
אַךְ יְהוֹנָתָן וְדָוִד יָדְעוּ אֶת־הַדָּבָר: 40 [ס] וַיִּתֵּן יְהוֹנָתָן אֶת־כֵּלָיו
אֶל־הַנַּעַר אֲשֶׁר־לוֹ וַיֹּאמֶר לוֹ לֵךְ הָבֵיא הָעִיר:
41 הַנַּעַר בָּא וְדָוִד קָם מֵאֵצֶל הַנֶּגֶב וַיִּפֹּל לְאַפָּיו אַרְצָה
וַיִּשְׁתַּחוּ שָׁלֹשׁ פְּעָמִים וַיִּשְׁקוּ אִישׁ אֶת־רֵעֵהוּ וַיִּבְכּוּ אִישׁ
אֶת־רֵעֵהוּ עַד־דָּוִד הִגְדִּיל: 42 וַיֹּאמֶר יְהוֹנָתָן לְדָוִד לֵךְ
לְשָׁלוֹם אֲשֶׁר נִשְׁבַּעְנוּ שְׁנֵינוּ אֲנַחְנוּ בְּשֵׁם יְהוָה לֵאמֹר
יְהוָה יִהְיֶה | בֵּינִי וּבֵינֶךָ וּבֵין זַרְעִי וּבֵין זַרְעֲךָ עַד־עוֹלָם: [פ]

MAFTIR DE SHABAT DE ROSH JÓDESH

NÚMEROS 28:9-15

28 ^{9} "En el Shabat ofrecerás dos corderos de un año sin defecto, junto con su libación y su ofrenda de cereal de dos décimas de un efá de flor de harina mezclada con aceite.

^{10} Este es el holocausto de cada Shabat, además del holocausto continuo y de su libación.

^{11} El primer día de cada mes presentarán al Eterno un holocausto de dos novillos, un carnero y siete corderos de un año, todos sin defecto.

^{12} Con cada novillo habrá una ofrenda de cereal de tres décimas de un efá de flor de harina mezclada con aceite; con el carnero, una ofrenda de cereal de dos décimas de flor de harina, mezclada con aceite;

^{13} y con cada cordero, una ofrenda de cereal de una décima de un efá de flor de harina mezclada con aceite. Esto será como holocausto, un aroma agradable, una ofrenda ígnea al Eterno.

^{14} Sus libaciones serán medio hin de vino por cada novillo; un tercio de un hin por el carnero; y un cuarto de un hin por cada cordero. Este es el holocausto mensual que se debe hacer cada Luna Nueva durante el año.

^{15} Además del holocausto continuo con su libación, se presentará al Eterno un macho cabrío como ofrenda por pecado".

MAFTIR DE SHABAT DE ROSH JÓDESH

במדבר פרק 28, פסוקים 9–15

9 וּבְיוֹם נגד, זן, מזבח הַשַּׁבָּת שְׁנֵי־כְבָשִׂים בְּנֵי־שָׁנָה תְּמִימִם וּשְׁנֵי עֶשְׂרֹנִים סֹלֶת מִנְחָה עֵ"ה בֹ"פ בֹ"ן בְּלוּלָה בַשֶּׁמֶן יֹ"פ טל, יֹ"פ כוזו, ביט וְנִסְכּוֹ: 10 עֹלַת שַׁבַּת בְּשַׁבַּתּוֹ עַל־עֹלַת אבגיתצ, ושר, אהבת חזם הַתָּמִיד נתה, קסֹ"א ∟ קנֹ"א ∟ קמֹ"ג וְנִסְכָּהּ: [פ] 11 וּבְרָאשֵׁי רבוע אלהים ∟ אלהים דיודין עֹ"ה חָדְשֵׁיכֶם יֹ"ב הוויות תַּקְרִיבוּ עֹלָה לַיהוָֹהאהדונהי לַיהוֹ אהבה, דאגה פָּרִים בְּנֵי־בָקָר שְׁנַיִם וְאַיִל אֶחָד אהבה, דאגה כְּבָשִׂים בְּנֵי־שָׁנָה שִׁבְעָה תְּמִימִם: 12 וּשְׁלֹשָׁה עֶשְׂרֹנִים סֹלֶת מִנְחָה עֵ"ה בֹ"פ בֹ"ן בְּלוּלָה בַשֶּׁמֶן יֹ"פ טל, יֹ"פ כוזו לַפָּר בזהר, ערי הָאֶחָד דֹ,אֶ, וּשְׁנֵי עֶשְׂרֹנִים סֹלֶת מִנְחָה עֵ"ה בֹ"פ בֹ"ן בְּלוּלָה בַשֶּׁמֶן יֹ"פ טל, יֹ"פ כוזו לָאַיִל הָאֶחָד אהבה, דאגה: 13 וְעִשָּׂרֹן עִשָּׂרוֹן סֹלֶת מִנְחָה עֵ"ה בֹ"פ בֹ"ן בְּלוּלָה בַשֶּׁמֶן יֹ"פ טל, יֹ"פ כוזו, ביט לַכֶּבֶשׂ בֹ"פ קסֹ"א הָאֶחָד אהבה, דאגה עֹלָה רֵיחַ נִיחֹחַ אִשֶּׁה לַיהוֹ אהדונהיאהדונהי 14 וְנִסְכֵּיהֶם חֲצִי הַהִין יְהְיֶה יֹיֹ לַפָּר בזהר, ערי וּשְׁלִישִׁת הַהִין לָאַיִל וּרְבִיעִת הַהִין לַכֶּבֶשׂ בֹ"פ קסֹ"א יָיִן מיכ, יֹ"פ הֹאא זֹאת עֹלַת אבגיתצ, ושר, אהבת חזם חֹדֶשׁ יֹ"ב הוויות בְּחָדְשׁוֹ יֹ"ב הוויות לְחָדְשֵׁי יֹ"ב הוויות הַשָּׁנָה: 15 וּשְׂעִיר עִזִּים אֶחָד אהבה, דאגה לְחַטָּאת לַיהוֹ אהדונהיאהדונהי עַל־עֹלַת אבגיתצ, ושר, אהבת חזם הַתָּמִיד נתה, קסֹ"א ∟ קנֹ"א ∟ קמֹ"ג יֵעָשֶׂה וְנִסְכּוֹ: [ס]

HAFTARÁ DE SHABAT DE ROSH JÓDESH

Igual que *Shabat* enfría los fuegos del Infierno, esos mismos fuegos son apagados en *Rosh Jódesh*, dándonos el poder de desviar y evitar el juicio.

ISAÍAS 66:1-24

66 *¹ Esto dice el Eterno: "El Cielo es Mi Trono y la Tierra es Mi Escabel. ¿Dónde está la Casa que podrían construir para Mí? ¿Dónde estará Mi lugar de reposo?*

² ¿Acaso Mi Mano no hizo todas estas cosas, para que llegaran a existir?", declara el Eterno. "Pero a este estimaré: al que es humilde y contrito de espíritu, y que tiembla ante Mi Palabra.

³ Pero el que sacrifica a un toro es como el que mata a un hombre, y el que sacrifica un cordero es como el que desnuca un perro; el que presenta ofrenda de cereal es como el que ofrece sangre de cerdo, el que quema incienso es como el que adora a un ídolo. Como ellos han escogido sus propios caminos y su alma se deleita en sus abominaciones,

⁴ también Yo escogeré sus castigos y traeré sobre ellos lo que temen. Porque cuando llamé, nadie respondió; cuando hablé, nadie escuchó. Hicieron lo malo ante Mis ojos y escogieron aquello que no es de Mi agrado".

⁵ Escuchen la Palabra del Eterno, ustedes que tiemblan ante Su Palabra: "Sus hermanos que los aborrecen y excluyen por causa de Mi Nombre, han dicho: '¡Que el Eterno sea glorificado, para que veamos su alegría!'. Pero ellos serán avergonzados.

⁶ ¡Oigan el estruendo que viene de la ciudad, oigan ese ruido que sale del Templo! Es el sonido del Eterno que retribuye a Sus enemigos todo lo que ellos merecen.

⁷ Antes de que entre en labor de parto, ella da a luz; antes que le vinieran los dolores, ella da a luz un niño.

⁸ ¿Quién ha oído tal cosa? ¿Quién ha visto una cosa así? ¿Puede nacer un país en un solo día o puede nacer una nación en un instante? Porque tan pronto como Sión tuvo los dolores de parto dio a luz a sus hijos.

⁹ ¿Acaso propiciaré el momento del parto y no haré nacer?", dice el Eterno. "¿Acaso Yo, que hago dar a luz, cerraré la matriz?", dice tu Dios.

HAFTARÁ DE SHABAT DE ROSH JÓDESH

ישעיהו פרק 66, פסוקים 1–24

66 1 כֹּה אָמַר יְהֹוָה הַשָּׁמַיִם כִּסְאִי וְהָאָרֶץ הֲדֹם רַגְלַי אֵי־זֶה בַיִת אֲשֶׁר תִּבְנוּ־לִי וְאֵי־זֶה מָקוֹם מְנוּחָתִי: 2 וְאֶת־כָּל־אֵלֶּה יָדִי עָשָׂתָה וַיִּהְיוּ כָל־אֵלֶּה נְאֻם־יְהֹוָה וְאֶל־זֶה אַבִּיט אֶל־עָנִי וּנְכֵה־רוּחַ וְחָרֵד עַל־דְּבָרִי: 3 שׁוֹחֵט הַשּׁוֹר מַכֵּה־אִישׁ זוֹבֵחַ הַשֶּׂה עֹרֵף כֶּלֶב מַעֲלֵה מִנְחָה דַּם־חֲזִיר מַזְכִּיר לְבֹנָה מְבָרֵךְ אָוֶן גַּם־הֵמָּה בָּחֲרוּ בְּדַרְכֵיהֶם וּבְשִׁקּוּצֵיהֶם נַפְשָׁם חָפֵצָה: 4 גַּם־אֲנִי אֶבְחַר בְּתַעֲלֻלֵיהֶם וּמְגוּרֹתָם אָבִיא לָהֶם יַעַן קָרָאתִי וְאֵין עוֹנֶה דִּבַּרְתִּי וְלֹא שָׁמֵעוּ וַיַּעֲשׂוּ הָרַע בְּעֵינַי וּבַאֲשֶׁר לֹא־חָפַצְתִּי בָּחָרוּ: 5 שִׁמְעוּ דְּבַר־יְהֹוָה הַחֲרֵדִים אֶל־דְּבָרוֹ אָמְרוּ אֲחֵיכֶם שֹׂנְאֵיכֶם מְנַדֵּיכֶם לְמַעַן שְׁמִי יִכְבַּד יְהֹוָה וְנִרְאֶה בְשִׂמְחַתְכֶם וְהֵם יֵבֹשׁוּ: 6 קוֹל שָׁאוֹן מֵעִיר קוֹל מֵהֵיכָל קוֹל יְהֹוָה מְשַׁלֵּם גְּמוּל לְאֹיְבָיו: 7 בְּטֶרֶם תָּחִיל יָלָדָה בְּטֶרֶם יָבוֹא חֵבֶל לָהּ וְהִמְלִיטָה זָכָר: 8 מִי־שָׁמַע כָּזֹאת מִי רָאָה כָּאֵלֶּה הֲיוּחַל אֶרֶץ בְּיוֹם אֶחָד אִם־יִוָּלֵד גּוֹי פַּעַם אֶחָת כִּי־חָלָה גַּם־יָלְדָה צִיּוֹן אֶת־בָּנֶיהָ: 9 הַאֲנִי אַשְׁבִּיר וְלֹא אוֹלִיד יֹאמַר יְהֹוָה אִם־אֲנִי

[10] "Regocíjense con Jerusalén y alégrense por ella, todos los que la aman; rebosen de júbilo con ella, todos los que hacen duelo por ella.

[11] Para que puedan mamar y sea saciados con los pechos de sus consuelos, para que puedan beber y deleitarse en su abundancia".

[12] Porque así dice el Eterno: "Extenderé paz hacia ella como un río y la riqueza de las naciones como torrente desbordado; y beberán y serán llevados en sus brazos y acariciados sobre sus rodillas.

[13] Como una madre que consuela a su hijo, así los consolaré Yo; y serán consolados en Jerusalén".

[14] Cuando vean esto, su corazón se llenará de gozo y florecerán como hierba; la mano del Eterno se dará a conocer a Sus siervos y Su furia será mostrada a Sus enemigos.

[15] He aquí que el Eterno vendrá con fuego y Sus carros son como torbellino; Él descargará Su ira con furia y Su reprimenda con llamas de fuego.

[16] Porque el Eterno ejercerá juicio con fuego y con Su espada a todos, y serán muchos los muertos del Eterno.

[17] "Los que se santifican y se purifican para ir a los jardines, tras uno que está en medio de aquellos que comen carne de cerdo y ratones y otras cosas abominables, serán exterminados juntos", declara el Eterno.

[18] "Y dado que Yo conozco sus obras y sus pensamientos, iré a reunir a todas las naciones y lenguas, y vendrán y verán Mi gloria.

[19] Y pondré una señal entre ellas y enviaré a sus sobrevivientes a las naciones: a Tarshish, a Pul, y Lud, que manejan el arco, a Tubal y a Grecia, y a las islas remotas que no han oído de Mi fama ni han visto Mi gloria. Ellos anunciarán Mi gloria entre las naciones.

[20] Y ellos traerán a todos sus hermanos, de entre todas las naciones, a Mi Monte Santo en Jerusalén como ofrenda al Eterno; en caballos, en carros, en literas, en burros y en dromedarios", dice el Eterno. "Los traerán tal como los israelitas traen su ofrenda de grano en vasijas ceremonialmente limpias al Templo del Eterno.

[21] "Y seleccionaré algunos de ellos para sacerdotes y para levitas", dice el Eterno.

[22] "Porque como los Cielos Nuevos y la Tierra Nueva que Yo hago permanecerán delante de Mí", declara el Eterno, "así permanecerá su nombre y su descendencia".

הַמּוֹלִיד וְעָצַרְתִּי אָמַר אֱלֹהָיִךְ ילהי רי"ו ש"ע [ס] 10 שִׂמְחוּ אֶת־יְרוּשָׁלַ͏ִם וְגִילוּ

בָה כָּל ילי ־אֹהֲבֶיהָ שִׂישׂוּ אִתָּהּ מָשׂוֹשׂ כָּל ילי ־הַמִּתְאַבְּלִים עָלֶיהָ פהכל:

11 לְמַעַן תִּינְקוּ וּשְׂבַעְתֶּם מִשֹּׁד תַּנְחֻמֶיהָ לְמַעַן תָּמֹצּוּ וְהִתְעַנַּגְתֶּם

מִזִּיז כְּבוֹדָהּ: [ס] 12 כִּי־כֹה היי | אָמַר יְהֹוָ͏ה אדני אהדונהי הִנְנִי נֹטֶה־אֵלֶיהָ כְּנָהָר

שָׁלוֹם וּכְנַחַל שׁוֹטֵף כְּבוֹד גּוֹיִם ל"ב וִינַקְתֶּם עַל־צַד תִּנָּשֵׂאוּ וְעַל־בִּרְכַּיִם

תְּשָׁעֳשָׁעוּ: 13 כְּאִישׁ ע"ה די"ו קנ"א קס"א אֲשֶׁר אִמּוֹ תְּנַחֲמֶנּוּ כֵּן אָנֹכִי אימ אֲנַחֶמְכֶם

וּבִירוּשָׁלַ͏ִם תְּנֻחָמוּ: רי"ו ש"ע 14 וּרְאִיתֶם וְשָׂשׂ לִבְּכֶם וְעַצְמוֹתֵיכֶם כַּדֶּשֶׁא

תִפְרַחְנָה וְנוֹדְעָה יַד־יְהֹוָ͏ה אדני אהדונהי אֶת־עֲבָדָיו וְזָעַם אֶת־אֹיְבָיו: [ס]

15 כִּי־הִנֵּה מ"ה יה יְהֹוָ͏ה אדני אהדונהי בָּאֵשׁ אלהים די"ו ין ע"ה יָבוֹא וְכַסּוּפָה מַרְכְּבֹתָיו

לְהָשִׁיב בְּחֵמָה אַפּוֹ וְגַעֲרָתוֹ בְּלַהֲבֵי־אֵשׁ אלהים די"ו ין ע"ה: 16 כִּי בָאֵשׁ

אלהים די"ו ע"ה יְהֹוָ͏ה אדני אהדונהי נִשְׁפָּט וּבְחַרְבּוֹ אֶת־כָּל ילי ־בָּשָׂר גבורה רי"ו, וְרַבּוּ

חַלְלֵי יְהֹוָ͏ה אדני אהדונהי: 17 הַמִּתְקַדְּשִׁים וְהַמִּטַּהֲרִים י"פ אכא אֶל־הַגַּנּוֹת אַחַר

אֶחָד (כתיב: אַחַת) בַּתָּוֶךְ אֹכְלֵי בְּשַׂר הַחֲזִיר וְהַשֶּׁקֶץ וְהָעַכְבָּר יַחְדָּו יָסֻפוּ

נְאֻם־יְהֹוָ͏ה אדני אהדונהי: 18 וְאָנֹכִי אימ מַעֲשֵׂיהֶם וּמַחְשְׁבֹתֵיהֶם בָּאָה לְקַבֵּץ

אֶת־כָּל ילי ־הַגּוֹיִם וְהַלְּשֹׁנוֹת וּבָאוּ וְרָאוּ אֶת־כְּבוֹדִי: 19 וְשַׂמְתִּי בָהֶם

אוֹת וְשִׁלַּחְתִּי מֵהֶם | פְּלֵיטִים אֶל־הַגּוֹיִם תַּרְשִׁישׁ פּוּל וְלוּד מֹשְׁכֵי קֶשֶׁת

תֻּבַל ב"פ רי"ו, ב"פ גבורה וְיָוָן הָאִיִּים הָרְחֹקִים אֲשֶׁר לֹא־שָׁמְעוּ אֶת־שִׁמְעִי

וְלֹא־רָאוּ אֶת־כְּבוֹדִי וְהִגִּידוּ אֶת־כְּבוֹדִי בַּגּוֹיִם: 20 וְהֵבִיאוּ אֶת־כָּל

ילי ־אֲחֵיכֶם מִכָּל ילי ־הַגּוֹיִם מִנְחָה ע"ה ב"פ ב"ן | לַיהֹוָ͏ה אדני אהדונהי בַּסּוּסִים

רִבּוּע אדני, כוך וּבָרֶכֶב וּבַצַּבִּים וּבַפְּרָדִים וּבַכִּרְכָּרוֹת עַל הַר רבוע אלהים ־ה'

קָדְשִׁי יְרוּשָׁלַ͏ִם רי"ו ש"ע אָמַר יְהֹוָ͏ה אדני אהדונהי כַּאֲשֶׁר יָבִיאוּ בְנֵי יִשְׂרָאֵל

אֶת־הַמִּנְחָה ע"ה ב"פ ב"ן בִּכְלִי י"פ אכא בֵּית ב"ף ראה טָהוֹר כלי יְהֹוָ͏ה אדני אהדונהי: 21 וְגַם

יגל ־מֵהֶם אֶקַּח לַכֹּהֲנִים מלה לַלְוִיִּם אָמַר יְהֹוָ͏ה אדני אהדונהי: 22 כִּי כַאֲשֶׁר

הַשָּׁמַיִם י"פ טל, י"פ כוזו הַחֲדָשִׁים י"פ הויות וְהָאָרֶץ אלהים דאלפין הַחֲדָשָׁה י"ב הויות

[23] *De una Luna Nueva a otra y de un Shabat a otro, toda la humanidad vendrá y se postrará ante Mí", dice el Eterno.*

[24] *"Y saldrán y verán los cadáveres de los hombres que se rebelaron contra Mí; su gusano no morirá, ni su fuego se apagará, y serán el horror de toda la humanidad".*

אֲשֶׁ֣ר אֲנִ֣י עֹשֶׂה֩ עֹמְדִ֨ים לְפָנַ֜י נְאֻם־יְהוָֹ֗ה אֲדֹנָי־אֱלֹהִ֑ים כֵּ֛ן יַעֲמֹ֥ד זַרְעֲכֶ֖ם

וְשִׁמְכֶֽם׃ 23 וְהָיָ֗ה מִדֵּי־חֹ֙דֶשׁ֙ יִ״ב הַוָיֹת בְּחָדְשׁ֔וֹ יִ״ב הַוָיֹת וּמִדֵּ֥י שַׁבָּ֖ת בְּשַׁבַּתּ֑וֹ

יָב֥וֹא כָל־ יְלֹי בָּשָׂ֛ר לְהִשְׁתַּחֲוֺ֥ת לְפָנַ֖י אָמַ֥ר יְהוָֹ֜ה אֲדֹנָי־אֱלֹהִ֑ים ׃ 24 וְיָצְא֣וּ וְרָא֔וּ

בְּפִגְרֵי֙ הָאֲנָשִׁ֔ים הַפֹּשְׁעִ֖ים בִּ֑י כִּ֣י תוֹלַעְתָּ֞ם לֹ֤א תָמ֙וּת֙ וְאִשָּׁם֙ לֹ֣א

תִכְבֶּ֔ה וְהָי֥וּ דֵרָא֖וֹן לְכָל־ יְהֹ אֲדֹנָי בָּשָֽׂר׃ וְהָיָ֗ה מִדֵּי־חֹ֙דֶשׁ֙ יִ״ב הַוָיֹת בְּחָדְשׁ֔וֹ

יִ״ב הַוָיֹת וּמִדֵּ֥י שַׁבָּ֖ת בְּשַׁבַּתּ֑וֹ יָב֥וֹא כָל־ יְלֹי בָּשָׂ֛ר לְהִשְׁתַּחֲוֺ֥ת לְפָנַ֖י אָמַ֥ר

יְהוָֹ֜ה אֲדֹנָי־אֱלֹהִ֑ים ׃